Entscheidungen

des

Reichsgerichts.

Herausgegeben

von

den Mitgliedern des Gerichtshofes
und der Reichsanwaltschaft.

Entscheidungen in Zivilsachen.

130. Band.

Berlin und Leipzig 1931

Walter de Gruyter & Co.

vormals G. J. Göschen'sche Verlagshandlung - J. Guttentag. Verlags-
buchhandlung - Georg Reimer - Karl J. Trübner - Veit & Comp.

Entscheidungen

des

Reichsgerichts

in

Zivilsachen.

---

130. Band.

Mit Anhang: Entscheidungen des Staatsgerichtshofs.

Berlin und Leipzig 1931

Walter de Gruyter & Co.

vormals G. J. Göschen'sche Verlagshandlung - J. Guttentag, Verlagsbuchhandlung - Georg Reimer - Karl J. Trübner - Veit & Comp.

Druck von Metzger & Wittig in Leipzig

Inhalt.

I. Bürgerliches Recht.

a. Reichsrecht.

b. Landesrecht.

II. Öffentliches Recht.

III. Gerichtliches Verfahren.

Anhang: Entscheidungen des Staatsgerichtshofs.

1. Kann ein Notar, der unter Verletzung seiner amtlichen Belehrungspflicht einen Knebelvertrag und einen wucherlichen Darlehensvertrag beurkundet hat, gegenüber der Ersatzklage des geschädigten Gläubigers mit Erfolg einwenden, daß diesem ein für den Vertragsschluß miturſächliches Verschulden oder gar ein Verstoß gegen die guten Sitten zur Last falle?

BGB. §§ 138, 254.

III. Zivilsenat. Urt. v. 16. September 1930 i. S. Z. (Bekl.) w. H. (Kl.). III 381/29.

I. Landgericht Magdeburg.
II. Oberlandesgericht Naumburg a. S.

Am 2. September 1925 schloß der Kläger mit dem Drogeriebesitzer H. einen von dem verklagten Notar beurkundeten Vertrag, nach dessen §§ 2 und 4 sich der Kläger an den beiden Drogeriegeschäften des H. auf 15 Jahre als stiller Gesellschafter mit einer Einlage von 3000 RM. beteiligte. Als Gewinn sollten ihm täglich 10 RM. zufließen. Die Gewinnraten sollten am 1. und 15. jedes Monats ausgezahlt werden. In § 3 des Vertrags versprach der Kläger außerdem die Hingabe eines auf die Dauer von zwei Jahren unkündbaren Darlehens von 2000 RM. gegen einen jährlichen Zinssatz von 15%. Zur Sicherheit für die Geschäftseinlage, die Gewinnanteile und das Darlehen wurden dem Kläger die beiden Geschäfte mit sämtlichen einzeln aufgeführten Inventarstücken und Warenvorräten übereignet (§ 6). H. sollte nach außen hin alleiniger und verfügungsberechtigter Geschäftsführer bleiben, die übereigneten Gegenstände aber für den Kläger verwalten und verwahren und bei einem Verbrauch gleichwertige Ersatzstücke anschaffen und an Stelle der abgegangenen Sachen treten lassen (§§ 3 und 7). Die

5000 RM. sind in den Besitz des H. gelangt. Dieser geriet bald darauf in Zahlungsschwierigkeiten. Bei Pfändungen widersprach der Kläger zunächst mit Erfolg, bis schließlich eine seiner Widerspruchsklagen wegen Sittenwidrigkeit des Vertrags vom 2. September 1925 rechtskräftig abgewiesen wurde. Darauf gewährte der Kläger dem H. zur Abwehr weiterer Pfändungen noch ein zweites Darlehen von 4200 RM.

Beide Drogerien wurden von H. verkauft. Er hat insgesamt 6200 RM. an den Kläger zurückgezahlt; mehr ist von ihm unstreitig nicht zu erlangen. Der Kläger meint, der Beklagte hätte ihn auf die Nichtigkeit des Vertrags vom 2. September 1925 hinweisen müssen und hafte daher für den aus der Verletzung seiner amtlichen Belehrungspflicht ihm, dem Kläger, entstandenen Schaden. Er verlangt klagend Ersatz von 4700 RM. nebst 7% Zinsen seit dem 23. September 1926, sowie von 5 RM. entgangenem täglichen Geschäftsgewinn für die Zeit vom 15. September 1925 bis zur Zahlung der 4700 RM. Der Beklagte bestritt die Nichtigkeit des Vertrags und ein Verschulden seinerseits sowie den ursächlichen Zusammenhang zwischen seiner Handlungsweise und dem Schaden des Klägers und wendete ein, daß dieser durch die Zahlungen des H. voll gedeckt sei.

Das Landgericht wies die Klage ab. Das Oberlandesgericht erklärte den Anspruch des Klägers dem Grunde nach für berechtigt. Die Revision des Beklagten führte zur Aufhebung und zur Zurückverweisung.

Gründe:

Das Oberlandesgericht erachtet den Vertrag vom 2. September 1925 aus zwei Gründen für nichtig, und zwar einmal deshalb, weil er gegen § 138 Abs. 1 BGB. verstoße, sodann um deswillen, weil die in § 4 getroffene Vereinbarung einer Gewinnquote von 10 RM. täglich als Leistungswucher im Sinne der Preistreibereiverordnung anzusehen sei und demnach gemäß § 134 BGB. der Rechtsgültigkeit entbehre.

Die Erwägungen, aus denen das Berufungsgericht den Tatbestand des § 138 Abs. 1 BGB. für gegeben hält, lassen keinen Rechtsirrtum erkennen. Es stellt nämlich einwandfrei fest, daß die Vertragsparteien die Geheimhaltung ihres Abkommens vom 2. September 1925 beabsichtigten und daß dieses den H., der nach außen, insbesondere seinen Gläubigern gegenüber, den Schein geschäftlicher Unabhängigkeit und Kreditwürdigkeit wahren sollte, tatsächlich der Mittel zu ihrer Befriedigung und der wirtschaftlichen Selbständigkeit beraubte. Zwar ist jeder, der einem mit geschäftlichen Schwierigkeiten kämpfenden Kaufmann Geld zur Ordnung seiner Verhältnisse zur Verfügung stellt, berechtigt, sich eine entsprechende Sicherheit auszubedingen, nur dürfen die geheim gehaltenen und nach außen hin zunächst nicht in die Erscheinung tretenden Sicherungsmaßnahmen nicht so weit gehen, daß sie das gesamte oder fast das gesamte Vermögen des Schuldners dem Zugriff seiner übrigen gegenwärtigen und zukünftigen Gläubiger entziehen und nur für den neuen Geldgeber Befriedigungsmöglichkeiten schaffen. Dieser Erfolg mußte jedoch zwangsläufig eintreten, wenn H., wie es tatsächlich der Fall war, mit den vom Kläger empfangenen Geldern den Geschäftsbetrieb nicht aufrecht zu erhalten vermochte. Ein Vertrag, der solche Folgen auslöst, verstößt gegen das Rechts- und Billigkeitsgefühl aller anständig denkenden Menschen und damit gegen § 138 Abs. 1 BGB. Wenn die Revision dagegen einwendet, daß die Geschäftsforderungen des H. ihm verblieben, also nicht an den Kläger abgetreten seien, so ist dem entgegenzuhalten, daß es sich um zwei Drogerien, d. h. um Ladengeschäfte handelte, in denen fast nur Handkäufe abgeschlossen wurden, sodaß von erheblichen Außenständen naturgemäß keine Rede sein konnte. Die (anstelle der verkauften) neu angeschafften Waren sollten aber sofort in das Eigentum des Klägers übergehen. Soweit sie dem H. kreditiert wurden, waren sie daher, wenn die Tageseinnahmen zu ihrer Bezahlung nicht ausreichten, dem Zugriff der Lieferanten und anderer Gläubiger entzogen. Diese hatten das Nachsehen, da, wie das Berufungsgericht ausdrücklich feststellt, sonstiges Vermögen des H., aus dem sie sich hätten befriedigen können, in nennenswertem Umfang nicht vorhanden war. An der zum mindesten zeitweiligen Benachteiligung der H.schen Gläubiger ändert auch § 8 des Vertrags nichts, wonach das Eigentum der an den Kläger veräußerten Gegenstände wieder auf H. übergehen sollte, sobald das Darlehen von 2000 RM. an den Kläger zurückgezahlt wäre. Denn dafür, daß die Rückzahlung in absehbarer Zeit erfolgen würde, lagen weder objektiv noch für die Vertragsparteien genügende Anhaltspunkte vor.

Ist der Vertrag vom 2. September 1925 somit wegen Verstoßes gegen die guten Sitten nichtig, so kann dahingestellt bleiben, ob die vom Berufungsrichter aus § 4 PrTreibVo. in Verb. mit § 134 BGB. gezogenen Schlußfolgerungen zutreffen. Zwar hat er rechtsirrtumsfrei dargelegt, daß der Kläger in Wahrheit nicht als stiller Gesellschafter im Sinne der §§ 335 flg. HGB. anzusehen sei, sondern daß die angebliche Geschäftseinlage von 3000 RM. lediglich ein gegen Wucherzinsen ausgeliehenes Kapital darstelle. Denn der Kläger nahm nicht nur nicht an einem etwaigen Geschäftsverlust teil, sondern sollte ohne Rücksicht auf einen solchen als Vergütung für die Hingabe der genannten Summe täglich 10 RM. erhalten. Das entspricht einer Verzinsung von 120% und würde — ganz abgesehen von Zinseszinsen — das Kapital des Klägers während der vereinbarten Vertragsdauer von 15 Jahren verachtzehnfacht haben. Diesen Tatbestand hat der Berufungsrichter ohne Rechtsirrtum als unter § 4 PrTreibVo. vom 13. Juli 1923 (RGBl. S. 700) fallend erachtet. Denn eine Darlehenshingabe an Geschäftsleute ist in der Regel als „Leistung zur Befriedigung des täglichen Bedarfs" anzusehen (RGSt. Bd. 58 S. 321, Bd. 60 S. 224/25). Umstände, die hier eine abweichende Auffassung rechtfertigen würden, sind dem festgestellten Sachverhalt nicht zu entnehmen. Ein jahrelang zu zahlender Zinssatz von 120% ist — darin ist dem Oberlandesgericht gleichfalls beizutreten — zweifellos eine Vergütung, die unter Berücksichtigung der einschlägigen Verhältnisse, insbesondere auch der gespannten Vermögenslage des H., keinen berechtigten Ausgleich der beiderseitigen wirtschaftlichen Interessen, sondern einen übermäßigen Verdienst des Klägers im Sinne des § 4 PrTreibVo. darstellt. Allein ob dessen Verletzung den Vertrag vom 2. September 1925 schlechthin nichtig machte oder den H. nur berechtigte, eine Herabsetzung des Zinssatzes auf ein den Gesamtverhältnissen entsprechendes Maß zu verlangen, ist eine Frage, die, wie schon erwähnt, hier keiner Erörterung bedarf, da die Nichtigkeit des Vertrags schon aus § 138 Abs. 1 BGB. abzuleiten ist. Übrigens liegt, da § 4 a. a. O. die sonstigen Vorschriften des Bürgerlichen Gesetzbuches über die Rechtsfolgen des Wuchers unberührt läßt, bei der gegebenen Sachlage die Annahme einer Zuwiderhandlung gegen das Wucherverbot des § 138 Abs. 2 BGB. sehr nahe. Freilich fehlt es zur Zeit an einer Feststellung des Tatrichters über eine etwaige Ausbeutung der Notlage oder des Leichtsinns des H. Auf die Notwendigkeit der Bejahung oder Verneinung dieses Tatbestandsmerkmals wird noch zurückzukommen sein.

Der Beklagte mit seiner wissenschaftlichen Vorbildung mußte bei pflichtgemäßer Aufmerksamkeit die Sittenwidrigkeit der geplanten Sicherungsübereignung erkennen und die Vertragsteile auf ihre Unzulässigkeit aufmerksam machen. Denn wenn auch die Auffassung über das, was sittlich erlaubt und sittlich unerlaubt ist, im Laufe der Zeiten wechseln mag, so kann doch der Revision nicht zugegeben werden, daß deshalb die Belehrungspflicht des Notars im gegebenen Falle wegfiel. § 138 Abs. 1 BGB. enthält ebenso wie § 826 das. kein Moralgesetz, sondern eine Rechtsnorm, die einem jeden die Rechtspflicht auferlegt, mit dem allgemeinen Anstands- und Billigkeitsgefühl unvereinbare Handlungen zu unterlassen, und deren Bedeutung und Tragweite von einem öffentlichen Glauben und allgemeines Vertrauen genießenden Beamten, wie der Beklagte es ist, im Einzelfalle richtig gewürdigt werden müssen. Selbst wenn ein Notar nicht Gewißheit, sondern nur Bedenken über die rechtliche Zulässigkeit dessen hat, was er beurkunden soll, gebietet es ihm seine Amtspflicht, die letzteren den Vertragschließenden zu unterbreiten. Hat der Beklagte keine solchen Bedenken gehegt, so hat er den Sachverhalt und die auf ihn anzuwendenden Rechtsnormen nicht mit der ihm als Rechtskundigem und Beamten obliegenden Gewissenhaftigkeit geprüft. Er hat also seine Amtspflichten schuldhaft verletzt, indem er diese Prüfung und eine ihr entsprechende Belehrung der Vertragsparteien unterließ.

Diese Unterlassung ist auch ursächlich für etwaige Verluste des Klägers geworden; denn das Berufungsgericht stellt einwandfrei fest, daß der Kläger auf jeden Fall Sicherheit haben wollte und dem H. kein Geld vorgestreckt hätte, wenn ihm eröffnet worden wäre, daß der beabsichtigte Vertrag seiner Nichtigkeit wegen ihm keine Sicherheit biete. Mit Unrecht verneint aber der Berufungsrichter — im Gegensatz zum Landgericht — ein Mitverschulden des Klägers. Bei auch nur geringer Überlegung mußte dieser sich sagen, daß der von ihm geplante Sicherungsvertrag allen übrigen Gläubigern des H. Nachteile bringen werde oder doch bringen könne und nur auf deren Kosten ihm die erstrebten Vorteile verschaffe, sodaß er von ihm als anständigem Menschen nicht geschlossen werden dürfe. Hat er diese offen zutage liegende Erwägung nicht angestellt, so ist darin eine für seinen Schaden mitursächliche unentschuldbare Fahrlässigkeit zu sehen (vgl. Urt. des erkennenden Senats vom 8. Juli 1930 III 273/29, abgedr. JW. 1930 S. 2932 Nr. 7). Hat er sie aber angestellt, hat er also mit dem Bewußtsein gehandelt, durch den Vertrag die anderen Gläubiger des H. wenigstens möglicherweise zu schädigen, so trifft ihn der Vorwurf des Schädigungsvorsatzes im Sinne des § 826 BGB. und damit eines Verstoßes gegen diese Rechtsnorm. Hat der Kläger daher in fahrlässiger Verkennung der Sittenwidrigkeit seines Handelns oder gar mit — wenn auch nur bedingtem — Schädigungsvorsatz den Vertrag geschlossen und ist dieser schließlich ihm selbst zum Nachteil ausgeschlagen, so muß man, um eine etwaige Schadensersatzpflicht des Beklagten und deren Umfang feststellen zu können, das beiderseitige Verschulden abwägen (§ 254 BGB.). Dabei wird zu berücksichtigen sein, daß ein für den Schaden ursächliches vorsätzlich unerlaubtes Tun des Geschädigten die Verantwortlichkeit eines Mitschädigers, dem, wie hier dem Beklagten, nur Fahrlässigkeit zur Last fällt, in der Regel ausschließt (RGZ. Bd. 76 S. 323; JW. 1905 S. 717 Nr. 6), soweit nicht besondere Umstände im Einzelfalle doch eine Schadensteilung rechtfertigen (vgl. RGUrt. vom 29. Juni 1929 VI 648/29). Das Verschulden des Klägers wird um so schwerer wiegen, wenn er, wie oben als möglich hingestellt, unter Ausbeutung der Notlage oder des Leichtsinns des H. Wucherzinsen gefordert hat und wenn die Nichtigkeit des Vertrags somit — abgesehen von der Sicherungsübereignung — auch auf § 138 Abs. 2 BGB. zurückzuführen ist. Die Annahme des Wuchers wird selbstverständlich nicht dadurch ausgeschlossen, daß dem Kläger angeblich von einer Gesellschaft der Vorschlag gemacht worden ist, in sie unter den von H. bewilligten Bedingungen als stiller Gesellschafter einzutreten. Die Schuldfrage bedarf daher einer nochmaligen Prüfung durch den Tatrichter nach obigen Richtlinien.

---

2. Zum Begriff „neue Gestaltung, Anordnung oder Vorrichtung" nach § 1 des Gebrauchsmustergesetzes.

I. Zivilsenat. Urt. v. 17. September 1930 i. S. A. (Bekl.). w. W. (Kl.). I 75/30.

I. Landgericht Köln, Kammer für Handelssachen.
II. Oberlandesgericht daselbst.

Der Beklagten ist mit Wirkung vom 18. April 1928 durch das Gebrauchsmuster Nr. 1031778 „eine Käse-Auslese enthaltende Käsepackung" geschützt. Der Schutzanspruch lautet ebenso wie die Bezeichnung.

Die Beschreibung sagt hierüber: Es seien Käsepackungen „mit in sogenannte Teilchen oder Eckchen unterteiltem Käse" bekannt, wobei die einzelnen in Zinnfolie oder dergleichen eingewickelten Stücke in einer halbrunden oder runden Schachtel untergebracht seien. Eine solche Käsepackung sei auch Gegenstand der vorliegenden Anmeldung. Die Neuerung bestehe darin, daß verschiedene Käsesorten, also eine Käse-Auslese, zu einer Packung vereinigt seien, sodaß die Hausfrau, auch wenn sie nur eine Käsepackung erwerbe, eine Käse-Auslese auf den Tisch bringen könne. Das Modell stelle eine halbrunde Käsepackung dar mit drei verschiedenen Sorten. Die Käsepackung könne aber auch rund oder eckig sein und beliebig viele Sorten Käse enthalten.

Die Klägerin behauptet, daß die durch das Gebrauchsmuster geschützte Käsepackung nicht neu und schutzfähig sei. Sie hat deshalb beantragt, die Beklagte zur Löschung des Gebrauchsmusters zu verurteilen. Die Beklagte hat das Klagevorbringen bestritten. Sie unterlag in allen drei Rechtszügen.

Gründe:

Bekannt waren nach der Feststellung des Berufungsgerichts Packungen, die mehrere besonders eingewickelte Käsestücke von verschiedenen Sorten enthielten; nur waren diese Packungen für den Händler bestimmt. Die einzelnen Käsestücke waren dementsprechend größer als die nach dem Gebrauchsmuster. Der Vorteil der Händlerpackung bestand darin, daß der Händler in die Lage gebracht wurde, eine Anzahl Käsesorten in einer einzigen Packung zu beziehen, und daß derartige Packungen als gefällige Auslagen im Laden verwendbar waren. Das Gebrauchsmuster dagegen betrifft kleine Packungen solcher Art für den Verbraucher; die Hausfrau kann in einer einzigen kleinen Packung mehrere kleine Käsestücke von verschiedener Sorte erwerben.

Bekannt waren, wie ferner festgestellt wird, kleine Käsepackungen für den Verbraucher in kleinen runden Schachteln, in denen die Käsestücke in der Form von Tortenstücken, jedes für sich eingewickelt, eingelegt waren; die Käsestückchen waren hier sämtlich von derselben Sorte.

Das Berufungsgericht hält grundsätzlich eine neuartige Zusammenstellung von Käsesorten für schutzfähig, versagt aber dem streitigen Gebrauchsmuster die Schutzfähigkeit aus folgenden Gründen. Gegenüber der Händlerpackung, bei der die Zusammenstellung verschiedener Käsestücke bereits bekannt gewesen sei, weise das Gebrauchsmuster nur den Unterschied auf, daß seine Abmessungen kleiner gehalten seien. Die bloße Änderung des Größenverhältnisses sei aber keine neue Gestaltung, Anordnung oder Vorrichtung. Gegenüber der bekannten Verbraucherpackung ferner mit Käsestücken gleicher Sorte liege ebenfalls keine neue Raumform vor. Die Schachteln der Beklagten seien dieselben wie früher; sie würden nach dem Gebrauchsmuster genau wie früher mit mehreren Käsestücken gefüllt. Der einzige Unterschied gegen früher liege darin, daß die Beklagte für die Füllung einer Packung Käseteilchen von mehreren Sorten verwende. Das möge ein neuer Gedanke sein, aber er habe so nahe gelegen, daß selbst den geringen Anforderungen an Erfindungshöhe für Gebrauchsmuster nicht genügt sei, und vor allem liege er nicht auf dem Gebiete der Raumgestaltung. Endlich sei es auch allgemein bekannt gewesen, gemischte Kleinpackungen für den Verbraucher bei der Zusammenstellung von anderen Waren herzustellen, z. B. für Seife, Schokolade, Bonbons und Zigarren.

Das Revisionsgericht tritt diesen Ausführungen in folgenden Punkten bei. Mit dem Vorderrichter ist anzunehmen, daß eine Käsepackung wie jede andere Warenpackung sehr wohl Gegenstand eines Gebrauchsmusters sein kann. Allein das streitige Gebrauchsmuster beansprucht nicht den Schutz für die Raumform der Packung an sich, also nicht für die beispielsweise im Modell gewählte halbrunde Form mit kleinen Käsestücken in Form von Tortenstücken, sondern es will den Gedanken geschützt haben, daß diese tortenstückartig zugespitzten (oder beliebig anders gestalteten) kleinen Käsestücke aus verschiedenen Käsearten bestehen. Dieser Gedanke tritt aber, wie das Berufungsgericht mit Recht angenommen hat, nicht als Raumform in die Erscheinung. Als Raumform, die an sich, d. h. abgesehen von Neuheit und Erfindungshöhe, schutzfähig sein könnte, ist nur die Verpackungsart selbst anzusehen, nicht dagegen das, was in die Verpackung hineinkommt. Man kann auch nicht an eine etwa schutzfähige Stoffvertauschung denken in der Weise, daß bisher ein Nebeneinandergeordnetsein kleiner Käsestücke derselben Sorte bekannt war und statt dessen jetzt ein Nebeneinandergeordnetsein kleiner Käsestücke verschiedener Sorten vorgeschlagen wird. Denn als Raumform tritt immer nur hervor die Anordnung von kleinen Käsestücken in einer allgemeinen Packung (Schachtel), wobei jedoch jedes einzelne Käseteilchen außerdem eine besondere Verpackung erhalten hat. Der Unterschied von den bekannten Fällen der Stoffvertauschung, z. B. in RGZ. Bd. 41 S. 37, liegt zutage. Dort nimmt die Stoffvertauschung an der Raumform selbst teil, ist der neue Stoff Teil der Raumform. Hier ist das Neue die Füllung der Raumform, aber nicht sie selbst.

So betrachtet erweist sich die gemischte Verbraucherpackung des Gebrauchsmusters, soweit die Raumform in Frage kommt, als formgleich mit der bekannten Verbraucherpackung von Käsestückchen gleicher Sorte und entbehrt daher der Neuheit. Schon deshalb ist das Berufungsurteil begründet, ohne daß es eines Eingehens auf die weiter darin angeführten Gründe bedarf.

---

3. Ist im Eheverfahren die Vorschrift des § 377 Abs. 4 ZPO. anwendbar, wonach das Gericht, wenn es nach Lage der Sache eine schriftliche Erklärung des Zeugen für ausreichend hält und die Parteien damit einverstanden sind, die schriftliche Beantwortung der Beweisfrage unter eidesstattlicher Versicherung ihrer Richtigkeit anordnen kann?

VIII. Zivilsenat. Urt. v. 18. September 1930 i. S. Ehem. D. (Kl.) w. Ehefr. D. (Bekl.). VIII 161/30.

I. Landgericht III Berlin.
II. Kammergericht daselbst.

Die Frage wurde verneint aus folgenden

Gründen:

Die Zivilprozeßordnung in der Fassung vom 17. Mai 1898 (§ 391) kannte den Zeugenbeweis lediglich in Form der mündlichen Vernehmung durch den Richter. Ihr war die Abgabe einer schriftlichen eidesstattlichen Versicherung nur außerhalb des ordentlichen Verfahrens bekannt. Während sie aber im ordentlichen Verfahren grundsätzlich die Beeidigung des Zeugen verlangte (wenn auch der Verzicht der Parteien auf die Beeidigung zugelassen war), schloß sie für das Verfahren in Ehesachen einzelne Verfahrensvorschriften aus. Sie ging dabei von der Erwägung aus, daß im Hinblick auf das öffentliche Interesse, dem das Bestehen oder Nichtbestehen jeder Ehe unterworfen ist, die größtmögliche Gewähr für die Erforschung der Wahrheit geboten sein müsse und daß gegenüber diesem öffentlichen Interesse der in dem sonst herrschenden Verhandlungsgrundsatz zum Ausdruck kommende individuelle Parteiwille in den Hintergrund zu treten habe. War daher schon durch § 391 Abs. 1 für das gesamte ordentliche Verfahren die Unmittelbarkeit der Zeugnisablegung zur Erkenntnis des Richters sowie die Parteiöffentlichkeit gewährleistet, so wurde diese Gewährleistung im Eheverfahren mit Rücksicht auf die Natur seines Gegenstandes noch dadurch über das Allgemeine hinausgehoben, daß in Ansehung der ehefeindlichen Tatsachen u. a. ein Zeugenbeweis (abgesehen von der Ausnahme des § 393) nur in eidlicher Form erhoben werden durfte. Die Verordnung vom 13. Februar 1924 hat zwar durch den Abs. 4 des § 377 die — hier allein in Betracht kommende — Möglichkeit geschaffen, auf Anordnung des Gerichts im Einverständnis der Parteien einen Zeugenbeweis durch Entgegennahme einer schriftlichen eidesstattlichen Versicherung des Zeugen zu erheben. Die Verordnung hat aber das Eheverfahren dieser neuen Vorschrift nicht angepaßt. Hat doch weder der angeführte Zweck, den schon der Gesetzgeber von 1898 mit dem § 617 ZPO. verfolgte, noch der Wortlaut dieser Vorschrift eine Änderung erfahren. Zwangsläufig ist deshalb davon auszugehen, daß es auch nach der Verordnung von 1924 dem Gesetzgeber fern gelegen haben muß, von den bisher für das Eheverfahren gegebenen Sicherheiten zu einem die Unmittelbarkeit vor dem Richter, die Parteiöffentlichkeit und die Zeugenaussage unter Eideszwang ausschließenden Beweisverfahren minderer Art überzugehen. Das im § 377 Abs. 4 geforderte Einverständnis der Parteien mit einem solchen Verfahren bedeutet aber einen Verzicht auf die Beeidigung. Denn es läuft auf dasselbe hinaus, ob dieser Verzicht so weit geht, daß jede feierliche Bekräftigung der Aussage unterbleibt, oder daß nur die schwächere Form der eidesstattlichen Versicherung an die Stelle des Eides tritt. Die Vorschrift des § 617, die auch heute noch, wie ehedem, die stärkste Form der zeugenschaftlichen Bekräftigung fordert, schließt jeden Parteiverzicht auf Beeidigung aus.

Keine ausschlaggebende Bedeutung kann dem Umstand beigemessen werden, daß das Einverständnis der Parteien nach § 377 Abs. 4 keinen den Richter bindenden Verzicht enthält, sodaß er jederzeit die ordentliche Vernehmung und die Beeidigung des Zeugen nachholen kann, während der Verzicht des § 391 Abs. 2 das Gericht bindet (eine Erwägung, die Stein-Jonas Bem. V 1 zu § 377 für die gegenteilige Meinung anführt). Es handelt sich hier nicht darum, in welchem Verhältnis der Parteiwille zum Ermessen des Gerichts steht, sondern ausschließlich um die Frage, ob Parteiwille und richterliches Ermessen im Hinblick auf den Gegenstand des Verfahrens gänzlich ausgeschaltet sind.

---

4. 1. Was ist erforderlich, damit die in Ungarn verlegte deutsche Übersetzung eines französischen Romans erlaubterweise im Deutschen Reich erschienen sei?

2. Was muß vorgebracht werden, um die Behauptung genügend zu begründen, daß eine Übersetzung das Original verstümmelt wiedergebe?

Revidierte Berner Übereinkunft über Urheberschutz v. 13. November 1908 (RGBl. 1910 S. 965) Art. 4, 18. Übereinkünfte des Deutschen Reichs mit Frankreich v. 19. April 1883 (RGBl. S. 269) und 8. April 1907 (RGBl. S. 419). Verordnung v. 12. Juli 1910 (RGBl. S. 989).

I. Zivilsenat. Urt. v. 20. September 1930 i. S. Zolas Erben (Kl.) u. Akt.-Ges. K.W.-Verlag (Neb.-Int.) w. H. (Bekl.). I 91/30.

I. Landgericht München I.
II. Oberlandesgericht München.

Die Kläger sind die Erben des Romanschriftstellers Emile Zola geworden, der am 29. September 1902 in Paris gestorben ist. Zola hatte von 1871 bis 1886 unter anderen folgende Werke in

Frankreich in französischer Sprache veröffentlicht (deren jedem hier in Klammern der Titel beigefügt wird, den die im vorliegenden Prozeß umstrittene deutsche Übersetzung führt): 1. La conquête de Plassans (Die Eroberung von Plassans), 2. Germinal (Germinal), 3. Au bonheur des dames (Zum Paradies der Damen), 4. La faute de l'abbé Mouret (Die Sünde des Abbé Mouret), 5. La fortune des Rougon (Das Glück der Familie Rougon), 6. L'Oeuvre (Das Kunstwerk), 7. La Terre (Mutter Erde), 8. La curée (Treibjagd), 9. Le ventre de Paris (Der Bauch von Paris), 10. Joie de vivre (Lebensfreude), 11. Nana (Nana), 12. Son Excellence Eugène Rougon (Se. Exzellenz Eugen Rougon), 13. L'assommoir (Der Totschläger), 14. Page d'amour (Ein Blättchen Liebe), 15. Pot-bouille (Der häusliche Herd).

Bis 1910 sind vom Urheber oder seinem Verleger in Deutschland keine deutschen Übersetzungen dieser Werke erschienen. Dagegen hatte der Verlagsbuchhändler G. in Ofen-Pest Übersetzungen der fünfzehn Werke sowohl in Österreich-Ungarn als im Deutschen Reich in den Handel gebracht; die genaue Zeit, zu der es geschehen, ist streitig.

Durch Vertrag vom 12. November 1916/1. Februar 1917 hat G. die gesamten Vorräte der deutschen Übersetzungen aller jener fünfzehn Werke Zolas nebst anderen Werken an den Beklagten verkauft und ihm dabei alle ihm an den Werken zustehenden Rechte abgetreten. Der Beklagte hat seitdem die Übersetzungen im Deutschen Reiche weitervertrieben, besonders auch in München abgesetzt.

Durch Vertrag vom 30. Januar 1921 haben Zolas Erben an den Verlag K. W.-AG. in München das Recht der Übersetzung und der Veröffentlichung der meisten vorhin genannten Werke, so, wie es an ihnen bestand, übertragen. Im Fall eines gerechtfertigten Anspruchs eines anderen gegen das Recht, Werke Zolas in deutscher Sprache herauszugeben, verpflichtete sich die K. W.-AG., die Vertragsgegner von allen Ansprüchen zu befreien, die jener andere wider sie erhebe.

Die Kläger behaupten, der Vertrieb der Übersetzungen durch den Beklagten sei unerlaubt und verletze ihr durch die Revidierte Berner Übereinkunft gewährleistetes Urheber- und Übersetzungsrecht. Sie verlangen mit der gegenwärtigen Klage 1. Unterlassung des Vervielfältigens und Verbreitens, 2. Herausgabe hergestellter Exemplare und der zur Herstellung dienenden Vorrichtungen zu Beschlagnahme und Vernichtung, 3. Feststellung der Schadensersatzpflicht und 4. Rechnungslegung.

Die Kläger unterlagen in allen drei Rechtszügen.

Aus den Gründen:

I. Der Urheberschutz, den die Kläger beanspruchen, regelt sich, weil ihn Franzosen im Deutschen Reiche begehren und beide Länder dem Berner Schutzverband angehören, nach der Revidierten Berner Übereinkunft (RevBernÜb.) vom 13. November 1908 (RGBl. 1910 S. 965), die seit dem 9. September 1910 in Kraft steht, nebst dem Berner Zusatzprotokoll vom 20. März 1914 (RGBl. 1920 S. 137).

1. Frankreich ist, da Zolas Werke dort zum erstenmal in französischer Sprache veröffentlicht worden sind, ihr Ursprungsland (RevBernÜb. Art. 4 Abs. 3). Die Erben und Rechtsnachfolger des Urhebers genießen grundsätzlich im Deutschen Reiche während der ganzen Dauer des Urheberrechts am Originale das ausschließliche Recht, die Werke zu übersetzen oder die Übersetzung zu gestatten (RevBernÜb. Art. 8). Dieser Grundsatz gilt aber nur für solche Übersetzungen unbeschränkt, die nach seinem Inkrafttreten veröffentlicht werden. Für schon vorhandene Übersetzungen blieb, soweit keine Sonderabkommen darüber bestanden, jedem Verbandsstaat überlassen, die Anwendung zu regeln (RevBernÜb. Art. 18 Abs. 3). Im Deutschen Reich ist das durch die Verordnung vom 12. Juli 1910 (RGBl. S. 989) geschehen, deren § 1 Nr. 3 bestimmt:

> War vor dem Inkrafttreten der Übereinkunft eine Übersetzung erlaubterweise ganz oder zum Teil erschienen, so bleibt die Befugnis des Übersetzers zur Vervielfältigung, Verbreitung und Aufführung dieser Übersetzung unberührt.

2. Die Übersetzungen, wider die sich die gegenwärtige Klage richtet, sind nach den — von den Klägern allerdings bestrittenen — Angaben des Beklagten schon lange vor dem Inkrafttreten der Revidierten Berner Übereinkunft, zum Teil bereits vor 1881 erschienen, alle jedenfalls vor 1900. G., der Verleger, der sie vervielfältigte und verbreitete, hatte seinen Sitz in Ofen-Pest und war ungarischer Staatsangehöriger; Ungarn aber gehört zum Berner Verband erst seit dem 26. Februar 1922. Dieser Umstände wegen untersucht das Berufungsgericht die Rechtslage vor der Geltungszeit der Revidierten Berner Übereinkunft und vermerkt, stufenweise die

Entwicklung rückwärts verfolgend, als maßgebliche Vorschriften folgende:

a) Für die Zeit vom 31. August 1907 bis zum 9. September 1910 galt die Übereinkunft des Deutschen Reichs mit Frankreich vom 8. April 1907 (RGBl. S. 419). Sie gab zwar den Urhebern der Vertragsländer grundsätzlich für die ganze Dauer des Urheberrechts auch das ausschließliche Übersetzungsrecht (Art. 2 § 1). Für Übersetzungen jedoch aus der Zeit vor dem Inkrafttreten der Übereinkunft wurde die Regel von einer mit § 1 Nr. 3 der Verordnung vom 12. Juli 1910 gleichlautenden Vorschrift durchbrochen (Art. 3 Abs. 2).

b) Für die Zeit vom 9. Dezember 1897 bis zum 31. August 1907 galt die durch die Pariser Zusatzakte vom 4. Mai 1896 geänderte Berner Übereinkunft vom 9. September 1886 (RGBl. 1897 S. 759). In ihrer ursprünglichen Fassung hatte die Berner Übereinkunft (RGBl. 1887 S. 493) vom 5. Dezember 1887 bis zum 9. Dezember 1897 in Kraft gestanden.

c) Vom 6. November 1883 bis zum 5. Dezember 1887 galt die Literar-Konvention mit Frankreich vom 19. April 1883 (RGBl. S. 269).

Zutreffend legt das Berufungsurteil dar, daß die zu b und c erwähnten Zeitabschnitte unter einem beschränkten Übersetzungsschutze standen und daß bis zum 31. August 1907 (bis zum Inkrafttreten der Übereinkunft vom 8. April 1907) keine deutschen Übersetzungen vom Urheber oder Verleger der hier streitigen Werke erschienen waren. Die bis dahin nach den damaligen Vorschriften gewährte Möglichkeit, vom Übersetzungsschutze Gebrauch zu machen, war also vom Urheber und seinen Rechtsnachfolgern nicht ausgenutzt worden.

II. Somit war zu prüfen, ob auf die Übersetzung des Beklagten und seiner Rechtsvorgänger die Voraussetzungen des § 1 Nr. 3 der Verordnung vom 12. Juli 1910 (oder, was inhaltlich das gleiche ist, des Art. 3 Abs. 2 der Übereinkunft vom 8. April 1907) zutreffen, d. h. ob sie „erlaubterweise erschienen" waren. Das Berufungsgericht bejaht dies ohne Rechtsirrtum.

1. Der Beklagte beruft sich den Klagansprüchen gegenüber auf den Vertrag vom 12. November 1916/1. Februar 1917, durch den er vom Verleger G. in Ofen-Pest dessen noch vorhandene Bestände

an Übersetzungen der streitigen fünfzehn Zolaschen Werke samt allen Rechten daran erworben habe. Die Kläger bestreiten, daß G. die vollen Übersetzerrechte erlangt habe und also imstande gewesen sei, sie auf den Beklagten zu übertragen.

Hierzu bemerkt das Berufungsgericht: „Abgesehen von der Bestimmung des Art. V des Übereinkommens zwischen dem Deutschen Reich und Österreich-Ungarn vom 30. Dezember 1899 (RGBl. 1901 S. 131) ist schon angesichts der Tatsache, daß keinerlei Beanstandung durch die Übersetzer behauptet werden kann, wie nach den Erfahrungen des täglichen Lebens als feststehend anzunehmen, daß G. die Übersetzungsrechte ordnungsgemäß und vollständig erworben hat. Einen Beweis für das Gegenteil haben die Kläger weder angetreten noch erbracht." Der Vorderrichter hat deshalb, von G.s vollem Rechtserwerb ohnehin überzeugt, den Beweis des Beklagten, der sich auf das Zeugnis des G. berief, nicht erhoben.

Die Revision beanstandet diese Würdigung mit Unrecht.

Im vorliegenden Rechtsstreit kommt es darauf an, ob die Übersetzungen vor dem Inkrafttreten der Revidierten Berner Übereinkunft (1910) und bereits vor dem Inkrafttreten des Übereinkommens mit Frankreich von 1907 „erlaubterweise erschienen" waren. Daß G. Übersetzungen aus den (bei ihm oder anderswo zu seiner Verfügung) lagernden Beständen in den Handel gebracht hat, bevor er den Vertrag von 1916/17 mit dem Beklagten abschloß, ist nicht bestritten. Wie das Berufungsurteil feststellt, liegt der Anfang solcher Verbreitung weit zurück. Im ersten Rechtszuge waren die Parteien darüber einig, die streitigen Übersetzungen seien vor 1907 sowohl in Deutschland wie in Österreich-Ungarn in einer größeren Anzahl von Vervielfältigungsstücken verbreitet worden. Schon längst vor 1907 standen sie, was im Zusammenhang mit den übrigen Tatsachen ins Gewicht fällt, in den bekannten Verzeichnissen der Hinrichsschen Buchhandlung, die der Buchhändler als zuverlässige Auskunftsmittel über Neuerscheinungen benutzt. Noch das landgerichtliche Urteil erwähnt ausdrücklich als unbestritten, die Übersetzungen seien in den Jahren 1880 bis 1897 in Ungarn, Österreich und Deutschland erschienen, d. h. vom Buchhandel durch öffentliches Angebot einer größeren Anzahl von Vervielfältigungsexemplaren an die Allgemeinheit herausgegeben worden. Im zweiten Rechtszug haben die Kläger zwar „überhaupt bestritten, daß vor 1907 die streitigen

Übersetzungen, sei es in Österreich oder Deutschland, erschienen seien". Dies hatte jedoch nach ihrer eigenen Erläuterung nur den Sinn: die jetzt streitigen Übersetzungen seien inhaltlich von den früher vertriebenen sehr verschieden, und zwar in solchem Maße, daß die späteren als völlig andere Werke zu betrachten seien. Trotz dieses Bestreitens erhellt, daß die Verbreitung von Übersetzungen der fünfzehn Zolaschen Romane, um die es sich hier handelt, durch G. — wenigstens für einen Teil jener Werke — jahrzehnteweit in die Vergangenheit reicht, daß auch zur Zeit des Vertrages von 1916/17 schon eine beträchtliche Anzahl von Jahren seit dem Anfang solcher Verbreitung verflossen war. Unter solchen Umständen verletzte das Berufungsgericht weder den Grundsatz der freien Beweiswürdigung (§ 286 ZPO.) noch die Rechtsregeln der Behauptungs- und Beweispflicht, wenn es so, wie geschehen, ohne Erhebung des vom Beklagten angetretenen Zeugenbeweises, zu der Überzeugung gelangte: es besteht kein Anhalt dafür, daß G. die Übersetzungen verbreitet habe, ohne durch Vereinbarung mit den Übersetzern dazu befugt zu sein. Wenn — wie aus den Parteivorträgen zu folgern — die Übersetzer dergleichen Verbreitung geduldet, wenn sie sich jahre- und jahrzehntelang ohne Widerspruch, durch schlüssiges Verhalten damit einverstanden gezeigt haben, dann ist erfahrungsmäßig zu schließen, G. habe die Übersetzungen berechtigterweise verbreitet, also „die Übersetzungsrechte ordnungsgemäß und vollständig erworben". Ohne Verstoß gegen die anerkannten Beweislastregeln konnte das Berufungsgericht bei derartiger Streitlage den Klägern zumuten, sich nicht mit bloßem Leugnen zu begnügen, sondern auf die vorerst durch hohe Wahrscheinlichkeit unterstützte Sachdarstellung des Beklagten mit genaueren Einzelheiten zu erwidern, auch dafür gegebenenfalls Gegenbeweis anzubieten. Im gleichen Umfange, wie G. selbst Befugnisse besaß, übertrug er dann durch Vertrag von 1916/17 „alle Rechte, die er an den Werken hatte", auf den jetzigen Beklagten. Das Berufungsurteil weist dafür unterstützend auf Art. V (Abs. 1) des Übereinkommens mit Österreich-Ungarn vom 30. Dezember 1899 hin, der den Übergang der Rechte vom Urheber auf dessen Rechtsnachfolger einschließlich der Verleger erwähnt.

2. Sowohl § 1 Nr. 3 der Verordnung vom 12. Juli 1910 wie Art. 3 Abs. 2 der Übereinkunft vom 8. April 1907 verlangt, daß eine Übersetzung (vor dem Inkrafttreten der Übereinkunft) „er-

laubterweise ganz oder zum Teil erschienen" sei; und zwar bedarf es (wie aus Art. 18 RevBernÜb. folgt) des Erscheinens im Deutschen Reiche.

Das Erscheinen der Übersetzungen im Deutschen Reiche wird vom Berufungsgericht ausdrücklich festgestellt: „Hiernach ist davon auszugehen, daß die ... Übersetzungen in einer größeren Anzahl von Vervielfältigungsstücken vom G.schen Verlag in Ofen-Pest aus in Ungarn und Österreich, und von einer Ausfolgestelle, nämlich dem K.schen Verlag in Leipzig, also nicht bloß von Sortimentern, auch in Deutschland der Allgemeinheit zur Verfügung gestellt und an sie abgegeben worden sind. Daraus folgt, daß die Übersetzungen vor 1907 in Ungarn, Österreich und Deutschland erschienen sind. Daß sie auch in Deutschland erschienen waren, ergibt sich aus der Tatsache, daß sie nicht bloß vom Verlag in Ofen-Pest aus durch deutsche Sortimenter in den Handel kamen und an deutsche Leser verkauft wurden..., sondern von einer Ausfolgestelle in Leipzig (K.scher Verlag) an den deutschen Buchhandel und Leser herausgegeben wurden...; und zwar handelte es sich nicht nur um eine rein förmliche Ausfolgung einiger weniger Stücke."

Diese Feststellung, daß die Übersetzungen „im Deutschen Reich erschienen sind", beruht nicht auf Rechtsirrtum. Die Grundlagen, aus denen sie gewonnen ist, entsprechen dem Gesetz und seiner zutreffenden ständigen Auslegung. Was die Revision dawider vorbringt, ist in keinem wesentlichen Punkte stichhaltig. Die Bezeichnung der K.schen Kommissionsbuchhandlung in Leipzig als „Verlag" trifft allerdings nicht zu. Diese kleine Ungenauigkeit bleibt aber ohne Einfluß auf die rechtliche Würdigung der erheblichen Tatsachen. Denn das Oberlandesgericht geht nicht davon aus, daß K. beim Vertriebe der streitigen Zola-Übersetzungen in Deutschland als Verleger im buchhändlerischen Sinne tätig geworden sei, sondern erwähnt ausdrücklich und wiederholt die Rolle als „Ausfolgestelle" für den deutschen Buchhandel; der Zusammenhang zeigt deutlich die Kommissionstätigkeit für den Ofen-Pester Verleger G. Auch sonst vermag die Revision keinen Verstoß gegen Rechtsgrundsätze nachzuweisen.

a) Sie bemängelt, daß das Berufungsgericht an den Begriff des „Erscheinens im Deutschen Reiche" zu geringe Anforderungen stelle. Weder nach dem üblichen Sprachgebrauch noch nach dem Zwecke des Gesetzes könne es zum „Erscheinen" ausreichen, daß der ausländische Verleger durch Vermittlung eines deutschen Kommissionärs die Sortimentsbuchhändler des Deutschen Reichs beliefere. Auf solche Weise würde dem Ausländer, der im übrigen weder die Vorteile des deutschen Gesetzes noch der Revidierten Berner Übereinkunft genieße, eine Vergünstigung zugewendet, die mit Sinn und ausdrücklichem Inhalt des Gesetzes (insbes. § 55 LitUrhG.) nicht in Einklang stehe.

Hieran ist zwar richtig, daß der Schriftwerkschutz grundsätzlich nur dem Reichsangehörigen vollkommen zuteil wird (LitUrhG. § 54). Wer nicht Reichsangehöriger ist, genießt ihn jedoch ebenfalls für jedes seiner Werke, das im Inland erscheint, sofern er nicht das Werk selbst oder eine Übersetzung an einem früheren Tag im Auslande hat erscheinen lassen (§ 55 Abs. 1 Satz 1). Unter der gleichen Voraussetzung genießt er den Schutz für jedes seiner Werke, das er im Inland in einer Übersetzung erscheinen läßt; die Übersetzung gilt in diesem Falle als das Originalwerk (§ 55 Abs. 2). Ausnahmen von dieser regelmäßigen Begrenzung des Schriftwerkschutzes (LitUrhG. §§ 54, 55) ergeben sich aus zwischenstaatlichen Verträgen. Solche Verträge des Deutschen Reiches bestanden in den Zeiträumen, auf die es hier ankommt, nicht bloß mit Frankreich (Berner Übereinkunft, später Revidierte Berner Übereinkunft, daneben Übereinkunft von 1883, später von 1907), sondern auch mit Österreich-Ungarn (1899), das dem Berner Schutzverbande nicht angehörte. Die Verordnung vom 12. Juli 1910 wiederum war dazu bestimmt, die Anwendung der Revidierten Berner Übereinkunft ergänzend zu befördern. Deshalb ist unbedenklich der Begriff des „Erscheinens" (im Inlande) in der Verordnung von 1910 und in der Übereinkunft von 1907 ebenso auszulegen wie im § 55 LitUrhG. Den Ausdruck „Erscheinen" verwendet auch der Buchverkehr in verschiedenem Sinne. Wenn z. B. gefragt wird, wo ein Buch erschienen ist, mag das oft auf den Ort bezogen werden, an dem sich der Verlag befindet. Wer dagegen nachforscht, ob ein angekündigtes Werk erschienen sei, der verlangt in der Regel zu wissen, ob es für die Kreise, in denen Nachfrage herrscht, auf dem üblichen Buchhandelswege zu erlangen ist. Der Sprachgebrauch der erwähnten Gesetzesvorschriften bestimmt sich durch deren ersichtlichen Zweck, den redlichen verkehrsmäßigen Besitzstand auf dem Büchermarkt zu sichern. Das Erscheinen eines Schriftwerks im Inlande setzt danach voraus, daß im Deutschen Reich ein geschäftlicher Mittelpunkt der Verbreitung geschaffen und zu diesem Zweck auch benutzt worden sei. Dieser Mittelpunkt braucht kein inländischer Verlag, es kann auch ein Kommissionär sein (Kohler UrhR. (1907) S. 397 Nr. VI; Allfeld LitUrhR. (2. Aufl. 1928) S. 379 Anm. 4 zu § 55; Riezler in Ehrenbergs Handb. d. ges. Handelsrechts V 2 (1915) S. 107flg.). Bloße Scheinmaßnahmen, die sich nur als Verbreitung in das Inland hinein und nicht als Vertrieb vom Inland aus erweisen, genügen freilich nicht. Nötig und ausreichend ist, daß vom Vertriebsmittelpunkt aus eine Mehrzahl von Vervielfältigungsstücken des Schriftwerks tatsächlich an die Allgemeinheit öffentlich angeboten wird; und zwar eine Mehrzahl solcher Stücke, die auch wirklich zur Veräußerung an die Leserwelt bestimmt sind. (Willy Hoffmann Verlagsrecht (1925) S. 41 Anm. 6d zu § 2 VerlagsG. und in JW. 1925 S. 2460/1). Diesen Anforderungen genügt der vom Oberlandesgericht festgestellte Tatbestand. Aus ihm erhellt, daß die Übersetzungen, die G. verbreitete, aus dem Persönlichkeitskreise ihrer Urheber herausgetreten waren und daß in Leipzig für sie ein Vertriebsmittelpunkt geschaffen war. Deutsche Sortimenter bestellten also nicht (wie die Revision meint) beim Ofen-Pester Verlag, der den Auftrag dann erst nach Leipzig geleitet hätte, sondern in der (wie gerichtsbekannt) üblichen Weise unmittelbar beim Leipziger Kommissionär, der das Bestellte dann aus seinem Lagervorrat lieferte.

Der von der Revision erhobene Vorwurf, das Oberlandesgericht habe den Begriff des Erscheinens (im Inlande) verkannt, gegen § 55 LitUrhG. und gegen Sätze der Revidierten Berner Übereinkunft verstoßen, trifft nicht zu (RGZ. Bd. 111 S. 14—22).

b) Eine weitere Revisionsrüge geht dahin: Das Berufungsgericht habe rechtsirrig angenommen, die von G. nach 1907 vertriebenen Übersetzungen Zolascher Werke seien mit den vor 1907 vertriebenen wesensgleich. In Wahrheit handle es sich (nach der Behauptung der Kläger) um zwei sehr verschiedene Werke (genauer: Gruppen von Werken), von denen — im Vergleich zum Original — das frühere sehr eingreifend, das spätere weniger verstümmelt sei. Bei so großer Verschiedenheit könne man nicht von „Übersetzungen“ wie von einem einheitlichen, gleichartigen Werke sprechen; man könne nicht sagen, die in neuerer Zeit (nach 1907) in Verkehr gebrachten Übersetzungen seien wesensgleich mit denen aus älterer Zeit (vor 1907). Hieraus folge, daß die nach 1907 erschienenen Werke, weil völlig verschieden von den älteren, nicht bereits vor 1907 erschienen sein könnten. Das Oberlandesgericht hätte diese Behauptung prüfen, allenfalls durch Fragen Klarheit schaffen und über die Verschiedenheit der jüngeren Übersetzungen von den älteren Beweis erheben müssen.

Auch diese Rüge ist unbegründet. Doch hängt sie enger mit der Frage zusammen, ob die umstrittenen Übersetzungen vor dem Inkrafttreten der Revidierten Berner Übereinkunft — und der Übereinkunft von 1907 — „erlaubterweise" erschienen sind (nachstehend zu 3).

3. Die Kläger entgegnen dem Beklagten, die streitigen Übersetzungen gehörten schon darum nicht unter die erlaubten, weil sie verstümmelt seien und somit das persönliche Urheberrecht des Verfassers verletzten; und zwar sei in den älteren Übersetzungen das Original ärger verstümmelt als in den jüngeren.

a) Das Berufungsgericht erklärt dieses Vorbringen aus förmlichen und sachlichen Gründen für unbeachtlich. (Zunächst werden die förmlichen Gründe geprüft. Namentlich wird dargelegt, das neu Vorgebrachte sei mit Recht als aus grober Nachlässigkeit verspätet — § 529 Abs. 2 ZPO. — zurückgewiesen worden.)

b) In der Revisionsbegründung wird als Sinn der zurückgewiesenen Behauptung angegeben: Die sämtlichen fünfzehn Romane seien durch die Übersetzung in der ersten Ausgabe durchweg (die Revision sagt „passim") derart gekürzt worden, daß der Umfang jedes einzelnen gegenüber dem Original ganz wesentlich verringert worden sei. Daraus, meint sie, müsse schon allgemein (Beweis der Wahrheit vorausgesetzt) gefolgert werden, das Erscheinen solcher Übersetzungen sei unerlaubt gewesen. Genauere Angabe der Abweichungen vom Original — aus 15 zum Teil umfangreichen Romanbänden — könne man billigerweise nicht verlangen; die Revision spricht von „ungenügender Vorstellung des Gerichts über die vor Aufstellung der einschlägigen Behauptung erforderlich gewesene Tätigkeit" und rügt, daß die allenfalls nötige richterliche Frage unterblieben sei. Auch diese Rüge ist ungerechtfertigt.

aa) Das Berufungsgericht hat die Behauptung, daß durch die Übersetzungen das Original verstümmelt werde, (trotz der Zurückweisung nach ZPO. § 529 Abs. 2) auch sachlich geprüft, aber so wie sie aufgestellt ist, mit Recht als unzulänglich angesehen. Es hat keineswegs versäumt, zu fragen. Denn seine Gründe sagen ausdrücklich: „Die Kläger können gar nicht angeben, welche Verstümmelungen überhaupt in Frage stehen. Sie stellen nur ganz allgemein diese Behauptung auf und vermochten auf Befragen nur anzugeben, daß die ersten Auflagen stärker verstümmelt gewesen seien, während dies bei den neueren Ausgaben in weniger hohem Grade der Fall sei. Sie bemerkten noch, daß die Bücher der ersten Auflagen viel dünner waren, wollen also anscheinend angeben, daß Weglassungen erfolgt seien. Ein solcher Schluß kann aber aus dem geringeren Umfang einzelner Druckstücke nicht ohne weiteres gezogen werden; auch die Art des Satzes wie auch die Dicke des verwendeten Papiers kann den Umfang eines Buches wesentlich verändern. Die Kläger vermögen ebensowenig anzugeben, auf welche einzelnen Werke sich die Bemängelung beziehen soll."

Die grundsätzliche Behandlung, welche das Berufungsgericht den Angaben der Kläger angedeihen läßt, ist zutreffend. Mit Recht geht es davon aus, daß in Streitpunkten wie den vorliegenden ganz allgemein gehaltene formelhafte Behauptungen, die zur Not auch ein Lesensunkundiger aufstellen könnte, nicht ausreichen. Für die Verstümmelung des Originals durch die Übersetzungen, und zwar unterschiedlich in älteren und jüngeren Ausgaben, hätte es der Beispiele bedurft, die dem Gericht genauere sachliche Prüfung ermöglichten. Wie dem Gericht aus derartiger Prüfung unter Umständen mühsame Einzelarbeit erwächst, so liegt es der Partei und ihren Sachwaltern ob, die entsprechende Mühe auf die Vorbereitung des Stoffes zu verwenden, der dem Gericht die Unterlagen verschaffen soll. Verwahrung gegen „ungenügende Vorstellung des Gerichts über ..... erforderlich gewesene Tätigkeit" wäre fehl am Orte. Die des anschaulichen Inhalts entbehrende Allgemeinheit der von den Klägern und ihrer Streithelferin aufgestellten Behauptungen läßt auch außer acht, daß jedes Schriftwerk ein Gebilde für sich ist, also hier jedes Zolasche Werk im Verhältnis zu seiner Übersetzung gesondert betrachtet und gewürdigt werden müßte. Das vorgelegte Hinrichssche Verzeichnis ergibt überdies bei den fünfzehn streitigen Werken nicht ausnahmslos denselben Übersetzer: beim „Totschläger" ist W. König als solcher aufgeführt, bei den übrigen Werken allerdings überall A. Schwarz. Jedenfalls geht es nicht an, in Pausch und Bogen von einer Übersetzungsreihe wie von einer Gattungsware zu sprechen und mit Bezug auf sie allgemeine Behauptungen vorzubringen, die notwendig nur nach der Beschaffenheit des einzelnen Stückes und seiner Besonderheit aufgestellt werden können, diese Sonderart aber auch kenntlich machen müßten. Was den Behauptungen an Genauigkeit fehlt, wird dadurch, daß für sie ein Beweis (sachverständiger Zeuge) angeboten wird, nicht ausgeglichen. Denn zuvor muß geprüft werden, ob die Angaben selbst schlüssig sind. Das Oberlandesgericht hat dies ohne Verstoß gegen Rechtsregeln verneint. Es ist auf Grund des Sachvortrags, und zwar nach Ausübung des Fragerechts, zu der Überzeugung gekommen: Die Kläger behaupten „Verstümmelung" der Romane Zolas durch die umstrittenen Übersetzungen lediglich nach äußerlichen Anzeichen, die den Schluß auf Verschlechterung von Gedankengehalt und Ausdrucksform nicht rechtfertigen; sachlich beweisende Merkmale, aus denen solche Beeinträchtigung zu folgern wäre, vermögen sie nicht anzugeben. Dafür, daß etwa zwischen älteren und jüngeren Übersetzungen oder Übersetzungsausgaben ein durchgreifender Unterschied obwalte, der eine Wesensungleichheit begründen könnte (vor 1907 eingreifendere Veränderungen als später), fehlt deshalb vollends jeder Anhalt. Das Berufungsgericht hat bei allem dem weder die Pflicht zur aufklärenden Frage (§ 139 ZPO.) verletzt noch gegen die Regeln der Behauptungs- und Beweislast oder gegen andere Grundsätze sachlichen Rechts verstoßen.

bb) Nimmt also das Berufungsgericht begründeterweise an, für die Verstümmelung Zolascher Werke durch die umstrittenen Übersetzungen sei nichts Ausreichendes vorgebracht, so braucht nicht darauf eingegangen zu werden, ob Verstümmelung, wenn erwiesen, die Übersetzung notwendig zu einer unerlaubten gemacht hätte. Namentlich ist es entbehrlich, die Gegenausführungen des Beklagten zu erörtern, wonach etwa geschehene Verstümmelung der Originale durch kürzende oder mangelhafte Übersetzung nur das Persönlichkeitsrecht des Verfassers berührt hätte, ohne jedoch urheberrechtlichen Ansprüchen Grundlage oder Handhabe zu bieten. Das Berufungsgericht sieht demnach mit Recht als dargetan an, die Übersetzungen seien vor dem Inkrafttreten der Revidierten Berner Übereinkunft in Deutschland erlaubterweise erschienen.

4. Die Ausführung des Berufungsurteils, daß, soweit die Klage auf unerlaubte Handlung gestützt werde, weder Vorsatz noch Fahrlässigkeit des Beklagten oder seines Rechtsvorgängers erwiesen

sei, läßt ebenfalls keinen Rechtsirrtum erkennen. Doch bedarf dies keiner näheren Darlegung, weil keine widerrechtliche Verletzung des Urheberrechts der Kläger vorliegt, also dem erhobenen Klaganspruch eine wesentliche Voraussetzung mangelt.

---

5. 1. Gerät die Hauptniederlassung einer deutschen Bank in Verzug, wenn sie das Guthaben, das ein Deutscher bei ihrer im besetzten Gebiet befindlichen Zweigniederlassung hat, auf Mahnung des Berechtigten deshalb nicht auszahlt, weil das Vermögen der Zweigniederlassung und das genannte Guthaben vom Feinde beschlagnahmt worden ist?

2. Zur Frage des Verschuldens einer Bank bei nicht rechtzeitiger Erledigung von Eilaufträgen.

3. Ist die Frage, ob eine in der Inflationszeit geleistete Zahlung als vollwertig anzunehmen war, weil noch der Satz Mark gleich Mark in Geltung war, auch beim Verzug von Bedeutung?

BGB. §§ 284, 285.

IV. Zivilsenat. Urt. v. 22. September 1930 i. S. Rh. Kreditbank AG. (Bekl.) w. M. (Kl.). IV 493/29.

I. Landgericht Mannheim.
II. Oberlandesgericht Karlsruhe.

Bei der Zweigniederlassung der verklagten Bank in Mülhausen i. E. hatten der Kläger und seine Ehefrau am 16. November 1918 auf einem gemeinsamen Konto ein Guthaben von 28659 M., die Ehefrau ferner zum 30. desselben Monats ein Guthaben von 20044 M. auf einem laufenden und ein solches von 10319 M. auf einem Depositenkonto. Auf das laufende Konto hatte sie am 19. November 1918 6000 M. eingezahlt. Der Kläger behauptet: Er und seine Frau hätten schon vor dem 16. November 1918, jedenfalls aber an diesem Tage, der Filiale der Beklagten in Mülhausen i. E. den Eilauftrag erteilt, ihre gesamten Guthaben an die Pfälzische Bank in München zu überweisen. Der Auftrag sei noch vor dem am 17. November 1918 erfolgten Einmarsch der Franzosen ausführbar gewesen, aber schuldhafterweise unerledigt geblieben.

Später sei das Guthaben von 28659 M. liquidiert und vom Sequester der Filiale an seinen — des Klägers — Sequester gezahlt worden. Er habe von dem Gelde nichts erhalten. Er hat die Beklagte deshalb auf Schadensersatz in Anspruch genommen und die Klage in zweiter Linie darauf gestützt, daß er die Beklagte selbst am 13. März 1919 vergeblich zur Zahlung aufgefordert habe. Diese hat im April 1920 30000 M. an den Kläger gezahlt, wie der Kläger behauptet als Darlehen, nach Angabe der Beklagten als Vorschuß auf sein Guthaben.

Die Beklagte wandte ein: Der Auftrag, der kein Eilauftrag gewesen sei, habe am 16. November 1918 nicht mehr ausgeführt werden können; seine Ausführung sei danach durch die Maßnahmen der Franzosen unmöglich geworden. Ein Verschulden treffe sie nicht. Durch die Mahnung vom 13. März 1919 sei sie nicht in Verzug geraten, weil sofort nach dem Einzug der Franzosen die Guthaben beschlagnahmt, das gemeinschaftliche Guthaben liquidiert und das Guthaben der Ehefrau erst im Jahre 1922 freigegeben worden sei. Die Auszahlung des gemeinschaftlichen Guthabens an seinen Sequester müsse der Kläger als Zahlung gegen sich gelten lassen, das Guthaben der Frau sei durch die Zahlung vom April 1920 ausgeglichen.

Das Landgericht wies die Klage ab. Das Berufungsgericht verurteilte die Beklagte unter Abweisung des Mehranspruchs, an den Kläger 8627 RM. nebst Zinsen in Höhe des Reichsbankdiskonts vom 1. Januar 1925 ab zu zahlen, und wies die weitergehende Berufung zurück. Beide Teile legten Revision ein. Diejenige des Klägers führte zur teilweisen Aufhebung und Zurückverweisung. Die Revision der Beklagten dagegen blieb erfolglos.

Aus den Gründen:

Der Kläger nimmt teils aus eigenem Recht, teils aus abgetretenem Recht seiner Ehefrau die verklagte Bank als Hauptniederlassung auf Schadensersatz in Anspruch, weil ihre Zweigniederlassung in Mülhausen i. E. den am 16. November 1918 — einen Tag vor dem Einrücken der Franzosen — erteilten Auftrag beider Eheleute, ihre dortigen Guthaben an die Pfälzische Bank in München zu überweisen, schuldhaft nicht alsbald ausgeführt habe. Daneben stützt er seinen Anspruch auf Zahlung von 25000 RM. auch auf Verzug der Hauptniederlassung selbst, die er Anfang März 1919 vergeblich aufgefordert haben will, ihm die Guthaben auszuzahlen.

Diese betrugen nach Annahme des Berufungsgerichts damals 59022 M. + 3332 M. Zinsen = 62354 M.

In Übereinstimmung mit der ständigen Rechtsprechung des Reichsgerichts (RGZ. Bd. 107 S. 44, Bd. 108 S. 265, Bd. 109 S. 357 u. a.) geht das Berufungsgericht, das den Anspruch in Höhe von 8627 RM. nebst Zinsen für begründet erklärt hat, davon aus, daß die elsaß-lothringische Zweigniederlassung der Beklagten in Mülhausen kein selbständiges Rechtssubjekt sei, sondern daß Haupt- und Zweigniederlassung einen einheitlichen Geschäftsbetrieb derselben Rechtspersönlichkeit bildeten und daß daher Träger der Rechte und Pflichten, die aus dem Betrieb der Zweigniederlassung erwachsen sind, der Inhaber der Hauptniederlassung sei. Diese ist, wie der Vorderrichter annimmt, am 13. März 1919 auf Zahlung von 30000 M. gemahnt worden, und zwar umfaßte diese Mahnung die auf einem gemeinschaftlichen Konto M. stehenden 28659 M.

Die Beklagte will nicht in Verzug geraten sein, weil das gemeinschaftliche Konto gleich nach dem Einrücken der Franzosen beschlagnahmt und später gegen die Eheleute M. als Kontoinhaber liquidiert worden sei. Insoweit hat der Berufungsrichter festgestellt, es sei auf Grund einer französischen Ordonnanz vom 15. Januar 1919 das in Elsaß-Lothringen befindliche Vermögen des Klägers und auf Grund einer solchen vom 4. Februar 1919 auch das Filialvermögen der Mülhausener Zweigniederlassung der Beklagten sequestriert worden. Diesen Sequestrationen sei kraft der Ermächtigung durch eine Verordnung vom 17. April 1919 die Liquidation gefolgt und das gemeinschaftliche Guthaben der Eheleute M. sei in der Weise zur Liquidationsmasse gezogen worden, daß am 11. November 1919 der Liquidator der Zweigniederlassung der Beklagten den M.schen Liquidator Z. als Verfügungsberechtigten über das Guthaben habe eintragen lassen und daß dieser das Guthaben später an einen Unbekannten für 6,04 Frcs. verkauft habe, die zur M.schen Liquidationsmasse genommen worden seien. Die 28659 M. habe der Liquidator der Zweigniederlassung an den unbekannten Zessionar ausgezahlt.

Der Berufungsrichter unterstellt, daß dieser Verkauf des Guthabens vor dem 10. Januar 1920, dem Tage des Inkrafttretens des Versailler Vertrags, stattgefunden habe. Demgemäß vertritt er die Ansicht, daß die Liquidation des Guthabens als außerordentliche Kriegsmaßnahme zu betrachten und gemäß Art. 297d VersVertr., obwohl sich die Forderung am Sitze der Hauptniederlassung befunden habe, für jedermann bindend geworden sei, derart, daß der Kläger die schließlich erfolgte Auszahlung der Forderung aus der Liquidationsmasse der Zweigniederlassung an seinen Liquidator so gegen sich gelten lassen müsse, als ob sie an ihn selbst geleistet worden wäre. Diese Auffassung wird von keiner Seite angegriffen und ist rechtlich unbedenklich (RGZ. Bd. 107 S. 44, Bd. 108 S. 267).

Wie der Berufungsrichter zutreffend annimmt und auch die Revision der Beklagten nicht bezweifelt, ist indessen damit noch keine Heilung des Verzugs eingetreten, wenn anders, was das angefochtene Urteil gleichfalls annimmt, schon am 13. März 1919 die Voraussetzungen des Verzugs vorgelegen haben sollten. Denn mit der Auszahlung des Guthabens an den Liquidator des Klägers hörte der Verzug nur für die Zukunft auf, und die Bedeutung des Art. 297 VersVertr. erschöpft sich insoweit darin, daß der Kläger die Zahlung als rechtswirksam hinnehmen muß. Der Berufungsrichter prüft daher die Frage, ob die Beklagte geltend machen kann, nach dem zur Zeit der Mahnung maßgebenden Rechtszustand sei die Forderung des Klägers in Elsaß-Lothringen durch Maßnahmen der Franzosen betroffen worden, die ihre Einklagung in Deutschland hinderten, oder ob sie sich nicht wenigstens darauf berufen kann, daß sie sich in einem entschuldbaren Irrtum über die Rechtslage befunden habe.

Dafür, daß die Beklagte ungeachtet der Maßnahmen der Franzosen am 13. März 1919 ihre Schuld hätte tilgen können, gibt der Berufungsrichter zwei Gründe. Einmal hätten die Franzosen eine Beschlagnahme der streitigen Forderung mit Wirksamkeit gegenüber der Beklagten gar nicht verfügen können, da die Wegnahme des feindlichen Privateigentums völkerrechtlich untersagt sei. Zweitens seien nach den französischen Gesetzen die Guthaben deutscher Gläubiger bei elsaß-lothringischen Zweigniederlassungen deutscher Banken weder durch die Liquidation des Filialvermögens beschlagnahmt worden, da diese insoweit nur als Bruttobeschlagnahme, d. h. ohne Abzug der Schulden an deutsche Gläubiger beabsichtigt gewesen sei, noch hätten die erlassenen Sequestrations- und Liquidationsverfügungen, soweit sie sich gegen das Vermögen deutscher Bankkunden richteten, deren Guthaben bei deutschen Bankfilialen in Elsaß-

Lothringen ergriffen. Denn nicht nur nach deutscher Auffassung, sondern auch nach dem Sinn der französischen Verordnungen befänden sich diese Forderungen am Sitze des Stammhauses, sie seien also in Deutschland belegen, während durch die Verordnungen der französischen Behörden über Kollektivbeschlagnahme nur die deutschen Guthaben bei denjenigen Banken erfaßt worden seien, die in Elsaß-Lothringen ihre Hauptniederlassung und gegebenenfalls daneben noch Filialen gehabt hätten und deren Inhaber französische Staatsangehörige gewesen seien, sodaß die Auszahlung des Guthabens von Liquidator zu Liquidator ein Übergriff dieser Liquidatoren gewesen sei, der erst nachträglich durch Art. 297 a. a. O. geheilt worden sei.

Rechtliche Bedenken gegen diese Auffassung bestehen jedenfalls insoweit nicht, als sowohl nach deutschem wie nach zwischerstaatlichem Privatrecht für die Beurteilung der Wirksamkeit gerichtlicher oder sonstiger behördlicher Maßnahmen als der Ort, wo sich die Forderung befindet, grundsätzlich der Wohnsitz des Schuldners, also der Sitz der Hauptniederlassung anzusehen ist (RGZ. Bd. 107 S. 44, Bd. 108 S. 265, Bd. 110 S. 380; ferner die in DJZ. 1924 Sp. 828 und JW. 1926 S. 1986 Nr. 1 abgedruckten Urteile des Reichsgerichts). Eine Beschlagnahme des Guthabens hätte daher vor Inkrafttreten des Art. 297 a. a. O. seine Einklagung in Deutschland nicht gehindert, da die Beschlagnahme von deutschen Gerichten nicht hätte als wirksam anerkannt werden können. Sie war völkerrechtswidrig, da nach der allgemeinen Auffassung auf dem Kontinent das Privateigentum im Kriege unverletzlich und die Unverletzlichkeit im Waffenstillstandsabkommen von den Franzosen noch eigens zugesichert war: „Il ne sera pas apporté aucun dommage ou préjudice à la personne ou à la propriété des habitants.“ Haben ferner, wie der Berufungsrichter in Anwendung ausländischen Rechts annimmt, die französischen Verordnungen deutsche Guthaben bei elsaß-lothringischen Zweigniederlassungen deutscher Banken überhaupt nicht erfaßt, so hätte selbst bei Anwendung französischen Kriegsrechts der Einklagung der Forderung gegen die Hauptniederlassung in Deutschland objektiv kein rechtliches Hindernis im Wege gestanden.

Nach Meinung des Berufungsrichters könnte sich die Beklagte zu ihrer Entlastung gemäß § 285 BGB. weder auf einen Rechtsirrtum berufen, da sie sich um die einschlägigen französischen Normen nicht genügend gekümmert habe, noch könnte sie geltend machen, daß sie über den Stand der M.schen Konten im Ungewissen gewesen sei, weil der Kläger, wenn ihm dies entgegengehalten worden wäre, durch die in seinen Händen befindlichen Kontoauszüge hätte nachweisen können, daß über die Konten noch nicht verfügt worden sei. Ob der letztere Gesichtspunkt zutreffend ist, kann dahingestellt bleiben; denn dem ersteren kann nicht beigetreten werden, wie die Revision mit Recht rügt. Insoweit ist mit der ständigen Rechtsprechung des Reichsgerichts (RGZ. Bd. 92 S. 379, Bd. 96 S. 316, Bd. 118 S.131; RGUrt. v. 24. April 1929 I 327/28[1]) und v. 19. Mai 1930 IV 441/29) zwar davon auszugehen, daß eine unrichtige Rechtsauffassung, selbst wenn sie nicht auf Fahrlässigkeit beruht, in der Regel vom Schuldner zu vertreten ist. Er handelt auf eigene Gefahr, wenn er, von jener Auffassung geleitet, die Zahlung unterläßt. Nur in ganz besonderen Fällen kann ein nicht auf Fahrlässigkeit beruhender Rechtsirrtum den Schuldner von den Verzugsfolgen befreien. Ein solcher Fall liegt aber hier vor, wie entgegen der Meinung des Berufungsrichters mit der Revision der Beklagten anzunehmen ist.

Die Beklagte wird sich zwar nicht darauf berufen können, daß sie die Maßnahmen, welche die Franzosen gegen das deutsche Privateigentum in Elsaß-Lothringen ergriffen haben, entgegen der in Deutschland allgemein geteilten Meinung im März 1919 für völkerrechtlich zulässig gehalten habe. Allein angesichts der damals im deutschen Schrifttum und in der Rechtsprechung noch völlig ungeklärten Frage, wie die feindlichen Sequestrationen und Liquidationen deutscher Zweigniederlassungen im Ausland auf deren Rechtsverhältnisse zu ihren Gläubigern und Schuldner wirken würden, war die Beklagte, die auch durch Erkundigungen und Rechtsrat darin nicht hätte weitergeführt werden können, im Ungewissen darüber, ob eine Begleichung des Kontos des Klägers aus Mitteln ihrer Hauptniederlassung nicht zu einer Doppelzahlung führen könne, für die sie entschädigungslos bleiben würde. Dieser Fall war sowohl dann gegeben, wenn die Forderung schon von Sequester zu Sequester beglichen war (worüber die Beklagte angesichts der Sequestrierung ihrer Zweigniederlassung nicht zuverlässig unterrichtet sein konnte), als auch dann, wenn der Kläger ungeachtet einer etwaigen Zahlung aus Mitteln der Hauptniederlassung in Zukunft zu Händen seines Sequesters aus

[1]) Abgedr. in SeuffArch. Bd. 83 Nr. 165. D. R.

Mitteln der Zweigniederlassung durch den französischen Sequester nochmals befriedigt wurde. Das letztere ist nach der Feststellung des Berufungsrichters schon vor dem 13. März 1919 in sonstigen Fällen tatsächlich geschehen und war auch hier nicht undenkbar, da möglicherweise aus dem sequestrierten Vermögen des Klägers französische Gläubiger hätten befriedigt werden müssen, denen damals der Weg des erst durch den Versailler Vertrag eröffneten Ausgleichsverfahrens noch nicht offen stand. Ob dies als Übergriff des französischen Sequesters hätte gedeutet werden müssen, kommt für die Frage der Würdigung des Rechtsirrtums der Beklagten nicht in Betracht. Selbst wenn sie im Sinne der heutigen rückschauenden Betrachtung in der Lage gewesen wäre, die französischen Gesetze so auszulegen, wie der Berufungsrichter will, so kam es für die Gefahr einer Doppelzahlung weniger auf diese Auslegung an als darauf, wie diese Gesetze in Wahrheit von den Franzosen gehandhabt wurden. Insoweit hat, wie das Schrifttum bezeugt, die französische Auffassung gewechselt. Anfangs wurden in Elsaß-Lothringen vom Sequester des Schuldners die Schuldbeträge an den Sequester des Gläubigers gezahlt. Später gab man diese Übung auf, weil man sie im Hinblick auf das Gesamtergebnis der Liquidation als zwecklos empfand. Die französische Regierung hatte nämlich damals den Standpunkt durchgesetzt, daß die Guthaben französischer Gläubiger gegen deutsche Schuldner oder gegen Zweigniederlassungen deutscher Banken nicht aus der Liquidationsmasse beglichen zu werden brauchten, sondern im Ausgleichsverfahren geltend gemacht werden konnten. Die Aufgabe der früheren Übung hatte des weiteren ihren Grund darin, daß Schwierigkeiten verursacht wurden durch die Frage, ob Markforderungen in diesem Falle aufzuwerten seien (Fuchs in Leske-Löwenfeld, Die Rechtsverfolgung im internationalen Verkehr Bd. 6 Teil II: Die Grundsätze des Versailler Vertrags über die Liquidation und Beschlagnahme deutschen Privatvermögens im Auslande S. 215 Anm. 46; Périer Sequestrations et liquidations des biens allemands en Alsace et Lorraine S. 160flg.). Die Beklagte durfte daher davon ausgehen, daß eine ordnungsmäßige Liquidation, falls sie der Sequestration folgen werde, auch zur Zahlung der auf dem liquidierten Vermögen ruhenden Schulden führen müsse, ein Standpunkt, den auch die deutsche Regierung gegenüber der französischen Auffassung vertrat (Schalfejew Liquidationsschädengesetz S. 39, 40). Es bestand daher für die Beklagte die rechtliche Ungewißheit, ob eine etwa schon erfolgte oder noch erfolgende Auszahlung des Guthabens von Sequester an Sequester schuldbefreiende Wirkung für sie haben werde, wenn sie aus Mitteln der Zweigniederlassung erfolge. Daß sie in der Beurteilung dieser Frage fehlgegriffen hat, kann ihr nicht zum Verschulden angerechnet werden angesichts der damals völlig unsicheren Rechtslage, die erst durch die spätere Rechtsprechung geklärt wurde.

Dazu kommt aber schließlich, daß mit der Möglichkeit zu rechnen war, die Maßnahmen der Franzosen würden sich schon in kürzester Zeit auch gegenüber dem deutschen Rechtsstandpunkt nach dem Recht des Siegers durchsetzen und Deutschland werde zu ihrer Anerkennung gezwungen, wie es ja schließlich auch durch Art. 297 VersVertr. geschehen ist, auf Grund dessen die erfolgte Liquidierung und Zahlung des Guthabens vom Kläger als rechtswirksam anerkannt werden mußte. Unter diesen außergewöhnlichen Umständen beruht es nicht auf Fahrlässigkeit, wenn die Beklagte nicht aus Mitteln ihrer Hauptniederlassung Zahlung leistete, solange die Forderung des Klägers nicht freigegeben oder nicht klargestellt war, ob der Kläger aus Mitteln der Zweigniederlassung Befriedigung erlangen werde oder eine etwaige Zahlung an seinen Sequester als rechtswirksam werde hinnehmen müssen. Danach kann die Beklagte aus den §§ 284, 286 BGB. nicht haftbar gemacht werden.

Dagegen wird die Hilfserwägung des Berufungsrichters von der Revision der Beklagten vergebens angegriffen. Wie das Oberlandesgericht feststellt, hat die Mülhausener Filiale der Beklagten am 16. November 1918 — einen Tag vor dem Einrücken der Franzosen — von beiden Eheleuten den schriftlichen Auftrag erhalten, ihr Konto „per heute abzuschließen und an die Pfälzische Bank Filiale München zu überweisen". Dieser Auftrag ist nicht ausgeführt worden. Er war, wie der Berufungsrichter annimmt, als Eilauftrag gedacht, und die Auftraggeber hatten auch deutlich zum Ausdruck gebracht, daß sie um ihre Guthaben besorgt waren und sie schleunigst nach Deutschland überwiesen haben wollten.

In diesem Zusammenhang macht die Revision geltend, man habe damals für die Sicherheit der Bankguthaben nicht die geringsten Befürchtungen gehegt, worüber in der Vorinstanz Beweis angetreten worden sei (§ 286 ZPO.). Die Rüge ist unbegründet. Angesichts der Feststellung, daß der Kläger und seine Frau um ihre Guthaben besorgt waren — zudem, wie sich gezeigt hat, auch noch in richtiger Erkenntnis der Dinge —, und daß sie deswegen einen Eilauftrag erteilten, ist nicht zu erkennen, was es für ihr hierdurch begründetes Rechtsverhältnis zur Bank ausmachen könnte, wenn andere Personen damals nicht die gleichen Befürchtungen gehegt haben sollten. Dann ist es aber auch nicht rechtsirrtümlich, wenn der Berufungsrichter annimmt, ein unter diesen Umständen erteilter Eilauftrag habe bei Anwendung der im Kundenverkehr der Bank erforderlichen Sorgfalt noch am gleichen Tage ausgeführt werden müssen, und wenn er von der Beklagten den Entlastungsbeweis dahin verlangt, daß der Auftrag gleichwohl nicht mehr rechtzeitig habe ausgeführt werden können. Es kommt aber hierauf nicht einmal an, weil der Berufungsrichter positiv festgestellt hat nicht nur, daß der Auftrag in der Zeit bis zum 18. November morgens, sondern auch daß er noch im Laufe des 16. November, an dem die Bank bis nachmittags 2 Uhr gearbeitet habe, hätte ausgeführt werden können, wenn die Bank, die ihn als Eilauftrag entgegengenommen habe, ihn auch als eilig behandelt hätte. Gegenüber dieser tatsächlichen Annahme trifft die Beklagte auf alle Fälle wenigstens die Last des Gegenbeweises, daß sich die Ausführung des Auftrags aus besonderen Gründen im Laufe des 16. November nicht mehr hätte erledigen lassen. Wenn demgegenüber die Revision darauf hinweist, es sei Beweis durch Sachverständige dafür angeboten, aber nicht erhoben, daß der Auftrag in den damaligen Zeiten im Laufe des 16. November nicht mehr hätte erledigt werden können, so war das Berufungsgericht nicht genötigt, auf dieses Beweisanerbieten einzugehen, weil die Anhörung von Sachverständigen im pflichtmäßigen richterlichen Ermessen steht und der Berufungsrichter daher berechtigt war, die Mithilfe von Sachverständigen abzulehnen, wenn er sich eine als Überzeugung genügende eigene Sachkunde beimaß (RGZ. Bd. 103 S. 386). Dies um so mehr, als sich diese seine Überzeugung nicht allein auf allgemeine Erwägungen, sondern auch auf die am 16. November schon größtenteils durchgeführte Behandlung des Auftrags und auf die sonstigen Beweisergebnisse gestützt hat, die ihn in den Stand setzen konnten, sich eine eigene Meinung darüber zu bilden, ob sich der Auftrag bei sachgemäßer Behandlung noch am 16. November hätte erledigen lassen können. Es kommt hiernach nicht darauf an, warum das Auftragsschreiben selbst nicht als dringend bezeichnet und nicht lediglich zur

Abkürzung des Verfahrens die Überweisung des Rohsaldos beantragt worden ist; ebensowenig darauf, ob die Unterlassung — was der Berufungsrichter annimmt, die Revision aber beanstandet — auf ein Verschulden des C., des Angestellten der Filiale, zurückzuführen ist.

Dem Einwand der Beklagten, daß der Auftrag, auch wenn er am 16. November noch bankmäßig erledigt worden wäre, doch wegen der damals schon bestehenden Postsperre nicht hätte ausgeführt werden können, begegnet der Berufungsrichter mit der tatsächlichen Feststellung, daß am 16. November der Briefverkehr nach Deutschland noch völlig unbehindert gewesen sei und daß die Züge über den Rhein sogar noch bis 18. November verkehrt hätten (wird näher ausgeführt).

Aus diesen tatsächlichen Feststellungen hat der Berufungsrichter den bedenkenfreien Schluß gezogen, daß die Filiale in Mülhausen den Auftrag vom 16. November 1918 schuldhaft verzögert habe, sodaß seine Ausführung infolge der nach dem Einmarsch der Franzosen erlassenen Anordnungen unmöglich geworden und schließlich ganz unterblieben sei, während der Kläger bei rechtzeitiger Ausführung in der Lage gewesen wäre, über den an die Pfälzische Kreditbank in München überwiesenen Betrag dort zu verfügen. Für den hieraus erwachsenen Schaden hält er die Beklagte als Hauptniederlassung, die dieses Verhalten ihrer Filiale zu vertreten habe, nach §§ 662, 675, 276 BGB. für verantwortlich. Diese Rechtsauffassung steht zur Frage der Haftung der Hauptniederlassung mit RGZ. Bd. 107 S. 45, 46, Bd. 108 S. 267, Bd. 109 S. 362 im Einklang und ist auch im übrigen unbedenklich. (Es folgen Ausführungen über die Höhe des Schadens.)

Hiernach war die Revision der Beklagten zurückzuweisen.

Dagegen ist die Revision des Klägers teilweise begründet. Sie rügt, daß der Berufungsrichter dahingestellt gelassen habe, ob nicht die Beklagte schon in Verzug geraten sei durch die Zahlungsaufforderung vom 30. Dezember 1918, welche Frau M. gegenüber dem Direktor der Mülhausener Zweigniederlassung ausgesprochen habe. Es kommt jedoch darauf nicht an, da der Berufungsrichter festgestellt hat, daß der Kläger, wenn der geschuldete Betrag rechtzeitig, d. h. am 16. November 1918, an die Pfälzische Bank in München überwiesen worden wäre, doch vor dem 13. März 1919 (Tag der Mahnung der Hauptniederlassung) nicht darüber verfügt hätte. Diese Erwägung liegt aber auf tatsächlichem Gebiet ...

Beanstandet wird ferner die Anrechnung der dem Kläger im April 1920 gezahlten 30000 PM. zum vollen Nennbetrag. Zunächst stellt die Revision dabei zur Nachprüfung, ob die 30000 M. nicht ein dem Kläger gewährtes Darlehen gewesen seien. Das verneint der Berufungsrichter, indem er darlegt, daß die 30000 M. als Vorschuß auf die Schuld, also auf das Guthaben, zu betrachten seien, das zu Recht bestanden habe. Auch diese Erwägung liegt auf tatsächlichem Gebiet. Der Berufungsrichter irrt aber, wenn er meint, der Kläger müsse, obgleich die Beklagte im Verzug gewesen sei, diese Zahlung als Vollerfüllung gelten lassen, weil damals die Geldentwertung nur in geringem Maße fortgeschritten gewesen sei und noch im allgemeinen der Grundsatz Mark gleich Mark gegolten habe. Das Maß der damaligen Geldentwertung war nach der Tabelle zum Aufwertungsgesetz folgendes: 100 PM. waren im März 1919 gleich 40 GM., im April 1920 nur noch gleich 7 GM. Das Reichsgericht hat angenommen, daß die Frage, ob eine Zahlung in der Inflationszeit noch als vollwertig zum Nennbetrag anzunehmen sei, nur für die Frage der Aufwertung, nicht dagegen für den Klagegrund des Verzugs von Bedeutung sei (vgl. RGUrt. v. 1. Juni 1926 II 443/25 in WarnRspr. 1926 Nr. 175 und v. 6. Mai 1929 IV 690/28). Nun steht allerdings nach den vorstehenden Darlegungen dem Kläger kein Anspruch auf Verzugsschaden zu. Die Grundsätze, die hier zur Anwendung kommen, sind jedoch beim Schadensersatzanspruch aus Vertragsverletzung die nämlichen, da sich auch dieser Schadensersatzanspruch, der den Ausgleich der Geldentwertung zum Gegenstand hat, auf § 249 BGB. stützt. . . .

Unberührt von dieser Vorschußzahlung auf das Guthaben blieb also die Schadensersatzforderung des Klägers, die sich aus der Nichtausführung des Auftrags herleitet, und zwar nicht nur, soweit sich infolge der Geldentwertung neue Schadensfolgen für den nicht bevorschußten Teil des Guthabens ergaben, sondern auch insoweit, als nach der heutigen Auffassung ein in Goldmark zu berechnender Schaden dadurch erwachsen war, daß die 30000 M. erst im April 1920 gezahlt wurden. Da die Beklagte dem Kläger allen Schaden ersetzen muß, der daraus erwachsen ist, daß der Auftrag vom 16. November 1918 auf allen damals vorhandenen Konten unausgeführt blieb, so hat sie, wie schon erörtert und wie auch der Berufungsrichter annimmt, für denjenigen Wert aufzukommen, den sich der Kläger im Vermögen erhalten haben würde, wenn ihm der Betrag bei seiner Bank in München am 13. März 1919 zur Verfügung gestanden hätte. Da er aber erst im April 1920 30000 M. auf das Guthaben empfangen hat, so muß die Beklagte gemäß § 249 BGB. für diese verspätete Zahlung insofern und insoweit aufkommen, als anzunehmen sein sollte, daß er sich bei rechtzeitiger Zahlung, also zum 13. März 1919, mehr Goldmarkwerte erhalten hätte, als ihm nach der erst im April 1920 geleisteten Zahlung infolge der inzwischen eingetretenen starken Entwertung der Mark zu erhalten möglich war. Diese Auffassung wird auch nicht durch die Erwägung des Berufungsrichters beeinträchtigt, daß die Parteien in der Folgezeit — d. h. nach der Zahlung der 30000 M. — die Forderung als eine solche „angesehen hätten", die in Höhe von 30000 M. getilgt sei. Denn getilgt war nur das entsprechende Guthaben. Eine Einigung der Parteien darüber, daß mit der Zahlung jeder Schadensersatzanspruch insoweit endgültig beglichen sein solle, ist aber nicht dargetan. Denn die 30000 M. sind schließlich unter Wahrung des beiderseitigen Rechtsstandpunkts gezahlt und entgegengenommen worden. Daß dieser Standpunkt später aufgegeben worden sei, ist nicht festgestellt. Von diesem Gesichtspunkt aus wird daher der Berufungsrichter erneut zu prüfen haben, ob nicht auch in Ansehung der gezahlten 30000 M. ein Schadensersatzanspruch gerechtfertigt ist und in welcher Höhe.

Die Revision des Klägers muß daher insoweit Erfolg haben, als der Berufungsrichter wegen der erörterten 30000 M. (abzüglich der erst am 19. November 1918 eingezahlten 6000 M.) den Schadensersatzanspruch aus dem Gesichtspunkt der Vertragsverletzung verneint. (Der Abzug der 6000 M. wird begründet.)

---

6. Zur Auslegung des § 419 Abs. 1 BGB.

II. Zivilsenat. Urt. v. 26. September 1930 i. S. Spar- und Darlehnskasse W., eingetr. Genossenschaft mit unbeschr. Haftpflicht (Kl.) w. Sch. u. Gen. (Bekl.). II 520/29.

I. Landgericht Verden.
II. Oberlandesgericht Celle.

Der Vater des Beklagten August B., der während des Rechtsstreits verstorbene frühere Mitbeklagte Heinrich B., war Rendant und Vorstandsmitglied der klagenden Genossenschaft. Dem Vorstand gehörte seit 1. Juli 1925 auch der Beklagte Sch. an. Gegenstand des Unternehmens der Klägerin ist der Betrieb einer Spar- und Darlehenskasse. Der Kaufmann M. in W., der während des Rechtsstreits den Offenbarungseid geleistet hat, hatte bei ihr einen ungesicherten Kredit in erheblicher Höhe erhalten. Daraus entstanden der Klägerin Verluste, die sie im ersten Rechtszug schließlich auf 37502,50 RM. beziffert hat. Hierfür nimmt sie die Beklagten in Anspruch. Dem früheren Mitbeklagten Heinrich B. machte sie insbesondere zum Vorwurf, daß er in gröblicher Verletzung seiner Pflichten als Rendant und Vorstandsmitglied sich nicht an den Beschluß des Vorstands der Genossenschaft vom 1. März 1924 gehalten habe, wonach der Kredit des M. auf höchstens 10000 RM. bemessen und von der Beibringung eines Bürgen abhängig gewesen sei. Außerdem warf sie ihm vor, er habe die Kreditgeschäfte mit M. zum Teil nur dadurch ermöglicht, daß er bei Girierung der M.schen Wechsel für die Klägerin die hierzu erforderliche Unterschrift eines zweiten Vorstandsmitglieds gefälscht habe. Gegenüber dem Beklagten Sch. stützt sich die Klägerin auf die Behauptung, daß er sich als Vorstandsmitglied an der pflichtwidrigen Kreditgewährung durch Mitunterzeichnung der M.schen Wechsel namens der Klägerin beteiligt und auch keine Veranlassung genommen habe, sich zuvor über den Stand des M.schen Kontos und über die Einhaltung der vom Vorstand vorgeschriebenen Kreditbedingungen zu vergewissern. Den Beklagten August B. nimmt die Klägerin zunächst als Übernehmer des Vermögens seines Vaters in Anspruch, der ihm kurz vor Klagerhebung den Hof übereignet habe. Weiter macht sie geltend, August B. habe sich an den Wechselfälschungen seines Vaters beteiligt. Hilfsweise ficht sie die Gutsübereignung wegen Gläubigerbenachteiligung an. Ihr Klagantrag im ersten Rechtszug ging schließlich dahin, die drei Beklagten unter Haftung als Gesamtschuldner zur Zahlung von 37502,50 RM. nebst Zinsen zu verurteilen.

Das Landgericht verurteilte den Beklagten Heinrich B. zur Zahlung von 13551,25 RM. nebst Zinsen und den Beklagten August B. zur Zahlung von 8436,11 RM. nebst Zinsen unter Gesamthaftung mit Heinrich B., wies aber im übrigen die Klage ab.

Die Klägerin und die beiden Beklagten B. legten Berufung ein. Die erstere stellte nunmehr gegenüber dem Beklagten August B. den Hilfsantrag, er habe wegen einer der Klägerin gegen die Erben des Heinrich B. zustehenden Forderung von 13551,25 RM. die Zwangsvollstreckung in gewisse Grundstücke zu dulden. Das Oberlandesgericht wies durch Teilurteil die Berufung der Klägerin gegenüber dem Beklagten Sch. zurück und erkannte in Ansehung des Beklagten August B. nach dem von der Klägerin im Berufungsverfahren gestellten Hilfsantrag. Die Revisionen der Klägerin und des Beklagten August B. hatten Erfolg, diejenige der Klägerin gegenüber dem Beklagten August B. aus folgenden

Gründen:

... Das Berufungsgericht hält die Ansprüche der Klägerin gegen den Beklagten August B., soweit sie auf § 419 BGB. gestützt sind, für unbegründet. Es ist der Meinung, der Beklagte hafte nach dieser Vorschrift nur auf Grund des schuldrechtlichen Gutsübergabevertrags vom 26. März 1902 und nur für Schulden seines Vaters, die schon beim Zustandekommen dieses Vertrags bestanden hätten, nicht aber für solche, die erst in der Zeit zwischen Vertragsabschluß und Erfüllungsgeschäft begründet worden seien. Daran ändere der Umstand nichts, daß die Vertragsparteien im Jahre 1902 keine „unmittelbare" Erfüllung vorgesehen hätten. Die Revision rügt Verletzung des § 419 BGB. Sie macht geltend, aus dem Grundgedanken des Gesetzes, daß nämlich da, wo das Vermögen des Schuldners geblieben sei, auch dessen Gläubiger ihre Befriedigung suchen dürften, folge, daß der Übernehmer für die zur Zeit des Vermögensübergangs vorhandenen Schulden haften müsse.

Dem ist im Ergebnis beizutreten. Es handelt sich hier um eine reine Rechtsfrage, nämlich darum, ob sich die Haftung des Übernehmers nach dem Gesetz beschränkt auf die schon zur Zeit des Abschlusses des schuldrechtlichen Vertrags — sei es auch nur bedingt — bestehenden Schulden (RGZ. Bd. 69 S. 421).

Dem Berufungsgericht ist zuzugeben, daß der Wortlaut des § 419 BGB. für diese Auffassung zu sprechen scheint. Denn wenn im Abs. 1 das. von dem „Abschluß des Vertrags" die Rede ist, so kann damit nur der Abschluß des schuldrechtlichen Vertrags im Sinne des § 311 BGB. gemeint sein, weil die dingliche Übertragung nicht durch einen einheitlichen Vertrag, sondern nur durch Einzelübereignungen der zum Vermögen gehörenden Gegenstände erfolgen kann. Eben weil es, von gewissen Ausnahmefällen abgesehen (z. B. Ehevertrag auf allgemeine Gütergemeinschaft, Erbteilsabtretung, Vollverschmelzung zweier Aktiengesellschaften usw.), keinen dinglichen Gesamtübereignungsvertrag gibt, sondern zur Übertragung eines Vermögens eine Reihe von Einzelgeschäften (z. B. dingliche Verträge mit Besitzübergabe oder Eintragung im Grundbuch, Abtretungen) vorzunehmen sind, glaubten die Verfasser des Bürgerlichen Gesetzbuchs allerdings, auf den Abschluß des Verpflichtungsvertrags im Sinne des § 311 BGB. abstellen zu sollen. Hält man sich deshalb lediglich an den Wortlaut des Gesetzes, so würde der Abschluß des Verpflichtungsvertrags den Beginn der Haftung des Vermögensübernehmers und zugleich die Grenze für die hierbei zu berücksichtigenden Gläubigerforderungen bilden. Letzteres ist indessen innerlich unmöglich.

§ 419 beruht auf dem deutschrechtlichen Gedanken, daß die Schulden eine Last des Vermögens bilden. Wie sie bei der gesetzlichen Gesamtrechtsnachfolge (Erbschaft) übergehen, so soll gleiches auch bei vertragsmäßigen Vermögensübernahmen gelten, und zwar nicht nur in den Sonderfällen, wo der Vertrag Gesamtrechtsnachfolge nach sich zieht, sondern auch dann, wenn nur die Aktiven durch Vertrag übertragen werden (Mugdan Materialien Bd. 2 S. 88flg., 600flg.; RGZ. Bd. 80 S. 260). Hier sind nun zwischen dem Abschluß des schuldrechtlichen Übergabevertrags und seinem Vollzug rund 24 Jahre verstrichen. Wollte man in Fällen dieser Art die Haftung des Übernehmers auf Verbindlichkeiten beschränken, die schon zur Zeit der Eingehung des Verpflichtungsvertrags begründet waren, so würde der Zweck des § 419 BGB. geradezu in sein Gegenteil verkehrt. Durch den Verpflichtungsvertrag waren die Gläubiger des Übergebers nicht gehindert, ihre Befriedigung aus dessen Vermögen zu suchen; dieses stand vielmehr nach wie vor ihrem Zugriff offen. Erst mit der Übereignung selbst, d. h. mit der Vollendung des zur Übertragung der einzelnen Gegenstände erforderlichen Rechtstatbestands wurde das anders. Der Grundsatz „prior tempore potior jure" hat, von verschwindenden Ausnahmen abgesehen, im Recht der Schuldverhältnisse keine Geltung. Weiter aber hat das Reichsgericht in ständiger Rechtsprechung anerkannt, daß die Anwendbarkeit des § 419 BGB. grundsätzlich nicht davon abhängt, ob wirklich ein schuldrechtlicher Vertrag im Sinne des § 311 BGB. geschlossen ist, sondern daß, wenn ein solcher Vertrag nicht zustande gekommen oder der geschlossene nichtig ist, die dingliche Übertragung des ganzen oder des nahezu ganzen Vermögens genügt (RGZ. Bd. 65 S. 171, Bd. 69 S. 420, Bd. 76 S. 4, Bd. 85 S. 169, Bd. 123 S. 54; JW. 1928 S. 1344 Nr. 1; Staudinger 9. Aufl. Anm. I 2 zu § 419 BGB.; Enneccerus-Lehmann Schuldrecht § 87 II 1b). In Fällen dieser Art haftet der Übernehmer unzweifelhaft für alle (sei es auch nur bedingt bestehenden) Schulden, die im Zeitpunkt des Vermögensübergangs vorhanden sind. Bei dieser Sachlage ist aber nicht einzusehen, warum der Umstand, ob ein schuldrechtlicher Vertrag vorausgegangen und gültig oder ungültig ist, für den Umfang der Haftung des Übernehmers von Bedeutung sein sollte. Die kumulative Haftung des Übernehmers an die Bedingung der Ungültigkeit eines vorausgegangenen Übertragungsversprechens zu knüpfen, hätte keinen vernünftigen Sinn. Der hier vertretene Standpunkt entspricht überdies der Billigkeit und den praktischen Bedürfnissen. § 419 BGB. gilt für alle Schulden, gleichviel ob sie auf Rechtsgeschäft, auf unerlaubter Handlung oder unmittelbar auf dem Gesetz beruhen, z. B. also auch für Unterhaltsverpflichtungen. Nach der Ansicht des Berufungsgerichts könnten Ansprüche dieser Art, wenn sie erst nach Abschluß des schuldrechtlichen Vertrags entstanden wären, nicht gegen den Übernehmer geltend gemacht werden. Das könnte, wenn zwischen Vertragsabschluß und Vertragsvollzug längere Zeit verstreicht, zu höchst unbilligen Ergebnissen führen. Die Rechtsbehelfe des Anfechtungsgesetzes würden nicht selten versagen. Vollends gilt dies für die besonderen Voraussetzungen des § 826 BGB. Mißbräuchen wäre Tor und Tür geöffnet. Auch dieser rechtspolitische Gesichtspunkt ist zu beachten. Anderseits haben es die Parteien in der Hand, die dinglichen Vollzugsgeschäfte alsbald dem Verpflichtungsgeschäft folgen zu lassen. Dies ist überdies die Regel, und an diese Regelfälle knüpft ersichtlich auch das Gesetz an. Die Haftung des Übernehmers beschränkt sich ferner auf den Bestand des übernommenen Vermögens (Haftung „cum viribus") und auf die ihm aus dem Vertrag zustehenden Ansprüche (§ 419 Abs. 2, §§ 1990, 1991 BGB.). Er kann gegenüber dem Veräußerer alle Rechte aus §§ 323 flg. ausüben. Daß sich der Übergang in Einzelgeschäften vollzieht, fällt nicht entscheidend ins Gewicht. Das ist beim Fehlen eines Verpflichtungsvertrags nicht anders. Maßgebend ist eben der Zeitpunkt, von dem an das Vermögen im wesentlichen übergegangen ist. Dies war hier der 7. Juni 1926, der Tag, an dem die Umschreibung der Liegenschaften auf den Beklagten August B. vollzogen wurde. Daß damit das ganze Vermögen seines Vaters auf ihn übertragen worden ist, war schließlich unbestritten. Der Beklagte August B. haftet demnach für die zu diesem Zeitpunkt vorhandenen Schulden des frühern Mitbeklagten Heinrich B., einschließlich der bedingt entstandenen, nach § 419 Abs. 2 BGB. Das Berufungsgericht hat somit die Anwendbarkeit des § 419 zu Unrecht verneint. . . .

---

7. Kann die in § 17 Abs. 1 GmbHG. für die Veräußerung von Teilen eines Geschäftsanteils vorgeschriebene Genehmigung der Gesellschaft auch darin gefunden werden, daß bei einer Zweimanngesellschaft der eine Gesellschafter und zugleich alleinige Geschäftsführer, dem der andere einen Teil seines Geschäftsanteils in notarieller Form abgetreten hat, gegen diesen Klage auf Feststellung der Rechtswirksamkeit der Abtretung erhebt?

II. Zivilsenat. Urt. v. 30. September 1930 i. S. R. (Bekl.) w. H. (Kl.). II 518/29.

I. Landgericht Leipzig, Kammer für Handelssachen.
II. Oberlandesgericht Dresden.

Die Parteien gründeten durch notariellen Vertrag vom 15. Februar 1902 eine Gesellschaft mbH. zum Zweck der Verlegung eines Wochenblatts und übernahmen von dem auf 20000 M. bemessenen Stammkapital je eine Stammeinlage von 10000 M. Es sollte die Einforderung von Nachschüssen beschlossen werden können, die Nachschußpflicht jedoch auf den doppelten Betrag der Stammeinlage, mithin auf höchstens je 20000 M. beschränkt sein. Sodann bestimmten die §§ 6 und 9 des ursprünglichen Gesellschaftsvertrags:

(§ 6) Ein Geschäftsanteil kann weder ganz noch teilweise ohne Genehmigung der Gesellschaft veräußert oder verpfändet werden; die Genehmigung bedarf der schriftlichen Form und der Angabe der Person des Erwerbers sowie des Betrags der übereigneten Stammeinlage. Zur Teilung von Geschäftsanteilen verstorbener Gesellschafter unter deren Erben ist eine Genehmigung der Gesellschaft nicht erforderlich.

(§ 9) Die nach dem Gesetz oder diesem Vertrag durch die Gesellschafter zu treffenden Bestimmungen und zu fassenden Beschlüsse einschließlich der Genehmigung der Veräußerung von Geschäftsanteilen bedürfen der Einstimmigkeit aller Gesellschafter. Die Zustimmung jedes Gesellschafters kann formlos erfolgen. Die Berufung von Versammlungen der Gesellschafter ist keinesfalls erforderlich.

Am 9. August 1910 kam es zu einer weiteren notariellen Verhandlung der Parteien. Im Eingang der Notariatsurkunde heißt es zunächst, daß sie die alleinigen Eigentümer sämtlicher Geschäftsanteile der Gesellschaft seien und daß sie folgendes „vereinbaren bzw. beschließen":

Zur Ausgleichung der Mehrbeträge, welche der Gesellschafter H. bisher für das Gesellschaftsgeschäft aufgewendet hat, .. tritt R. von seinem zur Zeit noch auf 10000 M. sich beziffernden Geschäftsanteil an ... H. hiermit den Betrag von 4400 M. ab und bekennt, sich über den Gegenwert mit H. durch Verrechnung ausgeglichen zu haben. H. nimmt diese Abtretung an.

Dann heißt es weiter:

Die Erschienenen beschließen darauf einstimmig folgende Abänderung des Gesellschaftsvertrags vom 15. Februar 1902 mit Nachträgen ...

§ 4 des Gesellschaftsvertrags soll künftig lauten:

Das Stammkapital der Gesellschaft beträgt 20000 M. .... Der Geschäftsanteil des Herrn H. beträgt 14400 M., der Geschäftsanteil des Herrn R. 5600 M. Die Einlagen sind bar eingezahlt. ...

Die Änderung des Gesellschaftsvertrags wurde von dem damaligen Geschäftsführer zum Handelsregister angemeldet und am 25. August 1910 daselbst eingetragen. In einer ferneren notariellen Urkunde vom 8. Oktober 1910 trat sodann der Beklagte den Rest seines ursprünglichen Geschäftsanteils an die Ehefrau des Klägers ab. Diese übertrug den Anteil in der Folge auf den Kläger, der seit 1916 auch Geschäftsführer der Gesellschaft war. Er beschloß als nunmehriger angeblich einziger Gesellschafter verschiedene Kapitalerhöhungen und auch die Goldmarkumstellung; alle diese Beschlüsse wurden in das Handelsregister eingetragen. Da der Beklagte neuerdings die Rechtsgültigkeit der Abtretungen seines Geschäftsanteils — insbesondere wegen Fehlens der Genehmigung der Gesellschaft — bestreitet, erhob der Kläger Klage mit dem Antrag, festzustellen, daß der Teilbetrag von 4400 M. vom Geschäftsanteil des Beklagten rechtswirksam an ihn abgetreten sei. Hilfsweise verlangt er, der Beklagte solle verurteilt werden, die etwa fehlende Genehmigung der Gesellschaft zu beschaffen und in einer Gesellschafterversammlung dieser Genehmigung zuzustimmen. Der Kläger meint, es habe keiner Genehmigung der Abtretung durch die Gesellschaft oder ihre Geschäftsführer bedurft; die Genehmigung sei übrigens erteilt.

Das Landgericht erkannte nach dem Hauptantrag des Klägers; das Oberlandesgericht wies die Berufung des Beklagten zurück.

Die Revision des Beklagten führte zur Aufhebung und Zurückverweisung (wegen Übergehung eines Parteivorbringens).

Gründe:

Das Berufungsgericht hat in Übereinstimmung mit dem Landgericht dem Hauptantrag des Klägers stattgegeben, und zwar aus zwei selbständigen Gründen. Die Revision rügt Verletzung des sachlichen Rechts, insbesondere des § 17 GmbHG.; außerdem erhebt sie verfahrensrechtliche Angriffe.

Der Vorderrichter geht zunächst davon aus, daß nach § 17 GmbHG. zur Wirksamkeit der Abtretung von Teilen eines Geschäftsanteils die schriftliche Genehmigung der Gesellschaft nötig sei, daß im Gesellschaftsvertrag Abweichendes nur für den Fall der Veräußerung von Teilen eines Geschäftsanteils an andere Gesellschafter sowie für die Teilung von Geschäftsanteilen verstorbener Gesellschafter unter deren Erben bestimmt werden könne und daß der Gesellschaftsvertrag wohl für den letzteren, nicht aber für den ersteren Fall eine solche Bestimmung enthalten habe. Der § 6 das. schreibe im Gegenteil ausdrücklich vor, daß ein Geschäftsanteil weder ganz noch teilweise ohne Genehmigung der Gesellschaft veräußert oder verpfändet werden könne und daß die Genehmigung der schriftlichen Form, der Angabe der Person des Erwerbers sowie des Betrags des übergehenden Geschäftsanteils bedürfe; eine Ausnahme hiervon werde nur für den Fall der Teilung von Geschäftsanteilen verstorbener Gesellschafter unter deren Erben gemacht. Diesen Ausführungen kann grundsätzlich nur beigetreten werden.

Das Berufungsgericht legt weiter dar, daß die Gesellschafter den ursprünglichen Gesellschaftsvertrag nach §§ 53, 54 GmbHG. jederzeit hätten ändern können, soweit nicht zwingendes Recht entgegenstehe. Die Parteien wären demnach, so fährt das Urteil fort, in der Lage gewesen, als einzige Gesellschafter den § 6 der Satzung im Anschluß an die Abtretung vom 9. August 1910 dahin abzuändern, daß in Zukunft zur Abtretung von Teilen eines Geschäftsanteils an andere Gesellschafter die Genehmigung der Gesellschaft nicht mehr nötig sein solle. Eine solche Satzungsänderung sei aber damals nicht vorgenommen worden. Auch diese Erwägungen lassen keinen Rechtsirrtum erkennen. Die notarielle Urkunde über die Gesellschafterbeschlüsse vom 9. August 1910 enthält in der Tat kein Wort von einer solchen Änderung der Satzungsvorschriften, die sich mit der Veräußerung von Geschäftsanteilen und von Teilen davon befassen.

Das Berufungsgericht ist indessen der Meinung, dieselbe rechtliche Wirkung, wie sie durch eine nach §§ 53, 54 GmbHG. vorgenommene Änderung des § 6 der Satzung hätte herbeigeführt werden können, sei hier dadurch erzielt worden, daß die Parteien als die damaligen alleinigen Gesellschafter durch einstimmigen, notariell beurkundeten Beschluß den § 4 der Satzung mit dem Abtretungsvertrag in Einklang gebracht hätten und daß der Beschluß im Handelsregister eingetragen worden sei. Diese Satzungsänderung stelle keine Neugestaltung der Gesellschaft dar, verstoße auch nicht gegen § 14 GmbHG. Es handle sich auch nicht um eine bloße nachträgliche Herabsetzung eines Geschäftsanteils unter gleichzeitiger Erhöhung eines anderen, sondern um eine durch gesetzlich zulässige teilweise Veräußerung eines Geschäftsanteils eingetretene Veränderung. Infolge dieser gemäß §§ 53, 54 GmbHG. vollzogenen Satzungsänderung erübrige sich eine schriftliche Genehmigung der Abtretung durch die Gesellschaft. Hiergegen richtet die Revision besondere sachlichrechtliche Angriffe. Sie macht geltend: Eine Änderung der Satzung, wie sie das Berufungsgericht im Auge habe, setze gerade eine rechtsgültige Teilung und Abtretung voraus. Eben daran fehle es. Die Satzungsänderung sei deshalb „tatsächlich unrichtig". Sie würde — so meint die Revision — auf eine Neugestaltung der Gesellschaft hinauslaufen, da durch die Teilung drei Geschäftsanteile entstanden wären, und zwar so, daß der Kläger seinen bisherigen Geschäftsanteil von 10000 M. und einen weiteren von

4400 M., der Beklagte einen solchen von 5600 M. besessen hätte; niemals hätten aber durch die Teilung und Abtretung zwei Geschäftsanteile von 14400 M. und 5600 M. entstehen können. Letzteres ist zweifellos richtig. Aber die Frage ist hier die, ob nicht ein solcher Erfolg, falls er wirklich gewollt war, durch einhelligen, in die Form der Satzungsänderung gekleideten Beschluß der beiden einzigen Gesellschafter erreicht werden konnte. Der § 4 der Satzung in seiner ursprünglichen Fassung lautete in dem hierfür erheblichen Teil dahin, daß am Stammkapital der Gesellschaft von 20000 M. jeder der beiden Gesellschafter mit 10000 M. Stammeinlage beteiligt sei. Danach bestimmte sich gemäß § 14 GmbHG. zwangsläufig auch der Nennbetrag des Geschäftsanteils eines jeden Gesellschafters. Änderungen der Satzung in Ansehung dieser einmaligen „historischen" Gründungsvorgänge wären allerdings rechtlich schlechthin unmöglich und Beschlüsse, die darauf abzielten, wären unheilbar nichtig. Verminderung einzelner Stammeinlagen unter gleichzeitiger Erhöhung anderer ist mit § 3 Nr. 4, §§ 14, 19 Abs. 2, §§ 24, 28, 55 Abs. 4 GmbHG. völlig unvereinbar und deshalb unzulässig, gleichviel ob die Stammeinlagen voll geleistet sind oder nicht. Der zu § 4 der Satzung gefaßte Gesellschafterbeschluß vom 9. August 1910 spricht aber auch in seinem hier in Betracht kommenden Teil gar nicht von Stammeinlagen, sondern von Geschäftsanteilen. Er knüpft ersichtlich an die in derselben Urkunde unmittelbar zuvor beurkundete Teilabtretung von 4400 M. des bisherigen Geschäftsanteils des Beklagten im Nennbetrag von 10000 M. an und will der Rechtslage Rechnung tragen, wie sie sich nach dieser Abtretung gestalten sollte; er fußt auf ihr und hat sie zur Voraussetzung. Rechtlich selbständige Bedeutung könnte er darüber hinaus an sich einmal dann haben, wenn damit eine Zusammenlegung des ursprünglichen und des durch die Abtretung dem Kläger zufallenden Geschäftsanteils gewollt gewesen wäre. Allein auch ein solcher Zusammenlegungsbeschluß hätte als sozialrechtliches Geschäft doch immer die Rechtsgültigkeit der Teilabtretung zur Voraussetzung. Sodann wäre aber ein Beschluß dieses Inhalts wiederum schlechthin unzulässig. Einer solchen Zusammenlegung (richtiger „Vereinigung") steht die zwingende Vorschrift des § 17 Abs. 2 GmbHG. entgegen, die ausdrücklich besagt, daß die weiteren Anteile, die ein Gesellschafter zu seinem ursprünglichen Anteil hinzuerwirbt, ihre rechtliche Selbständigkeit behalten. Diese Vorschrift steht mit dem im Gläubigerinteresse aufgenommenen § 24 GmbHG. im engsten Zusammenhang und hat auch im Fall des § 28 Abs. 1 das. ihre besondere Bedeutung. Nun sind freilich im vorliegenden Fall die Stammeinlagen voll eingezahlt und die Nachschußpflicht ist durch die weiteren Gesellschafterbeschlüsse vom 9. August 1910 aus einer beschränkten in eine unbeschränkte umgewandelt worden. Dem kann aber für die grundsätzliche Frage der Möglichkeit einer solchen Zusammenlegung keine Bedeutung beigemessen werden (Brodmann GmbHG. 2. Aufl. Anm. 2 zu § 15; Hachenburg GmbHG. Anm. 69 zu § 15; Scholz GmbHG. S. 195 VI 1; RGZ. Bd. 82 S. 116). Auch durch Satzungsänderung ließe sich eine solche Vereinigung mehrerer Geschäftsanteile nicht erreichen (Brodmann a. a. O.). Im übrigen war der Beschluß auch keineswegs darauf gerichtet. Dagegen spricht einmal, daß die notarielle Urkunde vom 9. August 1910 im unmittelbaren Anschluß an die Gesellschafterbeschlüsse über Satzungsänderungen ausdrücklich bestimmt, der Beklagte solle berechtigt sein, den an den Kläger abgetretenen Teil seines Geschäftsanteils oder Teile davon binnen gewisser Frist zurückzuerwerben. Dies weist darauf hin, daß die Parteien selbst davon ausgingen, der durch Teilung und Abtretung entstehende Geschäftsanteil von 4400 M. solle fernerhin in aller Regel seine Selbständigkeit in der Hand des Klägers behalten. Damit decken sich die vom Kläger aus Anlaß der Goldmarkumstellung vor dem Registerrichter abgegebenen Erklärungen. Das ursprüngliche Stammkapital der Gesellschaft war nämlich vom Kläger als angeblich einzigem Gesellschafter durch Beschlüsse vom 11. September 1918 um 30000 M., vom 25. September 1920 um 50000 M. und vom 22. Dezember 1922 um 400000 M. auf insgesamt 500000 M. erhöht, bei der Goldmarkumstellung zunächst „unter entsprechender Umstellung auch der einzelnen Stammanteile" auf 20000 RM. umgestellt und gleichzeitig neuerlich um 30000 RM. erhöht worden; sämtliche neuen Stammeinlagen hatte der Kläger übernommen. Im Anschluß hieran zeigte nun der Kläger dem Registergericht an, daß sieben Geschäftsanteile vorhanden seien, und zwar je ein Anteil von 400, 180, 220, 1200, 2000, 16000 und 30000 RM. Die Anteile von 400, 180 und 220 RM. entsprechen aber nach dem Umstellungsverhältnis den alten Papiermarkanteilen von 10000, 4400, 5600 M. Demnach brachte der zu § 4 der Satzung gefaßte Beschluß zunächst nur den Stand der gesellschaftlichen Beteiligung der Parteien zum Ausdruck, wie er sich nach ihrer Auffassung damals gestaltete, einer Beteiligung, die sich übrigens nach wie vor außerhalb und ohne gleichzeitige Änderung der Satzung durch weitere Abtretungen von Geschäftsanteilen oder Teilen davon alsbald wieder ändern konnte.

Darin erschöpft sich jedoch die Bedeutung des Beschlusses nicht. Er enthält weiterhin ohne Zweifel den Beschluß der Gesellschafter auf Genehmigung der Teilung und der Abtretung des hierdurch entstandenen neuen Geschäftsanteils von 4400 M. Dieser Genehmigungswille ist so, wie geschehen, in aller nur wünschenswerten Deutlichkeit verlautbart. Der Beschluß ist notariell beurkundet; er nimmt ersichtlich Bezug auf die unmittelbar in derselben Urkunde voranstehenden Abtretungserklärungen, die damit Bestandteil seiner selbst geworden sind. Er genügt insofern allen Erfordernissen des § 17 Abs. 2 GmbHG. Die Ansicht des Beklagten, daß es bislang an einem Gesellschafterbeschluß fehle, ist rechtsirrig. Nun handelt es sich hier um eine Zweimanngesellschaft. Die beiden Parteien waren der Form und Sache nach die einzigen Gesellschafter. Auch der Geschäftsführer hatte neben den Gläubigerinteressen nur ihre in der Gesellschaft verbundenen Interessen wahrzunehmen. Die Verschiebung der gesellschaftlichen Beteiligung vollzog sich nur innerhalb des Kreises der bisherigen Gesellschafter; sie hatte in einer Vollversammlung die allseitige Zustimmung der Gesellschafter gefunden und diese Zustimmung war überdies von den Gesellschaftern mit dem Vermerk über ihre nunmehrige Beteiligung in der Satzung verlautbart worden. Beide Parteien waren in der Lage, jederzeit die Bestellung des Geschäftsführers zu widerrufen und sich selbst oder einen von ihnen zum Geschäftsführer zu bestellen. In einem solchen Fall nebenher noch die Genehmigungserklärung des Geschäftsführers zu verlangen, würde in der Tat trotz des § 6 der Satzung eine sachlich nicht gerechtfertigte Überspannung des dem § 17 Abs. 2 GmbHG. zugrunde liegenden Gedankens bedeuten. Gewiß ist im allgemeinen zu unterscheiden einerseits zwischen dem Beschluß der Gesellschafter über die Genehmigung der Teilung und anderseits der Veräußerung; es ist ferner daran festzuhalten, daß grundsätzlich die nach § 17 Abs. 2 erforderliche Genehmigung dem einen oder anderen Teil vom Geschäftsführer zu erklären ist. Das schließt jedoch nicht aus, daß man für einen Sonderfall, wie er hier vorliegt, hiervon absieht. Der

Genehmigungsbeschluß der Gesellschafter als solcher ist auch nicht seither hinfällig geworden. Er hätte vom Beklagten der Gesellschaft gegenüber durch Klage angefochten werden müssen. Erst mit der Rechtskraft eines von ihm dann erstrittenen obsiegenden Urteils wäre er beseitigt gewesen. Eine solche Klage hat aber der Beklagte bis jetzt nicht erhoben; ob sie heute, nach Verfluß von rund 20 Jahren, überhaupt noch möglich wäre, kann unerörtert bleiben. Schon nach dem bisher Ausgeführten kann sich der Beklagte der jetzigen Klage gegenüber nicht auf mangelnde Genehmigung der Gesellschaft berufen.

Zum gleichen Ergebnis führt ein weiterer Gesichtspunkt.

Laut notariellem Protokoll vom 12. April 1916 hat sich der Kläger unter Berufung darauf, daß er der einzige Gesellschafter sei, zum Geschäftsführer bestellt und ist auch gemäß diesem Beschluß demnächst als Geschäftsführer im Handelsregister eingetragen worden. Der Beklagte hält diesen Beschluß für ungültig, weil er selbst damals noch Mitgesellschafter des Klägers gewesen sei. Mit Unrecht. Wiederum hätte er diesen Beschluß bestenfalls mit Klage gegen die Gesellschaft anfechten können, und wiederum blieb dieser Beschluß, der keineswegs unheilbar nichtig war, in Kraft, bis er durch rechtskräftiges Urteil für ungültig erklärt wurde. Der Beklagte hat aber keine solche Klage angestrengt, geschweige denn, daß er ein obsiegendes Urteil zur Hand hätte. Ebensowenig ist es bisher zu einem wirksamen Widerruf der Bestellung des Klägers als Geschäftsführers gekommen. Er bekleidete dieses Amt namentlich auch noch zur Zeit der Klagerhebung. Als Geschäftsführer war er nach wie vor in der Lage, eine nach § 17 Abs. 2 GmbHG. etwa noch erforderliche Erklärung zwar nicht sich selbst, wohl aber dem Beklagten gegenüber abzugeben. Eine solche Genehmigung darf hier unbedenklich in der Klageschrift gefunden werden. Sie entspricht zunächst inhaltlich allen Erfordernissen des § 17 Abs. 2. Insbesondere bezeichnet sie in der Klagbegründung sowohl die Person des Erwerbers wie auch den Betrag, der von der Stammeinlage des ungeteilten Geschäftsanteils auf jeden der durch die Teilung entstehenden Geschäftsanteile entfällt. Im Hauptantrag der Klage in Verbindung mit seiner Begründung kommt eindeutig der Wille des Klägers zugleich in seiner Eigenschaft als Geschäftsführer der Gesellschaft zum Ausdruck, daß er mit der Teilung und Abtretung auch jetzt noch einverstanden sei und diesem seinem Einverständnis auch dem widerstrebenden Beklagten gegenüber durch gerichtliche Feststellung der Wirksamkeit der Teilung und Abtretung in aller Form zur Anerkennung verhelfen wolle. Unbedenklich kann bei dieser Sachlage angenommen werden, daß sich die Prozeßvollmacht des Anwalts des Klägers auf die Abgabe einer solchen Erklärung erstreckte. Die nach § 17 Abs. 2 erforderliche Schriftform ist gleichfalls gewahrt. Nach ständiger Rechtsprechung genügt es, wenn der Bevollmächtigte mit seinem Namen unterschreibt (RGZ. Bd. 74 S. 69, Bd. 81 S. 2). Die in der Klageschrift enthaltene Genehmigungserklärung war endlich bestimmungsgemäß an den Beklagten gerichtet und ist ihm mit Zustellung der Klage zugegangen. Der Beklagte wäre auch, abgesehen von dem Einwand der Anfechtung des Abtretungsvertrags wegen Irrtums und arglistiger Täuschung, nach wie vor an seine Erklärungen vom 9. August 1910 gebunden gewesen; er blieb insbesondere dem Kläger gegenüber schuldrechtlich verpflichtet, alles zu tun, um die Rechtswirksamkeit der Abtretung herbeizuführen. Unter Veräußerung im Sinne des § 17 Abs. 1 ist die rechtsgeschäftliche Abtretung, d. h. das Verfügungsgeschäft und nur dieses zu verstehen, nicht aber, wie die Revision meint, auch das Verpflichtungsgeschäft.

Nach alledem kann die sachlichrechtliche Rüge der Revision aus § 17 GmbHG. keinen Erfolg haben. (Weiterhin wird dargelegt, daß das oberlandesgerichtliche Urteil aufgehoben werden müsse, weil das Berufungsgericht die vom Beklagten unstreitig erklärte und zum Gegenstand eines Einwands gemachte Anfechtung des Abtretungsvertrags übergangen habe.)

---

8. Zur Bedeutung der Abhängigkeit zweier Seeversicherungen voneinander für den Begriff der Doppelversicherung und für die Frage des anteilmäßigen Ausgleichs der Versicherer untereinander.

Allgemeine Deutsche Seeversicherungs-Bedingungen (ADS.) § 10 Abs. 2. HGB. § 787.

I. Zivilsenat. Urt. v. 1. Oktober 1930 i. S. G., Allgemeine Versicherungs-AG. (Bekl.) w. C. Insurance Company Lim. (Kl.). I 120/30.

I. Landgericht I Berlin, Kammer für Handelssachen.
II. Kammergericht daselbst.

Die Firma B. & M. in Konstantinopel nahm unter Vermittlung deutscher Assekuranzmakler-Firmen im Jahre 1927 im eigenen Namen „für Rechnung wen es angeht" bei mehreren deutschen Versicherungsgesellschaften, darunter bei der Beklagten, Versicherung auf eine Ladung Soda von Mariopol nach Hamburg mit Dampfer „Istambol". Der bevollmächtigte Agent der Beklagten zeichnete für die Beklagte die „Deckungsnote" vom 6./7. Dezember 1927. Ferner haben die sämtlichen an der Versicherung beteiligten deutschen Versicherungsgesellschaften, darunter die Beklagte, das Versicherungszertifikat vom 10./16. Dezember 1927 unterzeichnet.

Inzwischen hatte die Bank, welche die Ladung bevorschussen sollte, wegen angeblicher Bedenken gegen die Rechtsgültigkeit der deutschen Versicherung die Kreditgewährung abgelehnt. Um diese Bedenken zu beseitigen, stellte die Firma B. & M. namens der Klägerin mehrere vom 10. Dezember 1927 datierte Versicherungspolizen aus, wonach die Klägerin als Versichererin der Bank als Versicherungsnehmerin für das erwähnte Beförderungsgut Versicherung gewährte. Die Police enthält die Klausel: „Payable in Hamburg by Messrs. J. & H. in accordance with the German Marine General Policy Conditions."

Auf der Versicherungsreise ist ein Schaden an den versicherten Gütern entstanden. Die Klägerin hat diesen Schaden bezahlt und verlangt aus eigenem Recht und auf Grund einer Abtretung der Ansprüche der Firma B. & M. von der Beklagten in einer ihrem vertraglichen Versicherungsanteil entsprechenden Höhe Ersatz der geleisteten Zahlungen. Die Beklagte erhob u. a. den Einwand der Doppelversicherung und behauptete, daß sie höchstens anteilmäßig nach § 10 Abs. 2 ADS. in Anspruch genommen werden könne. Die Beklagte unterlag in allen drei Rechtszügen.

Gründe:

1. Die Ausführung des Berufungsgerichts, daß sowohl die zwischen der Firma B. & M. und den deutschen Gesellschaften als auch die zwischen der Klägerin und der Bank abgeschlossene Versicherung nach deutschem Recht unter Heranziehung der Allgemeinen Deutschen Seeversicherungs-Bedingungen zu beurteilen sei und daß auch das Rechtsverhältnis der Parteien untereinander dem deutschen Recht unterstehe, ist frei von Rechtsirrtum. Sie ist auch von der Revision nicht besonders angegriffen worden. Dasselbe gilt von

der Annahme des Vorderrichters, daß die mit der Beklagten und ihren Genossinnen abgeschlossene Versicherung an sich gültig sei. Diese Versicherung hat die Firma B. & M. nicht als Vermittlerin, sondern im eigenen Namen (als Versicherungsnehmerin) „für Rechnung wen es angeht" genommen.

2. Das Berufungsgericht hat erklärt, es liege eine Doppelversicherung vor, ohne dies näher zu begründen. Das landgerichtliche Urteil, auf welches das Berufungsurteil verweist, nimmt an, daß die beiden Versicherungen dasselbe Interesse deckten. Anscheinend hat die Firma B. & M. die Versicherung mit den deutschen Gesellschaften auf Grund eines ihr von dem türkischen Ablader, der Firma M. F., erteilten Auftrags abgeschlossen. Da aber diese Versicherung „für Rechnung wen es angeht" genommen ist und die zwischen der Klägerin und der Bank vereinbarte Versicherung auf dieselbe Ware lautet, so mag die Annahme nicht rechtsirrtümlich sein, daß die beiden Versicherungsverträge dasselbe Versicherungsinteresse betreffen (Eigentümer-Interesse jener Bank; Ritter § 10 Anm. 8 S. 267; Bruck VVG. § 58 Anm. 4; RGZ. Bd. 35 S. 60). Daraus folgt aber noch nicht ohne weiteres, daß es sich um eine Doppelversicherung im Sinne von §§ 10flg. ADS. handelte. Vielmehr würde trotz Identität des Versicherungsinteresses eine solche Doppelversicherung nicht vorliegen, wenn beide Versicherungen derart voneinander abhängig sind, daß das rechtswirksame Bestehen der einen (ersten) Versicherung die andere (zweite) ausschließt, wenn z. B. die zweite Versicherung nur für den Fall genommen ist, daß die erste Versicherung „nicht zu Recht besteht" (Ritter a. a. O. § 10 Anm. 12). Aber auch wenn eine Doppelversicherung vorliegen sollte, kann die in § 10 Abs. 2 ADS. im Verhältnis der Versicherer zueinander vorgesehene Verpflichtung nach Anteilen durch besondere — ausdrückliche oder stillschweigende — Vereinbarung ausgeschlossen sein (Ritter a. a. O. § 10 Anm. 12, 29).

Nun betont bereits das landgerichtliche Urteil: die von der Klägerin abgeschlossene zweite (englische) Versicherung habe ausschließlich formelle Zwecke verfolgt, sie habe nur die Bevorschussung der Beförderungsware durch die Bank ermöglichen sollen, sie sei daher auch ausdrücklich — ebenso wie die erste Versicherung — den Vorschriften der Allgemeinen Deutschen Seeversicherungs-Bedingungen unterstellt worden. Dem hat sich das Berufungsgericht mit den folgenden Ausführungen angeschlossen: Die von der Firma B.&M. als Versicherungsnehmerin mit der Beklagten und ihren Genossinnen abgeschlossene (deutsche) Versicherung sei von der Bank, welche die Beförderungsware habe bevorschussen sollen, wegen angeblicher Bedenken gegen deren Gültigkeit beanstandet worden. Daraufhin habe die Firma B. & M. namens der Klägerin als Versichererin mit der Bank als Versicherungsnehmerin wegen der betreffenden Beförderung eine zweite (englische) Versicherung geschlossen. Diese Versicherung sei keine regelmäßige gewesen, sondern habe wesentliche von der Regel abweichende Eigenheiten gehabt. Zwar sei im Versicherungsschein formularmäßig ein Betrag als Versicherungsprämie angegeben. Es sei aber, wie die Beweisaufnahme ergeben habe, von vornherein zwischen den Vertragsteilen vereinbart worden, daß dem Sinn und Zweck des Vertrags entsprechend keine Prämie gezahlt werden solle, und es sei auch tatsächlich keine Prämie gezahlt worden. Die Versicherung sei von der Klägerin wesentlich im Interesse der Beklagten und deren deutschen Genossinnen geschlossen worden. Es habe nicht im Interesse dieser Versicherungsgesellschaften gelegen, daß sich die von ihnen mit der Firma B. & M. abgeschlossene Versicherung in Konstantinopel als nicht verwendbar herausstellte. Die Firma B. & M. würde aber, wenn sie wegen der Beanstandung der deutschen Versicherung durch die Bank eine neue bezahlte Versicherung hätte eingehen müssen, entweder die mit den deutschen Gesellschaften eingeleitete Versicherung widerrufen oder doch auf einen Erlaß der für diese Versicherung eingesetzten Prämien gedrungen haben. Durch die von der Klägerin mit der Bank abgeschlossene Versicherung hätten der Beklagten und den übrigen deutschen Gesellschaften lediglich Vorteile und keinerlei Nachteile entstehen können; die Klägerin oder die sie vertretende Firma B. & M. habe durchaus zum Nutzen jener Gesellschaften gehandelt. Die Beklagte könne sich auf die für den Regelfall einer Doppelversicherung vorgesehenen Ausgleichsvorschriften (§ 787 Abs. 2 HGB., § 10 Abs. 2 ADS.) unter den hier maßgeblichen Umständen, auf welche jene Bestimmungen nicht paßten, nicht berufen.

Diese Feststellungen des Tatrichters geben einen genügenden Anhalt, um die Nichtanwendung der Ausgleichsvorschriften zu rechtfertigen, sei es, weil überhaupt keine Doppelversicherung im

Sinne von §§ 10flg. ADS. vorliegt, sei es, weil der zweite (englische) Versicherungsvertrag nach Inhalt, Sinn und Zweck die Ausgleichung nach § 10 Abs. 2 ADS. gegenüber den deutschen Versicherungsgesellschaften ausgeschlossen hat, indem dieser Vertrag nur der Bank eine Sicherung geben sollte, wenn und soweit die deutsche Versicherung sich als rechtsunwirksam erweisen würde (Schutz- oder Garantieversicherung; Ritter a. a. O. § 10 Anm. 12, 29).

Wenn das Berufungsgericht meint, es sei nicht anzunehmen, daß die „Parteien des Prozesses" die genannten Ausgleichsvorschriften ausgeschlossen hätten, so ist dies nicht entscheidend. Der erste (deutsche) Versicherungsvertrag war nach deutschem Recht rechtswirksam abgeschlossen und für die Beklagte in vollem Umfang ihres Versicherungsanteils verbindlich. Ob und inwieweit hieran durch den zweiten (englischen) Versicherungsvertrag etwas geändert worden ist, hängt vom Inhalt dieses Vertrags ab, der nicht zwischen den Prozeßparteien, sondern zwischen der Klägerin und der Bank abgeschlossen ist.

3. Dem Inhalt des englischen Versicherungsvertrags, wie er hiernach auf Grund der Feststellungen des Berufungsgerichts zu verstehen ist, entspricht es ferner, daß eine nach diesem Vertrag geleistete Zahlung der Versicherungssumme insofern nur vorläufigen Charakter hat, als sie danach unter dem Vorbehalt der Erstattung dieser Summe durch die deutschen Gesellschaften erfolgte, wenn und insoweit der mit diesen abgeschlossene Versicherungsvertrag rechtswirksam war. Mit jener Zahlung der Klägerin ging daher der Anspruch der Firma B. & M. als Versicherungsnehmerin des deutschen Versicherungsvertrags auf Zahlung der Versicherungssumme gegen die Beklagte (und ihre Genossinnen) nicht ohne weiteres unter. Vielmehr konnte die Firma B. & M. ihre an sich begründeten Ansprüche aus der deutschen Versicherung rechtswirksam abtreten, einerlei ob dies vor oder nach der Leistung der Klägerin geschah. Daß eine solche Abtretung der Firma B. & M. an die Klägerin erfolgt ist, hat das Berufungsgericht ohne Rechtsirrtum festgestellt. (Wird ausgeführt.)

4. Danach kann es dahingestellt bleiben, ob, wie das Berufungsgericht meint, die Klägerin oder die sie vertretende Firma B. & M. in auftragloser Geschäftsführung für die Beklagte und die übrigen deutschen Gesellschaften gehandelt hat und ob die

Klägerin als Geschäftsführerin von der Beklagten als Geschäftsherrin gemäß § 684 BGB. die Zahlung der eingeklagten Versicherungssumme nebst Zinsen aus dem Gesichtspunkt der Herausgabe der durch die Geschäftsführung erlangten ungerechtfertigten Bereicherung fordern kann. Ebenso bedarf es keines weiteren Eingehens auf die von Ritter (a. a. O. § 10 Anm. 12 S. 269, § 45 Anm. 6/7 S. 680/81) bejahte, von anderen aber verneinte Frage (Sieveking Seeversicherungsrecht § 804 Anm. 4b S. 50; Bruck VVG. § 67 Anm. 4; dahingestellt gelassen in RGZ. Bd. 47 S. 170), ob die Vorschrift in § 45 ADS. (§ 804 HGB; § 67 VVG.) — wonach der dem Versicherungsnehmer gegen einen Dritten zustehende Anspruch auf Ersatz des Schadens auf den Versicherer übergeht, soweit dieser dem Versicherungsnehmer den Schaden ersetzt —, auch auf Ansprüche des Versicherungsnehmers gegen dritte Versicherer anzuwenden ist.

---

9. Schließt § 27 HGB. das Kündigungsrecht des Mietererben nach § 569 BGB. aus?

VIII. Zivilsenat. Urt. v. 10. Juli 1930 i. S. Handelsgesellschaft für Grundbesitz (Bekl.) w. Witwe K. (Kl.). VIII 332/30.

I. Landgericht I Berlin.

Durch Mietvertrag vom 5. Oktober 1927 vermietete die Beklagte an „Herrn Paul K. in Fa. Zum Klaußner" Geschäftsräume zum Betrieb einer Bierwirtschaft nebst Bierhandlung für die Zeit vom 1. Januar 1928 bis zum 31. Dezember 1937. Der Firmeninhaber Paul K. starb am 11. Januar 1930. Die Klägerin, seine Witwe und alleinige Erbin, führt das Geschäft mit unveränderter Firma fort. Sie kündigte das Mietverhältnis am 27. März 1930 zum 30. Juni 1930 unter Berufung auf § 569 BGB. Da die Beklagte widersprach, klagte sie auf Feststellung, daß die Kündigung berechtigt und der Mietvertrag am 30. Juni 1930 erloschen sei.

Das Landgericht gab dem Klagantrag statt. Die von der Beklagten unmittelbar eingelegte Revision wurde zurückgewiesen.

Aus den Gründen:

... Die allein noch zu prüfende Frage, ob die Anwendung des § 569 BGB. im Falle des § 27 HGB. ausgeschlossen ist, muß verneint werden. Dabei kann dahingestellt bleiben, ob ein Mietvertrag trotz der Vorschriften des § 549 BGB. zu den im Betrieb eines Geschäfts begründeten Verbindlichkeiten zu rechnen ist.

Wie das Landgericht zutreffend ausführt, regelt § 25 HGB. den Übergang eines Handelsgeschäfts unter Lebenden in seinen Wirkungen gegen Dritte (Geschäftsschuldner und -gläubiger); er spricht insbesondere aus, daß der Übernehmer für alle im Betrieb des Geschäfts begründeten Verbindlichkeiten in vollem Umfang zu haften habe. Um diesen Gedanken allgemein durchzuführen, war es erforderlich, für den Übergang von Todes wegen — auf den Erben — eine ausdrückliche Vorschrift zu erlassen, da ihm nach dem Rechte des Bürgerlichen Gesetzbuches verschiedene Möglichkeiten zustehen, die Haftung zu beschränken oder ganz auszuschließen. Es soll — das ist der Sinn und Zweck des § 27 HGB. — der Erbe, der ein zum Nachlaß gehöriges Handelsgeschäft fortführt, nicht anders gestellt sein als jeder andere Übernehmer. Wie dieser soll er haften, wenn die dort aufgestellten Voraussetzungen gegeben sind. Die Haftung des Erben wird also für diesen Fall gegenüber den bürgerlichrechtlichen Vorschriften erweitert. Hingegen wird der Inhalt der Verträge, auf denen die Verbindlichkeiten beruhen, durch den Übergang in keiner Weise geändert; die sich aus ihnen ergebenden Rechte und Pflichten bleiben dieselben. Dies gilt auch für einen vom Erblasser abgeschlossenen Mietvertrag.

---

10. Welche Wirkung hat in Ehesachen der Einwand der örtlichen Unzuständigkeit des Gerichts, wenn er erst in der Revisionsinstanz erhoben wird?

ZPO. §§ 274, 276, 551 Nr. 4, §§ 557, 565 Abs. 3 Nr. 2.

VII. Zivilsenat. Urt. v. 23. September 1930 i. S. Ehefr. B. (Bekl.) w. Ehem. B. (Kl.). VII 1/30.

I. Landgericht Halle a. S.
II. Oberlandesgericht Naumburg a. S.

Der Kläger erhob im Dezember 1927 beim Landgericht Halle a. S. Klage auf Scheidung seiner Ehe. Die Beklagte verlangte hilfsweise, daß er für mitschuldig erklärt werde. Das Landgericht erkannte auf einen Eid für die Beklagte. Auf die Berufung des Klägers sprach das Oberlandesgericht die Scheidung aus beiderseitiger Schuld aus. Die Revision der Beklagten führte zur Abweisung der Klage.

Gründe:

Die Revision rügt in erster Reihe Verletzung des § 551 Nr. 4 in Verb. mit § 606 Abs. 1 ZPO., da der Kläger schon fast zwei Jahre vor der Klagerhebung seinen Wohnsitz von Halle nach Goslar verlegt habe, sodaß nicht das Landgericht Halle und das Oberlandesgericht Naumburg, sondern das Landgericht Hildesheim und das Oberlandesgericht Celle zuständig gewesen seien.

Das Revisionsgericht hat von Amts wegen amtliche Auskünfte vom Polizeipräsidium Halle sowie vom Einwohnermeldeamt und von der Polizeiverwaltung zu Goslar beigezogen. Danach hatte der Kläger zur Zeit der Klagzustellung seinen Wohnsitz schon längst nicht mehr in Halle, sondern in Goslar. Nach § 606 Abs. 1 ZPO. in Verb. mit § 13 das. und § 7 BGB. war daher für die Scheidungsklage das Landgericht für Goslar — also Hildesheim — ausschließlich zuständig. Darauf kann aber die Beklagte auch jetzt noch die Rüge der Verletzung des § 551 Nr. 4 ZPO. stützen, obgleich sie weder im ersten noch im zweiten Rechtszug gegen die Zuständigkeit des angerufenen Gerichts etwas eingewendet hat. Diese Vorschrift bezieht sich auch auf die örtliche Zuständigkeit. Die Ausnahme des § 549 Abs. 2 das. schlägt nicht ein, weil es sich um keine Rechtsstreitigkeit über vermögensrechtliche Ansprüche handelt. Der Rüge steht aber auch nicht entgegen, daß die Beklagte die entsprechende prozeßhindernde Einrede nicht schon im ersten Rechtszug vor dem Beginn der mündlichen Verhandlung zur Hauptsache geltend gemacht hat. Denn es liegt der Ausnahmefall des § 274 Abs. 3 ZPO. vor, daß es sich — infolge der ausschließlichen und damit von Amts wegen zu beachtenden Zuständigkeitsvorschriften des § 606 das. — um eine prozeßhindernde Einrede handelt, auf welche die Beklagte nicht wirksam verzichten konnte. Aus demselben Grunde — weil keine verzichtbare Einrede und kein vermögensrechtlicher Anspruch in Frage steht — kommt auch dem § 528 ZPO. keine die Erhebung der Rüge hindernde Bedeutung zu.

Da der gerügte Verstoß nach § 551 ZPO. einen unbedingten Revisionsgrund darstellt, ist das angefochtene Urteil und ebenso das des ersten Rechtszugs aufzuheben. Zugleich ist gemäß § 565 Abs. 3 Nr. 2 das. die Klage wegen Unzuständigkeit des angerufenen

Gerichts abzuweisen. Denn eine Verweisung an das zuständige Gericht auf Grund entsprechender Anwendung des § 276 ZPO., wie sie der Revisionsbeklagte beantragt hat, kann nicht in Frage kommen, weil sich die in § 557 das. vorgesehene Abweichung für das Revisionsverfahren aus der Vorschrift in § 565 Abs. 3 Nr. 2 ergibt, wonach das Revisionsgericht in der Sache selbst zu entscheiden hat, wenn das Urteil wegen Unzuständigkeit des Gerichts aufgehoben wird. Nach dem gegenwärtigen, vielleicht abänderungsbedürftigen Stande der Gesetzgebung kann daher das Revisionsgericht keine Zwischenentscheidung gemäß § 276 ZPO. erlassen.

---

11. Wie ist bei einer Lebensversicherung die Bedingung auszulegen, wonach die Leistungspflicht der Gesellschaft mit der ersten Prämienzahlung beginnt, vorausgesetzt daß der Versicherte seit der ärztlichen Untersuchung nicht erheblich erkrankte?

VVG. §§ 159 flg.

VII. Zivilsenat. Urt. v. 23. September 1930 i. S. L. Lebensversicherungs-AG. (Bekl.) w. Witwe R. u. Gen. (Kl.). VII 6/30.

I. Landgericht Dortmund.
II. Oberlandesgericht Hamm.

Der Erblasser der Kläger, Bankprokurist R., beantragte am 24. Mai 1927 bei der Beklagten eine Lebensversicherung in Höhe von 20000 RM. Nachdem am 8. September 1927 die ärztliche Untersuchung stattgefunden hatte, nahm die Beklagte am 14. gleichen Monats den Antrag an. Am 16. September wurde die erste Prämie telegraphisch gezahlt. Bereits am 12. September hatte sich R. wegen einer kleinen wunden Stelle an der linken Stirnseite in ärztliche Behandlung begeben. Am 15. September wurde ein kleines Geschwür, das sich gebildet hatte, durch einen Einschnitt gespalten und am 16. September neuerlich eine Operation des Furunkels vorgenommen, wobei der entzündliche Herd in ganzer Ausdehnung geöffnet wurde. Vom 17. bis 20. September war R. bei gutem Befinden. Am 21. September zeigten sich Erscheinungen einer Hirnhautentzündung, an der er am 22. September 1927 starb.

In § 1 Abs. 2 der Allgemeinen Versicherungsbedingungen der Beklagten ist bestimmt:

Die Leistungspflicht der Gesellschaft aus der Versicherung beginnt mit der Zahlung (gemeint ist die erste Prämienzahlung), vorausgesetzt, daß der Versicherte alsdann noch lebt und seit der Erklärung über seine Gesundheitsverhältnisse — bei Versicherungen mit ärztlicher Untersuchung seit der ärztlichen Untersuchung — nicht erheblich erkrankte oder verletzt wurde.

Streit herrscht zwischen den Parteien darüber, ob der Versicherte im Sinne dieser Bestimmung zwischen der ärztlichen Untersuchung und der Prämienzahlung erheblich erkrankt ist und ob daher die Leistungspflicht der Beklagten aus der Versicherung begonnen hat.

Die Vorinstanzen verurteilten die Beklagte zur Zahlung der Versicherungssumme. Ihre Revision führte zur Aufhebung und Zurückverweisung.

Gründe:

Nach der angeführten Versicherungsbedingung ist maßgebend für den Beginn der Leistungspflicht der Beklagten aus der Versicherung, daß der Versicherte in der Zeit von der ärztlichen Untersuchung bis zur ersten Prämienzahlung nicht erheblich erkrankte. Die Auslegung dieser Bestimmung durch das Berufungsgericht ist, entsprechend der ständigen Rechtsprechung des Reichsgerichts, vom Revisionsgericht frei nachzuprüfen, da sich die gesamten Versicherungsbedingungen als typische Vertragsbestimmungen darstellen. Zuzustimmen ist dem Berufungsurteil darin, daß für die Beantwortung der Frage, ob der Versicherte in dem angegebenen Zeitraum erheblich erkrankte, ein objektiver Maßstab anzulegen ist und daß also darauf nichts ankommt, ob er selbst sich für erheblich erkrankt gehalten hat oder nicht. Das ist dem Wortlaut wie auch dem offenbaren Sinn der Bestimmung zu entnehmen (vgl. Urt. des erkennenden Senats vom 26. Februar 1929 VII 470/28). Dagegen ist es nicht richtig, wenn der Vorderrichter davon ausgeht, daß sich mit Rücksicht auf die Unbestimmtheit des Ausdrucks „erhebliche Erkrankung" und die unbegrenzten Krankheitsmöglichkeiten eine allgemein gültige Begriffsbestimmung der Erheblichkeit einer Erkrankung nicht aufstellen lasse, und wenn er schließlich die Entscheidung darauf abstellt, ob im einzelnen Falle der ärztliche Krankheitsbefund „in der kritischen Zeit" (d. h. zur Zeit der Prämienzahlung) ein derartiger war, daß objektiv betrachtet mit einem tödlichen Ausgang gerechnet werden mußte, oder ob zu dieser Zeit nach ärztlichem Ermessen an einen ungünstigen Ausgang nicht gedacht zu werden brauchte. Es muß vielmehr ein allgemeinerer Standpunkt gefunden werden, wenn man dem Sinn und Zweck der Vorschrift gerecht werden will. Die Beklagte hat sich mit der in Frage stehenden Versicherungsbedingung offensichtlich davor schützen wollen, daß sie in Anspruch genommen werde, wenn beim Versicherten, obgleich die ärztliche Untersuchung ein günstiges Ergebnis gehabt hatte, schon zur Zeit der ersten Prämienzahlung eine Krankheit eingetreten war, die in der Folgezeit zu seinem Tode führen konnte. Dann muß aber die Erkrankung und die sich daran anschließende Krankheit als etwas Einheitliches betrachtet und das entscheidende Gewicht auf den Gesamtverlauf der Krankheit gelegt werden. Allerdings muß die Erkrankung als solche zur Zeit der Prämienzahlung schon in die Erscheinung getreten sein. Wer zu diesem Zeitpunkt bereits erkennbar erkrankt war und im Verlauf der Krankheit an ihr stirbt, der hat nach dem angegebenen Zweck der Bestimmung als bereits in diesem Zeitpunkt „erheblich erkrankt“ zu gelten. Anderseits muß die zur Zeit der ersten Prämienzahlung vorhandene Krankheit ursächlich für den Tod gewesen sein; denn weiter kann der durch die Bedingung der Beklagten gewährte Schutz nach ihrem Sinn und Zweck nicht ausgedehnt werden. War der Versicherte in der Zeit zwischen ärztlicher Untersuchung und Prämienzahlung von einer Krankheit befallen worden, die an sich gefährlich war und ihrer Art nach zum Tode führen konnte, war er aber von dieser Krankheit völlig genesen und ist sein Tod dann aus einem anderen Grunde eingetreten, so kann die Beklagte nicht aus der fraglichen Bedingung herleiten, daß ihre Leistungspflicht nicht eingetreten sei. Das gleiche muß gelten, wenn eine zur Zeit der Prämienzahlung vorhandene, an sich leichte Erkrankung nur infolge von Einwirkungen, die später unerwarteterweise von außen herantraten, so schlimm geworden ist, daß sie zum Tode geführt hat; auch dann fehlt es an dem erforderlichen ursächlichen Zusammenhang zwischen der im maßgebenden Zeitpunkt vorhandenen Krankheit und dem schließlich eingetretenen Tode. Ob das bei dem verstorbenen R. schon vor der Prämienzahlung aufgetretene Geschwür, das sicher als eine in die Erscheinung getretene Erkrankung aufzufassen ist, als solches zu seinem Tode geführt hat, oder ob eine diesen ursächlichen Zusammenhang ausschließende, von außen unerwartet herangetretene anderweitige Einwirkung den Tod verursacht hat, darüber hat sich das Berufungsgericht bisher nicht ausgesprochen.

---

12. Sind für die Preisvereinbarung in einem Grundstückskaufvertrag, der unter dem Drucke drohender Enteignung zustande kam, wegen der Folgen der Geldentwertung die für die rechtskräftig festgesetzte Enteignungsentschädigung geltenden Umwertungsgrundsätze auch dann maßgebend, wenn das Enteignungsverfahren noch nicht eingeleitet war?

Preuß. Enteignungsgesetz v. 11. Juni 1874 § 16.

VII. Zivilsenat. Urt. v. 26. September 1930 i. S. Deutsches Reich (Bekl.) w. S. (Kl.). VII 66/30.

I. Landgericht Wiesbaden.
II. Oberlandesgericht Frankfurt a. M.

Im Jahre 1921 verlangte die französische Besatzungsbehörde vom Deutschen Reich den Bau von Kasernen in Sch. und suchte sich hierzu ein Gelände aus, zu dem auch Grundstücke des Klägers gehörten. Demzufolge trat die Reichsvermögensverwaltung an den Kläger heran wegen des Verkaufs seiner Grundstücke. Dieser und auch andere in gleicher Lage befindliche Grundbesitzer zeigten sich dem Verkauf ihrer Grundstücke zunächst nicht geneigt und wollten sie höchstens im Tausch gegen andere Grundstücke hergeben, wobei sie besonders auf preußische Domänengüter hinwiesen. Der Vertreter der Reichsvermögensverwaltung erklärte aber einen solchen Austausch für unmöglich und stellte den Grundbesitzern in Aussicht, daß ihre Grundstücke enteignet würden, wenn sie sich nicht zum Verkauf entschlössen. Darauf kamen am 23. Dezember 1921 zwischen dem Reich und den beteiligten Grundstückseigentümern Kaufverträge zustande, in denen ein Kaufpreis von 1000 M. für die Rute Land vereinbart wurde; auf die Grundstücke des Klägers entfiel ein Betrag von 176172,50 M. Das Reich nahm noch vor der ministeriellen Genehmigung der Verträge die Grundstücke des Klägers in Besitz und begann Ende Februar 1922 mit dem Bau der Kasernen.

Nachdem am 22. Juni 1922 der Minister seine Genehmigung erteilt hatte, wurden dem Kläger am 23. Juni 1922 auf den vereinbarten Kaufpreis 120000 M. ausgezahlt, die restlichen 56172,50 M. der Vergütung wurden ihm erst am 14. November 1922 gezahlt. Diese Hinausziehung war darauf zurückzuführen, daß der Kläger die Auflassung der verkauften Grundstücke verweigerte, weil er wegen der inzwischen fortgeschrittenen Geldentwertung eine anderweitige Festsetzung des Kaufpreises beanspruchen zu können glaubte. Ein gleiches Verlangen stellten auch die anderen Verkäufer an das Reich. Nach längeren Verhandlungen, bei denen nach der Behauptung des Beklagten die sämtlichen Verkäufer durch den Bürodirektor R. vertreten gewesen sein sollen, kam schließlich im Oktober 1923 zwischen R. und dem Vertreter der Reichsvermögensverwaltung eine Einigung dahin zustande, daß das Reich die Geldentwertung auf Dollargrundlage mit dem 1. März 1922 als Stichtag zu zwei Dritteln übernehmen und daß auf dieser Grundlage die Auflassung der Grundstücke erklärt werden sollte. Darauf wurden am 19. November 1923 die Grundstücke des Klägers an das Reich aufgelassen. Hierbei trat als Bevollmächtigter des Klägers auf Grund einer Vollmacht vom 24. Mai 1923, die sich schon bei den Grundakten befand, der Ortsgerichtsvorsteher S. auf, der mit Rücksicht auf diese Vollmacht an Stelle des Klägers zum Auflassungstermin geladen worden war. Vorher hatte der Sekretär des Klägers, D., auf der Geschäftsstelle der Reichsvermögensverwaltung für Rechnung des Klägers einen Reichsbankscheck über 17 Billionen 773234 Millionen Mark zur Deckung der Vergleichssumme vom Oberverwaltungssekretär B. ausgehändigt erhalten und über den Empfang „als Entschädigung für Geldentwertung infolge verzögerter Zahlung des Kaufpreises für die dem Reich überlassenen Grundstücke" quittiert.

Der Kläger hält sich durch die vom Beklagten empfangenen Beträge wegen seiner Ansprüche nicht für befriedigt. Er ist der Meinung, daß er nach den für die Enteignungsentschädigung geltenden Grundsätzen abzufinden gewesen sei und deshalb Bezahlung des vollen Wertes der Grundstücke verlangen könne, der zur Zeit 30000 RM. betrage. Davon fordert er mit der Klage unter dem Vorbehalt der Geltendmachung eines weiteren Betrags 15000 RM. nebst 9% Zinsen seit dem 1. Januar 1924. Der Beklagte hält die Anwendung der sich aus der Geldentwertung für die Enteignungsentschädigung ergebenden Berechnungssätze nicht für gerechtfertigt, hält aber die Nachforderung des Klägers auch wegen des im Oktober 1923 geschlossenen Vergleichs und der danach erfolgten Auflassung und Zahlung für unbegründet. Der Kläger erklärt, er habe von den über den Ausgleich der Geldentwertung gepflogenen Verhandlungen keine Kenntnis gehabt, und bestreitet auch, daß R. zum Abschluß irgendwelcher Vereinbarungen von ihm Vollmacht gehabt habe. Die Auflassung der Grundstücke sowie die Annahme des Schecks und die Ausstellung der Quittung durch den Sekretär D. stehen nach seiner Auffassung den weiteren Ansprüchen nicht entgegen, zumal da — wie er behauptet — auch D. über den Inhalt des geschlossenen Vergleichs gar nicht unterrichtet worden sei.

Das Landgericht verurteilte den Beklagten zur Zahlung von 8000 RM. nebst Zinsen und wies die weitergehenden Ansprüche des Klägers ab. Beide Parteien legten Berufung ein. Das Oberlandesgericht wies die Berufung des Beklagten zurück und erhöhte auf die Berufung des Klägers die Urteilssumme auf 14077,48 RM. Die Revision des Beklagten blieb ohne Erfolg.

Gründe:

1. Das angefochtene Urteil stellt fest, der Kläger habe sich, ebenso wie die anderen beteiligten Grundstückseigentümer, nur deshalb zum Abschluß des Vertrags vom 23. Dezember 1921 bereit gefunden, weil Regierungsrat W. als Verhandlungsführer der Reichsvermögensverwaltung ihnen erklärte, sie hätten für den Fall, daß sie den Verkauf ihrer Grundstücke verweigerten, deren Beschlagnahme durch die Besatzungsbehörde und die Enteignung zu gewärtigen. Auf Grund dieser Feststellung gelangt der Berufungsrichter zu dem Ergebnis, daß der Verkauf der Grundstücke kein freiwilliger gewesen sei, sondern unter dem Druck der drohenden Enteignung stattgefunden habe. Deshalb läßt er die für die Umwertung einer Enteignungsentschädigung geltenden Grundsätze auch für die Angleichung des Kaufpreises an die Geldentwertung maßgebend sein. Damit befindet er sich in Übereinstimmung mit dem Standpunkt, den der erkennende Senat in RGZ. Bd. 114 S. 185 eingenommen hat, wo ausgesprochen ist, daß, wenn ein Grundstück vom Eigentümer unter dem Zwang der Enteignung an den Unternehmer verkauft wurde, der Verkauf lediglich als ein Ersatz für die durch ihn vermiedene Enteignung

zu betrachten und demgemäß auch die Kaufpreisforderung in Ansehung der Folgen der Geldentwertung keinen anderen Grundsätzen unterworfen ist als die Enteignungsentschädigung. In jener Sache handelte es sich allerdings um einen Kaufvertrag, der nach der Einleitung des Enteignungsverfahrens zwischen dem Grundstückseigentümer und dem Unternehmer geschlossen worden war (§ 16 des preuß. Enteignungsgesetzes), während hier das Verfahren noch nicht eingeleitet war. Ob beide Fälle gleichzustellen sind, hat der erkennende Senat in RGZ. Bd. 127 S. 266 unentschieden gelassen, weil es nach den Umständen dort der Entscheidung dieser Frage nicht bedurfte. Hier ist aber ihre Beantwortung geboten.

Die vom Berufungsgericht bejahte Gleichstellung ist rechtlich nicht zu beanstanden. Da es darauf ankommt, daß der Kaufvertrag, für den die Folgen der Geldentwertung in Frage stehen, nicht freiwillig, sondern unter dem Druck der drohenden Enteignung abgeschlossen worden ist, so kann es keinen Unterschied machen, ob die Enteignung schon eingeleitet oder ob dieses Verfahren nur zu besorgen war. Der Umstand, daß im einen Fall die Durchführung des angeordneten Enteignungsverfahrens, im anderen die Einleitung eines solchen durch den Abschluß des Kaufvertrags vermieden werden sollte, rechtfertigt keine verschiedene Behandlung, weil beide Male gleichmäßig die zwangmäßige Wegnahme des für das Unternehmen benötigten Grundstücks im Wege des weitläufigen Enteignungsverfahrens ausgeschlossen werden sollte (vgl. auch Levin in JW. 1930 S. 1299). Das Interesse an dieser Regelung ist für die Beteiligten in beiden Fällen gleich. Allerdings kann von einem Druck der drohenden Einleitung des Enteignungsverfahrens nicht gesprochen werden, wenn diese Besorgnis keine festen Anhaltspunkte hat, sondern nur auf unsicheren Vermutungen beruht. Denn dann fehlt es an einer hinreichenden Unterlage dafür, daß der Verkäufer wirklich an eine bevorstehende Enteignung geglaubt hat und mit Grund auch glauben durfte, was in subjektiver Hinsicht Voraussetzung ist, um ihn gleich einem Enteigneten zu behandeln. Hier aber hat das Berufungsgericht auf Grund des unstreitigen Sachverhalts und der Zeugenaussage des Regierungskommissars W. bestimmte Tatsachen festgestellt, aus denen entnommen werden konnte, daß im Falle des Nichtverkaufs der Grundstücke die Enteignung zu erwarten sei. Sie lag beim Mangel einer gütlichen

Einigung auch nahe. Denn wenn die Besatzungsbehörde die Grundstücke für ihre Kasernenbauten vom Reich verlangte, so war nach den obwaltenden Verhältnissen kaum anzunehmen, daß sie von diesem Verlangen abgehen werde, sondern es war mit ziemlicher Gewißheit die Beschlagnahme der Grundstücke zu besorgen, falls letztere ihr nicht verschafft wurden. Dann blieb aber dem Reich nur der Weg der Enteignung übrig, um die Grundstücke zu erlangen. Wurden zur Vermeidung der Enteignung Kaufverhandlungen mit den Grundstückseigentümern angebahnt, so erscheint es ausgeschlossen, daß diese ihre Grundstücke zu ungünstigeren Bedingungen hergeben sollten und wollten, als sie im Falle der Enteignung für sie zu erwarten waren. Dazu hätten sie in den mit dem Beklagten geschlossenen Kaufverträgen auch verabreden können, daß die Kaufpreisschuld eine Wertschuld sein sollte. Dies mag deshalb unterblieben sein, weil damals dieser Begriff noch nicht geläufig und vor allem seine Bedeutung für die Folgen der Geldentwertung noch nicht genügend erkannt war. Wenn jedoch davon auszugehen ist, daß die unter dem Druck einer Enteignung abgeschlossenen Kaufverträge als Ersatz der Enteignung zu gelten haben, so dürfen die sich daraus ergebenden Folgerungen auch ohne eine solche Vereinbarung gezogen werden.

Ohne Rechtsirrtum hat das Berufungsgericht auch angenommen, daß hierbei nur eine Umwertung der im Kaufvertrag vom 23. Dezember 1921 vereinbarten Vergütung und nicht eine neue Wert- und Kaufpreisfestsetzung der verkauften Grundstücke für den Tag des Vertragsschlusses in Frage kommen kann. Denn das Gegenteil würde eine Änderung des vereinbarten Kaufpreises bedeuten, wie schon in RGZ. Bd. 127 S. 266 ausgeführt ist. Eine solche wäre aber unstatthaft, weil die Vergütung für die veräußerten Grundstücke und demgemäß auch ihr für die Zeit des Vertragsschlusses von den Parteien angenommener Wert durch die Kaufpreisvereinbarung maßgebend festgelegt ist und deshalb für eine andere Festsetzung keine Möglichkeit mehr besteht, überdies aber auch eine gerichtliche Neufestsetzung des Kaufpreises die durch den Vertrag bedingte Natur der rechtsgeschäftlichen Kaufpreisvereinbarung gänzlich auslöschen würde. Mit Recht setzt sonach das Berufungsgericht die Kaufpreisvereinbarung der rechtskräftig festgesetzten Enteignungsentschädigung gleich, da auch mit dieser der Wert des Grundstücks am maßgebenden Stichtag bindend festgelegt ist (Urt. des erkennenden Senats vom 11. Juni 1929 VII 557/28).

2. Nach alledem kann es sich nur noch darum handeln, ob der Kläger deshalb keine Nachforderungen mehr erheben kann, weil diesen der im Oktober 1923 zwischen R. und dem Vertreter des Reichsvermögensamts geschlossene Vergleich entgegenstände. Das ist aber zu verneinen, weil der Kläger diesen Vergleich nicht gegen sich gelten zu lassen braucht. Denn der Berufungsrichter stellt fest, daß weder R. noch sonst jemand vom Kläger zu irgendwelchen Verhandlungen und Vereinbarungen mit der Reichsvermögensverwaltung bevollmächtigt war oder bei solchen auch nur als Vertreter des Klägers aufgetreten ist. Er hält auch für erwiesen, daß R. vor dem Abschluß der im Oktober 1923 getroffenen Vereinbarungen ausdrücklich erklärt hat, er habe von keinem der Grundstückseigentümer Vollmacht, und daß der Kläger auch von keiner Seite Mitteilung über den Gang der Verhandlungen und den Inhalt der von R. getroffenen Vereinbarung erhalten hat. Wenn aber der Vergleich ohne Vollmacht und ohne nachträgliche Genehmigung des Klägers abgeschlossen wurde, so ist auch die Annahme des Berufungsgerichts, daß er dem Kläger gegenüber keine Wirksamkeit habe, rechtlich nicht zu beanstanden. An diesem Ergebnis ändert auch nichts die zufolge des Vergleichs geschehene Auflassung der dem Kläger gehörigen Grundstücke und die Annahme des über 17 Billionen 773234 Millionen Papiermark ausgestellten Schecks durch seinen Sekretär sowie dessen Quittung. Denn ebensowenig, wie es die Nachforderung des Klägers ausgeschlossen hätte, wenn die Grundstücke alsbald nach der ministeriellen Genehmigung des Kaufvertrags und gegen Empfangnahme des Nennbetrags des dort vereinbarten Preises an das Reich aufgelassen worden wären, konnten die Umwertungsansprüche des Klägers durch die Auflassung und die Annahme des Schecks hinfällig werden. Beide Umstände würden vielmehr den Klaganspruch nur dann als unbegründet erscheinen lassen, wenn aus ihnen eine Billigung des Vergleichs durch den Kläger zu entnehmen wäre. Eine solche Billigung setzt aber voraus, daß er von dem Vergleich gewußt oder daß sein Sekretär diese Kenntnis gehabt und dem Vergleich mit Vollmacht des Klägers zugestimmt hat, als er den Scheck erhob und die Quittung ausstellte. Beides trifft nach den Feststellungen

des Berufungsgerichts nicht zu. Denn auch D. ist bei der Empfangnahme des Schecks vom Verwaltungssekretär B. über die Sachlage nicht näher unterrichtet worden. Da jede weitere Zahlung im Interesse des Klägers lag, so bestand kein Grund, die Annahme des Schecks abzulehnen. Dieses Interesse kann auch erklären, weshalb sich der Kläger zur Auflassung verstand. Beide Vorgänge bedeuten dann aber noch keine Zustimmung zu dem Vergleich. Unter diesen Umständen kommt es nicht darauf an, ob etwa S. bei der Auflassung in Überschreitung der ihm vom Kläger lange vorher und unter anderen Voraussetzungen erteilten Vollmacht gehandelt hat und ob die Auflassung den Kläger auch aus diesem Grunde nicht binden würde. Der Ansicht der Revision, daß der Kläger die Vollmacht hätte widerrufen müssen, kann schon darum nicht beigetreten werden, weil er zu diesem Widerruf keinen Anlaß hatte, solange er von der durch den Vergleich geschaffenen Sachlage nichts wußte. . . .

---

13. Steht die Eintragung des Ranges eines in den Eigentümervorbehalt des § 7 AufwG. eingerückten Rechts unter dem Schutz des öffentlichen Glaubens des Grundbuchs, wenn in ihr der Rang zwar unter Hinweis auf die erwähnte Vorschrift, ziffermäßig aber abweichend von ihr eingetragen ist?

BGB. § 892. GBO. § 54. AufwG. § 7.

V. Zivilsenat. Urt. v. 4. Oktober 1930 i. S. L. (Kl.) w. K. (Bekl.). V 276/29.

I. Landgericht III Berlin.
II. Kammergericht daselbst.

Die Eheleute G. waren Eigentümer eines Hauses in Berlin. Darauf stand seit 1907 in Abt. III Nr. 2 des Grundbuchs eine erststellige Bankhypothek von 135000 M. Am 23. Juli 1925 wurde in Abt. III Nr. 5 für Frau W. eine Grundschuld von 5000 RM. eingetragen. Am 6. November 1926 wurde bei der Post Nr. 2 ihr Aufwertungsbetrag mit 32843,71 GM. und zugleich in Abt. III Nr. 6 gemäß § 7 AufwG. ein Eigentümervorbehalt in gleicher Höhe mit dem „Range nach den erststelligen 32843,71 GM. der Post Abt. III Nr. 2

und vor den dieser Post nachgehenden Rechten" eingetragen. Am 11. Januar 1927 wurde in Abt. III Nr. 7 für die Eigentümer eine Grundschuld von 32843,71 GM. mit dem Vermerk eingetragen: „Diese Post nimmt den Rang der dem Eigentümer gemäß § 7 AufwG. zustehenden, unter Nr. 6 eingetragenen Befugnis ein und geht der Post Nr. . . 5 im Range vor." Bei der Post Nr. 5 wurde gleichzeitig vermerkt: „Die Post Nr. 7, welche den Rang der dem Eigentümer gemäß § 7 AufwG. zustehenden, unter Nr. 6 eingetragenen Befugnis einnimmt, geht den Posten Nr. . . 5 im Range vor." Am 16. Mai 1927 wurde bei der Grundschuld Nr. 7 zunächst die Abtretung der ganzen Post an die K.-Aktiengesellschaft und sodann die Abtretung eines Teilbetrags an den Beklagten eingetragen. Am 27. September 1927 trug das Grundbuchamt von Amts wegen ein: zu Nr. 5 und 7 einen Widerspruch nach § 54 GBO. gegen den Vorrang der Nr. 7 vor der Nr. 5, zu Nr. 6 eine Ergänzung dahin, daß die Befugnis den der Post Abt. III Nr. 2 nachgehenden Rechten nur insoweit vorgehe, als diese zur Zeit des Inkrafttretens des Aufwertungsgesetzes eingetragen gewesen oder nach dessen Vorschriften wieder einzutragen seien. Am 19. Mai 1928 erwarb die Klägerin die Grundschuld Nr. 5 durch Abtretung von Frau W. Am 24. Mai 1928 wurde das Grundstück zwangsversteigert und dem Beklagten zugeschlagen. Die Grundschulden Nr. 5 und 7 standen außerhalb des geringsten Gebots und erloschen durch den Zuschlag. Im Verteilungstermin vom 21. Juni 1928 wurde der Verteilungsplan für den Erlös so aufgestellt, daß die Grundschuld Nr. 7 mit dem Range vor der Grundschuld Nr. 5 berücksichtigt wurde. Dabei fiel die Klägerin bei Nr. 5 aus, während der Beklagte bei Nr. 7 zur Hebung gelangte.

Die Klägerin erhob in Höhe ihres Ausfalls gegen das Liquidat des Beklagten Widerspruch und begehrt mit der Klage, daß dieser Widerspruch für begründet erklärt werde. Die Klage ist in allen Instanzen abgewiesen worden, vom Reichsgericht aus folgenden

Gründen:

Das Berufungsgericht geht zutreffend davon aus, daß der Rangvorbehalt des § 7 AufwG. nur gegenüber solchen Rechten wirkt, die beim Inkrafttreten des Gesetzes eingetragen oder nach dessen Vorschriften wieder einzutragen waren, nicht aber gegenüber solchen Rechten, die erst nach dem 15. Juli 1925 neu begründet wurden (RGZ. Bd. 117 S. 426; AufwRspr. 1930 Nr. 168; vgl. jetzt auch § 17 des

Gesetzes über die Bereinigung der Grundbücher vom 18. Juli 1930). Hiernach gebührte an sich der Grundschuld Nr. 5, die erst am 23. Juli 1925 entstanden ist, der Vorrang vor der in den Vorbehalt Nr. 6 eingerückten Teilgrundschuld des Beklagten Nr. 7. Die Rangeintragungen des Grundbuchamts vom 11. Januar 1927, in denen der Nr. 7 der Vorrang vor der Nr. 5 beigelegt ist, entsprachen also nicht dem Gesetz. Ohne Rechtsirrtum nimmt der Berufungsrichter aber an, daß sich die Rangverhältnisse mit dem Erwerb der Post Nr. 7 durch die K.-Aktiengesellschaft geändert haben. Er stellt fest, daß die Gesellschaft bei der Vollendung ihres Rechtserwerbs die Rangvermerke vom 11. Januar 1927 nicht für unrichtig gehalten hat, billigt ihr deshalb den Schutz des § 892 BGB. zu und folgert daraus, daß sie und ihr Rechtsnachfolger, der Beklagte, die Rechte aus der Post Nr. 7 mit dem Vorrang vor der Post Nr. 5 erworben haben.

Die Revision greift diese Begründung vergeblich an.

In Wissenschaft und Rechtsprechung ist anerkannt, daß der ziffermäßig bezeichnete Rang eines Rechts, das nach § 7 AufwG. in der dem Eigentümer vorbehaltenen Rangstelle kraft Ausübung des Eigentümervorbehalts eingetragen worden ist, unter dem Schutze des § 892 BGB. steht und daß deshalb das Recht von gutgläubigen Dritten mit dem eingetragenen Rang erworben wird (Mügel Aufwertungsrecht 5. Aufl. S. 567; AufwRspr. 1927 Nr. 192 S. 414 und 1929 Nr. 299 S. 739). Das Berufungsgericht hat daher mit Recht die Eintragungen vom 11. Januar 1927 dem öffentlichen Glauben des Grundbuchs unterstellt. Die Revision glaubt indessen, der K.-Aktiengesellschaft und ihrem Rechtsnachfolger trotzdem den in jenen Eintragungen vermerkten Vorrang der Grundschuld Nr. 7 vor der Post Nr. 5 aus doppeltem Grunde streitig machen zu können:

1. Sie meint, die Rangvermerke vom 11. Januar 1927 seien innerlich widerspruchsvolle Eintragungen. Im ersten Teil besagten sie, der Rang bestimme sich nach § 7 AufwG., bei dessen richtiger Auslegung sich der Vorrang der Post Nr. 5 vor der Post Nr. 7 ergebe; im zweiten Teil besagten sie das Gegenteil, daß nämlich Nr. 7 der Nr. 5 vorgehe. Solche in sich widerspruchsvolle Eintragungen seien inhaltlich unzulässig (§ 54 Abs. 1 Satz 2 GBO.); sie ständen daher nicht unter dem Schutz des § 892 BGB.

2. Weiter wendet die Revision ein, die Rangvermerke vom 11. Januar 1927 hätten das Grundbuch nicht unrichtig gemacht. Denn ihr

erster, für den Gesamtinhalt wesentlicher Teil bezeichne den Rang der Rechte gemäß § 7 AufwG., also richtig dahin, daß die Post Nr. 5 der Post Nr. 7 vorgehe. Der zweite, weniger bedeutungsvolle Teil enthalte lediglich eine zwar rechtsirrtümliche, die Gesamteintragung aber nicht unrichtig machende Erläuterung des ersten Teils. Die Frage der Unrichtigkeit des Grundbuchs sei aber nicht nach der irrtümlichen Rechtsauffassung des Grundbuchrichters zur Zeit der Eintragung der Vermerke, sondern nach der wirklichen, durch § 7 AufwG. geschaffenen Rechtslage zu beurteilen. Der Beklagte habe hiernach beim Erwerb der Post Nr. 7 das Grundbuch im Sinne der durch das Aufwertungsgesetz begründeten Rangverhältnisse als richtig gegen sich gelten lassen müssen.

Beide Angriffe können der Revision nicht zum Erfolg verhelfen:

Zu 1. Es ist richtig, daß Eintragungen im Grundbuch, die nach ihrem Inhalt sich als unzulässig erweisen und deshalb nach § 54 Abs. 1 Satz 2 GBO. von Amts wegen zu löschen sind, nicht unter dem Schutz des § 892 BGB. stehen (RGRKomm. 6. Aufl. Anm. 6 zu § 892). Solche inhaltlich unzulässige Eintragungen liegen auch dann vor, wenn Eintragungsvermerke in einem wesentlichen Punkt einander widersprechende Angaben enthalten oder so unklar sind, daß nicht ersehen werden kann, was eigentlich eingetragen ist. Bloße Zweifel über den Inhalt einer Eintragung können ihre Unzulässigkeit aber nur dann begründen, wenn sie sich nicht im Wege der Auslegung beheben lassen (RGZ. Bd. 113 S. 229; Güthe-Triebel Grundbuchordnung 5. Aufl. Bd. 1 Anm. 28 zu § 54 S. 1128). Nach diesen Grundsätzen stellen die Rangvermerke vom 11. Januar 1927 keine inhaltlich unzulässigen Eintragungen dar. Als das Grundbuchamt die Vermerke eintrug, war die Frage, ob der Rangvorbehalt des § 7 AufwG. auch solchen Rechten gegenüber wirke, die nach dem 15. Juli 1925 neu begründet worden waren, in Schrifttum und Rechtsprechung noch streitig. Erst der Beschluß des erkennenden Senats vom 7. Juli 1927 entschied den Streit im Sinne der sog. relativen Wirkung (RGZ. Bd. 117 S. 426). Das Grundbuchamt hat nun offensichtlich am 11. Januar 1927 die damals der ständigen Rechtsprechung des ihm übergeordneten Kammergerichts entsprechende gegenteilige Ansicht der sog. absoluten Wirkung vertreten und ist von ihr aus dazu gelangt, der Post Nr. 7 den Vorrang vor der Post Nr. 5 zu geben. Das ist der klare einheitliche Inhalt der Vermerke vom

11. Januar 1927. Es geht nicht an, diesen einheitlichen Inhalt nachträglich in zwei selbständige Teile zu zerlegen und dann von einer zwar später zur Herrschaft gelangten, dem Grundbuchamt bei der Eintragung aber noch fern liegenden Rechtsansicht aus die Vermerke für innerlich widerspruchsvoll oder für unklar zu erklären. Soweit überhaupt Zweifel am Inhalt der Eintragungen gegenwärtig möglich sind, lassen sie sich ohne weiteres durch Auslegung im soeben erörterten Sinne beseitigen. Der von der Klägerin unter Zugrundelegung der reichsgerichtlichen Rechtsprechung angenommene Widerspruch besteht also nur scheinbar. In Wirklichkeit löst er sich zur Einheitlichkeit und Klarheit auf, sobald der Betrachter die Verhältnisse zur Zeit der Eintragungen nicht aus den Augen verliert. Nur diese Betrachtungsweise wird dem rechtlichen Gehalt der Vermerke gerecht. Sie ist nicht einseitig auf eine subjektive Auffassung des Grundbuchrichters eingestellt, sondern berücksichtigt die objektive Gesamtlage von damals und heute. Zudem ist auch, wie schon in RGZ. Bd. 113 S. 231 dargelegt wird, der Eintragungswille des Grundbuchrichters, sofern er nur im Eintragungsvermerk ersichtlichen Ausdruck gefunden hat, für die Beantwortung der Frage, ob eine inhaltlich unzulässige Eintragung vorliegt, keineswegs so unbeachtlich, wie die Revision annimmt. Die Rangvermerke vom 11. Januar 1927 sind daher zwar nach der später zur Herrschaft gelangten Rechtsauffassung sachlich unrichtige, aber nicht inhaltlich unzulässige Eintragungen.

Zu 2. Der Schwerpunkt der Rangvermerke vom 11. Januar 1927 liegt nicht in der Verweisung auf die zur Zeit der Eintragung noch ungeklärte Vorschrift des § 7 AufwG., sondern in der klar und eindeutig betonten Angabe des Vorrangs der einen vor der anderen Post. Jene Verweisung enthielt lediglich eine rechtliche Begründung für das Ergebnis, zu dem das Grundbuchamt in dieser Angabe gelangt ist. Ein späterer Rechtserwerber, der im Vertrauen auf das Ergebnis das bevorzugte Recht erwarb, brauchte die Begründung nicht nachzuprüfen. Der Versuch der Revision, das Verhältnis umzukehren, geht fehl. Der Schwerpunkt der Rangvermerke, die positive Bestimmung des Rangs der beiden Rechte, darf nicht zu einer unmaßgeblichen „Erläuterung" herabgedrückt werden. Wenn überhaupt davon gesprochen werden kann, daß in den einheitlichen Eintragungen die eine Hälfte die andere „erläuterte", so darf das nur in dem Sinne geschehen, daß die Begründung das Ergebnis, nicht das Ergebnis die Begründung des Grundbuchamts erläutert. Im übrigen gilt auch hier, daß die in den Vermerken niedergelegte Eintragungsabsicht des Grundbuchrichters nicht unbeachtlich ist. Sie ging, wie die Revision nicht verkennt, dahin, der Post Nr. 7 den Vorrang vor der Post Nr. 5 zu verschaffen. So gestaltet mußte die Gläubigerin der Post Nr. 5 seit dem 11. Januar 1927 das grundbuchmäßige, wenn auch unrichtige Rangverhältnis gegenüber gutgläubigen Erwerbern der Post Nr. 7 nach § 892 BGB. gegen sich gelten lassen. Seit dem Erwerb der K.-Aktiengesellschaft verlor daher die Post Nr. 5 auch materiell ihren Rang vor der Post Nr. 7. Die nachträglichen Eintragungen vom 27. September 1927 konnten daran nichts mehr ändern. Auch das Gesetz über die Vereinigung der Grundbücher vom 18. Juli 1930 würde die Rangverhältnisse nicht berührt haben, wenn es überhaupt auf bereits gelöschte Rechte Anwendung finden sollte (Schlegelberger-Harmening Aufwertungsschlußgesetze Abs. 4 des Beispiels S. 134 und Anm. 3 zu § 30 S. 167). Der Verteilungsplan des Versteigerungsgerichts ist also richtig, soweit er die Post Nr. 7 vor der Post Nr. 5 berücksichtigt hat. Der Widerspruch der Klägerin gegen das Liquidat des Beklagten ist unbegründet. Die Klage ist von den Vorinstanzen mit Recht abgewiesen worden.

---

14. 1. Über Geschäftsunfähigkeit infolge von Geistesschwäche.
2. Kann gegenüber der Ersitzung ungerechtfertigte Bereicherung geltend gemacht werden?

BGB. § 6 Abs. 1 Nr. 1, § 104 Nr. 2, §§ 222, 812flg., 937.

IV. Zivilsenat. Urt. v. 6. Oktober 1930 i. S. K. (Kl.) w. Bayerischen Staat (Bekl.). IV 583/29.

I. Landgericht München I.
II. Oberlandesgericht daselbst.

Die Klägerin ist durch Beschluß des Amtsgericht B. vom 4. Juni 1914 wegen Geisteskrankheit entmündigt worden. Durch Beschluß desselben Gerichts vom 22. Februar 1919 wurde diese Entmündigung in eine solche wegen Geistesschwäche umgewandelt.

Im Frühjahr 1908 hatte die Klägerin der Pinakothek in M. 66 Originalwerke Adolf von Menzels zum Geschenk gemacht, die sie von ihrer 1907 verstorbenen Mutter, einer Schwester des Malers, geerbt hatte. Ihr Vormund behauptet, daß sie damals geschäftsunfähig im Sinne des § 104 Nr. 2 BGB. gewesen sei, und verlangt mit der Klage Herausgabe der Bilder. Das Landgericht verurteilte den Beklagten antragsgemäß; das Oberlandesgericht wies die Klage ab. Die Revision der Klägerin führte zur Aufhebung und Zurückverweisung.

Gründe:

I. Nach § 104 Nr. 2 BGB. ist geschäftsunfähig, wer sich in einem die freie Willensbestimmung ausschließenden — nicht bloß vorübergehenden — Zustand krankhafter Störung der Geistestätigkeit befindet. Der Berufungsrichter erörtert an Hand der Gutachten, die in den beiden Entmündigungsverfahren und im vorliegenden Rechtsstreit erstattet worden sind, die Frage, ob die Klägerin zur Zeit der Schenkung geisteskrank oder geistesschwach war. Er hält Geisteskrankheit nicht für erwiesen und glaubt mit Sicherheit nur die Feststellung treffen zu können, daß die Klägerin zu jener Zeit an Geistesschwäche gelitten habe. Die Gründe besagen dann weiter: „Da sie (Klägerin) damals noch nicht entmündigt war — nach § 6 Abs. 1 Nr. 1 BGB. kann auch ein Geistesschwacher, der seine Angelegenheiten nicht zu besorgen vermag, wegen Geistesschwäche entmündigt werden —, so ist die Klägerin geschäftsfähig geblieben; denn nur, wer wegen Geistesschwäche entmündigt ist, steht in Ansehung der Geschäftsfähigkeit einem Minderjährigen gleich, der das siebente Lebensjahr vollendet hat, § 114 BGB. Die in dem Schenkungsakt zum Ausdruck gekommenen Willenserklärungen der Klägerin waren daher auch nicht nichtig, wie dies bei einem Geisteskranken im Sinne des § 104 Nr. 2 BGB. gemäß § 105 BGB. der Fall wäre." Es besteht hiernach kein Zweifel, daß der Berufungsrichter die Geschäftsunfähigkeit der Klägerin deshalb verneint, weil sie bei Vornahme des Rechtsgeschäfts bloß geistesschwach gewesen und, da nicht entmündigt, völlig geschäftsfähig geblieben sei. Damit ist die Bedeutung und Tragweite des § 104 Nr. 2 BGB. verkannt. Der dort vorausgesetzte Begriff der krankhaften Störung der Geistestätigkeit ist ein weiterer als der der Geisteskrankheit im Sinne des § 6 Abs. 1 Nr. 1; die Tatbestände beider Gesetzesvorschriften decken sich insoweit nicht. Zwischen Geisteskrankheit und Geistesschwäche besteht überhaupt nur ein Unterschied dem Grade nach und die krankhafte Störung der Geistestätigkeit im Sinne des § 104 kann in der einen wie in der anderen ihren Grund haben (JW. 1908 S. 323 Nr. 3, 1909 S. 411 Nr. 2, 1911 S. 179 Nr. 1; vgl. auch Planck Bem. II 2 zu § 104 BGB.; Staudinger Bem. 4d das.). Ohne Belang ist es dabei auch, ob der Betreffende wegen Geisteskrankheit entmündigt war oder nicht. Er kann in beiden Fällen in bezug auf das in Rede stehende Rechtsgeschäft geschäftsunfähig sein. Es kommt vielmehr entscheidend darauf an, ob für den Geistesschwachen infolge seines krankhaften Zustands die freie Willensbestimmung ausgeschlossen war. Diese Möglichkeit läßt sich im Streitfall keineswegs von der Hand weisen. Es hätte daher in dieser Richtung besonderer Feststellung bedurft. Der Berufungsrichter ist an einer solchen vorbeigegangen und hat Geschäftsfähigkeit der Klägerin lediglich deshalb angenommen, weil sie nicht geisteskrank und, wenn auch geistesschwach, so doch nicht entmündigt sei. Auf dieser rechtsirrigen Erwägung beruht seine zu § 104 getroffene Entscheidung. Sie läßt sich auch nicht dadurch stützen, daß der Berufungsrichter an einer früheren Stelle der Gründe einmal den Ausschluß der Geschäftsfähigkeit infolge der geistigen Erkrankung verneint. Denn in welchem Sinne das gemeint ist, ergeben die im Anschluß daran folgenden, oben wiedergegebenen Ausführungen des Urteils. Es bleibt also nach dem Vorstehenden zu prüfen, ob bei der geistesschwachen Klägerin die freie Willensbestimmung zur Zeit der Schenkung fehlte, ob also „gegenüber ihren verschiedenen Vorstellungen und Empfindungen eine vernünftige Überlegung und Selbstentschließung darüber stattfand, was im einzelnen Falle als das Richtige zu tun war, oder ob nicht infolge der Geistesschwäche die damaligen Vorstellungen und Empfindungen derart übermäßig ihren Willen beherrschten, daß die Bestimmbarkeit des Willens durch vernünftige Erwägungen ausgeschlossen war" (RGZ. Bd. 103 S. 400). Die Frage des Ausschlusses der freien Willensbestimmung haben die im Rechtsstreit vernommenen Sachverständigen sämtlich bejaht. Hierzu wird der Berufungsrichter Stellung zu nehmen haben. ...

II. Sollte sich ergeben, daß die Klägerin bei Vornahme der Schenkung geschäftsunfähig war, so würde die schenkungsweise Übereignung der Bilder nichtig sein (§ 105 Abs. 1 BGB.) und der Beklagte damals kein Eigentum erworben haben. Der Beklagte hat sich aber auf den inzwischen (1918) vollendeten Erwerb des Eigentums durch Ersitzung berufen und behauptet, deren Erfordernisse lägen vor. Demgegenüber wird die Klage gegebenenfalls darauf gestützt, daß gleichwohl eine Herausgabepflicht aus dem Gesichtspunkt der ungerechtfertigten Bereicherung bestehe, da der Beklagte die Bilder auf Grund der nichtigen Schenkung, also ohne Rechtsgrund, erlangt habe. Es fragt sich, ob diese Bereicherungshaftung gegenüber der vollendeten Ersitzung noch geltend gemacht werden kann. Das war nach gemeinem Recht, wo zur Ersitzung ein justus titulus nötig war, die Ersitzung also ihren rechtlichen Grund, die causa, in sich trug, zu verneinen. Auch für das Recht des Bürgerlichen Gesetzbuchs, das keinen Titel erfordert, wurde der Ausschluß der Bereicherungshaftung zunächst allgemein angenommen, obwohl die zugrunde liegende Vorschrift des § 748 Abs. 2 des ersten Entwurfs später gestrichen worden war (Mot. Bd. 3 S. 353; Prot. II S. 686 und die von Oertmann im Recht 1910 Sp. 585 flg. angeführten Lehrbücher und Kommentare). Neuerdings wird dagegen die Meinung vertreten, daß sich die Frage nicht schlechthin bejahen lasse und daß es darauf ankomme, ob im Einzelfall der zur Ersitzung führende Eigenbesitz mit oder ohne Rechtsgrund erworben sei. Wenn das letztere zutreffe, müsse eine condictio possessionis zulässig sein, die sich nach § 818 Abs. 1 BGB. auch auf Herausgabe des auf Grund des Besitzes (der Ersitzung) erlangten Eigentums erstrecke (Wolff Sachenrecht § 71 Nr. IV; Oertmann a. a. O. und Komm. Vorbem. 2c β zu § 812 BGB. S. 1330; Enneccerus Lehrb. Bd. 2 § 442 Anm. 19; Staudinger Bem. 4a zu § 937 BGB.; Biermann Bem. 2 das.; RGRKomm. Bem. 6c zu § 812 S. 503; vgl. auch Planck Bem. 3 zu § 937 BGB.). Der Ersitzende soll also dem bisherigen Eigentümer als solchem nicht aus Bereicherung haften; entbehrt aber der Erwerb des Eigenbesitzes, auf dem die Ersitzung beruht, ohne den den sofortigen Eigentumserwerb hindernden Mangel (z. B., wenn eine gestohlene Sache an einen Gutgläubigen veräußert und von ihm ersessen wird, ohne den Mangel des § 935 BGB.) des rechtlichen Grundes, so soll der Bereicherungsanspruch gegeben sein. Demgegenüber halten andere, so Gierke Deutsches Privatrecht Bd. 3 S. 999 Anm. 19 und

Haymann in Iherings Jahrb. Bd. 77 S. 268flg., den Bereicherungsanspruch grundsätzlich für ausgeschlossen, weil nach Sinn und Zweck des Gesetzes der Eigentumserwerb durch Ersitzung ein endgültiger sei und die Rechtsordnung durch Ablauf der Ersitzungszeit im Interesse der Rechtssicherheit eine Beruhigung aller Verhältnisse schaffen wolle. Die erste Meinung verdient den Vorzug. Das Gesetz selbst schweigt. Aus § 951 BGB. läßt sich kein Umkehrschluß ziehen. Entscheidend ist, daß die Gegenansicht zu unannehmbaren Ergebnissen führen würde, wie der in Oertmanns Kommentar a. a. O. angeführte Fall beweist, wonach, wenn ein Geschäftsfähiger einem anderen eine fremde Sache schenkt, der Erwerber zwar sofort Eigentum erlangt, aber nach § 816 Abs. 1 Satz 2 BGB. noch 30 Jahre lang auf Herausgabe haftet, während er im sonst gleichen Falle bei Beschenkung durch einen Geisteskranken nach 10 Jahren haftfrei wäre. Derartiges kann das Gesetz nicht wollen. Es liegt kein ausreichender Anhalt dafür vor, daß der Gesetzgeber den Ersitzungserwerb in der angegebenen Weise vor dem Traditionserwerb bevorzugen sollte. Im Streitfall kann also die Klägerin, wenn sie als Geschäftsunfähige auf Grund nichtiger Schenkung den Besitz übertragen hat, die Herausgabe der Bilder (nicht nur Wertersatz) verlangen.

---

15. Zum Begriff des Vorvertrags bei Gründung einer Gesellschaft mbH.

GmbHG. § 2.

II. Zivilsenat. Urt. v. 7. Oktober 1930 i. S. Frau Schm. (Bekl.) w. K. Schm. u. Gen. (Kl.). II 535/29.

I. Landgericht Düsseldorf.
II. Oberlandesgericht daselbst.

Die Beklagte ist die Witwe des im Jahre 1927 verstorbenen Kommerzienrats W. Schm., des Bruders der beiden Kläger K. und H. Schm. Die drei Brüder, welche Teilhaber der Firma W. Schm.-Scho., offene Handelsgesellschaft in M., der Firma G. E. T., offene Handelsgesellschaft in M. und der Firma Süddeutsche Kommandite in H. waren, schlossen zur Regelung geschäftlicher Fragen und zur

Beilegung von Unstimmigkeiten einen vom 27. März 1906 datierten Vertrag. Die darin genannte Rh. Zuckerwarenfabrik GmbH. wurde am gleichen Tage durch notariellen Vertrag zwischen K. und W. Schm. gegründet.

Nach dem Tode des W. Schm. stellte sich die Beklagte als seine Alleinerbin auf den früher schon von ihrem Manne vertretenen Standpunkt, daß der privatschriftliche Vertrag vom 27. März 1906 wegen Formmangels nichtig sei, und zwar — nach ihrer Prozeßbehauptung — u. a. deshalb, weil er einen Vorvertrag zur Gründung einer Gesellschaft mbH. enthalte.

Die Kläger verlangten mit der Klage Feststellung, daß der Vertrag rechtswirksam sei. Die beiden Vordergerichte erkannten dementsprechend. Die Revision der Beklagten wurde zurückgewiesen.

Gründe:

Das Berufungsurteil verneint, daß der Vertrag vom 27. März 1906 einen auf Gründung der Rh. Zuckerwarenfabrik GmbH. gerichteten Vorvertrag darstelle, und erklärt ihn daher auch ohne gerichtliche oder notarielle Beurkundung für rechtswirksam. Es erachtet ihn und den notariellen Gründungsakt der Gesellschaft als in untrennbarem, einheitlichem Zusammenhang stehend und hält daher die zeitliche Reihenfolge der beiden Vertragsakte nicht für erheblich. Die Angriffe der Revision gegen diese Erwägungen sind in keiner Hinsicht begründet. Die Annahme des Berufungsgerichts, in der Vertragsurkunde vom 27. März 1906 sei kein die Gründung der Gesellschaft betreffender Vorvertrag enthalten, beruht einerseits auf rein tatsächlichen Erwägungen, anderseits auf rechtlich bedenkenfreier Würdigung des festgestellten Sachverhalts. Insbesondere ist die rechtliche Eigenart des Vorvertrags als eines die Beteiligten zum Abschluß eines inhaltlich hinreichend bestimmten Hauptvertrags in erzwingbarer Form verpflichtenden Parteiabkommens nicht verkannt. Das angefochtene Urteil entnimmt aus der Fassung der Verträge vom 27. März 1906 und aus den begleitenden Umständen, daß es den Brüdern Schm. gar nicht darauf angekommen sei, in dem privatschriftlichen Vertrag eine gegenseitige Verpflichtung zur Gründung der Gesellschaft mbH. einzugehen, daß vielmehr der gemeinsame Wille dazu bei ihnen selbstverständlich gewesen sein müsse, wenn man nicht den ganzen von der Gründung abhängigen Vertragsschluß als unsinnig bezeichnen wolle, und daß man eben angesichts dieser Selbstverständlichkeit am gleichen Tage sofort den Gründungsakt selbst in der gesetzlichen Form vorgenommen habe. Diese Feststellungen beruhen nicht nur auf möglicher, sondern auf durchaus naheliegender und jedenfalls rechtlich nicht zu beanstandender Auslegung der abgegebenen Willenserklärungen. Sind auch in dem privatschriftlichen Vertrag vom 27. März 1906 die für den Abschluß eines Gesellschaftsvertrags wesentlichen Angaben (§ 3 GmbHG.) enthalten (Firma, Sitz, Zweck, Stammkapital, Einlagen der Gesellschafter) und würde auch der Vertrag als Gründungsvorvertrag nach ständiger, auch weiterhin festzuhaltender Rechtsprechung (RGZ. Bd. 66 S. 116; RGUrt. v. 16. April 1920 II 487/1919 und vom 24. April 1908 II 589/1907) der Form des § 2 GmbHG. zweifellos bedurft haben, so ist doch die Meinung der Revision nicht zwingend, die Parteien hätten nur dann Anlaß gehabt, in den Vertrag vom 27. März 1906 eine Verpflichtung zur Gründung der Gesellschaft nicht aufzunehmen, wenn sie tatsächlich gewußt hätten, daß der Vorvertrag formbedürftig sei; das sei ihnen aber in Wirklichkeit nicht bekannt gewesen. Auch wenn die Parteien das Formerfordernis nicht kannten, blieb doch die Möglichkeit, daß sie wegen der am 27. März 1906 erfolgten, also vorher mit Rücksicht auf bestimmte gemeinsame Interessen von ihnen notwendigerweise als feststehend behandelten Gründung der Gesellschaft von einer besonderen schriftlichen Bindung durch Vorvertrag bewußt Abstand genommen haben. Es ist durchaus denkbar, daß eine vorläufig nicht formgerechte, aber auf gemeinsamer Interessenlage beruhende Bindung ihren Ausdruck in Vereinbarungen findet, welche die näheren Verhältnisse der erst zu gründenden Gesellschaft zu regeln bestimmt sind, deren Entstehung jedoch nur als sicher voraussetzen, nicht aber selbst eine Verpflichtung zur Gründung schaffen sollen. Dem Formerfordernis des § 2 GmbHG. unterliegen solche Vereinbarungen nicht, solange sie des Charakters eines eigentlichen Gründungsvorvertrags ermangeln. Ihre Rechtswirkung, falls es nicht zur Gründung kommt, ist Frage des Einzelfalles. Im gegenwärtigen Rechtsstreit stellt sich der Vertrag vom 27. März 1906 seinem Wesen nach als umfassende Regelung der ganzen gesellschaftlichen Beziehungen der Brüder Schm. auf lange Zukunft dar, dazu bestimmt, alle gemeinschaftlichen Unternehmungen in die Dachgesellschaft Schm.-Scho. einzugliedern und deren Verhältnisse zu ordnen. Die neuzugründende Gesellschaft mbH. erscheint in diesem Zusammenhang nur als unselbständiges, den anderen Betrieben gleichgeordnetes Glied des Ganzen, und sowohl die Einleitung des Vertrags: „als Gesellschafter einer neuen auf Grund anliegenden Gründungsvertrags zu errichtenden G.m.b.H. . . ." wie die spätere Erwähnung (§ 3), daß die Firma Schm.-Scho. die von W. und K. Schm. zu gleichen Teilen gezeichnete Einlage von zusammen 200000 M. vorschieße, macht klar ersichtlich, daß es sich bei dieser Wortfassung nicht um eine Gründungsverpflichtung handeln konnte, sondern daß der Gründung wegen eben auf die als Vertragsanlage behandelte Gründungsurkunde verwiesen wurde. Dieser notarielle Gründungsakt trug aber das Datum vom 27. März 1906, mithin das gleiche wie der privatschriftliche Vertrag. Daraus folgt zwingend, daß die Parteien — mag der Privatvertrag zeitlich abgeschlossen sein, wann er will —, durch seine Datierung jedenfalls und zwar gerade dann, wenn er etwa schon an einem früheren Tage vollzogen gewesen sein sollte, ihn als mit dem notariellen Vertrag gleichzeitig und zusammengehörig behandelt wissen wollten. Damit würde auch aus diesem Grunde jede Voraussetzung für die Annahme entfallen, daß darin ein Vorvertrag des Gründungsaktes enthalten sei. Zum mindesten hat die Beklagte, die für den von ihr behaupteten Nichtigkeitsgrund beweispflichtig ist, für ihre Meinung nichts Entscheidendes vorgebracht. Insbesondere würde auch daraus nichts zugunsten ihrer Vertragskonstruktion folgen, daß der Vertrag vom 27. März 1906 bestimmt gewesen sein soll, alle früher bestehenden Streitigkeiten zu bereinigen . . .

---

16. Inwieweit sind außerhalb des Beförderungszwanges freie Vereinbarungen der Bahn mit einem Beförderungsbeteiligten zulässig?

Eisenbahn-Verkehrsordnung (EVerkO.) v. 23. Dezember 1908 §§ 2, 3, 78, 85. HGB. §§ 453 flg.

I. Zivilsenat. Urt. v. 8. Oktober 1930 i. S. R. (Kl.) w. Deutsche Reichsbahn-Gesellschaft (Bekl.). I 113/30.

I. Landgericht Frankfurt a. M.
II. Oberlandesgericht daselbst.

Im Jahre 1926 und in der Folgezeit hatte die Klägerin Bauarbeiten für eine in der Lahn bei Dausenau zu errichtende Wehr- und Schleusenanlage auszuführen und mußte zu diesem Zwecke Gerätschaften und Baustoffe an die Baustelle befördern. Da der Bahnhof Dausenau damals keine für den Güterverkehr eingerichtete Station im Sinne von § 453 HGB. war, aber ein Überholungsgleis besaß, wandte sich die Klägerin mit Schreiben vom 28. August 1926 an das Reichsbahnbetriebsamt in Limburg mit der Bitte, ihr für die Entladung der nach der Baustelle bestimmten Bahnwagen das in der Nähe der Baustelle befindliche Überholungsgleis in Dausenau zur Verfügung zu stellen. Die Beklagte erklärte sich hiermit gemäß ihrem Schreiben vom 16. September 1926 und der ihm in Abschrift beigefügten „Dienstanweisung" einverstanden. Danach sollten die aus Richtung Oberlahnstein kommenden Wagen zunächst über Dausenau bis Nassau und dann von dort wieder nach Dausenau geleitet werden; für die Beförderung von Nassau nach Dausenau sollte jedoch die tarifmäßige Fracht von Nassau bis Ems gezahlt werden; dies sollte zunächst für die Zeit bis zum 20. November 1926 gelten. Mit Schreiben vom 25. Oktober und 20. November 1926 beantragte die Klägerin bei der Beklagten, ihr auch weiterhin das Überholungsgleis in Dausenau für die Entladung der Wagen zu überlassen. Die Beklagte erteilte diese Genehmigung, wiederum unter Befristung, und verlängerte die Genehmigung auf erneuten Antrag der Klägerin. Die für die Klägerin nach Dausenau bestimmten Wagen sind dann in der vereinbarten Weise befördert worden; die Frachten von Nassau nach Dausenau sind nach der tarifmäßigen Gebühr für die Strecke Nassau-Ems berechnet und von der Klägerin bezahlt worden.

Mit Schreiben vom 4. Oktober 1927 teilte die Klägerin der Beklagten mit, daß die auf Grund der bisherigen „Abmachung" der Parteien von der Klägerin gezahlten Frachtsätze für sie nicht erschwinglich seien; sie bat um Festsetzung einer geringeren Vergütung, und zwar mit Rückwirkung vom 30. August 1926 ab. Nach längeren Verhandlungen erklärte sich die Beklagte mit Schreiben vom 16. März 1928 unter ausdrücklichem Ausschluß jeder Rückwirkung bereit, für die Beförderung von Nassau nach Dausenau lediglich eine Anschlußgebühr für Anschlüsse auf freier Strecke und außerdem, falls die Wagen aus der Richtung Limburg kämen, zwei Stellgebühren, falls sie aber aus der Richtung Oberlahnstein zunächst nach Nassau geführt würden, eine Stellgebühr einzusetzen. Die Klägerin nahm diesen Vorschlag an und zahlte nunmehr für die Folgezeit die ermäßigten Entgelte. Die Klägerin versuchte wiederholt, die Ermäßigung auch für die Vergangenheit zu erreichen, was aber die Beklagte ablehnte.

Die Klägerin behauptet, die Beklagte habe mit ihrer ersten Gebührenabmachung gegen § 6 Abs. 1, § 68 EVerkO. verstoßen und eine zu hohe Beförderungsgebühr erhoben. Es sei auch nicht etwa eine Vereinbarung der Parteien über diese, angeblich übersetzte, Beförderungsgebühr zustande gekommen. Sollte aber eine solche Abrede getroffen sein, so würde sie nach den maßgebenden Vorschriften unzulässig und nichtig sein. Demgemäß habe die Klägerin nach einer von ihr eingereichten Aufstellung 7236,85 RM. zuviel gezahlt. Sie hat mit der gegenwärtigen Klage die Zahlung dieser Summe nebst Verzugszinsen unter dem Gesichtspunkt der ungerechtfertigten Bereicherung verlangt.

Die Beklagte hat eingewendet, daß im vorliegenden Falle keine tariflichen Bestimmungen in Frage kämen, daß vielmehr eine freie vertragliche Vereinbarung über Leistung und Gegenleistung zwischen den Parteien möglich gewesen und auch zustande gekommen sei. Auf Grund dieser Vereinbarung seien die streitigen Gebühren ordnungsmäßig berechnet und gezahlt worden.

Die Instanzgerichte haben die Klage abgewiesen. Die Revision der Klägerin hatte keinen Erfolg.

Gründe:

Maßgebend ist die Eisenbahnverkehrsordnung vom 23. Dezember 1908, dagegen nicht, wie die Klägerin behauptet hat, die vom 16. Mai 1928.

Die Parteien sind darüber einig, daß Dausenau keine „für den Güterverkehr eingerichtete Station" im Sinne von § 453 HGB., § 53 EVerkO. ist oder zur maßgeblichen Zeit war. Die streitigen Leistungen der Beklagten lagen also außerhalb des ihr gesetzlich auferlegten Beförderungszwanges. Dementsprechend hat auch die Klägerin vor den Instanzgerichten ausdrücklich zugegeben, daß die Beklagte die betreffende Beförderung von vornherein ablehnen und, soweit sie sich nicht der Klägerin gegenüber gebunden hatte, rechtswirksam widerrufen konnte. Es handelte sich aber auch insofern um besondere und eigenartige Leistungen der Beklagten, als an Beförderungen der hier vorgesehenen Art, soweit ersichtlich, damals nur die Klägerin und nicht etwa irgendwelche anderen Personen ein Interesse hatten. Die Klägerin hat auch die Angaben der Beklagten nicht bestritten, daß aus betriebstechnischen Gründen für die Beförderung nach Dausenau nur der Bahnhof Nassau (und nicht auch der Bahnhof Ems) in Frage kam, sodaß die für die Klägerin bestimmten Wagen, einerlei ob sie aus Richtung Limburg oder Oberlahnstein kamen, zunächst bis Nassau geleitet werden mußten, um dann in der Art, wie dies im Schreiben der Beklagten vom 16. September 1926 nebst Dienstanweisung näher angegeben war, von Nassau nach Dausenau befördert und später (leer) von dort nach Ems geschafft zu werden.

Das Berufungsgericht hat zutreffend darauf hingewiesen, daß diese Leistungen der Beklagten weder in der Eisenbahn-Verkehrsordnung von 1908 noch in den maßgeblichen Tarifen der Beklagten vorgesehen waren ... Allerdings sind in § 85 EVerkO. Beförderungen vorgesehen nach einem Bestimmungsort, wo sich keine für die Abfertigung des Gutes eingerichtete Güterabfertigungs- oder Nebenstelle befindet. In solchen Fällen soll für die Weiterbeförderung von der letzten für die Güterabfertigung eingerichteten Eisenbahnstation oder Güternebenstelle bis zum Bestimmungsort die Bahn grundsätzlich als Spediteur und nur dann gemäß der Eisenbahnverkehrsordnung als Frachtführer haften, wenn sie für diese Weiterbeförderung besondere Einrichtungen im Sinne von § 78 Abs. 1 EVerkO. getroffen hat. Aus den Feststellungen des Berufungsgerichts ist aber zu entnehmen, daß letzteres hier nicht der Fall ist. Denn als solche Einrichtungen können nach Sinn und Zweck jener Vorschrift nur solche Maßnahmen angesehen werden, die nicht, wie im vorliegenden Fall, ausschließlich für bestimmte vorübergehende, nur einem einzelnen Unternehmer als solchem dienliche Sonderzwecke getroffen sind, sondern für einen größeren Kreis von Beteiligten Wert und Bedeutung haben (§ 6 EVerkO.: „jedermann"). Auch bezieht sich § 78 Abs. 1 EVerkO. nur auf „Stückgüter", während für die hier maßgeblichen Beförderungen ausschließlich Wagenladungen in Betracht kamen. Dahingestellt werden kann daher eine weitere Frage, die sich aus der Verweisung auf § 78 Abs. 1 EVerkO. ergibt. Dort heißt es nämlich, daß die Bahn die Stückgüter innerhalb des Stationsortes oder nach benachbarten — nicht an der Bahn gelegenen (§ 468 HGB.) — Orten „gegen eine durch Aushang bekanntzumachende Gebühr" zuzuführen hat. Unerörtert bleiben kann also, ob hieraus entnommen werden muß, daß auch die Weiterbeförderung nach § 85 Abs. 2 nur gegen eine durch solchen Aushang bekanntgemachte Gebühr erfolgen durfte. Dabei ist zu beachten, daß § 85 EVerkO. lediglich die Haftung der Bahn für Verlust, Minderung oder Beschädigung des Gutes regelt, also an sich mit Tariffragen nichts zu tun hat.

Ferner hat das Berufungsgericht ausgeführt: Die in § 6 Abs. 1 EVerkO. der Beklagten auferlegte Verpflichtung, Tarife aufzustellen, die „über alle für den Beförderungsvertrag maßgebenden Bestimmungen, über die Beförderungspreise und die Nebengebühren Auskunft geben", hindere eine freie Vereinbarung über das an die Beklagte zu leistende Beförderungsentgelt nur bei den für den Güterverkehr eingerichteten Stationen (§ 453 HGB.). Dies folge daraus, daß die Tarifpflicht durch den in § 453 HGB. und § 3 EVerkO. angeordneten Beförderungszwang bedingt sei. Wenn dieser Beförderungszwang nur bei den für den Güterverkehr eingerichteten Stationen gelte, so sei es bei der Tarifpflicht ebenso. Denn die Tarifpflicht solle die Durchführung des § 453 HGB. gewährleisten, indem durch die Tarifpflicht der Beklagten verboten sei, im Einzelfall die Gebühren willkürlich festzusetzen und dadurch unter Umständen Dritte von der Beförderung auszuschließen. Die Vorschriften in § 85 EVerkO. und § 468 HGB. ständen einer freien Vereinbarung über das Beförderungsentgelt nicht nur nicht im Wege, sondern zeigten gerade dadurch, daß hier eine Haftungsbeschränkung (auf Spediteurpflichten) zugelassen sei, die Möglichkeit vertraglicher Regelung. Eine solche sei auch nicht durch § 78 EVerkO. ausgeschlossen. Vielmehr griffen in allen Fällen, in denen, wie hier, eine lückenlose Regelung im 7. Abschnitt des dritten Buches des Handelsgesetzbuchs, in der Eisenbahn-Verkehrsordnung und in den Bestimmungen der deutschen Eisenbahngütertarife nicht getroffen sei, die Vorschriften des Handelsgesetzbuchs über den Frachtvertrag (§§ 425 flg.) und des Bürgerlichen Gesetzbuchs über den Werkvertrag ein (Düringer-Hachenburg HGB. 2. Aufl. Vorbem. II B 4 vor § 453 S. 915/16, § 471 Anm. 6 S. 970/71; Rundnagel in Ehrenbergs Handbuch des gesamten Handelsrechts Band V Abteilung II S. 260 flg.; Fritsch Das deutsche Eisenbahnrecht S. 310).

Diesen Ausführungen ist jedenfalls insofern beizutreten, als es sich hier um einen Sonderfall handelt, für den weder in den maßgeblichen Tarifen ein Beförderungsentgelt eingesetzt noch die tarifmäßige Festsetzung eines solchen Entgeltes erforderlich war. Das letztere ergibt sich aus dem vom Berufungsgericht zutreffend dargelegten allgemeinen Grundsatz, daß nach Sinn und Zweck der einschlägigen Vorschriften der Tarifzwang nur zur sachgemäßen Durchführung des Beförderungszwangs dienen soll und daher nicht weiter reicht als dieser, in Verbindung mit dem Umstand, daß die Sondervorschriften in § 78 EVerkO. über eine durch Aushang bekanntzumachende Gebühr hier nicht in Betracht kommen. Die von der Revision in Bezug genommenen Vorschriften in § 2 EVerkO. über Abweichungen von den Tarifen betreffen nur solche Fälle, wo eine tarifmäßige Regelung erfolgt oder vorgeschrieben ist. Der von ihr geltend gemachten Besorgnis, daß der Rechtsstandpunkt des Berufungsgerichts der Eisenbahn die Möglichkeit gäbe, bei neu auftretenden Verkehrsbedürfnissen nach einer für den Güterverkehr nicht eröffneten Station willkürlich Frachten für Bereitstellung in dieser Station zu fordern und die Auflieferung nach dieser Station dem einen Absender zu bewilligen, dem andern zu verweigern, kann hier, wo es sich um vereinzelte und vorübergehende, einem einzelnen Unternehmer eigentümliche Sonderinteressen handelt, keine entscheidende Bedeutung beigemessen werden. Nach alledem hat das Berufungsgericht ohne Rechtsirrtum angenommen, daß eine rechtswirksame freie Vereinbarung zwischen den Parteien über das streitige Beförderungsentgelt möglich war.

Das Berufungsgericht hat auf Grund des Schriftverkehrs der Streitteile, insbesondere des Schreibens der Klägerin vom 28. August 1926 und des Schreibens der Beklagten vom 16. September 1926 nebst „Dienstanweisung" in Verbindung mit dem Schreiben der Klägerin vom 7. Dezember 1927, ferner auf Grund der damals gepflogenen mündlichen Verhandlungen sowie auf Grund der lange Zeit hindurch zwischen ihnen gehandhabten tatsächlichen Übung festgestellt, daß die von der Beklagten behauptete Vereinbarung über das Beförderungsentgelt zustande gekommen ist. Auch diese Ausführungen des Berufungsgerichts, die zum wesentlichen Teil auf tatsächlichem Gebiete liegen, lassen keinen Rechtsirrtum erkennen. Der Vorwurf der Revision, daß der Vorderrichter die Rechtsnatur derartiger Dienstanweisungen verkannt habe, ist unbegründet. Er verwendet bei seinen Erwägungen jene Dienstanweisung nicht in ihrer Eigenschaft als Anordnung der vorgesetzten an die untergebene Eisenbahn-Behörde im inneren Dienstverkehr, sondern nur als der Klägerin bekanntgemachte und als Vertragsgrundlage in Bezug genommene Beilage zum Schreiben der Beklagten vom 16. September 1926. Aus dieser Beilage ergab sich für die Klägerin, daß im Verhältnis der Parteien für die nach Dausenau bestimmten Güter — einerlei, ob sie aus der Richtung Limburg oder Oberlahnstein kamen — zunächst die tarifmäßige Fracht bis Nassau und dann die tarifmäßige Fracht von Nassau bis Ems berechnet werden sollte. Unbestritten sind auf dieser rechnerischen Grundlage die Güter befördert und abgeliefert sowie die jetzt streitigen Frachten berechnet und von der Klägerin damals ohne Beanstandung gezahlt worden. Aus diesen Vorgängen in ihrer Gesamtheit und in ihrem Zusammenhang konnte das Berufungsgericht eine Vereinbarung über das von der Klägerin zu leistende Beförderungsentgelt in der tatsächlich berechneten und gezahlten Höhe entnehmen und dementsprechend ohne Rechtsirrtum die Klage auf Rückforderung der gezahlten Beträge aus dem Gesichtspunkt der ungerechtfertigten Bereicherung für unbegründet erklären.

---

17. 1. Ist ein Wechsel, der an Order lautet, aber keinen Remittenten angibt, stets als Wechsel an eigene Order anzusehen, wenn die Rückseite ein Giro des Ausstellers aufweist?

2. Zur Frage der Umwandlung eines nichtigen Blankoindossaments in eine bestärkende Schuldübernahme.

WO. Art. 4 Nr. 3. BGB. § 140.

II. Zivilsenat. Urt. v. 14. Oktober 1930 i. S. D.sche Erben (Bekl.) w. M. Versicherungs-AG. (Kl.). II 12/30.

I. Landgericht I Berlin.
II. Kammergericht daselbst.

Der verstorbene D. war Geschäftsführer und zusammen mit seiner Witwe, der Zweitbeklagten, Inhaber aller Geschäftsanteile der N.Automobile-GmbH.; die Beklagten sind seine Erben. Nach seinem

Tode verkaufte die Gesellschaft mbH. an die Firma M. & Co. einen Kraftwagen für 7795,20 RM. auf Abzahlung in Monatsraten von 649,60 RM. Die Klägerin beschaffte das Geld für den Kauf, indem sie der Gesellschaft den Preis in einer Summe zahlte. Dafür erhielt sie 12 in der Zeit von Juni 1927 bis Mai 1928 in Monatsabständen fällige, vom Erstbeklagten ausgestellte, von allen vier Beklagten in blanko indossierte Akzepte der Firma M. & Co. über je 649,60 RM., in denen aber nach den Worten „an die Order" kein Remittent genannt war. Nur das erste dieser Akzepte ist eingelöst worden. Die Klägerin hat den von der Käuferin noch nicht beglichenen Teil des Kaufpreises von 7145,60 RM. gegen die Gesellschaft ausgeklagt und ein obsiegendes rechtskräftiges Urteil erstritten.

Die Klägerin fordert jetzt denselben Betrag, jedoch abzüglich eines von ihr der Gesellschaft N. geschuldeten Betrags von 858,56 RM., das sind 6287,04 RM. von den Beklagten als Gesamtschuldnern, indem sie in erster Linie die erwähnten, wegen Formmangels nichtigen Wechsel auf Grund von § 140 BGB. als Schuldscheine geltend macht. Die Beklagten wandten u. a. ein, daß sie, wie der Klägerin bekannt gewesen sei, mit ihrer Wechselzeichnung nicht sich persönlich, sondern nur die nach dem Tode des D. vertretungslose Gesellschaft hätten verpflichten wollen.

Das Landgericht wies die Klage ab. Das Kammergericht dagegen gab der Klage statt, da sich die Haftung der Beklagten auf Grund einer aus ihrer Wechselzeichnung zu entnehmenden bestärkenden Schuldübernahme ergebe. Die Revision der Beklagten führte zur Wiederherstellung des landgerichtlichen Urteils.

Gründe:

Der Berufungsrichter hält die im Besitze der Klägerin befindlichen Wechsel mangels Angabe eines Remittenten für nichtig, die Beklagten aber in Höhe der Klagforderung für haftbar nach den Grundsätzen der Umwandlung (§ 140 BGB.). Er entnimmt unter Ablehnung einer Verpflichtung auf Grund bürgerlichrechtlicher oder kaufmännischer Anweisung oder auf Grund abstrakten Schuldversprechens aus den Umständen eine bestärkende Schuldübernahme der Beklagten, da sie, um die Geldbeschaffung für den Autoverkauf durch die Klägerin zu ermöglichen, also in eigenem Interesse, dieser neben der Käuferin M. & Co. mit ihrer Wechselzeichnung für die Wechselbeträge hätten einstehen wollen. Es braucht im vorliegenden

Falle nicht erörtert zu werden, ob nicht in Abweichung von der in der Entscheidung des I. Zivilsenats vom 10. Dezember 1902 I 231/02 vertretenen Meinung ein lediglich an Order lautender Wechsel, dessen Aussteller zugleich erster Girant ist, regelmäßig als Wechsel an eigene Order auszulegen ist. Im Streitfall ist jedenfalls eine derartige Auslegung nicht möglich, weil sämtliche in Betracht kommenden Wechsel auf ihrer Rückseite vor dem Giro der vier Beklagten eine Lücke aufweisen, die darauf hindeutet, daß sie für ein Vorindossament freigehalten war. Es besteht somit die naheliegende Möglichkeit, daß die Wechsel nicht an die eigene Order des Erstbeklagten als Ausstellers, sondern an fremde Order lauten sollten und daß das Giro des Remittenten den ersten Platz auf der Rückseite einzunehmen bestimmt war. Unter solchen Umständen ist mit den Vorinstanzen die Nichtigkeit der mit dem Mangel eines wesentlichen Erfordernisses (Art. 4 Nr. 3 WO.) behafteten Wechsel anzunehmen.

Nicht beigetreten werden kann jedoch der Meinung des Berufungsgerichts, daß der Klaganspruch aus dem Gesichtspunkt der Umwandlung zu begründen sei. § 140 BGB. läßt eine solche unter der doppelten Voraussetzung zu, daß einmal das nichtige Rechtsgeschäft den Erfordernissen eines anderen Rechtsgeschäfts entsp.icht, und daß ferner anzunehmen ist, dessen Geltung wäre bei Kenntnis der Nichtigkeit gewollt gewesen. Keine dieser Voraussetzungen ist im Streitfall gegeben. Die Beklagten haben lediglich ihre Namen auf die nichtigen Wechsel gesetzt. Ihre Blankoindossamente waren reine Namenszeichnungen, die im Gegensatz zu Vollindossamenten nicht einmal ohne weiteres zu bürgerlichrechtlichen Abtretungserklärungen umgedeutet werden konnten und jedenfalls eine persönliche Haftung der Giranten nur kraft der besonderen Regeln des Wechselrechts begründeten, eine Verpflichtungserklärung im Sinne des allgemeinen bürgerlichen Rechts aber an sich nicht ergaben. Die weitere Frage, ob die Parteien bei Kenntnis der Nichtigkeit der Wechsel eine bestärkende Schuldübernahme der Beklagten gewollt haben würden, ist in erster Linie danach zu entscheiden, ob der wirtschaftliche Erfolg beider Rechtsmöglichkeiten so gleichartig war, daß beide Teile, auch wenn sie zunächst nur die eine Rechtsform ins Auge faßten, sich jedenfalls, wenn diese versagte, auch mit der anderen abgefunden hätten (RGUrt. vom 9. Februar 1926 II 204/25). Nun ist aber die

Wirkung eines Wechselindossaments von der einer Schuldübernahme wirtschaftlich wie rechtlich grundlegend verschieden. Jenes begründet neben seiner Transportfunktion nur eine durch die Nichteinlösung des Wechsels seitens eines Dritten und durch die Erfüllung der für diesen Fall vorgesehenen Formalakte bedingte Verpflichtung des Indossanten. Der Schuldübernehmer tritt dagegen in die volle Rechtsstellung des Urschuldners ein. Dementsprechend ist auch die für seine Verbindlichkeit laufende Verjährungsfrist eine andere als beim Wechsel. Es geht daher nicht an, ohne weiteres zu unterstellen, daß mit der Zeichnung eines Wechselindossaments die unter Umständen weit schwereren Rechtsfolgen einer Schuldübernahme ohne weiteres mit in Kauf genommen seien. Die im Schrifttum namentlich von Bernstein (JW. 1926 S. 494) vertretene gegenteilige Meinung mag für gewisse Arten an sich nichtiger Wechselerklärungen, z. B. für den Ausstellervermerk beim eigenen Wechsel, eine Umwandlung rechtfertigen; für reine Blankoindossamente ist sie aber im Regelfall abzulehnen, wenn man nicht dem Wechselgiro seine gerade in den Verhältnissen des Wechselrechts begründete Eigenart nehmen und diese im Rahmen allgemein bürgerlichrechtlicher Willenserklärungen abschwächen will.

Nach alledem beruht die Annahme des Berufungsgerichts, die Parteien hätten bei Kenntnis der Nichtigkeit der Wechsel die Erklärung der Beklagten als bestärkende Schuldübernahme gewollt, auf rechtlich unzutreffender Beurteilung der Voraussetzungen des § 140 BGB.

---

18. Zum Begriff „Waren" im Sinne von § 196 Abs. 1 Nr. 1 BGB.

III. Zivilsenat. Urt. v. 14. Oktober 1930 i. S. Gebr. Fr. AG. (Bekl.) w. Wwe. Sch. (Kl.). III 425/29.

I. Landgericht München I.
II. Oberlandesgericht daselbst.

Durch Vertrag vom 27. September 1919 und Nachtragsvertrag vom 18. November 1919 verkaufte der Ehemann und Rechtsvorgänger der Klägerin, Heinrich Sch. in M., im Zusammenhang mit der Auflösung seines Geschäfts, einer Möbelfabrik und

Bauschreinerei, sein Schnittholzlager (1947 cbm) für rund 643000 M. an die Beklagte, eine Holzgroßhandlung. Die Käuferin hatte den Kaufpreis vom 1. Februar 1920 ab mit 4½% zu verzinsen und je zur Hälfte am 1. Februar 1922 und 1. August 1922 zu zahlen. Sie zahlte den gesamten Betrag nebst Zinsen in drei Posten, nämlich am 1. Februar, 4. April und 2. Mai 1922. Nach dem Tode des Sch. trat die Klägerin, seine Witwe und Erbin, erstmals am 17. August 1926 wegen Aufwertung der geleisteten Papiermarkzahlungen an die Beklagte heran. Die Beklagte verhielt sich stets ablehnend auf dieses Ansinnen, das die Klägerin bis zum Mai 1928 verfolgte. Mit der am 16. Juli 1928 erhobenen Klage verlangt die Klägerin Aufwertung nach richterlichem Ermessen, mindestens aber in Höhe von 20000 RM. Das Landgericht erklärte den Anspruch dem Grunde nach für gerechtfertigt. Das Oberlandesgericht wies die Berufung der Beklagten zurück. Auf die Revision der Beklagten wurde die Klage abgewiesen.

Gründe:

Von den mehreren Angriffen der Revision ist der begründet, welcher sich gegen die Entscheidung des Berufungsrichters zur Verjährungsfrage wendet.

Wie der Berufungsrichter ohne Rechtsirrtum zugunsten der Beklagten darlegt, war das Hindernis, das die Rechtsprechung zunächst noch der erfolgreichen Durchführung von Aufwertungsansprüchen der in Rede stehenden Art bereitet hatte, mit dem 1. Juli 1924 weggefallen. Von diesem Tage an lief für den Klaganspruch die vierjährige Verjährungsfrist gemäß § 196 Abs. 1 Nr. 1 und Abs. 2 BGB. Die Verjährung vollendete sich mit dem 1. Juli 1928. Die Klage ist unstreitig erst Mitte Juli 1928 erhoben. Mithin ist, wie der Berufungsrichter selbst bemerkt, der Verjährungseinwand der Beklagten gerechtfertigt, wenn die Kaufpreisforderung aus dem Verkauf des Holzlagers den Anspruch eines Kaufmanns für Lieferung von Waren darstellt. Zu dieser Frage stellt das Berufungsgericht wiederum einwandfrei fest, daß der Verkäufer Sch., der sein Geschäft bis zum Februar 1920 fortbetrieben hat, im Zeitpunkt des Kaufabschlusses noch Kaufmann war; ferner, daß die Verjährung aus § 196 Abs. 1 Nr. 1 auch für Kaufverträge gilt, die sich nach Umfang und Anlaß über die gewöhnlichen Umsatzgeschäfte des täglichen Lebens erheben; endlich, daß auf der Seite der Beklagten, einer Holzgroßhandlung, ein gewöhnliches Umsatzgeschäft vorlag; denn sie erwarb das Holz, um es weiterzuveräußern.

Dagegen vertritt der Berufungsrichter die Meinung, daß das Holzlager für den Verkäufer Sch. keine „Ware" gewesen sei. Der Begriff „Ware" bezeichne nicht eine dem Gegenstand an sich anhaftende Eigenschaft, sondern eine ihm vom Inhaber verliehene Bestimmung. Sch. habe nicht Holzhandel betrieben, sondern eine Möbelfabrik; das Holz, das er anschaffte, habe zur Herstellung von Möbeln dienen sollen und sei für Sch. nur insofern „Ware" gewesen, als es bestimmt war, nach Verarbeitung weiterveräußert zu werden (§ 1 Abs. 2 Nr. 1 HGB.). Die Verjährungsvorschrift richte sich gegen den Verkäufer; sie habe daher nur Ansprüche im Auge, die vom Standpunkt des Verkäufers aus Warenlieferungen dargestellt hätten. Die Verjährungsvorschrift möge sich zwar nicht auf solch Waren beschränken, die der Kaufmann regelmäßig im Betrieb gerade seines Handelsgeschäfts umsetze; auch wenn z. B. ein Wollwarenhändler ein Gelegenheitsgeschäft in Pelzen mache, habe er damit die Pelze zu seiner Ware gemacht; stets müsse es sich aber um Gegenstände handeln, mit denen der Kaufmann Handel treibe. Der Vertrag, auf Grund dessen sich Sch. im Hinblick auf die bevorstehende Auflösung seines Geschäfts des zur Herstellung von Möbeln angeschafften Holzlagers entäußert habe, möge zwar ein Handelsgeschäft für Sch. gewesen sein (§ 344 HGB.), aber es habe, vom Standpunkt des Verkäufers aus betrachtet, nicht die Lieferung von Waren betroffen.

Daran ist richtig, daß es für § 196 BGB. nur darauf ankommt, ob der Verkäufer als Kaufmann Ware geliefert hat, nicht auch darauf, ob der Käufer die Kaufsache als Ware erworben hat. Im übrigen kann aber dem Berufungsrichter nicht gefolgt werden.

Seine Darlegungen sind schon nicht schlüssig. Sie ließen sich allenfalls noch hören, wenn Sch. erst nach Auflösung seines Geschäfts das Holzlager veräußert hätte. So liegt die Sache aber nicht. Nach den Feststellungen des Urteils hat Sch. sein Geschäft bis in den Februar 1920 weitergeführt. Bei dem schon im Herbst 1919 abgeschlossenen Geschäft mit der Beklagten hat er von seinen Schnittholzbeständen soviel zurückbehalten, als er zur Fortführung des Geschäfts brauchte. Sein Fournierholzlager hat er nicht an die Beklagte, sondern anderweit verkauft. Nach alledem hat Sch. den Verkauf an die Beklagte nicht etwa unter Zwang oder Druck, sondern auf Grund kaufmännischer Erwägungen abgeschlossen, und er wird angesichts der damaligen hohen Preise, der vermeintlichen Teuerung, damals wohl das Geschäft für vorteilhaft gehalten haben. Indem er sich unter solchen Umständen zum Verkauf an die Beklagte entschloß, hat er die Schnittholzbestände „zum Verkauf bestimmt", also von der eigenen Auffassung des Berufungsrichters aus die Vorräte zur „Ware" gemacht. Die Sache liegt nicht anders, als wenn ein Kaufmann einen Teil seines Lagers abstößt, weil ihm das Lager zu groß wird („Liquiditätsrücksichten"), oder wenn ein Fabrikant Hilfsstoffe abstößt, die im Hinblick auf einen Wechsel der Geschmacksrichtung zu entwerten drohen, oder wenn er Maschinen, Geräte und Werkzeuge veräußert, um modernere anzuschaffen („Rationalisierung"). Verkäufe solcher Art von der Verjährungsvorschrift des § 196 Abs. 1 Nr. 1 auszunehmen, besteht kein Grund. Es ist also gerade die Willensrichtung des Verkäufers, die der Berufungsrichter vermißt hat, in Wahrheit gegeben.

Aber selbst davon abgesehen, sind die Darlegungen des Berufungsrichters nicht zu halten. § 196 Abs. 1 Nr. 1 BGB. spricht nur von gelieferten Waren. Mag man dabei auch zunächst an die gewöhnlichen Warenumsatzgeschäfte des täglichen Lebens denken, so gibt doch der Gesetzesinhalt keine Ermächtigung zu einer einschränkenden Auslegung, was ja auch der Berufungsrichter nicht verkennt. Der Begriff der Ware ist ein allgemeiner Begriff des Handelsrechts, und das bürgerliche Recht hat ihn ersichtlich aus dem Handelsrecht übernommen. Ware bedeutet ganz allgemein bewegliche körperliche Sachen, die Gegenstand des Handelsverkehrs sind (Staub HGB. 12. Aufl. Anm. 38 zu § 1, Anm. 3 vor § 373) oder die nach der Anschauung des Verkehrs als Gegenstände des Warenumsatzes in Betracht kommen können (Düringer-Hachenburg HGB. 3. Aufl. Anm. 19 zu § 1; M. Wolff in Ehrenbergs Handbuch Bd. 4 S. 7). Eine Beschränkung des Begriffs auf solche Dinge, die der Kaufmann zum regelmäßigen Absatz bestimmt hat, ist weder im Schrifttum noch in der Rechtsprechung irgendwo vertreten, sie wird im Gegenteil von M. Wolff a. a. O. unter Hinweis auf die Entstehungsgeschichte ausdrücklich abgelehnt. Eine solche Beschränkung, welche die Rücksicht auf subjektive Absichten des Kaufmanns in den Begriff hereinbringen würde, verträgt sich auch kaum mit der Bedeutung, die der Begriff der Ware sonst im Handelsrecht hat. So ist der „Handelskauf" (§§ 373 flg. HGB.) auf Waren (und Wertpapiere) beschränkt. Es geht nicht an, die Anwendung der wichtigen §§ 373 flg. HGB. in Fällen der hier in Rede stehenden Art auszuschließen.

---

19. Unter welchen Umständen ist in der Aufnahme des Kinder- und Entbindungsheims eines Fürsorgeverbandes in die Cavete-Tafel eines ärztlichen Standesvereins ein Verstoß wider die guten Sitten zu erblicken?

BGB. § 826.

IX. Zivilsenat. Urt. v. 15. Oktober 1930 i. S. Verband der Ärzte Deutschlands (Bekl.) w. Anhalt. Bezirksfürsorgeverband (Kl.). IX 63/30.

I. Landgericht Leipzig.
II. Oberlandesgericht Dresden.

Der Kläger unterhält in Erfüllung der ihm gesetzlich obliegenden Fürsorgepflicht in K. ein Kinder- und Entbindungsheim, dessen Leitung ausschließlich in den Händen des Kreissyndikus Regierungsrats a. D. S. liegt. Der Beklagte, dem nach seiner Angabe von etwa 48000 Ärzten in Deutschland rund 40000 angehören, verfolgt den Zweck, das Heim im Interesse seiner Mitglieder unter ärztliche Leitung oder Mitleitung zu bringen, mindestens aber die Stellung des in dem Heim tätigen Arztes so zu gestalten, daß er in medizinischen Angelegenheiten vor Übergriffen des Heimleiters gesichert ist. Den Anlaß zu diesen Bestrebungen des Beklagten hatte die Tatsache gegeben, daß die in dem Heim tätige Ärztin Fräulein Dr. B. wegen Unzuträglichkeiten mit dem Heimleiter ihre Tätigkeit eingestellt und davon dem Ärzteverein in K. Mitteilung gemacht hatte. Der Beklagte hat infolgedessen in den „Ärztlichen Mitteilungen", die er herausgibt, seine Mitglieder wiederholt gewarnt, im Heim des Klägers ärztliche Tätigkeit auszuüben. Er hat insbesondere das Heim in die „Cavete-Tafel" aufgenommen, ein in den Mitteilungen unter der Überschrift „Cavete Collegae" erscheinendes Verzeichnis von Stellen, die für die Mitglieder des Verbandes gesperrt sind. Er ist in beiden Vorinstanzen nach dem Antrag des Klägers verurteilt worden, „die Aufführung der ärztlichen Tätigkeit im Säuglings- und Entbindungsheim des Klägers in der Zusammenstellung unter der Überschrift „Cavete Collegae!“ in der Zeitschrift „Ärztliche Mitteilungen nebst Anzeiger“ oder sonstige Warnungen in dieser Zeitschrift vor der Übernahme dieser Tätigkeit zu unterlassen.“

Das Berufungsgericht, das auf dem Standpunkt steht, daß die Sperre für die Pflegebefohlenen des Klägers äußerst verhängnisvoll und daher auch für den Kläger selbst durch die Lahmlegung seiner Fürsorgetätigkeit höchst nachteilig werden könne, hat tatsächlich festgestellt, daß die Maßnahmen des Heimleiters S. der Ärztin Dr. B. gegenüber, die der Beklagte beanstandet hat, von drei Fällen abgesehen keinen Anlaß zu Beanstandungen gegeben hätten. Diese drei Fälle — die Verordnung von Akonit für kranke Kinder durch den Regierungsrat S., die von ihm veranlaßte Desinfektion von Zimmern mit Sanofix und die Verlegung eines Kindes ins Krankenhaus — seien aber Ausnahmen, deren Wiederholung kaum zu befürchten sei. Dabei sei noch zu berücksichtigen, daß das Heim erst vor kurzem eröffnet worden sei, daß man erst Erfahrungen habe sammeln und sich ineinander habe einarbeiten müssen und daß denn auch die auftretenden Meinungsverschiedenheiten zwischen der Ärztin Dr. B. und dem Heimleiter S. stets alsbald im guten beigelegt worden seien. Nach alledem habe für den Beklagten zu seinem Vorgehen kein ausreichender Anlaß bestanden. Sein Ziel, das Heim unter ärztliche Leitung oder Mitleitung zu bringen, mindestens aber die Stellung des darin tätigen Arztes so zu gestalten, daß er in medizinischen Angelegenheiten vor Übergriffen des Heimleiters gesichert sei, könne an sich natürlich durchaus gebilligt werden. Aber das Mittel, das zum Ziel führen solle, die über das Heim verhängte Sperre, verletze unter den dargelegten Umständen das sittliche Empfinden aller billig und gerecht Denkenden, weil die damit verbundenen Gefahren in keinem Verhältnis zu den Mängeln ständen, die dadurch beseitigt werden sollten. Der richtigste und nächstliegende Weg für den Beklagten zur Wahrung der beruflichen Belange seiner Mitglieder wäre der gewesen, durch Eingaben an die zuständigen Behörden auf die vermeintlichen Mißstände im

Heim des Klägers aufmerksam zu machen und ihre Abstellung zu betreiben. Bei seinem Ansehen und seiner Bedeutung könne am Erfolg begründeter Beschwerden kein Zweifel sein. Wenn aber der Beklagte seine Macht mißbrauche und durch ein nach Lage der Sache unsittliches Druckmittel zum Ziel zu gelangen suche, mache er sich einer unerlaubten Handlung im Sinne des § 826 BGB. schuldig.

Auf die Revision des Beklagten ist die Klage abgewiesen worden aus folgenden

Gründen:

Nach den tatsächlichen Feststellungen des Berufungsgerichts bezweckt der Beklagte mit der über das Kinder- und Entbindungsheim des Klägers in seiner Cavete-Tafel verhängten Sperre, das Heim unter ärztliche Leitung oder Mitleitung zu bringen, mindestens aber die Stellung des Arztes in dem Heim so zu gestalten, daß er in medizinischen Angelegenheiten vor Übergriffen des Heimleiters gesichert sei. Die dagegen gerichtete Unterlassungsklage hat im Rahmen des § 826 BGB. zur Voraussetzung, daß der Beklagte durch sein Vorgehen dem Kläger in einer gegen die guten Sitten verstoßenden Weise vorsätzlich Schaden zufügt.

Es kann dahingestellt bleiben, ob der Beklagte ein berechtigtes Interesse daran haben könnte, die Anstellung eines Arztes in dem Heim als Leiter oder Mitleiter zu verlangen. Da er „mindestens“ bezweckte, die Stellung des Arztes in dem Heim so zu gestalten, daß dieser in medizinischen Angelegenheiten vor Übergriffen des Heimleiters gesichert sei, ist die Prüfung der Frage, ob die Voraussetzungen der angezogenen Vorschrift vorliegen, hierauf abzustellen.

Sittlich verwerflich kann eine Handlung sein ihrem Ziele nach oder in Ansehung der Mittel, mit denen an sich sittlich erlaubte, selbst an sich billigenswerte Ziele verfolgt werden. Das Berufungsgericht vertritt die Ansicht, daß die Ziele, die der Beklagte mit der Sperre des Heims verfolgt, an sich durchaus gebilligt werden könnten. Jedenfalls begegnet die Annahme keinem Bedenken, daß der Zweck des Vorgehens des Beklagten, im Interesse des ärztlichen Standes und der im Heim untergebrachten Kranken die Stellung des dortigen Arztes so zu gestalten, daß er in medizinischen Angelegenheiten vor Eingriffen des Heimleiters gesichert sei, sittlich erlaubt und billigenswert ist. Das Berufungsgericht meint aber, daß das Mittel, das zu diesem Ziele führen soll, die über das Heim in der Cavete-Tafel verhängte Sperre, nach Lage der Sache das sittliche Empfinden aller billig und gerecht Denkenden verletze, weil die damit für das Heim verbundenen Gefahren in keinem Verhältnis zu den Mängeln ständen, die dadurch beseitigt werden sollten. In dieser Frage, die eine Rechtsfrage ist und daher der Beurteilung des Revisionsgerichts unter Zugrundelegung der vom Berufungsgericht festgestellten Tatsachen unterliegt, vermag der Senat dem Tatrichter nicht beizutreten.

Nach den Grundsätzen, die das Reichsgericht im Anschluß an die verwandte Frage ausgesprochen hat, inwieweit die im gewerblichen Lohn- und Klassenkampf von den Vereinigungen der Arbeitgeber oder der Arbeitnehmer wider ihre Gegner ergriffenen Maßnahmen die guten Sitten verletzen (RGZ. Bd. 64 S. 158 und die dort angezogenen früheren Entscheidungen, Bd. 93 S. 304), würde der Fall des § 826 BGB. aus diesem Gesichtspunkt nur dann vorliegen, wenn die vom Beklagten getroffene Maßregel geeignet war, die Fürsorgetätigkeit des Klägers völlig oder doch nahezu völlig zu unterbinden oder wenn die Maßregel in keinem billigen Verhältnis stände zu derjenigen Handlungsweise des Klägers, die den Beklagten zu seinem Vorgehen veranlaßte. Diese Voraussetzungen liegen aber nach dem Sachstande nicht vor.

Es ist nicht anzuerkennen, daß die Aufnahme des Heims in die Cavete-Tafel die Fürsorgetätigkeit des Klägers im Heim völlig oder doch nahezu völlig unterbunden hat. Der Beklagte weist mit Recht darauf hin, daß in Fällen der Not die ihm angeschlossenen Ärzte trotz des Cavete, das auch nur in dieser Beschränkung auszulegen sei, die Tätigkeit im Heim nicht versagen würden, weil sie hierzu durch ihre Berufspflicht angehalten würden, deren Wahrung auch seine Aufgabe sei. Der Kläger wäre aber auch, soweit die dem verklagten Verband angeschlossenen Ärzte die Tätigkeit im Heim versagten, in der Lage gewesen, durch Heranziehung freier Ärzte die notwendige Behandlung der Heiminsassen sicherzustellen. Die getroffene Maßregel steht auch nicht in einem unbilligen Verhältnis zum Verhalten des Klägers. Die Leitung des Heims lag ausschließlich dem Regierungsrat a. D. S. ob. Eine besondere ärztliche Aufsicht, etwa durch den Kreisarzt, bestand nicht. Das Berufungsgericht stellt fest, daß S. in einer Reihe von Fällen, so bei der Verordnung von Akonit für kranke Kinder, bei der Desinfektion von Zimmern mit Sanofix und bei der Verlegung eines in der Behandlung der Ärztin befindlichen Kindes ins Krankenhaus, in die Tätigkeit der Ärztin eingegriffen hat. Eine weitere Maßnahme des S. bestand darin, daß er, entgegen dem Rate der Ärztin, das Heim während einer Keuchhustenepidemie nicht abgesperrt, sondern Neuaufnahmen zugelassen hat. Schließlich hat er im Falle einer Erkrankung von Säuglingen an infektiösem Darmkatarrh die erkrankten Kinder in das Krankenhaus verlegt, während die Ärztin eine Heimsperre vorgeschlagen hatte. Das Berufungsgericht begegnet den Ausstellungen des Beklagten an diesen Maßnahmen des Heimleiters u. a. wesentlich mit der Erwägung, daß S. sie auf eigene Verantwortung getroffen und der Ärztin gegenüber im Falle der Keuchhustenepidemie diese Verantwortung auch noch ausdrücklich übernommen habe. Hier hebt die Revision mit Recht hervor, dem Arzte könne nicht zugemutet werden, daß er bei der Prüfung von Fragen, die ausschließlich auf dem Gebiete der Gesundheitspflege lägen, von Laien beiseite geschoben werde mit der Begründung, er habe ja keine Verantwortung zu tragen. Bei einem nach solchen Grundsätzen geleiteten Heim brauche und dürfe kein Arzt tätig sein, weil er hier mit seiner Auffassung über Standes- und Berufspflichten in Widerstreit komme. Der Beklagte war bei dieser Sachlage zu der Annahme berechtigt, daß seine im Heim tätigen Mitglieder in medizinischen Angelegenheiten mit Eingriffen des Heimleiters in ihre Tätigkeit würden rechnen müssen. Er hatte deshalb als Standesverein ein berechtigtes Interesse daran, seine Mitglieder für den Fall ihrer Tätigkeit im Heim vor solchen Eingriffen zu bewahren. Dazu hatte er um so mehr Veranlassung, als das Kinderheim zur Aufnahme einer größeren Anzahl solcher Kinder bestimmt ist, bei denen nach ihrer Herkunft und nach den Gründen ihrer Unterbringung im Heim mit Krankheiten ganz besonders zu rechnen ist, und als auch im Entbindungsheim die Zuziehung des Arztes häufig erforderlich wird. Die Tätigkeit und Verantwortung des Arztes im Heim ist deshalb nach Art und Umfang eine ganz andere und weit bedeutsamere als die des Hausarztes in einer größeren Familie, wie sie der Kläger für seinen Standpunkt ohne Grund zum Vergleich heranzieht. Sie gaben dem Beklagten besonderen Anlaß, auf eine den öffentlichen Belangen und Maßnahmen seiner Mitglieder entsprechende Stellung des Arztes im Heim hinzuwirken. Seine Vorstellungen nach dieser Richtung hat der Kläger als unberechtigt zurückgewiesen, und er hat dann die Klage auf Unterlassung der Sperre erhoben. Daraus ergibt sich, daß sich der Beklagte nur von der getroffenen Maßregel Erfolg versprechen konnte. Als unbillig gegenüber dem Verhalten des Klägers kann sie deshalb nicht bezeichnet werden. Ein Verstoß des Beklagten gegen die guten Sitten liegt somit nicht vor.

---

20. Bedarf ein Kommissionsvertrag über das vom Kommissionär im Walde des Kommittenten zu schlagende Holz der Genehmigung nach § 1 der Bekanntmachung über den Verkehr mit landwirtschaftlichen Grundstücken vom 15. März 1918 (RGBl. S. 123)?

I. Zivilsenat. Urt. v. 18. Oktober 1930 i. S. O.sches Holzbüro, GmbH. (Kl.) w. Eheleute B. (Bekl.). I 159/30.

I. Landgericht Dresden.
II. Oberlandesgericht daselbst.

Die Erstbeklagte, die mit ihrem Ehemann, dem Zweitbeklagten, im gesetzlichen Güterstande lebt, ist Eigentümerin des Rittergutes L. Zu diesem gehört ein Wald in der Größe von über 5 ha. Durch schriftlichen Vertrag vom 8. November 1927 überließ der Zweitbeklagte im Namen seiner Frau die Verwertung der gesamten Holzbestände des Waldes von L. dem Geschäftsführer der Klägerin, der den aus den Verkäufen des Holzes erzielten Erlös, abzüglich seiner Auslagen und einer Vergütung von 12%, an die Erstbeklagte abführen sollte. Letzterer war vorbehalten, „den Vertrag innerhalb von vier Wochen auf 50000 fm zu reduzieren". Durch Schreiben vom 17. November 1927 verweigerte sie die Erfüllung des Holzverwertungsvertrags. Die Klägerin verlangt deshalb mit der Klage von ihr Schadensersatz in Gestalt des entgangenen Gewinns; den Ehemann nimmt sie auf Duldung der Zwangsvollstreckung in Anspruch. Die Beklagten wenden u. a. ein, der Holzverwertungsvertrag habe der Genehmigung nach der Bekanntmachung über den Verkehr mit landwirtschaftlichen Grundstücken vom 15. März 1918 bedurft.

Die Klägerin unterlag in allen drei Rechtszügen.

Gründe:

Der Berufungsrichter hat die Klage in erster Linie deswegen abgewiesen, weil dem Holzverwertungsvertrag die Genehmigung des Landrats fehle, die nach der Bekanntmachung vom 15. März 1918 (§ 1 in Verb. mit Nr. 1 der preuß. AusfBest. vom 16. März 1918, JMBl. S. 69) erforderlich sei. Er nimmt an, daß es sich hier um eine Vereinbarung über den Genuß von Erzeugnissen des (über 5 ha großen) Grundstücks handle.

Zunächst ist die Auslegung, die er dem Vertrag vom 8. November 1927 gibt, rechtlich nicht zu beanstanden. Danach handelte es sich um einen Kommissionsvertrag, nach dem zwar die Beklagte durch das Schlagen des Holzes ihres Eigentums noch nicht verlustig ging, an ihrer Stelle aber die Klägerin als Kommissionärin die alleinige Bestimmung über „die zur nachfolgenden Veräußerung nötigen Aneignungshandlungen" erhielt; die Klägerin hatte Zeit, Ort und Umfang des Holzschlags (mit nur unwesentlicher Beschränkung des ihr zustehenden Rechts der „Anweisung zum Einschlag") anzugeben. In dieser Feststellung liegt kein Widerspruch, wie die Revision meint. Der Beklagten ging das ihr als Kommittentin verbleibende Eigentum durch die dann ferner der Klägerin zugestandene Veräußerung des geschlagenen Holzes an Dritte zwangsläufig verloren; sie selbst hatte keine Berechtigung zur Einwirkung mehr. Eine solche brauchte der Berufungsrichter auch nicht aus Nr. 2 des Vertrags zu folgern, wonach Einschlag, Aufarbeitung, Bearbeitung, Abfuhr und Verladung durch die Gutsverwaltung erfolgen sollte. Er konnte darin vielmehr ein bloßes Handeln nach Anweisung der Klägerin sehen, die nach Satz 2 bereit war, auf Wunsch der Beklagten auch die volle Ausführung der Arbeiten oder doch deren Beaufsichtigung zu übernehmen. Zutreffend hebt das Urteil hervor, daß nicht einmal über Alter und Stärke der abzuschlagenden Bäume irgendeine die Klägerin einengende Bestimmung im Vertrage getroffen war. Es hat also gegen die Behauptung der Klägerin, daß bloße Durchforstung und keine Abweichung vom regelmäßigen Wirtschaftsbetrieb in Aussicht genommen worden wäre, ausdrücklich Stellung genommen und die völlige Freiheit der Klägerin betont. Mit dieser Feststellung sind die gegenteiligen Darlegungen der Revision nicht vereinbar

Hatte sich hiernach die Beklagte der Verfügung über die Trennung des Holzes vom Grund und Boden begeben, während die Klägerin jene Verfügung erhielt, so handelte es sich in der Tat, wie der Vorderrichter angenommen hat, um einen (wenn auch in Einzelbestimmungen vielleicht gesellschaftsähnlichen) Vertrag über den Genuß der Bodenerzeugnisse, der nach der Bekanntmachung vom 15. März 1918 der Genehmigung bedurft hätte. Gerade unter diesem Gesichtspunkt der Verfügungsberechtigung betrachtet, lag der vom Senat am 11. Februar 1928 entschiedene Fall (RGZ. Bd. 120 S. 165) anders, weil dort der Eigentümer Holz verkauft hatte, das er selbst schlagen sollte. Die Erzeugnisse „genießt" derjenige, der darüber verfügen darf, aber nicht mehr der Eigentümer, der ihre Behandlung schon vor der Trennung vertraglich in andere Hände gelegt hat, mag er auch nach der Trennung zunächst noch Eigentümer bleiben. Aus diesem Grunde hat der Berufungsrichter den hier vorliegenden Fall des Kommissionsvertrags zutreffend gleich dem vom Senat früher (RGZ. Bd. 109 S. 190) entschiedenen des Kaufvertrags angesehen, wo der Käufer, wie hier der Kommissionär, die Verfügung schon über das Holz auf dem Stamm erlangt hatte.

Wie das Berufungsurteil richtig erkannt hat, ändert sich hieran auch dadurch nichts, daß der Vertrag die Klausel der Beschränkung auf 50000 fm Holz enthielt, mag nun die Beklagte solche Beschränkung nachträglich herbeigeführt haben oder nicht. Denn einmal läßt sich die Frage, ob Genehmigung erforderlich war, nur nach dem Gesamtinhalt des Vertrags beurteilen. Und sodann blieben auch für den Fall der Beschränkung die übrigen Vertragsbestimmungen dieselben; nicht etwa sollte, wie die Revision meint, die Beklagte dann ein weitergehendes Bestimmungsrecht haben. Der Revision kann aber auch nicht einmal zugegeben werden, daß sich in der Widerrufserklärung der Beklagten gleichzeitig die vertraglich vorgesehene Beschränkung auf 50000 fm erblicken ließe. Die Beklagte wünschte vom ganzen Vertrag loszukommen. Darüber, ob sie ihn, wenn er dennoch galt, beschränken wollte, ergibt ihre Erklärung nichts.

Hiernach kann die Klägerin wegen fehlender Genehmigung des Landrats aus dem Holzverwertungsvertrag keine Schadensersatzansprüche geltend machen.

21. Können auf öffentlichrechtlichem Gebiet auch ohne einen privatrechtlichen Vertrag schuldrechtliche Verpflichtungen entstehen, die nach privatrechtlichen Grundsätzen zu behandeln sind, und gehört zu ihnen auch die Pflicht, bei öffentlichrechtlichen Maßnahmen dem Schutz der von ihnen Betroffenen Rechnung zu tragen?

BGB. §§ 276, 278.

VII. Zivilsenat. Urt. v. 7. Oktober 1930 i. S. St. (Kl.) w. Landkreis D. (Bekl.). VII 73/30.

I. Landgericht Duisburg.
II. Oberlandesgericht Düsseldorf.

Am 15. März 1923 gab der Landrat des verklagten rheinischen Kreises „Merksätze für die Aufnahme der Kinder der städtischen und Industriebevölkerung in ländlichen Familien" bekannt, wonach erholungsbedürftige und unterernährte Kinder aufs Land verschickt werden sollten. Nach Nr. 6 dieser Merksätze durften die Kinder ihrem Alter und ihren Kräften entsprechend zu häuslichen und landwirtschaftlichen Hilfeleistungen herangezogen werden. Eine solche Heranziehung wurde als im Interesse der Kinder liegend bezeichnet, weil sie ihre Beschäftigung und Beaufsichtigung sichere. Alle Überanstrengung und ungeeignete Beschäftigung der Kinder sollte jedoch unbedingt unterlassen werden. Eine gewissenhafte Aufsicht über sie war ausdrücklich zugesagt.

Auf Grund dieser Unternehmung wurde auch der damals noch nicht ganz zehn Jahre alte Kläger für den Sommer 1923 aufs Land geschickt und bei dem Landwirt T. in N. (Vorpommern) untergebracht. Dort erlitt er im August 1923 einen Unfall. Beim Sturz von einem Pferde brach er den linken Arm, der trotz mehrfacher Operationen steif geblieben ist. Der Kläger, vertreten durch seinen Vater, nimmt den Beklagten auf Schadensersatz in Anspruch. Er behauptet, daß die übernommene Aufsichtspflicht und besonders die erforderliche Sorge für angemessene Arbeitsverwendung ihm gegenüber vernachlässigt worden sei und daß, soweit dem Landwirt T. in dieser Beziehung eine Fahrlässigkeit zur Last falle, der Beklagte für dessen Verschulden einstehen müsse. Er hält eine Vertragsverletzung für vorliegend, den Beklagten aber auch aus dem öffentlichrechtlichen Verhältnis für schadensersatzpflichtig. Der Beklagte lehnt jede

Haftung ab, da er lediglich auf Grund der Richtlinien des „Vereins Landaufenthalt für Kinder e. V." und auf Grund eines Erlasses des preußischen Ministers für Volkswohlfahrt vom 18. Januar 1923 für die Auswahl und Entsendung der Kinder Sorge getragen habe. Eine vertragliche Bindung, so wendet er ein, habe auf seiner Seite nicht bestanden, nur ein Akt der Wohltätigkeit habe vorgelegen. Seine Aufgabe habe sich damit erschöpft, daß er die Versendung der Kinder in die Wege geleitet habe. Daß die Beschäftigung und Beaufsichtigung des Klägers sorglos gewesen sei, bestreitet er.

In den Vorinstanzen wurde die Klage abgewiesen. Die Revision des Klägers führte zur Aufhebung und Zurückverweisung.

Aus den Gründen:

. . . Ein den Beklagten verpflichtender Vertrag, der auch der Form des § 81 Abs. 3 der Kreisordnung für die Rheinprovinz bedurft hätte, ist, wie das Berufungsgericht zutreffend annimmt, zwischen den Parteien nicht zustande gekommen. Aber auf öffentlichrechtlichem Gebiet können auch ohne privatrechtlichen Vertrag schuldrechtliche Verpflichtungen entstehen, die nach privatrechtlichen Grundsätzen zu behandeln sind. Zu ihnen gehört auch die Pflicht, bei öffentlichrechtlichen Maßnahmen dem Schutz der davon Betroffenen Rechnung zu tragen. Im gegebenen Fall bestand diese Pflicht um so mehr, als die fragliche Veranstaltung ausgesprochenermaßen auf das leibliche Wohl der betreuten Kinder abgestellt war. Und zwar bestand die Verpflichtung gegenüber den Kindern selbst, sodaß auch insoweit die Sachberechtigung und Parteizuständigkeit des Klägers wegen des Schadensersatzanspruchs nicht zu beanstanden ist. Die Schutzpflicht erstreckte sich insbesondere auf die Beaufsichtigung der Kinder und angesichts ihrer Jugend und städtischen Herkunft auch auf die Fernhaltung vom Umgang mit dem in der Landwirtschaft verwendeten Vieh. Wurde sie schuldhaft verletzt und dadurch dem untergebrachten Kinde Schaden zugefügt, so gewann dieses auch dann Schadensersatzansprüche gegen den öffentlichen Veranstalter, wenn es sich bei der Veranstaltung um einen Wohltätigkeitsakt handelte. Und zwar muß der Veranstalter auch für das schuldhafte Verhalten seiner Hilfspersonen — hier also namentlich des Landwirts T. — aufkommen; denn der Rechtsgedanke, der im § 278 BGB. für das private Vertragsrecht seinen Niederschlag gefunden hat, gilt auch für öffentlichrechtliche Verhältnisse, soweit die aus ihnen entspringenden Verpflichtungen nach privatrechtlichen Gesichtspunkten zu beurteilen sind (RGZ. Bd. 98 S. 343, Bd. 102 S. 6, Bd. 112 S. 293).

Der Beklagte sucht die bezeichnete Pflicht und demgemäß auch die sich aus ihrer Verletzung ergebenden Ansprüche des Klägers von sich abzuwehren, indem er behauptet, er sei nur Vermittler für den „Verein Landaufenthalt" gewesen, in dessen Hand allein die Unterbringung der Kinder gelegen habe. Der Vater des Klägers hat indessen behauptet, daß ihm von dem Verein erst im Rechtsstreit etwas bekannt geworden sei. Die Richtigkeit dieser Behauptung ist im gegenwärtigen Rechtszuge zu unterstellen. Hat man aber von ihr auszugehen, dann konnte der Vater des Klägers als dessen gesetzlicher Vertreter auf Grund der „Merksätze" der Meinung sein, daß tatsächlich der Beklagte die Verschickung der Kinder besorge. Der Umstand, daß ihm nach der Feststellung des Berufungsgerichts bekannt war, es handle sich um eine allgemeine, keineswegs auf den verklagten Kreis beschränkte Hilfeleistung, schloß diese Annahme nicht aus. Denn es ist ein Fehlschluß des Berufungsgerichts, wenn es ausführt, wegen der Allgemeinheit der in Frage stehenden Fürsorgemaßnahme habe der Vater des Klägers nicht damit rechnen können, daß er es lediglich mit dem Beklagten zu tun habe. Die Verschickung der Kinder mag sich allerdings nicht auf Kinder aus dem Kreise D. beschränkt haben; aber für die in ihm beheimateten Kinder kam doch nur er in Betracht. Es wäre deshalb Sache des Beklagten gewesen, den Beteiligten bekanntzugeben, daß die Unterbringung durch den „Verein Landaufenthalt" erfolge und daß er — Beklagter — nur zu dessen Unterstützung tätig sei. Ob er sich mangels dieser Bekanntgabe in entsprechender Anwendung des § 164 Abs. 2 BGB. als Veranstalter der Kinderunterbringung behandeln lassen muß, stößt zwar auf Bedenken. Aber es bedarf der Zuhilfenahme dieser Vorschrift nicht; denn nach Treu und Glauben muß auch auf dem Gebiet des öffentlichen Rechts jeder seine Handlungen und Erklärungen so gelten lassen, wie der andere sie auffassen durfte. Dies berechtigte aber im gegebenen Fall auch den Vater des Klägers, mangels näherer Angaben über den Aufbau des Unternehmens den Beklagten als Veranstalter zu betrachten, um so mehr, als die Richtlinien und Merksätze anscheinend von behördlicher Seite verfaßt und die letzteren auch vom Landrat des verklagten Kreises als dem Vorsitzenden des

Kreisausschusses (Kreiswohlfahrtsamt) unterzeichnet waren. Im übrigen würden die Maßnahmen des Beklagten auch dann als selbständige gelten können, wenn sie ihrem Zwecke nach der Unterstützung des Vereins dienten und dieser die tatsächliche Unterbringung der Kinder auf dem Lande allein in seiner Hand hatte. Darum kommt es auch nicht darauf an, ob — wie die Revision angibt — mit der tatsächlichen Unterbringung der Kinder behördlich der pommersche Kreis F. befaßt gewesen ist, in den der Kläger verschickt wurde. Denn welche Stellen neben dem Beklagten noch bei der Durchführung der Veranstaltung mitwirkten, ist ohne Belang, wenn dem Vater des Klägers lediglich der Beklagte als Veranstalter gegenübergetreten war . . .

---

22. Ist die Berufung zulässig, wenn sie von einem Kläger, der mit einem von zwei Sachanträgen voll obgesiegt hat, mit dem anderen unterlegen ist, nur auf eine Erweiterung des zuerkannten Antrags abgestellt wird?

ZPO. §§ 511, 529 Abs. 4.

IV. Zivilsenat. Urt. v. 13. Oktober 1930 i. S. von Ba. u. Gen. (Bekl.) w. Bi. u. Gen. (Kl.). IV 48/30.

I. Landgericht Gleiwitz.
II. Oberlandesgericht Breslau.

Das Reichsgericht hat die Frage verneint.

Aus den Gründen:

Als Rechtsmittel setzt die Berufung (in anderen als Ehesachen schlechthin) eine Beschwer der sie einlegenden Partei voraus; das anzufechtende Urteil muß, wenn man seinen entscheidenden Inhalt mit den von der Partei im ersten Rechtszug gestellten Anträgen vergleicht, zu ihren Ungunsten ergangen sein. Die Beschwer darf, abgesehen von der für Anerkenntnisurteile geltenden Ausnahme, nicht nur im Kostenpunkt bestehen (§ 99 ZPO.), und sie muß zur Zeit der Berufungseinlegung noch fortbestehen. Es kommt deshalb zunächst darauf an, ob die Kläger in der Hauptsache noch beschwert waren, nachdem bei Berechnung der Urteilssummen zu ihren Ungunsten vorgekommene Rechnungsfehler schon vor Einlegung der vorliegenden Berufung im Verfahren nach § 319 ZPO. berichtigt worden waren.

Es fragt sich aber auch weiter, ob die Kläger mit der Berufung einen Sachantrag verfolgten, mit dem sie beim Landgericht nicht in vollem Umfang durchgedrungen waren. Eine Erweiterung des Klagantrags im Berufungsverfahren nach § 529 Abs. 4 ZPO. setzt eine zulässige Berufung voraus; die Erweiterung kann zwar der Erfolg, darf aber nicht der ausschließliche Zweck der Berufung sein. Mit anderen Worten: die Erweiterungsbefugnis ist nur dann gegeben, wenn das erste Urteil einen Beschwerdegrund in sich selbst trägt und wenn hiergegen durch die Berufung Abhilfe gesucht wird. Das ist schon in RGZ. Bd. 13 S. 390flg., insbesondere S. 394 aus dem Zusammenhang der Vorschriften über die Berufung (jetzt §§ 511, 519 Abs. 3 Nr. 1, §§ 526, 536, 537) dargelegt und in der späteren Rechtsprechung festgehalten worden (RGZ. Bd. 29 S. 377, Bd. 100 S. 208flg.). Danach ist einem Kläger, der mit einem von zwei Sachanträgen in vollem Umfang obgesiegt hat, mit dem anderen aber abgewiesen worden ist, wegen der in der Abweisung liegenden Beschwer die Berufungsinstanz eröffnet, aber nur zu dem Zweck, um gegen die Abweisung Abhilfe zu suchen, dann allerdings mit dem Erfolg, daß er auch den zuerkannten Antrag gemäß § 529 Abs. 4 in Verb. mit § 268 Nr. 2 ZPO. erweitern kann. Dagegen steht es ihm nicht frei, sich bei der Abweisung des einen Antrags zu beruhigen und die Berufung nur auf eine Erweiterung des zuerkannten Antrags abzustellen.

---

23. Ist ein Rechtsanwalt seinem Auftraggeber aus dem Dienstvertrag schadensersatzpflichtig, wenn er ihm schuldhaft eine unrichtig aufgestellte Gebührenrechnung übersendet und auf ihre Beanstandung erklärt, die Gebühren seien richtig berechnet?

BGB. §§ 276, 611.

VII. Zivilsenat. Urt. v. 14. Oktober 1930 i. S. Sch. (Kl.) w. Rechtsanwalt B. (Bekl.). VII 42/30.

I. Landgericht I Berlin.
II. Kammergericht daselbst.

Der Beklagte führte für den Kläger gegen den Ingenieur A. vor dem Landgericht einen Rechtsstreit, der am 7. November 1923 durch Vergleich beendet wurde. Der Kläger hatte ihm auf sein

Anwaltshonorar in der Zeit vom 5. März bis zum 5. Oktober 1923 Vorauszahlungen gemacht, deren Gesamtbetrag einen Wert von 3583,30 Goldmark darstellte. Am 3. Dezember 1923 übersandte der Beklagte dem Kläger die Kostenrechnung für seine Vertretung; darin waren die gesamten Kosten auf 744721244007596 PM. berechnet. Davon waren die geleisteten Vorschüsse zum Papiermark-Nennwert abgerechnet; der noch verbleibende Betrag von 744581219000000 PM. war in 7446 GM. umgerechnet. Der Kläger beanstandete diese Forderung, weil sie ihm zu hoch berechnet erschien. Nach längeren schriftlichen Verhandlungen kam es am 11. April 1924 in der Kanzlei des Beklagten zwischen den Parteien zu einem Vergleich, in dem sich der Kläger zur Zahlung von noch 6000 GM. verpflichtete, nachdem ihm zwei vom Beklagten hinzugerufene und als im Gebührenwesen besonders fachkundig bezeichnete Büroangestellte, angeblich aber auch der Beklagte selbst ausdrücklich die gesetzliche Richtigkeit der Rechnung zugesichert hatten. Der Kläger zahlte dann dem Beklagten auf Grund des Vergleichs 6000 GM. Diesen Betrag fordert er nunmehr zurück, weil die Kostenrechnung unrichtig gewesen und der Beklagte wegen der falschen Auskunfterteilung über die Höhe der geschuldeten Gebühren schadensersatzpflichtig sei.

In den Vorinstanzen wurde die Klage abgewiesen. Die Revision des Klägers blieb ohne Erfolg.

Aus den Gründen:

Eine schuldhafte Schädigung des Klägers durch Verletzung der dem Beklagten aus dem Anwaltsdienstvertrag obliegenden Pflichten läge nicht vor, wenn es sich bei Aufstellung der Kostenrechnung und weiter auch bei den Erklärungen, die der Beklagte in den nachfolgenden Verhandlungen über die Richtigkeit der Rechnung abgab, überhaupt nicht um die Betätigung von Dienstpflichten gehandelt hätte. Das Berufungsgericht prüft nur den ersten Punkt, wiewohl der Kläger das Verschulden des Beklagten hauptsächlich in seinem Verhalten bei den Verhandlungen über die richtige Berechnung des geschuldeten Kostenbetrags findet. Eine Pflicht aus dem Anwaltsdienstvertrag gegenüber dem Kläger kommt aber in beiden Beziehungen in Betracht.

Bei Aufstellung und Übersendung der Gebührenrechnung übt der Rechtsanwalt zwar in erster Linie sein Recht aus dem Dienstvertrag aus. Indes hat er dabei auch die Interessen des von ihm vertretenen Auftraggebers in Rücksicht zu ziehen, zumal da er weiß, daß dieser nur in seltenen Fällen in der Lage ist, die Richtigkeit der angesetzten Gebühren nachzuprüfen, und sich deshalb gemeinhin auf den Anwalt zu verlassen pflegt. Es liegt daher nicht so,] wie meist bei Vertragsansprüchen, wo der Vertragsberechtigte, wenn er zuviel fordert, lediglich einen unbegründeten Anspruch erhebt, sondern in der Zuvielforderung liegt bei etwaigem Verschulden zugleich auch eine Verletzung der Vertragspflicht aus dem Dienstvertrag auf seiten des dienstverpflichteten Anwalts. Erst recht aber handelte es sich bei den Verhandlungen über die Richtigkeit der Berechnung nicht bloß um die eigenen Belange des Beklagten, sondern auch um die des Klägers und darum nicht nur um Rechte, sondern auch um Verpflichtungen des Beklagten. Allerdings betrafen diese Verhandlungen an sich nicht mehr den Streit, der den Gegenstand des Prozesses gebildet und für den der Kläger die Dienste des Beklagten in Anspruch genommen hatte, aber sie hingen damit zusammen und wurden sonach auch von dem Anwaltsdienstvertrag betroffen, der aus Anlaß des Rechtsstreits zwischen den Parteien zustande gekommen war. Im übrigen hat aber der Kläger bei diesen Verhandlungen auch auf eine Rechtsauskunft des Beklagten gedrungen, als er die Richtigkeit der Kostenrechnung bezweifelte, und dieser hat sie ihm erteilt, als er sich die Erklärung der von ihm hinzugezogenen und auf dem Gebiet des Gebührenwesens als besonders fachkundig bezeichneten Bürobeamten zu eigen machte, wonach die Kosten gemäß den geltenden Gebührenvorschriften richtig berechnet sein sollten. Unter solchen Umständen kann um so weniger am Vorliegen einer dienstvertraglichen Leistung des Beklagten gezweifelt werden. Vielleicht mag dieser wegen seiner eigenen Interessen nicht der geeignete Rechtsberater des Klägers im Streit über seine Gebühren gewesen sein. Aber wenn sich der Kläger darüber hinwegsetzte und seiner Rechtsbelehrung vertraute (wogegen wohl keine berechtigten Bedenken bestanden), so war dies seine Sache. Daran, daß zwischen den Parteien dienstvertragliche Beziehungen in dem hier angegebenen Sinne bestanden, wurde dadurch nichts geändert.

Die Unrichtigkeit der Berechnung kann jedoch für sich allein den Schadensersatzanspruch des Klägers nicht stützen. Denn dazu gehört weiter, daß der Beklagte schuldhaft seine Gebührenrechnung falsch aufgestellt und danach schuldhaft deren Richtigkeit versichert hätte. Ein solches Verschulden hat aber das Berufungsgericht ohne Rechtsirrtum verneint. (Wird ausgeführt.)

---

24. Über die Aufgaben und die Befugnisse des Gerichts, wenn es nach einem mißlungenen Schätzungsverfahren auch über die Höhe des Schadens gemäß § 64 Abs. 1 des Versicherungsvertragsgesetzes selbst zu entscheiden hat.

VII. Zivilsenat. Urt. v. 17. Oktober 1930 i. S. D. L. Versicherungs-Akt.-Ges. (Bekl.) w. C. (Kl.). VII 77/30.

I. Landgericht I Berlin.
II. Kammergericht daselbst.

Der Kläger war mit seinen Gebäuden, Warenvorräten, Möbeln und der Inneneinrichtung seiner Gastwirtschaft bei der Beklagten gegen Brandschaden versichert. In der Nacht vom 29. zum 30. November 1924 brannte sein Anwesen ab. Mit der Klage verlangt er Ersatz des Brandschadens. Nachdem die übrigen Streitpunkte durch die Urteile der Vorinstanzen endgültig erledigt worden sind, handelt es sich für die Revisionsinstanz nur noch um die Entschädigung für die Gebäude. Der Kläger fordert insoweit 8463 RM. nebst Zinsen. Das nach § 14 der Allgemeinen Versicherungsbedingungen vorgesehene Schätzungsverfahren hat stattgefunden. Den Schaden schätzte der Sachverständige des Klägers auf 7300 RM., der Sachverständige der Beklagten auf 4882 RM., der Obmann K. auf 8463 RM. Die Beklagte wandte sich gegen das Gutachten des Obmanns, weil es entgegen § 14 a. a. O. sich nicht auf die zwischen den Parteigutachtern streitig gebliebenen Punkte beschränkt habe und über die Grenzen der Feststellungen der beiden anderen Sachverständigen hinausgegangen sei. Das Landgericht schloß sich diesem Vorbringen an, hielt eine ordnungsmäßige Durchführung des Sachverständigen-Verfahrens für notwendig und wies deshalb den Kläger in Höhe von 8463 RM. nebst Zinsen zur Zeit ab. Das Kammergericht verurteilte die Beklagte nach dem Klagantrag. Die Revision der Beklagten hatte keinen Erfolg.

Gründe:

Das Berufungsgericht hat die Behauptung der Beklagten, das Gutachten des Obmanns K. sei nicht in gesetzmäßiger Weise zustande gekommen, als richtig unterstellt und daraufhin angenommen, daß nunmehr gemäß § 64 Abs. 1 VVG. der Richter durch Urteil zu entscheiden habe. Das bemängelt die Revision an sich nicht, nur meint sie, der Berufungsrichter hätte auch bei der ihm obliegenden freien Schätzung des Schadens das Gutachten des Obmanns nicht berücksichtigen dürfen. Bei der Länge der inzwischen verflossenen Zeit war indessen von der Vernehmung weiterer Sachverständiger kein Ergebnis mehr zu erwarten, wie auch die Revision anerkennt. Aufgabe des Berufungsgerichts war es danach, sich sein Urteil auf Grund des bereits vorliegenden Streitstoffs zu bilden. Diesem stand es in völliger Freiheit gegenüber. Wenn es dem Obmann eine gute Sachkunde zutraute und wenn dessen Darlegungen ihm besonders überzeugungskräftig erschienen, so konnte es sich ihm anschließen, ohne damit einen Rechtsverstoß zu begehen.

In zweiter Reihe sucht die Revision darzulegen, daß sich der Vorderrichter bei seiner Schätzung innerhalb der Grenzen hätte halten müssen, welche durch die Schätzungen der von den Parteien ernannten Sachverständigen bestimmt gewesen seien; er habe also auf keinen höheren Betrag schätzen dürfen als auf 7300 RM. Endlich stellt die Revision noch zur Erwägung, ob nicht das Kammergericht den Obmann hätte nochmals vernehmen und ihn veranlassen müssen, nunmehr die Vorschriften der Allgemeinen Versicherungsbedingungen zu beachten. Beides kam aber für das Berufungsgericht nicht in Frage. Wenn das Sachverständigen-Verfahren einmal gescheitert und die Befugnis zur Entscheidung auf das Gericht übergegangen ist, dann ist es nicht dessen Aufgabe, durch seine Anordnungen dem Sachverständigen-Verfahren doch noch zu einem vorschriftsmäßigen Ende zu verhelfen. Das Gericht ist auch nicht dazu berufen, an Stelle des etwa vorgesehenen Obmanns und innerhalb der für ihn geltenden Bindungen seinen Spruch zu fällen; es steht vielmehr frei da, nur beschränkt durch die Vorschriften der Zivilprozeßordnung, namentlich die §§ 286, 287. Gegen diese aber hat der Berufungsrichter, wie dargelegt, nicht verstoßen.

25. Liegt im Sinne der Vorschriften in § 74 Abs. 1 Satz 5 des Aufwertungsgesetzes, § 28 Abs. 2, 3 des Reichsgesetzes über die Angelegenheiten der freiwilligen Gerichtsbarkeit Gleichheit der Rechtsfrage vor, wenn im Verfahren auf sofortige Beschwerde in Aufwertungssachen dieselbe Frage zur Entscheidung steht, über die sich das Reichsgericht schon als Revisionsgericht in einer bürgerlichen Rechtsstreitigkeit ausgesprochen hat?

V. Zivilsenat. Beschl. v. 22. Oktober 1930 i. S. B. (Beschw.führer) w. D. (Beschw.gegner). V B 12/30.

I. Amtsgericht (Aufwertungsstelle) Lychen.
II. Landgericht Prenzlau.

Das Reichsgericht hat die Frage und damit seine Zuständigkeit zur Entscheidung verneint aus folgenden

Gründen:

Durch sofortige weitere Beschwerde war in einer den Vorschriften der Aufwertungsgesetzgebung unterliegenden Streitsache zur Entscheidung des Kammergerichts die Frage gestellt, ob eine telegraphisch eingelegte sofortige Beschwerde auch dann als in zulässiger Form eingelegt anzuerkennen ist, wenn dem bestellten Telegramm keine von dem Beschwerdeführer oder seinem Bevollmächtigten eigenhändig unterzeichnete, sondern nur eine auch in der Unterschrift mit der Schreibmaschine hergestellte Urschrift zugrunde liegt. Das Kammergericht wollte die Frage bejahen, meinte aber dies nicht tun zu können, ohne im Sinne der § 74 Abs. 1 AufwG., § 28 Abs. 2, 3 FGG. von der in JW. 1921 S. 527 Nr. 8 veröffentlichten Entscheidung des VII. Zivilsenats des Reichsgerichts abzuweichen. Dort ist in einer durch das Rechtsmittel der Revision an das Reichsgericht gelangten bürgerlichen Rechtsstreitigkeit ausgesprochen worden, der Senat trage kein Bedenken, die Einlegung durch Telegramm an sich für zulässig zu erklären, wenn die Urschrift vom Prozeßbevollmächtigten der Partei eigenhändig unterschrieben sei. Das Kammergericht hat deshalb geglaubt, nach den erwähnten Vorschriften die sofortige weitere Beschwerde dem Reichsgericht vorlegen zu sollen.

Die Voraussetzungen für die Zuständigkeit des Reichsgerichts zur Entscheidung sind jedoch nicht gegeben. Löst man die Verweisung in § 74 Abs. 1 Satz 5 AufwG. auf, so ergibt sich als maßgebende Vorschrift:

Will das Oberlandesgericht bei der Auslegung einer reichsgesetzlichen Vorschrift des Aufwertungsrechts von der auf weitere Beschwerde ergangenen Entscheidung eines anderen Oberlandesgerichts, falls aber über die Rechtsfrage bereits eine Entscheidung des Reichsgerichts ergangen ist, von dieser abweichen, so hat es die weitere Beschwerde unter Begründung seiner Rechtsauffassung dem Reichsgericht vorzulegen.

Die reichsgesetzliche Vorschrift, um deren Auslegung es sich hier handelt, ist die in Art. 124 Abs. 1 Satz 2 der Durchführungsverordnung zum Aufwertungsgesetze vom 29. November 1925, welche bestimmt, daß die Einlegung der sofortigen Beschwerde durch Einreichung einer Beschwerdeschrift (oder durch Erklärung zum Protokoll der Geschäftsstelle des zuständigen Gerichts oder eines Amtsgerichts) erfolge. Zu prüfen ist demnach, ob das Kammergericht bei Auslegung dieser Vorschrift von einer über die zweifelhafte Rechtsfrage bereits ergangenen Entscheidung des Reichsgerichts abweichen will oder, mit anderen Worten, ob die bezeichnete Entscheidung des Reichsgerichts die gleiche Rechtsfrage betrifft wie die, welche hier zu entscheiden ist. Das muß aber verneint werden. Es geht nicht an, den Begriff der Rechtsfrage im Sinne der genannten Vorschriften so weit zu fassen, daß Gleichheit der Rechtsfrage angenommen werden müßte, wenn für das Rechtsmittel der Revision in bürgerlichen Rechtsstreitigkeiten und für das der sofortigen Beschwerde in Aufwertungssachen zu entscheiden ist, ob telegraphische Einlegung auch ohne das Vorliegen einer eigenhändig unterschriebenen Urschrift statthaft und wirksam ist. Beide Rechtsmittel gehören verschiedenen Rechtsgebieten an, für die das Rechtsmittelverfahren selbständig geregelt ist. Auf das Verfahren in Aufwertungssachen sind im § 73 Abs. 1 AufwG. grundsätzlich die Vorschriften des Reichsgesetzes über die Angelegenheiten der freiwilligen Gerichtsbarkeit für sinngemäß anwendbar erklärt, soweit nicht im 11. Abschnitt des Aufwertungsgesetzes selbst oder auf Grund des § 64 das. etwas anderes bestimmt ist. Auf die Vorschriften der Zivilprozeßordnung ist wegen der Form der Rechtsmitteleinlegung weder unmittelbar noch mittelbar Bezug genommen. Gleichheit der Rechtsfrage beim Rechtsmittel der Revision in bürgerlichen

Rechtsstreitigkeiten und bei dem der sofortigen (ersten) Beschwerde in Aufwertungssachen anzunehmen, verbietet sich ferner deshalb, weil sich die maßgebenden Gesichtspunkte und Erwägungen für die Ordnung des Verfahrens in beiden Fällen nicht decken. Auch grundsätzlich erscheint es schließlich nicht angezeigt, durch eine weite Auslegung des Erfordernisses der Gleichheit der Rechtsfrage einer freien Entwicklung der Rechtsprechung nach der Vielgestaltigkeit und den Bedürfnissen des Lebens durch die Bindung an höchstrichterliche Vorentscheidungen, die für andere Rechtsgebiete ergangen sind, ohne Not Schranken aufzuerlegen.

Begründete hiernach schon die Verschiedenheit der zur Entscheidung stehenden Rechtsfrage die Verneinung der Zuständigkeit des Reichsgerichts, so bedurfte nicht mehr der Entscheidung, ob diese Zuständigkeit auch deshalb zu verneinen wäre, weil die angeführte Entscheidung in JW. 1921 S. 527 Nr. 8 nicht auf der hier zu prüfenden Frage *beruhe*, vielmehr nach den dort vorliegenden tatsächlichen Voraussetzungen auch ohne Stellungnahme zu dieser Frage hätte getroffen werden können.

---

26. 1. Wann kann der Patentinhaber vom Verletzer gemäß § 35 PatG. denjenigen Betrag herausverlangen, um welchen der Verlust, den der Verletzer bei Herstellung und Vertrieb des betreffenden Gegenstandes gehabt hat, noch gewachsen wäre, wenn der Verletzer hierbei das Patent nicht benutzt hätte (sog. Verlustersparnis)?

2. Zur Schadensermittlung gemäß § 287 ZPO.

I. Zivilsenat. Urt. v. 22. Oktober 1930 i. S. P.-AG. (Kl.) w. G. (Bekl.). I 128/30.

I. Landgericht Stuttgart.
II. Oberlandesgericht daselbst.

Der Beklagte war Inhaber der Patente 189636 und 208441, die Klägerin Inhaberin des Gebrauchsmusters 322281. Die Klägerin hat auf Feststellung geklagt, daß sie mit den von ihr hergestellten Glühlampen die beiden Patente nicht verletze, ferner, daß sie befugt sei, das Patent 208441 zu benutzen. Der Beklagte behauptete, die

Klägerin verletze durch Herstellung und Vertrieb von Glühlampen nach ihrem Gebrauchsmuster seine Patente. Neben weiteren Ansprüchen hat er wegen dieser Verletzungen widerklagend Rechnungslegung und Schadensersatz begehrt. Dem Antrag auf Rechnungslegung ist unter zeitlicher Beschränkung rechtskräftig entsprochen worden.

Der Beklagte hat darauf die Klägerin zur Rechnungslegung aufgefordert. Die Klägerin kam dieser Aufforderung nach; ihre vier Vorstandsmitglieder haben die Richtigkeit und Vollständigkeit der Rechnungslegung gemäß weiter ergangenen Teilurteilen durch den Offenbarungseid bekräftigt, in Verbindung hiermit aber noch eine weitere Rechnungslegungs-Erklärung überreicht.

Im Verfahren vor dem Landgericht hatte der Beklagte neben dem Antrag auf Auferlegung des Offenbarungseides beantragt, die Klägerin schon jetzt durch Teilurteil zur Zahlung von 325000 RM. nebst Zinsen zu verurteilen, da in dieser Höhe ein der Klägerin aus der Patentverletzung erwachsener Gewinn bereits feststellbar sei. Die Klägerin bestritt indes, daß sie im Gesamtergebnis aus der Patentverletzung überhaupt einen Gewinn erzielt habe. Das Oberlandesgericht erkannte in Übereinstimmung mit dem Landgericht dem Beklagten den Betrag von 100000 RM. nebst Zinsen zu. Die Revision der Klägerin führte zur Aufhebung dieses Urteils und zur Zurückverweisung der Sache.

Aus den Gründen:

I. Drei Wege der Schadensberechnung stehen nach ständiger Rechtsprechung (RGZ. Bd. 43 S. 56, Bd. 50 S. 111, Bd. 84 S. 376, Bd. 95 S. 220, neuerdings noch Reichsgerichtsurteil vom 6. November 1929 I 152/29[1]) dem Patentinhaber gegen den Verletzer offen, die Forderung des eigenen entgangenen Gewinnes, die Forderung der Lizenzgebühr, die ihm dem Verletzer gegenüber entgangen ist, und schließlich die Forderung der Herausgabe des vom Verletzer erzielten Gewinnes. Hiervon hat der Beklagte den dritten Weg gewählt. Der Umfang dieses Anspruchs ist unter den Parteien nicht nur ziffermäßig streitig. Uneinigkeit besteht auch schon darüber, wie der Begriff des herauszugebenden Gewinnes grundsätzlich zu umgrenzen ist. Zu diesem Punkte hat sich das Berufungsgericht bereits in einem früheren Teilurteil geäußert

[1]) Abgedr. in M. u. W. 1930 S. 24. D. R.

und es hat die dort niedergelegte Auffassung ersichtlich auch der Schadensbemessung in dem jetzt angegriffenen Urteil zugrunde gelegt. In jenem Teilurteil ist hierzu ausgeführt: Für die Feststellung des von der Klägerin durch die Verletzung gezogenen Gewinnes sei die Frage zu beantworten, um wieviel sich die Vermögenslage der Klägerin schlechter gestellt hätte, wenn sie von dem für den Beginn der Gewinnherausgabe maßgebenden Tage, dem 2. November 1911, bis zum Aufhören der Verletzung — nach der jetzigen Feststellung spätestens bis Ende 1915 — die Patente des Beklagten durch Herstellung und Vertrieb von Glühlampen gemäß dem Gebrauchsmuster 322281 nicht verletzt hätte.

Diese Erwägungen des Berufungsgerichts sind von Rechtsirrtum beeinflußt. Ein Anspruch des Verletzten auf Herausgabe des vom Verletzer durch die Verletzung gezogenen Gewinnes kann grundsätzlich nur geltend gemacht werden, wenn der Verletzer durch die Benutzung des Patents tatsächlich einen Gewinn im Sinne eines Überschusses des Erlöses über die Unkosten herausgewirtschaftet hat. Kommt kein solcher Gewinn, sondern ein Arbeiten mit Verlust in Betracht, so sind die Voraussetzungen für eine Schadensberechnung des Verletzten auf dieser Grundlage nicht gegeben. Die erörterte Art der Schadensberechnung beruht auf der Erwägung, daß der Verletzer sich so behandeln lassen müsse, als ob er das Patent lediglich in Geschäftsführung für den Inhaber benutzt hätte, und daß er daher in rechtsähnlicher Anwendung der Grundsätze in § 687 Abs. 2, § 667 BGB. zur Herausgabe des durch die Verletzung Erlangten gehalten sei. Jedoch darf bei Betrachtung des Sachverhalts unter diesem Gesichtspunkt nicht aus dem Auge gelassen werden, daß es sich nach § 35 PatG. immer allein um den Ersatz des Schadens handelt, der dem Verletzten dadurch entstanden ist, daß der Verletzer die Früchte des Patents gezogen hat. Mit dem Begriff des Schadensersatzes ist es indes nicht vereinbar, dem Verletzten einen Anspruch auf die Vorteile einzuräumen, die der Verletzer bei an sich verlustbringender Benutzung des Patents durch dessen Verwertung gegenüber den ihm zugänglichen Herstellungsweisen gezogen hat. In solchem Falle stehen dem Verletzten die beiden anderen Wege der Schadensberechnung offen. Der abweichenden Auffassung des Berufungsgerichts, daß auch Verlustersparnis herauszugeben sei, kann nicht beigetreten werden.

Die Erwägungen des Vorderrichters, die zu der angegriffenen Schadensfestsetzung geführt haben, beruhen, wie sich aus ihrer weiterhin folgenden Wiedergabe ergibt, auf dieser grundsätzlich irrtümlichen Einstellung zu der vom Beklagten gewählten Art der Schadensberechnung. Schon aus diesem Grunde muß daher das angefochtene Urteil aufgehoben und der Schadensumfang unter berichtigten Gesichtspunkten neu nachgeprüft werden . . .

II. Die Gründe, die für das Berufungsgericht bei Bemessung des bis jetzt zugesprochenen Schadensbetrags maßgebend waren, sind jedoch auch sonst nicht frei von Rechtsirrtum. Ihnen liegt folgender Gedankengang zugrunde. Zu der für die Schadensberechnung erheblichen Frage, wieviel Lampen der Verletzungsform hergestellt und abgesetzt und welche Vorteile dabei erzielt worden seien, lägen in der Hauptsache von beiden Seiten nur Schätzungen vor. Die Beweislast verschiebe sich jedoch zuungunsten der Klägerin, weil diese eine Anzahl von Belegen vernichtet habe, welche die Herausschälung der patentverletzenden Herstellung aus der Gesamtherstellung von Metallfadenlampen erlaubt hätten. Die Grundlagen der Schätzung der Klägerin seien nicht geeignet, die vom Beklagten dagegen erhobenen Bedenken völlig zu beseitigen, zumal da sie in ihren Angaben geschwankt habe. Ferner beständen noch erhebliche Zweifel, ob sich die Patentverletzung im wesentlichen auf Lampen von 170 oder von 190 Volt aufwärts beschränkt habe. Die Kosten der Herstellung der Verletzungsform im Gegensatz zu der anderer Metallfadenlampen und die sich aus beiden Herstellungsarten ergebenden Gewinne seien noch ganz ungeklärt und müßten der Begutachtung eines Sachverständigen unterliegen. Indessen habe sich der Beweiswert der Rechnungslegung der Klägerin durch die späteren Einschränkungen in bezug auf die Stückzahl, die in Betracht kommende Herstellungszeit und die Gewinn- und Verlustausweisung trotz der Eidesleistung der Vorstandsmitglieder vermindert; vor allem aber habe die Klägerin als solche, nicht lediglich ihre Vorstandsmitglieder, unter dem Druck der bevorstehenden Eidesleistung und der sich an diese bei der Gesinnungsweise des Beklagten voraussichtlich anschließenden Folgen ein Vergleichsangebot von mindestens 150000 RM. gemacht. Mit Rücksicht hierauf erscheine schon jetzt eine Entscheidung zugunsten des Beklagten in Höhe des ihm vom Landgericht zugesprochenen Betrags von 100000 RM. zulässig. Ein solches Vergleichsangebot habe sich vor der Generalversammlung nur dann verantworten lassen, wenn die Klägerin selbst den von ihr geschuldeten Schadensbetrag — unter Anerkennung der Verlustersparnis als darunter fallend — zum mindesten so hoch beziffert habe. Die damalige Lage habe jede einschlägige Fabrik angesichts der technischen Umwälzung auf dem Gebiet der Glühlampenherstellung gezwungen, sich bewährende technische Neuerungen aufzunehmen. Deshalb könne jene Verlustersparnis auch bei Außerachtlassung der bis zum 2. November 1911 gezogenen und im Betrieb der Klägerin weiter arbeitenden Gewinne nicht unerheblich gewesen sein. Auch die Klägerin habe dies angenommen; denn anders sei ihr Vergleichsangebot nicht zu erklären, da die bei Fortsetzung des Rechtsstreits zu erwartenden Aufwendungen, auch unter Einrechnung der für die Vorbereitung der Eidesleistung aufzuwendenden Kosten, den Betrag des Vergleichsangebots keinesfalls erreicht haben würden. Danach könne unbedenklich die von der Klägerin herauszugebende Bereicherung für den 31. Oktober 1927 auf 100000 RM. beziffert werden . . . (Es wird weiter als Erwägung des Berufungsrichters mitgeteilt, daß dieses Ergebnis bestätigt werde, wenn man die dem Beklagten zustehende angemessene Lizenzgebühr heranziehe.)

Das Berufungsgericht hat danach von der Befugnis aus § 287 ZPO. Gebrauch gemacht und den Schaden in Höhe eines Mindestbetrags nach freier Überzeugung geschätzt. Als wesentlichen Umstand für seine Überzeugungsbildung hat es dabei verwertet, daß die Klägerin dem Beklagten in der Zeitspanne zwischen dem Erlaß des Urteils auf Leistung des Offenbarungseides und dem Revisionsurteil ein Vergleichsangebot auf Zahlung von 150000 RM. und 20000 RM. Kostenzuschuß gemacht hat. Es kann kein Zweifel darüber bestehen, daß der Berufungsrichter bei Ausübung der unter Wahrnehmung aller Umstände vorzunehmenden Schätzung gemäß § 287 ZPO. auch diesen Umstand zu Rückschlüssen auf die Höhe des tatsächlichen Schadens heranziehen durfte.

Bei der Anwendung des § 287 ZPO. sind jedoch folgende rechtlichen Gesichtspunkte verletzt worden. Die Prüfung der Schadenshöhe war, wie bereits erwähnt, unter Würdigung aller Umstände vorzunehmen. Das schloß die Verpflichtung des Richters in sich, bei Ausübung seines Ermessens die schätzungsbegründenden Tatsachen aus dem Vorbringen der Parteien zu würdigen (RGZ.

Bd. 40 S. 424; Gruch. Bd. 61 S. 799 [803]; JW. 1904 S. 574 Nr. 6, 1907 S. 310 Nr. 11, 1912 S. 694 Nr. 22). Gegen diesen Grundsatz ist gefehlt worden. Die Klägerin hatte eine ausführliche, zu einem Teil auf ihren Büchern beruhende Rechnungslegung gebracht. Das Berufungsgericht führt zwar aus, daß diese wegen der vom Beklagten dagegen geltend gemachten Bedenken trotz eidlicher Bekräftigung ihrer Richtigkeit durch die Vorstandsmitglieder der Klägerin keinen völligen Beweiswert beanspruchen könne, nimmt jedoch selbst an, daß sie unter Zuhilfenahme von sachverständiger Schätzung die Grundlage für eine Feststellung des Schadens zu liefern vermöge. Die Klägerin hatte ferner unter Hinweis auf die Eidesleistung ihrer Vorstandsmitglieder und unter Bezugnahme auf beigebrachte eidesstattliche Versicherungen von Angestellten sowie auf vorgelegte Betriebsbücher in Berichtigung ihres bisherigen Vorbringens bestimmte Behauptungen über die Dauer der Herstellung der Verletzungsform und den sonstigen Umfang dieser Herstellung aufgestellt und ihre Rechnungslegung entsprechend geändert. Das Berufungsgericht würdigt diese Darlegungen lediglich dahin, daß die Bedenken nicht beseitigt seien, die der Beklagte gegen die Richtigkeit der danach vorgenommenen Aufteilung der Gesamtherstellung von Metallfadenlampen in Verletzungs- und Nichtverletzungsform geltend gemacht habe, daß der Umfang der Herstellung der Verletzungsform auch in sonstiger Beziehung jetzt noch Zweifeln unterliege und daß auch die Frage der Herstellungskosten der Verletzungsform im Gegensatz zu denjenigen anderer Metallfadenlampen noch nicht geklärt sei. Jede positive Würdigung dieses gegenseitigen Vorbringens, das für die Schadenshöhe zweifellos erheblich war, fehlt jedoch. Es fehlt damit jede Prüfung, inwieweit sich die Zuerkennung eines Schadensbetrags auf Grund der aus dem Vergleichsangebot entnommenen Beweisanzeige nach dem Vorbringen der Klägerin und der Stellungnahme des Beklagten dazu rechtfertigen läßt. Der Erörterung bedurfte insbesondere auch die Behauptung der Klägerin, die Herstellung der Verletzungsform habe bereits mit dem Spätsommer 1913, nicht dagegen, wie vorher angegeben, erst im Jahre 1915 aufgehört. Das Vergleichsangebot über 150000 RM. ist vom 2. März 1929. Die Erhebungen aber, welche die Klägerin bei ihren Angestellten vornahm und die sie zur Einschränkung ihrer Behauptung veranlaßten, stammen erst vom Herbst und von Ende des Jahres 1929, konnten also bei Abgabe des Vergleichsangebots nicht berücksichtigt worden sein.

Eine Würdigung dieses Parteivorbringens war auch bei Ausübung des freien Ermessens nach § 287 ZPO. notwendig. War sie ohne die früher vom Berufungsgericht in Aussicht genommene sachverständige Beratung nicht möglich, so war die Sachlage zur Entscheidung über den zuerkannten Teilbetrag noch nicht reif. Die Entnahme der Entscheidung allein aus einem beweisanzeigenden Umstand unter Vernachlässigung des gesamten unmittelbaren Sachvorbringens bedeutet auch im Rahmen des § 287 ZPO. unzulässige Willkür (JW. 1904 S. 574 Nr. 6).

Im einzelnen geben die Erwägungen des Berufungsrichters noch zu folgenden Bemerkungen Anlaß: Er führt aus, der Gewinn der Klägerin aus der Verletzung könne nicht ganz unerheblich gewesen sein, auch wenn man die bis zum 2. November 1911 aus der Verletzung gezogenen und im Betrieb der Klägerin weiter arbeitenden Gewinne ganz außer Betracht lasse. Weiterhin wird dann die Bereicherung am 31. Oktober 1927 auf 100000 RM. beziffert. Danach ist die Auffassung nicht von der Hand zu weisen, daß der Berufungsrichter es für zulässig erachtet hat, zu den von der Klägerin herauszugebenden geldwerten Vorteilen auch den zu zählen, daß die Gewinne aus der Verletzung, anstatt an den Beklagten herausgegeben zu werden, in ihrem Betrieb als Verstärkung des Stammvermögens stehen blieben und so als dessen Teil weiterhin Reingewinn abwarfen. Bei der Schätzung des dem Beklagten auf der Grundlage entgangener Lizenzgebühren erwachsenen Schadens ist der Berufungsrichter von einer ähnlichen Auffassung ausgegangen. Diese Auffassung ist jedoch als unrichtig zurückzuweisen. Dem Beklagten wird in rechtsähnlicher Anwendung des § 668 BGB. eine Verzinsung der Gewinn- oder Lizenzbeträge zugebilligt werden können. Dagegen stehen die Gewinne, welche die Klägerin in weiterer Tätigkeit aus dem nicht ausgeschütteten Gewinn gezogen hat, nicht mehr in ursächlichem Zusammenhang mit der Verletzung und daher nicht mehr in Beziehung zu dem Schaden, der dem Beklagten erwachsen ist . . .

27. 1. Setzt der Ausgleichsanspruch schuldrechtliche Beziehungen zwischen dem Gläubiger und dem in Anspruch Genommenen voraus oder richtet er sich nach Art eines dinglichen Anspruchs gegen den jeweiligen Grundstückseigentümer?

2. Ist die Abtretung des Ausgleichsanspruchs an den Ausgleichsberechtigten wirksam? Kann eine solche Abtretung auch stillschweigend erfolgen?

3. Bewirkt die Abtretung der Rechte aus einem gegenseitigen Vertrag auch den Übergang der Verpflichtungen des Abtretenden mit unmittelbarer Wirkung zugunsten seines Vertragsgegners?

BGB. §§ 242, 328, 398, 404, 414.

VI. Zivilsenat. Urt. v. 23. Oktober 1930 i. S. S. (Kl.) w. A. (Bekl.). VI 798/29.

I. Landgericht Hamburg.
II. Oberlandesgericht daselbst.

Am 21. November 1922 kaufte der Kläger drei Hausgrundstücke in E. und übernahm in Anrechnung auf den Kaufpreis u. a. drei darauf eingetragene Sparkassenhypotheken von zusammen 76000 M. Diese Hypotheken zahlte er im März 1923 aus und brachte sie zur Löschung. Am 12. Januar 1924 verkaufte er die drei Grundstücke an B. Dieser übernahm neben dem auf 14000 GM. festgesetzten und in bar zu zahlenden Kaufpreise drei auf den Grundstücken ruhende Renten. Der Kläger verpflichtete sich, die auf den Grundstücken noch lastenden beiden Hypotheken von zusammen 20000 M. möglichst schnell abzulösen und löschen zu lassen (§ 5 des Vertrags). In § 6 übernahm B. „alle sonst noch etwa vorhandenen aus dem Grundbuch nicht ersichtlichen, mit dem Grundstück verbundenen Verfügungsbeschränkungen, Dienstbarkeiten, sichtbaren oder verborgenen Gemeinschaften oder sonstigen Lasten, somit auch alle Beschränkungen, die dem Grundstück durch den Bebauungsplan auferlegt sind oder werden". Am 15. Januar 1924 verkaufte B. die drei Grundstücke an den Beklagten zum Preise von 22000 GM. und gegen Übernahme der drei Renten. In § 2 dieses Vertrags übernahm zwar der Beklagte die beiden noch eingetragenen Hypotheken von zusammen 20000 M., der Abs. 3 das. bestimmt jedoch:

Der Verkäufer verpflichtet sich, die auf den Grundstücken lastenden Hypotheken zu löschen, und tritt alle Ansprüche, die er gegen den Vorbesitzer auf lastenfreie Lieferung hat, an den jetzigen Käufer ab. Der § 5 des letzterwähnten Kaufvertrags stimmt mit § 6 des Vertrags vom 12. Januar 1924 wörtlich überein. Die Sparkasse nimmt nun den Kläger als persönlichen Schuldner auf Aufwertung ihrer ehemaligen Hypothekenforderungen von 76000 M. in Höhe von 8171 RM. in Anspruch. Der Kläger verlangt daher vom Beklagten Ausgleichung, indem er mit der Klage die Feststellung begehrt, daß der Beklagte verpflichtet sei, ihn von den Aufwertungsforderungen der Sparkasse in Höhe von 76000 M. zu befreien.

Beide Vorinstanzen haben die Klage abgewiesen. Die Revision des Klägers war erfolglos.

Gründe:

Der für die Zubilligung des Ausgleichsanspruchs leitende Rechtsgedanke geht dahin, daß es bei erheblichem Mißverhältnis zwischen Leistung und Gegenleistung gegen Treu und Glauben und damit gegen den das Recht der Schuldverhältnisse beherrschenden Grundsatz des § 242 BGB. verstieße, wenn der Erwerber des Grundstücks den Veräußerer an einem Vertrag festhalten wollte, der mit Rücksicht auf die Aufwertungsgesetzgebung nicht allenthalben bei Bestand bleiben kann (vgl. u. a. RGZ. Bd. 124 S. 164, Bd. 125 S. 37, 48, Bd. 126 S. 13 nebst Nachweisungen). Wenn durch diese Gesetzgebung das Gleichwertigkeitsverhältnis zwischen Leistung und Gegenleistung und damit die Geschäftsgrundlage erheblich erschüttert ist, so muß sich der Erwerber zu einer Änderung des Inhalts des Vertrags gemäß § 242 BGB. bereit finden, den die Parteien unter der Herrschaft einer später von Grund aus geänderten Rechtslage im Vertrauen auf deren Fortbestand geschlossen hatten. Die gesetzliche Grundlage des Ausgleichsanspruchs bildet danach der § 242 BGB. (JW. 1930 S. 57 Nr. 4 = Zeiler Aufwertungsfälle Nr. 1826); der Anspruch setzt also schuldrechtliche Beziehungen zwischen dem Gläubiger und dem in Anspruch Genommenen voraus, die sich aus dem Grundstücksveräußerungsvertrag ergeben. An solchen Beziehungen fehlt es — vorbehaltlich vertraglicher Abreden im Einzelfall — dann, wenn der Gläubiger das Grundstück an einen Dritten veräußert und dieser es an den in Anspruch Genommenen weiterveräußert hat. Denn dann liegen zwei voneinander unabhängige, in keinem rechtlichen Zusammenhang stehende Veräußerungsverträge vor, aus denen auch im Zusammenhalt der erste Verkäufer keinerlei Ansprüche gegen den zweiten Erwerber erlangt (JW. 1930 S. 818 Nr. 17 = JRdsch. 1930 Nr. 491 = Zeiler a. a. O. Nr. 1867; RGZ. Bd. 129 S. 276 = JW. 1930 S. 2412 Nr. 24). Für die Annahme, daß sich der Ausgleichsanspruch nach Art eines dinglichen Anspruchs gegen den jeweiligen Grundstückseigentümer als solchen richte, fehlt es an jeder gesetzlichen Unterlage.

Demnach könnte die Klage mangels eines zwischen den Parteien geschlossenen Grundstücksveräußerungsvertrags nur dann möglicherweise Erfolg haben, wenn entweder B. den ihm etwa gegen den Beklagten zustehenden Ausgleichsanspruch an den Kläger abgetreten hätte oder wenn der Vertrag vom 15. Januar 1924 eine Übernahme der Ausgleichsschuld des B. durch den Beklagten enthielte. In beiden Richtungen bewegen sich die Angriffe der Revision.

Eine Abtretung des etwa gegen den Beklagten bestehenden Ausgleichsanspruchs des B. an den Kläger wäre wirksam gewesen. Denn da der Kläger Aufwertungsschuldner und Ausgleichsberechtigter gegenüber dem B. ist, so ist aus denselben Gründen, aus denen der erkennende Senat die Abtretung des Ausgleichsanspruchs an den Aufwertungsgläubiger für zulässig erachtet hat (RGZ. Bd. 128 S. 369), auch die Abtretung dieses Anspruchs an den Ausgleichsberechtigten als rechtlich möglich anzusehen. Eine Abtretungserklärung des B. wegen des Ausgleichsanspruchs an den Kläger ist jedoch nicht behauptet, wenigstens keine ausdrückliche. Der Kläger will vielmehr eine solche Abtretung nur darin finden, daß B. in § 2 des Vertrags vom 15. Januar 1924 seinen Anspruch auf lastenfreie Lieferung des Grundstücks an den Beklagten abgetreten habe. Der Berufungsrichter hat jedoch in rechtsirrtumsfreier Auslegung des § 2 a. a. O. eine solche stillschweigende Abtretung des Ausgleichsanspruchs an den Kläger verneint.

Sodann will die Revision eine Übernahme der Ausgleichsschuld des B. durch den Beklagten aus dem Zusammenhalt der Verträge vom 12. und 15. Januar 1924 herleiten, und zwar in doppelter Weise. Einmal soll sich die Schuldübernahme daraus ergeben, daß B. seinen Anspruch auf lastenfreie Lieferung des Grundstücks an den Beklagten abgetreten hat; denn mit diesem Recht habe der Beklagte auch Pflichten übernommen, wenn er sich auch über deren Umfang und Inhalt damals nicht klar gewesen sei. Diese Rüge geht fehl. Die Abtretung (§§ 398flg. BGB.) und die Schuldübernahme (§§ 414flg. das.) sind insofern Gegensätze, als die erstere die Rechtsnachfolge in das Gläubigerrecht, die letztere aber die Rechtsnachfolge in die Schuldverpflichtungen bezweckt. Gleichwohl erscheint es unter besonderen Umständen rechtlich nicht unmöglich, die Erklärung des Berechtigten, er trete seine Ansprüche aus einem gegenseitigen Vertrag an einen Dritten ab, dahin auszulegen, daß der Dritte auch in die Verpflichtungen aus dem Vertrag mit der Wirkung einzutreten habe, daß dem Vertragsgegner ein unmittelbares Recht auf Erfüllung gegen den Dritten erwachsen solle (§ 328 BGB.) und daß der Dritte durch Annahme der Abtretung diese Verpflichtung übernehme. Der Möglichkeit einer solchen Auslegung ist sich das Berufungsgericht auch bewußt gewesen, aber es hat sie, wie der Zusammenhalt seiner Gründe ergibt, abgelehnt, indem es ausgeführt hat, dem Kläger würde nur gemäß § 404 BGB. das Recht zugestanden haben, dem auf § 2 des Vertrags vom 15. Januar 1924 gestützten Erfüllungsanspruch des Beklagten einredeweise seinen Ausgleichsanspruch gegen B. entgegenzusetzen, nicht aber stehe ihm das Recht zu, diesen Ausgleichsanspruch gegen den Beklagten im Wege der Klage zu verfolgen. Diese Auslegung gibt zu rechtlichen Bedenken keinen Anlaß. Denn es hatte weder der Kläger irgendwelche Gründe geltend gemacht, die für die Auslegung im Sinn einer Schuldübernahme sprechen könnten, noch sind solche irgendwie ersichtlich. Im Gegenteil spricht wider eine solche Auslegung der Umstand, daß die Parteien des Vertrags vom 15. Januar 1924 nach damaliger Rechtslage annehmen mußten, B. habe aus dem Vertrag vom 12. Januar 1924 keinerlei Verpflichtungen mehr dem Kläger gegenüber zu erfüllen.

Des weiteren leitet die Revision aus § 6 des Vertrags vom 12. Januar 1924 in Verbindung mit § 5 des Vertrags vom 15. Januar 1924 eine Übernahme der Ausgleichsschuld des B. durch den Beklagten her, da der Ausdruck „Lasten" auch Hypotheken umfasse. Eine solche Auslegung ist deshalb unmöglich, weil die Frage der Hypothekenübernahme durch die sonstigen Bestimmungen beider Verträge abschließend geregelt ist und die Ausgleichsschuld keine „mit dem Grundstück verbundene", sondern eine persönliche Schuld ist.

28. 1. Wie weit reicht die Rechtskraft eines Urteils, das den Lieferungsanspruch des Bestellers einer vom Unternehmer herzustellenden Sache abweist?

2. Zur Frage der Bereicherungshaftung bei Ausübung eines gesetzlichen Rücktrittsrechts.

ZPO. § 322. BGB. §§ 327, 346 flg.

II. Zivilsenat. Urt. v. 24. Oktober 1930 i. S. Firma A. B. Transoceanic (Kl.). w. E. u. Gen. (Bekl.). II 183/30.

I. Landgericht Elbing.
II. Oberlandesgericht Marienwerder.

Die Werftfirma Sch. in E., deren Alleininhaber der Erst- und der Zweitbeklagte sind, übernahm durch Vertrag vom 2. September 1919 die Herstellung eines neuen Frachtdampfers für die Klägerin zum Preise von 8,5 Millionen Mark zur Lieferung bis 31. Dezember 1920. Von dem in fünf gleichen Raten zu zahlenden Preise hat die Klägerin die erste mit 1,7 Millionen Mark am 29. September 1919 entrichtet. Lieferung ist nicht erfolgt, vielmehr verlangte die Firma Sch. infolge der Geldentwertung im Jahre 1920, erstmalig mit Brief vom 6. April, Erhöhung der Kaufsumme, welche die Klägerin jedoch nach längeren Verhandlungen ablehnte. Darauf trat die Werft mit Brief vom 12. Januar 1921 vom Vertrag zurück. Die am 23. Mai 1921 von der Klägerin erhobene Klage auf Lieferung des Dampfers wurde vom Landgericht durch Urteil vom 26. Februar 1923 abgewiesen, die Berufung der Klägerin durch rechtskräftig gewordenes Versäumnisurteil des Oberlandesgerichts vom 4. Dezember 1923 zurückgewiesen.

Die Klägerin fordert im gegenwärtigen Rechtsstreit vom Erst- und Zweitbeklagten Zahlung des Goldwertes der von ihr auf den Kaufpreis gezahlten 1,7 Millionen Mark, den sie mit 298245,50 RM. berechnet, sowie Entschädigung für die Entwertung weiterer, bis zum 3. März 1920 nach und nach beschaffter, zur Zahlung an die Sch.-Werft bestimmter, bei der Dresdner Bank in Berlin und der Sparkasse Danzig eingezahlter Kaufpreisbeträge von zusammen 4,8 Millionen Mark, und zwar in Höhe eines Teilbetrags von 400000 RM. Sie nimmt dafür den Erst- und den Zweitbeklagten als Gesamtschuldner aus dem Gesichtspunkt des Lieferungsverzugs sowie des § 346 BGB. in Anspruch; vom Drittbeklagten verlangt sie Duldung der Zwangsvollstreckung in den Nachlaß der verstorbenen Frau C., der früheren Mitinhaberin der Firma Sch. Die Beklagten wandten Verwirkung und Verjährung des Klaganspruchs ein, bestritten überdies den Verzugsfall und damit das Bestehen einer Schadensersatzpflicht und machten geltend, daß der Bereicherungsanspruch höchstens in Ansehung der gezahlten 1,7 Millionen Mark zwar begründet gewesen, aber erloschen sei, weil das Geld wertlos geworden sei, ohne von der Firma Sch. verwendet worden zu sein. Außerdem rechnen die Beklagten mit Gegenforderungen von insgesamt 172732,07 RM. auf.

Das Landgericht wies die Schadensersatzforderung der Klägerin ab, soweit sie auf die Entwertung der angeblich bereitgestellten 4,8 Millionen Mark des Kaufpreises gestützt wurde, erklärte dagegen in Ansehung der von der Klägerin gezahlten 1,7 Millionen Mark ihren Anspruch auf vollen Werterſatz in Höhe von 298245,50 RM. für begründet und verurteilte den Erst- und den Zweitbeklagten als Gesamtschuldner unter Abzug unstreitiger Gegenforderungen im Betrage von 114204,15 RM. zur Zahlung von 184041,35 RM. samt Zinsen und den Drittbeklagten zur Duldung der Zwangsvollstreckung. Der zweite Richter wies auf die Berufung der Beklagten durch Teilurteil die Klage in Höhe weiterer 10000 RM. ab. Die auf Zahlung weiterer 20000 RM. gerichtete Anschlußberufung der Klägerin hatte keinen Erfolg. Auch ihre Revision war erfolglos.

Gründe:

In Übereinstimmung mit dem ersten Richter erachtet das Berufungsgericht auf Grund des die Lieferungsklage abweisenden landgerichtlichen Urteils vom 26. Februar 1923 und des oberlandesgerichtlichen Versäumnisurteils vom 4. Dezember 1923 als rechtskräftig festgestellt, daß das Recht der Klägerin auf Erfüllung des mit der Sch.-Werft geschlossenen Lieferungsvertrags durch deren rechtmäßigen Rücktritt vom Vertrag erloschen war. Es verneint daher jede Haftung der Beklagten auf Schadensersatz wegen Nichterfüllung dieses Vertrags und erklärt auch — im Gegensatz zum Landgericht — den Erst- und den Zweitbeklagten in Ansehung der Anzahlung von 1,7 Millionen Mark nur nach den Grundsätzen der ungerechtfertigten Bereicherung, nicht nach §§ 346flg. BGB. für haftbar. Daraus ergibt sich die Zurückweisung der Anschlußberufung, mit der die Klägerin eine Schadensersatzforderung von 20000 RM. wegen Entwertung des für die weiteren Zahlungen beschafften Papiermarkbetrags verfolgt. Ferner hat das Berufungsgericht die Klage noch um 10000 RM. mehr, als in erster Instanz geschehen, abgewiesen, weil die Klägerin bei bestehender bloßer Bereicherungshaftung ihren Anspruch auf Rückgewähr der angezahlten 1,7 Millionen Mark nicht — wie das Landgericht — auf 298245,50 RM., sondern um 10000 RM. niedriger beziffert hat. In dem hiernach vom Berufungsgericht erlassenen Teilurteil ist somit die Frage offen gelassen, ob überhaupt noch und in welcher Höhe eine Bereicherungshaftung des Erst- und des Zweitbeklagten wegen der 1,7 Millionen Mark begründet sei. Für das Teilurteil kam daher eine Prüfung der von den Beklagten nur hilfsweise zur Aufrechnung gestellten Gegenforderungen nicht in Betracht, da diese erst beim Bestehen der Klagforderung zum Zug gelangen (RGZ. Bd. 80 S. 165). Doch wird durch die Berücksichtigung dieser Gegenforderungen an der Entscheidung des Berufungsgerichts im Ergebnis nichts geändert, weil der Abstrich von 10000 RM. von der Klagsumme nicht auf der Aufrechnung beruht, sondern auf der Erklärung der Klägerin über die Höhe ihres Anspruchs bei Anwendung von Bereicherungsgrundsätzen.

Im übrigen ist der Begründung des Berufungsurteils beizutreten. Insbesondere ist darin nicht die Wirkung der Rechtskraft verkannt, wie die Revision meint. Der Klaganspruch ist sowohl in Ansehung der angezahlten 1,7 Millionen Mark als auch wegen der Entwertung der angeblich weiter beschafften 4,8 Millionen Mark in erster Linie als Schadensersatzforderung geltend gemacht, die aus dem Verzug der Werft mit der Lieferung des bestellten Dampfers hergeleitet wird. Das angefochtene Urteil führt aber zutreffend aus, daß dieser Anspruch das Bestehen eines Lieferungsanspruchs zur Voraussetzung habe und mit dessen rechtskräftiger Abweisung im Vorprozeß kraft der bindenden Wirkung der Rechtskraft ohne weiteres entfalle, gleichviel ob die Rücktrittserklärung der Firma Sch. auch noch vom jetzigen Stand der Rechtsprechung aus als begründet angesehen werden könne oder nicht. Zu Unrecht meint die Revision, das landgerichtliche Urteil vom 26. Februar 1923 habe nur die Wirkung, daß von diesem Tage, höchstens vielleicht vom Jahre 1921 an, der Lieferungsanspruch der Klägerin als erledigt zu betrachten sei, während sich die Klage auf den ins Jahr 1920 fallenden Lieferungsverzug der Werft stütze, der durch das erwähnte Urteil gar nicht berührt werde. Damit wird diesem Urteil eine rechtserzeugende Bedeutung beigemessen, die ihm nach seinem Inhalt nicht zukommt. Das Urteil stellt vielmehr lediglich fest, daß die Klägerin die von der Sch.-Werft zu einer Zeit, wo diese noch nicht im Leistungsverzug war (September 1920), mit Rücksicht auf die veränderten wirtschaftlichen Verhältnisse rechtmäßig geforderte Erhöhung des Kaufpreises abgelehnt habe und daß daher der im Januar 1921 erklärte Rücktritt der Werft begründet gewesen sei. Ist aus diesem Grunde die Lieferungspflicht der Sch.-Werft im Vorprozeß verneint worden, so kann keine Rede davon sein, daß dadurch eine mit dem Erlaß des Urteils erst eintretende Rechtsfolge ausgesprochen worden sei; die Firma Sch. war vielmehr nach dem Inhalt des Urteils berechtigt, die Vertragserfüllung von der Ablehnung der Zahlung des Mehrpreises an zu verweigern. Bestand sonach schon vor Ablauf des vereinbarten Lieferungstermins keine Lieferungsverbindlichkeit der Werft mehr, so kann die Klägerin vermöge der Rechtskraftwirkung den ihr im Vorprozeß abgesprochenen Leistungsanspruch im gegenwärtigen Verfahren nicht mehr zur Grundlage irgendwelcher Schadensersatzansprüche machen (RGZ. Bd. 80 S. 323, Bd. 30 S. 417). . . .

Mit Recht lehnt das angefochtene Urteil auch die Anwendung der Grundsätze über das vertragsmäßige Rücktrittsrecht auf die Haftung des Erst- und des Zweitbeklagten in Ansehung der angezahlten 1,7 Millionen Mark ab und beschränkt ihre Haftung auf die bloße Bereicherung. Die Ausführung des Berufungsgerichts, daß sich die Anwendung der §§ 346 flg. BGB. auf gesetzliche Rücktrittsrechte in keiner Weise aus dem Gesetz ergebe, daß vielmehr die Einzelfälle, in denen sie nach dessen ausdrücklicher Vorschrift Platz greifen, durch den Tatbestand einer schuldhaften oder mindestens objektiv widerrechtlichen Vertragsverletzung gekennzeichnet seien, deckt sich mit den in den Entscheidungen des erkennenden Senats JW. 1928 S. 57 Nr. 8 und RGZ. Bd. 116 S. 377 ausgesprochenen Rechtsgedanken. Es kann nicht zugegeben werden, daß im Streitfall der Rücktritt der Firma Sch., weil auf der clausula rebus sic stantibus beruhend, als vertragsmäßiger Rücktritt anzusehen sei. Die rechtliche Konstruktion der sog. clausula ist in dieser Hinsicht ohne Belang. Jedenfalls bildet, wie auch das Berufungsgericht annimmt, die Grundlage des Rücktritts nach der schon zur Zeit des Vorprozesses herrschend gewesenen Rechtsprechung in derartigen Fällen einmal die grundstürzende Änderung der von den Parteien vorausgesetzten wirtschaftlichen Verhältnisse und ferner das deren Berücksichtigung im Sinne einer neuen Vertragsgestaltung ablehnende Verhalten des Vertragsgegners, also vom ursprünglichen Vertrag nicht als stillschweigend mitumfaßt anzusehende Umstände, welche die spätere Rechtsprechung zum Erfordernis positiver Vertragsverletzung ausgestaltet hat (RGZ. Bd. 103 S. 332; JW. 1926 S. 157 Nr. 9). Der Revision ist auch insofern nicht beizutreten, als sie annimmt, die Anwendung der Grundsätze der §§ 346flg. folge auch bei Annahme eines gesetzlichen Rücktrittsrechts mindestens aus der dann anzuwendenden Vorschrift in § 327 Satz 1 BGB. Das angefochtene Urteil weist im Anschluß an die reichsgerichtliche Rechtsprechung (RGZ. Bd. 116 S. 379) mit Recht darauf hin, daß dieser Anwendung der §§ 346flg. der im Satz 2 des § 327 zum Ausdruck gebrachte Grundsatz entgegenstehe. Die Entstehungsgeschichte des § 327 ergibt (Protokolle zum Entwurf Bd. 1 S. 652, 653), daß die Vorschrift des § 327 Satz 2 das. gerade dem Zweck entsprungen ist, die sich für den Schuldner aus §§ 346flg. ergebenden ungebührlichen Härten zu vermeiden, wenn der Rücktritt erfolgt, ohne daß ihm eine Schuld beizumessen ist. In solchen Fällen hat der Gesetzgeber die Haftung des Schuldners auf die Bereicherung beschränken wollen. Die Fassung des Gesetzes gibt freilich diesen vom Standpunkt der Zweckmäßigkeit durchaus richtigen und der Billigkeit entsprechenden Grundgedanken nur unvollkommen wieder, da der Wortlaut des § 327 Satz 2 den Anschein erweckt, als ob damit nur die Bereicherungshaftung des Rücktritts**gegners** bei mangelnder Vertretungspflicht auf seiner Seite habe angeordnet werden sollen, während für den angedeuteten gesetzgeberischen Grundsatz die Vertretungspflicht des Rückgewährpflichtigen das Entscheidende wäre, gleichviel von wem die Rücktrittserklärung ausgeht. Indessen folgt doch anderseits aus der Fassung des Gesetzes, daß der „andere Teil", der den Grund des Rücktritts nicht zu vertreten hat, der Rückgewährpflichtige sein muß, da „dieser" nur für die Bereicherung haften soll. Es unterliegt daher keinem Bedenken, mit dem RGR.-Kommentar § 327 Bem. 2 die Vorschrift dahin auszulegen, daß sie allgemeine Gültigkeit besitzt, ohne Rücksicht darauf, von welcher Seite aus der Rücktritt erfolgt. Mindestens ist der Analogieschluß dahin ohne weiteres gerechtfertigt, und er entspricht auch dem in § 323 Abs. 3 BGB. ausgedrückten Rechtsgedanken, sofern danach bei beiderseits nicht verschuldeter Leistungsunmöglichkeit die Rückgewähr des Geleisteten den Bereicherungsgrundsätzen unterstellt wird. Eine unmittelbare Anwendung von § 323 Abs. 3 auf den Streitfall, wie sie die Beklagten wollen, kommt nicht in Frage, da hier kein Fall von Unmöglichkeit der Leistung vorliegt. Ohne Bedeutung ist auch der von der Revision hervorgehobene Gesichtspunkt, daß bei der Bestimmung des Umfangs der Haftung darauf abzustellen sei, ob der Rücktritt unter mehreren Rechtsbehelfen aus freien Stücken gewählt werde.

Haften nach alledem der Erst- und der Zweitbeklagte in Ansehung der gezahlten 1,7 Millionen Mark nur für die Bereicherung, so mindert sich die Klagforderung gemäß der für diesen Fall von der Klägerin selbst vorgenommenen Veränderung der Bezifferung um 10000 RM.

---

29. Kann die Einwilligung des gesetzlichen Vertreters in den Vertragsschluß eines Minderjährigen angenommen werden, wenn beide gemeinschaftlich ein Grundstück veräußern und auflassen, aber in der notariellen Urkunde die Minderjährigkeit nicht erwähnt wird?

BGB. § 107.

VI. Zivilsenat. Urt. v. 27. Oktober 1930 i. S. M. Ehel. (Bekl.) w. G. u. Gen. (Kl.). VI 220/30.

I. Landgericht Köln.
II. Oberlandesgericht daselbst.

Durch notariellen Vertrag vom 28. Mai 1925 verkauften die Kläger, von denen der am 6. August 1905 geborene Drittkläger damals noch minderjährig war, sowie Josef G. als Erben des

Martin G. unter gleichzeitig erteilter Auflassung an die Beklagten je zur Hälfte zwei im Grundbuch von D. eingetragene Grundstücke mit Wirtschaftsinventar und Hoteleinrichtung für 60000 GM. Vom Kaufpreis, auf den zwei von den Beklagten übernommene Hypotheken angerechnet wurden, waren 15000 GM. sofort zu zahlen, weitere 5000 GM. wurden bis zum 1. Juni 1926 und die restlichen 37750 GM. bis zu einer den Verkäufern nicht vor dem 8. Juni 1940 gestatteten sechsmonatigen Kündigung bei einer Verzinsung von jährlich 7% gestundet. Die Beklagten, die sich im Besitz des Grundstücks befanden, haben die sofort fälligen 15000 GM. bis zum 1. Juni 1926 gezahlt. Von der Minderjährigkeit des Drittklägers oder von seiner Vertretung ist in dem notariellen Akt nichts erwähnt. Erst nachträglich erfuhr der den Vertrag beurkundende Notar die Minderjährigkeit und stellte darauf am 13. März 1926 beim Vormundschaftsgericht den Antrag auf Genehmigung des Vertrags. Nach Anhören des Erst- und des Drittklägers, die den Vertrag für unvorteilhaft erklärten und am 2. Juli 1926 um seine Nichtgenehmigung gebeten hatten, verweigerte das Vormundschaftsgericht am 19. Juli 1926 die Genehmigung. Gegen diesen Beschluß legte Justizrat S. im Namen der Kläger Beschwerde ein, da ein erhoffter günstigerer Verkauf nicht zu erzielen war, und teilte gleichzeitig den Beklagten in einem ihnen am 6. August 1926 zugegangenen Schreiben mit, daß das Vormundschaftsgericht dem Kaufvertrag die Genehmigung versagt habe. Mit Schreiben vom 16. Oktober 1926 erklärte der Erstbeklagte der Erstklägerin, daß er, da der Vertrag in Ermanglung der vormundschaftsgerichtlichen Genehmigung nichtig sei, am früheren Kaufpreis kein Interesse mehr habe, aber zur Verhandlung auf der Grundlage von etwa 40000 RM. bereit sei. Am 18. Oktober 1926 gab der mit Ablauf des 5. August 1926 volljährig gewordene Drittkläger die den Beklagten am 22. Oktober 1926 zugestellte notarielle Erklärung ab, daß er den Kaufvertrag vom 28. Mai 1925 genehmige.

Der Klage, mit der die Kläger neben rückständigen Zinsen auf die Kaufsumme drei Vierteile der am 1. Juni 1926 fällig gewordenen Kaufpreisrate mit 3750 RM. fordern, ist vom Landgericht entsprochen worden. Das Oberlandesgericht hat die Berufung der Beklagten mit der Maßgabe zurückgewiesen, daß die Urteilssumme entsprechend einem Hilfsantrag der Kläger gemäß

§§ 2039, 2041 BGB. an die aus den Klägern und Josef G. bestehende ungeteilte Erbengemeinschaft zu zahlen sei. Die Revision der Beklagten war erfolglos.

Gründe:

Das Berufungsgericht begründet seine Entscheidung im wesentlichen folgendermaßen: Zur Zeit des Kaufabschlusses habe der Erstklägerin gemäß § 1684 BGB. die elterliche Gewalt über den Drittkläger zugestanden, auf Grund deren sie nach §§ 1627, 1630, 1686 das. zu dessen Vertretung berechtigt gewesen sei, ohne ein für ihn abzuschließendes Rechtsgeschäft auf seinen Namen stellen zu müssen. Sie sei daher befugt gewesen, den Anteil des Drittklägers an den Grundstücken im eigenen Namen zu verkaufen. Sei auch der Drittkläger bei dem Kaufakt als Mitverkäufer aufgetreten, nicht aber die Erstklägerin als seine gesetzliche Vertreterin, so sei dies für die Annahme, daß die Erstklägerin auch für den Drittkläger über die Grundstücke verfügt habe, ohne rechtliche Bedeutung, da die Erklärung des einzelnen Miterben nicht auf einen Anteil an den Grundstücken beschränkt gewesen sei. Da es lediglich darauf ankomme, ob und inwieweit die Erstklägerin berechtigt gewesen sei, über die Grundstücke zu verfügen, so sei es auch bedeutungslos, ob sie sich der Art und des Umfangs ihrer Rechte bewußt gewesen sei. Abgesehen hiervon seien der Kaufvertrag und die Auflassung gemäß § 107 BGB. auch deshalb wirksam, weil die Erstklägerin den Willenserklärungen des minderjährigen Drittklägers zugestimmt habe. Ihre Behauptung, daß ihr die Rechtserheblichkeit der Minderjährigkeit ihres Sohnes unbekannt gewesen sei, hindere das Gericht nicht an der Überzeugung, daß sie gewußt habe, ihr Sohn könne Rechtsgeschäfte, insbesondere einen Kaufvertrag über Grundstücke, nicht allein abschließen. Die Tatsache, daß sie zusammen mit dem minderjährigen Sohn als Mitverkäufer aufgetreten sei, berechtige zu dem Schluß, daß sie den Willenserklärungen ihres Sohnes zugestimmt habe. Sei dies aber der Fall gewesen, so seien die Beklagten nicht zum Widerruf gemäß § 109 BGB. berechtigt gewesen. Würde zwar die Versagung der nach §§ 1643, 1686, 1821 Abs. 1 Nr. 1 BGB. erforderlichen Genehmigung des Vormundschaftsgerichts durch eine Mitteilung an die Beklagten gemäß § 1643 Abs. 3, § 1829 Abs. 1 Satz 2 das. wirksam geworden sein, so sei doch dieser Rechtserfolg durch das den Beklagten am 6. August 1926 zugegangene Schreiben des Justizrats S. — dessen Bevollmächtigung vorausgesetzt — nicht eingetreten, weil der Drittkläger mit Ablauf des 5. August 1926 volljährig geworden sei. Da der Drittkläger am 22. Oktober 1926 den Kaufvertrag genehmigt habe, sei dieser nach § 1829 Abs. 3 BGB. rechtswirksam geworden. Der Erfüllungsanspruch der Kläger sei daher gerechtfertigt.

Die Revision rügt, das Berufungsgericht habe zu Unrecht angenommen, die Erstklägerin habe im eigenen Namen über den Anteil des Drittklägers an den verkauften Grundstücken mitverfügt oder dessen vertraglichen Erklärungen stillschweigend zugestimmt. Sei auch vielleicht anzuerkennen, daß die Inhaber der elterlichen Gewalt die für ihre Kinder abzuschließenden Rechtsgeschäfte auch auf den eigenen Namen stellen könnten, so sei doch eine solche Vertragserklärung ohne den entscheidenden Willen unmöglich. Die Erstklägerin habe aber, wenn sie den Vertrag neben dem Drittkläger geschlossen habe, deutlich das Gegenteil eines solchen Willens erklärt. Ebensowenig erhelle, wodurch eine wenigstens stillschweigende Zustimmung der Erstklägerin zur Willenserklärung des Drittklägers Ausdruck gefunden haben solle. Wenn die Kläger vorgetragen hätten, „alle Beteiligten hätten gewußt, daß der Drittkläger minderjährig war, dagegen hätten sie offenbar von dem Einfluß dieser Tatsache auf die Gültigkeit des getätigten Aktes keine Kenntnis gehabt", so sei dies das Gegenteil von dem, was das Berufungsgericht als das Wissen und deshalb auch als das Wollen der Erstklägerin hingestellt habe. Habe es sich aber um einen von einem Minderjährigen ohne Mitwirkung seines gesetzlichen Vertreters geschlossenen Vertrag gehandelt, so sei der Widerruf der Beklagten, der besonders in ihrem Schreiben vom 16. Oktober 1926 zu erblicken sei, nach § 109 BGB. berechtigt gewesen.

Das Berufungsgericht stellt fest, die Erstklägerin habe gewußt, daß der minderjährige Drittkläger nicht allein — nicht ohne Mitwirkung der Erstklägerin als gesetzlicher Vertreterin — den in Rede stehenden Vertrag abschließen könne. Es mag dahinstehen, ob hiernach schon angenommen werden könnte, daß die Erstklägerin den Vertrag für den Drittkläger habe schließen wollen. Denn jedenfalls enthält es keinen Rechtsverstoß, wenn das Berufungsgericht der Ansicht ist, die Erstklägerin habe zu dem Vertragsschluß des Drittklägers die Einwilligung im Sinne des § 107 BGB. erklärt. Die rechtliche Lage war die, daß die Kläger und Josef G. als Miterben gemäß § 2040 das. nur gemeinschaftlich über die zum Nachlaß des Martin G. gehörigen Grundstücke verfügen konnten und wollten. Eine Einigung der Erben über diese Verfügung mußte also dem Vertragsschluß vorangegangen sein, und diese Einigung fand vor den Beklagten in dem gemeinschaftlich vollzogenen notariellen Akt ihren erkennbaren Ausdruck. Wenn das Berufungsgericht demgemäß annimmt, die Erstklägerin habe mit ihrer auf die Verfügung über das ganze Grundstück sich beziehenden Erklärung der auf denselben Gegenstand gerichteten und ihn gleichermaßen umfassenden Erklärung des Drittklägers in einer für die Beklagten wahrnehmbaren Weise zugestimmt, so sind gegen diese Auffassung keine Bedenken zu erheben. Denn da sich die Übereinstimmung jener Erklärungen in einer für die Beklagten erkennbaren Weise vollzog, so konnte die Zustimmung der Erstklägerin zu derjenigen des Drittklägers als stillschweigende Einwilligung aus ihrem ganzen Verhalten entnommen werden (WarnRspr. 1919 Nr. 132), wobei es nicht darauf ankommt, ob sie die damit verbundenen Rechtsfolgen im einzelnen übersah. Die Überzeugung der Erstklägerin, ihre Zustimmung zu den Vertragserklärungen ihres minderjährigen Sohnes erteilt zu haben, ergibt sich insbesondere auch aus ihrem Verhalten vor dem Vormundschaftsgericht, wo sie in ersichtlicher Übereinstimmung mit diesem den Rechtsbehelf gegen die Wirksamkeit des ihr nachträglich als ungünstig erschienenen Vertrags nicht in der fehlenden Zustimmung ihrerseits, sondern allein in der Versagung der vormundschaftsgerichtlichen Genehmigung erblickte. Da an die Stelle dieser Genehmigung nachträglich die von dem inzwischen mit Beginn des 6. August 1926 (§ 187 Abs. 2 Satz 2 BGB.) volljährig gewordenen Drittkläger erklärte Genehmigung des Vertrags trat, ehe, wie das Berufungsgericht zutreffend annimmt, die Verweigerung der Genehmigung des Vormundschaftsgerichts durch Mitteilung an die Beklagten gemäß § 1829 Abs. 1 Satz 2 in Verb. mit § 130 das. rechtswirksam geworden war, so sind die Beklagten mit Recht als an den Vertrag gebunden erachtet worden.

30. Ist bei einem Zusammenstoß von Kraftfahrzeugen der verletzte Halter (Führer) des einen Fahrzeugs auch ohne Verschulden ausgleichungspflichtig?

Kraftfahrzeuggesetz v. 3. Mai 1909 § 8 Nr. 1, §§ 17, 18.

VI. Zivilsenat. Urt. v. 23. Juni 1930 i. S. Offene Handelsgesellschaft Gebr. B. u. Gen. (Bekl.) w. U. (Kl.). VI 569/29.

I. Landgericht Bremen.
II. Oberlandesgericht Hamburg.

Der Kläger fuhr am 20. April 1927 mit seinem Motorrad auf der Landstraße von W. nach R. Vor ihm fuhr ein Postauto, das dann in den rechts abzweigenden Weg zum Bahnhof Pr. Str. abbog. In entgegengesetzter Richtung von R. nach W. fuhr der Personenkraftwagen der verklagten offenen Handelsgesellschaft Gebrüder B., in dem der mitverklagte Gesellschafter Bre. saß. Dieser Wagen wurde vom Beklagten Bo. gelenkt. Der Postwagen hatte eine erhebliche Staubwolke aufgewirbelt, infolge deren der Kläger und der Beklagte Bo. sich gegenseitig nicht erblickten, als sie sich mit ihren Fahrzeugen einander näherten. Kurz vor der Abzweigung des Weges zum Bahnhof, vom Kläger aus gesehen, gerieten die beiden Fahrzeuge aneinander. Der Kläger wurde vom linken Kotflügel des Kraftwagens am linken Oberschenkel erfaßt und mit dem Motorrad zur Seite geschleudert. Er erlitt Verletzungen, die eine Amputation des linken Beins oberhalb des Knies zur Folge hatten. Für den Unfall macht er die verklagte offene Handelsgesellschaft und ihre drei Gesellschafter als Halter, den Beklagten Bo. als Führer des Kraftwagens verantwortlich. Sein Schadensersatzanspruch wurde in den Vorinstanzen dem Grunde nach zur Hälfte für berechtigt erklärt, im übrigen aber abgewiesen. Die Revision der Beklagten blieb ohne Erfolg, ebenso die Anschlußrevision des Klägers.

Aus den Gründen:

Das Berufungsgericht geht davon aus, daß der Hergang des Unfalls in seinen Einzelheiten durch die Beweisaufnahme nicht aufgeklärt worden sei, beim Fehlen von Augenzeugen und wegen Zeitablaufs auch nicht mehr weiter aufgeklärt werden könne, da nur noch unsichere Schlußfolgerungen, aber keine zuverlässigen Feststellungen mehr möglich seien. Nach seinen Darlegungen läßt sich namentlich auch nicht mehr feststellen, auf welchem Teile des Fahrdamms der Zusammenstoß sich ereignet hat, ob insbesondere etwa der Kläger mit seinem Kraftrad (wie das Landgericht angenommen hatte) oder der Beklagte Bo. mit dem Kraftwagen nach links von der jedem Teil zustehenden rechten Seite der Straße abgewichen ist. Daß der Beklagte Bo. mit unverminderter Geschwindigkeit von 40 bis 50 km in der Stunde in die vor ihm liegende Staubwolke hineingefahren sei, hält der Vorderrichter auf Grund der eigenen Angaben des Beklagten Bre. für dargetan; die Geschwindigkeit des Klägers zu bestimmen, erachtet er aber wiederum für unmöglich. Aus dem Zusammenhang der Gründe ergibt sich ferner, daß die Abgabe von Signalen weder beim Kläger noch beim Beklagten Bo. festgestellt worden ist. Das Berufungsgericht kommt zu dem Ergebnis, daß der Schaden von beiden Teilen gleichmäßig verursacht worden sei, und weist in Anwendung der §§ 17, 18 KFG. die Ansprüche des Klägers zur Hälfte ab, während es sie zur anderen Hälfte dem Grunde nach für gerechtfertigt erklärt. Die hiergegen von der Revision und der Anschlußrevision erhobenen Angriffe sind nicht begründet.

Zutreffend nimmt der Berufungsrichter an, daß die Ausgleichungsvorschriften in § 17 Abs. 1 Satz 2, § 18 Abs. 3 KFG. hier anzuwenden sind. In der Rechtsprechung des Reichsgerichts ist anerkannt, daß sich der bei einem Zusammenstoß von Kraftfahrzeugen verletzte Halter des einen Fahrzeugs bei Geltendmachung seines Schadens gegen Halter und Führer des anderen die von seinem Fahrzeug ausgehende, für den Schaden ursächliche Betriebsgefahr auch ohne Vorliegen eines Verschuldens auf seiner Seite entgegenhalten und zur Ausgleichung nach §§ 17, 18 a. a. O. anrechnen lassen muß, soweit er, falls nicht er selbst, sondern ein Dritter verletzt worden wäre, diesem schadensersatzpflichtig sein würde (RGZ. Bd. 79 S. 312, Bd. 90 S. 290 [vgl. auch Bd. 96 S. 133], Bd. 114 S. 73, Bd. 123 S. 164; JW. 1915 S. 200 Nr. 11, 1929 S. 1462 Nr. 8; vgl. auch Heucke Verkehr mit Kraftfahrzeugen 3. Aufl. Erl. 2 bis 4 zu § 17; Müller Automobilgesetz 5. Aufl. Erl. A IIb, B Ib 2 und C II zu § 17 S. 343, 344, 350 bis 352 mit weiteren Nachweisungen). Soweit demgegenüber in den Urteilen des erkennenden Senats RGZ. Bd. 96 S. 69 und vom 14. April 1930 VI 578/29 für solche Fälle wegen der Beschränkung der Haftung des Halters nach § 8 Nr. 1 KFG. die Ausgleichungspflicht verneint worden ist, weil er selbst mit dem (von ihm gehaltenen) Kraftfahrzeug befördert wurde oder bei seinem Betrieb (wie hier, zugleich als Führer) tätig war, wird diese Einschränkung bei nochmaliger Prüfung nicht aufrechterhalten. (Folgt die Darlegung, daß für den Schaden des Klägers, gegen den kein Verschulden festgestellt ist, auch die von seinem Kraftrad ausgehende Betriebsgefahr ursächlich ist.)

---

31. Über die Pflichten des Testamentsvollstreckers.

BGB. §§ 2085, 2202 bis 2204, 2208, 2216, 2218, 2219.

VI. Zivilsenat. Urt. v. 20. Oktober 1930 i. S. Margarete E. (Kl.) w. Witwe E. u. Gen. (Bekl.). VI 763/29.

I. Landgericht Breslau.
II. Oberlandesgericht daselbst.

Am 26. Januar 1914 starb in Breslau der Fuhrunternehmer E. Er hatte ein am 17. August 1912 errichtetes Testament nebst zwei Nachträgen vom November 1912 und November 1913 hinterlassen. Zu seinen Erben hatte er zu gleichen Teilen seine Ehefrau und seine sieben Kinder — vier Kinder aus erster Ehe, drei aus zweiter Ehe — eingesetzt.

In § 2 bestimmte er, daß sein Nachlaß bis zur Veräußerung seines Grundstücks und bis zum Verkauf des Fuhrgeschäfts ungeteilt bleiben solle. Er räumte seiner Ehefrau das Recht ein, selbst den Zeitpunkt des Verkaufs zu bestimmen, ordnete aber hierbei ausdrücklich an, daß seine Ehefrau zum Verkauf von Haus und Geschäft die Zustimmung des Hausbesitzers M. einholen und dem „instrumentierenden" Notar und dem Grundbuchamt nachweisen müsse. Keines seiner Kinder sollte das Recht haben, den Verkauf gegen den Willen seiner Ehefrau zu verlangen. Er „vermachte" dieser gleichzeitig den Nießbrauch und die Verwaltung an seinem gesamten Nachlaß und befreite sie von allen Beschränkungen der vormundschaftsgerichtlichen Aufsicht und auch in anderer Beziehung, soweit dies die Gesetze überhaupt zulassen. Das Recht auf Verwaltung und Nießbrauch an dem Erbteil seiner Kinder aus erster Ehe sollte wegfallen, sobald sein jüngstes, am 7. Oktober 1905 geborenes Kind Werner das 16. Lebensjahr vollendet haben würde. Dieser Zeitpunkt wurde in einem der Nachträge auf das vollendete 20. Lebensjahr hinausgeschoben. Alsdann sollte seine Ehefrau verpflichtet sein, seinen Kindern aus erster Ehe mit Ausnahme des Kindes Willi ihren Erbteil zur freien Verfügung auszuhändigen, auch wenn ein Verkauf von Haus und Geschäft noch nicht bewirkt sei.

In § 4 des Testaments ernannte er seine Ehefrau zum Testamentsvollstrecker seines letzten Willens. Sie sollte den Nachlaß aktiv und passiv vertreten und auch, wie er bereits hervorgehoben habe, die Verwaltung führen und ohne Zustimmung der übrigen Erben zu allen Verfügungen über die Nachlaßgegenstände befugt sein. Sie sollte insbesondere ermächtigt sein, ohne Zustimmung der übrigen Erben das Nachlaßgrundstück und das Geschäft zu verkaufen, auch Hypotheken und Grundschulden eintragen zu lassen.

Eines der Kinder erster Ehe verstarb im Jahre 1926 und wurde von seinen vollbürtigen Geschwistern beerbt. Der erwähnte Hausbesitzer M. starb im Jahre 1917.

Am 19. Januar 1925 ließ die Witwe des Erblassers, die Erstbeklagte eine Hypothek von 20000 GM. für die Eisenbahn-Sterbekasse in B. eintragen. Die Auszahlung erfolgte in Höhe von 18000 GM. Am 9. März 1925 verkaufte die Witwe des Erblassers durch notariellen Vertrag als Testamentsvollstreckerin das Nachlaßgrundstück an ihre beiden ältesten Söhne, den Zweitbeklagten und den Drittbeklagten, von denen H. am 29. Januar 1902, E. am 1. September 1903 geboren ist.

Die Klägerin, eine Tochter erster Ehe, verlangt im vorliegenden Rechtsstreit in erster Linie Feststellung der Nichtigkeit des Kaufvertrags vom 9. März 1925, in zweiter Linie Schadensersatz in Höhe von 4100 RM. Sie macht geltend, daß die Erstbeklagte das Grundstück nur mit Zustimmung des Hausbesitzers M. habe veräußern dürfen und daß dies auch den beiden anderen Beklagten bekannt gewesen sei. Da M. gestorben sei, habe die Befugnis der Erstbeklagten zum Verkauf des Grundstücks ihre Wirksamkeit verloren. Die verklagte Witwe habe aber auch ihre Pflicht als Testamentsvollstreckerin verletzt und außerdem zusammen mit den beiden anderen Beklagten sittenwidrig gehandelt, indem sie das Grundstück zu einer Zeit verkauft habe, als der Wert städtischer Grundstücke sich sprunghaft gesteigert habe. Der Verkauf sei zu einem Preise erfolgt, der den Wert des Grundstücks bei weitem nicht erreicht habe. Das gehe schon daraus hervor, daß die Eisenbahn-Sterbekasse eine Hypothek von 20000 GM. auf das Grundstück vorher bewilligt habe. Der Verkauf sei nur deshalb so früh erfolgt, damit den beiden Söhnen die Steigerung des Wertes des Grundstücks zugute komme. Deshalb sei den übrigen Erben der Verkauf des Grundstücks zunächst verheimlicht und der Name der Käufer erst sehr spät genannt worden. An einen Fremden würde die Erstbeklagte das Grundstück nicht unter 40000 RM. verkauft haben. Sie habe aber sogar von den beiden Mitbeklagten einen höheren Betrag erhalten als im Vertrag angegeben. Sie habe sich ferner von ihnen vor und bei dem Verkauf die Zusicherung geben lassen, daß sie die Wohnung und den Laden auf dem Grundstück ohne Mietzahlung oder gegen eine weit hinter dem angemessenen Mietzins zurückbleibende Zahlung behalten dürfe.

Das Landgericht wies die Klage ab. Die Berufung der Klägerin war erfolglos. Ihre Revision führte zur Aufhebung und Zurückverweisung.

Gründe:

1. Die Bedenken der Revisionsbeklagten gegen die Zulässigkeit der Feststellungsklage aus § 256 ZPO. treffen nicht zu. Die Klägerin macht geltend, daß der Kaufvertrag, den die Erstbeklagte als Testamentsvollstreckerin mit den beiden anderen Beklagten über das Grundstück, den wichtigsten Bestandteil des Nachlasses, geschlossen habe, rechtsunwirksam sei, während die Beklagten den Gegenstand des Kaufvertrags als nicht mehr zur Nachlaßmasse gehörig ansehen. Trifft die klagebegründende Behauptung zu, dann ist die Nachlaßmasse und der der Klägerin zufallende Anteil entsprechend größer. Daß die Klägerin ein rechtliches Interesse an der alsbaldigen Feststellung dieses Rechtsverhältnisses hat, kann ohne Zweifel angenommen werden, da von der Unwirksamkeit des Vertrags die Durchsetzung der Erbansprüche der Klägerin und anderer Erben abhängt, die nicht in jedem Falle auf Zahlung gerichtet zu sein brauchen. Denn die Erstbeklagte ist

nicht verpflichtet, erneut zum Verkauf zu schreiten; ob es hierzu kommt oder ob der Gegenstand des beanstandeten Kaufvertrags selbst in die Erbteilung einbezogen wird, falls jener Vertrag unwirksam ist, steht dahin.

2. Sachlich ist die Revision der Klägerin begründet.

Das Berufungsgericht geht davon aus, daß die Entscheidung des Rechtsstreits lediglich von der Frage der Nichtigkeit des Kaufvertrags vom 9. März 1925 aus § 138 Abs. 1 BGB. abhänge. Dieser Ausgangspunkt ist nicht zutreffend. Es kommt vielmehr auch die Unwirksamkeit des Vertrags aus einem anderen Grunde in Betracht. Das Berufungsgericht hat nicht genügend berücksichtigt, daß die Erstbeklagte nicht nur Miterbin, sondern auch Testamentsvollstreckerin war; ihre Eigenschaft als Testamentsvollstreckerin ist nur am Schluß des Berufungsurteils in anderem Zusammenhang erwähnt. Daß auch ein Miterbe zum Testamentsvollstrecker ernannt werden kann, ist in der Rechtsprechung anerkannt (RGZ. Bd. 61 S. 142). Der Umstand, daß der Erblasser der Erstbeklagten die Verwaltung und den Nießbrauch am gesamten Nachlaß für eine gewisse Zeit und eine weitgehende Verfügungsbefugnis übertragen hat, ist mit ihrer Bestellung zur Testamentsvollstreckerin sehr wohl vereinbar. Es kann unter Umständen aus Anordnungen dieser Art auf die Bestellung eines Testamentsvollstreckers geschlossen werden, selbst wenn dieses Wort nicht gebraucht ist (KG. bei Johow Bd. 30 S. 97; vgl. auch LZ. 1917 Sp. 536). Ferner ist aus den Vorschriften der §§ 2208 und 2218 BGB. die Folgerung gezogen worden, daß der Testamentsvollstrecker, wenn er auch Träger eines Amtes ist (§ 2202), doch seine Vertretungsmacht aus dem Testament als einem rechtsgeschäftlichen Akt herleitet und nach außen wie nach innen keine wesentlich andere Stellung als die eines Bevollmächtigten hat (RGZ. Bd. 75 S. 302). In diesem Urteil des Reichsgerichts (vgl. S. 301) ist daraus unter Anwendung des das Vollmachtverhältnis beherrschenden Rechtsgedankens der Grundsatz abgeleitet worden, daß aus einem vom Testamentsvollstrecker unter Mißbrauch seiner Befugnisse mit einem Dritten abgeschlossenen Rechtsgeschäft der Dritte keine Rechte geltend machen kann, wenn er diesen Mißbrauch hätte erkennen müssen (vgl. auch RGZ. Bd. 83 S. 353). Der Testamentsvollstrecker hat stets im Interesse des Nachlasses zu handeln; er befindet sich in einer besonderen Vertrauensstellung; dabei ist besonders zu berücksichtigen, daß der Erbe nicht immer sein Recht in gleicher Weise schützen kann, wie es der Erblasser hätte tun können. Aus dieser Erwägung ist auch die Vorschrift des § 2219, wonach der Testamentsvollstrecker bei schuldhafter Verletzung der ihm obliegenden Pflichten dem Erben für den daraus entstehenden Schaden verantwortlich ist, mit Recht dahin ausgelegt worden, daß der Testamentsvollstrecker zu besonderer Gewissenhaftigkeit und Sorgfalt verpflichtet ist (vgl. Planck-Flad Bem. 1 zu § 2219; RGUrt. vom 28. September 1914 VI 240/13). Falls das Berufungsgericht die Unterscheidung zwischen Nichtigkeit und Unwirksamkeit des Vertrags auch in der Fassung des Klagantrags für erforderlich hielt, hätte es auf die Änderung dieses Antrags gemäß § 139 ZPO. hinwirken müssen.

Das Berufungsgericht hat nun die Behauptungen, womit die Klägerin einen Mißbrauch der Befugnis der Erstbeklagten in ihrer Eigenschaft als Testamentsvollstreckerin dartun will, zum Teil überhaupt nicht und zum Teil nicht hinreichend gewürdigt. Es stellt in den Vordergrund die Erwägung, daß sich die Beklagte vor dem Verkauf die Gutachten zweier besonders angesehener Sachverständiger beschafft habe, die den Wert des Grundstücks auf 23000 bis 24000 RM. geschätzt haben, und daß der Verkauf an die beiden Söhne der Beklagten für 25000 RM. deshalb zum angemessenen Preise erfolgt sei. Dabei ist aber dem Umstand nicht Rechnung getragen, daß in erster Linie die Frage zu beantworten war, ob denn ein Verkauf des Grundstücks überhaupt in jenem Zeitpunkt nach den Regeln einer ordnungsmäßigen Wirtschaft angezeigt war. Diese Frage kann jedenfalls nicht mit der Erwägung abgetan werden, daß zum mindesten Personen mit den wirtschaftlichen Kenntnissen und Erfahrungen der Beklagten die Entwicklung der Grundstückspreise nicht hätten voraussehen können. Besaß die Beklagte als Testamentsvollstreckerin die erforderlichen Kenntnisse auf diesem Gebiete nicht, so wäre es ihre Sache gewesen, hierüber bei sachkundigen Personen Rat einzuholen. Darauf wurde sie besonders durch die noch anderweit zu erörternde Bestimmung des Testaments hingewiesen, daß sie zum Verkauf des Hauses und des Geschäfts sogar die Zustimmung des Hausbesitzers M. einholen müsse. Gewiß kann der Verwalter eines fremden Vermögens nicht ohne weiteres für sein Verhalten in

Zeiten schwer übersehbarer wirtschaftlicher Verhältnisse haftbar gemacht werden, wenn es sich nachher als unzweckmäßig erweist (Jur. Rdsch. 1927 Nr. 114). Und man kann auch annehmen, daß der Verkauf eines Grundstücks in der Inflationszeit unter Umständen als nicht sachwidrig zu erachten ist in einem Fall der Art, wie er der Entscheidung ROLG. Bd. 46 S. 230 zugrunde lag. Dort hatte die Beweisaufnahme eine Reihe von Umständen ergeben, die ohne Zweifel das Grundstück zur Zeit des im August 1923 erfolgten Verkaufs und auch noch auf viele Jahre hinaus als eine schwere Last für den Besitzer erscheinen ließen. Aber um einen Fall solcher Art handelt es sich im vorliegenden Rechtsstreit nicht. Die Beklagte hat keine solchen Gründe für den Verkauf des Grundstücks geltend gemacht. Das wäre auch kaum verständlich, da sie dann das Risiko lediglich auf ihre beiden Söhne verschoben hätte. Sie hat vorgetragen, daß sie erst ganz kurz vor dem letzten, im Testament erwähnten Termin verkauft habe, daß die Klägerin und die übrigen Kinder des Erblassers aus seiner ersten Ehe fortgesetzt zum Verkauf gedrängt und wiederholt Kaufliebhaber veranlaßt hätten, zu ihr zu gehen, daß sich die Klägerin auch noch kurze Zeit vor dem Verkauf so verhalten habe. Die Klägerin hat das bestritten und geltend gemacht, daß die Erben mit der Auszahlung des Erbteils gewartet und auf Befragen sich ohne weiteres mit der Hinausschiebung der Auszahlung einverstanden erklärt haben würden. Sie hat ferner darauf hingewiesen, daß ihr und ihren Geschwistern der Verkauf sogar verheimlicht worden sei. (Wird näher ausgeführt.) Zu dieser Darstellung hat das Berufungsgericht nicht Stellung genommen. Zugunsten der Klägerin muß die Richtigkeit ihrer Darstellung in der Revisionsinstanz unterstellt werden; danach kann eine Verheimlichung des Verkaufs sehr wohl in Betracht kommen. Die Erstbeklagte hat zur Begründung des Verkaufs weiter vorgetragen, daß sie einem ihrer Söhne als Bäcker das Geschäft habe überlassen wollen, um für ihn eine Lebensstellung zu begründen; lediglich aus diesem Grunde sei sie überhaupt an den Erwerb des Grundstücks für ihre Kinder herangegangen. Welches Kind das Geschäft habe bekommen sollen, ist zwar nicht gesagt; anscheinend handelt es sich um ihren jüngsten Sohn. Dann kann es allerdings auffällig erscheinen, daß die Beklagte für ihre eigenen drei Kinder aus der zweiten Ehe das Grundstück selbst sicherstellen wollte. Ihr jüngster Sohn sollte das darin betriebene

Bäckereigeschäft erhalten, ihre beiden anderen Söhne das Grundstück zu Eigentum; damals war der eine von ihnen, ein Steuerpraktikant, 23 Jahre, der andere, ein Bankbeamter, 21 Jahre alt. Wenn die Erstbeklagte in dieser Weise für ihre Kinder sorgte, den Kindern aus der ersten Ehe des Erblassers den Verkauf aber geflissentlich geheim hielt, dann liegt die Vermutung eines Mißbrauchs des Amtes allerdings nahe.

Dazu kommt, daß der Erblasser nicht etwa einen Zeitpunkt für den Verkauf vorgeschrieben hat. Aus dem Nachtrag zum Testament in Verbindung mit der Schlußbestimmung in § 2 des Testaments geht vielmehr hervor, daß er mit der Vollendung des 20. Lebensjahres beim jüngsten Sohn — Oktober 1925 — und mit der Erbauseinandersetzung rechnete, ohne daß der Verkauf des Hauses und des Geschäftes stattgefunden haben würde. Es ist also auffällig, daß der Verkauf bereits im März 1925 stattgefunden hat, ohne daß, wie in der Revisionsinstanz unterstellt werden muß, überhaupt festgestellt wurde, ob ein Anlaß zur Beschleunigung und zwar in dem Maße vorlag, daß der Verkauf nicht kurze Zeit vor dem Oktober 1925, sondern 7 Monate vorher bewirkt wurde. Daß andernfalls eine anderweitige Entschließung des Zweit- und des Drittbeklagten zu erwarten gewesen war, erhellt bis jetzt jedenfalls nicht. Außerdem hat die Klägerin Beweis dafür angetreten, daß sich die Beklagten schon seit Mitte 1924 um die Beschaffung der Hypothek bei der Eisenbahn-Sterbekasse bemüht haben; sie schließt daraus, daß der Verkauf schon im Sommer 1924 erfolgt sein würde, wenn die Hypothek damals zu erlangen gewesen wäre. Daß der Wert des Grundstücks bereits im Oktober 1925 höher anzusetzen gewesen wäre, geht auch aus dem Gutachten des von der Erstbeklagten zugezogenen Sachverständigen H. hervor.

Besonderes Gewicht ist auf die ausdrückliche Anordnung des Erblassers zu legen, daß seine Ehefrau zum Verkauf von Haus und Geschäft die Zustimmung des Hausbesitzers M. einholen und dem Notar sowie dem Grundbuchamt nachweisen müsse. Das Berufungsgericht wird dieser Bestimmung nicht gerecht. Es meint: hätte der Erblasser damit gerechnet, daß M. nicht allzulange nach ihm sterben würde und daß der Krieg und die Inflation die Verwertung des Grundstücks um ein Jahrzehnt hinauszögern könnten, dann hätte er die Anordnung nicht getroffen oder vorsichtiger gefaßt. Dabei übersieht der Vorderrichter, daß, wie schon hervorgehoben, der

Erblasser im Nachtrag zum Testament in Verbindung mit dem Schlußsatz in § 2 des letzteren damit gerechnet hat, der Verkauf werde sogar im Jahre 1925 noch nicht bewirkt sein. Außerdem ist die Darlegung des Berufungsgerichts nicht schlüssig, daß der Erblasser eine Anordnung der bezeichneten Art nicht getroffen haben würde, wenn er die Schwierigkeit der wirtschaftlichen Verhältnisse in der Nachkriegszeit gekannt hätte. Wenn die Anordnung, wie das Berufungsgericht meint, lediglich eine Sicherungsmaßnahme war, dann sollten die übrigen Erben zum mindesten gegen eine ungünstige Veräußerung des Hauptbestandteils des Nachlasses geschützt werden. Damit würde es nicht im Widerspruch stehen, daß der Erblasser seiner Ehefrau Vertrauen entgegengebracht hat; wie aus den Darlegungen des Berufungsgerichts an anderer Stelle hervorgeht, besitzt die Erstbeklagte offenbar keine erheblichen wirtschaftlichen Kenntnisse und Erfahrungen. Die fragliche Anordnung steht neben der der Beklagten eingeräumten Verfügungsbefugnis; der Erblasser hat die Anordnung in besonders scharfer Form trotz des seiner Frau entgegengebrachten Vertrauens für nötig gehalten. Das Berufungsgericht irrt, wenn es die erwähnte Anordnung als eine Verfügung im Sinne von § 2085 BGB. ansieht; es kann sich nur um eine Anordnung aus § 2216 Abs. 2 handeln, wenn nicht in dieser Anordnung die Bestellung eines Testamentsvollstreckers liegt. Ob der eine oder der andere Fall vorliegt, kann nur im Wege der Auslegung festgestellt werden (Planck-Flad Bem. 1 zu § 2224; RDLG. Bd. 14 S. 301, 302). Entgegen der Annahme der Revisionsbeklagten ergibt sich aus den Schlußausführungen des Berufungsgerichts deutlich, daß keine Bestellung des M. zum Mittestamentsvollstrecker vorliegt. Das ist nicht rechtsirrtümlich. Anderseits ist zu beachten, daß der Erlasser angeordnet hat, der Testamentsvollstrecker müsse die Zustimmung des M. zum Verkauf nicht nur einholen, sondern auch dem Notar und dem Grundbuchamt nachweisen. Ob die Unmöglichkeit dieses Nachweises den Verlust der Befugnis zur Verfügung des Testamentsvollstreckers über das Grundstück zur Folge hat, ist im Wege der Auslegung der letztwilligen Verfügung zu ermitteln. Wird der Verlust dieser Befugnis verneint, so ist folgendes zu erwägen:

Einmal hätte die Erstbeklagte von dem in § 2216 Abs. 2 Satz 2 BGB. ausgedrückten Rechtsgedanken aus das Nachlaßgericht um Stellungnahme angehen müssen. Aber auch wenn man nicht soweit gehen will, wäre die Rechtslage damit noch nicht zu ihren Gunsten zu beurteilen. Es besteht allerdings nicht unbedingt eine Verpflichtung des Testamentsvollstreckers, den Erben von der Ausführung einer letztwilligen Verfügung gemäß § 2203 BGB. vorher Anzeige zu erstatten. Wenngleich die Auskunftspflicht bevorstehende Geschäfte mitumfaßt (Planck-Flad Bem. 2b zu § 2218; Prot. II Bd. 5 S. 315), so ist der Testamentsvollstrecker nach den §§ 2218, 666 BGB. immerhin verpflichtet, die erforderlichen Nachrichten zu geben, also auch ohne Aufforderung (JW. 1916 S. 673 Nr. 4; Recht 1920 Nr. 2372). In der zweiten Kommission war ursprünglich eine solche Anzeigepflicht in Beziehung auf Vermächtnisse und Auflagen beschlossen worden. Davon wurde später wieder abgegangen. Es wurde erwogen, daß sich ein gewissenhafter Testamentsvollstrecker bei Bedenken gegen die Ausführung der letztwilligen Verfügung von selbst zuvor mit den Erben ins Benehmen setzen würde. Auch wurde betont, daß ein Testamentsvollstrecker auch ein Berater der Erben sein solle und daß zwischen ihm und den Erben volles gegenseitiges Vertrauen herrschen müsse (Prot. II Bd. 5 S. 271). Im vorliegenden Fall war die in besonders scharfer Form vom Erblasser angeordnete Sicherung der Erben gegen einen unzweckmäßigen Verkauf unausführbar geworden. Dann war es eine selbstverständliche Pflicht des Testamentsvollstreckers, die Erben mit Rücksicht auf die veränderte Sachlage (vgl. RGRKomm. Bem. 2 zu § 666) zum mindesten über den beabsichtigten Verkauf zu hören. Das gilt aber ganz besonders gegenüber den Kindern des Erblassers aus erster Ehe, wenn das Grundstück den Kindern der Testamentsvollstreckerin aus der zweiten Ehe des Erblassers zugewendet werden sollte. Eine Meinungsverschiedenheit zwischen der Testamentsvollstreckerin und den Erben hätte sodann im Rechtswege zur Entscheidung gebracht werden können (RGZ. Bd. 73 S. 28), wenn die erstere es nicht vorgezogen hätte, die Auseinandersetzung zwischen den Erben gemäß § 2204 nach §§ 2042 bis 2056 BGB. unter Einbeziehung des Grundstücks zu bewirken. Auch dann hätte einer Überlassung des Grundstücks an den Zweit- und den Drittbeklagten, welche Miterben waren, nichts im Wege gestanden, falls die Erben sich über den Preis geeinigt hätten. Andernfalls wäre nach § 753 BGB. die Zwangsversteigerung des Grundstücks in Betracht gekommen, wobei diese beiden Mitbeklagten ihr besonderes Interesse am Grundstück hätten geltend machen können.

Ob der von ihnen bewilligte Kaufpreis die angemessene Vergütung für die Überlassung des Grundstücks war, hätte sich dann leicht feststellen lassen. In diesem Zusammenhang kann der von der Klägerin hervorgehobene Gesichtspunkt jedenfalls Anspruch auf Nachprüfung machen, ob sich die Bestimmung über die Verfügungsbefugnis der Erstbeklagten nur auf den Verkauf an Dritte, nicht auf den Verkauf an Miterben beziehen sollte.

Die Annahme des Berufungsgerichts, daß die von der Erstbeklagten eingeholten Gutachten zweier Sachverständiger über den Wert des Grundstücks den Verkauf als sachgemäß erscheinen ließen, selbst wenn der Wert von den Sachverständigen zu gering geschätzt worden sei, trifft, wie bemerkt, nicht den Kern der Frage. Aber auch soweit die Höhe des Kaufpreises in Betracht kommt, ist die Ausführung des Berufungsgerichts in dieser Allgemeinheit unzutreffend. Es ist dabei zu berücksichtigen, daß solchen Schätzungen von Sachverständigen regelmäßig allgemeine Grundsätze zugrunde gelegt werden, bei denen nicht immer die Möglichkeit gegeben ist, daß sie sofort den veränderten Verhältnissen angepaßt werden können. Die Klägerin hat unter Beweis gestellt, daß die Grundsätze, nach denen die Sachverständigen verfuhren, im Jahre 1925 zweimal, und zwar zum erstenmal im Mai 1925 für die Zeit vom Beginn des Jahres 1925 ab, geändert worden seien. Anderseits ist bei einem derartigen Verfahren eine gewisse schematische Behandlung der Angelegenheit nicht immer zu vermeiden. Daraus folgt, daß im Falle der Ausbietung des Grundstücks zum Verkauf die Erzielung eines über die Schätzung hinausgehenden Kaufpreises sehr wohl möglich ist. Ob die Einholung von Gutachten ausreicht, um den Testamentsvollstrecker gegen den Vorwurf wegen der Höhe des Preises zu sichern, hängt von den Umständen des einzelnen Falles ab. In dieser Beziehung kommt neben den bereits erörterten Bedenken weiter in Betracht, daß kurz vor dem Verkauf eine Hypothek von 20000 GM. von einem Gläubiger gewährt worden ist, von dem angenommen werden kann, daß er vorher den Wert des Grundstücks genau geprüft hat. Die Klägerin hatte darauf hingewiesen, aus der Gewährung eines Darlehens in dieser Höhe folge ohne weiteres, daß der Wert des Grundstücks über den Betrag von 25000 RM. hinausgehe. Es war unter Beweisantritt behauptet, daß alle Beklagten der Hypothekengläubigerin mitgeteilt hätten, das Haus sei im Jahre 1914 auf 119050 M. geschätzt worden, und der damalige Wert (1925) auch nur um einen Bruchteil geringer sei. Dazu hat das Berufungsgericht nicht Stellung genommen. Das Urteil läßt auch eine Prüfung der Aussage des Zeugen J. vermissen, wonach im schriftlichen Antrag der Erstbeklagten auf Bewilligung der Hypothek angegeben ist, daß der gemeine Friedenswert 112000 M., die Friedensmiete 9200 M. und der Feuerkassenwert 127000 M. betrage. Ohne Stellungnahme zu allen diesen Umständen in ihrem Zusammenhang konnte das Berufungsgericht nicht feststellen, daß kein Mißbrauch der Befugnisse des Testamentsvollstreckers vorliege, daß die Erstbeklagte vielmehr als gewissenhafte Vollstreckerin des letzten Willens ihres Ehemanns rechtzeitig Schritte getan habe, um die Auszahlung der Erbteile zu ermöglichen.

Dazu kommt, daß auch die Beurteilung der Aufnahme der Hypothek selbst Bedenken unterliegt und die Sachlage nicht erschöpft. Das Berufungsgericht meint, daß die Beleihung besonders umsichtig und klug gewesen sei, um die Ablösung der der Aufwertung unterliegenden Hypotheken zu ermöglichen, und daß die Behauptung, der nach dem Kaufvertrag bar zu zahlende Betrag sei aus dem Hypothekenkapital gezahlt, durch nichts erwiesen sei. Nach den Feststellungen des Vorderrichters ist zur Ablösung der Hypothek ein Betrag von noch nicht 10000 RM. verwendet worden, während eine Hypothek von 20000 GM. aufgenommen worden ist. Daß die Käufer durch die ihnen als Miterben auf diesem Wege zugeflossenen Geldmittel in den Stand gesetzt worden sind, die nach dem Kaufvertrag zu bewirkenden Leistungen mindestens zu einem wesentlichen Teil aufzubringen, ergibt der Auseinandersetzungsplan und kann nach dem vorliegenden Sachverhalt nicht bezweifelt werden. Die Beklagten haben selbst vorgetragen, daß die Hypothek gerade in Höhe von 20000 GM. gebraucht worden sei, um die Erbauseinandersetzung vornehmen zu können. Es drängt sich anderseits die Frage auf, warum gerade nach der Aufnahme der Hypothek der Verkauf an zwei Miterben beschleunigt werden mußte, während nunmehr der Auseinandersetzung zwischen den Miterben unter Einbeziehung des Grundstücks nach § 2204 BGB. anscheinend nichts im Wege gestanden hätte. Inwiefern der Verkauf die reibungslose Vornahme der Auseinandersetzung ermöglichen sollte, wie die Beklagten meinen, ist nicht ersichtlich. Nach dem bisherigen Vorbringen der Klägerin, das in der Revisionsinstanz mangels hinreichender Feststellungen als richtig unterstellt werden muß, besteht die

Möglichkeit, daß die Kinder des Erblassers aus erster Ehe vor eine vollendete Tatsache gestellt worden sind und an einem Widerspruch gegen den Verkauf zu dem angegebenen Preise verhindert werden sollten.

Neben dem den Vertragsgegnern bekannten oder infolge von Fahrlässigkeit unbekannt gebliebenen Mißbrauch der Vollmacht kommt der Klagegrund des § 138 Abs. 1 BGB. in Betracht. Der rechtlichen Nachprüfung hält die Ausführung des Berufungsgerichts nicht stand, daß, falls der Erstbeklagten vor oder bei Vertragsschluß persönliche Vergünstigungen zugesichert oder gewährt worden sind, dies höchstens in Erfüllung der gesetzlichen Unterhaltspflicht geschehen sei. Einmal hatten die Beklagten selbst keine solche Behauptung aufgestellt, sondern die Gewährung irgendwelcher Sondervergünstigungen an die Erstbeklagte bestritten. In der Revisionsinstanz haben die Beklagten zur Begründung ihrer Auffassung von der Unzulässigkeit der Feststellungsklage sogar vorgetragen, es bestehe keinerlei Anhalt dafür, daß die Erstbeklagte den etwaigen Zahlungsanspruch der Klägerin nicht befriedigen könne, wenn dazu nicht das Grundstück zur Verfügung stehe. Sodann läßt die Begründung des Berufungsgerichts eine Vorwegnahme des Ergebnisses des von der Klägerin für ihre Behauptungen angetretenen Zeugenbeweises erkennen. Dafür, daß die Voraussetzungen der gesetzlichen Unterhaltspflicht überhaupt vorliegen, führt das angefochtene Urteil keinerlei Umstände an. Erst wenn der von der Klägerin behauptete und von den Beklagten bestrittene Sachverhalt festgestellt worden ist, kann geprüft werden, aus welchem Beweggrunde die Vergünstigung gewährt wurde. Es ist in der Rechtsprechung des Reichsgerichts anerkannt, daß der Abschluß eines Vertrags durch einen Bevollmächtigten im Einverständnis mit dem Vertragsgegner als gegen die guten Sitten verstoßend und deshalb nichtig anzusehen ist (§ 138 Abs. 1 BGB.), wenn der Bevollmächtigte dafür ein Geschenk erhält. Regelmäßig wird die Nichtigkeit schon dann anzunehmen sein, wenn der Vertragsabschluß auf dieses Geschenk zurückzuführen ist, mag auch dem Vollmachtgeber ein an sich ausreichender Betrag zufließen (vgl. RG. im Recht 1923 Nr. 853 und dortige Nachweisungen, sowie RG. in Jur. Rdsch. 1925 Nr. 989).

32. 1. Zur Abgrenzung des Knebelvertrags von solchen Verträgen, die nur eine Bindung in Ansehung eines bestimmten Vermögensstücks bezwecken.

2. Trifft die Vorschrift des § 567 BGB. auch auf einen Mietvertrag zu, der zwar nur auf 30 Jahre geschlossen ist, den der Mieter aber durch eine ihm im Vertrag zugestandene Option um weitere 30 Jahre verlängern kann?

BGB. §§ 138, 567.

VIII. Zivilsenat. Urt. v. 20. Oktober 1930 i. S. Terraingesellschaft mbH. (Kl.) w. Mineralprodukt.-Lagergesellschaft mbH. (Bekl.). VIII 229/30.

I. Landgericht I Berlin.
II. Kammergericht daselbst.

Von der klagenden Gesellschaft, deren Ziel ist, den großen Grundbesitz einer Familie R. in L. bei Berlin zu verwalten und zu verwerten, hatte die Beklagte auf Grund zweier Verträge von 1909 und 1910, in die sie 1911 eingetreten war, 1,8513 ha unbebautes Gelände zur Haltung eines Petroleumlagers in Miete. Der vertragliche Jahreszins betrug 7500 M.; die Mietzeit war bis zum 31. März 1924 mit der Maßgabe bestimmt, daß sich der Vertrag bis zum 31. März 1939 verlängere, wenn er nicht ein Jahr vor dem 31. März 1924 gekündigt werde. Anfang 1923 hat die Beklagte mit dem Kaufmann Leo R., dem Hauptbeteiligten der klagenden Gesellschaft, über Mietzinserhöhung (Aufwertung des Zinses) und gleichzeitig auch über Ankauf des bisher gemieteten Grundstücks und weiterer 1,0320 ha verhandelt. Ergebnis der Verhandlungen war ein zwischen den Parteien notariell abgeschlossener „Mietvertrag" vom 12. Februar 1923. Danach mietete die Beklagte das schon bisher von ihr innegehabte Gelände und die weiteren 1,0320 ha bis zum 31. März 1953 gegen einen Jahreszins von einer Million Mark, der für die ganzen 30 Jahre als „Sicherheit" vorausgezahlt werden sollte, und, umgerechnet nach dem Tageskurs, mit 1110 Dollar alsbald an die Klägerin entrichtet worden ist. Außerdem übernahm die Beklagte die Zahlung aller die Vermieterin während der Mietzeit als Eigentümerin treffenden Lasten, Abgaben, Steuern und Kosten außer den direkten Einkommen- und Vermögenssteuern. Im Zusammenhang mit diesem Vertrag stand, daß auf

Grund mündlicher Abmachung die Beklagte der Klägerin an demselben Tage weitere 2890 Dollar (insgesamt also 4000 Dollar) zahlte. Dieser Leistung der Beklagten trug eine Bestimmung des notariellen Vertrags (§ 10) Rechnung, wonach die Klägerin das vermietete Grundstück mit einer unverzinslichen, bis 1. April 1953 unkündbaren Grundschuld (deren Betrag nicht angegeben ist) belegen und diese Post der Mieterin abtreten sollte. Eingetragen und der Beklagten übertragen worden ist daraufhin nach mündlicher Einigung eine am 1. Februar 1953 rückzahlbare Grundschuld von 400000000 M. Nach § 11 des Vertrags kann die Beklagte zwischen dem 1. April 1945 und dem 31. März 1951 ein Optionsrecht auf weitere 30 Jahre ausüben. Die Klägerin kann dennoch die Weitervermietung ablehnen, hat aber in diesem Fall eine Reihe von Leistungen an die Beklagte zu bewirken.

Diesen Vertrag hält die Klägerin wegen Verstoßes gegen die guten Sitten und aus anderen Rechtsgründen für nichtig. Beide Vorinstanzen wiesen ihre auf Feststellung der Nichtigkeit gerichtete Klage ab. Ihre Revision blieb ohne Erfolg.

Gründe:

Ohne rechtlichen Verstoß ist das Berufungsgericht über die aus § 138 BGB. gegen den Vertrag erhobenen Einwände hinweggegangen. Bei den in der Inflationszeit geschlossenen Verträgen sind die damals bestehenden Verhältnisse und Verkehrsanschauungen weitgehend zu berücksichtigen für die Beurteilung, ob objektiv ein auffälliges Mißverhältnis von Wert und Gegenwert und ob Ausbeutung vorliegt (RGRKomm. Bem. 2 zu § 138 S. 226; Zeiler Aufw. Fälle Nr. 1533). (Wird ausgeführt.) Insbesondere kann zu diesem Punkt nicht gegen die Beklagte verwertet werden, daß die Rücknahme des Grundstücks der Klägerin in besonderem Maße und absichtlich erschwert ist. Gerade die Revision vertritt den Standpunkt, die Parteien hätten über das „wirtschaftliche Eigentum" am Grundstück verfügen wollen. War es also Absicht der Klägerin, sich des Grundstücks im wesentlichen zu entäußern — mit anderen Worten: trug der Vertrag zu einem guten Teil den Charakter eines Umsatzgeschäfts —, so kann auch nicht von einer wider die guten Sitten verstoßenden Bindung der Klägerin in der Verfügung über das Grundstück die Rede sein. Trotzdem hat die Revision gerade die „Knebelung" der Klägerin durch den Vertrag vom 12. Februar 1923 zu beweisen unternommen und hat sich auf die Rechtsprechung des Reichsgerichts in der Anwendung des § 138 Abs. 1

BGB. bei landwirtschaftlichen Pachtverträgen mit unerträglichen und fesselnden Bedingungen bezogen. Diese Rechtsprechung (RGZ. Bd. 103 S. 35; JW. 1919 S. 443 Nr. 1; RGUrt. vom 20. September 1928 III 40/28 und vom 14. März 1929 VIII 48/29) knüpft aber, wie die Stellungnahme des Reichsgerichts zum Knebelvertrag überhaupt (RGRKomm. § 138 Bem. 1A d S. 219), an die Beschränkung in der Willens- und wirtschaftlichen Freiheit an, die der Person (auch der körperschaftlichen Person) auferlegt ist und ihre wirtschaftliche Bewegungsfreiheit im ganzen oder in einem wesentlichen Teile lähmt. Für den Vertrag vom 12. Februar 1923 ist dagegen kennzeichnend, daß er nur die Bindung eines einzelnen Vermögensstücks der Klägerin, und zwar eines kleineren Teils aus ihrem Gesamtgrundvermögen, zum Ziel hat. Persönliche, ihr Gesamtvermögen verhaftende Verpflichtungen gegenüber der Beklagten geht die Klägerin nur für den Fall ein, daß sie im Jahre 1951 die Option der Vertragsverlängerung ablehnt (§ 11 Abs. 3 und 4). Wegen irgendwelcher anderer Ansprüche darf nach der ausdrücklichen Bestimmung des § 11 Abs. 5 die Vermieterin von der Mieterin mit ihrem sonstigen Vermögen nicht herangezogen werden. Es kommt danach nicht in Frage, daß durch die Bindung der Sache die Person unerträglich eingeengt wird; im Gegenteil dienen die von der Klägerin eingegangenen persönlichen Verbindlichkeiten allein der Zuwendung eines einzelnen Stückes zu den Zwecken der Beklagten.

Eine andere Frage ist, ob die Bindung der Klägerin über 30 Jahre hinaus, soweit sie in der Schaffung und Gestaltung des Optionsrechts der Beklagten liegt, gegen § 567 BGB. verstößt und deshalb den Bestand des Vertrags im ganzen gefährdet. Die Revision meint, die hier geschaffene Rechtslage sei nicht dem in § 567 unmittelbar getroffenen Fall gleichzustellen, daß ein Mietvertrag für eine längere Zeit als 30 Jahre geschlossen wird. Auch in jenem Falle sei zwar die Bestimmung der Vertragszeit über 30 Jahre hinaus nichtig, § 139 BGB. finde aber keine Anwendung, weil seine Regel ebenso wie in § 566 das. durch ein besonderes Kündigungsrecht ersetzt sei. Im vorliegenden Falle sei nach Ablauf des dreißigjährigen Vertrags kein Raum für ein Kündigungsrecht und deshalb auch nicht für die von § 125 BGB. abweichende Sondervorschrift des § 567 Satz 1. Die Vereinbarung über die Option stelle sich als eine Umgehung des § 567 dar und sei als solche nach § 134 BGB. nichtig; da eine hier eingreifende Sondervorschrift über die Folgen der Nichtigkeit fehle, entscheide die Regel des § 139.

Diese Auffassung der Revision will wesentliche Unterschiede für die praktische Behandlung überlanger Mietverträge aus dem vorwiegend formalen Umstand herleiten, ob die Bindung über 30 Jahre hinaus von vornherein abschließend bestimmt ist oder ob der Vertragszwang in die Hand der einen Partei, des Optionsberechtigten, gegeben ist; sie wird aber dem Sinn des Gesetzes nicht gerecht. Die Rechtsprechung des Reichsgerichts zu § 567 BGB. (RGZ. Bd. 66 S. 216, Bd. 73 S. 341, Bd. 95 S. 108, Bd. 121 S. 11; WarnRspr. 1915 Nr. 167; Urt. vom 13. Dezember 1916 V 262/16, vom 27. Juni 1927 V 16/27) sieht in dem Ausschluß längerer Bindung eine Regel, die aus volkswirtschaftlichen Gründen eingeführt ist, um Erbmiete und ähnliche Verhältnisse „geteilten Eigentums" auszuschließen, und die diesen Zweck erfüllt, indem sie das Kündigungsrecht als zwingendes Recht setzt. Mehrfach (so in den Urteilen WarnRspr. 1915 Nr. 167 und in V 16/27) wird ausdrücklich ausgesprochen, daß die gesetzliche Vorschrift einen ihr widerstrebenden Vertrag keineswegs nichtig macht, sondern seinen Inhalt mit Gesetzeskraft ändert. An dieser dem Gesetzeszweck entsprechenden Auffassung ist festzuhalten, ohne daß auf den von der Revision als gleichartig herangezogenen § 566 BGB. einzugehen ist, bei dem es sich, wie bemerkt sei, um den andersartigen Zwang einer Formvorschrift handelt. Wird der auf mehr als 30 Jahre festgelegte Vertrag ohne Rücksicht auf Parteiwillen oder Parteibelange nach 30 Jahren kündbar, bleibt er aber in der Geltung unberührt, so ist nicht einzusehen, weshalb eine dem Gesetz widerstrebende schwächere Vereinbarung (Verleihung des Optionsrechts nach 30 Jahren) im Ergebnis ein anderes Schicksal haben sollte. Nach dem Vertrag der Parteien ist zudem die Option vor Ablauf der 30 Jahre auszuüben, spätestens bis zum 31. März 1951; wird sie erklärt, so liegt am 31. März 1953 ein Vertrag vor, der nach seiner Gestaltung durch Parteivereinbarung und Parteientscheidung weitere 30 Jahre, also seit Anbeginn 60 Jahre laufen soll. Ohne Rücksicht darauf tritt nach Ablauf der 30 Jahre das unabdingbare Kündigungsrecht nach § 567 ein.

Der Berufungsrichter und die Revision erörtern die besondere Gestaltung des hier geschaffenen Optionsrechts, das der Beklagten nicht schlechthin gegeben, sondern einem wirksamen Widerspruch der

Klägerin ausgesetzt ist. Dieser Widerspruch hat aber nachteilige Folgen für die Klägerin, sofern sie neben dem Betrag der nunmehr fälligen Grundschuld der Beklagten den Neubeschaffungswert der bis zu diesem Zeitpunkt auf dem Grundstück befindlichen Anlagen zu zahlen und alle Aufwendungen zu vergüten hat, die durch den erforderlich werdenden Umzug und den Wiederaufbau an anderer Stelle unmittelbar oder mittelbar entstehen. Die Revision hält diese an den Widerspruch gegen die Option geknüpften Folgen, mindestens vom Standpunkt des Vertragsschlusses aus, für so schwerwiegend, daß sie auf eine Vereitlung des Widerspruchs und damit des Kündigungsrechts hinauskämen, eine Vereitlung, die auch der Zweck dieser Festsetzung gewesen sei. In RGZ. Bd. 73 S. 341 hat das Reichsgericht dahin Stellung genommen, daß Entschädigungspflichten, die der Vertrag an die Kündigung knüpft, trotz des Eingreifens von § 567 bestehen bleiben. Anders wäre es, wenn die Vereinbarung den Zweck und den Erfolg hätte, die gesetzliche Vorschrift zu umgehen und zu vereiteln. Diese Stellungnahme macht sich die Revision zu eigen; sie leitet daraus her, daß die auf Vereitlung des Kündigungsrechts nach § 567 abzielenden Klauseln des § 11 den ganzen Vertrag nichtig machten. Es mag unterstellt werden, daß nach dem Vertragswillen eine nach dem 1. April 1953 gemäß § 567 erklärte Kündigung die gleichen Folgen für die Abwicklung nach sich ziehen soll wie der Jahre vorher zu erklärende Widerspruch gegen die Option. Es mag ferner zunächst gelten, daß die der Klägerin für den Widerspruchsfall auferlegten Leistungen ihr in dem erörterten Sinne nicht zugemutet werden können. Eine Vernichtung des Vertragsbestands ist aber nach dem behandelten Weg der Einwirkung des § 567 auf den widerstrebenden Vertrag im Fall der Vereitlung der Kündigung ebensowenig anzuerkennen wie im Fall des schlichten Kündigungsausschlusses und ist auch im Urteil Bd. 73 S. 341 nicht anerkannt. In welcher Weise mit der kündigungsfeindlichen Entschädigungsklausel zu verfahren ist, bedarf hier ebensowenig wie in jenem früheren Falle der Erörterung, weil jedenfalls die Nichtigkeit des Vertrags, um die es sich allein handelt, nicht eintritt.

---

33. 1. Umfaßt die vormundschaftsgerichtliche Genehmigung der Auflassung eines Grundstücks auch den zugrunde liegenden schuldrechtlichen Vertrag?

2. Muß der Vormund von der vormundschaftsgerichtlichen Genehmigung des Vertrags Gebrauch machen?

3. Setzt die Aufforderung nach § 1829 Abs. 2 BGB. voraus, daß der Vertrag vormundschaftsgerichtlich genehmigt ist?

BGB. §§ 1821, 1829.

VI. Zivilsenat. Urt. v. 27. Oktober 1930 i. S. R. u. Gen. (Kl.) w. G. (Bekl.). VI 802/29.

I. Landgericht Hamburg.
II. Oberlandesgericht daselbst.

Die Kläger sowie ihre beiden Schwestern, Frau K. und die am 21. Mai 1907 geborene E. R., waren in Erbengemeinschaft als Miteigentümer eines Grundstücks zur Hälfte eingetragen. Am 31. Juli 1923 verkauften sie zusammen mit dem Eigentümer der anderen Hälfte H. das Grundstück durch notariellen Vertrag an den Beklagten für 150 Millionen M. Die Minderjährige war durch ihren Vormund vertreten; eine Genehmigung des Vormundschaftsgerichts zu diesem Vertrage lag nicht vor. Der Käufer verpflichtete sich, den vom Kaufpreis verbleibenden Rest von 119,774 Millionen M. spätestens am 8. August 1923 zu zahlen. Er verpflichtete sich ferner, bei fortschreitender Geldentwertung den Verlust in bar zur entsprechenden amtlichen Notierung vom 31. Juli 1923 zu zahlen, falls die Entwertung seit diesem Tage 10% übersteige. Der Beklagte erhielt von den Beteiligten die Vollmacht zur Auflassung unter Befreiung von den Beschränkungen des § 181 BGB.

Am 24. August 1923 übersandte der Beklagte dem Vormund den Kaufvertrag mit der Bitte, dafür zu sorgen, daß ihm die Bescheinigung von der Vormundschaftsbehörde eingesandt werde, damit das Grundstück auf seinen Namen aufgelassen werden könne. Am 19. September 1923 ließ der Beklagte das Grundstück an sich auf. Eine am 20. November 1923 dem Beklagten vom Grundbuchamt gesetzte Frist von 10 Tagen zur Beibringung der Genehmigung der Vormundschaftsbehörde wurde auf seinen Antrag bis zum 1. Februar 1924 verlängert. Am 27. November 1923 schrieb der Beklagte an den Vormund:

Wie meine wiederholten Nachfragen ... ergeben haben, ist die von Ihnen zu beschaffende Unterlage von der Vormundschaftsbehörde bisher immer noch nicht eingegangen. Ich muß Sie deshalb hiermit nochmals ersuchen, dieses Dokument nunmehr bis spätestens den 1. Dezember 1923 nachzuliefern, andernfalls ich Sie für alle Konsequenzen haftbar machen müßte.

Mit Rücksicht auf die inzwischen eingetretene Veränderung der Kaufkraft des Geldes vereinbarten die Erben R. mit dem Beklagten am 22. Juni/2. Juli 1925, daß der Beklagte an jeden von ihnen 550 RM. nachzuzahlen habe. Der Vorschlag hierzu war von dem damaligen Vormund der Minderjährigen ausgegangen. Dieser Vertrag fand die Genehmigung des Vormundschaftsgerichts.

Am 6. September 1928 widerriefen die Kläger durch notariell beglaubigte Erklärung dem Grundbuchamt gegenüber die dem Beklagten erteilte Auflassungsvollmacht und ließen dem Beklagten eine entsprechende Erklärung zugehen. Am 24. Dezember 1928 unterzeichnete der Beklagte beim Grundbuchamt eine Urkunde, worin er als Bevollmächtigter der Erben R. und des H. sowie für sich selbst die Auflassung vom 19. September 1923 wiederholte, und überreichte den Beschluß des Vormundschaftsgerichts vom 25. Mai 1927, durch den die Auflassung der nach dem Vertrag vom 31. Juli 1923 an den Beklagten verkauften Grundstücke genehmigt wurde. Da der Beklagte vom Vormundschaftsgericht die Mitteilung erhielt, daß er nicht „in Vollmacht" seine Auflassungserklärung wiederholen könne, erschien der inzwischen zum Pfleger für die zwar volljährig gewordene, aber geistig gebrechliche E. R. bestellte frühere Vormund, schloß sich unter Vorlegung der vormundschaftsgerichtlichen Genehmigung den Auflassungserklärungen der übrigen Erben an und übertrug das Eigentum an dem Grundstück auf den mitanwesenden Beklagten, der die Erklärung annahm und die Eintragung der Eigentumsänderung in das Grundbuch beantragte. Er wurde am 7. Februar 1929 als Eigentümer eingetragen und belastete alsdann das Grundstück mit mehreren Hypotheken.

Die Kläger vertreten die Auffassung, daß ein rechtswirksamer Vertrag zwischen den Parteien nicht zustande gekommen sei. Da der Beklagte das Grundstück infolge der Belastungen nicht im früheren Zustand zurückgeben könne, müsse er als Schadensersatz mindestens den Betrag von 6100 RM. an sie und die übrigen Miterben zahlen. Diese Summe verlangen sie im vorliegenden Rechtsstreit.

Das Landgericht wies die Klage ab; das Oberlandesgericht wies die Berufung zurück. Die Revision der Kläger führte zur Aufhebung und Zurückverweisung.

Gründe:

Das Berufungsgericht hält den Klaganspruch unter dem Gesichtspunkt der ungerechtfertigten Bereicherung an sich für schlüssig begründet, gibt aber der Klage nicht statt, weil es annimmt, daß der Kaufvertrag vom Vormundschaftsgericht genehmigt und rechtswirksam ist.

Die Revision rügt zunächst, daß das Berufungsgericht die Genehmigung der Auflassung des Grundstücks durch das Vormundschaftsgericht zugleich als Genehmigung des schuldrechtlichen Vertrags aufgefaßt habe, und meint, es könne dahingestellt bleiben, ob es neben der Genehmigung des schuldrechtlichen Vertrags noch der Genehmigung der Auflassung bedürfe. Ein Schluß umgekehrten Inhalts sei aber nicht gerechtfertigt. In § 1821 Abs. 1 Nr. 1 BGB. ist die Notwendigkeit der Genehmigung des Vormundschaftsgerichts zur Verfügung über ein Grundstück vorangestellt. Zur Ergänzung dieser Vorschrift, und zwar zur Ausschließung ihrer Umgehung, wurde die Notwendigkeit der Genehmigung für die Eingehung einer Verpflichtung zu einer solchen Verfügung hinzugefügt; andernfalls hätte aus der genehmigungslosen schuldrechtlichen Verpflichtung der Zwang zu deren Erfüllung gefolgert werden können. Regelmäßig wird sich der Vormundschaftsrichter, der die Verfügung über ein Grundstück genehmigt, Kenntnis von dem Grundrechtsgeschäft verschaffen, um beurteilen zu können, ob die Belange des Mündels gewahrt sind; er wird nur auf Grund der Prüfung dieses Rechtsgeschäfts die Genehmigung der Verfügung und damit — stillschweigend — zugleich die Genehmigung des Grundrechtsgeschäfts aussprechen (vgl. Sächs. Arch. für Rechtspflege 1927 S. 34). Dabei ist zu beachten, daß die vormundschaftsgerichtliche Genehmigung durch das Gesetz an keine Form gebunden ist. Sie kann auch stillschweigend durch schlüssige Handlungen oder mündlich erteilt werden (RGZ. Bd. 59 S. 278; Bd. 115 S. 176). Nun hatten die Kläger bereits in der Klage unter Bezugnahme auf bestimmte Stellen der Grundakten vorgetragen, daß der Beklagte am 24. Dezember 1928 seine Auflassungserklärung als Vertreter der Verkäufer wiederholt und die Genehmigung des Vormundschaftsgerichts zum Verkauf vom 25. Mai 1927 eingereicht habe. In Übereinstimmung hiermit gibt das Berufungsurteil den Beschluß des Vormundschaftsgerichts vom 25. Mai 1927 wieder, durch den die Auflassung der nach dem Vertrag vom 31. Juli 1923 verkauften Grundstücke genehmigt wurde. Danach kann es keinem Bedenken unterliegen, daß dem regelmäßigen Verlaufe der Dinge entsprechend das Vormundschaftsgericht vor der Genehmigung der Auflassung den ihr zugrunde liegenden schuldrechtlichen Vertrag geprüft und stillschweigend genehmigt hat.

Es fragt sich hiernach, ob die Genehmigung des Vormundschaftsgerichts im Jahre 1927 einen Rechtszustand antraf, bei dem sie noch wirksam werden konnte. Hierauf bezieht sich die zweite Rüge der Revision. Sie richtet sich gegen die Annahme des Berufungsgerichts, daß im Falle des § 1829 Abs. 2 BGB. die dort bestimmte Frist nicht laufe, solange nicht eine Entscheidung des Vormundschaftsgerichts vorliege. Das Berufungsgericht schließt sich dabei einer in der JW. 1927 S. 2588 Nr. 4 veröffentlichten Entscheidung des Landgerichts Mannheim an. Die Rüge ist begründet. Nach § 1829 Abs. 1 hängt, falls ein Vormund einen Vertrag ohne Genehmigung des Vormundschaftsgerichts abschließt, die Wirksamkeit des Vertrags von der nachträglichen Genehmigung des Vormundschaftsgerichts ab. Die Genehmigung wird dem anderen Teil gegenüber erst wirksam, wenn sie ihm durch den Vormund mitgeteilt wird. Durch diese Regelung entsteht ein Schwebezustand. Es liegt in der Hand des Vormunds, ob er dem Vertragsgegner von der Genehmigung Mitteilung machen will oder nicht. Er hat, bevor er von der Genehmigung Gebrauch macht, erneut zu prüfen, ob der genehmigte Vertrag den Belangen des Mündels entspricht oder nicht. Bei der Vorschrift des § 1829 Abs. 1 Satz 2 hat man nach den Motiven zum Bürgerlichen Gesetzbuch (Bd. 4 S. 1154) insbesondere an die Möglichkeit gedacht, daß der Vormund die Genehmigungsverfügung im Wege der Beschwerde anfechte, wenn er die Meinung gewonnen habe, daß sie den Belangen seines Mündels widerstreite (RG. im Recht 1924 Nr. 1697; RGZ. Bd. 76 S. 366, Bd. 121 S. 37; Jur. Rdsch. 1925 Nr. 781, 1929 Nr. 1649). Diese Regelung erfordert aber eine weitere Maßnahme, die es dem Vertragsgegner ermöglicht, dem Schwebezustand ein Ende zu machen und zu verhindern, daß der Vormund die Mitteilung von der Genehmigung unangemessen hinausschiebe. Deshalb ist dem Vertragsgegner in § 1829 Abs. 2 die Möglichkeit gewährt, den Vormund zur Mitteilung darüber aufzufordern, ob die Genehmigung erteilt sei; dann kann nach ausdrücklicher Vorschrift des Gesetzes die Mitteilung der Genehmigung nur bis zum Ablauf von zwei Wochen nach dem Empfang der Aufforderung erfolgen; erfolgt sie nicht, so gilt die Genehmigung als verweigert. Diese Vorschrift des zweiten Absatzes sieht nach ihrem Wortlaut von dem Vorgang der Genehmigung selbst ganz ab. Das ist verständlich; denn die Klarheit, die für den Vertragsgegner durch die Notwendigkeit der Antwort innerhalb zweier Wochen geschaffen werden soll, würde wieder völlig ins Ungewisse gestellt werden, wenn der Lauf der zweiwöchigen Frist vom Vorhergehen der Genehmigung abhinge. Es ist ein Trugschluß, wenn gesagt wird, die Frage nach der Mitteilung über die Genehmigung setze eine Genehmigung voraus. Der Vertragsgegner hat selbst auf die Genehmigung keinen Einfluß; und auch wenn sie erteilt ist, braucht der Vormund, wie dargelegt ist, von ihr keinen Gebrauch zu machen. Er hat trotz gerichtlicher Genehmigung die Befugnis, keine Antwort zu geben und damit den Vertrag zu Fall zu bringen, wenn er zu dem Ergebnis kommt, daß der Vertrag für sein Mündel ungünstig sei. Ob er auch das Recht hat, trotz der Genehmigung mitzuteilen, daß diese nicht erfolgt sei, wie das OLG. Stettin in LZ. 1926 Sp. 60 annimmt, und ob dieser Fall dem erwähnten Fall der Nichtabgabe einer Erklärung des Vormunds gleichzustellen ist, kann dahinstehen. Die vom Berufungsgericht geteilte Auffassung des Landgerichts Mannheim ist hiernach im Schrifttum mit Recht abgelehnt worden (Josef in JW. 1928 S. 78, in Bad. Rechtspraxis 1927 S. 94 und in der Zeitschr. für freiw. Gerichtsbarkeit in Württemberg 1927 S. 241; Wirtz in JW. 1928 S. 78; Enneccerus-Kipp Bürgerl. Recht Bd. II 2 § 115 Anm. 50a; Staudinger BGB. Erl. 3c δ; Kommentar z. BGB. von Hölder u. a. Erl. III 3d zu § 1829; Kammergericht in PosMSchr. 1913 S. 99). Den gegen diese Rechtsauffassung erhobenen, aus praktischen Erwägungen hergeleiteten Bedenken, daß der Vertragsgegner dann sofort nach Abschluß des Vertrags die Aufforderung aus § 1829 Abs. 2 an den Vormund richten könne, daß dann dem Vormundschaftsgericht der für die Prüfung des Vertrags erforderliche Zeitraum vielleicht nicht verbleibe und daß der Vertragsgegner auf diesem Wege den Vertrag zu Fall bringen könne, kann bei der Fassung der Vorschrift keine entscheidende Bedeutung beigemessen werden. Überdies wird dem Vertragsgegner in der Regel daran liegen, daß der Vertrag, den er eben erst geschlossen hat, zur Ausführung gelangt. Außerdem steht es dem Vormund offen, die Genehmigung des Vertrags durch das Vormundschaftsgericht vorher herbeizuführen oder die in § 1829 Abs. 2 vorgesehene Frist von zwei Wochen durch Vereinbarung zu verlängern (Staudinger Erl. 3c zu § 1829).

Es kommt daher zunächst darauf an, ob, wie die Revision meint, in den Schreiben des Beklagten vom 24. August 1923 und 27. November 1923 eine Aufforderung an den Vormund gemäß § 1829 Abs. 2 BGB. zu erblicken ist. Hätte man diese Frage zu bejahen, so wäre, da der Vormund die Frist fruchtlos hat verstreichen lassen, die Genehmigung als verweigert anzusehen und der Vertrag deshalb hinfällig. Diese Rüge der Revision ist jedoch nicht als begründet anzusehen. Der Revision ist allerdings darin beizustimmen, daß der Eintritt der Rechtsfolgen aus § 1829 Abs. 2 BGB. nicht davon abhängt, ob der zur Mitteilung auffordernde Vertragsteil sich dieser Folge bewußt ist. Allein das Berufungsgericht geht auch hiervon aus. Ob seine hieran angeschlossenen Ausführungen in vollem Umfang bedenkenfrei sind, kann dahingestellt bleiben. Entscheidend ist die Auslegung, die es den erwähnten beiden Schreiben zuteil werden läßt. Daß der Vorderrichter hierbei gegen gesetzliche Auslegungsregeln (§§ 133, 157 BGB.) verstoßen hat, läßt das Urteil nicht erkennen. Es legt nicht nur den Wortlaut zugrunde, sondern zieht auch die begleitenden Umstände für die Auslegung der Urkunden heran und kommt zu dem Schluß, daß der Beklagte nicht eine Aufforderung zur Mitteilung, ob die Genehmigung erteilt sei, an den Vormund gerichtet hat, sondern daß er diesen veranlassen wollte, die Genehmigung des Vertrags herbeizuführen. Bei der großen Tragweite, welche die Vorschrift des § 1829 Abs. 2 für den die Aufforderung aussprechenden Vertragsteil hat, dürfen die Anforderungen an den Inhalt der Aufforderungserklärung nicht zu gering bemessen werden; ihr Inhalt muß hinreichend klar sein. Unter diesem Gesichtspunkt ist die Auslegung des Berufungsgerichts als möglich anzuerkennen. Das zweite Schreiben kommt nur in Betracht, wenn das erste noch nicht die Folge hatte, daß der Vertrag hinfällig wurde. Aber auch der Inhalt des zweiten Schreibens gewinnt dadurch keine andere Bedeutung, daß eine Frist bis zum 1. Dezember 1923 für die Vorlegung der Genehmigungsurkunde gesetzt wurde. Sie hing übrigens damit zusammen, daß dem Beklagten vom Grundbuchamt eine Frist bis zum 1. Februar 1924 für die Beibringung der Genehmigungsurkunde gesetzt war. Die Erklärung, daß er andernfalls den Vormund für alle Folgen haftbar machen müßte, kann sich sehr wohl auf den Schaden beziehen, den der Beklagte aus der Verspätung der Eintragung befürchtete.

(Es wird dann eine Prozeßrüge erörtert, die dahin geht, daß das Berufungsgericht durch Nichtberücksichtigung eines Beweisantrags der Kläger gegen § 286 ZPO. verstoßen habe. Diese Rüge wurde für begründet erachtet und führte zur Zurückverweisung an die Vorinstanz. Dann wird fortgefahren:)

Es wird gegebenenfalls auch zu prüfen sein, ob das vormundschaftsgerichtlich genehmigte Abkommen vom 22. Juni/2. Juli 1925 im Sinne einer Bestätigung des Kaufvertrags verwertet werden und im Zusammenhang mit der Auflassung und Eintragung des Beklagten zur Abweisung der Klage führen könnte. Das Berufungsgericht hat sich mit diesem Vorbringen bisher nicht befaßt.

---

34. Unter welchen Voraussetzungen ist der ordentliche Vorsitzende eines Zivilsenats des Oberlandesgerichts dauernd an der Führung des Vorsitzes verhindert?

GVG. §§ 62, 66, 117. ZPO. § 551 Nr. 1.

II. Zivilsenat. Urt. v. 29. Oktober 1930 i. S. Kreiskommunalverband H. (Kl.) w. K. u. Gen. (Bekl.). II 350/30.

I. Landgericht Görlitz.
II. Oberlandesgericht Breslau.

Die Revision erhob u. a. die Rüge, der erkennende 6. Zivilsenat des Oberlandesgerichts sei nicht vorschriftsmäßig besetzt gewesen. Vorsitzender dieses Senats sei seit etwa drei Jahren der Oberlandesgerichtspräsident; er habe aber noch niemals vorgesessen, sondern lasse sich ständig durch den dienstältesten Oberlandesgerichtsrat R. vertreten. Es liege somit dauernde Verhinderung und dauernde

Vertretung des ordentlichen Vorsitzenden vor. Das widerspreche den §§ 62, 117 GVG., § 551 Nr. 1 ZPO.

Das Reichsgericht wies die Rüge zurück aus folgenden

Gründen:

Nach der amtlichen Auskunft des Oberlandesgerichtspräsidenten vom 11. Oktober 1930 gehören nach der Geschäftsverteilung für das Geschäftsjahr 1930 zur Zuständigkeit des 6. Zivilsenats des Oberlandesgerichts neben der Beaufsichtigung der Stiftungen, der Entscheidung über die Aufhebung gesetzwidriger Beschlüsse über Wahlen der Anwaltskammer oder ihres Vorstands, den Disziplinarsachen gegen mittlere, Kanzlei- und Unterbeamte, der Entscheidung über die Ablehnung von Richtern der Land- und Amtsgerichte in den Zivilsachen des ganzen Bezirks, den Rechtshilfesachen, mit Ausnahme derer in Strafsachen, und den Beschwerden gemäß § 181 GVG., soweit sie nicht einem Strafsenat zugeteilt sind, nur noch die Streitigkeiten aus dem Wechsel- und Scheckrecht aus dem ganzen Oberlandesgerichtsbezirk. Der Oberlandesgerichtspräsident, der auch den Vorsitz im 3. Strafsenat führt, ist nach dem Geschäftsverteilungsplan Vorsitzender des 6. Zivilsenats. Er hat sich aber vor Beginn des Geschäftsjahres 1930 durch seine sonstige Tätigkeit an der Führung des Vorsitzes im 6. Zivilsenat an jedem zweiten und vierten Sonnabend im Monat für verhindert erklärt. Er hat ferner im Laufe des Geschäftsjahrs für die Streitigkeiten aus dem Wechsel- und Scheckrecht die Termine immer selbst angesetzt, und zwar jeweils auf den zweiten und vierten Sonnabend im Monat, sodaß in der Spruchsitzung in diesen Sachen tatsächlich nicht er, sondern der Oberlandesgerichtsrat R. den Vorsitz geführt hat. Aber auch in diesen Sachen hat der Oberlandesgerichtspräsident die Verteilung auf die Mitglieder des Senats selbst vorgenommen. In allen anderen Sachen hat er den Vorsitz ohne Einschränkung geführt. Die letzteren Sachen sind niemals auf die obengenannten Tage gesetzt worden.

Diese Art der Geschäftsbehandlung verstößt nicht gegen die Vorschriften der §§ 62, 117 GVG., wonach den Vorsitz in einem Senat der Oberlandesgerichtspräsident oder ein Senatspräsident und nur bei vorübergehender Verhinderung des ordentlichen Vorsitzenden der dem Senat angehörende dienstälteste Oberlandesgerichtsrat zu führen hat. Zunächst hat es das Reichsgericht auch bisher schon für zulässig gehalten, daß ein Präsident in mehreren Senaten den Vorsitz führt (JW. 1895 S. 517 Nr. 2, 1915 S. 96 Nr. 13; RGSt. Bd. 55 S. 201/202, 236, Bd. 56 S. 157). Es ist auch anerkannt, daß es heute infolge der Zunahme der Geschäfte, der durch die Besetzung der Senate und Kammern mit einer über die gesetzliche Mindestzahl hinausgehenden Zahl von Mitgliedern Rechnung getragen wird, den ordentlichen Vorsitzenden gemeinhin nicht mehr möglich ist, alle ihnen anfallende Dienstgeschäfte selbst zu erledigen (RGZ. Bd. 115 S. 157 [162], Bd. 119 S. 280 [283]). Des weiteren wird zugelassen, daß der Vorsitzende sich schon vor Beginn des Geschäftsjahrs für gewisse Sitzungstage im voraus für verhindert erklärt und an diesen Tagen den Vorsitz seinem Stellvertreter überläßt (RGZ. Bd. 115 S. 157 [159/60]; RGSt. Bd. 25 S. 389, Bd. 54 S. 298, Bd. 55 S. 201 [204], 236/238). Unbestritten ist ferner, daß es allein im pflichtmäßigen Ermessen des Vorsitzenden steht, auf welche Termine er die einzelnen Sachen ansetzen will (RGZ. Bd. 115 S. 157 [161]; JW. 1930 S. 63 Nr. 13). Es ist auch nicht zu beanstanden, wenn der Präsident zur Zuständigkeit des Senats gehörige Sachen bestimmter Art (z. B. Ehesachen) stets so ansetzt, daß sie an gewissen Tagen, an denen er verhindert ist, von seinem Stellvertreter erledigt werden; vgl. RGZ. Bd. 115 S. 157, wo es für unzulässig erklärt wird, in solche Ermessens- und Zweckmäßigkeitsfragen im Wege der Revision einzudringen. Hieran muß festgehalten werden, wenn nicht die Sicherheit der Urteilstätigkeit weithin ins Wanken geraten soll. Dies gilt um so mehr, als es bei der heutigen Lage Deutschlands tatsächlich unmöglich ist, die Besetzung der Gerichte auf einen Stand zu bringen, der solche inneren Behelfsmaßnahmen zur Bewältigung der Geschäfte entbehrlich macht.

Betrachtet man nach diesen Grundsätzen das im vorliegenden Fall eingeschlagene Verfahren, so besteht kein Anlaß zu Bedenken. Insbesondere stand nichts entgegen, daß der Oberlandesgerichtspräsident sich schon vor Beginn des Geschäftsjahrs für bestimmte Tage im voraus für verhindert erklärte und daß er dann im Laufe des Geschäftsjahrs im Wege des inneren Dienstes die Wechsel- und Schecksachen auf die Tage ansetzte, an denen er jeweils verhindert war. Die letztere Maßnahme ist um so weniger zu beanstanden, als der Oberlandesgerichtspräsident auch in diesen Sachen die Termine selbst ansetzte und die Verteilung unter die Mitglieder des Senats vornahm. Er hatte dadurch stets die erforderliche Übersicht über den gesamten Geschäftsstand und war in der Lage, auch in diesen Sachen den Vorsitz selbst zu übernehmen, sobald dies nach seinem pflichtmäßigen Ermessen wegen Wegfalls anderer Geschäfte möglich war.

Es verstieß auch nicht gegen das Gesetz, daß infolge dieser Geschäftsbehandlung die eigentlichen Prozeßsachen — in der mündlichen Verhandlung — vom Stellvertreter des Präsidenten geleitet wurden. Diese Sachen genießen nach dem Gesetz keinen Vorzug vor anderen, die das Gesetz den Oberlandesgerichten zur Bearbeitung zuweist. Tatsächlich hat sich der Oberlandesgerichtspräsident in weitem Umfang ständig als Vorsitzender des Senats betätigt. Denn nach seiner Erklärung hat er an allen Sitzungen teilgenommen mit Ausnahme von zweien im Monat, und auf die letzteren sind außer Wechsel- und Schecksachen keine anderen Sachen angesetzt worden. Daß es sich bei den Sachen, in denen der Präsident regelmäßig den Vorsitz führte, um einen großen Teil der Geschäfte des Senats handelt, ergibt sich schon daraus, daß der Senat über die gesetzliche Mindestzahl hinaus — mit vier Beisitzern — besetzt ist. Diese Besetzung wäre durch die Zuteilung der Wechsel- und Schecksachen nicht gerechtfertigt. Der Fall unterscheidet sich also von solchen, wo eine vorschriftswidrige Besetzung angenommen wurde, dadurch, daß in jenen Fällen der Präsident in einem der Senate, deren Vorsitzender er nach der Geschäftsverteilung war, längere Zeit den Vorsitz entweder gar nicht oder nur in einem im Verhältnis zur Gesamtbelastung des Senats unbedeutenden Maße geführt hat. Hier hat er aber den Vorsitz in erheblichem Umfang und in regelmäßigen Sitzungen wahrgenommen.

Hiernach kann nicht angenommen werden, daß der Senat unvorschriftsmäßig besetzt war. Die Entscheidung RGZ. Bd. 119 S. 280 (281) steht dieser Annahme nicht entgegen. Dort ist weder festgestellt, daß der ordentliche Vorsitzende regelmäßig an bestimmten Sitzungen teilgenommen hat, noch daß die von ihm ausgeübte Tätigkeit einen nennenswerten Teil der Senatsgeschäfte ausmachte.

35. 1. Ist bei der auf rechtswidrige Entnahme gestützten Nichtigkeitsklage nur die Identität des Gegenstands des angegriffenen Patents mit der entnommenen Erfindung nachzuprüfen oder ist auch der Schutzumfang des angegriffenen Patents zu erörtern?

2. Ist im Verletzungsstreit der Einwand zulässig, daß der Patentinhaber die dem Klagepatent zugrunde liegende Erfindung dem Gegner rechtswidrig entnommen habe?

PatG. § 3 Abs. 2, § 10 Abs. 1 Nr. 3, § 35.

I. Zivilsenat. Urt. vom 29. Oktober 1930 i. S. Gebr. M. (Kl.) w. v. S. als Verwalter im Konkurse T. (Bekl.). I 370/28.

I. Reichspatentamt.

Der Fabrikant T. in Berlin besitzt für eine von ihm zum Patent angemeldete „Schaltvorrichtung bei Wäschekastenmangeln" mit Wirkung vom 28. Januar 1927 das deutsche Reichspatent Nr. 450335. Die Patentansprüche lauten:

1. Schaltvorrichtung zum Vor- und Zurückziehen der Auflaufrolle bei Wäschekastenmangeln, dadurch gekennzeichnet, daß die Zug- und Schubbewegung der Auflaufrolle durch ein im Rollenbocke gelagertes Getriebe von der Kastenzahnstange aus innerhalb ein- oder mehrfachen Hinundherganges des Belastungskastens erfolgt.

2. Schaltvorrichtung nach Anspruch 1, dadurch gekennzeichnet, daß die Auflaufrolle (10) mit dem ihre Bewegung vermittelnden Teile, z. B. der Kurvenscheibe (17), ausrückbar verbunden ist.

3. Schaltvorrichtung nach Anspruch 1 und 2, dadurch gekennzeichnet, daß die Drehung der Kurvenscheibe durch ineinander zu kuppelnde Übersetzungsräder, z. B. Zahnräderpaare (23, 25 u. 24, 26), jeder gewünschten Gangzahl des Belastungskastens angepaßt werden kann.

4. Schaltvorrichtung nach Anspruch 1 bis 3, dadurch gekennzeichnet, daß ein mit den Übersetzungsrädern verbundenes Klinkenwerk (28, 29, 30) durch ein mit ihm zusammenhängendes, im Rollenbocke gelagertes Schubstück (35) bewegt wird, sobald letzteres von einem auf der Zahnstange sitzenden Druckstück (37) seitlich verschoben wird.

Die Klägerin behauptet, daß T. den wesentlichen Inhalt seiner Anmeldung ihrer den gleichen Gegenstand betreffenden Zeichnung und den in ihrer Fabrik hergestellten Modellen ohne ihre Einwilligung entnommen habe. Sie hat zwei Zeichnungen (bezeichnet als „Entwurf" und mit „B") und das erste hierzu angefertigte Modell überreicht und dazu im einzelnen vorgetragen, woraus sie die Entnahme folgert. Danach soll T. durch den Meister G., der früher bei der Klägerin beschäftigt war und dann in die Dienste des T. getreten ist, von jener Vorrichtung Kenntnis erhalten haben. Der Patentinhaber T. hat das Klagevorbringen bestritten. Die Klägerin, so behauptet er, habe bei ihren Versuchen vom Juli 1926 überhaupt keine brauchbare Lösung gefunden.

Das Reichspatentamt hat die Nichtigkeitsklage abgewiesen. Hiergegen legte die Klägerin Berufung ein. Nachdem über das Vermögen des T. Konkurs eröffnet worden war, hat der Konkursverwalter den Patentstreit für den Gemeinschuldner aufgenommen. Die Berufung der Klägerin hatte keinen Erfolg.

Aus den Gründen:

Der Erfindung, die den Gegenstand des Streitpatents bildet, liegt die Aufgabe zugrunde, das Vor- und Zurückziehen der Auflaufrolle bei Wäschekastenmangeln, das bisher von Hand bewirkt wurde, selbsttätig herbeizuführen. Ganz die gleiche Aufgabe hatte sich offensichtlich die Klägerin bei ihrer Schaltvorrichtung gestellt. Anders verhält es sich jedoch in beiden Fällen mit dem Lösungsgedanken. Nach dem Streitpatent muß die Lösung der Aufgabe gemäß dem Patentanspruch 1 in dem Vorschlag gefunden werden, die hin- und hergehende Bewegung der Kastenzahnstange dazu zu verwenden, daß man das Vor- und Zurückziehen der Auflaufrolle zwangsläufig eintreten läßt . . . (Wird dargelegt.) Wie nun die zwangsläufige Bewegung der Auflaufrolle zu erzeugen ist, steht hier nicht zur Erörterung. Beansprucht ist in Anspruch 1 der allgemeine Lösungsgedanke. Nur darum, ob dieser allgemeine Lösungsgedanke schon aus der Erfindung hervorgeht, welche die Klägerin für sich in Anspruch nimmt, handelt es sich bei Prüfung des Anspruchs 1. Mit Recht hat das Reichspatentamt diese Frage verneint, ganz ebenso der gerichtliche Sachverständige. Allerdings ist, wenn man das Vorbringen der Klägerin zugrunde legt, sie die erste gewesen, die auf den Gedanken gekommen ist, die hin- und hergehende Bewegung der Kastenzahnstange überhaupt zum Antrieb der Auflaufrolle zu benutzen. Aber der allgemeine Lösungsgedanke, den der Durchschnittsfachmann den Zeichnungen „Entwurf" und „B" entnehmen kann, ist nur der, daß die Kastenzahnstange allein das Vorziehen des Rollenbocks bewirkt, während das Zurückziehen nicht durch die Kastenzahnstange, sondern durch die Federn k geschieht. Der große technische Unterschied besteht darin, daß die patentierte Erfindung das Vor- und Zurückziehen des Rollenbocks ausschließlich zwangsläufig herbeiführt, während nach den Zeichnungen der Klägerin der Rollenbock zwangsläufig nur vorgezogen, dagegen kraftschlüssig (nicht zwangsläufig) zurückgezogen wird. Mit Recht hat daher das Reichspatentamt die Identität beider Erfindungen verneint, soweit der Anspruch 1 in Frage kommt.

Was die Klägerin hiergegen einzuwenden hat, ist nicht durchgreifend. Sie meint, daß bei der Nichtigkeitsklage nach § 10 Abs. 1 Nr. 3 PatG. auch der Schutzumfang des angegriffenen Patents nachzuprüfen sei. Dann ergebe sich, daß alle Vorrichtungen, bei denen die hin- und hergehende Bewegung des Belastungskastens zum Hervorbringen der seitlichen Verschiebung des Rollenbocks benutzt werde, unter das Streitpatent fielen, somit auch ihre eigenen Schaltvorrichtungen. Im Verletzungsprozeß könne sich aber der Beklagte auf die ihm gegenüber erfolgte rechtswidrige Entnahme durch den Verletzungskläger nicht berufen. Also müsse dies im Nichtigkeitsstreit wegen widerrechtlicher Entnahme geschehen können. Das Streitpatent müsse daher mit Rücksicht auf seinen Schutzumfang mindestens teilweise für nichtig erklärt werden. Dem ist jedoch nicht beizutreten. Es ist eine Grundregel des Nichtigkeitsverfahrens, daß der Schutzumfang des angegriffenen Patents in diesem Verfahren nicht zu prüfen ist. Im Nichtigkeitsstreit handelt es sich in aller Regel immer nur um den Gegenstand des Patents. Die Prüfung seines Schutzumfangs gehört vor den Verletzungsrichter. Weder folgt etwas Gegenteiliges aus § 3 Abs. 2 PatG., noch ist es richtig, daß der Verletzungsbeklagte im Verletzungsstreit gehindert wäre, sich auf widerrechtliche Entnahme durch den Verletzungskläger zu berufen (vgl. Pietzcker PatG. § 3 Anm. 39, § 4 Anm. 79, § 10 Anm. 17; Isay PatG. Anhang zu §§ 1, 2 Anm. 26). Soweit in dem von Pietzcker a. a. O. § 3 Anm. 39 angeführten Urteil des erkennenden Senats vom 29. März 1916 I 159/15 ein abweichender Standpunkt vertreten ist, wird daran nicht festgehalten . . . (Es folgt eine Zurückweisung des sonstigen Vorbringens der Klägerin.)

36. Über Haftung für Bergschaden, wenn neben dem Bergbau ein von keinem Dritten zu vertretendes, im Rechtssinne zufälliges Ereignis mitgewirkt hat.

Preuß.Allg.Berggesetz §§ 148 flg.

V. Zivilsenat. Urt. v. 29. Oktober 1930 i. S. Gewerkschaft N. (Bekl.) w. L. (Kl.). V 240/29.

I. Landgericht Beuthen O.-S.
II. Oberlandesgericht Breslau.

Die Verurteilung der Beklagten zum Ersatz des ganzen Schadens ist vom Reichsgericht bestätigt worden aus folgenden

Gründen:

Die Beklagte erkennt an, daß sie für den Schaden am Grundstück des Klägers, soweit er durch Bergbau verursacht ist, nach § 149 Allg. Berggeſ. gesamtschuldnerisch haftet. Ihre Revision richtet sich dagegen, daß sie vom Berufungsrichter auch für den Schadensanteil haftbar gemacht worden sei, der nach dem Gutachten des in zweiter Instanz vernommenen Sachverständigen nicht auf Bergbau, sondern auf tektonische Senkungen entfalle. Die Rüge ist nicht begründet.

Bei den Senkungs- und Rißschäden an den Gebäuden des Klägers handelt es sich um einen einheitlichen Schaden, der sich nicht nach seinen Ursachen in zeitlich oder räumlich abgrenzbare Teile zerlegen läßt. In solchen Fällen erstreckt sich die Haftung des Bergwerksbesitzers, weil dieser nach § 148 Allg.Berggeſ. für allen dem Grundeigentum oder dessen Zubehörungen durch den Bergbau zugefügten Schaden vollständige Entschädigung zu leisten verpflichtet ist, jedenfalls dann auf den gesamten Schaden, wenn sich auch der auf ein unabhängig vom Bergbau mitwirkendes, im Rechtssinne zufälliges Ereignis entfallende Schadensanteil als mittelbar durch den Bergbau verursacht darstellt (vgl. RGZ. Bd. 67 S. 274). Das ist aber nicht nur dann der Fall, wenn das neben dem Bergbau mitwirkende Ereignis für sich allein keinen Schaden verursacht haben würde, den Schaden jedoch vergrößert hat; vielmehr auch dann, wenn für sich allein weder der Bergbau noch das mitwirkende, im Rechtssinne zufällige Ereignis Schaden verursacht hätte, beide aber durch ihr Zusammenwirken schädlich geworden sind, wie ferner dann, wenn sowohl der Bergbau als auch das mitwirkende Ereignis für sich allein schädigend eingewirkt haben, durch ihr Zusammenwirken aber ein größerer, einheitlicher, zeitlich oder räumlich nach der Ursache nicht abgrenzbarer Schaden entstanden ist. Eine Beschränkung des Bergwerksbesitzers auf den Schadensanteil, der seinem Bergbau zuzurechnen wäre, könnte dann allenfalls in Frage kommen, wenn feststellbar wäre, daß der Bergbau allein unschädlich geblieben sein würde und die ihm zur Last fallende Vergrößerung des Schadens lediglich durch die unabhängig von ihm einwirkende weitere Schadensursache herbeigeführt worden ist (vgl. Westhoff Bergbau und Grundbesitz nach preuß. Recht Bd. 1 S. 119flg., 133flg.). Daß die Sache hier so liegen könnte, hat aber die Beklagte selbst niemals behauptet. Der Sachverständige erster Instanz hat den Schaden im vollen Umfang auf den Bergbau zurückgeführt, der Sachverständige des zweiten Rechtsgangs hat den tektonischen Senkungen nur einen Anteil von 44% eingeräumt, ohne übrigens ihren Zusammenhang mit dem Bergbau gänzlich auszuschließen. Das Berufungsgericht hat sich zwar nicht darüber ausgesprochen, welchem der beiden Gutachten es die größere Überzeugungskraft beimißt. Seine Begründung läßt jedoch im Zusammenhang mit den Darlegungen der Sachverständigen erkennen, daß es in dem Bergbau keineswegs eine bloß nebensächliche, nur durch die tektonischen Senkungen ausgelöste Schadensursache erblickt.

Hiernach kann die Beklagte die Haftung für den ganzen Schaden nicht ablehnen.

---

37. 1. Finden das Kraftfahrzeuggesetz und die Kraftfahrzeugverordnung auf Zuverlässigkeitsfahrten im Sinne des § 31 der Kraftfahrzeugverordnung Anwendung?

2. Gilt für solche Fahrten § 7 Abs. 2 des Kraftfahrzeuggesetzes unbeschränkt?

3. Kann in dem Verhalten der Zuschauer bei diesen Fahrten ein Handeln auf eigene Gefahr und ein mitwirkendes Verschulden gefunden werden?

BGB. §§ 254, 276, 823. KFG. § 7. KFVo. §§ 18, 31.

VI. Zivilsenat. Urt. v. 30. Oktober 1930 i. S. M. (Bekl.) w. S. (Kl.). VI 37/30.

I. Landgericht Gotha.
II. Oberlandesgericht Jena.

Am 29. Juli 1928 fand auf der öffentlichen Straße von J. nach G., die an diesem Tag für den Verkehr gesperrt war, das für Kraftfahrzeuge bestimmte „G.-Rennen" statt. Während des Rennens stand der Kläger als Zuschauer an einer Waldspitze auf der Außenseite einer Kurve bei deren Ausgang. Die Waldspitze wird von der genannten Straße und einem Waldweg gebildet; sie liegt nur unwesentlich höher als die Rennstrecke. An dem Rennen nahm der Beklagte mit einem ihm gehörigen und von ihm selbst gesteuerten Kraftwagen teil. In schärfster Fahrt kam er den Berg herauf. In der Kurve bei der Waldspitze geriet sein Wagen ins Schleudern, und zwar deshalb, weil er in die rechts und links auf der Straße befindlichen Wasserrinnen gelangt war. Der Wagen fuhr in das Waldstück hinein, in dem der Kläger stand, zerriß den Absperrdraht, den dort die Polizei für die Zuschauer gezogen hatte, brach zwei Fichten um, von denen die stärkere einen Durchmesser von etwa 15 bis 20 cm hatte, und verletzte drei Zuschauer, darunter den Kläger. Für den ihm erwachsenen Schaden macht der Kläger den Beklagten auf Grund der §§ 823 flg. BGB. und der Vorschriften des Kraftfahrzeuggesetzes verantwortlich, indem er Verurteilung des Beklagten zur Zahlung von 2855 RM. an Sachschaden, Heilungs- und Vertretungskosten und von 1000 RM. Schmerzensgeld, sowie Feststellung der Verpflichtung des Beklagten zum Ersatz des dem Kläger erwachsenden weiteren Schadens beantragt.

Der Beklagte stellt jede Schadensersatzpflicht, auch die aus § 7 KFG., in Abrede. Er meint, der Schaden des Klägers sei auf ein unabwendbares Ereignis zurückzuführen, insbesondere auch deshalb, weil der Beklagte die Wasserrinnen nicht habe bemerken können, da ihm die verbotswidrig über den Absperrdraht auf die Straße gedrungenen Zuschauer und die von einem Bratwurstrost über die Straße ziehenden Rauchschwaden die Sicht genommen hätten. Hilfsweise wendet er eigenes Verschulden des Klägers ein, der sich dicht bei der Rennstrecke an der Außenseite einer Kurve unvorsichtig aufgestellt habe.

Das Landgericht hat den Anspruch auf Zahlung von 2855 RM. dem Grunde nach für gerechtfertigt erklärt, dem Feststellungsbegehren im Rahmen des Kraftfahrzeuggesetzes willfahrt, den

Anspruch auf Zahlung von 1000 RM. Schmerzensgeld dagegen abgewiesen. Die Gründe des Urteils ergeben, daß der erste Richter den Kläger mit allen Ansprüchen, soweit sie über den Rahmen des Kraftfahrzeuggesetzes hinausgehen, hat abweisen wollen. Die nur vom Beklagten eingelegte Berufung wurde zurückgewiesen.

Die Revision des Beklagten führte zur Aufhebung und Zurückverweisung.

Aus den Gründen:

(Unter Nr. 1 und 2 werden Verfahrensrügen erörtert und für unbeachtlich erklärt. In Nr. 2 heißt es:) Der Beklagte wollte durch seine Behauptung über das Eindringen der Zuschauer in die Fahrbahn, wie übrigens auch durch seine Angabe über die Rauchschwaden, den ihm obliegenden Beweis führen, daß der Unfall des Klägers durch ein unabwendbares Ereignis verursacht worden sei (§ 7 Abs. 2 KFG.). Zu diesem Nachweis waren jene beiden Behauptungen nicht nur ungeeignet, sondern der Beklagte hat übersehen, daß er durch jene Angaben seine Rechtslage erheblich erschwert hat. Denn wenn der Überblick über die Fahrbahn durch das Publikum und den Rauch behindert war, so mußte der Beklagte nach der ausdrücklichen Vorschrift des § 18 Abs. 2 KFVo. (vgl. auch § 17 Abs. 1, § 18 Abs. 1 das.) in der zur Unfallzeit geltenden Fassung vom 16. März 1928 (RGBl. I S. 91) so langsam fahren, daß sein Wagen auf kürzeste Entfernung zum Stehen gebracht werden konnte. Daß er dies getan hätte, hat er bisher nicht behauptet. Die Unterlassung einer durch die Kraftfahrzeugverordnung vorgeschriebenen Handlung aber kann nicht wohl die Annahme eines unabwendbaren Zufalls rechtfertigen, dies wenigstens dann nicht, wenn nicht nach Lage der Umstände zwingende, hier nicht ersichtliche Tatsachen ein Abweichen von den Vorschriften dieser Verordnung rechtfertigen. Auf die hiermit im Zusammenhang stehende Frage des Umfangs der Haftung des Beklagten wird noch näher einzugehen sein.

3. Die Revision ist nun freilich der Meinung, daß das Kraftfahrzeuggesetz und folgeweise auch die zu seiner Ausführung erlassene Kraftfahrzeugverordnung auf Rennen, wie sie hier in Frage ständen, nicht angewendet werden könnten. Denn in diesen Fällen seien die in Betracht kommenden Straßen nebst einer entsprechenden Gefahrenzone dem öffentlichen Verkehr entzogen und für ein Fahren

ohne Rücksicht auf den Verkehr freigegeben; an diesen Akt der Verwaltungsbehörden seien die Gerichte gebunden. Schon der Ausgangspunkt dieser Ausführungen ist verfehlt. Nichts spricht dafür, daß jene Vorschriften auf Kraftfahrzeugrennen unanwendbar sein sollen. Hätte dies dem Willen des Gesetzgebers entsprochen, so hätte ein solcher Wille im Gesetz Ausdruck finden müssen, dies um so mehr, als die Kraftfahrzeugverordnung die Wettfahrten und die Zuverlässigkeitsfahrten ausdrücklich erwähnt (§ 31), ohne dabei zu bestimmen, daß für Zuverlässigkeitsfahrten besondere Bestimmungen an die Stelle der Vorschriften des Kraftfahrzeuggesetzes und der Kraftfahrzeugverordnung treten sollen. Während § 31 Abs. 1 KFVo. das Wettfahren und die Veranstaltung von Wettfahrten auf öffentlichen Wegen schlechthin verbietet, schreibt der Abs. 2 das. für Zuverlässigkeitsfahrten und ähnliche Veranstaltungen zu Prüfungszwecken die Genehmigung der zuständigen Behörde und, soweit mit ihnen Geschwindigkeitsprüfungen verbunden sind, die Genehmigung einer höheren Verwaltungsbehörde vor. Für den Fall der Erteilung der Genehmigung pflegt durch polizeiliche Anordnung der allgemeine Verkehr auf der Rennstrecke für die erforderliche Zeitdauer verboten und die Strecke den Fahrtteilnehmern zur ausschließlichen Benutzung überwiesen zu werden; zur Sicherung des Publikums werden Absperrmaßnahmen getroffen. Aber durch alle diese Maßregeln wird nichts geändert an der Pflicht der Fahrtteilnehmer, die bestehenden polizeilichen und gesetzlichen Vorschriften innezuhalten. Verletzen sie diese Pflicht, so sind die Gerichte befugt und verpflichtet, innerhalb der Grenzen ihrer sonst bestehenden Zuständigkeit (§ 13 GVG.) die Schuldigen im Wege des Zivil- oder Strafprozesses zur Rechenschaft zu ziehen. Zu einer Beantwortung der Frage, ob dabei die Gerichte auch befugt sein würden, über die Vereinbarkeit einer polizeilichen Genehmigung mit der Vorschrift des § 31 Abs. 1 KFVo. zu entscheiden, nötigt der vorliegende Fall nicht. Dem von der Revision in diesem Zusammenhang beanstandeten Satze des angefochtenen Urteils, daß höher als alle durch Kraftwagenrennen verfolgten Zwecke der Schutz der Verkehrssicherheit stehe, ist lediglich beizutreten, und hieran wird auch durch den Hinweis der Revision darauf nichts geändert, daß solche Rennen um sehr erheblicher wirtschaftlicher Zwecke willen, nämlich im Interesse der Erhaltung der

Wettbewerbsfähigkeit des deutschen Kraftfahrzeugbaus, unbedingt notwendig seien. Lassen sich bei Zuverlässigkeitsfahrten in der in § 31 Abs. 2 KFVo. geregelten Weise die Bedürfnisse der Automobilindustrie einerseits und die Anforderungen der Verkehrssicherheit anderseits nicht vereinigen, so kann nur durch eine Änderung der bestehenden Gesetzgebung, nicht aber durch die Rechtsprechung der Gerichte Abhilfe geschaffen werden, oder es muß den beteiligten Kreisen überlassen bleiben, durch Anlegung von Privatstraßen oder auf sonstige Weise ihren besonderen Bedürfnissen nach Geschwindigkeitsprüfungen Rechnung zu tragen.

4. Weiter führt die Revision aus, daß, selbst wenn das Kraftfahrzeuggesetz anwendbar sein sollte, dann doch zum mindesten gesagt werden müsse, die „nach den Umständen des Falles gebotene Sorgfalt" werde nicht dadurch beeinträchtigt, daß mit der größtmöglichen Geschwindigkeit gefahren werde; denn die Umstände des Falles geböten bei einem Rennen ein solches Fahren. Bei diesem Vorbringen verkennt die Revision den Begriff und Zweck der Zuverlässigkeitsfahrt, wie er wenigstens dem Gesetz (§ 31 Abs. 2 KFVo.) zugrunde liegt. Denn bei der Zuverlässigkeitsfahrt — im Gegensatz zur verbotenen Wettfahrt (Abs. 1 das.) — ist nicht die möglichst schnelle Erreichung des Ziels, sondern die Erprobung der Kraftfahrzeuge auf ihre Zuverlässigkeit der Hauptzweck (Müller Automobilgesetz 5. Aufl. Anm. 3 zu § 31 KFVo. S. 656). Abgesehen hiervon aber könnte der von den Rennfahrern verfolgte Zweck, mit möglichst großer Geschwindigkeit zu fahren und schneller als ihre Wettbewerber das Ziel zu erreichen, selbst unter Berücksichtigung des Umstands, daß die Straße (nicht übrigens die unabgesperrte Umgebung der Straße) den Fahrtteilnehmern zur ausschließlichen Benutzung freigegeben wird, nicht als eine Tatsache angesehen werden, die zu einer Verminderung der an die Sorgfaltspflicht der Führer zu stellenden Anforderungen (§ 7 Abs. 2 Satz 2 KFG.) führen dürfte. Denn sonst würde entgegen den Ausführungen unter Nr. 3 auf diesem Umweg doch die Haftung des Halters gemäß § 7 Abs. 1 KFG. für Schäden ausgeschaltet, die bei Rennen infolge übergroßer Geschwindigkeit herbeigeführt werden.

5. Ferner rügt die Revision Verletzung des § 287 ZPO. mit folgender Begründung. Das für das Schleudern des Wagens und damit für den Unfall des Klägers ursächliche Auftreten von Wasser-

rinnen, die der Beklagte bei seinen vorherigen Besichtigungsfahrten nicht bemerkt habe und die vielleicht erst kurz vor dem Unfall durch einen anderen Fahrer gerissen worden seien, müßten als ein unabwendbarer Zufall angesehen werden. Zu Unrecht habe der Berufungsrichter dies deswegen verneint, weil der Beklagte mit solchen Unebenheiten der Straße habe rechnen und deshalb durch entsprechende Herabminderung seiner Geschwindigkeit den hieraus erwachsenden Gefahren hätte begegnen müssen. Ob diesen letzteren Ausführungen des Oberlandesgerichts auch dann beizutreten sein möchte, wenn, wie unterstellt werden muß, die Rinnen erst kurz vor dem Unfall gerissen worden waren, bedarf keiner Entscheidung. Nach der rechtlich bedenkenfreien Feststellung des angefochtenen Urteils wäre der Unfall des Klägers vermieden worden, wenn der Beklagte die Kurve, in der sich die Rinnen befanden, mit herabgeminderter Geschwindigkeit durchfahren hätte. Hierzu war er aber, wie nach der bisherigen Sachlage angenommen werden muß, auch ohne Rücksicht auf das von ihm nicht bemerkte Vorhandensein der Rinnen verpflichtet. Denn einmal handelte es sich bei der Kurve nach den bei den Akten befindlichen Zeichnungen um eine scharfe Straßenkrümmung, und ferner ist die Kurve nach den vom Beklagten überreichten Lichtbildern von dichtem Tannenwald umgeben, der den Überblick über die Fahrbahn behinderte; endlich war das letztere nach der eigenen Darstellung des Beklagten, die er gegen sich gelten lassen muß, auch infolge des auf der Rennstraße stehenden Publikums und der Rauchschwaden der Fall. Ein jeder dieser vier Umstände, für sich allein genommen, verpflichtete den Beklagten, seine Fahrgeschwindigkeit auf das in § 18 Abs. 2 KFVo. vorgesehene Maß herabzusetzen. Das ergibt sich nicht nur aus dem genannten § 18 Abs. 2 (vgl. auch § 17 Abs. 1, § 18 Abs. 1 das.), zu dessen Auslegung der § 18 Abs. 3 KFVo. in der ursprünglichen, scharfe Straßenkrümmungen besonders erwähnenden Fassung vom 3. Februar 1910 (RGBl. S. 389) heranzuziehen ist (RGZ. Bd. 120 S. 156), sondern auch aus der allgemeinen Verkehrssorgfaltspflicht (§ 276 BGB.). Letzteres trifft zum mindesten insoweit zu, als erfahrungsgemäß Kraftfahrzeuge in scharfen Kurven leicht ins Schleudern geraten und daher solche Kurven im Interesse der Verkehrssicherheit nur langsam durchfahren dürfen. Dabei kann ganz dahingestellt bleiben, ob nicht die unter allen Umständen gebotene Rücksichtnahme auf das nach Angabe des Beklagten auf der Rennstrecke stehende Publikum eine Herabminderung der Fahrgeschwindigkeit erfordert hätte. Hiernach haftet der Beklagte dem Kläger bei bisheriger Sachlage nicht nur nach § 7 KFG., sondern auch nach § 823 Abs. 1, § 276 BGB. und gemäß § 823 Abs. 2 BGB. in Verb. mit dem als Schutzgesetz anzusehenden § 18 Abs. 2 KFVo. (RGZ. Bd. 84 S. 425), weil der Beklagte mit größter Geschwindigkeit in die Kurve hineingefahren ist. Daß sich der Kläger bei dem landgerichtlichen Urteil beruhigt hat, würde den Berufungsrichter an einer Bestätigung dieses Urteils auf Grund des § 823 BGB. nicht hindern (RGUrt. in JW. 1929 S. 1462 Nr. 8); nur müßte die Vorschrift des § 536 ZPO. beachtet werden, die einer Abänderung des landgerichtlichen Urteils zum Nachteil des Beklagten entgegenstände.

6. Endlich vertritt die Revision die Auffassung, daß der rechtliche Gesichtspunkt des Handelns auf eigene Gefahr oder aber die Vorschrift des § 254 BGB. zur Abweisung der Klage führen müßte. Der Berufungsrichter hat nur die Anwendbarkeit der letzteren Vorschrift geprüft und ist im wesentlichen mit folgender Begründung zu einem verneinenden Ergebnis gelangt. Der Kläger habe nicht unmittelbar an der gefährdeten Außenseite der Kurve gestanden, sondern an deren Ende. Zudem habe er sich etwa 3 m hinter dem polizeilich gezogenen Absperrdraht aufgestellt; an dieser von der Polizei freigegebenen Stelle habe er sich für gesichert halten dürfen, zumal da die beiden vor ihm befindlichen mittelstarken Fichten ihm seiner entschuldbaren Meinung nach Schutz geboten hätten. Es kann unerörtert bleiben, ob diese Ausführungen selbst dann eine Verkennung des Rechtsbegriffs des Verschuldens enthalten würden, wenn der Verletzte zwar ein gebildeter und lebenserfahrener Mann, aber ein Laie auf kraftfahrzeugtechnischem Gebiet gewesen wäre. Denn so liegt die Sache nicht. Der Kläger ist vielmehr nach eigener Angabe langjähriger Automobilfahrer; diese Tatsache hat das angefochtene Urteil nicht erkennbar berücksichtigt. Es war daher zu prüfen, ob der Kläger als erfahrener Kraftfahrzeugführer sich hätte sagen müssen, daß er sich an einem gefährdeten Punkt aufstellte, wenn er seinen Platz in der Nähe der Außenseite einer Kurve und nur etwa 3 m von dem Drahtzaun entfernt wählte. Daß die beiden mittelstarken Fichten ihm keinen Schutz gegen alle Möglichkeiten einer Verletzung bieten konnten, wenn die Bäume von einem in

schärfster Fahrt befindlichen Kraftwagen angefahren würden, hätte der Kläger vielleicht erkennen müssen. Endlich war es seine Sache, zu prüfen, ob der von der Polizei für Zuschauer freigegebene Platz sicher war oder nicht (JW. 1910 S. 468 Nr. 4, 1912 S. 1060 Nr. 1). Darüber hinaus hätte sogar der Vorderrichter, da er nur eine Gefährdungshaftung des Beklagten als gegeben angesehen hat, nach Lage der Umstände erörtern müssen, ob der Schadensersatzanspruch des Klägers deshalb ganz oder teilweise ausgeschlossen sei, weil er sich, ohne durch ein gesetzliches, berufliches oder sittliches Gebot hierzu verpflichtet zu sein, etwa bewußterweise einer vermeidbaren Gefahr ausgesetzt hat. Dieser Grundsatz ist für die Fälle der Gefährdungshaftung nicht nur bei Vertragsverhältnissen, in denen daneben auch die Frage des Haftungsausschlusses durch stillschweigende Vereinbarung sogar für Fahrlässigkeitsschäden zu untersuchen ist (RGZ. Bd. 128 S. 229), sondern auch für außervertragliche Verhältnisse anerkannt (WarnRspr. 1909 Nr. 357; JW. 1910 S. 618 Nr. 10, 1911 S. 28 Nr. 5, 1912 S. 857 Nr. 10; RGRKomm. 6. Aufl. Erl. 5 zu § 254, Erl. 7c zu § 833). Führt freilich die erneute Verhandlung vor dem Berufungsgericht zur Annahme einer Haftung des Beklagten aus § 823 BGB., so könnte der Gesichtspunkt des Handelns auf eigene Gefahr die Klagabweisung nicht rechtfertigen; es hat dann lediglich eine Abwägung nach § 254 BGB. stattzufinden, die im wesentlichen Sache tatrichterlicher Würdigung ist.

---

38. 1. Sind die Außenhandelsstellen juristische Personen des öffentlichen Rechts?
2. Haftet das Reich nach ihrer Auflösung für ihre schuldrechtlichen Verbindlichkeiten?

Verordnung über die Außenhandelskontrolle v. 20. Dezember 1919.
Ausführungsbestimmungen dazu v. 8. April 1920.

IV. Zivilsenat. Urt. v. 30. Oktober 1930 i. S. Deutsches Reich (Bekl.) w. G. (Kl.). IV 475/29.

I. Landgericht I Berlin.
II. Kammergericht daselbst.

Für die Klägerin waren auf einem Hausgrundstück in B. zwei Vorkriegshypotheken von 50000 M. und 300000 M. eingetragen. Das Grundstück ging am 12. Mai 1922 durch Kauf und Auflassung in das Eigentum der Außenhandelsstelle für die holzbearbeitende Industrie über, welche die Hypothekenforderungen in Anrechnung auf den Kaufpreis übernahm, am 21. Juni 1922 zum Nennbetrag zurückzahlte und am 17. März 1924 löschen ließ. Durch Bekanntmachung des Reichswirtschaftsministers vom 12. Dezember 1924 wurde die Außenhandelsstelle aufgelöst. Die Klägerin meldete später die Hypotheken bei der Aufwertungsstelle zur Aufwertung an und bezeichnete dabei den verklagten Reichsfiskus als Schuldner. Dieser bestritt seine persönliche Haftung, weil die Außenhandelsstelle selbständige juristische Person und als solche persönliche Schuldnerin gewesen sei. Nach Aussetzung des Verfahrens durch die Aufwertungsstelle hat die Klägerin Klage erhoben mit dem Antrag, festzustellen, daß die Hypotheken der Aufwertung nach den Vorschriften des Aufwertungsgesetzes unterlägen und daß der Beklagte für die Aufwertungsforderungen unbeschränkt hafte. Die Klägerin steht auf dem Standpunkt, daß die Außenhandelsstelle keine selbständige juristische Person, sondern nur eine Verwaltungsabteilung und ein Hilfsorgan des Reichs gewesen sei, daß aber auch, wenn sie als juristische Person angesehen werden müsse, der Beklagte entweder als ihr Rechtsnachfolger oder aus anderen, besonderen Rechtsgründen hafte. Die Vorinstanzen haben dem Antrag der Klage entsprochen. Die Revision des Beklagten wurde zurückgewiesen aus folgenden

Gründen:

Nach § 3 der Verordnung über die Außenhandelskontrolle vom 20. Dezember 1919 (RGBl. S. 2128) kann der Reichskommissar für Aus- und Einfuhrbewilligung die ihm wegen dieser Bewilligung zustehenden Befugnisse auf Außenhandelsstellen übertragen. Diese sollen nach § 1 Abs. 1 der Ausführungsbestimmungen vom 8. April 1920 (RGBl. S. 500), die auf Grund der Verordnung mit Zustimmung des Reichsrats vom Reichswirtschaftsminister erlassen sind, als fachliche Selbstverwaltungsorgane der verschiedenen Wirtschaftsgruppen mit räumlicher Zuständigkeit für das ganze Reich gebildet werden. Im § 1 Abs. 3 das. ist vorgesehen, daß der Reichswirtschaftsminister ihnen Rechtsfähigkeit verleihen kann und zu ihrer Auflösung ermächtigt ist. Auf Grund dieser Bestimmungen wurde u. a. die Außenhandelsstelle für die holzverarbeitende Industrie gebildet und ihr die Rechtsfähigkeit verliehen.

Die Parteien streiten in erster Linie darüber, ob die Außenhandelsstelle als juristische Person des öffentlichen Rechts, also als ein dem Reiche gegenüber selbständiges Rechtssubjekt anzusehen ist. Wäre das nicht der Fall, so könnte es sich nur um ein Organ oder um eine abhängige Verwaltungsstelle des Reichs handeln, und dieses würde dann aus dem der Klage zugrunde liegenden Schuldverhältnis unmittelbar haften. Hätte dagegen die Außenhandelsstelle selbständige Rechtspersönlichkeit besessen, wäre sie also zunächst allein berechtigt und verpflichtet gewesen, so entstände die weitere Frage, ob und aus welchen Gründen nach ihrer inzwischen erfolgten Auflösung das Reich eine schuldrechtliche Haftung trifft.

Die Vorinstanzen stehen auf dem Standpunkt, daß die Außenhandelsstelle nicht als juristische Person des öffentlichen Rechts anerkannt werden könne. Der Berufungsrichter führt hierzu im wesentlichen aus: Allerdings scheine die Verleihung der Rechtsfähigkeit für die Eigenschaft einer juristischen Person zu sprechen. Indessen ergebe eine nähere Prüfung der für die Außenhandelsstellen erlassenen gesetzlichen Vorschriften, daß die Verleihung einer wirklichen Rechtsfähigkeit nicht habe gemeint sein können. Es fehle an einer Organisation, wie sie für wahre Selbstverwaltungskörper gefordert werden müsse. Der Reichsbevollmächtigte sei zwar nach den Ausführungsbestimmungen gesetzlicher Vertreter der Stelle, er werde aber vom Reichskommissar bestellt und sei in seinen Entschließungen abhängig von diesem, der das Recht jederzeitigen Eingreifens habe. Der Außenhandelsausschuß übe keine beschließende, sondern nur eine beratende und überwachende Tätigkeit aus, die von ihm aufzustellende Satzung unterliege der Genehmigung des Reichskommissars. Auch die Bildung eines von der Außenhandelsstelle zu verwaltenden Vermögens sei nicht vorgesehen, ungeachtet der Vorschriften über die Erhebung von Gebühren und Abgaben. Die Absicht, durch die vorbehaltene Verleihung der Rechtsfähigkeit eine juristische Person zu schaffen, sei wohl vorhanden gewesen, sie sei aber durch die Ausführungsbestimmungen nicht verwirklicht worden und an der Art und Weise, wie die Organisation schließlich geregelt worden sei, gescheitert. Es handle sich hiernach nur um eine formelle Rechtsfähigkeit, wie sie bei gewissen Gesellschaften des Handelsrechts bestehe, nämlich in dem Sinn, daß das Reich unter dem Namen der Außenhandelsstelle nach außen hin auftreten und Rechte erwerben sollte.

Diese Ausführungen werden mit Recht von der Revision bekämpft. Es ist davon auszugehen, daß die Daseinsordnung einer juristischen Person des öffentlichen Rechts durch dieses geschaffen wird. Durch den Akt der Verleihung der Rechtsfähigkeit wird ihr Dasein zwar äußerlich gekennzeichnet. Die Verleihung allein befähigt indessen eine juristische Person noch nicht, sich vor der Rechtsordnung und im Verkehr zur selbständigen Geltung zu bringen. Hierzu bedarf es, wie der Berufungsrichter zutreffend annimmt, einer Organisation (Verfassung), durch die sie in den Stand gesetzt wird, eine selbständige Willensfunktion auszuüben. Das gilt grundsätzlich auch für die juristischen Personen des öffentlichen Rechts, vor allem insoweit, als sie am Privatrechtsverkehr teilnehmen. Zwar hat das bürgerliche Recht das vom öffentlichen Recht geschaffene Rechtssubjekt der juristischen Person als solches anzuerkennen. Vorausgesetzt ist dabei aber immer eine solche Gestaltung ihrer Verfassung, daß sie befähigt wird, ihre Teilnahme am Privatrechtsverkehr zu betätigen. Andernfalls ist ihre Rechtsfähigkeit trotz der Verleihung nur unvollkommen (Prot. der 2. Lesung des BGB. Bd. 2 S. 608; O. Mayer Verwaltungsrecht Bd. 2 S. 326).

Es fragt sich hiernach, ob die Außenhandelsstellen vermöge ihrer Organisation in ihrer Willensbildung vom Reiche unabhängig und Träger selbständiger Rechte und Pflichten sind. Sie werden in § 1 der Ausführungsbestimmungen als fachliche Selbstverwaltungsorgane der einzelnen Wirtschaftsgruppen bezeichnet. Danach wäre die Wirtschaftsgruppe oder ihr Ausschuß Träger der Selbstverwaltung, die Außenhandelsstelle nur ihr Organ. Dem steht aber entgegen, daß den Außenhandelsstellen die Rechtsfähigkeit verliehen werden kann. Mit der Verleihung jedenfalls werden sie zu Hauptträgern der Organisation gestempelt; sie bilden auf der Grundlage und im Rahmen der einzelnen Wirtschaftsgruppen den Selbstverwaltungskörper, als dessen Organe dann der Reichsbevollmächtigte und der Ausschuß erscheinen. Der erstere hat die Außenhandelsstelle zu leiten und ist ihr gesetzlicher Vertreter (§ 2 a. a. O.), also das eigentliche Willensorgan. Er entscheidet auf Grund seiner Vertretungsmacht zunächst über die Anträge auf Ein- und Ausfuhrbewilligung (vgl. die Begründung zum Entwurf der Ausführungsbestimmungen in Drucks. der Verhandl. des Reichsrats 1920 Nr. 77 S. 6). Der Außenhandelsausschuß, der für jede Außenhandelsstelle zu bilden ist und sich aus Vertretern der Erzeugung, des Handels und des Verbrauchs zusammensetzt (§ 3 a. a. O.), soll nach der Begründung zum Entwurf der Außenhandelskontrolle-Verordnung (Drucks. das. 1919 Nr. 277 S. 5) im Verhältnis zum Reichsbevollmächtigten etwa die Stellung eines Aufsichtsrats gegenüber dem Vorstand einer Gesellschaft haben. Seine Aufgaben sind in § 3 Abs. 2 der Ausführungsbestimmungen dahin geregelt, daß er Richtlinien für die Handhabung der Kontrolle aufzustellen, den Geschäftsgang zu überwachen und den Reichskommissar zu beraten hat. Alle diese Bestimmungen fügen sich zunächst in den Rahmen einer eigenen, auf der Grundlage der Selbstverwaltung beruhenden Organisation ein, die nach außen im wesentlichen selbständig handelt.

Ob allerdings diese Selbständigkeit in vollem Maße, nämlich auch dem Reiche gegenüber besteht, kann im Hinblick auf andere Vorschriften zweifelhaft sein. Nach § 2 der Ausführungsbestimmungen unterstehen die Außenhandelsstellen der Aufsicht und den Weisungen des Reichskommissars, der über Beschwerden entscheidet und für die einheitliche und den öffentlichen Interessen sowie den Belangen der Gesamtwirtschaft entsprechende Handhabung der Außenhandelskontrolle zu sorgen hat. Nach § 5 Abs. 1 erläßt er ferner die erforderlichen allgemeinen Vorschriften und Weisungen über die Bedingungen der Ein- und Ausfuhrbewilligungen. Er bestellt nach Anhörung der beteiligten Kreise den Reichsbevollmächtigten. Die Einrichtung besonderer Abgaben oder Beiträge sowie die von den Außenhandelsstellen aufzustellende Gebührenordnung bedürfen seiner Genehmigung (§ 5 Abs. 2, § 8 Abs. 1 das.), ebenso die vom Ausschuß zu beschließende Satzung und Geschäftsordnung (§ 4 Abs. 1). In allen diesen Bestimmungen ist indessen nichts enthalten, was sich nicht mit dem Recht einer gewissen staatlichen Mitwirkung bei der Verwaltung der Stellen und mit der allgemeinen staatlichen Aufsicht vereinigen ließe. Es ist zu beachten, daß das Reich selbst die Außenhandelsstellen zur Erreichung bestimmter gemeinwirtschaftlicher Zwecke im öffentlichen Interesse geschaffen hat. Wenn es sich, als es ihre Entstehung und Verfassung gesetzlich regelte, vorbehielt, in einzelnen Beziehungen an der Erfüllung dieser Aufgaben teilzunehmen und die Tätigkeit der Stellen in gewissen Richtungen kraft öffentlicher Gewalt zu beaufsichtigen, so enthält dies noch nicht notwendig einen Eingriff in ihre Selbständigkeit mit der Folge, daß das Recht der Selbstverwaltung und Selbstbestimmung damit im wesentlichen beseitigt würde. Was in dieser Hinsicht von den juristischen Personen des bürgerlichen Rechts gelten mag, z. B. von Vereinen, kann hier nicht ohne weiteres maßgebend sein. Daß der vom Reichswirtschaftsminister delegierte Reichskommissar die erforderlichen allgemeinen Vorschriften und Weisungen für die Ein- und Ausfuhr erlassen kann, um eine verständnisvolle Zusammenarbeit zu ermöglichen (vgl. Begr. der Ausführungsbestimmungen a. a. O. S. 7), bedeutet nur, daß die Außenhandelsstelle insoweit an gesetzliche oder gesetzesgleiche Vorschriften gebunden ist. Wenn, wie aus § 2 der Ausführungsbestimmungen zu entnehmen ist, der Reichskommissar in Einzelfällen durch Weisungen einschreiten darf, so soll dies doch nur geschehen, um eine dem öffentlichen Interesse entsprechende Handhabung der Kontrolle zu gewährleisten; es handelt sich also insofern um das allgemein anerkannte Recht staatlicher Aufsicht. Auch die Befugnis zur Bestellung des Reichsbevollmächtigten berührt die Selbstverwaltung grundsätzlich nicht, ebensowenig wie dies z. B. im Falle der Ernennung des Landrats für die Selbstverwaltung der Kreise zutrifft. Bei den dem Reichskommissar vorbehaltenen Genehmigungen handelt es sich ebenfalls um die Ausübung staatlicher Aufsichtsbefugnisse, um die Außenhandelskontrolle in der Bahn des Rechts zu halten (vgl. O. Mayer Verwaltungsrecht Bd. 2 § 61).

Richtig ist, daß der Zweck der Errichtung von Außenhandelsstellen zunächst nicht die Bildung eines Sondervermögens war. Sie sollten vielmehr der Regelung der Ausfuhr, also wirtschaftspolitischen Zwecken der Allgemeinheit dienen. Das Vorhandensein eines gesonderten Vermögens ist aber auch nicht die Voraussetzung für die Entstehung einer juristischen Person. Es genügt, wenn sie durch ihre Verfassung in den Stand gesetzt wird, selbständig Vermögen zu erwerben und Verpflichtungen einzugehen. Das muß bei den Außenhandelsstellen gerade mit Rücksicht auf ihre Organisation nach dem vorher Gesagten ohne weiteres angenommen werden, ist aber auch in den Ausführungsbestimmungen besonders vorgesehen. Denn wenn auch die nach § 6 der Verordnung und § 7 Abs. 1 der Ausführungsbestimmungen für die Erteilung der Ausfuhrbewilligungen zu erhebenden Abgaben und Gebühren der Reichskasse unmittelbar zufließen, so kann daneben, wie die Revision zutreffend ausführt und sich aus der Begründung (Drucks. a. a. O. S. 5) ergibt, nach § 7 Abs. 2 der Ausführungsbestimmungen die Außenhandelsstelle eigene Gebühren erheben. Diese Gebühren jedenfalls unterliegen ihrer selbständigen Verwaltung und ermöglichen die Bildung eines eigenen Vermögens.

Sinn und Inhalt der ergangenen Vorschriften nötigen hiernach zu der Annahme, daß durch die Verleihung der Rechtsfähigkeit an die Außenhandelsstellen in Verbindung mit ihrer näher geregelten Organisation eine juristische Person des öffentlichen Rechts geschaffen werden sollte und geschaffen worden ist, die als solche auch im Privatrechtsverkehr selbständig aufzutreten befähigt war. Um eine bloß formelle oder unvollkommene Rechtsfähigkeit — vgl. hierzu Meurer Jur. Personen S. 72flg., dagegen O. Mayer in der Festgabe für Laband S. 15, 16 — handelt es sich nicht. Keinenfalls war angesichts der während des Krieges gemachten Erfahrungen die Schaffung einer Behörde gewollt. Es darf nicht übersehen werden, daß die Gesetzgebung der Nachkriegszeit bei der Fülle namentlich ihrer öffentlichrechtlichen Aufgaben die juristischen Begriffe nicht immer mit der erforderlichen Schärfe entwickelt hat, ohne daß man ihr deshalb den Vorwurf mangelnder Folgerichtigkeit machen kann. Etwaige Zweifel sind hier durch eine verständnisvolle Gesetzesauslegung zu beseitigen. Die weitgehende Einwirkung des Reiches auf die Außenhandelskontrolle erklärt sich eben daraus, daß es das von ihm geschaffene Unternehmen möglichst in seiner Hand behalten wollte, um die einheitliche Verwirklichung seiner Absichten damit zu sichern. Über die Tatsache der vom Reichswirtschaftsminister auf Grund der Ausführungsbestimmungen ausgesprochenen, vom Verkehr als maßgebend erachteten Verleihung der Rechtsfähigkeit dürfte man sich jedenfalls nur dann hinwegsetzen, wenn einwandfrei das Fehlen jeder Grundlage der Rechtsfähigkeit dargetan wäre. Davon kann aber nach den obigen Ausführungen keine Rede sein. Demgemäß werden die Außenhandelsstellen in der Wissenschaft durchgehend als juristische Personen des öffentlichen Rechts anerkannt (Giehler in

JW. 1921 S. 887; Dittmar in JW. 1922 S. 357; Goldschmidt Reichswirtschaftsrecht S. 63, 64; Giesecke Rechtsverhältnisse der gemeinwirtschaftlichen Organisationen S. 17, 75, 103; Nußbaum Neues deutsches Wirtschaftsrecht S. 39; Baum Gesetzgebung über Ein- und Ausfuhr S. 88 Anm. 2). Von der Rechtspersönlichkeit der Außenhandelsstellen geht auch das Urteil des Reichsgerichts vom 30. Juni 1925 III 390/24 aus.

Die Eigenschaft der Außenhandelsstellen als juristischer Personen des öffentlichen Rechts schließt indessen eine Haftung des Reichs für ihre privatrechtlichen Verbindlichkeiten nach ihrer Auflösung nicht aus. Von einer solchen Haftung ist allerdings weder in der Außenhandelsverordnung noch in den Ausführungsbestimmungen die Rede. Es muß daher in dieser Hinsicht auf allgemeine Grundsätze zurückgegriffen werden, zunächst auf solche des öffentlichen Rechts, sofern sie sich dem Gedankenkreise der für die Außenhandelskontrolle getroffenen Regelung anpassen lassen. Der Berufungsrichter folgt hier der Lehre von O. Mayer (Verwaltungsrecht Bd. 2 § 55, Bd. 3 Abt. 2 § 56 I 1 und III), wonach, wenn Anstalten des öffentlichen Rechts durch Abzweigung aus der Fülle der Zuständigkeiten des beteiligten Gemeinwesens entstanden sind und nach ihrer Auflösung an dieses zurückfallen, die Muttergemeinschaft die Verbindlichkeiten der Anstalt zu tragen verpflichtet ist. Diese rechtliche Gestaltung trifft hier zu, da das Reich, das ursprünglich allein berechtigt war, die Außenhandelskontrolle auszuüben, zu diesem Zwecke aus eigner Machtvollkommenheit die Außenhandelsstellen geschaffen und sich ihre Auflösung vorbehalten hat. Mit der Auflösung fiel aber das getrennt gewesene Stück öffentlicher Verwaltung mit allem Zubehör, also mit dem vorhandenen Aktiv- und Passivvermögen, an das Reich zurück. Die Revision wendet hiergegen ein, daß es sich bei der Außenhandelsstelle nicht um eine Anstalt, sondern um eine Genossenschaft des öffentlichen Rechts handle, und daß bei dieser auch nach Mayer (a. a. O. S. 347, 351) das Muttergemeinwesen nicht heimfallberechtigt sei. Dem kann nicht beigepflichtet werden. Die Anstalt des öffentlichen Rechts stellt einen Bestand von persönlichen und sachlichen Mitteln dar, die zur Erreichung eines öffentlichen Zweckes einheitlich zusammengefaßt sind, während die Genossenschaft auf dem körperschaftlichen Zusammenschluß einer Vielheit von Mitgliedern beruht

(Mayer a. a. O. S. 268; Fleiner Institutionen S. 322; Jellinek Verwaltungsrecht S. 494; Hatschek Verwaltungsrecht S. 454). Die Außenhandelsstelle ist keine Körperschaft. Nirgends ist gesagt, daß die Mitglieder der betreffenden Wirtschaftsgruppe einen Verein nach Art einer Genossenschaft bilden. Nicht ihr Interesse, sondern das der Allgemeinheit steht im Vordergrund. Die Außenhandelsstelle dient nicht oder doch nicht ausschließlich den besonderen Zwecken gerade der wirtschaftlich beteiligten Kreise. Auch die selbständige Anstalt kann ein Selbstverwaltungskörper sein. Daß die Außenhandelsstelle in gewisser Hinsicht körperschaftliche Züge aufweisen mag, ändert nichts an ihrer Rechtsnatur. Entscheidend ist, daß sachliche Mittel (die Gebühren als Entgelt für die Sachnutzung der Anstalt, nämlich für die Ausfuhrbewilligungen) und persönliche Mittel (der Reichsbevollmächtigte als Leiter und der Ausschuß als Vertreter der Wirtschaftsgruppe) als Einheit zusammengefaßt sind, um einen öffentlichen Zweck (die Regelung der Ausfuhr) zu erreichen. Als Anstalten öffentlichen Rechts werden demzufolge die Außenhandelsstellen z. B. von Goldschmidt a. a. O. und von Nußbaum a. a. O. bezeichnet.

Von dieser auf verwaltungsrechtlicher Grundlage beruhenden Betrachtungsweise abgesehen, muß aber auch der allgemeine Gesichtspunkt der Rechtsnachfolge zu einer Haftung des Reiches führen. Das Reich, das die Außenhandelsstellen aus sich heraus und zu seinen Zwecken gegründet hat, tritt nach der in seinem Belieben stehenden Auflösung in allen Beziehungen an ihre Stelle. Es entspricht allgemeinen Rechtsgrundsätzen, daß der Fiskus, dem das Vermögen einer juristischen Person anfällt, für deren Schulden aufzukommen hat. Dieser Rechtsgedanke ist in §§ 192, 201 ALR. II 6 wie auch in § 304 HGB. und in § 46 BGB. zum Ausdruck gelangt. Er muß in Fällen der vorliegenden Art um so eher gelten, als das Reich die Außenhandelsstellen nicht zur Förderung des Erwerbs der beteiligten Kreise, sondern für Zwecke der Allgemeinheit geschaffen hat. Daß das Vermögen der aufgelösten Stelle dem Reich anfallen soll, ergibt sich aus § 8 Abs. 3 der Ausführungsbestimmungen. Das Reich, nicht die Außenhandelsstelle, verfügt danach über das bei der Auflösung vorhandene Vermögen, nämlich über die aus den Gebühren als dem hauptsächlichen Vermögen sich ergebenden Überschüsse, die es entsprechend den bisherigen Aufgaben der Außenhandelskontrolle zu gemeinwirtschaftlichen Zwecken verwenden soll. Aus § 6 der Verordnung kann nicht durch Umkehrschluß das Gegenteil gefolgert werden. Ob das Reich bei der Auflösung tatsächlich Überschüsse erhalten hat — was die Revision zum Gegenstand einer Prozeßrüge aus § 139 ZPO. macht —, ist unerheblich. Denn es handelt sich nicht um die Übernahme des Aktivvermögens wie im Falle des § 419 BGB., der auf öffentlichrechtliche Verhältnisse überhaupt nicht anwendbar ist (RGZ. Bd. 68 S. 216, 217), sondern um die Rechtsnachfolge in das Gesamtvermögen, also auch in die etwa allein vorhandenen Schulden. Eine Sperrfrist mit der Folge des Ausschlusses der Forderungen der Gläubiger, wie sie u. a. des Gesetz über die Abwicklung von Kriegsgesellschaften und Kriegsorganisationen vom 15. Juli 1921 (RGBl. S. 942) vorschreibt, ist für die Außenhandelsstellen nicht angeordnet. Auf sie bezieht sich mangels besonderer Bestimmung der Reichsregierung dieses Gesetz überhaupt nicht. Die Bekanntmachung des Reichswirtschaftsministers vom 14. April 1924 (Reichsanzeiger Nr. 91), worin zur Anmeldung der Ansprüche aufgefordert wurde, enthält, wie der Berufungsrichter mit Recht ausführt, keine Androhung der Ausschließung, sondern sollte nur den Außenhandelsstellen die Möglichkeit geben, alle Ansprüche rechtzeitig zu erledigen und die Auflösung vorzubereiten. Es entspricht also auch der Billigkeit und dem allgemeinen Rechtsempfinden, die Gläubiger der Außenhandelsstellen nach deren Auflösung nicht rechtlos zu lassen.

---

39. Verletzt ein Ehegatte durch den ohne Einverständnis des anderen Ehegatten unternommenen Besuch eines Nacktbades die durch die Ehe begründeten Pflichten?

BGB. § 1568.

VIII. Zivilsenat. Urt. v. 20. Oktober 1930 i. S. Ehefr. W. (Kl.) w. Ehem. W. (Bekl.). VIII 298/30.

I. Landgericht II Berlin.
II. Kammergericht daselbst.

Die Parteien haben im Jahre 1914 die Ehe geschlossen. Seit März 1924 leben sie getrennt. Die Ehefrau hat Klage, der Ehemann

Widerklage auf Scheidung der Ehe erhoben. Letzterer stützt sein Scheidungsbegehren u. a. darauf, daß die Klägerin mit einem Freunde das Freibad (Nacktbad) M. besucht habe. Das Landgericht hat die Ehe geschieden und beide Teile für schuldig erklärt. Auf Berufung beider Parteien wurden Klage und Widerklage abgewiesen. Die Revisionen beider Teile führten zur Aufhebung und Zurückverweisung.

Aus den Gründen:

... Zu rechtlichen Bedenken gibt auch die Beurteilung Anlaß, die der Berufungsrichter dem von der Klägerin unternommenen Besuch eines Nacktbades zuteil werden läßt. Es liegt im Wesen der Ehe, daß die Ehegatten zu wechselseitiger Rücksichtnahme verbunden sind. Jeder Ehegatte, einerlei ob Mann oder Frau, muß alles vermeiden, was geeignet ist, berechtigte Empfindungen des anderen Gatten zu verletzen und seine eheliche Gesinnung zu zerstören. Die enge Verbundenheit der Ehegatten umfaßt auch die Verpflichtung, sich in bezug auf den Körper so zu verhalten, daß berechtigte Empfindungen des anderen Eheteils nicht verletzt werden. Was den allgemeinen Anschauungen unter Ehegatten entspricht, muß sich jeder Ehegatte zur Richtschnur nehmen, solange er nicht weiß oder ohne Fahrlässigkeit annehmen darf, daß ein abweichendes Verhalten nicht gegen das Empfinden des anderen Ehegatten verstößt. Es entspricht keineswegs der allgemeinen Auffassung über die aus der Lebensgemeinschaft entspringenden Pflichten, daß ein Ehegatte es sich gefallen lassen muß, wenn der andere Teil seinen völlig entblößten Körper den Blicken fremder Personen aussetzt, wie das beim Besuch eines Nacktbades notwendig der Fall ist, auch wenn es nicht aus sinnlichen Gründen geschieht. Die durch das Eheband begründeten wechselseitigen Pflichten fallen selbst dann nicht fort, wenn die Ehegatten getrennt leben. Solange die Verpflichtung zur Lebensgemeinschaft nicht endgültig weggefallen ist, treten keine Änderungen in den Verpflichtungen der Eheleute ein. Nur solche Pflichten, die ohne das Zusammenleben nicht erfüllbar sind, wie z. B. der Unterhalt im gemeinsamen Haushalt, können durch das tatsächliche, insbesondere das erlaubte Getrenntleben (ZPO. § 627, BGB. § 1361) naturgemäß beeinflußt werden. Dazu gehört keineswegs die Pflicht, auf das Empfinden des anderen Ehegatten in seinem Verhalten Rücksicht zu nehmen. Mit der ständigen Rechtsprechung des Reichsgerichts ist vielmehr daran festzuhalten, daß die Ehegatten noch nach der Trennung einander

Liebe und Achtung schulden und daß durch ehewidrige Handlungen, die nach diesem Zeitpunkt liegen, die Ehe zerrüttet oder die schon bestehende Zerrüttung vertieft oder befestigt, die Wiedererlangung der ehelichen Gesinnung erschwert oder unmöglich gemacht werden kann (RGZ. Bd. 103 S. 326 u. a.). Das beruht auf der Fortdauer der Pflichten bis zur Beendigung der Ehe.

Eine abweichende Beurteilung wäre dann geboten, wenn davon ausgegangen werden könnte, daß der Beklagte dem Verhalten der Klägerin zugestimmt habe oder daß sie seine Zustimmung ohne Fahrlässigkeit als vorhanden habe annehmen können. Demnach entschuldigte es die Klägerin nicht, wenn sie, wie sie behauptet hat, aus Gesundheitsrücksichten der Nacktluftbäder bedurfte. Denn eine solche Kur konnte sie vornehmen, ohne das Nacktbad M. zu besuchen; es boten sich dafür Möglichkeiten, die für das Empfinden des anderen Ehegatten nicht verletzend waren. Ebensowenig entschuldigte es sie, wenn sie „eine von ihr als fördernswert betrachtete Kulturanschauung" betätigen wollte. Als Ehefrau mußte sie sich vergewissern, ob ihr Ehemann mit der im vorliegenden Fall geübten Art der Betätigung einverstanden war, ebenso wie im umgekehrten Fall ein Ehemann die Zustimmung der Ehefrau vorher feststellen müßte. Die Annahme des Berufungsgerichts, die vorgenannten Angaben der Klägerin seien nicht widerlegt, es sei zum mindesten nichts dafür erbracht, daß die Klägerin glauben mußte, der Beklagte werde an dem Besuch des Freibades Anstoß nehmen, genügt also nicht, um ein ehewidriges Verhalten der Klägerin auszuschließen. Erheblich war dagegen die vom Berufungsgericht offen gelassene Behauptung der Klägerin, der Beklagte selbst habe sie der Nacktkulturbewegung zugeführt, wofür sie Zeugenbeweis angetreten hat. Denn hieraus kann möglicherweise zu entnehmen sein, daß der Beklagte mit ihrer Handlungsweise einverstanden war oder daß die Klägerin wenigstens sein Einverständnis ohne Verschulden annehmen konnte.

---

40. Zur Auslegung des § 6 des preußischen Gesetzes über ein vereinfachtes Enteignungsverfahren vom 26. Juli 1922 (GS. S. 211).

VII. Zivilsenat. Urt. v. 28. Oktober 1930 i. S. A. M. GmbH. (Bekl.) w. N. (Kl.). VII 123/30.

I. Landgericht Halle a. S.

In einem nach dem preußischen Gesetz über ein vereinfachtes Enteignungsverfahren vom 26. Juli 1922 eingeleiteten Verfahren wurde ein dem Kläger gehöriges Grundstück von 23,31 ar Größe zugunsten der Beklagten enteignet. Planfeststellung und Besitzeinweisung erfolgten am 12. November 1928 und wurden rechtskräftig. Durch Beschluß des Regierungspräsidenten zu M. vom 26. April 1929, zugestellt am 1. Mai 1929, wurde die Enteignung und Eigentumsüberweisung ausgesprochen mit der Maßgabe, daß der Eigentumsübergang mit dem Tage der rechtmäßigen Zahlung oder Hinterlegung der festgesetzten Entschädigung für die Entziehung des Grundeigentums stattfinde; diese wurde zugleich auf 24626 RM. festgesetzt mit der Bestimmung, daß sie vom Tage der Besitzeinweisung ab mit einem Satze von 1% über Reichsbankdiskont zu verzinsen sei. Der Kläger hält diese Entschädigung für unzureichend und fordert darüber hinaus noch 26192,50 RM. Seine innerhalb der Frist des § 30 preuß. EnteignG. erhobene Klage ist auf Zahlung der beiden Summen, also von insgesamt 50818,50 RM. mit Zinsen gerichtet. Das Landgericht sprach durch Teilurteil dem Kläger den im Beschlusse vom 26. April 1929 festgesetzten Betrag von 24626 RM. nebst 1% Zinsen über Reichsbankdiskont seit dem 12. November 1928 zu, indem es, entgegen der Auffassung der Beklagten, die Fälligkeit bejahte. Die von der Beklagten unmittelbar eingelegte Revision führte zur Aufhebung und Zurückverweisung.

Gründe:

Entscheidend ist allein die Frage, ob der dem Kläger in dem Entschädigungsfeststellungs- und Enteignungsbeschluß vom 26. April 1929 zugesprochene, von der Beklagten nicht beanstandete Entschädigungsbetrag schon fällig geworden ist. Wäre das ordentliche Enteignungsverfahren des preuß. Gesetzes vom 11. Juni 1874 maßgebend, so würde die Frage zweifellos zu verneinen sein. Denn es ist anerkannten Rechtens, daß die im Verwaltungsverfahren nur vorläufig festgesetzte Höhe der Entschädigung dann jede Bedeutung verliert, wenn nach § 30 EntG. der Rechtsweg beschritten wird, und daß in solchem Falle das rechtskräftige richterliche Urteil in vollem Umfang an die Stelle des Beschlusses der Verwaltungsbehörde tritt (RGZ. Bd. 12 S. 299, Bd. 86 S. 43). Im letzterwähnten Erkenntnis wird hervorgehoben, daß es sich in dem zu entscheidenden Falle nicht um das Dringlichkeitsverfahren nach § 34 EntG. handle. Dieses Verfahren liegt auch hier nicht vor, sodaß sich ein Eingehen auf die abweichende Regelung erübrigt, die danach gelten würde. Die vom Vorderrichter hierzu angestellten Erwägungen sind für die Entscheidung um so weniger von Bedeutung, als nach Inhalt und Zweck des preußischen Gesetzes über ein vereinfachtes Enteignungsverfahren vom 26. Juli 1922 unbedenklich anzunehmen ist, daß dessen Vorschriften, die eine noch weitergehende Beschleunigung des Verfahrens erreichen wollen, für ihren Anwendungsbereich jede Anwendbarkeit des § 34 EntG. ausschließen. Im wesentlichen Teil seiner Entscheidungsgründe sucht der erste Richter denn auch seine Ansicht, die im Beschluß vom 26. April 1929 festgesetzte Entschädigungssumme sei fällig, aus § 6 Abs. 2 des Gesetzes vom 26. Juli 1922 zu rechtfertigen. Die Auslegung, die er dieser Vorschrift gegeben hat, wird von der Revision als rechtsirrig beanstandet; und in der Tat kommt es nur hierauf an.

Der von der vorläufigen Besitzeinweisung handelnde § 6 a. a. O. regelt zunächst in den beiden ersten Sätzen des Abs. 1 die Befugnis des Regierungspräsidenten, den Unternehmer auf Antrag vorläufig in den Besitz der zu enteignenden Grundstücke einzuweisen, sowie das Recht der Beteiligten, den Zustand der Grundstücke in jenem Zeitpunkt feststellen zu lassen. In den Sätzen 3, 4 und 5 des Abs. 1 heißt es dann weiter:

> Dem Besitzer des Grundstücks ist der durch die Einweisung entstandene, nötigenfalls im Rechtswege festzustellende Schaden zu vergüten. Ist der Eigentümer im Besitz des Grundstücks, so ist ihm die für die Enteignung zu gewährende Entschädigung vom Tage der Besitzeinweisung an zu verzinsen. Erleidet er einen weiteren Schaden, so ist ihm auch dieser zu ersetzen.

Der anschließende Abs. 2 lautet:

> Die Entschädigung (Abs. 1) ist tunlichst bereits in dem Beschluß, durch den der Unternehmer in den Besitz eingewiesen wird, festzustellen. Sie ist dem Besitzer alsbald zu zahlen; wird die Zahlung schuldhaft verzögert, so ist auf den Antrag des Besitzers der Beschluß aufzuheben.

Schließlich heißt es im Abs. 3:

> Der Beschluß ist dem Eigentümer und dem Besitzer zuzustellen oder zu Protokoll zu verkünden ... (folgen in zwei Sätzen Be-

stimmungen über die Beschwerde gegen den Beschluß). . . . Gegen die Entscheidung über eine Entschädigung ist der Rechtsweg gemäß § 30 des Enteignungsgesetzes zulässig.

Aus diesen Vorschriften geht klar hervor, daß das Gesetz hier zwei verschiedene Entschädigungen im Auge hat. Mit der „für die Enteignung zu gewährenden Entschädigung", wovon Abs. 1 Satz 4 des § 6 spricht, ist offenbar die eigentliche, im II. Titel (§§ 7 flg.) des Gesetzes vom 11. Juni 1874 behandelte Entschädigung für die Entziehung (oder Beschränkung) des Grundeigentums gemeint. Ihretwegen ist nur die in jenem Satze ersichtliche Verzinsungsvorschrift getroffen worden; der übrige Inhalt des § 6 des Gesetzes vom 26. Juli 1922 bezieht sich nicht auf sie. Die „Entschädigung", von der im Abs. 2 Satz 1 und im Abs. 3 Satz 4 das. die Rede ist und mit der es auch die Vorschriften im Abs. 1 Satz 3 und 5 und im Abs. 2 Satz 2 zu tun haben, bedeutet hingegen eine besondere Schadloshaltung, die dem von der vorläufigen Einweisung des Unternehmers in den Besitz betroffenen Besitzer des Grundstücks für den Besitzverlust zugestanden wird, ohne Rücksicht darauf, ob er zugleich Eigentümer ist. Diese Entschädigung hat das Gesetz von 1922 neu eingeführt für die Fälle, die es im § 1 Abs. 1 als einer besonderen Beschleunigung bedürftig bezeichnet; dem letzteren Zwecke dient natürlich ganz besonders eine möglichst schleunige Einweisung des Unternehmers in den Besitz des zu enteignenden Geländes. Daß mit der „Entschädigung" im Abs. 2 Satz 1 des § 6 a. a. O. keinesfalls die eigentliche Enteignungsentschädigung gemeint sein kann, erhellt mit Deutlichkeit schon aus dem Inhalt des Abs. 2. Denn es hätte unmöglich im Satz 1 das. angeordnet werden können, daß die Hauptentschädigung bereits im Besitzeinweisungsbeschluß festgestellt werden sollte; gerade weil dies regelmäßig dann noch nicht angeht, macht sich ja die im § 6 a. a. O. geordnete vorläufige Maßnahme der Besitzeinweisung nötig (vgl. dazu auch § 6 Abs. 1 Satz 2). Ebenso läßt die Vorschrift im Abs. 2 Satz 2 (2. Halbsatz) klar erkennen, daß hier nur jene Sonderentschädigung gemeint sein kann; denn eine Aufhebung des die Hauptentschädigung für den Eigentümer feststellenden Beschlusses könnte auf den Antrag des Besitzers — der nicht der Eigentümer zu sein braucht — keinesfalls in Frage kommen; zudem soll der Nachteil, der dem die Zahlung (der Sonderentschädigung) schuldhaft verzögernden Unternehmer angedroht wird, offensichtlich darin bestehen, daß ihm zufolge der Wiederaufhebung des Besitzeinweisungs-Beschlusses der eingeräumte Besitz wieder entzogen wird. Endlich zeigt auch der Schlußsatz im Abs. 3 des § 6 die Richtigkeit der hier vertretenen Auslegung; denn es wäre nicht erforderlich gewesen, daselbst die Zulassung des Rechtswegs gemäß § 30 EntG. auszusprechen, wenn mit dem auch dort gebrauchten Worte „Entschädigung" die Hauptentschädigung gemeint wäre. Für diese gilt nämlich schon nach der im § 1 Abs. 2 des Gesetzes von 1922 angeordneten Anwendbarkeit des Enteignungsgesetzes von 1874 der in § 30 das. ausgesprochene Grundsatz.

Demnach ist die Auffassung des Vorderrichters abzulehnen, daß im § 6 Abs. 2 des Gesetzes von 1922 die alsbaldige Zahlung der Enteignungs-Hauptentschädigung angeordnet wäre, um die es sich im Rechtsstreit allein handelt. Auch die Entstehungsgeschichte der Vorschrift kann die Ansicht des Landgerichts nicht stützen. In der dem Gesetzentwurf beigegebenen amtlichen Begründung (Drucks. des Preuß. Landtags, 1. Wahlperiode, Nr. 3252 Bd. 6 S. 3843flg.) wird die hier zur Erörterung stehende Frage nicht berührt. Der Landtag nahm in seiner 162. Sitzung vom 7. Juli 1922 alle drei Lesungen des Gesetzentwurfs ohne Aussprache vor und stimmte diesem ohne jede Abänderung zu (Sitzungsber. der 1. Wahlperiode Bd. 8 Sp. 11812/11813). Meyer behandelt in seinem Kommentar zum Enteignungsgesetz (3. Aufl. 1927) auch das Gesetz von 1922. Am Schluß der Einleitung (S. 19/20) gibt er kurz die wesentlichen Neuerungen an, welche dieses Gesetz bringt. Auf S. 20 äußert er sich wie folgt:

> Dagegen kann abweichend vom gewöhnlichen und vom dringlichen Verfahren im vereinfachten Verfahren der Besitz des zu enteignenden Grundeigentums schon vor Feststellung der Entschädigung durch den Regierungspräsidenten vorläufig auf den Unternehmer übertragen werden, wenn nur die Planfeststellung stattgefunden hat. Die Entschädigung für den vorzeitigen Besitzverlust soll alsbald festgestellt und vergütet werden.

Hieraus ergibt sich, daß auch Meyer die hier vertretene Auslegung des § 6 des Gesetzes von 1922 billigt; er hält sie offenbar für selbstverständlich.

Die Ansicht des Landgerichts, daß die vom Kläger zu beanspruchende Enteignungs-Hauptentschädigung in Höhe von 24626 RM.

bereits fällig sei, ist also unhaltbar. Das angefochtene Teilurteil ist demnach aufzuheben. Auf die von der Beklagten beantragte Abweisung des Teilanspruchs, auf den sich das Urteil erstreckt, ist aber deshalb nicht zu erkennen, weil dessen Fälligkeit noch während dieses Rechtsstreits, nämlich alsbald nach der Feststellung der gesamten — mindestens zum Betrag jenes Teilanspruchs unzweifelhaft begründeten — Entschädigungsforderung des Klägers eintreten wird.

---

41. 1. Kann ein Grundstückseigentümer wegen dauernder Entziehung von Grundwasser, die ohne Verleihung des Rechts dazu stattgefunden hat, Schadensersatz für einzelne Jahre nach den in diesen entstandenen Ertragsausfällen fordern oder muß er den Schadensersatz als Gesamtentschädigung für die gesamte Entwertung des beeinträchtigten Grundstücks berechnen?

2. Kann ein Teilbetrag aus der Gesamtentschädigung eingeklagt werden?

Preuß. Wassergesetz (WG.) §§ 200, 203.

V. Zivilsenat. Urt. v. 1. November 1930 i. S. M. (Kl.) w. B. Wasserwerke AG. (Bekl.). V 287/29.

I. Landgericht III Berlin.
II. Kammergericht daselbst.

Die Klägerin ist Eigentümerin mehrerer in K. gelegener Gartengrundstücke. Die Beklagte betreibt seit 1916 in einer Entfernung von etwa 750 m von diesen Gärten ein Wasserwerk, ohne daß ihr bisher ein Wassergewinnungsrecht verliehen worden wäre. Zur Zeit des Erlasses des Berufungsurteils schwebte ein auf Antrag der Beklagten eingeleitetes Verleihungsverfahren nach § 203 des preußischen Wassergesetzes. Die Klägerin behauptet, durch den Betrieb der Beklagten sei eine ihre Obstkulturen erheblich schädigende Senkung des Grundwasserspiegels eingetreten. Sie hat den ihr hieraus durch Minderung des Obstertrags entstandenen Schaden aus den Jahren 1925 und 1926 auf 6925 RM. berechnet und diesen Betrag mit der Klage gefordert. Nachdem das Landgericht 3558 RM. zuerkannt und die Restforderung abgewiesen hatte, hat die Beklagte

Berufung, die Klägerin Anschlußberufung eingelegt. Die Klägerin hat im zweiten Rechtszug mit dem Hauptantrag begehrt, ihr außer der bereits zuerkannten Summe noch 2600 RM. zuzusprechen, und zwar in erster Linie als Entschädigung für die Jahre 1925 und 1926, hilfsweise als Teilbetrag einer Gesamtentschädigung. Weiter hat sie hilfsweise beantragt, ihr 18000 RM. als Gesamtentschädigung für Vergangenheit und Zukunft zuzubilligen. Die Beklagte hält als Gesamtentschädigung nur den Betrag von 3000 RM. für angemessen; sie verlangt aber Zug um Zug damit Bestellung einer Grunddienstbarkeit zur Benutzung des Grundstücks der Klägerin für ihre Wassergewinnung. Das Kammergericht hat durch Teilurteil das Hauptbegehren der Klägerin auf Zahlung von 6158 RM. abgewiesen. Es hält dieses Verlangen weder als Schadensersatzforderung für die Jahre 1925 und 1926 noch als Teilforderung aus einer Gesamtentschädigung für berechtigt. Über das hilfsweise gestellte Verlangen auf Zubilligung einer Gesamtentschädigung für Vergangenheit und Zukunft hat das Kammergericht noch nicht erkannt. Die Revision der Klägerin führte zur Aufhebung und Zurückverweisung insoweit, als der Hauptantrag auch unter dem Gesichtspunkt der Teilforderung aus einer Gesamtentschädigung abgewiesen worden ist.

Gründe:

Die Klägerin fordert in erster Linie Entschädigung für Minderertrag in ihrem Obstbau aus den Jahren 1925 und 1926; sie will dabei die Frage einer Gesamtentschädigung für die dauernde Entwertung des Grundstücks dem von der Beklagten anhängig gemachten Verleihungsverfahren aus § 203 WG. überlassen. Dieses Begehren hat das Berufungsgericht abgewiesen, weil sachlichrechtlich nur eine einheitliche Gesamtentschädigung verlangt werden könne.

Die Klägerin hat den Betrag von 6158 RM. hilfsweise als Teil aus einer einheitlich zu bemessenden Gesamtentschädigung gefordert. Das Berufungsgericht meint, es sei zwar ein Gesamtentschädigungsanspruch begründet, aber „aus der konstitutiven Natur des die Entschädigung festsetzenden Urteils" folge, daß die Klägerin nicht einen beliebigen Teilbetrag der Gesamtentschädigung einklagen dürfe, es komme vielmehr nur eine Festsetzung der Entschädigung im ganzen in Frage.

I. Nach den insoweit nicht bestrittenen Anführungen der Klägerin hat sich in den Jahren 1925 und 1926 eine ihren Obstbau schädigende Senkung des Grundwasserspiegels gezeigt. Hiernach war von vornherein erkennbar, daß nicht eine nur vorübergehende, sondern eine dauernde Schädigung des Grundbesitzes der Klägerin vorlag, wenn auch vielleicht das Maß der Schadenswirkung erst allmählich hervorgetreten ist. Übrigens ergibt sich aus der Natur der Sache, daß eine Grundwassersenkung durch ein in dauerndem Betrieb befindliches Wasserwerk nicht nur vorübergehend sein kann. Der Grundbesitz der Klägerin hatte also schon 1925 eine dauernde Entwertung, eine Dauerbeschädigung erlitten, als deren Wirkung die Ertragsausfälle in den einzelnen Jahren hervortraten.

Zunächst im Gebiete des Allgemeinen Landrechts, dann unter der Herrschaft des Bürgerlichen Gesetzbuchs ist in ständiger Rechtsprechung der Grundsatz entwickelt worden, daß Geldentschädigung für Schäden nicht bloß vorübergehender Art regelmäßig in Form eines Kapitalbetrags als Gesamtentschädigung und nur in Ausnahmefällen als Rentenzahlung zur Abgeltung der einzelnen wiederholt hervortretenden Schadenswirkungen zu leisten ist, daß auch nicht etwa der Geschädigte seinerseits ein Wahlrecht zwischen Forderung auf Kapital und solcher auf Rente hat, sondern daß bei Vorliegen der gesetzlichen Voraussetzungen einer Kapitalabfindung nur eine solche als Abgeltung des zugefügten Gesamtschadens verlangt werden kann (RGZ. Bd. 9 S. 278, Bd. 45 S. 203; Gruch. Bd. 55 S. 1172; JW. 1915 S. 600 Nr. 33, 1918 S. 86 Nr. 5; WarnRspr. 1915 Nr. 141, 1917 Nr. 265, 1919 Nr. 172; Zeitschrift für Bergrecht Bd. 54 S. 550).

Im vorliegenden Falle rechnet auch die Klägerin mit der schließlichen Zubilligung eines Kapitals für die Gesamtentwertung ihres Grundbesitzes. Diese Frage wird nach ihrer Meinung in dem auf Antrag der Beklagten auf Grund des § 203 WG. eingeleiteten Verleihungsverfahren nach den §§ 51, 72, 76, 82 das. erledigt werden. Die Verleihung geht naturgemäß in die Zukunft vom Zeitpunkt der Verleihung ab; ebenso ist die Entschädigung, die in diesem Verfahren einem durch Ausübung des verliehenen Rechts Betroffenen zugebilligt wird, zur Abgeltung des durch solche Ausübung zugefügten, also des zukünftigen Schadens bestimmt. Deswegen wird dabei die Pflicht zur Zahlung und damit auch der Verzinsung erst von der Verleihung an eintreten. Die Klägerin hält sich nun gerade mit Rücksicht darauf, daß die Kapitalentschädigung für die Wirkung zukünftiger Ausübung des demnächst zu verleihenden Rechts nach der Verleihung im besonderen Verwaltungsverfahren festzusetzen sein wird, für befugt, die durch frühere Wasserentziehung entstandenen Schäden gesondert und nach Maßgabe der in den einzelnen Jahren entzogenen Nutzungen einzuklagen.

Der dem § 200 WG. zugrunde liegende Tatbestand einer Wasserentziehung ohne eine dazu berechtigende Verleihung ist für sich zu betrachten ohne Rücksicht auf eine später mögliche Veränderung des Tatbestands dadurch, daß in Zukunft die Wasserentziehung vielleicht auf Grund einer Verleihung erfolgen wird (§ 203 WG.). Im ersteren Falle handelt der Unternehmer mit seiner Wasserförderung dem dadurch in der bisherigen Benutzung seines Grundstücks erheblich Beeinträchtigten gegenüber rechtswidrig (§ 200 Abs. 1 WG.). Der dem Geschädigten dafür zustehende Schadensersatzanspruch findet in § 200 Abs. 2 und 3 gegenüber einem gemeinnützigen Unternehmen, wie es die Beklagte ist, eine Sonderregelung dahin, daß er nur so weit gegeben ist, als der Schaden nicht durch Einrichtungen verhütet oder ausgeglichen werden kann, daß er unabhängig von einem Verschulden des Unternehmers und insofern zu leisten ist „als die Billigkeit nach den Umständen eine Entschädigung erfordert". Die letztere Vorschrift soll namentlich eine weitgehende Vorteilsausgleichung zugunsten des Unternehmers ermöglichen (Begründung zum Gesetzentwurf S. 183, 99). Nach § 200 Abs. 3 steht dem Unternehmer, aber nur diesem, die Befugnis zu, Festsetzung der Entschädigung in Rentenform zu verlangen. Diese Vorschrift kann aber nicht, wie es das Berufungsgericht tut, gegen die von der Klägerin aufgestellte Forderung auf Einzelentschädigung für Verluste in der Vergangenheit angeführt werden, weil sie nur die Abgeltung *zukünftigen* Schadens betrifft. Sie ist vom Abgeordnetenhaus eingefügt worden, um die Festlegung der Entschädigung in einer Kapitalsumme für zukünftige Verhältnisse, die möglicherweise noch nicht mit Sicherheit zu übersehen sind, vermeidbar zu machen (Stenogr. Bericht Sp. 8211). Dieser Grund trifft auf Entschädigungen für die Vergangenheit nicht zu. Im übrigen haben für den Schadensersatzanspruch aus § 200 WG. die allgemeinen Rechtsgrundsätze über Schadensersatz zu gelten, namentlich auch der schon erwähnte Satz, daß die regelmäßige Form des Ersatzes für eine nicht nur vorübergehende Schädigung eine Kapitalzahlung für die zugefügte Gesamtentwertung ist. Ist der Schaden entstanden und steht fest, daß er nicht nur vorübergehend ist, so ist dem Geschädigten der Anspruch auf Kapitalentschädigung erwachsen, regelmäßig aber auch nur dieser. Es ist dann im allgemeinen unzulässig, den in einzelnen Jahren als Wirkung der zugefügten Grundstücksbeschädigung zutage getretenen Ertragsausfall gesondert zu fordern und die Forderung des die Gesamtentwertung abgeltenden Kapitals bis zu einem willkürlich gewählten späteren Zeitpunkt hinauszuschieben.

Im Bereiche des § 200 WG. wird die Anschauung, daß ein einheitlicher Schaden einheitlich abzugelten ist, besonders gerechtfertigt durch die Vorschrift, daß für die Eingriffsfolgen insofern Schadensersatz zu leisten ist, „als die Billigkeit nach den Umständen eine Entschädigung erfordert". Damit ist, wie schon erwähnt, ausgesprochen, daß der Geschädigte nicht ohne weiteres Anspruch auf volle Entschädigung habe, daß vielmehr bei der Bemessung des Schadensersatzes auf die gesamten Umstände des Falles Rücksicht zu nehmen sei, namentlich auch auf alle dem Betroffenen aus dem Unternehmen mittelbar oder unmittelbar erwachsenden Vorteile. Solche Billigkeitsentschädigung kann zuverlässig nur unter Würdigung des Gesamtzustandes und des Gesamtschadens gefunden werden. Vergleichung der Jahreserträgnisse der beeinträchtigten Grundstücke vor und nach der Einwirkung, wie sie hier die Klägerin vornimmt, mag ein bei Bemessung des Ersatzes zu berücksichtigender Punkt sein, darf aber nicht die einzige Unterlage dafür bilden. Die Verhältnisse können so liegen, daß dem Geschädigten auf Grund der städtebaulichen Entwicklung völlige Umstellung in der Bewirtschaftung und Benutzung seines Grundstücks zuzumuten ist und daß sich dadurch die Folgen der Wasserentziehung erheblich ausgleichen würden. Dann würde eine Vergleichung des Ertrags in der bisherigen Benutzungsart, z. B. im Obstbau früher und jetzt, überhaupt ungerechtfertigt sein. Die Verzinsung des als Schadensersatz zuzusprechenden Kapitals mag dann so zu bemessen sein, daß die früher zutage getretenen Einzelschäden in einer der Billigkeit entsprechenden Weise mitausgeglichen werden.

Das so gewonnene Ergebnis, daß Schadensersatz aus § 200 WG. bei einer nicht bloß vorübergehenden Grundstücksbeschädigung regelmäßig nur in Form einer Kapitalzahlung als Ersatz für den Gesamtschaden, nicht in Einzelbeträgen für die in einzelnen Zeiträumen hervorgetretenen Schadenswirkungen zu leisten ist, wird für den vorliegenden Fall nicht geändert dadurch, daß die Beklagte ein Verleihungsverfahren nach § 203 WG. eingeleitet hat. Solange eine Verleihung nicht ausgesprochen ist, fällt der Tatbestand der Wasserentziehung nur unter § 200. Der hieraus zu entnehmende Schadensersatzanspruch kann gegenwärtig in seiner Art und Höhe nicht dadurch berührt werden, daß die Wasserentziehung später möglicherweise auf Grund einer Rechtsverleihung erfolgen wird. Im Verleihungsverfahren ist Grundbesitzern, die durch Ausübung des zu verleihenden Rechts voraussichtlich Schaden erleiden werden, dessen Ersatz nach gleichen Gesichtspunkten zuzusprechen, wie es § 200 bestimmt, und zwar geschieht dies im Verwaltungsverfahren mit Nachprüfungsmöglichkeit im ordentlichen Rechtsweg (§§ 203, 51, 76, 82 WG.). Ist aber dem Grundbesitzer bereits Schadensersatz für die Schadensfolgen aus früherer rechtloser Ausübung des erst später durch Verleihung gerechtfertigten Unternehmens zuerkannt und geleistet worden, so ist damit der ihm durch dieses Unternehmen zugefügte Schaden ausgeglichen, und es bleibt dann im Verleihungsverfahren nichts mehr zu ersetzen. Feststellung einer Entschädigung im Verwaltungsverfahren mit richterlicher Nachprüfung ist dadurch unnötig geworden. Die gesetzliche Gestaltung dieses Verleihungsverfahrens gibt keinen Anlaß, eine Veränderung des der Klägerin aus § 200 WG. entstandenen Schadensersatzanspruchs durch den von der Beklagten gestellten Verleihungsantrag anzunehmen.

Hiernach ist die Meinung des Berufungsgerichts zu billigen, daß der Schadensersatz aus § 200 hier nur als einheitliche Gesamtentschädigung verlangt werden könne und nicht nach den Wirtschaftsverlusten in einzelnen willkürlich gewählten Zeiträumen gefordert werden dürfe. Daraus ergibt sich, daß das Begehren der Klägerin auf Zahlung von 6158 RM. als Entschädigung für den ihr in den Jahren 1925 und 1926 entstandenen Schaden im Obstertrag mit Recht abgewiesen worden ist. Insoweit ist daher die Revision der Klägerin zurückzuweisen.

II. Dagegen hält der rechtlichen Nachprüfung nicht stand die weiter vom Kammergericht ausgesprochene Abweisung der hilfsweise aufgestellten Teilforderung von 6158 RM. aus einer Gesamtentschädigung für Entwertung des Grundbesitzes der Klägerin durch die Wasserentziehung. Auch die Beklagte nimmt an, daß ein Anspruch auf Gesamtentschädigung begründet ist. Was nun die Art der verfahrensrechtlichen Geltendmachung anlangt, so ist nicht zu bezweifeln, daß nach Prozeßregeln der Gläubiger beliebige Teilforderungen aus einer Gesamtforderung einklagen kann. Auch sachlichrechtlich steht hier der Erhebung eines Teilanspruchs nichts entgegen. Dies steht nicht im Widerspruch mit dem oben besprochenen Grundsatz, daß nur aus der Betrachtung der Gesamtlage heraus die richtige, der Billigkeit entsprechende Entschädigung zu finden ist. Beim Urteil über solche Teilforderung aus einem Gesamtschadensanspruch sind die gleichen tatsächlichen und rechtlichen Gesichtspunkte zugrunde zu legen, wie beim Urteil über die Gesamtforderung. Der Richter muß sich auch bei Aburteilung der Teilforderung ein Bild über die Gesamtentschädigung machen. Kommt er dabei zu der Auffassung, daß der Gesamtanspruch mindestens in Höhe des geforderten Teilbetrags begründet sei, so ist er dann allerdings nicht genötigt, sich über die Gesamthöhe der Entschädigung auszusprechen. Aber die Beklagte kann von sich aus durch geeignetes Vorgehen, etwa durch eine Feststellungsklage, eine rechtskräftig werdende Klärung hierüber herbeiführen. Daher widerspricht die Einklagung eines Teilanspruchs aus der Gesamtentschädigungsforderung auch nicht den beachtlichen Belangen der Beklagten und dem in § 200 WG. besonders aufgestellten Grundsatz der Billigkeit.

---

42. 1. Wurde die Versicherungsunternehmung durch § 8 der Dritten Steuernotverordnung unmittelbar in der Verfügung über ihr in den Aufwertungsstock fallendes Vermögen beschränkt?

2. Bedurfte es einer Anmeldung zur Aufwertung nach § 16 AufwG., wenn nach dem 13. Februar 1924 auf Grund einer Vereinbarung zwischen Gläubiger und Schuldner eine Vorkriegshypothek durch eine den gesetzlichen Aufwertungsbetrag nicht erreichende Feingoldhypothek ersetzt worden war?

AufwG. §§ 67, 78.

V. Zivilsenat. Urt. v. 5. November 1930 i. S. L.-Schw. Lebensversicherungs-AG. (Kl.) w. M. u. Gen. (Bekl.). V 316/29.

I. Landgericht I Berlin.

Die Klägerin war Gläubigerin einer Darlehenshypothek von 182000 M. aus dem Jahre 1909, für welche die Beklagten, die Eigentümer des belasteten Grundstücks, auch persönlich hafteten. Am 8. September 1924 wurde diese Hypothek gelöscht, gleichzeitig aber eine neue Hypothek von 7800 g Feingold für die Klägerin eingetragen auf Grund einer Löschungsbewilligung der Klägerin vom 6. März 1924 und einer notariellen Urkunde vom 18. März 1924, worin die Beklagten erklärten, es sei zwischen der Klägerin und ihnen vereinbart, daß an die Stelle der nach der Dritten Steuernotverordnung aufgewerteten Hypothek eine wertbeständige Hypothek in Höhe von 7800 g Feingold treten solle. Der der Klägerin später bestellte Treuhänder glaubte für den Aufwertungsstock die volle gesetzliche Aufwertung der alten Hypothek nach dem Aufwertungsgesetz beanspruchen zu dürfen. Er hat Klage erhoben mit dem Antrag auf Feststellung des Fortbestehens der alten Darlehenshypothek von 182000 M., aufgewertet nach §§ 4 und 9 AufwG. auf 45000 GM., und auf Verurteilung der Beklagten zur Einwilligung in die entsprechende Berichtigung des Grundbuchs. Eine Anmeldung zur Aufwertung gemäß § 16 AufwG. war unstreitig nicht erfolgt. Das Landgericht hat die Klage abgewiesen. Auch die unmittelbar eingelegte Revision der Klägerin blieb ohne Erfolg.

Gründe:

Die Parteien sind übereinstimmend der Ansicht, daß nach der gesetzlichen Beendigung der Treuhandschaft gemäß Art. 110 Abs. 3, Art. 108 DurchfVo. z. AufwG. die Klägerin selbst befugt sei, den für den Aufwertungsstock geltend gemachten Klaganspruch im anhängigen Rechtsstreit weiterzuverfolgen. Hiergegen ergibt auch die Prüfung von Amts wegen keine Bedenken.

1. Das Landgericht ist zur Abweisung der Klage gelangt, indem es in Übereinstimmung mit der Begründung des Kammergerichts in dessen zur gleichen Sache erlassenem Beschluß vom 31. Januar 1929 (1 X 923/28, teilweise abgedr. AufwRspr. 1929 S. 551) die Vorschrift des § 8 Satz 1 der Dritten Steuernotverordnung vom 14. Februar 1924 (RGBl. I S. 74) nicht im Sinn einer unmittelbar mit dem Inkrafttreten der Verordnung wirksam werdenden Beschränkung der Versicherungsunternehmung in der Verfügung über das zum Auf-

wertungsstock gehörende Vermögen, also einer Art von Beschlagnahme zugunsten der einzusetzenden Treuhandschaft versteht, sondern in ihr nur die Schaffung der gesetzlichen Grundlage für spätere Gestaltung im Einzelfall erblickt, die aber einstweilen das Verfügungsrecht der Versicherungsunternehmung unberührt gelassen habe. Dieser Auffassung ist beizutreten, und es sind ferner — was im Beschluß des Kammergerichts offen gelassen, im angefochtenen Urteil aber unerörtert geblieben ist — auch die Vorschriften der 4. Verordnung zur Durchführung des Art. I der Dritten Steuernotverordnung vom 28. August 1924 (RGBl. I S. 694) nicht dahin zu verstehen, daß mit ihrem Inkrafttreten die Versicherungsunternehmungen unmittelbar und allgemein in der Verfügung über ihr zum Aufwertungsstock gehörendes Vermögen nach Art einer Beschlagnahme beschränkt worden wären.

Zutreffend hat das Kammergericht a. a. O. ausgeführt, daß die Auslegung des § 8 der Dritten Steuernotverordnung im Sinne einer kraft Gesetzes unmittelbar, allgemein und sofort eintretenden Verfügungsbeschränkung weder durch die Fassung der Vorschrift nahe gelegt noch durch ihre Zwecke geboten erscheine. Für eine so einschneidende gesetzliche Maßnahme wie die unmittelbare Beschränkung aller betroffenen Versicherungsunternehmungen in der Verfügung über ihr in den Aufwertungsstock fallendes Vermögen hätte ein bestimmterer, klarer Ausdruck erwartet werden dürfen, wie er aus dem Vorgang älterer Gesetze zur Verfügung stand (§ 1984 BGB., § 6 KO.). Demgegenüber deutet die Fassung des Gesetzes:

> Ansprüche der Versicherten aus Lebensversicherungsverträgen werden in der Weise aufgewertet, daß das nach Maßgabe dieser Verordnung aufgewertete Vermögen der Versicherungsunternehmungen nebst einem etwaigen aus dem sonstigen Vermögen des Schuldners zu leistenden Beitrag nach näherer Bestimmung der Reichsregierung einem Treuhänder überwiesen wird

sowohl in den Worten „nach näherer Bestimmung der Reichsregierung" wie durch die Einbeziehung eines etwaigen, erst noch zu bestimmenden Beitrags aus dem sonstigen Vermögen des Schuldners auf eine erst zukünftige Überweisung hin, während sich für eine sofortige Beschränkung der Verfügungsbefugnis des Schuldners kein Anhalt findet. Auf etwas erst als zukünftig Gedachtes weist auch der Umstand hin, daß von den Versicherungsunternehmungen in der Mehrzahl, vom Treuhänder dagegen in der Einzahl gesprochen wird. Eine Gefährdung des Zweckes der Treuhandschaft durch Verfügungen des Schuldners während der Zwischenzeit bis zur Bestellung eines Treuhänders und Überweisung des Aufwertungsstocks an ihn lag zwar nicht ganz außer dem Bereich der Möglichkeit, konnte aber, zumal wenn man mit baldiger Durchführung der Vorschrift rechnete, für nicht schwer ins Gewicht fallend angesehen werden. Denn die Interessen der Versicherungsunternehmungen laufen, wie der erkennende Senat bereits früher ausgesprochen hat (RGZ. Bd. 121 S. 2), mit denen der Versicherungsgläubiger stärker gleich, als das in den Parallelfällen des Konkurses oder der Nachlaßverwaltung bei den dort Beteiligten der Fall ist. Anderseits würde die Annahme sofortigen Wegfalls der Verfügungsbefugnis des Schuldners die mißliche Folge gehabt haben, daß es dem in den Aufwertungsstock fallenden Vermögen für unbestimmte Zeit an befugter Vertretung fehlte. Mit Recht ist ferner geltend gemacht worden, daß die Überweisung an einen Treuhänder dessen vorgängige Bestellung voraussetze und daß demgemäß auch die Durchführungsbestimmungen der Verordnung vom 28. August 1924 von einer erst mit der Bestellung des Treuhänders eintretenden Überweisung des Aufwertungsstocks ausgehen. In dieser Beziehung kann noch hervorgehoben werden, daß § 3 Abs. 1 Satz 2 DurchfVo. als in den Aufwertungsstock fließend sämtliche im Sinne des Art. I §§ 1 bis 13 der Dritten Steuernotverordnung aufgewertete Vermögensanlagen der Versicherungsunternehmung bezeichnet, § 13 der letztgenannten Verordnung aber auch zukünftige Vereinbarungen über die Aufwertung ausdrücklich zuließ, und daß der Umfang des in den Aufwertungsstock fließenden Vermögens danach auch durch Vereinbarungen berührt werden konnte, welche die Versicherungsunternehmung erst nach Inkrafttreten der Dritten Steuernotverordnung traf.

Der Klägerin ist unstreitig erst nach Löschung der alten Hypothek von 182000 M. und nach Eintragung der Ersatzhypothek von 7800 g Feingold ein Treuhänder bestellt worden. Bis dahin war sie aber in der Verfügung über ihr nach der Dritten Steuernotverordnung aufgewertetes Vermögen unbeschränkt geblieben. Die Wirksamkeit der auf Grund ihrer Bewilligung vom 6. März 1924 vorgenommenen Löschung der alten Hypothek von 182000 M. kann daher nicht wegen mangelnder Verfügungsbefugnis der Gläubigerin in Zweifel gezogen werden; eine aus diesem besonderen Grunde herzuleitende Unrichtigkeit des Grundbuchs, die zur Folge hätte, daß die Hypothek als noch im Grundbuche stehend zu behandeln wäre, kommt nicht in Frage.

2. Die Klägerin hatte schon im ersten Rechtsgang ihre Ansprüche hilfsweise auch darauf zu gründen versucht, daß das Abkommen mit den Beklagten, in dessen Ausführung demnächst die alte Hypothek von 182000 M. gelöscht und die neue von 7800 g Feingold für sie bestellt worden ist, vor dem 14. Februar 1924 zustande gekommen sei und deshalb als ein in der Rückwirkungszeit geschlossener Vergleich, der einer Teilungsmasse zugute komme, nach § 67 Abs. 2 AufwG. ihrem nachträglichen Aufwertungsverlangen auf Grund des Aufwertungsgesetzes nicht entgegenstehe. Das Landgericht ist über diese Begründung hinweggegangen, ohne daß dies jedoch zum Gegenstand einer Revisionsrüge gemäß § 551 Nr. 7 ZPO. gemacht worden wäre. Aber auch ohne solche Rüge würde sich, da über den Zeitpunkt des Abschlusses Streit besteht und der von der Klägerin angebotene Beweis bisher nicht erhoben ist, eine Zurückverweisung der Sache zur weiteren tatsächlichen Aufklärung nicht haben vermeiden lassen, wenn die Feststellung eines Abschlusses vor dem 14. Februar 1924 dem nachträglichen Aufwertungsanspruch der Klägerin hätte zum Siege verhelfen können. Das ist jedoch nicht der Fall. Während ein nach dem 13. Februar 1924 abgeschlossener oder auch nur im Sinne eines neuen Vertragsschlusses bestätigter Vergleich gemäß § 67 Abs. 1 AufwG. in seiner Wirksamkeit nicht berührt worden wäre, hätte ein in die Rückwirkungszeit fallender Vergleich (wie übrigens auch eine bloße Aufwertungsvereinbarung, diese gleichviel, ob vor oder nach Inkrafttreten der Dritten Steuernotverordnung abgeschlossen) allerdings einer nachträglichen Erhöhung der Aufwertung zugunsten des Aufwertungsstocks der Klägerin nach § 67 Abs. 2 a. a. O. an sich nicht entgegengehalten werden können. Dem steht auch nicht im Wege, daß die Ausführung des Vergleichs in die Zeit nach dem 13. Februar 1924 fällt. Denn rechtlich würde sich die Ersetzung der alten Hypothek von 182000 M. durch die neue von 7800 g Feingold von seiten des Gläubigers als Annahme einer Leistung nach dem 13. Februar 1924 im Sinne von § 78 Satz 1 AufwG. darstellen, die nach dieser Bestimmung ebenfalls eine Aufwertung „nach den Vorschriften dieses Gesetzes" begründet. Aber es ist eben

nur eine Aufwertung nach den Vorschriften des Aufwertungsgesetzes, wie sie § 67 Abs. 2 und § 78 gewähren, und für Hypotheken, die auf Grund einer Bewilligung des Gläubigers an sich wirksam gelöscht sind, für welche also die Aufwertung eine solche kraft Rückwirkung wäre, ist die Aufwertung nach § 16 AufwG. (den auch § 78 Satz 4 ausdrücklich für entsprechend anwendbar erklärt) an das Erfordernis der rechtzeitigen Anmeldung geknüpft. Eine solche Anmeldung hat aber hier unstreitig nicht stattgefunden.

---

43. 1. Nach welchen Grundsätzen ist zu prüfen, ob ein einzelnes Werk der bildenden Kunst oder der Photographie in eine selbständige wissenschaftliche Arbeit ausschließlich zur Erläuterung des Inhalts aufgenommen worden ist?

2. Die gesetzliche Regel ausschließlicher Urheberbefugnis im Verhältnis zu ihren Ausnahmen.

3. Was gehört zur deutlichen Angabe der Quelle, besonders bei Werken, die in Lieferungen erscheinen?

4. Muß schon die Feststellung der Schadensersatzpflicht deren Umfang begrenzen oder kann dies, wenn es sich um einen einzigen Anspruch handelt, dem künftigen Streit um den Leistungsantrag überlassen werden?

Kunstschutzgesetz v. 9. Januar 1907 §§ 15, 19, 31, 37, 42. ZPO. § 286.

I. Zivilsenat. Urt. v. 5. November 1930 i. S. Akadem. Verlagsgesellschaft A. mbH. (Bekl.) w. H. S. Verlag (Kl.). I 150/30.

I. Landgericht München I.
II. Oberlandesgericht daselbst.

Zu den wertvollen Handschriften der Bayerischen Staatsbibliothek in München gehört das „Goldene Buch", ein Pergamentband aus dem Kloster St. Emmeran in Regensburg. Dieser „Codex aureus" enthält den auf Kaiser Karls des Kahlen Geheiß im Jahre 870 verfertigten lateinischen Text der vier Evangelien mit reicher farbiger Ziermalerei und einer Anzahl Bildertafeln. Im Verlage der Klägerin erschien in den Jahren 1920 bis 1925 eine schrift- und bildgetreue Wiedergabe des Codex in Lichtätzung mit 253 farbigen Tafeln (Größe 52 × 42 cm) und einem Textbande von Geheimrat Prof. Dr. L., dem Direktor der Münchener Staatsbibliothek. Das Werk verursachte viel Mühe, Zeitaufwand und Kosten; sein Preis im Buchhandel beträgt 1800 RM.

Die Beklagte läßt in ihrem Verlage lieferungsweise das von Prof. Dr. W. unter Mitwirkung einer Reihe Gelehrter herausgegebene Handbuch der Literaturwissenschaft erscheinen. Die im Jahre 1928 herausgebrachte Lieferung 106, mit der eine geschlossene Sonderabhandlung des Universitätsprofessors Dr. O. über die romanischen Literaturen des Mittelalters beginnt, enthält vor dem Text als ganzseitige farbige Abbildung („Tafel I") eine Wiedergabe des Blattes V des Codex aureus. Dieses Blatt stellt Kaiser Karl den Kahlen auf dem Throne sitzend dar. Die Abbildung im Verlagswerke der Beklagten ist eine auf photographischem Wege mittels Lichtätzung hergestellte Nachbildung desselben Blattes in der Codexausgabe der Klägerin. Die Quelle ist auf der Nachbildung nicht angegeben.

Die Klägerin bezeichnet die Nachbildung der Beklagten als widerrechtlich, die Herstellung als schuldhaft und den guten Sitten widerstreitend. Sie hat auf Untersagung, Vernichtung, Rechnungslegung und Schadensersatz geklagt.

Die Beklagte hat entgegnet: a) Professor O., der Verfasser der Sonderabhandlung, habe das Bildwerk aus dem Goldenen Buche zur Aufnahme bestimmt; weder tatsächlich noch rechtlich sei sie zur Ablehnung dieses Verlangens imstande gewesen. b) Die Nachbildung sei ausschließlich aufgenommen worden, um jene Abhandlung zu erläutern. c) Ohne Wissen und Veranlassung der Beklagten sei die Nachbildung durch die U.-AG. hergestellt und durch einen Angestellten in das Verlagswerk aufgenommen worden; die Geschäftsleitung der Beklagten könne den umfänglichen Betrieb nicht in allen Einzelheiten überwachen. d) Der Beklagten sei erlaubt worden, nach dem Codex aureus in der Staatsbibliothek eine Wiedergabe der Bildtafel seines Blattes V zu machen; inzwischen habe sie das auch getan.

Das Landgericht hat dem Klagantrag entsprochen, das Oberlandesgericht die Berufung der Beklagten im wesentlichen zurückgewiesen und die landgerichtliche Urteilsformel nur durch gewisse Einschränkungen berichtigt, sodaß sie nunmehr lautet:

I. Der Beklagten wird unter Androhung einer Geldstrafe usw. verboten, die Tafel I in der Abhandlung des Professors Dr. O. „Die romanischen Literaturen des Mittelalters", erschienen als

Beilage zur Lieferung 106 des im Verlage der Beklagten erschienenen Werkes „Handbuch der Literaturwissenschaft", darstellend eine farbige Nachbildung von Blatt V des „Codex aureus" der Bayer. Staatsbibliothek (Kaiser Karl der Kahle auf dem Throne), nach der Reproduktion der Klägerin herzustellen, zu vervielfältigen und in irgendeiner Form zu verbreiten.

II. Die bei der Beklagten befindlichen Exemplare der oben bezeichneten Tafel sowie die zu ihrer Herstellung dienenden Platten und Vorrichtungen aller Art sind an einen von der Klägerin zu beauftragenden Gerichtsvollzieher zum Zwecke der Vernichtung herauszugeben.

III. Die Beklagte ist schuldig, den der Klägerin durch die Herstellung, Vervielfältigung und Verbreitung der oben bezeichneten Tafel entstandenen Schaden zu ersetzen.

IV. Die Beklagte ist schuldig, der Klägerin über die Vervielfältigung und Verbreitung der oben bezeichneten Tafel Rechnung zu legen.

Die Revision der Beklagten war erfolglos.

Gründe:

I. Das Gesetz betr. das Urheberrecht an Werken der Literatur und der Tonkunst vom 19. Juni 1901 kommt auf den vorliegenden Fall nicht unmittelbar zur Anwendung. Zwar läßt es Vervielfältigung zu, wenn einem Schriftwerk ausschließlich zur Erläuterung des Inhalts einzelne Abbildungen aus einem erschienenen Werke beigefügt werden (§ 23). Diese Vorschrift bezieht sich indes nur auf solche Abbildungen (einschließlich plastischer Darstellungen) wissenschaftlicher oder technischer Art, die nicht ihrem Hauptzwecke nach als Kunstwerke zu betrachten sind (§ 1 Abs. 1 Nr. 3 LitUrhG.). Die im Verlage der Klägerin erschienene schrift- und bildgetreue Wiedergabe (Faksimile-Ausgabe) des Codex aureus aber ist ein Werk der Lichtbildkunst. Die Regeln, nach denen der Urheber eines solchen Werkes geschützt wird, sind dem Gesetze betr. das Urheberrecht an Werken der bildenden Künste und der Photographie vom 9. Januar 1907 zu entnehmen.

1. Mit Recht geht das Oberlandesgericht (wie bereits das Landgericht) davon aus, daß die Klägerin nach dem leitenden Grundsatze des Gesetzes (§ 15 KunstschutzG.) als Urheber die ausschließliche Befugnis hat, das Werk zu vervielfältigen (also auch nachzubilden) und zu

verbreiten. Nach dieser Regel ist Vervielfältigung ohne Einwilligung des Berechtigten im allgemeinen unzulässig (§ 17 KunstschutzG.).

2. Das Gesetz macht von dem Grundsatze verschiedentlich Ausnahmen und schränkt ihn ein (§§ 16, 18 bis 21). Zu den Einschränkungen gehört es, daß einzelne Werke in eine selbständige wissenschaftliche Arbeit ausschließlich zur Erläuterung des Inhalts aufgenommen werden dürfen; Vervielfältigung und Verbreitung sind in solchem Falle zulässig (§ 19 Abs. 1 KunstschutzG.). Die Beklagte nimmt für sich in Anspruch, daß die Voraussetzungen dieser die Urheberbefugnisse einschränkenden Vorschrift im gegenwärtigen Falle gegeben seien.

a) Allerdings unterliegt keinem Zweifel, daß O.s Abhandlung über die romanischen Literaturen des Mittelalters eine selbständige wissenschaftliche Arbeit ist. Denn sie bezweckt nach Rahmen, Form und Gehalt, durch eigene in ihr dargelegte planmäßige Geistestätigkeit des Verfassers die Literaturwissenschaft zu fördern und das Erarbeitete an die Leser mitzuteilen. Die Beklagte hat aus dem Lichtbilderwerke der Klägerin, das den Codex aureus wiedergibt, bloß ein einzelnes Bild, die Darstellung des thronenden Kaisers Karls des Kahlen auf Blatt V des Goldenen Buches, übernommen. Es fragt sich also nur, ob das Bild ausschließlich zur Erläuterung des Inhalts in das Schriftwerk aufgenommen worden ist.

b) Landgericht und Oberlandesgericht verneinen die Frage aus im wesentlichen übereinstimmenden Gründen. Das Berufungsurteil enthält in den Ausführungen, die sich darauf beziehen, keinen Verstoß gegen Rechtsgrundsätze.

„Erläutern" heißt ursprünglich: mit Licht durchdringen; also erhellen, klar und anschaulich machen, sodaß man das Beleuchtete begreift und versteht. Erläuterung bezeichnet sonach die Tätigkeit und die Mittel, durch die etwas aufgehellt, erklärt, verständlich gemacht wird (so der in den Wörterbüchern von Adelung, Gebr. Grimm, Sanders, Moriz Heyne nachgewiesene Sprachgebrauch). Daß Abbildungen dazu dienen können, einen Worttext verständlich zu machen oder ihn in gewisser Hinsicht heller zu beleuchten, lehrt die Erfahrung des Lebens.

Das Gesetz (§ 19 KunstschutzG.) verlangt, daß das Bild zur Erläuterung des Inhalts der wissenschaftlichen Arbeit in sie aufgenommen worden sei. Damit ist gesagt, die Abbildung solle dazu bestimmt sein, den im Worttext der Arbeit offenbarten Gedankengehalt aufzuhellen, zu veranschaulichen, dem Verständnis zu erschließen. Dies kann je nach Art, Umfang und Ausdrucksform des Schriftwerks wie des Bildes und nach der Wechselbeziehung zwischen beiden auf so mannigfaltige Weise geschehen, daß sich dafür nur wenige Richtlinien und Grenzen gewinnen lassen. Die Verbindung zwischen Schriftwerk und Bild muß eine innerliche, den Darstellungs- und Lehrzweck des Worttextes unterstützende sein; die Abbildung muß das folgerecht entwickelte Gedankenwerk verdeutlichen. Doch braucht sich das Bild nicht als wissenschaftliche Ausgestaltung der Schriftwerksgedanken dem Ganzen einzufügen. Es genügt, wenn es als Kunstwerk beispielmäßig wirkt, etwa um die eigenpersönliche Kunstweise eines bestimmten Meisters, oder um die Auffassungsweise einer Kunst- oder Gesittungsstufe zu kennzeichnen (Kohler Kunstwerkrecht [1908] §13 I S. 63, §13 IV S. 64). Schon als solches, auch ohne die Abbildungen, muß das Schriftwerk seinen Zweck erfüllen; die Bilder dürfen nur zum besseren Verständnis des sprachlichen Ausdrucks beigegeben sein. Es darf nicht etwa das umgekehrte Verhältnis bestehen, daß die Worte bloß zur Erläuterung nachgebildeter fremder Werke dienen sollen (Allfeld, Kommentar zum Kunstschutzgesetz [1908] Anm. 6 zu § 19 S. 121). Deshalb nehmen — übereinstimmend mit der Ausdrucksweise des früheren Kunstschutzgesetzes (§ 6 Nr. 4 des Ges. vom 9. Januar 1876)— Rechtsprechung und Schrifttum auch für das jetzige Recht an: das Schriftwerk muß die Hauptsache, das beigefügte Bild nur eine dem Schriftwerkszwecke behilfliche Nebensache sein (RGZ. Bd. 18 S. 150 [154]; Riezler Deutsches Urheber- u. Erfinderrecht I [1909] S. 438; Osterrieth-Marwitz Kunstschutzgesetz [2. Aufl. 1929] Anm. V zu § 19 S. 148; Ernst Müller Deutsches Urheber- u. Verlagsrecht II [1907] Anm. 3 zu § 19 S. 108; Crome System d. deutschen bürgerlichen Rechts IV [1908] § 529 Nr. 3b S. 74; Dernburg Bürgerl. Recht VI [1907/10] § 71 I 1 S. 198; Fuld Kunstschutzgesetz [2. Aufl. 1925] Bem. 5 zu § 19 S. 90; Ebermayer in Stengleins Strafrechtl. Nebengesetzen I [5. Aufl. 1928] Anm. 4 zu § 19 KunstschutzG. S. 174; Hillig 385 Gutachten [1928] Nr. 105 bis 110).

aa) Das Berufungsgericht prüft, ob die Bildtafel I, die, mit der Lieferung 106 ausgegeben, jetzt hinter dem Titelblatte von O.s inzwischen vollendetem Schriftwerke folgt und seinem ganzen Schriftinhalte voransteht, im Verhältnis zu diesem Werk erläuternde Zutat sei. Bei der Beantwortung dieser zugleich tatsächlichen und rechtlichen Frage (die also vom Revisionsgericht nachzuprüfen ist) lehnt es den (namentlich in einem Privatgutachten Dr. Alexander Elsters verfochtenen) Gedanken ab, daß etwa das Bild im Vergleich zu dem ganzen Werke betrachtet werden könne. Nur zu den einzelnen Stellen des Textes, die auf das Bild Bezug nehmen, könne es in Beziehung gesetzt werden; mit ihnen nur sei der erforderliche innere Zusammenhang vorhanden, der dem Erläuterungszweck eigne. Dem ist beizustimmen. Bei anderen Werken mag unter Umständen nach Umfang, Inhalt und Behandlungsweise, auch nach dem Gegenstand des beigefügten Bildes, die Frage anders zu stellen sein und die Antwort anders ausfallen müssen. Das vorliegende Buch O.s über die romanischen Literaturen des Mittelalters ist — vollendet — ein Quartband von 260 Seiten. Es behandelt in seinen zwölf Abschnitten: 1. Die ältesten Denkmäler (S. 7 bis 15); 2. geistliche und fromme Literatur (S. 16 bis 30); 3. das Heldenepos (S. 30 bis 76); 4. das literarische Epos (S. 76 bis 93); 5. das höfische Epos (S. 93 bis 118); 6. Unterhaltungsliteratur und Novellistik (S. 118 bis 139); 7. Tierepos und Fabel (S. 139 bis 146); 8. die lehrhafte und historische Literatur (S. 146 bis 179); 9. die allegorische Dichtung (S. 179 bis 188); 10. das Schauspiel (S. 188 bis 193); 11. die lyrische Dichtung (S. 193 bis 246); 12. Dante (S. 246 bis 255). Schon ein Überblick dieses Inhalts lehrt sogleich, daß das Bild Karls des Kahlen auf dem Throne zeitlich, räumlich und gegenständlich nicht zum Ganzen des wissenschaftlichen Schriftwerks, sondern nur zu gewissen Stücken oder Stellen in erläuternder Beziehung stehen kann. Daher verstößt das Berufungsgericht nicht gegen Rechtsgrundsätze, wenn es die Stellen aufsucht und behandelt, an denen der Worttext auf das Bild Bezug nimmt. Die Beklagte selbst nennt deren vier: 1. In dem Abschnitt über die ältesten Denkmäler bei dem Straßburger Eidschwur als Zeugnis der Sprachenzweiung (S. 7) (Lieferung 106). 2. Im Abschnitt über das Heldenepos (S. 73), wo nur berichtigend gesagt wird, in dem Epos Girards de Roussilon sei als Kämpfer wider seinen Vasallen eigentlich Karl der Kahle statt Karl Martells zu denken (Lieferung 115). 3. In dem Abschnitt über das höfische Epos heißt es (S. 99, in Lieferung 117 enthalten):

Im Verhältnis von Literatur und Gesellschaft vollzog sich während des 12. Jahrhunderts eine Wandlung, deren Wirkung sowohl in den unmittelbaren literarischen Ergebnissen als in dauernden Erscheinungen der romanischen Kultur bis zur französischen Revolution erkennbar ist. Karl der Große betrachtete den Schutz und die Pflege der Poesie und Gelehrsamkeit als eine der vornehmsten Herrschertugenden. Aber sein Interesse an Heldengesang und vulgärer Dichtung blieb vereinzelt. Am Hofe seiner Nachfolger blühte eine armselige lateinische Dichtung, über deren Wert die bibliophile Prachtentfaltung karolingischer Handschriften nicht hinwegtäuschen kann. Die Bücher, die mit soviel Aufwand an Prunk und Farben für Karl den Kahlen hergestellt wurden, wie z. B. der berühmte Codex aureus der Evangelien (s. Tafelbeilage I), sind mit ihren Widmungsgedichten Äußerungen kaiserlicher Würde und höfischen Glanzes, aber kein Ausdruck tieferer Beziehungen des Herrschers zu Literatur und Kunst. Die späteren Karolinger und die ersten Kapetinger trugen entweder eine bewußte Abneigung oder eine hochmütige Gleichgültigkeit den Dingen der Bildung gegenüber zur Schau, wenn sie auch stets eine Schar von Gelehrten, Amanuensen, Lehrern und Geistlichen zu praktischen und dekorativen Zwecken in ihrem Dienste hielten. Es ist kein Mäzenatentum, das sich in dieser Sitte äußert. Während des ganzen Mittelalters hatten die Leute dem Fürsten, nicht den Musen zu dienen, und sie standen in direkter Abhängigkeit von den Absichten und Interessen ihrer Herren. Sie gehorchten eher dem Auftrage als der eigenen Inspiration und glänzten deshalb eher durch Gewandtheit als durch persönliche Originalität der Erfindung und des Charakters.

4. Eine Stelle des Abschnitts über lehrhafte und historische Literatur weist (S. 151, in der Lieferung 125) auf die Vorliebe vieler Herrscher und Edelleute für die Erörterung theologischer Streitfragen hin und nennt als Beispiele: „Der Münchener Codex aureus rühmt die Weisheit Karls des Kahlen, eine englische Handschrift des 13. Jahrhunderts stellt Heinrich II. mit Thomas Becket diskutierend dar (s. o. Abb. 51), Alfons X. von Spanien lebt als Gelehrter in der Erinnerung seines Volkes fort, Ludwig IX. von Frankreich als Heiliger und Robert von Neapel nach Dantes Urteil (Par. VIII, 147) als „re da sermone“. Der Eifer theologischer Gespräche setzte sich an Frankreichs Höfen bis in die vorgerückte Neuzeit ununterbrochen fort.“

bb) Das Berufungsgericht nimmt an, die Stellen auf S. 7, 73 und 151 seien aus dem Bereiche der Erläuterung auszuscheiden, weil dort lediglich die Person Karls des Kahlen erwähnt, aber nichts Näheres über ihn gesagt werde. Für die Erwähnungen auf S. 7 und 73 trifft das sicherlich zu. Zweifelhaft mag es bei der Bemerkung auf S. 151 sein. Denn gerade das auf der Bildtafel I wiedergegebene Blatt des Codex verkündet — in der lateinischen Widmung über und unter dem Thronbilde — den Ruhm des Kaisers. Darum könnte das Bild insofern als erläuternde Bestätigung der Textworte (daß der Codex aureus die Weisheit Karls des Kahlen rühme) gelten.

Zu der Stelle auf S. 99 führt das Berufungsurteil aus:

> Sie kann zur Nachbildung (d. h. zur Bildtafel I) nur insoweit in Beziehung gebracht werden, als die Pracht der Handschriften der Minderwertigkeit der lateinischen Widmungsgedichte gegenübergestellt ist. Weitere Ausführungen, zu deren Erläuterung das Bild herangezogen werden könnte, enthält der Text nicht. Vom Beschauer wird also verlangt, daß er selbst in diesem nur beispielsweise erwähnten Falle die Farbenpracht des Bildes und die Bedeutung der einzelnen Figuren darauf erkennt; daß er den Text des auf dem Bild angebrachten lateinischen Widmungsgedichts enträtselt; daß er einen Vergleich zieht zwischen der Schönheit des Bildes und dem Werte des Gedichts. Was damit von dem Beschauer verlangt wird, ist selbständige Gedankenarbeit zur Ergänzung des Textes. Dieser (d. h. das Urteil des Verfassers über den Wert der Widmungsgedichte im allgemeinen) wird durch das bloße Beschauen des Bildes nicht verständlicher. Abgesehen davon kann bei einem Vergleiche der nur beiläufigen Erwähnung des Bildes im Text und der Gedanken, die der Beschauer aus dem Bilde entnehmen soll, keine Rede davon sein, daß dieses zum Text im Verhältnis einer Nebensache zur Hauptsache stehe.

Das Berufungsgericht nimmt also an, das Bild könne im Vergleich zu den wenigen Sätzen des Schriftwerktextes, mit denen es sachlich durch Stoff und gemeinsame Gedanken zusammengehört, nicht als Nebensache betrachtet werden. Überdies mute es den meisten Lesern nach ihrer Vorbildung wahrscheinlich Denkarbeit und Mühe zu, statt ihnen den Text leichtfaßlich zu erklären oder zu veranschaulichen. In dieser Beurteilung liegt von selbst eingeschlossen, daß einem besonders kundigen, geübten Teil der Leser (freilich nur einer Minderheit) immerhin Erläuterung des Textes geboten werden möge. Für sie bliebe damit die Möglichkeit offen, daß ihnen das Bild als ergänzende Zutat der Textsätze und demnach als Nebensache erschiene. Diese Würdigung — die übrigens für die Stelle S. 151 gleichfalls zuträfe — läßt keinen rechtlichen Irrtum erkennen; auch keinen Irrtum in Tatsachen, der die Rechtsanwendung beeinflussen müßte.

c) Selbst wenn — wie für alle Fälle das Berufungsgericht unterstellt — die Bildtafel als bloße Nebensache desWorttextes anzusehen wäre und zu dessen Erläuterung diente, so müßte hinzukommen, daß sie ausschließlich zur Erläuterung des Schriftwerksinhalts (oder einzelner Stellen oder gewisser gedanklich zusammengehörender Teile) aufgenommen worden sei. Das ist nach der Feststellung des Berufungsurteils nicht der Fall. Das Oberlandesgericht führt aus:

> Gegen eine solche Annahme spricht die Art, wie die Beklagte die Reproduktion in dem von ihr ausgegebenen Werke wiedergegeben hat, und die Stellung, die sie der Nachbildung darin gegeben hat. Die Nachbildung gibt die Farben der Reproduktion der Klägerin wieder, ist auf ein Blatt Pappe aufgezogen und als Tafel I an die Spitze der ganzen Sonderabhandlung über die romanischen Literaturen des Mittelalters gestellt. Die in dieser Abhandlung sonst gebrachten Abbildungen sind in Schwarzdruck wiedergegeben und in den Text eingeschoben. Erst das 5. Heft der Abhandlung (Lieferung 125) enthält wieder eine Tafel (die Tafel II, Alexanders Tauchfahrt) mit Farbdruck in derselben Aufmachung wie die Tafel I. Daraus ergibt sich deutlich, daß die Beklagte mit der Aufnahme der Nachbildung in das Werk dekorative Zwecke verfolgt hat; daß es ihr darum zu tun war, durch Anbringung der vorzüglich gelungenen Nachbildung an hervorragender Stelle das Werk zu schmücken und Liebhaber anzuziehen.

Diese Ausführung des Berufungsurteils verstößt weder gegen Rechtsgrundsätze noch enthält sie einen Irrtum über Tatsachen, der die rechtliche Beurteilung ändern könnte. Die Revisionsangriffe dawider sind ungerechtfertigt.

aa) Wohl haben sich, wie gerichtsbekannt, in bezug auf die Beigabe von Bildern zu wissenschaftlichen Werken Geschmacksrichtung, Zweckstreben und tatsächliche Übung im Laufe der letzten Jahrzehnte geändert. Während man früher in Kreisen der Forscher und gelehrten Schriftsteller (abgesehen von Gebieten, die des Bildes als unentbehrlichen Anschauungsmittels immer bedurften,) der Bilderzutat nicht geneigt war und allein durchs Wort zu wirken gedachte, ging man später in steigendem Maße dazu über, den Text von mannigfaltigen Gesichtspunkten aus durch Bilderbeispiele zu belegen, ja bisweilen fortlaufend zu begleiten. Das von W. herausgegebene Sammelwerk, dem O.s Abhandlung zugehört, bedient sich durchweg in großem Umfange der Abbildung als Beigabe des Textes. Der Revision mag zugegeben werden: Dieses Handbuch wolle (auch in dem Teile, den O. verfaßt hat) die Literaturgeschichte in die gesamte Kulturgeschichte, in die geistigen Strömungen und Bewegungen der jeweils beschriebenen Zeitspanne einbeziehen. Die Abhandlung O.s über die romanischen Literaturen wolle dem Leser das Mittelalter, die Umwelt des Schrifttums, anschaulich und lebendig machen, und zwar nicht bloß durch Textschilderung, sondern auch durch die zu Hilfe genommenen Bilder. Aus dieser planmäßigen Anlage und Behandlung folgt aber nicht, wie die Revision will, daß alle in das Werk aufgenommenen Abbildungen ausschließlich zur Erläuterung des Inhalts bestimmt seien. Vielmehr bedarf die Frage, ob das zutreffe, gerade der Prüfung im einzelnen Fall unter Berücksichtigung der Umstände und beweisenden Anzeichen. Für die Antwort ist nicht entscheidend, daß etwa der Verfasser die Aufnahme des Bildes ausdrücklich angeordnet hat. Seine und des Verlegers Beweggründe geben nicht (wie z. B. Dr. Elster in seinem Privatgutachten es vertritt) dermaßen den Ausschlag, daß das Gericht sich ihnen unterzuordnen und daraufhin ohne weiteres eine Ausübung des die Urheberbefugnisse am Bilde einschränkenden Zitierrechts anzuerkennen hätte. Neben jenen Beweggründen und Absichten der an der Werkgestaltung und Ausstattung maßgebend Beteiligten ist auch die Aufgabe zu beachten, welche das Bild in dem Werke, dem es einverleibt wurde, beim Gebrauch in der Leserwelt tatsächlich erfüllt. Auf sie legt das Berufungsgericht begründeterweise besonderen Wert; und mit Recht berücksichtigt es die Rolle des streitigen Bildes im Verhältnis zum entsprechenden Texte für die überwiegende Mehrheit der Benutzer.

Zu der hier umstrittenen Bildtafel I bemerkt übrigens Professor Dr. Franz in seinem für die Beklagte erstatteten Privatgutachten: Das Bild habe, weil es prächtig sei, natürlich auch dekorative Bedeutung; nur diene es nicht bloß zum Schmucke des Buches. Die Vorinstanzen setzen sich demnach nicht einmal in Widerspruch zu dem fachmäßigen Urteil dieses als Parteigutachter zu Worte gelangten Literaturkundigen.

bb) Die Entwicklungsgeschichte der Gesetzesvorschrift fordert ebenfalls Beachtung. Im Gesetz vom 9. Januar 1876 (RGBl. S. 4) bestimmte der § 6 Nr. 4, daß als verbotene Nachbildung nicht anzusehen sei „die Aufnahme von Nachbildungen einzelner Werke der bildenden Künste in ein Schriftwerk, vorausgesetzt, daß das letztere als die Hauptsache erscheint und die Abbildungen nur zur Erläuterung des Textes dienen". Das Gesetz vom 9. Januar 1907 (§ 19) hebt in den Worten „ausschließlich zur Erläuterung des Inhalts" das Einschränkende der Bestimmung schärfer hervor. Dadurch, daß statt „Text" jetzt „Inhalt" steht, wird es nicht gemildert. Und die der Verwendung von Bildern auch in wissenschaftlichen Werken günstigere Geschmacksrichtung genügt nicht, einen grundsätzlichen Wandel der Gesetzesauslegung herbeizuführen. Nach wie vor muß auch der Hinweis beachtet werden, der sich schon in der Begründung des Gesetzentwurfs zum § 19 findet: die in ihm vorgesehene Einschränkung sei nötig, um zu verhüten, daß unter dem Vorwand einer selbständigen Arbeit (und der Einverleibung in sie) eine den Urheber schädigende Ausbeutung künstlerischer oder photographischer Abbildungen stattfinde (Reichstag, 11. Legislatur-Periode II. Session 1905/06 Nr. 30 S. 26).

Die Vorinstanzen wenden darum zutreffend eine einschränkende Auslegung an. Sie entspricht schon dem Wesen des § 19 KunstschutzG. als Ausnahmevorschrift im Vergleich zu der Regel (§ 15), in der die ausschließliche Befugnis des Urhebers gesichert wird (vgl. für entsprechende Sätze des Gesetzes vom 19. Juni 1901 RGZ. Bd. 128 S. 102 bis 104, 111, 113). Gegen diese Folgerung aus dem Aufbau des Gesetzes greift nicht durch, daß das photographische Urheberrecht (wie die Beklagte und ihr Privatgutachter Dr. Elster ausführen) im Vergleich zum Urheberrechte des bildenden Künstlers nur ein schwächeres, daher für kürzere Dauer geschütztes Recht sei (§ 26 in Verb. mit § 25 KunstschutzG.). Denn hier handelt es sich nicht um Abwägung dieser beiden Urheberrechte gegeneinander, sondern einfach um den Schutz des photographischen Urhebers gegen (jetzt unbestrittene) Nachbildung. Für die Auslegung der Beklagten fiele auch nicht in die Waagschale, daß die schrift- und bildgetreue Wiedergabe eines Werkes wie des Codex aureus für Bildvervielfältigung, Druck- und Buchwesen eine Entlastung des Originals bedeuten mag; daß eine Faksimile-Ausgabe tatsächlich ermöglicht, die kostbare Ur-Handschrift zu schonen und Gefahren, die mit unmittelbarer Nachbildung verbunden wären, von ihr abzuwenden. Solche Verkehrserscheinungen können in anderer Hinsicht wichtig sein. Sie ändern aber nichts daran, daß Bildentnahme aus einem urheberrechtlich geschützten Werke nur unter den gesetzlich bestimmten Voraussetzungen freisteht, auch wenn dieses Werk selbst die Nachbildung einer urheberrechtlich ungeschützten alten Handschrift ist.

Mit Recht sieht das Berufungsgericht es als beachtenswert an, daß zunächst die Beklagte, um das Blatt V des Codex aureus in W.s Handbuch aufnehmen zu können, eine Nachbildung unmittelbar aus der Handschrift anbahnte und die Erlaubnis dazu einholte. Sie ging also selbst davon aus, daß sie diesen Weg einschlagen müsse. Die Gründe, aus denen er dann verlassen und die Vervielfältigung aus der Faksimileausgabe der Klägerin vorgezogen wurde, blieben während des ganzen Rechtsstreits unaufgeklärt. Ja, die Beklagte stellte in Abrede, eine Nachbildung aus der Faksimileausgabe verwendet zu haben, und gestand es erst ein, als es ihr bewiesen worden war.

Das Berufungsgericht gelangt sonach mit Recht zu dem Ergebnis, daß sich die Beklagte für ihre Entnahme des Bildes aus der Codex-Nachbildung (Faksimileausgabe) der Klägerin nicht auf § 19 KunstschutzG. berufen könne. Denn das Bild sei nicht ausschließlich zur Erläuterung des Schriftwerk-Inhaltes, sondern vorzugsweise zum Schmucke des Buches aufgenommen worden. Dem steht nicht entgegen, daß auch erläuterungshalber beigefügte Abbildungen oftmals eine anziehende Zutat, ja eine Zierde des Buches ausmachen. Entscheidend ist, daß hier, wie ohne Verstoß gegen Rechtsregeln festgestellt worden ist, der Schmuckzweck den Erläuterungszweck weit überwiegt. Ist also die Vervielfältigung der Beklagten unzulässig, so rechtfertigt sich der Klaganspruch auf Untersagung des Herstellens, Vervielfältigens und Verbreitens jener Nachbildung (§ 15 KunstschutzG. in Verb. mit § 1004 BGB., § 890 ZPO.) aus den im Berufungsurteil näher angegebenen Gründen. Auch Vernichtung ist — ohne Rücksicht auf Verschulden — in dem vom Berufungsgericht bezeichneten Umfange gesetzlich begründet (§ 37 Abs. 1 Satz 1 und Abs. 2, § 42 KunstschutzG.).

3. Überdies stellt das Berufungsgericht fest, daß die Beklagte absichtlich unterlassen habe, auf der Nachbildung oder in dem Hefte, dem sie beigefügt war, die Quelle deutlich anzugeben (§ 19 Abs. 2

KunstschutzG.). Die Revision beanstandet dies mit dem Hinweise, daß die Quellenangabe am Schlusse des (mit der Lieferung 144 vollständig gewordenen) Bandes unterdessen nachgeholt worden sei; sie führt aus, eine andere und frühere Quellenangabe sei nicht geboten gewesen. Auch dieser Revisionsangriff bleibt erfolglos. Denn der Vermerk auf der zur Lieferung 106 beigefügten Bildtafel I lautete: „Kaiser Karl der Kahle auf dem Throne. Aus dem sogen. Codex aureus von St. Emmeran zu Regensburg, um 870(?) zu Corbie (Somme) angefertigt. Bayr. Staatsbibliothek, München, Cod. lat. 14000, Bl. 5 v." Diese Fassung erweckte den Anschein, daß die Nachbildung unmittelbar nach dem Originale des Kodex gemacht worden sei, und verschwieg die Entnahme aus dem Faksimile-Kodex der Klägerin. Demnach handelte es sich um keine bloße Unterlassung der richtigen Angabe bis zum Schlusse des Werkes, sondern um eine irreführende Bezeichnung, die zu der gesetzlich gebotenen „deutlichen" Angabe geradezu im Widerspruch stand. Bei lieferungsweise erscheinenden Werken darf eine vorläufige Quellenangabe nicht so beschaffen sein, daß sie — bis zum ungewissen Erscheinen berichtigter Angaben am Schlusse des Werkes — Irrtum hervorruft. Der Revisionsangriff scheitert somit an der ausdrücklichen Feststellung des Berufungsrichters.

II. Das Oberlandesgericht stellt weiterhin fest, die Beklagte habe vorsätzlich die Nachbildung der Reproduktion der Klägerin in das Werk aufgenommen und sei „sich dabei wenigstens der Möglichkeit bewußt gewesen, das Recht der Klägerin zu verletzen". Die Feststellung der Schadensersatzpflicht ist also ebenfalls gerechtfertigt (§ 31 KunstschutzG., § 256 ZPO.). In den Gründen bemerkt das Berufungsgericht: Die Klägerin könne auf jeden Fall als entgangenen Gewinn verlangen, was ihr die Beklagte bei Einholung der Erlaubnis zur Nachbildung billigerweise an Vergütung hätte zahlen müssen. Hierzu führt die Revision aus: ein weiterer Schaden als die entgangene angemessene Vergütung könne überhaupt nicht entstanden sein; darum hätte der Anspruch der Klägerin schon dem Grunde nach in diesen Grenzen gehalten und im Urteil entsprechend beschränkt, darüber hinaus aber aberkannt werden müssen. Dem ist nicht beizustimmen. Der Antrag der Klägerin bezweckte die Feststellung, daß ihr die Beklagte überhaupt wegen schuldhafter Verletzung des photographischen Urheberrechts an einem einzigen bestimmten Werke zum Schadensersatz verpflichtet sei. Gelangte das Gericht dazu, das festzustellen, dann bedurfte es keiner näheren Bezeichnung und Begrenzung; diese konnte dem späteren Streit über den Leistungsanspruch vorbehalten bleiben.

III. Die ferner ausgesprochene Verurteilung der Beklagten, der Klägerin über die Herstellung, Vervielfältigung und Verbreitung der Bildtafel I Rechnung zu legen, findet ihre Grundlage nach ständiger Gesetzesanwendung in Vorschriften über die Geschäftsführung ohne Auftrag (§ 687 Abs. 2 in Verb. mit § 681 Satz 2 und § 666 BGB.)....

---

44. 1. Erstreckt sich die Verfügungsbeschränkung nach § 77 des Reichsversorgungsgesetzes auf bereits im Grundbuch eingetragene Rechte?

2. Unter welchen Umständen verstößt die Vereinbarung eines Wiederkaufsrechts der Genossenschaft für den Fall des Austritts eines Genossen gegen § 65 des Genossenschaftsgesetzes?

Reichsversorgungsgesetz v. 22. Dezember 1927 (RGBl. I S. 515) § 77. Gesetz betr. die Erwerbs- und Wirtschaftsgenossenschaften § 65. BGB. §§ 139, 242.

VI. Zivilsenat. Urt. v. 6. November 1930 i. S. H. (Bekl.) w. Gemeinnützige Siedlungsgenossenschaft eingetr. Genossenschaft m. beschr. Haftpfl. (Kl.). VI 22/30.

I. Landgericht Tilsit.
II. Oberlandesgericht Königsberg i. Pr.

Die Klägerin verkaufte durch notariell beurkundeten Vertrag vom 6. Mai 1926 zu ihren Allgemeinen Verkaufsbedingungen ein Grundstück an den Beklagten, der damals ihr Genosse war. Dieser wurde am 8. September 1926 als Eigentümer eingetragen; zugleich wurde zur Sicherung des in Nr. 16 der Verkaufsbedingungen vorgesehenen Wiederkaufsrechts für die Klägerin eine Vormerkung eingetragen zur Erhaltung des Rechts auf Wiedereinräumung des Eigentums. Da der Beklagte als Kriegsbeschädigter eine Kapitalabfindung zum Ankauf des Grundstücks erhielt, wurde auf Ersuchen des Hauptversorgungsamts gemäß § 77 des Reichsversorgungsgesetzes am 5. November 1926 eingetragen, daß die Weiterveräußerung und Belastung des Grundstücks innerhalb von fünf Jahren, von der Eintragung gerechnet, nur mit Genehmigung des Hauptversorgungsamts zulässig sei. Am 29. September 1927 richtete der

Beklagte an die Klägerin ein Schreiben, worin er seinen Austritt erklärte. Darauf machte die Klägerin durch Schreiben vom 3. Januar 1928 von dem ihr eingeräumten Wiederkaufsrecht Gebrauch. Sie ließ das Grundstück gemäß den Verkaufsbedingungen durch den Magistrat abschätzen, berechnete den Wiederkaufpreis nach Abzug von Belastungen und Kosten auf 1646,31 RM. und forderte den Beklagten auf, gegen Empfang dieses Betrags die Rückauflassung zu erklären. Da der Beklagte sich weigerte, erhob sie die gegenwärtige Klage. Sie verlangt, gestützt auf Nr. 16 der Allgemeinen Verkaufsbedingungen, Auflassung und Herausgabe des Grundstücks. Der Beklagte hält dem entgegen, daß ihm durch die Eintragung vom 5. November 1926 die Veräußerung verwehrt sei, und macht hilfsweise ein Leistungsverweigerungsrecht bis zur Zahlung eines angemessenen Wiederkaufpreises geltend, den er auf 5267,01 RM. berechnet.

Beide Vorinstanzen gaben der Klage Zug um Zug gegen Zahlung von 2010,43 RM. statt. Die Revision des Beklagten führte zur Aufhebung und Zurückverweisung.

Gründe:

Beide Vordergerichte nehmen an, daß die am 5. November 1926 eingetragene Verfügungsbeschränkung dem schon vorher durch Vormerkung gesicherten Wiederkaufsrecht keinen Eintrag tun könne. Die Revision bittet um Nachprüfung dieser Ansicht. Indessen ist hierin den Vorinstanzen beizutreten. Die Verfügungsbeschränkung nach § 77 des Reichsversorgungsgesetzes (jetzt gültige Fassung vom 22. Dezember 1927, RGBl. I S. 515) ist ihrem Wesen nach dieselbe wie nach § 6 des Kapitalabfindungsgesetzes vom 3. Juli 1916 (RGBl. S. 680); das Reichsversorgungsgesetz vom 12. Mai 1920 (RGBl. S. 989) hat daran außer der Erstreckung der Frist von 2 Jahren auf 5 Jahre und außer anderweitiger Regelung der Zuständigkeit für die Anordnung nichts geändert. Über das Wesen der Maßnahme hat sich der V. Zivilsenat des Reichsgerichts in RGZ. Bd. 105 S. 71 ausgesprochen. Daselbst ist an Hand der Entstehungsgeschichte und des Zwecks des § 6 des Kapitalabfindungsgesetzes erörtert, daß die Maßnahme kein relatives, nur zugunsten des Reichsmilitärfiskus wirkendes Verbot enthält, sondern die Weiterveräußerung und Belastung des Grundstücks während der bestimmten Frist schlechthin unzulässig macht, sofern nicht die zuständige Militärbehörde ihre

Genehmigung erteilt hat. Dagegen ist in der Entscheidung nirgends gesagt, daß die Anordnung ihre Wirksamkeit auch auf bereits vorhandene Grundbucheintragungen erstrecke. Diese Ansicht ist zwar in der Rechtsprechung aufgetaucht, überwiegend aber abgelehnt worden (vgl. die Zusammenstellung JW. 1930 S. 1080). Das Gesetz bietet keinen Anhalt dafür, daß ein so tiefgehender, für den Grundkredit gefährlicher Eingriff in das Liegenschaftsrecht beabsichtigt gewesen sei. Auch ist dafür weder aus der Entstehungsgeschichte des § 6 des Kapitalabfindungsgesetzes (vgl. RGZ. Bd. 105 S. 73flg.) noch aus der des § 77 des Reichsversorgungsgesetzes (Begründung in Nr. 2663 S. 56 der Drucks. der Verfassunggebenden Deutschen Nationalversammlung) etwas zu entnehmen. Im Gegenteil spricht die gesetzliche Regelung, wonach die Anordnung erst mit ihrer Eintragung in das Grundbuch wirksam wird, dafür, daß nach dem Willen des Gesetzgebers unangetastet bleiben soll, was bereits vorher eingetragen war, daß also insoweit die Anordnung keine Wirksamkeit hat. Denn andernfalls wäre kaum zu erklären, warum das Gesetz die Eintragung im Grundbuch überhaupt fordert und die Wirksamkeit der Anordnung zeitlich erst mit ihrer Eintragung beginnen läßt. Da im vorliegenden Falle die Klägerin sich ihr Wiederkaufsrecht durch Eintragung einer Vormerkung hatte dinglich sichern lassen, so kann der Beklagte aus der erst später eingetragenen Anordnung des Hauptversorgungsamts keinen Einwand entnehmen.

Nun meint die Revision, wenn der Klägerin bekannt gewesen sei, daß der Beklagte eine Kapitalabfindung zum Ankauf des Grundstücks erhalte, so habe sie ihr Wiederkaufsrecht dem § 77 RVG. anpassen müssen oder sie dürfe es doch nach § 242 BGB. nicht in einer Weise ausüben, die den Sicherungszweck des § 77 durchkreuze. Indessen kann der Klägerin nicht verwehrt werden, ihre Interessen als Genossenschaft wahrzunehmen. Wenn sie ihre genossenschaftlichen Vorteile den Genossen nur so lange bietet, als diese ihr angehören, so liegt darin nichts, was vom Standpunkte des Reichsversorgungsgesetzes oder des § 242 BGB. zu mißbilligen wäre.

Endlich rügt die Revision Verletzung des § 65 GenG., da die Wegnahme des Grundbesitzes einen außerordentlichen Rechtsnachteil bedeute, mit dem der Austritt nicht verknüpft werden dürfe. In dieser Form ist die Rüge nicht berechtigt. Daß sich die Klägerin ein Wiederkaufsrecht für den Fall des Austritts vorbehielt, war auch unter dem Gesichtspunkt des § 65 a. a. O. nicht zu beanstanden. Unstreitig ist der satzungsmäßige Zweck der Klägerin darauf gerichtet, minderbemittelten Familien und Personen gesunde Wohnungen in eigens erbauten Häusern zu möglichst billigen Preisen zu verschaffen. Diesen Zweck würde sie schwerlich erfüllen können, wenn es den Genossen freistände, trotz ihres Austritts das zu behalten, was ihnen die Klägerin verschafft hat. Das würde darauf hinauslaufen, daß sie die genossenschaftlichen Vorteile trotz ihres Austritts weiter genießen könnten. Dies ist nicht der Sinn der in § 65 GenG. getroffenen Bestimmung, daß dem Genossen der Austritt freisteht und zuwiderlaufende Abkommen ohne rechtliche Wirkung sind. Den Verlust der genossenschaftlichen Vorteile muß der Austretende in Kauf nehmen (RGZ. Bd. 91 S. 335). Wohl aber fragt es sich, ob die Wiederkaufsbedingungen der Klägerin einen darüber hinausgehenden Nachteil für den Beklagten enthalten. Muß er sich einen Wiederkauf zu angemessenen Bedingungen zwar gefallen lassen, so doch nicht einen solchen zu nachteiligen Bedingungen, die wie eine Vertragsstrafe wirken (vgl. RGZ. Bd. 33 S. 66, Bd. 42 S. 79, Bd. 71 S. 388, Bd. 85 S. 304). In dieser Hinsicht geben die Allgemeinen Verkaufsbedingungen der Klägerin Anlaß zu Bedenken. In Nr. 13 wird der Käufer für verpflichtet erklärt, Mitglied der Klägerin bis zu ihrer Auflösung zu bleiben. Verletzung dieser Pflicht wird in Nr. 16 mit Verletzung anderer Pflichten, wie der Pflicht zur Instandhaltung, der Pflicht zur Unterlassung ungenehmigter Veränderung, Abvermietung usw., auf eine Stufe gestellt und als Fall der Wiederkaufsberechtigung behandelt, die allerdings auch in anderen Fällen eintritt, wo Pflichtverletzung nicht in Frage kommt. Bei Ausübung des Wiederkaufs hat die andere Vertragspartei nicht nur dessen Kosten mit Einschluß der Kosten des Verfahrens zur Festsetzung des Wiederkaufpreises zu tragen, sondern sie erhält als Wiederkaufpreis auch nur den durch Schätzung zu ermittelnden gemeinen Wert unter Abzug eines Betrags von 10%. Danach hat auch im vorliegenden Falle die Klägerin ihre Berechnung aufgestellt. Es erscheint nicht ausgeschlossen, daß sich hierin, namentlich in dem Abzuge von 10%, dessen Grund und Bedeutung bisher unaufgeklärt ist, ein Nachteil verbirgt, der im Falle des Austritts nach Art einer Vertragsstrafe wirkt. Ob das zutrifft, wird nach der Gesamtheit der Umstände beurteilt werden müssen. Sollte es der Fall sein, so wäre das Abkommen über das Wiederkaufsrecht nach § 65 Abs. 3 GenG. nichtig und es würde weiter nach § 139 BGB. zu prüfen sein, ob damit der Verkauf überhaupt als nichtig zu betrachten ist. Die Klägerin hat bereits erklärt, daß sie den Kaufvertrag keinesfalls ohne das Abkommen über das Wiederkaufsrecht abgeschlossen hätte. Die Folge wäre, daß der Beklagte das Eigentum am Grundstück ohne Rechtsgrund erlangt hätte und sich mit der Klägerin nach den Grundsätzen der ungerechtfertigten Bereicherung auseinandersetzen müßte. Ob das im Endergebnis für ihn günstiger sein würde als seine bisherige Verurteilung, läßt sich zur Zeit nicht übersehen; die Möglichkeit ist nicht ausgeschlossen.

---

45. Tritt dann, wenn nach Errichtung eines wechselseitigen Testaments der überlebende Ehemann in einem weiteren Testament seine zweite Ehefrau als Erbin einsetzt und diese das erste Testament gemäß § 2079 BGB. erfolgreich anficht, Erbfolge auf Grund des zweiten Testaments oder gesetzliche Erbfolge ein?

BGB. §§ 2079, 2271 Abs. 2.

IV. Zivilsenat. Urt. v. 6. November 1930 i. S. K. (Kl.) w. B. (Bekl.). IV 82/30.

I. Landgericht Prenzlau.
II. Kammergericht Berlin.

Die Klägerin ist die Witwe des am 19. Juni 1928 verstorbenen Karl K. Dieser hatte am 11. August 1906 mit seiner ersten, vor 1916 verstorbenen Ehefrau ein gemeinschaftliches Testament errichtet, in dem sich die Eheleute gegenseitig zu Erben einsetzten, während die vom Ehemann durch nachfolgende Ehe legitimierte, gleichfalls als Erbin eingesetzte Tochter Marie K. sich mit dem nach dem Tode des Überlebenden vorhandenen Überrest begnügen sollte. Während seiner zweiten Ehe mit der Klägerin errichtete Karl K. ein privatschriftliches Testament vom 27. November 1924, worin er diese als Erbin einsetzte, die Tochter Marie aber auf den Pflichtteil beschränkte. An deren Stelle ist nach ihrem Tode ihr Sohn, der Beklagte, getreten. Die Klägerin hat Klage erhoben auf Feststellung, daß sie

Alleinerbin des Karl K. sei. Die Klage ist vom Landgericht abgewiesen worden. Im Laufe des Berufungsverfahrens hat die Klägerin das Testament vom 11. August 1906 auf Grund des § 2079 BGB. in Verb. mit § 2281 das. dem Nachlaßgericht gegenüber durch notariell beurkundete Erklärung vom 28. Mai 1929 angefochten. Sie hat hilfsweise beantragt, festzustellen, daß sie zu einem Viertel des Nachlasses gesetzliche Erbin des Karl K. geworden sei. Das Kammergericht hat ihre Berufung zurückgewiesen. Ihre Revision führte zur Aufhebung und Zurückverweisung.

Aus den Gründen:

... Es fragt sich, ob eine wirksame Anfechtung des Testaments vom 11. August 1906 überhaupt geeignet ist, den Hauptanspruch zu rechtfertigen, ob nämlich, wenn die Anfechtung durchdringt, nunmehr die Erbfolge auf Grund des Testaments von 1924 und nicht etwa die gesetzliche Erbfolge einzutreten hat. Für letzteres könnte geltend gemacht werden, daß das Testament von 1924, weil mit dem früheren wechselseitigen Testament im Widerspruch stehend, gemäß § 2271 Abs. 2 BGB. von Anfang an ungültig war, sodaß die Klägerin auch nach der Anfechtung darauf nicht mehr zurückgreifen dürfte. Diese Auffassung findet indes im Gesetz keine Stütze. § 2271 Abs. 2 Satz 1, wonach der überlebende Gatte, der die Erbschaft aus dem wechselseitigen Testament nicht ausschlägt, seine Verfügung nicht aufheben kann, enthält bloß eine Beschränkung seiner Testierfreiheit, nicht aber eine Aufhebung oder Minderung seiner Testierfähigkeit. Der Überlebende ist nicht gehindert, einseitig letztwillige Verfügungen zu treffen; diese sind nur unwirksam, soweit sie mit denen des wechselseitigen Testaments im Widerspruch stehen. Wird das wechselseitige Testament mit Erfolg angefochten, so entfällt der Grund der Unwirksamkeit der späteren Verfügung. Die Anfechtung hat die Nichtigkeit des wechselseitigen Testaments zur Folge, und diese Nichtigkeit ist nach § 142 Abs. 1 BGB. als von Anfang an bestehend anzusehen. Da also zufolge der Rückwirkung der Anfechtung das wechselseitige Testament von 1906 rechtlich niemals vorhanden war, kann es dem Testament von 1924 nicht entgegengehalten werden. Die darin enthaltenen letztwilligen Verfügungen des Karl K. über seinen Nachlaß bleiben mithin in Kraft (Planck Erl. 3 zu § 2079 BGB.; ROLG. Bd. 24 S. 73/74).

46. Welche Anforderungen sind an das Verhalten desjenigen zu stellen, der die rechtzeitige Anfechtung eines Vertrags wegen arglistiger Täuschung versäumt hat und nun dem Gegner die allgemeine Arglisteinrede entgegensetzt?

BGB. §§ 124, 242, 853.

VII. Zivilsenat. Urt. v. 7. November 1930 i. S. Firma W. (Kl.) w. Sch.-K. Lebensversicherungsbank AG. (Bekl.). VII 83/30.

I. Landgericht Magdeburg.
II. Oberlandesgericht Naumburg a. S.

Der am 10. April 1927 verstorbene Kaufmann R. in M. war mit Wirkung vom 1. August 1925 ab bei der Beklagten in Höhe von 25200 GM. (oder 6000 Dollar nordamerikanischer Währung) auf den Todesfall versichert. Am 30. Juli 1926 hatte er seinen Anspruch aus dieser Versicherung der klagenden Firma verpfändet. Die Beklagte lehnt die Zahlung der Versicherungssumme ab, weil R. in den Erklärungen über seinen Gesundheitszustand, die er in seinem Versicherungsantrag und bei der vertrauensärztlichen Untersuchung abgegeben hatte, ihm vorgelegte Fragen absichtlich falsch beantwortet habe. Aus diesem Grunde hat sie durch Schreiben vom 3. Mai 1927 ihren Rücktritt vom Versicherungsvertrag und im Rechtsstreit durch Schriftsatz vom 1. November 1927 die Anfechtung des Vertrags wegen arglistiger Täuschung erklärt.

Die Klage ist auf Zahlung der Versicherungssumme gerichtet. Das Landgericht gab ihr statt. Auf die Berufung der Beklagten wies das Oberlandesgericht die Klage ab. Die Revision der Klägerin führte zur Aufhebung und Zurückverweisung.

Gründe:

Das Berufungsgericht hält den Rücktritt der Beklagten vom Versicherungsvertrag sowie ihre Anfechtung des Vertrags wegen arglistiger Täuschung für unwirksam, weil sie die betreffenden Erklärungen nur der Klägerin, nicht aber — wie es hätte geschehen müssen — den Erben des Versicherungsnehmers gegenüber abgegeben habe. Dagegen nimmt der Vorderrichter an, daß die Beklagte befugt sei, der Klage die Einrede der Arglist entgegenzusetzen.

Die Revision verlangt Nachprüfung, ob hier die Arglisteinrede durchschlägt. In der Tat bestehen in dieser Hinsicht grundsätzliche

Bedenken. Zwar ist in der Regel, im Sinne der §§ 242, 853 BGB., die allgemeine Arglisteinrede auch demjenigen zu verstatten, der die Jahresfrist des § 124 BGB. versäumt und sich dadurch außerstande gesetzt hat, die Nichtigkeit des Vertrags wegen arglistiger Täuschung von seiten des Vertragsgegners herbeizuführen und den Rechtserfolg des Vertrags in allgemein wirksamer Weise zu beseitigen (RGZ. Bd. 79 S. 197). Doch muß man von der Partei, die sich dieser Einrede bedienen will, fordern, daß sie mit Deutlichkeit den Willen zum Ausdruck bringt, den durch Betrug des Gegners erschlichenen Vertrag aufzulösen (RGZ. Bd. 60 S. 294 flg., bes. S. 296). Mit Treu und Glauben im Verkehr wäre es unvereinbar, wenn jemand die Arglisteinrede dazu benutzte, sich gegenüber dem Gegner seinen vertraglichen Verpflichtungen zu entziehen, ohne seinerseits die Pflicht zur Rückgewähr der auf Grund des Vertrags bereits erlangten Vorteile anzuerkennen. Aus den Erklärungen des die Vertragserfüllung Verweigernden muß daher erhellen, daß er wirklich die Auflösung des Vertrags begehrt und die sich daraus ergebenden Folgen seinerseits zu tragen bereit ist. Wie in RGZ. Bd. 60 S. 296 dargelegt, braucht er sich zwar nicht zur Rückgabe des Empfangenen zu erbieten, sondern darf abwarten, bis der Gegner seine Leistung zurückfordert. Er darf sich aber in dem Rechtsstreit, in welchem er die Arglisteinrede vorschützt, nicht in der Weise verhalten, daß er die Rückgewähr von vornherein ablehnen und sich unter Berufung auf den Vertrag die daraus gezogenen Vorteile weiterhin sichern will. In solchem Falle steht seiner Arglisteinrede die Replik der eigenen Arglist entgegen.

So liegen aber die Dinge hier. Die Beklagte will mit der Arglisteinrede nur ihre Befreiung von der Pflicht zur Zahlung der Versicherungssumme erreichen. Die vom Versicherungsnehmer seit 1925 empfangenen Prämien will sie aber nicht zurückgeben; diesen Entschluß hat sie hinreichend dadurch bekundet, daß sie dem von der Klägerin im zweiten Rechtsgang erhobenen Anspruch auf Erstattung der auf die Versicherung des R. entfallenden Prämienreserve den Einwand der unzulässigen Klagänderung entgegensetzte. Dies kann nur so aufgefaßt werden, daß die Beklagte es ablehnt, die Prämienreserve und demnach erst recht die sie übersteigende Summe der von R. gezahlten Prämien zurückzuvergüten. Sie will also die Vorteile behalten, die ihr der Versicherungsvertrag brachte, sich hingegen ihrer eigenen Leistung mit Hilfe der Arglisteinrede entziehen. Ein solches

Verhalten kann aber durch die Rechtsordnung nicht geschützt werden (RGZ. Bd. 71 S. 436).

Aus diesen grundsätzlichen Erwägungen ist der Entscheidungsgrund des Berufungsgerichts unhaltbar. Sein Urteil läßt sich auch nicht mit den Erwägungen aufrechterhalten, welche die Beklagte in der mündlichen Revisionsverhandlung vorgetragen hat. Diese bewegen sich in der Richtung, daß wegen der besonderen Gestaltung des Versicherungsverhältnisses die der Klägerin gegenüber abgegebenen Rücktritts- und Anfechtungserklärungen doch als rechtswirksam anzusehen seien. Da jedoch die näheren Bedingungen des Vertragsabschlusses zwischen der Beklagten und dem Versicherungsnehmer R. bisher nicht Gegenstand der Verhandlung im Rechtsstreit gewesen sind, kann das auf sie gestützte Vorbringen der Beklagten in diesem Rechtszuge keine Beachtung finden.

---

47. Über den sachlichrechtlichen Kostenerstattungsanspruch.

ZPO. §§ 91, 103 bis 107.

II. Zivilsenat. Urt. v. 7. November 1930 i. S. Provinzial-Lebens-, Unfall- und Haftpflicht-Versicherungsanstalt Schl.-H. (Kl.) w. B. (Bekl.). II 57/30.

I. Landgericht III Berlin.
II. Kammergericht daselbst.

Der Beklagte hat sich durch die zu Zwecken des Wettbewerbs geschehene Aufstellung und Verbreitung nicht erweislich wahrer, die geschäftlichen Verhältnisse der Klägerin schädigender Behauptungen der Verletzung des § 14 UnlWG. schuldig gemacht. Er ist deshalb in einem Vorprozeß rechtskräftig zur Unterlassung und — durch Feststellung seiner Ersatzpflicht — zum Schadensersatz verurteilt worden. Die Klägerin fordert auf Grund dieser Verurteilung mit der vorliegenden Klage Erstattung der Kosten, die ihr durch den Vorprozeß und durch ein von ihr in Verbindung mit diesem betriebenes, zu ihren Ungunsten erledigtes Verfahren auf Erlaß einer einstweiligen Verfügung entstanden seien. Diesen Anspruch stützt sie auf Schadensersatzpflicht des Beklagten aus unerlaubter Handlung; als Folgewirkung der letzteren bezeichnet sie die Aufwendung dieser Kosten. Beide Vorinstanzen wiesen die Klage ab. Auch die Revision der Klägerin hatte keinen Erfolg.

Gründe:

Das Berufungsgericht führt als Hauptgrund für die Zurückweisung der Klagansprüche an, daß die eingeklagten Kosten früherer Prozesse mit der dem Beklagten zur Last fallenden unerlaubten Handlung nicht in ursächlichem Zusammenhang ständen. Das berührt sich mit der Entscheidung des erkennenden Senats in JW. 1926 S. 1542 Nr. 5, wonach als Folge einer unerlaubten Handlung nur diejenigen Prozeßkosten gelten sollen, die zur zweckentsprechenden Rechtsverfolgung notwendig waren. Demgegenüber meint Rosenberg Zivilprozeßrecht 2. Aufl. § 78 IV 2 (S. 224), dem privatrechtlichen Kostenanspruch werde durch § 91 ZPO. keine Grenze gezogen, und Stein-Jonas Vorbem. zu §§ 91flg. IV 3 will den ursächlichen Zusammenhang nur „regelmäßig" auf die notwendigen Kosten beschränkt wissen. Doch kann die Frage der sog. adäquaten Verursachung hier dahingestellt bleiben, da die Revision aus anderen Gründen zurückgewiesen werden muß.

Allerdings gibt es außer dem verfahrensrechtlichen auch einen sachlichrechtlichen Kostenerstattungsanspruch, der namentlich durch unerlaubte Handlung oder durch Verzug in der Erfüllung von Vertragspflichten hervorgerufen werden kann. Aber dieser Anspruch hat nur für solche Fälle praktische Bedeutung, in denen es an einem vollstreckbaren Titel fehlt (wo es z. B. überhaupt nicht zur Einreichung einer Klage kommt, weil sich der Streit durch die Bemühungen des beauftragten Anwalts in Güte erledigt, oder bei Zurücknahme der Klage aus gleichem Grunde vor oder nach der Zustellung (vgl. RGZ. Bd. 66 S. 186 [199]). Ist dagegen ein solcher Titel vorhanden, so kann nach § 103 ZPO. der Anspruch auf Erstattung der Kosten nur auf Grund dieses Titels und in dem durch §§ 103 bis 107 das. geregelten Verfahren geltend gemacht werden. Dieses Verfahren ist der einzige Weg, der offen steht. Das ergibt sich zwingend aus dem Umstand, daß es sich um eine gesetzliche Sonderregelung handelt, wonach eine gewissermaßen mechanische Folge des Unterliegens die Kostenerstattungspflicht sein soll, aber nur in Ansehung derjenigen Kosten, die objektiv zur zweckentsprechenden Rechtsverfolgung erforderlich waren. Das Gesetz gibt in den §§ 103 bis 107 ein genau geregeltes Verfahren für die Kostenfestsetzung mit Instanzenzug. Alles dies läßt keinen Zweifel darüber, daß hier eine abschließende Regelung getroffen werden, es also ausgeschlossen sein sollte, außer dem im Gesetz vorgesehenen, genau vorgeschriebenen Weg noch eine andere Möglichkeit zu gewähren, d. h. aus einem sachlichrechtlichen Grunde, insbesondere wegen Verschuldens, Kostenerstattung zu verlangen. Der Ansicht der Revision, daß der Anspruch auf Kostenerstattung, falls er aus dem Gesichtspunkt des Schadensersatzanspruchs wegen Verschuldens geltend gemacht werde, unabhängig vom Vorliegen eines vollstreckbaren Titels „stets seinen eigenen Weg gehe", kann daher nicht beigetreten werden; sie ist unhaltbar. Kosten, die nicht in dem durch die Zivilprozeßordnung geregelten Verfahren geltend gemacht oder die dort aberkannt worden sind, können somit überhaupt nicht ersetzt verlangt werden. Ohne jede Grundlage im Gesetz ist die weitere Ansicht der Revision, daß diejenigen Kosten, die im Kostenfestsetzungsverfahren für nicht erstattungsfähig erklärt und daher abgesetzt worden sind, dadurch aufgehört hätten, Prozeßkosten zu sein. Deshalb kann der Revision auch darin nicht gefolgt werden, daß nichts im Wege stehe, den Anspruch auf Erstattung solcher Kosten aus dem sachlichrechtlichen Grunde des Verschuldens geltend zu machen, wenn sie — wie es bei der von der Klägerin im Kostenfestsetzungsverfahren in Rechnung gestellten, aber dort rechtskräftig abgesetzten Korrespondenzgebühr zutreffe — durch die unerlaubte Handlung des Beklagten verursacht worden seien. Aus dem Gesetz ergibt sich klar, was unter Prozeßkosten zu verstehen und daß dieser Begriff daher nicht von der Erstattungsfähigkeit nach § 91 ZPO. abhängig ist.

Den im Kostenfestsetzungsverfahren als nicht erstattungsfähig aberkannten Kosten stehen für die hier zu entscheidende Frage die dort überhaupt nicht geltend gemachten Kosten rechtlich gleich. Denn da dieses Verfahren beim Vorliegen eines vollstreckbaren Titels der einzige Weg ist, der für die Erstattung der Kosten offen steht, so muß die Unterlassung der Geltendmachung die gleiche Rechtsfolge nach sich ziehen wie die Aberkennung geltend gemachter Beträge.

Hiermit erledigen sich die Klagansprüche auf Erstattung der im Kostenfestsetzungsverfahren abgesetzten Korrespondenzgebühr und des von der Klägerin an den Verband der öffentlichen Lebensversicherungsanstalten für dessen Tätigkeit der Prozeßvorbereitung gezahlten Betrags von 8000 RM., den die Klägerin im Kostenfestsetzungsverfahren überhaupt nicht geltend gemacht hat.

Was den Anspruch auf Erstattung der Kosten betrifft, die der Klägerin durch das Verfahren auf Erlaß einer einstweiligen Verfügung entstanden sind, so ist zu beachten, daß ein Kostenanspruch niemals einem rechtskräftigen Urteil widersprechen darf. Das ist aber hier der Fall. Wurde später auch endgültig entschieden, daß sich der Beklagte durch Aufstellung und Verbreitung der in Rede stehenden Behauptungen des unlauteren Wettbewerbs schuldig gemacht hat, und wurde er demgemäß auch zur Unterlassung dieser Behauptungen verurteilt, so bleibt es doch dabei, daß die Klägerin in dem vorausgegangenen Verfahren auf Erlaß einer einstweiligen Verfügung ihren Anspruch nicht glaubhaft machen konnte. Das steht durch das in jenem Verfahren ergangene kammergerichtliche Urteil rechtskräftig fest, und daran kann nicht gerüttelt werden.

---

48. Wann wird die Frankengrundschuld des schweizerischen Goldhypothekengläubigers fällig?

Deutsch-schweizerisches Abkommen über Goldhypotheken v. 6. Dezember 1920 Art. 2a. Zusatzabkommen v. 25. März 1923 Art. 15.

V. Zivilsenat. Urt. v. 8. November 1930 i. S. Schw. Rückversicherungsges. (Bekl.) w. Geschäftshaus-GmbH. (Kl.). V 154/30.

I. Landgericht I Berlin.
II. Kammergericht daselbst.

Die Klägerin ist Eigentümerin eines Grundstücks, auf dem für die Beklagte an Stelle einer Goldhypothek im Sinne des deutsch-schweizerischen Hauptabkommens vom 6. Dezember 1920 (HA.) nunmehr nach Art. 6flg. des Zusatzabkommens vom 25. März 1923 (ZA.) eine Gläubigergrundschuld von 1234500 Schweizerfranken eingetragen ist. Die Klägerin begehrt, gestützt auf Art. 15 Abs. 1 ZA. und Art. 2a HA., die Feststellung, daß die Grundschuld nicht vor dem 9. Dezember 1935 fällig werde. Die Vorinstanzen haben der Klage stattgegeben. Die Revision der Beklagten blieb erfolglos.

Gründe:

Daß die prozessualen Voraussetzungen des § 256 ZPO. für die Feststellungsklage der Klägerin erfüllt sind, hat schon das Landgericht zutreffend dargelegt. Die Entscheidung des Rechtsstreits hängt also lediglich von der Auslegung des materiellrechtlichen Inhalts des Art. 15 ZA. und des Art. 2a HA. ab.

Art. 15 ZA. läßt die Gläubigergrundschuld erst mit dem Ablauf „der im Art. 2a HA. vorgesehenen Frist“ fällig werden. Art. 2a HA. kennt aber zwei Fristen: zunächst eine Frist von 10 Jahren seit dem 9. Dezember 1920, sodann eine Verlängerungsfrist von weiteren 5 Jahren, falls nach Ablauf der ersten 10 Jahre die „Mark“ in der Schweiz auf 65 Centimes oder darunter stehen sollte. Es fragt sich nun, welcher Einfluß auf den Fristenlauf der Tatsache zukommt, daß das Deutsche Reich vor dem 9. Dezember 1930 die beim Abschluß der beiden Staatsverträge geltende „Mark“-Währung verlassen hat und zur „Reichsmark“-Währung übergegangen ist. Die Beklagte als Gläubigerin der Grundschuld meint, man müsse entweder beide Währungen gleichsetzen und dann im Hinblick auf den sicher vorauszusehenden Stand der Reichsmark über 65 Centimes am 9. Dezember 1930 der Klägerin die fünfjährige Zusatzfrist versagen oder aber mit dem Wegfall der alten Währung auch die Vorbedingung für den Beginn dieser Frist als weggefallen und damit die Vorschriften der Staatsverträge über die Frist selbst als erledigt ansehen. Die Klägerin als Schuldnerin dagegen glaubt, daß die Entwertung der nach ihrer Ansicht allein maßgeblichen alten Währung bis an den Rand des Nichts ohne weiteres den Schluß rechtfertige, die Vorbedingung für den Lauf der Zusatzfrist sei als erfüllt zu betrachten.

Bei der Auslegung eines internationalen Abkommens ist, wie der erkennende Senat in seiner grundlegenden Entscheidung zum HA. (RGZ. Bd. 104 S. 352) ausgeführt hat, in erster Linie maßgebend der aus dem Wortlaut, dem Zweck und der Entstehungsgeschichte zu ermittelnde übereinstimmende Wille der Vertragsstaaten. Dabei ist, wie die Revision zutreffend hervorhebt, keine Buchstabenauslegung einzelner Worte statthaft, sondern der wahre Wille aus den Gesamtumständen zu erforschen. Immerhin wird hier bei Zweifeln dem Wortlaut einer Einzelbestimmung regelmäßig doch eine größere Bedeutung beizumessen sein als bei der Auslegung von Normen des innerstaatlichen Rechts durch den Richter des Heimatstaats (vgl. Zacharias in DJZ. 1929 Sp. 1374).

Eine diesen Richtlinien folgende Auslegung des Art. 15 ZA.

und des Art. 2a HA. führt zur Bestätigung der von den Vorinstanzen getroffenen Entscheidung.

Mit Recht gehen beide Vordergerichte davon aus, daß unter dem Begriff der „Mark" im Art. 2a HA. nicht die jeweilige deutsche Währung, insbesondere also nicht die heute geltende Reichsmark nach den Reichsgesetzen vom 30. August 1924, sondern nur die im Jahre 1920 im Umlauf gewesene Papiermark verstanden werden kann (Geiler-Pfefferle Die schweizerischen Goldhypotheken in Deutschland S. 148 Anm. 15; Schröder Die deutsch-schweizerischen Staatsverträge über Goldhypotheken S. 12 Fußnote 4). Darüber ist kein ernsthafter Zweifel möglich, obwohl die Beklagte noch mit der Revision die von den Vorinstanzen abgelehnte gegenteilige Ansicht zu vertreten versucht. Niemand dachte im Jahre 1920 an einen Währungswechsel in Deutschland. Auch die Vertragsstaaten gingen ersichtlich nur von der schon damals entwerteten Papiermark aus. Denn diese Entwertung war ja der einzige Grund, der zu dem Hauptabkommen führte; Zweck des Abkommens war, die schweizerischen Gläubiger gegen die Folgen der Entwertung zu schützen. Deutschland hatte mit dem Gesetz vom 4. August 1914 (RGBl. S. 347) die Goldwährung verlassen und war zur Papierwährung übergegangen. Durch die Bekanntmachung vom 28. September 1914 (RGBl. S. 417) waren die zwischen den schweizerischen Goldhypothekengläubigern und ihren deutschen Schuldnern vereinbarten Goldzahlungsklauseln außer Kraft gesetzt worden. Der langen Dauer des Krieges, seinem unglücklichen Ausgang und seinen wirtschaftlichen Folgen hatte aber die deutsche Papierwährung nicht standgehalten. Sie war auf dem internationalen Geldmarkt entwertet. Ende 1920 war die Papiermark in der Schweiz bis auf ein Zwölftel ihres Friedenswertes gesunken. Dennoch hoffte und rechnete man nicht nur in Deutschland, sondern auch im Auslande mit einer — wenn auch nur langsam und allmählich eintretenden und fortschreitenden — Besserung des Weltkurses dieser Papierwährung. Niemand konnte aber ihr Schicksal auch nur halbwegs sicher voraussehen. Gerade die Ungewißheit der künftigen Kursentwicklung der alten deutschen Papierwährung bildete nun die Grundlage für die Vereinbarung der fünfjährigen Zusatzfrist im Art. 2a HA. Diese Grundlage würde völlig aufgegeben, wenn man bei der Auslegung der Vereinbarung nicht von der ihrer Golddeckung beraubten, beim Vertragsschluß schon stark entwerteten, einem ungewissen Zukunftsschicksal entgegengehenden Papierwährung ausginge, sondern von der goldgedeckten, bisher keinerlei nennenswerten Schwankungen auf dem internationalen Geldmarkt ausgesetzten und nach menschlichem Ermessen gegen solche Schwankungen auch künftig gesicherten neuen deutschen Reichsmarkwährung. Der deutsche Richter, der dem Vorschlag der Beklagten folgend im Art. 2a HA. das Wort „Mark" durch die heutige Reichsmark ersetzen wollte, würde also die Norm des Abkommens nicht mehr auslegen, sondern durch eine neue Norm ersetzen, ein Verfahren, dem gerade die Beklagte im Laufe des Rechtsstreits oft und mit Recht widersprochen hat. Wortlaut, Zweck und Entstehungsgeschichte des Hauptabkommens zwingen übereinstimmend zu der Feststellung, daß im Art. 2a nur die alte deutsche Papiermark der Willensbildung und der Willensäußerung der beiden Vertragsstaaten zugrunde lag. Deshalb darf auch nur diese „Mark" bei der Auslegung berücksichtigt werden.

Als die Vertragsstaaten im März 1923 das Zusatzabkommen abschlossen, war die deutsche Papiermark im internationalen Geldverkehr auf etwa $^1/_{5000}$ ihres Friedenswertes gesunken. Dennoch glaubte man auch damals immer noch an die Möglichkeit ihrer Erholung und Festigung. Kein verständiger Mensch und namentlich keine Regierung im Deutschen Reich und in seinen Nachbarstaaten rechnete aber damit, daß die Papiermark wieder bis auf etwa die Hälfte ihres Friedenswertes im internationalen Kurse würde steigen können. Die Beklagte selbst verschließt sich dieser Erkenntnis nicht. Sie betont in der Berufungsbegründung mit Recht, daß ein Aufstieg der Papiermark bis zu 65 schweizerischen Centimes bei dem Stand der Dinge im Frühjahr 1923 die Mehrzahl der deutschen Staatsbürger zu Goldmillionären gemacht hätte und daß mit einem so schlechterdings unmöglichen Ereignis kein Wirtschaftler und kein Regierungsteilnehmer bei den Verhandlungen über das Zusatzabkommen gerechnet habe. Wenn nun trotzdem die Vertragsstaaten in der klaren Erkenntnis, daß sich die Papiermark unter keinen Umständen jemals wieder bis zu 65 Centimes erholen könne, im Art. 15 ZA. bei Regelung der Fälligkeit der Gläubigergrundschuld einfach die Vorschrift im Art. 2a HA. weiter gelten ließen, so kann diese Vereinbarung nur dahin verstanden werden, daß der deutsche Schuldner ohne weiteres bis zum 9. Dezember 1935 gegen die Rückzahlungspflicht geschützt sein sollte. Daß man auf deutscher Seite von dieser Auslegung als von einer Selbstverständlichkeit ausgegangen ist, belegt die Denkschrift der deutschen Reichsregierung zum Zusatzabkommen und zum Ausführungsgesetz vom 23. Juni 1923. Zwar sagt sie in einer Einzelbemerkung zu Art. 15 ZA. unter dem Eindruck des Wortlauts im Art. 2a HA. etwas unbestimmt, es sei an der für den Schuldner besonders wichtigen Stundung „bis 1930 bzw. 1935" festgehalten. Im Eingangsabschnitt „I. Allgemeines" führt sie aber eindeutig aus: „Gegenüber dieser Konzession an die Gläubiger (Verdinglichung ihrer Ansprüche) ist nun in mehrfacher Weise ein Vorteil für die Schuldner erzielt worden. Was zunächst die Kapitalforderung anlangt, so ist an der Stundung bis zum Jahre 1935 festgehalten worden" (ebenso Reichardt Die schweizerischen Goldhypotheken in Deutschland S. 14; unklar S. 97 Anm. 1). Aber auch auf schweizerischer Seite hat man sich dieser Auffassung keineswegs verschlossen. Die Klägerin hat in ihren Schriftsätzen mehrere Äußerungen schweizerischer Gläubiger wiedergegeben, die ohne Vorbehalt anerkannt haben, daß eine Fälligkeit ihrer Grundschulden nach den Vereinbarungen in den Staatsverträgen praktisch genommen vor Ende 1935 nicht in Frage komme. Derselben Ansicht scheint früher auch der schweizerische Sachverständige Dr. Hans Müller gewesen zu sein, der jetzt im Rechtsstreit als Hauptgutachter für den gegenteiligen Rechtsstandpunkt der Beklagten eintritt. Im gedruckten Text seines zu den Akten überreichten Referats für die Jahresversammlung des Schweizer Juristenvereins 1924 über „Die Einwirkung der Währung auf die privatrechtlichen Verhältnisse" wird auf S. 58 zunächst zum Hauptabkommen ausgeführt, man habe sich dahin geeinigt, daß die schweizerischen Goldhypotheken „erst im Jahre 1930 bzw. 1935" zurückzuzahlen seien; zum Zusatzabkommen übergehend fährt das Referat im Druck aber fort: „Die Goldmarkhypotheken werden hier unter Dahinfall der persönlichen Forderungen umgewandelt in bis 1935 unkündbare Frankengrundschulden."

Spricht hiernach schon die Entstehungsgeschichte des Zusatzabkommens, vom Standpunkt beider Vertragsteile aus betrachtet, dafür, daß Art. 15 Abs. 1 ZA. nur noch das Jahr 1935 als Fälligkeitstermin im Auge gehabt haben kann, so findet diese Auslegung weiterhin ihre Stütze auch im Zweck und im Wortlaut der Vorschrift. Die Revision glaubt für sich geltend machen zu können, daß ein Stundungsversprechen grundsätzlich zugunsten des Gläubigers auszulegen sei und daß deshalb bei Zweifeln über die Stundungsdauer die dem Gläubiger günstigere Frist gewählt werden müsse. Es mag dahingestellt bleiben, ob diese Ansicht für privatrechtliche Stundungsvereinbarungen zwischen Gläubiger und Schuldner im allgemeinen zutrifft. Denn bei der im Art. 15 ZA. von Staat zu Staat vereinbarten Hinausschiebung der Fälligkeit liegen besondere Verhältnisse vor, die eine andere Betrachtungsweise rechtfertigen. Es wird allgemein anerkannt, daß der — erreichte — Zweck des Zusatzabkommens dahin ging, den schweizerischen Goldhypothekengläubigern Vorteile zu gewähren, wie sie sonst keinem Gläubiger deutscher Schuldner eingeräumt worden sind. Ebenso ist aber auch anerkannt, daß die im Art. 15 ZA. bewilligte Stundung einen — wenn auch vielleicht nur geringen — Gegenvorteil für den Schuldner darstellen sollte, ohne den die deutsche Regierung das Abkommen nicht hätte abschließen können. Schon diese Betrachtung müßte es bedenklich erscheinen lassen, die zugunsten des Schuldners erlassene Stundungsvorschrift hier nach etwa sonst gebräuchlichen Auslegungsregeln gegen ihn und zum Vorteil des Gläubigers auszulegen (vgl. Pfefferle in JW. 1925 S. 1755, Anm. zum RGUrt. vom 25. Februar 1925 V 295/24). Dazu kommt aber noch folgende Erwägung: Die deutschen Schuldner hatten bei den Verhandlungen, die zum Zusatzabkommen führten, eine möglichst weitgehende Verlängerung der Stundung über die Fristsetzung im Art. 2a HA. hinaus verlangt (Geiler-Pfefferle a. a. O. S. 106 unter 4). Eine solche verlängerte Stundung über Art. 2a HA. hinaus gestand die Schweiz nicht zu (ebenda S. 112 unter 4). Daraus folgt aber jedenfalls so viel, daß es mit dem Schutzzweck des Art. 15 Abs. 1 ZA. unvereinbar wäre, wenn man dem Schuldner nachträglich im Wege der Auslegung auch noch die im Art. 2a HA. vorgesehene Stundungsmöglichkeit bis 1935 durch Streichung der fünfjährigen Zusatzfrist verkürzen wollte, obwohl beim Abschluß des Zusatzabkommens feststand, daß sich die deutsche Papiermark niemals mehr auf 65 Centimes erholen würde.

In diesem Lichte gesehen erhält auch der Wortlaut des Art. 15 Abs. 1 ZA. seine besondere Bedeutung. Es erscheint nicht als eine zufällige Ungenauigkeit des Textes oder gar als ein innerer Widerspruch mit Art. 2a HA., wenn im Art. 15 ZA. nur noch von einer im Art. 2a HA. vorgesehenen Frist gesprochen wird, während dort von zwei Fristen die Rede war. Vielmehr spricht auch die Fassung der Vorschrift des Art. 15 ZA. im Zusammenhalt mit ihrer Entstehungsgeschichte und ihrem Schutzzweck dafür, daß die Vertragsstaaten beim Abschluß des Zusatzabkommens nicht mehr an die Möglichkeit gedacht haben, der ersten Frist könne noch eine selbständige Bedeutung zukommen, sondern daß sie im Hinblick auf den Gang der deutschen Währungsentwicklung nur noch mit einer einheitlichen Gesamtfrist für die Hinausschiebung der Fälligkeit bis zum 9. Dezember 1935 gerechnet haben.

Nach alledem führen Wortlaut, Zweck und Entstehungsgeschichte des Art. 15 ZA. übereinstimmend zu der Feststellung des Willens beider Vertragsstaaten, daß die Gläubigergrundschuld frühestens am 9. Dezember 1935 fällig werden sollte. Diese Feststellung entscheidet über die Auslegung der Vorschrift. Nach dem Willen der Vertragsstaaten, den Gläubiger und Schuldner der Grundschuld gegen sich gelten lassen müssen, hatte seit dem Abschluß des Zusatzabkommens der Verlauf der Währungsverhältnisse in Deutschland (völlige Entwertung der Papiermark, Einführung der neuen Reichsmark) für die Frage der Fälligkeit der Grundschuld keine Bedeutung mehr. Die so gewonnene Auslegung des Art. 15 ZA. rechtfertigt die von der Klägerin begehrte richterliche Feststellung, ohne daß noch zu prüfen wäre, ob die Darlegungen der Vorinstanzen über einen theoretisch zu errechnenden „voraussichtlichen Kurs" oder „Null-Kurs" der verschwundenen Papiermark am 9. Dezember 1930 rechtlich einwandfrei sind. Es bedarf ferner keines Eingehens auf die Frage, ob die Wirtschaftslage in Deutschland am 9. Dezember 1930 allen oder doch einem Teil der deutschen Schuldner die Rückzahlung der Grundschulden ermöglichen würde. Für die hier zu treffende Entscheidung ist schließlich ohne Belang, ob die Vertragsstaaten durch einen neuen Staatsvertrag oder auf dem Wege des Schiedsgerichtsverfahrens nach Art. 29 ZA. vielleicht zu einer anderen Lösung der Fälligkeitsfrage hätten gelangen können (vgl. hierzu Geiler-Pfefferle a. a. O. S. 143 unter 5; Schröder a. a. O.). Der Auslegungsversuch zum geltenden Recht, den Denz (DJZ. 1929 Sp. 1381 flg.) unternommen hat, kommt im Ergebnis zu der hier vertretenen Auffassung. Sie wird durch die von der Beklagten im Prozeß vorgelegten, zu anderem Ergebnis gelangenden Gutachten nicht erschüttert.

---

49. Kann § 1149 BGB. auf einen Vertrag angewendet werden, durch den der Schuldner das belastete Grundstück ohne vorherigen Schwebezustand zum Zweck der Befriedigung an den Gläubiger verkauft?

VI. Zivilsenat. Urt. v. 10. November 1930 i. S. B. u. Gen. (Bekl.) w. K. u. Gen. (Kl.). VI 33/30.

I. Landgericht II Berlin.
II. Kammergericht daselbst.

Auf das öffentliche Erbieten des Erstklägers zur Hingabe eines Darlehens meldeten sich die Beklagten und boten eine Verzinsung in Höhe von 10% monatlich an. Sie erhielten darauf von den Klägern Darlehen von 9500 und 6000 RM., das erste am 19. Juni 1924, fällig am 1. Oktober 1924, das zweite am 7. Juli 1924, fällig am 15. Dezember 1924. Zu diesen Darlehen wurden die Zinsen bis zu den Fälligkeitstagen mit je 3500 RM. hinzugerechnet. Demgemäß wurden im Grundbuch des den Beklagten gehörenden Grundstücks Hypotheken von 13000 und 9500 GM. für die offene Handelsgesellschaft eingetragen, deren Inhaber die Kläger sind. Da die Beklagten das am 1. Oktober 1924 fällige erste Darlehen nicht zurückzahlen konnten, teilte der Erstbeklagte dem Erstkläger mit, daß die Beklagten für die Hypotheken und Zinsen das belastete Grundstück hergeben wollten. Mit einem Schreiben vom 1. Dezember 1924 forderte der Erstkläger den Erstbeklagten auf, bis zum 4. Dezember 1924 entweder die Darlehensbeträge nebst den Zinsen zurückzuzahlen oder die notarielle Erklärung mit dem Verkaufsangebot zu übersenden. Darauf boten die Beklagten in notarieller Urkunde vom 3. Dezember 1924 den Klägern das mit den Hypotheken zugunsten der Kläger belastete Grundstück für 22500 RM. zum Kauf an. Der Kaufpreis sollte in der Weise beglichen werden, daß die Kläger die für sie eingetragenen Hypotheken als Allein- und Selbstschuldner übernähmen. In der notariellen Erklärung vom 9. Dezember 1924 nahmen die Kläger das Kaufangebot an. Im jetzigen Rechtsstreit verlangen sie in erster Linie Einwilligung der Beklagten in ihre Eintragung als Eigentümer des Grundstücks.

Das Landgericht entsprach diesem Antrag. Die Berufung der Beklagten blieb erfolglos. Ihre Revision führte aus einem hier nicht erörterten Grunde zur Aufhebung und Zurückverweisung. In der Revisionsinstanz beriefen sich die Beklagten für die Nichtigkeit des Kaufvertrags u. a. auf § 1149 BGB. Diese Rüge wurde zurückgewiesen aus folgenden

Gründen:

... Die Revision macht geltend, daß sich die Nichtigkeit des Kaufvertrags aus § 1149 BGB. ergebe. Diese Vorschrift betrifft die Eigentums-Verfallklausel. Der Eigentümer eines Grundstücks kann, solange nicht die Hypothekenforderung ihm gegenüber fällig geworden ist, dem Gläubiger nicht das Recht einräumen, zum Zwecke der Befriedigung die Übertragung des Eigentums zu verlangen. Die Revision hebt zutreffend hervor, daß das zweite hypothekarisch gesicherte Darlehen zur Zeit des Abschlusses des Kaufvertrags noch nicht fällig war. Die Anwendung dieser Vorschrift wird auch nicht dadurch ausgeschlossen, daß der zwischen den Parteien geschlossene Vertrag die Rechtsnatur eines Kaufvertrags hat. Auch in diesem Falle kann die Absicht der Vertragschließenden in erster Linie darauf gerichtet sein, daß der Gläubiger Befriedigung durch Erlangung des Eigentums erhalten soll, wenn gleichzeitig die Forderung des Gläubigers in Wegfall gebracht wird (RGZ. Bd. 92 S. 101). Das entscheidende Gewicht bei § 1149 will die Revision offenbar darauf legen, daß der Gläubiger das Eigentum am Grundstück zum Zwecke der Befriedigung erlangen soll. Sie will sich darauf berufen, daß das Berufungsgericht hervorhebt, zur Tilgung einer bestehenden Geldschuld sei eine Verpflichtung zur Übereignung des Grundstücks eingegangen worden. Allein gleichwohl ist die Rüge nicht begründet. Bei der lex commissoria handelt es sich um die Vereinbarung, daß, wenn der Schuldner seiner Verbindlichkeit zur Verfallzeit nicht Genüge leistet, das Pfand dem Gläubiger für die Forderung verfallen soll. Diese Vereinbarung wurde schon im 4. Jahrhundert n. Chr. verboten, weil sie vielfach zur wucherlichen Ausbeutung kreditbedürftiger Personen diente (Mot. z. BGB. Bd. 3 S. 680). In diesem Sinne ist auch das Verbot der lex commissoria in § 1149 BGB. zu verstehen. Diese Vorschrift bezieht sich nur auf eine Vereinbarung jenes Inhalts für den Fall, daß der Gläubiger nicht befriedigt wird, dann allerdings ohne Unterschied, ob der

Gläubiger berechtigt sein soll, das Grundstück in Zahlung zu nehmen, oder ob ihm dann das Grundstück ohne weiteres an Zahlungs-statt zufallen soll (Planck Bem. 2 zu § 1149; Raape Die Verfallklausel bei Pfand- und Sicherungsübereignung S. 9 und 11). In der dem gleichen Zweck bei Bestellung eines Pfandrechts an beweglichen Sachen dienenden Vorschrift des § 1229 BGB. wird ausdrücklich eine Vereinbarung für den Fall vorausgesetzt, daß der Pfandgläubiger nicht oder nicht rechtzeitig befriedigt wird. Sachlich ist dieselbe Voraussetzung aus dem gleichen Zwecke des § 1149 in bezug auf die Befriedigung des Hypothekengläubigers zu entnehmen. Die Vorschrift bezieht sich aber nicht auf eine Vereinbarung, die nicht an die Bedingung der Nichtbefriedigung des Gläubigers geknüpft ist, sondern völlig unabhängig hiervon ohne einen Schwebezustand und selbständig getroffen wird, auch wenn der Vertrag die Übertragung des Eigentums am Grundstück zum Zwecke der Befriedigung des Hypothekengläubigers zum Gegenstand hat (vgl. RGZ. a. a. O. S. 105).

---

50. Wann, unter welchen Voraussetzungen und inwieweit kann ein Urteil des Berufungsgerichts nach § 560 ZPO. vom Revisionsgericht für vorläufig vollstreckbar erklärt werden?

VII. Zivilsenat. Beschl. v. 11. November 1930 i. S. St. (Kl.) w. Pommersche Feuersozietät u. Gen. (Bekl.). VII 393/30.

I. Landgericht Stettin.
II. Oberlandesgericht daselbst.

Der Sachverhalt ergibt sich aus den nachstehenden

Gründen:

Durch Urteil des Oberlandesgerichts vom 28. April 1930 sind die sieben verklagten Feuerversicherungsunternehmungen zur Zahlung bestimmter Beträge verurteilt, weitergehende Klagansprüche sind abgewiesen worden. Wegen dieser Abweisung hat der Kläger Revision eingelegt. Die Beklagten haben keine Revision eingelegt, haben sich auch bisher der Revision des Klägers nicht angeschlossen. Mindestens gegenüber einigen von ihnen ist die Revisionsbegründungsfrist, innerhalb deren sie sich der Revision hätten anschließen können, schon abgelaufen. Andere Beklagte sind in Konkurs verfallen. Wann das geschehen ist, steht noch nicht fest.

Bei dieser Sachlage hat der Kläger unter Berufung auf § 560 ZPO. den Antrag gestellt, das Urteil des Oberlandesgerichts, soweit die Beklagten verurteilt sind, nunmehr unbedingt für vorläufig vollstreckbar zu erklären. Diese Vorschrift trifft auf den vorliegenden Fall indessen nicht zu.

Wenn die Beklagten gegen ihre Verurteilung unbeschränkt Revision oder Anschlußrevision eingelegt hätten und wenn die von ihnen in der mündlichen Verhandlung vor dem Revisionsgericht gestellten Anträge nicht die ganze Verurteilung anfechten würden, dann wäre der Kläger nach § 560 a. a. O. in der Lage, in der mündlichen Verhandlung zu beantragen, daß das Urteil, soweit es die Beklagten nicht angefochten haben, unbedingt für vorläufig vollstreckbar erklärt werde. Der Zeitpunkt der mündlichen Verhandlung ist noch nicht herangekommen. Der Kläger meint, die Fassung des § 560 ZPO. sei veraltet; er findet den maßgebenden Zeitpunkt jetzt im Ablauf der Revisionsbegründungsfrist. Das ist nicht richtig. Nach § 554 Abs. 3 ZPO. muß die schriftliche Revisionsbegründung zwar die Revisionsanträge und die Revisionsgründe enthalten, aber nach Abs. 6 das. ist nach Ablauf der Revisionsbegründungsfrist nur die Geltendmachung neuer Revisionsgründe nicht mehr zulässig. Neue und erweiterte Revisionsanträge können also auch noch in der mündlichen Verhandlung gestellt werden. Deshalb wird das Urteil des Oberlandesgerichts, soweit es bei unbeschränkt eingelegter Revision durch die Revisionsanträge zunächst nicht angefochten wird, auch nicht rechtskräftig, und aus demselben Grunde wird dem Revisionsbeklagten auch nur die Möglichkeit gegeben, in der mündlichen Verhandlung einen Antrag nach § 560 ZPO. zu stellen. Der Antrag des Klägers ist also mindestens verfrüht. Er ist aber auch sachlich unbegründet; denn die Beklagten, gegen welche das Verfahren noch läuft, haben ihre Verurteilung weder ganz noch teilweise angefochten. In einem solchen Fall wird das Urteil, soweit es eine Verurteilung ausspricht, mit dem Ablauf der Revisionsbegründungsfrist rechtskräftig. Ein rechtskräftiges Urteil kann aber nicht mehr für vorläufig vollstreckbar erklärt werden. Der Kläger hat denn auch durch seine Prozeßbevollmächtigten erster Instanz Anträge gestellt, die auf die Erlangung eines Rechtskraftzeugnisses abzielen.

51. 1. Wird eine Hypothekenforderung dadurch im Sinne der Tarifstelle 15 Abs. 5b des preußischen Stempelsteuergesetzes vom 27. Oktober 1924 „gesichert", daß in der Schuldurkunde die Eintragung einer Vormerkung nach § 1179 BGB. bewilligt und beantragt wird?

2. Was gehört zur Beurkundung des sicherzustellenden Rechts im Sinne des Abs. 3 jener Tarifstelle?

VII. Zivilsenat. Urt. v. 11. November 1930 i. S. Preuß. Staat (Bekl.) w. H. (Kl.). VII 96/30.

I. Landgericht Neiße.

In einer notariellen Verhandlung vom 8. Februar 1926 hat der Kläger zugunsten desselben Gläubigers bewilligt und beantragt die Eintragung

a) einer Darlehenshypothek von 42560 GM.,

b) einer Vormerkung zur Erhaltung des Rechts auf Löschung der voreingetragenen Hypotheken für den Fall, daß sie sich mit dem Eigentum in einer Person vereinigen.

Für die Erklärung zu b hat der Kläger einen Stempelbetrag von 3 RM. gezahlt. Er fordert ihn mit der Klage zurück, der das Landgericht stattgegeben hat. Auf die vom Beklagten unmittelbar eingelegte Revision hat das Reichsgericht die Klage abgewiesen.

Gründe:

1. Der streitige Stempel ist nach Tarifst. 15 des preußischen Stempelsteuergesetzes erhoben worden, weil die unter b wiedergegebene Erklärung eine Beurkundung über die Sicherstellung von Rechten enthalte. Das Landgericht hat das auch angenommen, ist aber deshalb zu einem dem Kläger günstigen Ergebnis gelangt, weil die Befreiungsvorschrift der Tarifst. 15 Abs. 5b eingreife und weil auch nach Abs. 3 das. der Stempel für die Sicherstellung eines Rechts den für die Beurkundung des sicherzustellenden Rechts selbst zu erhebenden Stempel in keinem Falle überschreiten dürfe; die Beurkundung der vom Kläger übernommenen Löschungsverpflichtung unterliege aber keinem Stempel.

2. Die Befreiungsvorschrift in Abs. 5b a. a. O., die „in Schuldverschreibungen zur Sicherheit der Schuldverpflichtung vom Schuldner abgegebene Erklärungen" umfaßt, trifft nicht zu. Durch das Be-

willigen und Beantragen der einzutragenden Vormerkung wurde das Recht des Gläubigers auf Löschung der voreingetragenen Hypotheken gesichert, nicht die durch die Schuldverschreibung beurkundete Schuldverpflichtung. Zwar hat der Kläger die Verpflichtung zur Löschung der voreingetragenen Hypotheken auf sich genommen, um der für den Gläubiger einzutragenden Hypothek gegebenenfalls einen besseren Rang zu gewährleisten und der schon durch Hypothek gesicherten Forderung damit eine noch größere Sicherheit zu verleihen; trotzdem handelt es sich aber beim Eintragen der Vormerkung nicht um eine Sicherstellung der Hypothekenforderung selbst. Als „Sicherstellung von Rechten" im Sinne der Tarifst. 15 StStG. kommen rechtlich nur die Übernahme von Bürgschaften und bürgschaftsähnlichen Verpflichtungen — z. B. einer Ausbietungsgarantie, vgl. Urt. des erk. Senats v. 8. Juli 1927 (VII) VI 181/27 — und Pfandbestellungen aller Art in Frage, wobei zu den letzteren die Hingabe einer Sache als Faustpfand und das Bewilligen der Eintragung einer Hypothek oder auch einer Vormerkung zu rechnen ist. Eine Übereignung von Sachen oder eine Übertragung von Forderungen zu Sicherungszwecken fällt nicht unter die Tarifstelle (vgl. Urt. des erk. Senats v. 30. September 1930 VII 4/30), und ebensowenig fällt darunter die Übernahme der neuen selbständigen Verpflichtung, gewisse Hypotheken unter bestimmten Umständen löschen zu lassen. Eine dingliche Sicherung dieser Verpflichtung wirkt also nicht gleichzeitig auch als „Sicherstellung" der — im Enderfolg allerdings begünstigten — Hypothekenforderung selbst. Diese Begünstigung bildet nur den wirtschaftlichen Hintergrund der von den Beteiligten getroffenen Maßnahmen; rechtlich kann sie die Anwendbarkeit von Abs. 5b a. a. O. nicht begründen.

3. Um die in Abs. 3 der Tarifst. 15 vorgesehene Vergleichsrechnung aufzumachen, ist die Annahme notwendig, daß „das sicherzustellende Recht" beurkundet wäre. Letzteres ist der dem Gläubiger aus dem schuldrechtlichen Vertrag mit dem Grundstückseigentümer erwachsende Anspruch auf Löschung der voreingetragenen Hypotheken (Urt. des erk. Senats v. 30. Oktober 1913 VII 261/13, Recht 1914 Sp. 39). Zu unterstellen ist also, daß dieser schuldrechtliche Vertrag beurkundet und von beiden Vertragsparteien unterzeichnet worden wäre (RGUrt. v. 3. Mai 1904 VII 4/04). Die in einer einseitigen Schuldurkunde abgegebene Erklärung des Grundstücks-

eigentümers, er verpflichte sich, die voreingetragenen Hypotheken gegebenenfalls löschen zu lassen, würde nicht genügen. Das Recht des Gläubigers auf die Löschung entsteht durch einen Vertrag. Wenn die Entstehung des Rechts beurkundet werden soll, muß der Vertrag beurkundet werden, und zu diesem gehört auch die Annahmeerklärung des Gläubigers. Daran hat das Reichsgericht in ständiger Rechtsprechung festgehalten (RGZ. Bd. 117 S. 398, Urt. v. 18. Juni 1929 VII 621/28, v. 20. September 1929 VII 229/29). In RGZ. Bd. 117 S. 399 ist zwar — nicht ganz richtig — von einer Schuldurkunde die Rede; gemeint ist damit der Schuldvertrag, und es wird ja dann auch angenommen, daß der allgemeine Vertragsstempel in Ansatz kommen würde. Dieser allgemeine Vertragsstempel der Tarifst. 18 Nr. 2 StStG. wäre auch hier zu erheben, wenn der vom Grundstückseigentümer mit dem Gläubiger geschlossene Vertrag über die Löschung der voreingetragenen Hypotheken beurkundet worden wäre. Mit Recht hat deshalb der Beklagte auch für die Sicherstellung des Löschungsrechts einen Stempel von 3 RM. gefordert.

---

52. 1. Zur Kaufmannseigenschaft eines Weingutsbesitzers, der nebenberuflich ein Weinkommissionsgeschäft betreibt.

2. Fällt unter die Verjährungsvorschrift des § 196 Abs. 1 Nr. 2 BGB. die Forderung eines Weingutsbesitzers aus Verkauf eigenen Wachstums?

HGB. §§ 1, 344. BGB. § 196.

I. Zivilsenat. Urt. v. 12. November 1930 i. S. K. (Kl.) w. Lesegesellschaft in K. (Bekl.). I 208/30.

I. Landgericht Köln.
II. Oberlandesgericht daselbst.

Der Kläger, welcher Weingutsbesitzer und Weinkommissionär ist, verkaufte der Beklagten am 26. April 1919 und am 8. März 1920 Wein. Die Beklagte zahlte jedesmal einen Teil des Kaufpreises sogleich, die Restbeträge dagegen, die ihr gestundet worden waren, in den Jahren 1921 und 1922. Mit der im Oktober 1928 erhobenen

Klage forderte der Kläger Aufwertung der Restbeträge. Die Beklagte wandte u. a. Verjährung ein. Das Landgericht erkannte auf einen Eid für die Vorstandsmitglieder der Beklagten. Auf deren Berufung wies das Oberlandesgericht die Klage unbedingt ab. Die Revision des Klägers hatte keinen Erfolg.

Aus den Gründen:

Die Verjährungseinrede ist begründet. Was zunächst das zweite Geschäft angeht, so ist Voraussetzung für die Anwendung des § 196 Abs. 1 Nr. 1 BGB., daß der Kläger die Weinlieferung als Kaufmann gemacht hat. Die Revision rügt, daß bei der entsprechenden Feststellung im angefochtenen Urteil § 286 ZPO. verletzt worden sei; denn es sei der erhebliche Beweisantrag übergangen, daß der Kläger in der Hauptsache Weinbauer sei und nur gelegentlich Handelsgeschäfte in Weinen abgeschlossen habe. In dieser Beziehung war behauptet worden, der Kläger betreibe nebenberuflich neben dem Weinbau noch ein Weinkommissionsgeschäft „durch Kauf und Vermittlung von Wein für andere“ gegen eine Vergütung von 2 bis 4%. Weinhändler sei der Kläger überhaupt nicht; er habe nur gelegentlich von dritter Seite Wein gekauft, um ihn weiter zu verkaufen. Auch bei den Kommissionsgeschäften, die in der Zeit der Geldentwertung übrigens brach gelegen hätten, handle es sich nur um gelegentliche Geschäfte.

Als Weinbauer war der (wie zu unterstellen) im Handelsregister nicht eingetragene Kläger gemäß § 1 HGB. nicht Kaufmann, da sein Betrieb nicht eines der dort in Abs. 2 aufgeführten Geschäfte zum Gegenstand hat. Hat er jedoch außerdem ein Gewerbe betrieben, das die in § 1 Abs. 2 HGB. aufgestellten Merkmale erfüllt, so kann er insoweit Kaufmann sein. Voraussetzung dafür wird sein müssen, daß dem kaufmännischen Betrieb eine gewisse selbständige Bedeutung gegenüber dem nichtkaufmännischen innewohnt. Nach seiner eigenen Einräumung hat der Kläger nebenberuflich ein Weinkommissionsgeschäft betrieben, sich übrigens auf seinen Geschäftsbriefen auch selbst als Inhaber eines solchen Geschäfts bezeichnet. Mag es sich dabei nun lediglich um Kommissionsgeschäfte im Sinne von § 383 HGB. oder, wie nach dem Vorbringen des Klägers vielleicht nicht auszuschließen wäre, um Mäklergeschäfte im Sinne von § 93 HGB. handeln, jedenfalls liegen insoweit Handelsgeschäfte im Sinne von HGB. § 1 Abs. 2 Nr. 6 oder 7 vor, die im Falle ihres gewerbsmäßigen Betriebs den

Kläger an sich zum Kaufmann machen. Dagegen kommt ein Nebenunternehmen eines Betriebs der Landwirtschaft (als das der Weinbau anzusehen ist; vgl. Staub § 3 Anm. 1a) im Sinne von § 3 Abs. 2 HGB. nicht in Betracht, da es sich nicht um Geschäfte handelt, die mit dem Weinbau als solchem in unmittelbarer Beziehung stehen und sich als Ausfluß seines Betriebs darstellen. Die Gewerbsmäßigkeit des Kommissionsgeschäfts, d. h. die Absicht, entsprechende Geschäfte auf die Dauer mit dem Zwecke der Erzielung einer dauernden Einnahmequelle zu betreiben (RGZ. Bd. 38 S. 20, Bd. 66 S. 51, Bd. 74 S. 150), kann nach den eigenen Angaben des Klägers, in denen er vom berufsmäßigen Betrieb eines Weinkommissionsgeschäfts spricht, ohne weiteres angenommen werden. Ebenso darf eine gewisse Selbständigkeit dieses Betriebs neben dem Winzerbetrieb zugrunde gelegt werden. Auch dies ergibt sich aus den eigenen Erklärungen des Klägers über die berufsmäßige Führung dieses Betriebs mit gesonderter Buchführung und findet seine Bestätigung in seinem Auftreten nach außen (Hervorhebung des Kommissionsgeschäfts auf den Geschäftsbriefbogen).

Ist somit selbständiger Betrieb eines Weinkommissionsgeschäfts zugrunde zu legen, so ist es für die Kaufmannseigenschaft des Klägers ohne Bedeutung, wie häufig solche Geschäfte stattfanden und ob zu gewissen Zeiten das Geschäft mehr oder minder brach lag (ROHG. Bd. 8 S. 47). Kaufte und verkaufte der Kläger ferner nebenbei Wein in eigenem Namen und für eigene Rechnung, so sind auch diese Geschäfte gemäß der Vermutung des § 344 Abs. 1 HGB., zu deren Entkräftung keine Anhaltspunkte vorliegen, seinem Handelsgewerbe zuzurechnen und als Geschäfte eines Kaufmanns anzusehen (vgl. ROHG. Bd. 12 S. 233, Bd. 14 S. 265, Bd. 15 S. 38; RGZ. Bd. 5 S. 274). Daraus ergibt sich, daß es sich bei dem Anspruch aus dem erörterten Geschäft um den Anspruch eines Kaufmanns aus Lieferung von Waren handelt, mag nun ein Kommissionsgeschäft oder, wie die Beklagte behauptet und worauf die Ausführungen des Klägers ebenfalls hindeuten, ein Geschäft auf eigene Rechnung in Betracht kommen. Ob der Kläger Geschäfte auf eigene Rechnung nur gelegentlich abschloß, ist dabei gemäß § 344 Abs. 1 HGB. ohne Bedeutung. . . .

Einer Erörterung der zwischen den Parteien streitigen Frage, ob die Verjährungsfrist auf 2 Jahre oder mit Rücksicht darauf, daß es sich um eine Lieferung für den Gewerbebetrieb des Schuldners gehandelt habe, auf 4 Jahre zu bemessen sei, bedarf es dann nicht, wenn bei Berechnung der längeren Frist die Verjährung ebenfalls vollendet ist. Der dahin gehenden Auffassung des Berufungsgerichts ist beizutreten. Es kann daher dahingestellt bleiben, ob der Auffassung des Berufungsgerichts beigepflichtet werden kann, daß bei der Beklagten ein Gewerbebetrieb nicht in Betracht komme.

Auszugehen ist mit der feststehenden Rechtsprechung davon, daß der Lauf der Verjährung am 1. Juli 1924 begann (RGZ. Bd. 120 S. 355; Zeiler Aufwfälle Nr. 1467 = JW. 1929 S. 179 Nr. 11, Nr. 1486 = JW. 1929 S. 505 Nr. 2, Nr. 1657, Nr. 1820, Nr. 1825, Nr. 1873 = JW. 1930 S. 56 Nr. 3) und somit bei vierjähriger Verjährungsfrist am 30. Juni 1928 vollendet war. Die Revision hat insoweit auch keine Angriffe erhoben.

Endlich bedarf noch der Erörterung, ob der Geltendmachung der Verjährung die Einrede der Arglist entgegensteht. Das hat das Berufungsgericht mit Recht verneint. (Wird näher ausgeführt.)

Beim ersten Geschäft ist streitig, ob es sich um den Verkauf eigenen Wachstums gehandelt hat. Eine unzweideutige Feststellung trifft das angefochtene Urteil hier nicht. Ist Wein fremden Wachstums verkauft worden, so ist, wie sich aus der Erörterung des zweiten Geschäfts ergibt, die Verjährung des Aufwertungsanspruchs eingetreten, da es sich dann um die Forderung eines Kaufmanns für Lieferung von Waren handelt. Ist dagegen Wein eigenen Wachstums verkauft worden, so entsteht die Frage, ob die Verjährungsvorschrift des § 196 Abs. 1 Nr. 2 BGB. zum mindesten in Verbindung mit Abs. 2 zur Anwendung kommen kann. Das ist zu bejahen. Zu den landwirtschaftlichen Betrieben im Sinne des § 196 Abs. 1 Nr. 2 ist der Betrieb des Weinbaues zu rechnen; denn auch hierbei handelt es sich wie bei diesen um die Bebauung des Bodens zur Gewinnung von pflanzlichen Erzeugnissen (s. auch Staub a. a. O.). Es besteht kein Anlaß, die für diese Vorschrift in Betracht kommenden Erzeugnisse auf die Roherzeugnisse zu beschränken und nicht auf die Erzeugnisse auszudehnen, die durch weitere im Rahmen des Betriebs liegende Behandlung erzielt werden. Der oberlandesgerichtlichen Entscheidung im Recht 1906 S. 855 Nr. 2074 braucht deshalb nicht entgegengetreten zu werden, weil eine Verarbeitung von Bodenbestandteilen, wie die dort behandelte Ziegelherstellung, nichts dem landwirtschaftlichen Betrieb an sich Eigentümliches darstellt. Der rechtspolitische Gedanke, der für die Einführung der kurzen Verjährungsvorschriften des § 196 maßgebend gewesen ist, die Vermeidung nicht mehr aufzuklärender Rechtsbeziehungen bei Geschäften des täglichen Wirtschaftsverkehrs (Motive Bd. 1 S. 297), kommt hier in gleicher Weise in Betracht.

Ob im vorliegenden Fall die Vorschrift des § 196 Abs. 1 Nr. 2 auch ohne Heranziehung von Abs. 2 Anwendung finden, ob also überhaupt von einer Lieferung für den Haushalt der Beklagten die Rede sein kann, braucht nicht erörtert zu werden. Denn auch bei vierjähriger Verjährungsfrist ist nach dem vorhin Ausgeführten Verjährung eingetreten.

---

53. 1. Unterliegen in Preußen der Stempelsteuerpflicht Erklärungen, die in Sicherungsübereignungsverträgen dahin abgegeben werden, daß der Veräußerer dem Gläubiger Versicherungsansprüche abtrete?

2. Zur Frage der Verzinsung zurückgeforderter Stempelsteuerbeträge.

BGB. §§ 328, 398. Versicherungsvertragsgesetz §§ 69, 74 flg. Preuß. Stempelsteuergesetz v. 27. Oktober 1924 Tarifst. 1.

VII. Zivilsenat. Urt. v. 14. November 1930 i. S. Preuß. Staat (Bekl.) w. Stadtbank K. (Kl.). VII 94/30.

I. Landgericht Königsberg i. Pr.
II. Oberlandesgericht daselbst.

Auf Grund einer Stempelprüfungsverhandlung vom 22./23. November 1928 verlangte das Finanzamt K. von der klagenden Bank die Nachentrichtung des Abtretungsstempels nach Tarifst. 1 des preußischen Stempelsteuergesetzes vom 27. Oktober 1924 in sechs einzelnen Fällen. Es handelte sich dabei um Urkunden über Sicherungsübereignungsverträge der Klägerin mit verschiedenen kaufmännischen Firmen, in denen nach der Meinung des Finanzamts die Abtretung von Ansprüchen der Firmen aus den wegen der übereigneten Waren abgeschlossenen Versicherungsverträgen enthalten sein soll. Die Klägerin hat den in Frage kommenden Gesamtbetrag von 1485,50 RM. gezahlt, verlangt aber mit der

Klage Rückzahlung der Summe nebst 10% Zinsen seit der am 12. Februar 1929 erfolgten Klagzustellung.

Das Landgericht wies die Klage ab. Auf die Berufung der Klägerin verurteilte das Oberlandesgericht, indem es für fünf von den sechs Fällen die Erhebung des Abtretungsstempels als ungerechtfertigt erklärte, den Beklagten zur Rückzahlung von 1174 RM. nebst 10% Zinsen seit dem 12. Februar 1929, während es im übrigen die Klagabweisung bestätigte. Die Revision des Beklagten wurde zurückgewiesen. Auf die Anschlußrevision der Klägerin gab das Reichsgericht auch wegen des Restbetrags der Klage statt.

Aus den Gründen:

I. Zur Revision des Beklagten:

1. Diese wendet sich in der Hauptsache gegen die Ausführungen des Berufungsrichters, mit denen er im Hinblick auf fünf von den in Rede stehenden Vertragsurkunden eine Steuerpflicht nach Tarifst. 1 StStG. verneint. In diesen mittels Vordrucks hergestellten Urkunden lautet der in Frage kommende § 8 übereinstimmend wie folgt:

> Die übereigneten Waren sind (folgt die Benennung der Versicherungsgesellschaften) versichert. An diesen Versicherungen bestehen keinerlei Rechte Dritter.
>
> Das Recht auf Auszahlung der Versicherungssumme sowie sonstiger Entschädigung geht durch diesen Vertrag auf die Stadtbank über. Auf ihr Verlangen sind ihr die Versicherungsscheine zu übergeben. Von der Übereignung der Waren wird die Firma den Versicherungsgesellschaften Anzeige erstatten und der Stadtbank Erklärungen der Versicherungsgesellschaften vorlegen, daß diese von der Übereignung der versicherten Waren Kenntnis haben.

Das Oberlandesgericht erwägt, aus diesen Bestimmungen ergebe sich, daß die zur Sicherung übereigneten Waren sämtlich schon zur Zeit der Vertragsschlüsse versichert gewesen seien. Nach § 69 VVG. habe die Übereignung den unmittelbaren Übergang der Versicherung mit allen Rechten und Pflichten auf die Klägerin zur Folge gehabt; daher habe es nicht noch der besonderen Abtretung des Rechts auf Auszahlung der Versicherungssumme bedurft. Wenn im § 8 Abs. 2 der Verträge der Übergang dieses Rechts noch ausdrücklich erwähnt sei, so sei diese „Abtretung“ gegenstandslos und bedeute inhaltlich nichts weiter als die Klarstellung der Tatsache, daß das Versicherungsverhältnis auf die Klägerin übergegangen war. Damit entfalle die Stempelpflichtigkeit der Urkunden, die nur begründet sei, wenn eine den Rechtserwerb wirklich vermittelnde Übertragungserklärung vorliege.

Hiernach hat der Berufungsrichter die im § 8 der Verträge beurkundeten Erklärungen so aufgefaßt, daß die Beteiligten nicht die Abgabe und Empfangnahme von Abtretungserklärungen im Sinne des § 398 BGB. beabsichtigt haben, sondern nur die Feststellung einer Rechtsfolge, welche die vorgenommenen Sicherungsübereignungen ohnehin mit sich brachten. Diese Auslegung findet im Wortlaut des § 8 eine wesentliche Stütze und ist zweifellos möglich. Als sog. typische, der freien Nachprüfung des Revisionsgerichts unterliegende Urkunden sind die in Rede stehenden Verträge nicht anzusehen, da nichts dafür spricht, daß die Klägerin auch außerhalb des Oberlandesgerichtsbezirks Königsberg Verträge nach diesem Muster abschlösse. Aber auch wenn der Senat freie Prüfung eintreten lassen wollte, würde er zu demselben Ergebnis gelangen. Denn es ließe sich in der Tat kein vernünftiger Grund denken, der die Klägerin und ihre Vertragsgegner bewogen haben könnte, neben dem ohnehin von Gesetzes wegen eintretenden Übergang der Rechte aus den Versicherungsverträgen von den Veräußerern der übereigneten Waren auf die Erwerberin noch besondere Abtretungsverträge darüber zu schließen. Viel näher liegt die Auffassung, daß die Bestimmungen im § 8 der Verträge den Zweck haben sollten, den Vertragsgegnern der Klägerin den von Gesetzes wegen eingetretenen Rechtsübergang klarzumachen und sie auf die Verpflichtungen hinzuweisen, die daraus für sie entsprangen. Deshalb hatte offenbar die Klägerin jene Bestimmungen in den von ihr herrührenden Vertragsvordruck aufnehmen lassen.

Was die Revision vorträgt, kann sonach keine andere Beurteilung rechtfertigen. Davon, daß die angeblichen Abreden über die Versicherungen auch dann hätten wirksam bleiben sollen, wenn später die Sicherungsübereignungen wegfielen, sagen die Urkunden nichts (§ 3 Abs. 1 StStG.). Es ist auch nicht ersichtlich, daß der Beklagte eine solche Behauptung, die als sehr unwahrscheinlich bezeichnet werden müßte, bisher im Rechtsstreit aufgestellt hätte.

2. Die Revision greift weiter die Entscheidung des Berufungsgerichts über die Verzinsung der Urteilssumme nach zwei Richtungen hin an.

a) Zunächst meint sie, der Zinsenlauf dürfe nicht mit dem Tage der Klagzustellung (12. Februar 1929), sondern erst mit dem 27. Februar 1929 beginnen, weil erst an diesem Tage der Schriftsatz zugestellt worden sei, durch den die Klage erstmals gegen das Land Preußen gerichtet worden sei. In der Klageschrift vom 5. Februar 1929 war allerdings als Beklagter das Landesfinanzamt in Königsberg bezeichnet; in einem Schriftsatz vom 11. Februar 1929 erklärte dann die Klägerin, daß sie ihre Klage gegen den Reichssteuerfiskus, vertreten durch das Landesfinanzamt, richte, und in dem weiteren Schriftsatz vom 27. Februar 1929 änderte sie schließlich ihr Vorbringen dahin, daß die Klage gegen den preußischen Steuerfiskus gerichtet werde. Wenn sich dieser aber auf die Klage eingelassen und wenn er gegen die Berichtigung des Rubrums, die vor dem ersten Verhandlungstermin vom 28. Februar 1929 geschah, nichts eingewendet hat, so muß er die Prozeßführung von Anfang an gegen sich gelten lassen. Dies hat der Senat bereits in einem fast ebenso liegenden Fall ausgesprochen (Urt. v. 26. September 1930 VII 620/29). Demnach hat die Verzinsung mit dem Tage der Klagzustellung zu beginnen.

b) Weiter bemängelt die Revision, daß der Vorderrichter der Klägerin statt des zulässigen Zinsfußes von 4% Zinsen zu 10% zugebilligt hat. Richtig ist, daß in Stempelsteuersachen der Regel nach nur Verzugszinsen zu 4% vom Staate geschuldet werden und daß das Verlangen eines höheren Zinsfußes besonderer Rechtfertigung unter dem Gesichtspunkt des Schadensersatzes bedarf (RGZ. Bd. 117 S. 92, Bd. 122 S. 283). Eine solche Begründung hat aber die Klägerin in einem erstinstanzlichen Schriftsatz gegeben, den sie nach dem Tatbestand des landgerichtlichen Urteils vorgetragen hat. Sie hat dort unter Hinweis auf RGZ. Bd. 122 S. 283 geltend gemacht, daß sie als Bankunternehmen ohne weiteres 10% Zinsen erhalte. Nun sagt zwar der Berufungsrichter nicht, weshalb er der Klägerin Zinsen zu 10% zugesprochen hat. Es ist aber anzunehmen, daß er sich die von der Klägerin dafür angeführte Begründung zu eigen gemacht hat, um so mehr, als aus den Prozeßakten nicht hervorgeht, daß der Beklagte in diesem Punkt der

Klägerin widersprochen hätte. Ist also die Begründung des Berufungsgerichts in dieser Weise zu ergänzen, so ist die Zuerkennung des Zinssatzes von 10% rechtlich nicht zu beanstanden.

Nach alledem ist die Revision des Beklagten als unbegründet zurückzuweisen.

II. Die Anschlußrevision der Klägerin greift die Stellungnahme des Berufungsgerichts zum Falle L. an. Hier handelt es sich um einen nicht nach Vordruck beurkundeten Sicherungsübereignungsvertrag zwischen der Klägerin und der Firma L. Nachf. in K. vom 27. November 1926, worin die Sätze vorkommen:

> Die Firma verpflichtet sich ferner, sämtliche übereigneten Objekte stets angemessen gegen alle Gefahren versichert zu halten und der Stadtbank die Polizen auf Erfordern jederzeit zur Einsichtnahme vorzulegen. Im Falle eines Schadens ist die genannte Bank ermächtigt, die zu zahlenden Versicherungsgelder von der betreffenden Versicherungsgesellschaft in Empfang zu nehmen, indem die Firma hiermit ausdrücklich alle Ansprüche gegen die Versicherungsgesellschaft an die Stadtbank abtritt.

Der Berufungsrichter nimmt hier, weil das Bestehen der Versicherung schon für die Zeit des Vertragsabschlusses aus der Urkunde nicht hervorgehe, die Möglichkeit einer den Erwerb der Klägerin vermittelnden Abtretung als gegeben an und bejaht unter Hinweis auf § 3 Abs. 1 StStG. die Stempelpflicht nach Tarifst. 1 das., indem er auch die Anwendung des § 10 Abs. 3 das. zugunsten der Klägerin ablehnt.

Die Anschlußrevision wendet sich nur gegen die letztere Erwägung. Indes bedarf es keines Eingehens auf § 10 Abs. 3 StStG., weil gegen die Annahme des Berufungsgerichts, es sei hier eine unter die Tarifst. 1 fallende Abtretung von Rechten beurkundet, von Amts wegen zu beachtende Bedenken obwalten. Der Vorderrichter meint, die Möglichkeit einer den Erwerb der Klägerin vermittelnden Abtretung sei deshalb gegeben, weil der Veräußerer (die Firma L.) es in der Hand gehabt habe, gemäß § 74 VVG. die Waren auch für eigene Rechnung zu versichern. Diese Erwägung ist von Rechtsirrtum beeinflußt. Nach § 75 Abs. 1 Satz 1 a. a. O. stehen bei der Versicherung für fremde Rechnung die Rechte aus dem Versicherungsvertrag dem Versicherten — nicht dem Versicherungsnehmer — zu. Der Versicherte erwirbt sie unmittelbar im Sinne des § 328 Abs. 1 BGB. Demnach ist für eine Abtretung dieser Rechte an ihn von seiten des Versicherungsnehmers kein Raum (vgl. Bruck Versicherungsvertragsgesetz 6. Aufl. Anm. 2 zu § 75 S. 354). Auch das durch § 76 Abs. 1 VVG. dem Versicherungsnehmer beigelegte Recht, über die dem Versicherten aus dem Versicherungsvertrag zustehenden Rechte im eigenen Namen zu verfügen, kann in dieser Hinsicht nicht in Betracht kommen. Hier handelt es sich um eine mit der Person des Versicherungsnehmers untrennbar verbundene Befugnis von besonderer Art, die nicht als pfändbar und somit nach dem Grundsatz des § 400 BGB. auch nicht als abtretbar gelten kann (Bruck a. a. O. Anm. 4 zu § 76 S. 357). Ein Verzicht des Versicherungsnehmers auf das Verfügungsrecht zugunsten des Versicherten ist allerdings statthaft. Wollte man jedoch in dem Vertrag vom 27. November 1926 eine derartige Verzichtserklärung der Firma L. zugunsten der Klägerin finden, so würden ihr doch alle Erfordernisse einer Abtretungserklärung fehlen, wie sie die Tarifst. 1 StStG. voraussetzt.

Hiernach ist auch für die Urkunde im Falle L. eine Stempelpflichtigkeit nach dieser Vorschrift zu verneinen. Da eine andere Auslegung der Urkunde nicht in Frage kommen kann, ist nach § 565 Abs. 3 Nr. 1 ZPO. zu verfahren und auch in diesem Punkte der Klage stattzugeben. . . .

---

54. 1. Erstrecken sich Patentschutz und Warenzeichenschutz dann, wenn der patentierte oder gezeichnete Gegenstand mit einem anderen verbunden wird und beide zusammen in Verkehr gelangen, auch auf den anderen Gegenstand?

2. Gerichtsbekannte Verkehrsanschauung.

PatG. § 4. WZG. § 12. ZPO. § 291.

I. Zivilsenat. Urt. v. 5. November 1930 i. S. der Firma Dr. H., Fabrik elektrischer Apparate (Kl.) w. G. (Bekl.). I 123/30.

I. Landgericht Potsdam.
II. Kammergericht Berlin.

Für die Klägerin ist unter Nr. 363247 das am 30. September 1925 angemeldete Warenzeichen „Type H" für elektrische Heizkissen eingetragen. Sie besitzt ferner das seit dem 3. November 1910 wirksame DRP. Nr. 239912 auf einen elektrischen Drehschalter. Dieser dient zum Einschalten und Regeln des Stroms für elektrische Heizkissen und ist an der Zuleitungsschnur des Kissens befestigt. Die Klägerin stellt in ihrem Betrieb die Schalter nebst den Heizkissen her und gibt grundsätzlich, wenn es sich nicht etwa um gelegentliche Ausbesserung von Kissen oder Schaltern handelt, beide nur zusammen ab. Die Drehschalter tragen ebenso wie die Kissen das Warenzeichen „Type H".

Der als Installateur am Niederlassungsorte der Klägerin (in der Umgegend Berlins) ansässige Beklagte bezog von der Firma W. in Elberfeld ein elektrisches Heizkissen, das ebenso wie der zugehörige Kissenbezug deren Warenzeichen „Wetzotherm" trug. Er ersetzte den Schalter dieses Kissens durch einen aus der Fabrik der Klägerin stammenden Drehschalter nach dem DRP. 239912, der mit dem Warenzeichen „Type H" versehen war. Das so zusammengestellte Heizkissen wurde im Ladenschaufenster des Beklagten ausgelegt. Ein Beauftragter der Klägerin erwarb es.

Die Klägerin wirft dem Beklagten vor, daß sein Verhalten u. a. den Tatbestand der Patent- und Warenzeichenverletzung erfülle. Sie verlangt von ihm Unterlassung des rechtsverletzenden Tuns und ferner Feststellung seiner Pflicht, den ihr schon erwachsenen und noch entstehenden Schaden zu ersetzen.

Das Landgericht entsprach in der Hauptsache den Anträgen der Klägerin. Das Kammergericht wies die Klage ab. Die Revision der Klägerin hatte keinen Erfolg.

Aus den Gründen:

1. Den von der Klägerin gegen den Beklagten erhobenen Vorwurf der Patentverletzung erachtet das Berufungsgericht mit zutreffender Begründung für ungerechtfertigt.

Patentschutz gebührte der Klägerin nur für einen elektrischen Drehschalter. Dieser wird nach dem Anspruch 1 der Patentschrift 239912 dadurch gekennzeichnet, daß die Kontakte des einen der gegeneinander zu verdrehenden Schalterteile die Enden der Zuleitungen von der Stromquelle, und die Gegenkontakte des anderen Schalterteils die Enden der Ableitungen zum Stromverbraucher bilden. Die Ansprüche 2 und 3 betreffen besondere Anordnungen des Schalters.

a) Der Beklagte hat einen von der Klägerin dem Patent entsprechend hergestellten Drehschalter, den er erworben, mit einem W.schen Heizkissen — als Ersatz für den Hebelschalter, der sich daran befand — verbunden. Beides zusammen hat dann in seinem Schaufenster gelegen und ist einem Käufer ausgehändigt worden. Das Kammergericht nimmt ohne Rechtsirrtum an, hierin liege, soweit der Drehschalter der Klägerin für sich allein in Frage komme, keine Verletzung des DRP. 239912. Denn nachdem der geschützte Schalter einmal bestimmungsgemäß in den Verkehr gelangt war, konnte der Beklagte als Erwerber darüber verfügen; er durfte ihn also selbst gebrauchen oder weiterveräußern.

b) Darin, daß der Beklagte den Drehschalter der Klägerin mit dem W.schen Heizkissen verband, sieht das Kammergericht ebenfalls keine Patentverletzung. Es führt aus:

> Der Patentschutz ist auf den Gegenstand der Erfindung beschränkt (PatG. § 4); und was jeweils unter Schutz gestellt ist, ergeben zusammen mit dem sonstigen Inhalte der Patentschrift die Patentansprüche (§ 20 PatG.). Die Auffassung, daß der Patentschutz sich über den geschützten Gegenstand hinaus auf einen zweiten oder weiteren mit ihm verbundenen ungeschützten (oder auf die Verbindung mit diesem) erstrecke, erweitert somit unzulässig den durch die Patenterteilung ein für allemal festgelegten Erfindungsgegenstand. Sie widerspricht dem unzweideutigen Inhalte des § 4 PatG. Hierbei ist es gleichgültig, ob der ungeschützte Gegenstand im Verhältnis zum Ganzen dem geschützten Gegenstande gleich- oder untergeordnet ist. Gleichgültig ist ferner, ob der Patentinhaber den geschützten Teil etwa nicht für sich allein, sondern nur zusammen mit dem ungeschützten Teil in Verkehr bringt.

Im Einklange mit der herrschenden Rechtsprechung und der im Schrifttum überwiegenden Lehre lehnt das Berufungsgericht die Ansicht ab, daß sich der Schutz, der einem für das Ganze wesentlichen Teil gebühre, auf den ganzen Verkehrsgegenstand beziehe, wenn der Patentinhaber nicht den Teil für sich allein, sondern grundsätzlich nur mit dem Ganzen, in dieses eingefügt, hinausgehen lasse (Isay Bem. 27, 38, 41 zu § 4 PatG., S. 206/7, 221, 224 bis 226 der 4. Aufl.). An der Rechtsprechung, von der diese Lehrmeinung abweicht, ist festzuhalten (RGZ. Bd. 32 S. 52 [54, Soxhlet-Flaschen];

RGSt. Bd. 26 S. 377 [379/381]). Das Berufungsgericht bemerkt zutreffend, daß die abweichende Ansicht nicht sowohl von patentrechtlichen als von wettbewerbsrechtlichen Grundgedanken bestimmt werde. Es erwägt, daß es gerade um der Verkehrssicherheit willen nicht im Belieben des Patentinhabers stehen dürfe, den ihm erteilten Schutz beliebig auszudehnen, indem er den geschützten Gegenstand bloß in Verbindung mit einem anderen, dem er regelmäßig zu dienen bestimmt sei, verkaufe (vgl. Pietzcker Bem. 2b [S. 224] und 15 [S. 235] zu § 4 PatG.). Nicht die etwa vorhandene Wesentlichkeit des geschützten Teils für die übrigen Teile, sondern die Bedeutung des Erfindungsgedankens für die praktische Brauchbarkeit gebe den Ausschlag (RGZ. Bd. 108 S. 129 [130, 131]). Der — nach dem längst bekannten Gedanken der Mehrfachsicherungen gebaute — Drehschalter des DRP. 239912 habe für das Heizkissen keinen besonderen, bisher nicht dagewesenen Fortschritt gebracht. Daß es etwa außer diesem patentierten sonst keinen Regulierschalter für Heizkissen gebe, behaupte die Klägerin nicht; übrigens würde der Hinweis auf den Hebelschalter am W.schen Heizkissen eine solche Behauptung widerlegen. Nach dem Wortlaut und Sinn der Patentschrift 239912 sei Schutzgegenstand allein ein elektrischer Drehschalter, aber nicht seine Verbindung mit irgend einem elektrischen Gerät, für dessen Verwendung er geeignet oder bestimmt sei. Der Schalter sei so, wie die Patentschrift ihn schildere, ein selbständiges abgeschlossenes Gerät zu beliebiger Verwendung auch außerhalb eines elektrischen Heizkissens; man könne sich seiner z. B. auch an einem elektrischen Kocher oder Heizer bedienen. Wenn dergestalt eine selbständige Teilvorrichtung geschützt sei, die der Patentinhaber nur mit der ergänzenden Vorrichtung zusammen verkaufe, so könne nach den in der Rechtsprechung entwickelten Grundsätzen die Ergänzungsvorrichtung beliebig ersetzt werden; hier also sei es demnach statthaft, den Drehschalter des DRP. 239912 beliebig mit irgendwelchen ungeschützten elektrischen Geräten zu verbinden (RGZ. Bd. 32 S. 53). Selbst die — abzulehnende — Annahme, daß der Schalter wesentlicher Bestandteil (§ 93 BGB.) des Heizkissens sei, würde dem nicht entgegenstehen.

c) Die Revisionsangriffe dringen nicht durch, soweit sie Patentverletzung darzutun versuchen. Denn sie gehen von der — als bedenklich für den Verkehr und rechtlich nicht überzeugend — abgelehnten

Meinung aus: der mit dem W.schen. Heizkissen zusammengefügte Drehschalter der Klägerin habe den ganzen aus dieser Verbindung entstandenen Verkehrsgegenstand in den Schutzbereich des DRP. 239912 hineingezogen. Ist, wie dargelegt, diese Rechtsauffassung nicht zu billigen, so bewendet es bei dem Ergebnis, zu dem das Berufungsurteil in diesem Punkte gelangt: daß dem Beklagten keine Patentverletzung nachgewiesen ist.

2. Soweit die Gründe des Berufungsurteils ausführen, daß dem Beklagten keine Warenzeichenverletzung zur Last falle, verstoßen sie ebenfalls nicht gegen Rechtsregeln.

a) Bei dem elektrischen Drehschalter allein hat der Beklagte das von der Klägerin auf ihm angebrachte Warenzeichen „Type H", mit dem sie ihn in den Verkehr entsandt, nicht angetastet. Ob die Klägerin solche Schalter nur mit dem Heizkissen zusammen zu verkaufen pflegt, ist, wie das Berufungsgericht richtig bemerkt, auch hier bedeutungslos. Denn mit der Inverkehrsetzung wird — aus entsprechenden Rechtsgründen wie beim Patentrecht — die Wirkung des Zeichenrechts erschöpft. (RGZ. Bd. 50 S. 229 bis 232 [231], Bd. 51 S. 263 [265], Bd. 103 S. 359 [363].) Der Abnehmer verletzt dieses Recht nicht, wenn er die vom Zeicheninhaber gekennzeichnete Ware weiter gewerblich verwendet und veräußert (Seligsohn Bem. 9 zu § 12 WZG. S. 183flg. der 3. Aufl.; Pinzger-Heinemann Anm. 20 zu § 12 WZG.; Hagens Anm. 19 und 22 zu § 12 WZG.).

b) Anerkannten Rechtsgrundsätzen gemäß könnte jedoch eine Zeichenverletzung (§ 12 WZG.) vorliegen, wenn ein beachtlicher Teil der Verkehrskreise durch das auf dem Drehschalter angebrachte Warenzeichen zu der Meinung gekommen wäre, auch das (vom Beklagten mit dem Schalter verbundene) Heizkissen stamme vom Inhaber jenes Warenzeichens her. Die Verbindung des Drehschalters mit dem Heizkissen wäre dann eine unzulässige Benutzung des Zeichens der Klägerin durch den Beklagten gewesen. Aus dem Vorhandensein zweier verschiedener Kennzeichnungen auf dem aus Kissen und Schalter zusammengesetzten Gegenstande hätte unter Umständen gefolgert werden können, zwischen den beiden Betrieben bestünden wirtschaftliche Beziehungen; Verwirrung der Verkehrsauffassung wäre denkbar gewesen, und die Kennzeichnungskraft des Warenzeichens hätte darunter leiden können. Auch das würde zur Anwendbarkeit der Gesetzesvorschriften über Warenzeichenverletzung ausreichen (JW. 1927 S. 1563 Nr. 6 [über das Wortzeichen „Asbach-Uralt"] und die dort angeführten älteren Urteile; auch Kohler Warenzeichenrecht [1910] S. 160, 163, 170, 178, 181). Indessen trifft das Berufungsgericht Feststellungen über die Auffassung im Verkehr, aus denen es ohne Rechtsverletzung den Schluß zieht: im vorliegenden Falle bestehe keine Gefahr, daß man die Betriebe miteinander verwechsle oder auch nur Beziehungen zwischen ihnen vermute, oder daß sonstwie Verwirrung in den beteiligten Verkehrskreisen hervorgerufen werde. Es bemerkt:

> In Geschäftszweigen für Heizkissen werden nicht nur (wie bei der Klägerin) Heizkissen und Schalter im gleichen Betriebe hergestellt und miteinander verbunden; es ist vielmehr daneben üblich, daß die Kissenfabrikanten die Kissenschalter anderwärts beziehen und mit ihren Kissen verbinden. Die Klägerin selbst hat angegeben, daß es sogar Fabriken gibt, welche sich nur mit der Herstellung von Schaltern für elektrische Heizkissen beschäftigen; und die Firma W. bezieht, wie auch das vom Beklagten überreichte Wetzothermkissen mit dem Originalschalter mit dem fremden Warenzeichen ergibt, die Schalter von einer anderen Firma. Hiernach rechnet der Verkehr bei elektrischen Heizkissen ohne weiteres damit, daß Schalter und Kissen aus verschiedenen Betriebsstätten stammen, und man wird bei verschiedener Kennzeichnung von Schalter und Kissen keine irrigen Schlüsse auf die Identität oder den Zusammenhang der Ursprungsstätten ziehen oder auch nur unsicher werden.

Die Folgerung des Kammergerichts, daß der Beklagte durch die Verbindung des Drehschalters der Klägerin mit dem W.schen Heizkissen keine Warenzeichenverletzung begangen habe, beruht nach allem dem nicht auf rechtlich fehlerhafter Grundlage. Daß sie auf unrichtige Tatsachen gegründet und deshalb hinfällig sei, ist gleichfalls nicht ersichtlich.

c) Soweit sich die Revisionsangriffe gegen diesen Teil der Urteilsbegründung richten, scheitern sie an der vorhin wörtlich mitgeteilten Feststellung. Diese schließt ausdrücklich die Annahme aus, daß der Beklagte, als er den (mit dem Warenzeichen der Klägerin versehenen) Drehschalter des DRP. 239912 mit dem W.schen Heizkissen verband, in den beteiligten Kreisen durch das Nebeneinander der Zeichen „Type H" und „Wetzotherm" Verwechslungsgefahr heraufbeschworen oder sonst Verwirrung, Unklarheit und Zweifel erzeugt habe.

Was die Klägerin gegen die Feststellung selbst vorbringt, ist nicht stichhaltig. Ihre Behauptung, daß das Berufungsgericht von der Verkehrsauffassung, die es (als ihm bekannt) verwertet, gar nichts habe wissen können, somit auch die Voraussetzungen der Offenkundigkeit außer acht lasse (§ 291 ZPO.), ermangelt der Grundlage, zumal da das Kammergericht seine eigene Kenntnis vornehmlich durch Angaben der Klägerin selbst bestätigt sieht. Warum das Berufungsgericht die Kenntnis der Verkehrsauffassung, die es verwertet, unmöglich sollte besitzen können, ist nicht ersichtlich. Von offenbarer Unrichtigkeit oder selbstverständlichem Irrtum kann keinesfalls die Rede sein.

Ebensowenig leuchtet ein, warum jene Verkehrskenntnis des Berufungsgerichts (welche die Klägerin nötigenfalls doch als vorhanden unterstellt) nicht auf diejenigen Fragen angewandt werden dürfe, die mit der Auffassung beteiligter Kreise vom Nebeneinander zweier Zeichen (Type H" und „Wetzotherm") zusammenhängen. Es ist nicht zu ersehen, daß gerade in dieser Beziehung ein offenbarer Irrtum oder ein Verstoß gegen Rechtsgrundsätze untergelaufen sei. Die Rüge unrichtiger Anwendung der §§ 139, 286 ZPO. geht also fehl.

---

55. 1. Kann die Unwirksamkeit nach § 186 Abs. 4 HGB. auch vom Vertragsgegner der Aktiengesellschaft geltend gemacht werden?

2. Erstreckt sich die Unwirksamkeit auf das dingliche Erfüllungsgeschäft?

3. Wann liegt eine Nachgründung im Sinne des § 207 HGB. vor?

4. Ist die aus § 186 Abs. 4 HGB. sich ergebende Unwirksamkeit durch Satzungsänderung heilbar?

5. Ist dazu die Mitwirkung des Vertragsgegners erforderlich?

6. Ist für die Heilung der Unwirksamkeit unerläßlich, daß die Sicherungsmaßnahmen (§§ 191 flg. HGB.) nachgeholt werden, oder genügt die Eintragung der Satzungsänderung?

7. Muß sich der Vertragsgegner die Heilung gefallen lassen oder kann er widerrufen?

HGB. §§ 186, 191 flg., 207. BGB. §§ 177, 178.

VI. Zivilsenat. Urt. v. 13. November 1930 i. S. E.-AG. (Bekl.) w. H. (Kl.). VI 452/29.

I. Landgericht I Berlin.
II. Kammergericht daselbst.

Die Klägerin bot durch ihren dazu bevollmächtigten Ehemann in notarieller Urkunde vom 15. Januar 1923 ihr Grundstück T.straße 29 in Berlin dem Rechtsanwalt und Notar Dr. L. oder einer von diesem zu benennenden, in der Gründung begriffenen und von ihm vertretenen Haus-Aktiengesellschaft Berlin T.straße 29 oder sonstigen Namens für 2 Millionen Mark zum Kauf an. Von dem Kaufpreis waren 25000 M. durch Übernahme von Hypotheken zu decken, der Rest war bar zu zahlen. Das Angebot war bis zum 31. Januar 1923 befristet und wurde in notarieller Urkunde vom 29. Januar 1923 von dem Kaufmann Alfred M. namens der von ihm vertretenen Le. Haus-Aktiengesellschaft über das Grundstück T.straße 29 angenommen. Am 31. Januar 1923 wurde die Beklagte in das Handelsregister eingetragen; ihren ursprünglichen Namen Le. änderte sie später in E. Am 1. Februar 1923 wurde die Auflassung erklärt, am 17. Juli 1923 wurde die Beklagte als Eigentümerin im Grundbuch eingetragen. Das Grundbuchamt hatte anfänglich den Nachweis behördlicher Genehmigung verlangt, dann aber diese Beanstandung fallen lassen. Am 25. November 1925 trug es auf Anregung der Klägerin von Amts wegen einen Widerspruch wegen fehlender behördlicher Genehmigung ein.

Die Klägerin ist der Meinung, daß sie mangels behördlicher Genehmigung Eigentümerin geblieben sei, da die Gemeindebehörde die Genehmigung am 28. Mai 1923 versagt und der Oberpräsident diese Verfügung am 29. Juni 1923 lediglich mit der unzutreffenden Begründung aufgehoben habe, daß es keiner Genehmigung bedürfe. Sie stützt die Unwirksamkeit des Eigentumswechsels aber auch darauf, daß bei der Gründung der Beklagten der Kaufvertrag entgegen der Vorschrift des § 186 HGB. nicht in die Satzung aufgenommen worden sei. Mit ihren Hauptanträgen verlangt sie Einwilligung in die Umschreibung des Grundstücks auf ihren Namen, Auflassung und Herausgabe, mit dem Hilfsantrag Aufwertung des gezahlten Kaufpreises. Die Beklagte ist der Meinung, daß dem Genehmigungserfordernis nach § 7 Abs. 4 des preußischen Grundstücksverkehrsgesetzes durch Ablauf der dreiwöchigen Frist genügt und daß § 186 HGB. nicht verletzt sei. Sie erhebt ferner die Einrede der allgemeinen Arglist, weil sich die Klägerin mit ihrem früheren Festhalten am Vertrag in Widerspruch setze, und macht ein Zurückbehaltungsrecht wegen des Kaufpreises und wegen Aufwendungen geltend.

Das Landgericht gab den Hauptanträgen der Klage auf Umschreibung und Herausgabe wegen Verletzung des § 186 HGB. statt, und zwar Zug um Zug gegen Rückerstattung von 664 RM. für den gezahlten Kaufpreis. Hiergegen legte die Beklagte Berufung ein. Sie machte geltend, daß die Versagungsverfügung von einer unzuständigen Stelle ausgegangen und die Genehmigung ausdrücklich erteilt, ein etwaiger Verstoß gegen § 186 HGB. aber inzwischen durch Satzungsänderung vom 17. März 1928 mit allen vom Gesetz erforderten Sicherungen, insbesondere unter Prüfung durch ordnungsmäßig bestellte Revisoren, geheilt sei. Die Satzungsänderung sei eingetragen, Heilung sei übrigens auch durch fortlaufende Genehmigung der Bilanzen eingetreten. Ferner hielt die Beklagte der Klägerin entgegen, daß diese beim Vertragsschluß und beim Nachsuchen der Genehmigung wiederholt erklärt habe, sie wolle sich in jedem Falle des Grundstücks entäußern. Hierin erblickte die Beklagte einen Verzicht auf die jetzt geltend gemachten Ansprüche. Die Klägerin bemängelte ihrerseits noch die Annahmeerklärung vom 29. Januar 1923 und die Auflassung wegen Fehler der Beurkundung und erklärte die Satzungsänderung zur Heilung des Verstoßes gegen § 186 HGB. für ungenügend, jedenfalls aber für verspätet, da das Geschäft durch die Klagerhebung widerrufen sei. Das Berufungsgericht wies die Berufung der Beklagten zurück. Deren Revision führte zur Aufhebung und Zurückverweisung.

Gründe:

Das Berufungsgericht nimmt an, daß der Kaufvertrag gemäß § 186 Abs. 2 HGB. in die Satzung habe aufgenommen werden müssen und wegen Verstoßes gegen diese Vorschrift für beide Teile unwirksam sei, und daß die Unwirksamkeit auch die Auflassung ergreife. Bei der Satzungsänderung vom 17. März 1928 seien die Vorschriften der §§ 191 flg., § 195 Nr. 2 und 5 HGB. nicht beachtet worden, sie sei aber auch verspätet, weil die Klägerin durch die Klagerhebung den Widerruf gemäß §§ 182, 177, 178 BGB. wirksam erklärt habe. Die Genehmigung der Bilanzen habe keine heilende Wirkung gehabt. Es könne deshalb dahingestellt bleiben, ob der dingliche Erwerbsakt noch aus anderen Gründen nichtig sei. Ein Verzicht der Klägerin auf ihren jetzt geltend gemachten Eigentumsanspruch sei nicht zu finden in ihren etwaigen Erklärungen aus dem Jahre 1923, daß sie sich in jedem Falle des Grundstücks entäußern wolle.

Der Ausgangspunkt des Berufungsgerichts ist nicht zu beanstanden. Der Kaufvertrag hatte zum Inhalt, daß die damals noch in der Gründung begriffene verklagte Aktiengesellschaft das Grundstück der Klägerin übernahm. Er war also ein Übernahmevertrag im Sinne des § 186 Abs. 2 HGB. und bedurfte nach Gegenstand, Person der Verkäuferin und zu gewährender Vergütung (Kaufpreis) der Festsetzung im Gesellschaftsvertrag sowie der für die qualifizierte Gründung vorgeschriebenen Erklärung, Prüfungen und Berichte (§§ 191 flg. HGB.). Da die Festsetzung im Gesellschaftsvertrag unstreitig unterblieben ist, so war der Übernahmevertrag nach § 186 Abs. 4 HGB. „der Gesellschaft gegenüber unwirksam." Ob diese Unwirksamkeit zutreffend mit „Nichtigkeit" zu bezeichnen ist (RGZ. Bd. 121 S. 103), wogegen sich Cohnitz wendet (JW. 1930 S. 2643 flg.; vgl. jedoch schon JW. 1904 S. 182 Nr. 29 = Holdheim Bd. 13 S. 165; JRsch. 1926 Nr. 2355; ferner Staub-Pinner HGB. § 186 Anm. 16; Brodmann Aktienrecht § 186 Anm. 6a), ist nicht von entscheidender Bedeutung, sofern man sich darüber einig ist, daß sich beide Vertragsteile auf die Unwirksamkeit berufen können, nicht nur die Aktiengesellschaft, und daß sich die Unwirksamkeit nachträglich beheben („heilen") läßt. In beiden Punkten hat die von der Revision angegriffene, auch im Schrifttum mehrfach bekämpfte Entscheidung des erkennenden Senats RGZ. Bd. 121 S. 99 nichts Neues gebracht. Daß sich beide Teile auf die Unwirksamkeit berufen können, sofern nicht etwa die Einrede der Arglist eingreift, steht in der Rechtsprechung des Reichsgerichts seit langem fest (JW. 1904 S. 182 Nr. 29, Urteile des II. Zivilsenats vom 10. Januar 1908 II 280/07, abgedr. LZ. 1908 Sp. 297, und vom 15. Oktober 1926 II 80/26, abgedr. JRsch. 1926 Nr. 2355), wird auch sonst kaum bestritten und insbesondere von Flechtheim, auf den sich die Revision beruft, ausdrücklich anerkannt (JW. 1929 S. 2105 flg.). Streitig ist die Frage, ob die Unwirksamkeit auch das dingliche Erfüllungsgeschäft ergreift, wie das Berufungsgericht angenommen hat. Das ist für den vorliegenden Fall von untergeordneter Bedeutung, weil die Klägerin auch Rückauflassung verlangt, also auch die Bereicherungsklage erhoben hat, ein Einwand aus § 814 BGB. aber nicht geltend gemacht worden, nach der Sachlage auch wohl kaum zu begründen ist. Der erkennende Senat hat in der Entscheidung JW. 1929 S. 2044 Nr. 12 für den Fall der Nachgründung angenommen, daß nicht nur der schuldrechtliche Vertrag, sondern auch die dingliche Einigung nach § 207 HGB. zur Wirksamkeit der Zustimmung der Generalversammlung bedarf. Dasselbe hatte schon früher das Bayerische Oberste Landesgericht ausgesprochen (JW. 1925 S. 1646), und der Entwurf eines Gesetzes über Aktiengesellschaften und Kommanditgesellschaften auf Aktien von 1930 will das durch eine ausdrückliche Vorschrift klarstellen (§ 36 Abs. 1 Satz 2, Begründung S. 98; vgl. Schmölder in JW. 1930 S. 2625). Das Entsprechende muß für die Unwirksamkeit nach § 186 Abs. 4 HGB. gelten. Der durch diese Vorschriften bezweckte Schutz würde nur unvollkommen erreicht und die Gesetzesumgehung würde bedenklich erleichtert werden, wenn das ungesetzliche Geschäft in irgend einer Hinsicht, sei es auch nur für den dinglichen Erfüllungsvorgang, gegenüber der Aktiengesellschaft als wirksam behandelt würde. Die entgegenstehenden Ausführungen von Geiler (JW. 1929 S. 2925 flg.), Hagelberg (JW. 1930 S. 308) und Rospatt (Bankarchiv 1930 S. 346 flg.) legen zu großen Wert auf den Wortlaut und zu geringen auf den Zweck des Gesetzes und sind von der Vorstellung beeinflußt, als ob das Erfüllungsgeschäft der Aktiengesellschaft immer Vorteil bringen müßte. So geht denn auch der angeführte Entwurf bei der Neufassung des § 208 HGB. (im § 37) davon aus, daß sich die Unwirksamkeit der in die Satzung nicht aufgenommenen Sachgründungs-Abkommen auf die Erfüllungsgeschäfte erstreckt, die nach der Eintragung vorgenommen werden (Schmölder a. a. O.). Es besteht kein hinreichender Grund, für das geltende Recht etwas anderes anzunehmen.

War hiernach der Kaufvertrag samt der Auflassung nach § 186 Abs. 4 HGB. im Verhältnis der Streitteile zueinander unwirksam, so hat sich doch die Beklagte schon in den Vorinstanzen auf Heilung der Unwirksamkeit berufen. Auf die Frage des Verhältnisses von § 186 zu § 207 HGB. (vgl. RGZ. Bd. 121 S. 103; Hachenburg in JW. 1924 S. 199 flg.; Flechtheim in JW. 1929 S. 2105 flg.; Rospatt im Bankarchiv 1930 S. 340 flg.; Cohnitz in JW. 1930 S. 2643 flg.; Hagelberg in der Festschrift des Deutschen Notarvereins für Oberneck S. 223 flg., 244 flg.) braucht im vorliegenden Falle nicht eingegangen zu werden, weil die Beklagte die Voraussetzungen des § 207 HGB. nicht dargelegt hat. Eine Nachgründung gemäß dieser Vorschrift setzt in jedem Falle voraus, daß nach der Eintragung der Aktiengesellschaft im Handelsregister ein Vertrag der in § 207 genannten Art abgeschlossen wird. Dagegen liegt keine Nachgründung vor, wenn ein vor der Eintragung geschlossener Vertrag nach der Eintragung lediglich erfüllt wird, auch nicht (wie die Revision meint) dann, wenn die Erfüllung in der Vornahme einer Auflassung besteht. Auflassung und Eintragung haben zwar nach § 313 Satz 2 BGB. die Wirkung, daß ein formungültiger Vertrag mit dem Inhalt bindend wird, über den die Beteiligten bei der Auflassung einig waren. Aber die Auflassung, die zur Erfüllung eines formgerechten Vertrags vorgenommen wird, hat nicht die Wirkung, daß der schuldrechtliche Vertrag damit als von neuem abgeschlossen gilt (RGZ. Bd. 115 S. 12), auch dann nicht, wenn der formgerechte Vertrag aus anderem Grunde unwirksam ist. So liegt die Sache hier. Die Parteien haben vor der Eintragung der Beklagten den schuldrechtlichen Vertrag abgeschlossen, und zwar, soweit bisher ersichtlich ist, durchaus formgerecht. Die am Tage nach der Eintragung aufgenommene notarielle Verhandlung vom 1. Februar 1923 diente nur der Erfüllung jenes Vertrags. Sie enthielt nur die Auflassung und, dieser vorangehend, Erklärungen des Bevollmächtigten der Beklagten über die Zahlung des Restkaufpreises, der zum Teil schon auf das Bankkonto der Klägerin überwiesen war, zum Teil in der Verhandlung entrichtet wurde. Auf das Kaufangebot und die Annahme wurde dabei Bezug genommen. Nirgends trat aber der Wille der Beteiligten hervor, den Kaufvertrag — sei es verändert, sei es unverändert — von neuem abzuschließen. Danach ist § 207 HGB. bei der bisherigen Sachlage unanwendbar.

Die Unwirksamkeit, die sich aus § 186 Abs. 4 das. ergab, kann jedoch durch die nach der Verkündung des landgerichtlichen Urteils vorgenommene Satzungsänderung geheilt sein. Flechtheim (JW. 1929 S. 2105 flg.) verwirft allerdings jede Heilungsmöglichkeit bei einem Verstoß gegen § 186 Abs. 2 HGB., auch den Weg der Satzungsänderung. Seine Bedenken treffen aber im wesentlichen nur den ersten Fall des § 186 Abs. 2, nämlich den, daß ein Aktionär eine nicht durch Barzahlung zu leistende Einlage auf das Grundkapital macht. Dieser Fall lag weder (wie Flechtheim irrtümlich angenommen zu haben scheint) der Entscheidung RGZ. Bd. 121

S. 99 zugrunde, noch liegt er hier vor. Im Falle jener Entscheidung hatten die fünf Gründer, zu denen die Grundstücksveräußerer nicht gehörten, das gesamte Grundkapital in bar übernommen, nur war der Kaufpreis für das Grundstück zum Teil in Aktien zu leisten, die sich die Aktiengesellschaft von den Gründern beschaffen mußte. Im vorliegenden Falle gehörte die Klägerin ebenfalls nicht zu den Gründern; Aktien kamen als Gegenleistung für die Grundstücksveräußerung gar nicht in Frage. In beiden Fällen handelt es sich um Sachübernahmen der Gesellschaft von einem Nichtmitglied, nicht um Sacheinlagen eines Aktionärs. Es bedarf daher keines Eingehens auf das Bedenken, daß nicht an Stelle der von einem Aktionär geschuldeten Bareinlage nachträglich eine Sacheinlage festgesetzt werden könne (Flechtheim a. a. O. S. 2106; Cohnitz a. a. O. S. 2645, Brodmann a. a. O. § 186 Anm. 6b). Das kommt beim Vertragsschluß mit einem Nichtmitglied nicht in Betracht. Hier handelt es sich nur darum, daß die unterlassene Offenbarung des Vertrags nachgeholt wird. Warum das grundsätzlich unzulässig sein soll, ist nicht einzusehen. Die Heranziehung des § 141 BGB. (JW. 1904 S. 182 Nr. 29) ist dabei entbehrlich; es handelt sich, wie Flechtheim richtig bemerkt, nicht um Bestätigung eines nichtigen Vertrags, sondern um Hebung eines Mangels durch Nachholung der nur für die Aktiengesellschaft, nicht für den Vertragsgegner, vorgeschriebenen Offenbarung. So viel Gewicht das Gesetz auch auf diese Offenbarung legt — wie es ja als Folge der Unterlassung die Unwirksamkeit bestimmt —, so fordert doch der Zweck des Gesetzes keine unheilbare Unwirksamkeit. Heilung kann aber nur die Nachholung des Versäumten bringen. Daraus folgt einerseits, daß es keiner Mitwirkung des Vertragsgegners bedarf (so auch Cohnitz a. a. O. S. 2645; Hagelberg in der genannten Festschrift S. 252), anderseits, daß nur die Nachholung unter Beobachtung der Vorschriften, die von vornherein hätten befolgt werden müssen, heilend wirken kann. Dagegen erscheint das Bedenken Flechtheims unerheblich, daß sich die Generalversammlung einem nachträglich erstatteten ungünstigen Revisorenbericht gegenüber in anderer Lage befinde, als wenn er rechtzeitig, vor der Gründung, erstattet worden wäre. Das mag in manchen Fällen zutreffen. Wäre es aber ausschlaggebend, so dürfte es überhaupt keinen Weg geben, den begangenen Fehler wieder gutzumachen, auch nicht den von Flechtheim für gangbar erachteten Weg der Nachgründung nach § 207 HGB.

Denn die Generalversammlung befindet sich gegenüber einer zu diesem Zwecke gemachten Darlegung des Vorstands und Aufsichtsrats in keiner anderen Lage als gegenüber einem Revisorenbericht zum Zweck der Satzungsänderung, sofern die Darlegung der Wahrheit entspricht. Übrigens will der Entwurf (§ 36) auch bei der Nachgründung den Revisorenbericht einführen und damit das Bedenken beseitigen, das den erkennenden Senat in der Entscheidung RGZ. Bd. 121 S. 99 abgehalten hat, neben der Satzungsänderung auch die Nachgründung als Mittel der Abhilfe zuzulassen (Begründung S. 98). Auf den Weg der Satzungsänderung zur Behebung der aus § 186 Abs. 4 sich ergebenden Unwirksamkeit hat das Reichsgericht wiederholt hingewiesen; es besteht für den hier vorliegenden Fall der Sachübernahme von einem Nichtmitglied kein hinreichender Grund, davon abzuweichen (JW. 1904 S. 182 Nr. 29, 1909 S. 167 Nr. 18; LZ. 1908 Sp. 297; Staub-Pinner § 186 Anm. 18).

Neuerdings hat Hagelberg (in der genannten Festschrift S. 253 flg., ähnlich Hachenburg in seinem von der Beklagten beigebrachten Rechtsgutachten S. 20 flg.) die Ansicht aufgestellt: wenn die aus § 186 Abs. 4 sich ergebende Unwirksamkeit im Wege der Satzungsänderung behoben werde, so seien zwar die Sicherungsmaßnahmen der §§ 191 flg. HGB. anzuwenden, wenn aber der Registerrichter die Satzungsänderung eingetragen habe, ohne daß die erforderlichen Prüfungsberichte eingereicht worden seien, so sei die Unwirksamkeit dennoch geheilt. Dem kann nicht beigetreten werden. Zuzugeben ist zwar, daß die §§ 191 flg. auf die Gründung berechnet und bei der Satzungsänderung nur entsprechend anwendbar sind. Deshalb ist Hagelberg darin zuzustimmen, daß es der Heilung keinen Eintrag tut, wenn die Gründererklärung nicht mehr von allen Gründern oder auch überhaupt nicht mehr zu beschaffen ist. Was aber beschafft werden kann, also namentlich die Prüfungsberichte des (gegenwärtigen) Vorstands und Aufsichtsrats sowie der besonderen Revisoren, das muß auch beschafft werden, wenn die Satzungsänderung heilend wirken soll; das ergibt sich gerade aus der entsprechenden Anwendbarkeit der §§ 191 flg. Ist bei der Gründung ein Abkommen der im § 186 bezeichneten Art ordnungsmäßig in den Gesellschaftsvertrag aufgenommen worden, so wird es selten vorkommen, daß die Aktiengesellschaft eingetragen wird, ohne daß die erforderlichen Prüfungsberichte eingereicht worden wären. Geschieht es ausnahmsweise dennoch, so läßt es sich ertragen, daß das Versehen des Registerrichters für die Wirksamkeit der Eintragung und das Abkommen keine Folgen hat und daß es bei der Möglichkeit nachträglicher Einforderung bewendet (KG. in ROLG. Bd. 24 S. 171; Staub-Pinner § 193 Anm. 5). Ist aber das Abkommen im Gesellschaftsvertrag verschwiegen worden, was im Falle des § 186 Abs. 2 regelmäßig geschieht, um die Prüfung durch besondere Revisoren zu vermeiden, so wäre es sinnwidrig, wenn man heilende Wirkung einer Satzungsänderung beilegen wollte, bei der nun doch wieder die Prüfungsberichte, namentlich der Bericht der Revisoren, gefehlt haben. Das scheint auch die Ansicht von Staub-Pinner (Anm. 17b und 18 zu § 186) zu sein, deren Stellungnahme in der Frage der Heilung von Flechtheim (JW. 1929 S. 2106) mit Recht folgerichtig genannt wird.

Nun hält das Berufungsgericht die Satzungsänderung vom 17. März 1928 nicht für genügend, weil die Vorschriften der §§ 191 flg., § 195 Nr. 2 und 5 dabei nicht beachtet worden seien. Mit Recht vermißt die Revision die verfahrensrechtliche Grundlage für diese Annahme. Nach dem Schriftsatze vom 25. Januar 1929 hatte die Beklagte ausdrücklich behauptet, daß jene Vorschriften beachtet worden seien und daß sich die Nachweise darüber entweder in den Registerakten oder beim Registergericht befinden müßten. Auf dieses Vorbringen ist das Berufungsgericht nicht eingegangen. Die Revision rügt Verletzung des § 139 ZPO., weil das Berufungsgericht von seinem Fragerecht hätte Gebrauch machen müssen, wenn ihm die genannten Angaben nicht genügten. Zugleich liegt darin eine Rüge der Verletzung des § 286 ZPO. Beide Rügen sind berechtigt.

Der Vorderrichter hält aber die Satzungsänderung auch für verspätet, weil die Klägerin ihre Vertragserklärung gemäß §§ 182, 177, 178 BGB. durch die Klagerhebung widerrufen habe. Auch das beanstandet die Revision mit Recht. Es ist nicht ersichtlich, inwiefern die genannten Vorschriften, von denen übrigens nur § 178 die Entscheidung des Berufungsgerichts stützen würde, hier anzuwenden wären. Der erkennende Senat hat in der Entscheidung JW. 1929 S. 2944 Nr. 12 für den Fall der Nachgründung angenommen, daß der ohne Zustimmung der Generalversammlung handelnde Vorstand als Vertreter ohne Vertretungsmacht anzusehen und auf den Vertragsgegner § 178 BGB. anwendbar sei. Auf die gegen diese Ansicht gerichteten Angriffe (Geiler in JW. 1929 S. 2924flg.; Flechtheim das. S. 2944flg.; Cohnitz in JW. 1930 S. 2645; Rospatt im Bankarchiv 1930 S. 345flg.) braucht hier nicht eingegangen zu werden. Denn die Satzungsänderung hat mit der Genehmigung im Sinne des § 177 BGB. keine Ähnlichkeit; sie ist Nachholung der Offenbarung, sodaß sich hier eine auch nur entsprechende Anwendung des § 178 das. verbietet (so auch Hagelberg a. a. O. S. 260flg.). Freilich wird nach allgemeinen Vorschriften (§§ 157, 242 BGB.) nicht angenommen werden können, daß der Vertragsgegner die Heilung des Mangels durch Satzungsänderung jederzeit zulassen müsse. Es wird ihm das Recht zuzugestehen sein, daß er mit oder nach Geltendmachung des Mangels die Aktiengesellschaft auffordern kann, in angemessener Frist die Satzungsänderung zu beschließen. Es sind auch Fälle denkbar, in denen die Satzungsänderung so spät vorgenommen wird, daß der Vertragsgegner sie auch ohne Fristsetzung nicht mehr gegen sich gelten zu lassen braucht (RGZ. Bd. 121 S. 105). Weder das eine noch das andere liegt aber hier vor. Eine Frist hat die Klägerin der Beklagten, soweit bisher ersichtlich, nicht gesetzt. Sie hat zwar schon in der Klagschrift vom 24. Juni 1927 auf die Verletzung des § 186 HGB. hingewiesen; da aber die Abhilfe immerhin einige Zeit erforderte, so kann die am 17. März 1928 vorgenommene Satzungsänderung nicht als verspätet angesehen werden.

Das Berufungsgericht hat im übrigen ohne Rechtsirrtum angenommen, daß die Erklärungen, welche die Klägerin nach Behauptung der Beklagten im Jahre 1923 abgegeben haben soll, keinen Verzicht auf die jetzt von ihr geltend gemachten Ansprüche bedeuten, die sie damals nicht kannte und nicht kennen konnte. Auch die Einrede der allgemeinen Arglist ist nicht genügend begründet. Das Berufungsgericht wird daher erneut zu prüfen haben, ob sich unter Berücksichtigung der obigen Gesichtspunkte der Anspruch aus § 186 HGB. rechtfertigt, sofern nicht noch andere Mängel des schuldrechtlichen Vertrags oder der dinglichen Einigung vorliegen sollten, die von der Klägerin geltend gemacht, vom Berufungsgericht aber bisher nicht erörtert worden sind.

---

56. Sind die Leistungen, die dem Verletzten aus Anlaß des Unfalls von dritter Seite gewährt werden, auf die dem Schädiger nach §§ 843, 844 BGB. obliegenden Rentenzahlungen anzurechnen?

VI. Zivilsenat. Urt. v. 17. November 1930 i. S. S. u. Gen. (Bekl.) w. R. (Kl.). VI 135/30.

I. Landgericht II Berlin.
II. Kammergericht daselbst.

Am 27. November 1926 wurde der Ehemann der Klägerin, welcher Arbeiter bei der B. Straßenbahn-Betriebs-GmbH. in B. (im folgenden mit „Gesellschaft" bezeichnet) war, während der Ausübung seiner beruflichen Tätigkeit von einem vom Beklagten S. gehaltenen und vom Beklagten B. geführten Kraftwagen überfahren und getötet. Der Unfall ist auf das alleinige Verschulden des Beklagten B. zurückzuführen. Die Klägerin nimmt daher die Beklagten auf Ersatz des ihr durch den Tod ihres Ehemanns und Ernährers verursachten Schadens in Anspruch, indem sie u. a. ihre Verurteilung zur Zahlung einer monatlichen Rente von 91,85 RM. beantragt. Bei Errechnung des Betrags der Rente bringt die Klägerin den Beklagten monatlich 32,15 RM. zugute, die sie als Unfallwitwenrente von der Berufsgenossenschaft erhält, nicht dagegen die Witwenrente von monatlich 63,24 RM., die ihr die Ruhegeldeinrichtung der Gesellschaft zahlt. Diese Rente entstammt nach Ansicht der Klägerin einer privaten Lebensversicherung und soll daher nicht anzurechnen sein. Die Beklagten wenden u. a. ein, daß auch die monatliche Witwenrente von 63,24 RM. anrechnungsfähig sei.

Beide Vorinstanzen traten der Auffassung der Klägerin bei, daß diese Rente nicht in Abzug zu bringen sei. Die Revision der Beklagten war erfolglos.

Gründe:

In der Revisionsinstanz ist nur noch die Frage im Streit, ob die der Klägerin von der Ruhegeldeinrichtung gezahlte Witwenrente von monatlich 63,24 RM. von der geforderten Rente abzuziehen ist. Das Berufungsgericht verweist für seine ablehnende Ansicht auf ein Urteil des Kammergerichts vom 24. November 1928, das schon im Laufe des ersten Rechtszugs beiden

Parteien zur Kenntnis gebracht worden war und dessen Gründe zu dem hier erheblichen Punkt im wesentlichen dahin gehen: Die Zahlungen aus der Ruhegeldeinrichtung seien als Leistungen anzusehen, die auf Grund eines privaten Versicherungsvertrags gewährt würden. Wenn sich der Verunglückte bei seiner Anstellung auch verpflichtet habe und, um angestellt zu werden, habe verpflichten müssen, der Kasse beizutreten, so sei darum sein Eintritt noch nicht unfreiwillig erfolgt. Denn ihm habe freigestanden, das Anstellungsverhältnis mit den ihm gestellten Bedingungen einzugehen oder nicht. Nachdem er die Arbeit angenommen und seinen Beitritt zur Kasse erklärt habe, sei er vertraglich verpflichtet gewesen, die ihm übertragene Arbeit zu verrichten und die festgesetzten Beiträge zur Kasse zu bewirken. Daß der Beitritt zu der Ruhegeldeinrichtung keine Zwangsversicherung sei, die gemäß § 1542 der Reichsversicherungsordnung an die Stelle der Versicherung bei einer öffentlichrechtlichen Kasse trete, ergebe sich daraus, daß der Beitretende gemäß § 4 der Satzung einen Ruhegeldanspruch erst erwerbe, wenn er für mindestens 10 Jahre Beiträge entrichtet habe, und daß er nach § 12 das. den Anspruch verliere, wenn er nach zehnjähriger Beschäftigung wegen eines anderen Grundes als Dienstunfähigkeit aus dem Betrieb der Gesellschaft ausscheide; ferner aber auch daraus, daß er, falls er keine Ansprüche auf Ruhegeld erlange, die von ihm gezahlten Beiträge zurückerhalte. Auch aus dem Umstand, daß die Gesellschaft Beiträge in gleicher Höhe wie ihre Arbeiter an die Kasse entrichte, könne nicht gefolgert werden, daß die vertragsmäßige Unfallversicherung, die allerdings zugunsten der Arbeitnehmer erfolge, wie das Ruhegehalt eines Beamten als eine Form der Entlohnung für Arbeitsdienste anzusehen sei. Denn ein Angestellter habe, wenn er aus den Diensten der Gesellschaft ausscheide, ohne Ansprüche an die Kasse erworben zu haben, keinen Anspruch auf nachträgliche Gewährung derjenigen Beträge, welche die Gesellschaft für ihn an die Kasse entrichtet habe. Endlich komme hinzu, daß die gesamten Angestellten der Gesellschaft der Invalidenversicherung unterlägen und daß für sie ständig Invalidenmarken verwendet würden. Die Leistungen der Ruhegeldeinrichtung beruhten hiernach lediglich auf vertraglicher Grundlage. Der Verunglückte habe somit den Ruhegeldanspruch durch die von ihm an die Kasse entrichteten Beiträge erkauft. Den Entstehungsgrund für diesen Anspruch bilde also der von ihm mit der Kasse geschlossene Vertrag, nicht aber die Verletzung, für die der Schädiger verantwortlich sei. Die Verletzung habe nur äußerlich die Bedingung für den Ruhegeldanspruch ausgelöst und sei nur für den Zeitpunkt maßgebend gewesen, in dem der vertragliche Anspruch des Verletzten entstanden sei.

Diesen Gründen fügt das angefochtene Urteil noch folgendes bei: Es handle sich um eine private Versicherung, bei welcher der Rechtsgrund für die Zahlung der Versicherungssummen die private Vereinbarung des Versicherungsnehmers sei, während der eingetretene Tod nur die Rechtsbedingung darstelle. Insofern unterscheide sich diese Versicherung von der sozialen Zwangsversicherung, da bei dieser die Ansprüche des Verletzten in Höhe der zu zahlenden Beträge mit dem Zeitpunkt des Todes auf den leistungspflichtigen Verband übergegangen seien und demzufolge der Klägerin durch den Tod ihres Mannes in dieser Höhe überhaupt kein Schaden entstanden sei. Die Beklagten könnten auch nicht geltend machen, daß die Versicherung als eine Form der Entlohnung anzusehen sei und deshalb angerechnet werden müsse. Zwar zahle die Gesellschaft als Arbeitgeberin die Hälfte der jeweils fälligen Prämien, doch besage dies nach den Satzungen der Ruhegeldeinrichtung nichts. Denn wenn der Versicherungsnehmer vorzeitig ausgeschieden wäre, so hätte er nur die von ihm aufgebrachte Hälfte zurückverlangen können. Wären aber die Prämienteilzahlungen der Gesellschaft eine Entlohnung für die Arbeitsdienste des Mitglieds, dann müßte letzteres folgerichtig das Recht haben, auch diesen Teil ausgezahlt zu erhalten. Da dies nicht der Fall sei, handle es sich bei der Ruhegeldeinrichtung nicht um eine Form der Entlohnung, sodaß die von ihr gezahlten Beträge denjenigen gleichzustellen seien, die jede andere private Lebens- oder Unfallversicherung zahlen würde. Die Anrechnung dieser Beträge habe daher zu unterbleiben.

Demgegenüber macht die Revision, indem sie Verletzung des § 844 BGB. rügt, folgendes geltend. Das Berufungsgericht verkenne, worin die Leistung der Gesellschaft bestehe. Nicht die Prämie, die sie für den einzelnen Arbeitnehmer entrichte, sondern der Versicherungsschutz, den sie ihm und seinen Hinterbliebenen gewähre, sei die Leistung, die sie für ihn mache und die jetzt auf Grund des Dienstverhältnisses mit dem Verunglückten der Klägerin zufalle.

Wenn dabei auch vom Geschützten selbst eine Leistung gemacht werde, so müsse das außer Betracht bleiben. Diese Prämie habe eine Verringerung seines Dienstlohns bedeutet, während der Versicherungsschutz im ganzen von der Arbeitgeberin gewährt werde, und zwar auf Grund des Arbeitsverhältnisses (RGZ. Bd. 64 S. 354 und Bd. 70 S. 101).

Die Revision kann keinen Erfolg haben.

Die im Schrifttum[1]) fast einhellig gebilligte ständige Rechtsprechung des Reichsgerichts[2]) zur Frage der Anrechnung der dem Verletzten oder seinen Hinterbliebenen aus Anlaß eines Unfalls von dritter Seite gewährten Leistungen auf die Rentenzahlungen des Schädigers (§§ 843, 844 BGB.) geht dahin: Die Frage ist nach den Grundsätzen zu entscheiden, die für die Ausgleichung von Vorteil und Nachteil gelten (RGRKomm. Erl. 5 vor § 249 Bd. 1 S. 397flg. nebst Nachweisen). Danach kommt es darauf an, ob der Unfall unmittelbar auf Grund gesetzlicher Vorschriften, insbesondere z. B. nach denen der Reichsversicherungsordnung oder der Beamtenruhegehalts-Gesetzgebung, anderweitige Ansprüche des Geschädigten zur Entstehung bringt oder ob diese Ansprüche auf vertraglicher Grundlage erwachsen, für deren Entstehung der Unfall nur die Bedingung setzt. Insoweit dem Geschädigten Ansprüche ersterer Art zustehen, hat er durch den Unfall überhaupt keinen Schaden erlitten, und folgeweise erwächst ihm kein Schadensersatzanspruch gegen den Schädiger. Anders dagegen sind die Fälle der letzteren Art zu beurteilen. Hier ist es nicht der Unfall allein und mithin nicht dasselbe oder ein mit ihm in adäquatem Zusammenhang stehendes Ereignis, das die Leistung des Dritten entstehen läßt, sondern das von dem Unfall unabhängige Vertragsverhältnis verpflichtet den Dritten zur Leistung, nachdem die vertragliche Bedingung der Leistung, der Schaden, eingetreten ist.

Prüft man auf dieser rechtlichen Grundlage den vorliegenden Fall, so ergibt sich folgendes: Nach der vom Berufungsrichter offen-

---

[1]) Vgl. Planck Anm. 3c zu § 843 BGB.; Staudinger Anm. 3b zu § 843 das.; Soergel Anm. 4 zu § 843 das.; a. M. Eger ReichshaftpflichtG. 7. Aufl. Anm. 58 zu § 4.

[2]) Vgl. u. a. RGZ. Bd. 64 S. 351, Bd. 68 S. 46, Bd. 70 S. 101, Bd. 82 S. 192, Bd. 92 S. 402; RGUrt. v. 5. Oktober 1912 VI 118/12; WarnRspr. 1910 Nr. 418, 1917 Nr. 266; RGRKomm. 6. Aufl. Erl. 3d zu § 843. D. E.

bar für zutreffend erachteten Auskunft der Gesellschaft ist die Ruhegeldeinrichtung ein kleinerer Versicherungsverein im Sinne des § 53 des Reichsgesetzes über die privaten Versicherungsunternehmungen vom 12. Mai 1901 (RGBl. S. 139), mithin ein Versicherungsverein auf Gegenseitigkeit, der Rechtsfähigkeit besitzt (§ 15 das.). In diesen Verein treten die Arbeitnehmer der Gesellschaft selbst als Mitglieder ein mit allen sich daraus ergebenden gesetzlichen und satzungsmäßigen Folgen, insbesondere mit der Pflicht zur Zahlung der Beiträge, wobei es für die hier zu entscheidende Frage ohne Belang ist, daß sie, falls sie den Eintritt in die Ruhegeldeinrichtung ablehnten, von der Gesellschaft nicht eingestellt würden. Nicht die Gesellschaft, die Arbeitgeberin, versichert also ihre Arbeitnehmer bei der Ruhegeldeinrichtung, sondern die Arbeitnehmer gehen selbst den Versicherungsvertrag ein. Die Gesellschaft erleichtert ihnen nur die Eingehung des Versicherungsverhältnisses dadurch, daß sie die Zahlung der Hälfte der den Mitgliedern obliegenden Prämienleistungen übernimmt, während die andere Hälfte aus dem Arbeitsverdienst der Mitglieder entrichtet wird. Ob die Gesellschaft die Hälfte der Beiträge aus Freigebigkeit nach Art einer Wohlfahrtseinrichtung für ihre Arbeitnehmer zahlt oder ob diese Beiträge in Wirklichkeit einen Teil der Entlohnung der Arbeitnehmer für die von ihnen geleisteten Dienste bilden, bedarf keiner Entscheidung. Maßgebend ist vielmehr, daß die Arbeitnehmer sich selbst versichern und daß der ihnen dadurch zuteil werdende Versicherungsschutz zum mindesten zu einem wesentlichen Teile das Ergebnis ihrer Erwerbstätigkeit ist. Hierdurch unterscheidet sich der vorliegende Fall von dem in RGZ. Bd. 70 S. 101 behandelten in wesentlichen Punkten. Es bedarf daher keiner Stellungnahme zu der letzteren Entscheidung, deren Tragweite übrigens mit Rücksicht auf den nicht vollständig mitgeteilten Sachverhalt nicht unzweifelhaft erscheint. Wesentlich anders liegt auch der in RGZ. Bd. 64 S. 354 erörterte Fall, daß ein Beamter aus seinem Gehalt Beiträge zu der Pensionskasse zahlt, aus der ihm später sein Ruhegehalt gewährt wird. Auf die nur für das Gebiet des Reichshaftpflichtgesetzes geltende Sondervorschrift des § 4 das. ist die Revision mit Recht nicht zurückgekommen.

57. Über die Beweispflicht des Versicherers für die Behauptung, daß der Schaden durch Verschulden des Versicherungsnehmers verursacht sei.

Versicherungsvertragsgesetz § 61.

VII. Zivilsenat. Urt. v. 18. November 1930 i. S. A. Versicherungs-AG. (Bekl.) w. H. (Kl.). VII 80/30.

I. Landgericht Waldshut.
II. Oberlandesgericht Karlsruhe.

Laut Versicherungsschein vom 26. Januar 1926 hatte der Kläger bei der verklagten Gesellschaft Fahrnis bis zur Höhe von 31000 RM. gegen Feuer versichert. Am 1. November 1926 brannte sein Anwesen nieder; der dadurch verursachte Fahrnisschaden wurde auf 17116 RM. festgesetzt. Mit der Klage macht der Kläger den Anspruch auf die Brandentschädigung geltend. Landgericht und Oberlandesgericht gaben der Klage im wesentlichen statt. Die Revision der Beklagten wurde zurückgewiesen.

Aus den Gründen:

... Der Berufungsrichter nimmt an, das Strafverfahren gegen den Kläger habe eine Reihe von Tatsachen ergeben, die den dringenden Verdacht begründeten, daß er sein Anwesen in Brand gesetzt habe. Das Gericht ist aber weiter der Ansicht, der Beweis für die Brandstiftung durch den Kläger könne nicht als geführt angesehen werden, solange weder der Brandherd mit Sicherheit feststehe noch irgendwelche bestimmte Anhaltspunkte gegeben seien, aus denen über bloße Vermutungen hinaus entnommen werden könne, daß, wo und wie der Kläger den Brand gelegt habe; aus dem Fehlen sicherer Anhaltspunkte für eine andere Entstehung des Brandes könne bei der großen Zahl von Umständen, die einen Brand hervorrufen könnten, noch nicht zwingend geschlossen werden, daß eine Brandstiftung durch den Kläger in Betracht komme. Hiergegen wendet sich die Revision. Sie meint, das Berufungsgericht halte einen absolut zwingenden Beweis der Brandstiftung durch den Kläger für erforderlich und begnüge sich nicht mit einem für das praktische Leben brauchbaren Grade von Wahrscheinlichkeit. Sie verweist auf die Entscheidung des erkennenden Senats vom 13. Dezember 1929 (RGZ. Bd. 127 S. 26), wo zwar die Übertragung der Grundsätze des Beweises des ersten Anscheins auf den Fall abgelehnt werde, daß der Versicherer einen aus einem Versicherungsfall gegen ihn erhobenen Anspruch zunichte machen wolle, aber anerkannt sei, daß die Beweispflicht des Versicherers überspannt werde, wenn man ihm ansinne, auch die Möglichkeit einer ungewöhnlichen Verkettung von Umständen zu widerlegen.

Dieser Vorwurf gegen den Berufungsrichter ist ungerechtfertigt. Zwar geht der in jener Entscheidung ausgesprochene Satz, daß die Regeln des Beweises des ersten Anscheins keine Anwendung fänden, wenn es sich darum handle, den Anspruch des Versicherungsnehmers aus dem Versicherungsfall zu beseitigen, zu weit und kann nicht aufrechterhalten werden. Daraus folgt aber nichts zugunsten der Revision, weil der Vorderrichter die Grundsätze des Beweises des ersten Anscheins nicht verletzt hat. Er entnimmt dem Beweismaterial zwar einen dringenden Verdacht der Brandstiftung gegen den Kläger, hält diesen aber nicht für überführt, weil er keine über Vermutungen hinausgehende Anhaltspunkte für die Art und Weise der Inbrandsetzung feststellen kann und solche Feststellungen mit Rücksicht auf die Menge der an sich möglichen Brandursachen für erforderlich hält. Die Ansicht, daß die Annahme einer Brandlegung durch den Kläger nur bei einer ungewöhnlichen Verkettung von Umständen ausgeschlossen sei (vgl. RGZ. Bd. 127 S. 28), hat das Berufungsgericht nicht vertreten, sondern es erachtet offensichtlich die Sachlage nicht für derart geklärt, daß daraus nach der Erfahrung des Lebens mit Wahrscheinlichkeit auf die Täterschaft des Klägers geschlossen werden müßte. ...

58.
1. **Zur Auslegung der §§ 94, 97, 98 BGB.**
2. **Wann sind Maschinen Bestandteile des Grundstücks?**
3. **Zum Erfordernis der Bestimmtheit des Klagantrags im Sinne des § 253 Abs. 2 Nr. 2 ZPO.**

VI. Zivilsenat. Urt. v. 20. November 1930 i. S. P. Sch. (Bekl.) w. Ph. Sch. (Kl.). VI 108/30.

I. Landgericht Chemnitz.
II. Oberlandesgericht Dresden.

Am 5. August 1926 erstand der Beklagte die im Grundbuch von L. Blatt 670 und 679 eingetragenen Grundstücke in der Zwangsversteigerung und erhielt sie bald darauf zugeschlagen. Mehrere auf diesen Grundstücken stehende Bauwerke, insbesondere ein Fabrikgebäude, greifen mit beträchtlichen Teilen auf das im Eigentum des Fabrikbesitzers H. Sch. verbliebene Nachbargrundstück Blatt 809 desselben Grundbuchs über; sie waren errichtet worden, als alle drei Grundstücke sich noch in einer Hand befanden. Im Versteigerungstermin gab der Richter bekannt, daß nach seiner Ansicht die auf dem Grundstück Blatt 809 stehenden Gebäude Bestandteile der beschlagnahmten Grundstücke seien und daher mit auf den Ersteher übergingen, daß sie aber nach anderer Rechtsauffassung zu den Bestandteilen des Grundstücks Blatt 809 gehörten und im Falle der Richtigkeit dieser Auffassung nicht mit zugeschlagen würden. Der Kläger, für den auf Blatt 809 eine Hypothek von 8500 GM. eingetragen und der an einer weiteren dort eingetragenen Hypothek von 42500 GM. als Miterbe beteiligt ist, beantragt im gegenwärtigen Rechtsstreit die Feststellung, daß dem Beklagten durch den Zuschlag keine Eigentumsrechte oder sonstigen Rechte an den auf dem Grundstück Blatt 809 errichteten Bauwerken und an den für diese Bauwerke beschafften Maschinen und sonstigen Zubehörstücken zustehen. Der Beklagte vertritt den gegenteiligen Standpunkt; das Fabrikgebäude bilde ein einheitliches Ganzes und würde als solches zerstört werden, wenn man es teilte; mit dem ganzen Gebäude habe er auch dessen gesamte Zubehörstücke erworben; der Hauptteil der Gebäude — etwa drei Viertel — stehe auf den ihm zugeschlagenen Parzellen.

Das Landgericht erkannte nach dem Klagantrag. Das Oberlandesgericht wies die Berufung des Beklagten mit der Maßgabe zurück, daß an Stelle der Worte „für diese Bauwerke beschafften Maschinen" die Worte treten: „den zur Zeit der Anordnung der Zwangsversteigerung der Grundstücke Blatt 670 und 679 des Grundbuchs von L. in diesen Bauwerken aufgestellten Maschinen". Die Revision des Beklagten war erfolglos, soweit sie die Bauwerke betraf; im übrigen wurde das angefochtene Urteil aufgehoben und die Sache an das Berufungsgericht zurückverwiesen.

Gründe:

Den Ausführungen des Berufungsrichters darüber, daß der Beklagte durch den Zuschlag nicht das Eigentum an den auf dem Grundstück Blatt 809 errichteten Gebäuden erlangt hat (§ 90 ZVG.), ist lediglich beizutreten. Denn diese Gebäude sind gemäß § 94 Abs. 1 BGB. wesentliche Bestandteile des Grundstücks Blatt 809, nicht aber solche der dem Beklagten zugeschlagenen Grundstücke geworden. Diese Auffassung entspricht der ständigen Rechtsprechung des Reichsgerichts (vgl. u. a. RGZ. Bd. 65 S. 363, Bd. 70 S. 200, Bd. 72 S. 272; RGRKomm. Erl. 1 zu § 94), von der abzugehen das Vorbringen der Revision keinen Anlaß bietet. Ob der weiteren, von der Revision bekämpften Meinung des Berufungsgerichts beizutreten sein möchte, daß der Beklagte nicht einmal Eigentümer der auf den Grundstücken Blatt 670 und 679 errichteten Gebäude geworden sein würde, wenn die Frage der Bestandteilseigenschaft nicht nach § 94 Abs. 1, sondern nach § 93 BGB. zu entscheiden wäre, kann hiernach auf sich beruhen.

Dagegen ist die Revision begründet, insoweit sie sich auf die Maschinen und sonstigen Zubehörstücke bezieht, die zu dem vom Vorderrichter für maßgeblich erachteten Zeitpunkt (§§ 20, 55 ZVG., vgl. auch § 1120 BGB.) in den auf dem Grundstück Blatt 809 stehenden Bauwerken aufgestellt waren. Das angefochtene Urteil läßt es dahingestellt, ob diese Maschinen gemäß § 94 Abs. 2 BGB. wesentliche Bestandteile der Gebäude auf dem Grundstück Blatt 809 oder nach § 97 Abs. 1, § 98 Nr. 1 das. deren Zubehör geworden sind. Trifft ersteres zu, so kann es allerdings keinem Zweifel unterliegen, daß der Beklagte nicht Eigentümer dieser Maschinen geworden ist. Allein bei Maschinen, selbst wenn sie für den Fabrikbetrieb wesentlich und mit dem Bauwerk verbunden sind, ist der Regel nach eine Einfügung zur Herstellung des Gebäudes (§ 94 Abs. 2 BGB.) nicht anzunehmen. Eine solche Annahme ist vielmehr nur dann gerechtfertigt, wenn Maschinen und Bauwerk besonders aufeinander gearbeitet, insbesondere wenn erstere an die Bauart und die Gliederung des Gebäudes angepaßt sind (vgl. u. a. RGZ. Bd. 67 S. 30; RGRKomm. Erl. 2 zu § 93, Erl. 7 zu § 94 das. nebst Nachweisen). Hierüber fehlt es bisher an einer Feststellung. Sollte sich ergeben, daß die Maschinen — ebenso wie die „sonstigen Zubehörstücke" — nicht wesentliche Bestandteile des Grundstücks Blatt 809, sondern Zubehör der Fabrik sind, so käme es darauf an, ob in den auf dem Grundstück Blatt 809 stehenden Gebäudeteilen ein selbständiger Fabrikbetrieb stattfindet — dann wären die dort untergebrachten Maschinen Zubehör dieses Betriebs —, oder ob die drei Grundstücke zu einem einheitlichen Fabrikbetrieb eingerichtet sind — dann wären sie Zubehör desjenigen Grundstücks, das den Mittelpunkt des einheitlichen Betriebs bildet (WarnRspr. 1910 Nr. 312; RGRKomm. Erl. 5 zu § 97). Auch hierzu bedarf es noch der tatsächlichen Feststellung. Der Rechtsansicht des Berufungsgerichts, daß es nicht angehe, die in dem übergebauten Gebäudeteil stehenden Maschinen als Zubehör des anderen Teils anzusehen, kann nicht beigetreten werden, zum mindesten nicht in dieser Allgemeinheit. Denn maßgebend ist nach § 97 Abs. 1 die Hauptsache, deren wirtschaftlichem Zweck das Zubehör zu dienen bestimmt ist (vgl. auch § 98 BGB.).

Endlich rügt die Revision Verletzung der §§ 139, 286 ZPO. mit der Begründung, daß das Berufungsgericht die Frage nicht habe offen lassen dürfen, welche Maschinen und Zubehörstücke in Betracht kämen. Die Rüge ist begründet. § 253 Abs. 2 Nr. 2 ZPO. verlangt die bestimmte Angabe des Gegenstands des Anspruchs und einen bestimmten Antrag. Diesen Anforderungen genügt der Klagantrag in Ansehung der Maschinen und sonstigen Zubehörstücke im vorliegenden Falle nicht. Denn er läßt im Dunkeln, für welche bestimmten Gegenstände die beantragte Feststellung begehrt wird. Es wäre daher Sache des Gerichts gewesen, in Erfüllung der richterlichen Fragepflicht diesem Mangel abzuhelfen. Dies war um so mehr geboten, als die nach dem Revisionsurteil erforderlichen weiteren Feststellungen sich zum Teil nicht werden treffen lassen, ohne daß die Gegenstände einzeln bezeichnet werden. Überdies müßte, wenn es bei der Fassung der Formel des angefochtenen Urteils bliebe, erst in einem neuen Rechtsstreit die Frage zum Austrag gebracht werden, um welche Gegenstände im einzelnen es sich handelt. Ein solches Verfahren widerspräche dem Grundsatz der Prozeßökonomie, wie die Revision zutreffend bemerkt.

59. Nach welchen Voraussetzungen bestimmt sich die Zulässigkeit des Rechtswegs für Klagen eines preußischen Provinzialverbands gegen einen andern auf Erstattung des Aufwandes, der ihm durch Erfüllung einer nach seiner Behauptung dem verklagten Verband obliegenden öffentlichrechtlichen Pflicht entstanden ist?

GVG. § 13.

VII. Zivilsenat. Urt. v. 21. November 1930 i. S. Kommunalverband der Provinz Oberschlesien (Kl.) w. Provinzialverband der Provinz Hannover (Bekl.). VII 85/30.

I. Landgericht Hannover.
II. Oberlandesgericht Celle.

Der im Oktober 1920 zu J., Kreis Rosenberg (Oberschlesien), unehelich geborene Franz L. wurde im Dezember 1927 in die Taubstummenanstalt zu Ratibor aufgenommen, nachdem durch rechtskräftigen Beschluß der Regierung in Oppeln, Abteilung für Kirchen- und Schulwesen, seine Verpflichtung zum Besuche des in den Anstalten für taubstumme Kinder eingerichteten Unterrichts festgestellt worden war. Nach seiner Aufnahme stellte sich heraus, daß seine Mutter schon vorher ihren Wohnsitz von J. nach einem Orte im Kreise Ülzen und demnächst in den Landkreis Lüneburg verlegt hatte. Wegen dieser Tatsachen beanspruchte der Kläger vom Beklagten Unterbringung des Knaben in einer Anstalt der Provinz Hannover und Erstattung der aus seiner Unterbringung in Ratibor entstandenen, auf 2418 RM. berechneten Aufwendungen, indem er sich auf § 6 Abs. 2 des preußischen Gesetzes vom 7. August 1911 berief, wonach sich der zuständige Kommunalverband nach dem jeweiligen Wohnsitze der Eltern bestimme. Der Beklagte wandte Unzulässigkeit des Rechtswegs ein mit der Begründung, daß die Beschulung taubstummer Kinder seit der Fürsorgeverordnung vom 13. Februar 1924 einen Gegenstand der allgemeinen Fürsorge bilde und daß Streitigkeiten zwischen den Fürsorgeverbänden nach § 39 des Zuständigkeitsgesetzes vom 1. August 1883 im Verwaltungsstreitverfahren zu entscheiden seien. Der Kläger machte hiergegen geltend, daß die allgemeine Fürsorge im vorliegenden Falle nicht Platz greife, weil infolge der Verpflichtung des Kommunalverbands zur Beschulung keine Hilfsbedürftigkeit des Untergebrachten bestehe, und daß für die Streitigkeiten zwischen den Kommunalverbänden über die Beschulungspflicht der Rechtsweg nicht ausgeschlossen sei.

Das Landgericht wies die Klage wegen Unzulässigkeit des Rechtswegs ab. Die Berufung des Klägers wurde zurückgewiesen. Auch seine Revision blieb erfolglos.

Gründe:

Das Berufungsgericht erachtet den Rechtsweg deshalb für unzulässig, weil der Streit über die Pflicht zur Beschulung und Unterbringung des L. ein seinem Wesen nach öffentlichrechtliches Verhältnis betreffe, der Anspruch auf Erstattung der bisherigen Unterbringungskosten aber als Bereicherungsanspruch, den er darstelle, der selbständigen Bedeutung neben dem eigentlichen Streitgegenstand, der Pflicht des Beklagten zur Beschulung und Unterbringung, entbehre; ein Anspruch aus auftragloser Geschäftsführung stehe nicht in Frage, weil der Kläger nach seinen eigenen Ausführungen mit der Beschulung und Unterbringung des Knaben nicht eine Pflicht des Beklagten, sondern eine eigene Pflicht habe erfüllen wollen.

Daß ein Antrag auf Verurteilung des Beklagten, den Knaben in einer Anstalt der Provinz Hannover auf deren Kosten unterzubringen, eine Verurteilung zur Erfüllung einer öffentlichrechtlichen Pflicht betrifft, kann nicht zweifelhaft sein und wird auch von der Revision nicht bestritten. Daraus folgt ohne weiteres, daß der Rechtsstreit, soweit er einen solchen Antrag zum Gegenstand hat, keine bürgerliche Rechtsstreitigkeit ist und nicht im ordentlichen Rechtsweg ausgetragen werden kann, da keine Vorschrift besteht, wonach dieser Rechtsweg für Streitigkeiten über öffentlichrechtliche Pflichten der hier streitigen Art ausnahmsweise eröffnet wäre. Die Revision rügt aber, das Berufungsgericht hätte prüfen müssen, ob der wörtlich auf Verurteilung zur Unterbringung in einer hannoverschen Anstalt gerichtete Antrag des Klägers nicht dem Sinne nach die Verurteilung zur Befreiung des Klägers von den Unterbringungskosten bezweckt und bei solcher Auslegung einen Anspruch des bürgerlichen Rechts zum Gegenstand gehabt habe; mindestens hätte das Berufungsgericht auf den nach Schluß der mündlichen Verhandlung eingereichten, den Klagantrag in jenem Sinne ändernden Schriftsatz die mündliche Verhandlung wieder eröffnen müssen. Indes abgesehen davon, daß die Wiedereröffnung der mündlichen Verhandlung im Ermessen des Gerichts liegt und daß jene Auslegung des Antrags auf Verurteilung zur Unterbringung schwerlich als dessen Sinn erschöpfend gelten kann, ist die Rüge auch deshalb unbegründet, weil sich der Anspruch auf Befreiung von den Unterbringungskosten, da gerade die Pflicht des Beklagten zur Unterbringung und nur diese streitig war, lediglich als eine bürgerlichrechtliche Einkleidung des Anspruchs auf Unterbringung durch den Beklagten darstellen würde. Wie das Reichsgericht in ständiger Rechtsprechung anerkannt hat, kann ein dem ordentlichen Rechtsweg entzogener öffentlichrechtlicher Anspruch nicht in der Gestalt eines Anspruchs aus ungerechtfertigter Bereicherung vor die ordentlichen Gerichte gebracht werden, weil es sich dann in Wirklichkeit immer nur um jenen Anspruch handelt (RGZ. Bd. 67 S. 401, Bd. 94 S. 159, Bd. 110 S. 64 u. a.). Aus demselben Grunde wird der Rechtsweg ständig versagt, wenn ein öffentlichrechtlicher Anspruch in der Einkleidung eines Anspruchs aus unerlaubter Handlung geltend gemacht wird (RGZ. Bd. 71 S. 421, Bd. 79 S. 427, Bd. 83 S. 304 u. a.). Eben deshalb muß aber auch die Zulässigkeit des Rechtswegs verneint werden, wenn ein rein öffentlichrechtlicher Anspruch auf Vornahme einer Handlung in der Einkleidung als Anspruch auf Befreiung von deren Kosten eingeklagt wird. Daß in solchem Falle die bürgerlichrechtliche Umhüllung die Merkmale der Geschäftsführung ohne Auftrag und nicht, wie in jenen Fällen, die der ungerechtfertigten Bereicherung oder der unerlaubten Handlung zeigt, kann keine Verschiedenheit der Beurteilung rechtfertigen; vielmehr muß im einen wie im andern Fall die öffentlichrechtliche Natur des den Kern des Streits bildenden Anspruchs den Ausschlag gegen die Zulässigkeit des Rechtswegs geben.

Die Erwägungen, aus denen das Berufungsgericht den Rechtsweg für den Anspruch auf Erstattung der dem Kläger bereits erwachsenen Unterbringungskosten versagt, beruhen allerdings insofern auf Rechtsirrtum, als sie sich gegen das Vorliegen der sachlichen Voraussetzungen eines Erstattungsanspruchs aus Geschäftsbesorgung richten, während für die Zulässigkeit des Rechtswegs neben dem Inhalt des vom Kläger geltend gemachten Anspruchs nur seine Behauptungen über dessen Grund maßgebend sind. Die Versagung des Rechtswegs rechtfertigt sich aber auch für diesen Klagantrag aus den soeben wegen des etwaigen Antrags auf Befreiung von den Unterbringungskosten dargelegten Gründen. Der Antrag auf Verurteilung zum Ersatze der Unterbringungskosten ist nur die Einkleidung, in welcher der Anspruch auf Unterbringung durch den Beklagten für die Vergangenheit geltend gemacht wird. Dieser rein öffentlichrechtliche Anspruch bildet auch für diesen Teil der Klage den Kern des Streitgegenstandes; er allein ist nach dem Vortrag des Klägers streitig, während über irgendwelche anderen Umstände, die zur Begründung eines Erstattungsanspruchs des Klägers neben der Unterbringungspflicht des Beklagten weiter erforderlich wären, überhaupt kein Streit besteht. Allerdings hat das Reichsgericht in zahlreichen Entscheidungen (vgl. RGZ. Bd. 108 S. 391 und die dort angeführten Urteile, ferner Bd. 19 S. 187, Bd. 41 S. 336 und Bd. 113 S. 178) die Zulässigkeit des Rechtswegs für Klagen bejaht, die von einem öffentlichrechtlichen Verband gegen einen andern auf Grund der Erfüllung einer öffentlichrechtlichen Pflicht aus dem Gesichtspunkt der Geschäftsbesorgung auf Ersatz der Aufwendungen erhoben waren. Aber in diesen Fällen waren die Tatbestände insofern anders gestaltet, als die öffentlichrechtliche Verpflichtung des Beklagten nicht bestritten war oder doch nicht die einzige streitige Voraussetzung des Erstattungsanspruchs bildete oder sofern für die einem Dritten gegenüber erfüllte öffentlichrechtliche Pflicht diesem der Rechtsweg gegen den Verpflichteten auf Grund gesetzlicher Vorschrift zugestanden hätte. Diese Entscheidungen stehen daher nicht entgegen, den in der Rechtsprechung bei Klagen aus ungerechtfertigter Bereicherung oder aus unerlaubten Handlungen als für die Zulässigkeit des Rechtswegs maßgebend anerkannten Gesichtspunkt auch gegenüber Klagen aus auftragloser Geschäftsführung zur Geltung zu bringen, sofern die Sachlage, wie im vorliegenden Falle, diese Klagen lediglich als Einkleidung des Streits über einen rein öffentlichrechtlichen, der Zuständigkeit der ordentlichen Gerichte entzogenen Anspruch erscheinen läßt.

---

60. Findet § 176 Abs. 2 des Versicherungsvertragsgesetzes auch dann Anwendung, wenn der Versicherer den Versicherungsvertrag nach Eintritt des Versicherungsfalls wegen arglistiger Täuschung durch den Versicherungsnehmer mit Erfolg angefochten hat?

Versicherungsvertragsgesetz §§ 176, 178.

VII. Zivilsenat. Urt. v. 21. November 1930 i. S. B. Lebensversicherungs-AG. (Bekl.) w. St.-Bank (Kl.). VII 644/29.

I. Landgericht Magdeburg.
II. Oberlandesgericht Naumburg a. S.

Der Kaufmann F. in M. hatte mit der Beklagten im November 1924 und im Januar 1925 zwei Lebensversicherungen über je 150000 Goldmark abgeschlossen. Er starb am 14. März 1928. Die Prämien waren bis zu seinem Tode vertragsgemäß gezahlt worden. Durch Schreiben an seine Erben vom 24. April 1928 erklärte die Beklagte die Anfechtung der beiden Versicherungsverträge wegen arglistiger Täuschung, weil der Versicherungsnehmer beim Versicherungsabschluß bewußt unrichtige Angaben über seinen Gesundheitszustand gemacht habe. Unstreitig ist die Anfechtung berechtigt. Die Klägerin, der die Ansprüche aus den Versicherungsverträgen abgetreten worden sind, fordert mit der Klage in erster Linie Rückzahlung der entrichteten Prämien, zum mindesten aber den Betrag von 45205,50 RM. als Rückvergütung aus der Prämienreserve. Die Beklagte hält das Klageverlangen für unbegründet. Der Anspruch auf Rückzahlung der Prämien ist nach ihrer Meinung durch § 7 Nr. 4 ihrer Allgemeinen Versicherungsbedingungen ausgeschlossen, wo bestimmt ist, daß im Falle der Anfechtung wegen arglistiger Täuschung durch den Versicherungsnehmer die gezahlten Prämien der Versicherungsgesellschaft verbleiben sollen. Zur Rückvergütung der Prämienreserve hält sich die Beklagte unter diesen Umständen auch nicht für verpflichtet.

Das Landgericht wies die Klage ab. Das Oberlandesgericht verurteilte die Beklagte nach dem Hilfsantrag und wies im übrigen die Berufung der Klägerin zurück. Auf die Revision der Beklagten wurde die Berufung der Klägerin in vollem Umfang zurückgewiesen.

Gründe:

Für die Revisionsinstanz kommt nur der Hilfsantrag auf Rückerstattung der Prämienreserve von 45205,50 RM. in Betracht. Die Entscheidung über ihn ist im wesentlichen davon abhängig, ob § 176 VVG. auch auf den Fall der Anfechtung des Versicherungsvertrags wegen arglistiger Täuschung anzuwenden ist. Das Berufungsgericht hat dies bejaht, seine Ansicht ist jedoch rechtsirrig.

Nach § 176 Abs. 1 a. a. O. hat der Versicherer den Betrag der auf die Versicherung entfallenden Prämienreserve zu erstatten, falls eine Kapitalversicherung für den Todesfall, bei welcher der Eintritt der Verpflichtung des Versicherers zur Zahlung des vereinbarten Kapitals gewiß ist, durch Rücktritt oder Kündigung aufgehoben wird. Im Anschluß daran bestimmt Abs. 2, daß diese Erstattungspflicht auch dann besteht, wenn nach dem Eintritt des Versicherungsfalls der Versicherer von der Verpflichtung zur Zahlung des Kapitals frei ist. Das Berufungsgericht nimmt an, daß ein Freisein von der Verpflichtung im Sinne der letzterwähnten Vorschrift auch dann vorliege, wenn der Versicherungsvertrag infolge einer nach Eintritt des Versicherungsfalls vom Versicherer erklärten Anfechtung wegen arglistiger Täuschung hinfällig geworden sei, da der Versicherer auch durch eine solche Anfechtung von seiner bis dahin bestehenden Zahlungsverpflichtung befreit werde. Dieser Ansicht kann nicht beigetreten werden. Gewiß ist der Versicherer auch dann von seiner Leistungspflicht frei, wenn er den Vertrag wegen arglistiger Täuschung begründeterweise angefochten hat. Aber diese Befreiung ist nicht diejenige, welche § 176 Abs. 2 VVG. im Auge hat. Denn diese Vorschrift bezieht sich nur auf die Fälle, wo der Versicherer nach Eintritt des Versicherungsfalls von der Leistung frei ist, ohne daß der Vertrag aufgehoben wäre (vgl. auch Kirchmann in der Zeitschr. f. Versicherungswesen 1916 S. 453; Sprinz Versicherungsvertragsgesetz S. 286). Das ergibt sich schon aus der Nebeneinanderstellung der in Abs. 1 und Abs. 2 des § 176 VVG. getroffenen Bestimmungen. Denn der Rücktritt und die Kündigung, von denen im Abs. 1 die Rede ist, heben den Vertrag auf, und gerade darum hat sich das Gesetz veranlaßt gesehen, im Abs. 2 die Fälle zu erwähnen, in denen der Versicherer ohne eine Aufhebung des Vertrags von seiner Leistung frei ist. Wenn die Pflicht zur Erstattung der Prämienreserve auch für den Fall der Anfechtung hätte vorgesehen werden sollen, so wäre dafür im Abs. 1 der richtige Platz gewesen; jedenfalls wäre nicht einzusehen, warum nicht ebenso wie diese Verpflichtung auch der Rücktritt vom Vertrag unter die Fälle des Abs. 2 hätte einbezogen werden können. Denn der Rücktritt und die Anfechtung wirken nicht verschieden, weil auch der Rücktritt rückwirkende Kraft hat (§§ 327, 346 BGB.; RGRKomm. Anm. 3 zu § 346). Die Meinung, daß für das Gebiet des Versicherungsrechts das Gegenteil anzunehmen sei (so Kisch Privatversicherungsrecht Bd. 2 S. 430; Bruck Versicherungsvertragsgesetz Note 11 zu § 20), hat im Gesetz keine Stütze.

Daß die allgemeine Fassung des § 176 Abs. 2 VVG. und besonders der Ausdruck „frei ist" dazu berechtige, den Fall der Anfechtung wegen arglistiger Täuschung in die dort gemeinten Fälle einzubeziehen, ist nicht richtig. Die Begründung des Gesetzes, die von der Anfechtung nicht spricht, legt eher das Gegenteil nahe. Denn wenn es dort heißt: „Dasselbe (nämlich die Verpflichtung des Versicherers zur Erstattung des Deckungskapitals) trifft zu, wenn der Versicherer bei dem Eintritt des Versicherungsfalls von der Leistungspflicht frei wird, weil der Versicherungsnehmer die Vorschriften über die Gefahrerhöhung verletzt hat (§ 25 Abs. 1, § 28 Abs. 1) oder weil der Versicherungsfall durch den Selbstmord desjenigen, auf dessen Kosten die Versicherung genommen war, herbeigeführt ist (§ 169)", so kann aus den hervorgehobenen Fällen mit Grund entnommen werden, daß das Gesetz im § 176 Abs. 2 nur die Fälle einseitiger Leistungsbefreiung des Versicherers, d. h. der Befreiung von der Leistung ohne die Aufhebung des Versicherungsvertrags, hat treffen wollen. Der Ausdruck „frei ist" deutet um so weniger auf einen anderen Standpunkt, als dieser Ausdruck auch in den §§ 25, 28, 39, 169 VVG. gebraucht ist und in den §§ 6, 12, 32, 33, 38 das. ebenfalls von der Vorschrift gesprochen wird, daß der Versicherer von der Leistung frei sein solle.

Mit der Meinung des Berufungsgerichts, die ohne nähere Begründung auch von Bruck Privatversicherungsrecht S. 213 und von Bruck-Dörstling Recht des Lebensversicherungsvertrags § 7 Note 61 vertreten wird, kommt man auch in Schwierigkeiten, wenn man den Fall berücksichtigt, daß die Anfechtung wegen arglistiger Täuschung vor dem Eintritt des Versicherungsfalls erklärt worden ist. Denn dieser Fall könnte schon nach dem Wortlaut des § 176 Abs. 2 VVG. nicht unter diese Vorschrift gebracht werden. Es wäre jedoch ein widerspruchsvolles Ergebnis, wenn bei Anfechtung vor dem Versicherungsfall der Ausschluß der Rückerstattung der Prämienreserve zulässig wäre, bei Anfechtung nach dem Eintritt des Versicherungsfalls aber nicht. Denn für die Frage der Erstattungspflicht kann unmöglich die Zeit der Anfechtung entscheidend sein. Gerade diese Erwägung spricht ausschlaggebend für die Annahme, daß der Fall der Anfechtung überhaupt nicht unter § 176 VVG. fällt. Dies entspricht auch der Tatsache, daß das Versicherungsvertragsgesetz die Anfechtung wegen arglistiger Täuschung gar nicht besonders regelt, sondern es deswegen bei den allgemeinen Vorschriften des Bürgerlichen Gesetzbuchs bewenden läßt (§ 22 VVG.). Hält man dies aber fest, so erklärt sich, warum

§ 176 nicht auch von der Anfechtung spricht. Hätte das Versicherungsvertragsgesetz für sie bei der Vorschrift des § 176 eine Ausnahme machen wollen, so wäre ihre ausdrückliche Erwähnung um so angebrachter gewesen.

Nach alledem geht die Ansicht des Berufungsgerichts fehl, daß sich weder im Wortlaut des § 176 Abs. 2 VVG. noch sonst ein Grund dafür finden lasse, diese Vorschrift auf diejenigen Fälle zu beschränken, wo im Versicherungsvertragsgesetz ausdrücklich von einem Freisein des Versicherers von seiner vertraglichen Leistung die Rede sei. Dann steht aber der Anwendung des § 7 Nr. 4 der Versicherungsbedingungen auf den Hilfsantrag der Klägerin kein Hindernis entgegen. Daß diese Vorschrift trotz der Nichtigkeit des Versicherungsvertrags Gültigkeit habe, weil sie als eine selbständige Abrede gedacht und gewollt gewesen sei, hat das Berufungsgericht ohne Rechtsirrtum angenommen. Zu demselben Ergebnis kommt man auch mit Hilfe des § 139 BGB. Denn daß nach dem Willen der Vertragsparteien eine Vertragsbestimmung für den Fall keinen Bestand haben sollte, für den sie eigens aufgestellt worden ist, läßt sich vernünftigerweise nicht annehmen. Der Gültigkeit der genannten Bestimmung steht ebensowenig die Vorschrift des § 178 VVG. entgegen, wenn sich § 176 Abs. 2 das. nicht auf die Anfechtung wegen arglistiger Täuschung bezieht. Sie kann endlich auch nicht auf Grund des § 138 BGB. als nichtig gelten. Denn sittenwidrig ist die Vereinbarung nicht, daß im Falle arglistiger Täuschung durch den Versicherungsnehmer die gezahlten Prämien dem Versicherer verbleiben sollen. Die Bestimmung spricht zwar nur von der Rückzahlung der gezahlten Prämien. Aber sie ist auch auf die Prämienreserve anzuwenden, weil diese aus einem Teil der gezahlten Prämien gebildet wurde und nur zur Deckung für die künftig zu zahlende Versicherungssumme dienen sollte, die hier nicht zu zahlen ist. Es besteht deshalb kein Grund, sie nicht ebenso wie die Prämien zu behandeln.

---

61. Kann ein Kaliwerk seine Beteiligungsziffer, d. h. seinen gesetzlichen Anteil am Kaliabsatz, an ein anderes Kaliwerk verpachten?

Durchführungsbestimmungen zum Kaliwirtschaftsgesetz v. 18. Juli 1919 (RGBl. S. 663) in der Fassung der Verordnung des Reichswirtschaftsministers v. 22. Oktober 1921 (RGBl. S. 1312) § 85.

VII. Zivilsenat. Urt. v. 21. November 1930 i. S. M. AG. für Bergbau u. Hüttenbetrieb (Kl.) w. Preuß. Staat (Bekl.). VII 49/30.

I. Landgericht Magdeburg.
II. Oberlandesgericht Naumburg a. S.

Die Klägerin und ihre Tochtergesellschaft, die M.schen Kaliwerke AG. in E., haben am 24./28. Februar 1925 mit den Vereinigten Kaliwerken GmbH. in Ma. und ihren Gesellschaftern einen als Pachtvertrag bezeichneten Vertrag abgeschlossen. Die Beteiligten sind darin einerseits als „M.", anderseits als „Gesellschaft mbH." bezeichnet. Im § 1 des Vertrags verpflichtet sich M., seine Kaliwerke baldmöglichst stillzulegen und bis zum 31. Dezember 1953 nicht zu betreiben. Nach § 2 verpachtet M. die Kaliwerke „zum Zwecke der Ausübung der Rechte aus den ... mit den Salzbergwerken verbundenen Beteiligungsziffern am Kaliabsatz" für die Zeit vom 1. April 1925 oder vom Zeitpunkt der etwaigen späteren Stilllegung bis zum 31. Dezember 1953 an die Gesellschaft mbH. Das Recht von M., die Tagesanlagen und Schächte der Werke ungestört zu benutzen und zu verwerten, soll unberührt bleiben. Die Gesellschaft mbH. soll Salze nur mit Zustimmung der M.schen Kaliwerke AG. gewinnen dürfen. Sie übernimmt lediglich die auf den Beteiligungsziffern etwa lastenden privat- und öffentlichrechtlichen Verpflichtungen, dagegen keine Haftung für Bergschäden, keine Obhutspflichten für übernommene Anlagen, keine Lasten, die auf den Bergwerken und Anlagen ruhen. Die Verwaltung und Erhaltung der Anlagen soll allein M. obliegen. Nach § 3 sind sich die Parteien des Vertrags darüber einig, daß durch die Pacht die Beteiligungen am Kaliabsatz und überhaupt alle Rechte, die mit dem Besitz der Werke jetzt oder in Zukunft verbunden sind, soweit sie den Absatz von Kali und Steinsalz betreffen, auf die Gesellschaft mbH. übergehen. „Für den Fall, daß dieser mit der Verpachtung von den Parteien beabsichtigte Zweck aus irgendeinem Grunde nicht erreicht werden sollte, wird vereinbart, daß der Gesellschaft mbH. die vorgenannten Rechte, soweit es rechtlich zulässig ist, für die im § 2 genannte Zeitdauer zur Ausnutzung und Ausübung überlassen werden." Im § 5 überträgt M. der Gesellschaft mbH. die sofortige Ausübung des Stimmrechts im Kalisyndikat, im Deutschen Kaliverein und im Arbeitgeberverband der Kaliindustrie. Dazu bestimmt die Aktiengesellschaft M. aus ihrer Verwaltung Vertreter, die allein nach den Weisungen der Gesellschaft mbH. zu stimmen haben, oder aber — wenn die Vertreter dem vertretenen Werk nicht anzugehören brauchen — stellt die Aktiengesellschaft der von der Gesellschaft mbH. zu bezeichnenden Person die Vollmacht aus. Als einmalige Entschädigung erhält die Aktiengesellschaft M.sche Kaliwerke nach § 6 zwölf Millionen Reichsmark, die in gewissen Teilbeträgen gezahlt werden sollen. Der § 7 endlich trifft Vorkehrung dagegen, daß die Rechte aus dem Vertrag irgendwie dem Konzern W. zugute kämen.

Die Klägerin hat für den Vertrag zunächst nur den Pachtstempel nach Tarifst. 10 IIc des preußischen Stempelsteuergesetzes mit 36000 RM. entrichtet. Auf Erfordern des Beklagten hat sie am 14. Oktober 1927 weitere 44000 RM. gezahlt. Der Beklagte sieht einen Kaufvertrag als vorliegend und deshalb die Tarifst. 7 Abs. 1b StStG. als maßgebend an. Die Klägerin verlangt Zurückzahlung der 44000 RM. nebst 8% Zinsen seit dem 14. Oktober 1927. Die Höhe der geforderten Zinsen hält sie für angemessen, weil sie für ihre Kredite mehr als 8% zahlen müsse. Das Landgericht gab dem Klagantrag statt; das Oberlandesgericht wies die Klage ab. Die Revision der Klägerin führte zur Wiederherstellung des landgerichtlichen Urteils mit einer Einschränkung wegen der Verzinsung der Klagesumme.

Gründe:

1. Zum Verständnis des Vertrags vom Februar 1925 ist ein kurzer Überblick über die Kaligesetzgebung notwendig. Ursprünglich beruhte auch das Kalisyndikat auf einem rein privatrechtlichen Abkommen der Werke. Es brachte eine Begrenzung des Gesamtabsatzes, vereinigte ihn in einer Hand und setzte für jeden Teilnehmer die Höhe seines Anteils am Gesamtabsatz fest. Um die Höhe der Anteile wurde bei jeder Erneuerung des Syndikats lebhaft gestritten. Im Jahre 1910 drohte es deswegen abzulaufen. Da griff das Reich mit dem Gesetz über den Absatz von Kalisalzen vom 25. Mai 1910 (RGBl. S. 775) — KG. — ein. Es wurde zwar nach Erlaß des Gesetzes über die Regelung der Kaliwirtschaft vom 24. April 1919 (RGBl. S. 413) — KWG. — durch das Gesetz vom 19. Juli 1919 (RGBl. S. 661) aufgehoben, seine wesentlichen Vorschriften sind aber in die Durchführungsbestimmungen zum KWG. vom 18. Juli 1919 (RGBl. S. 663) — DB. — übergegangen. Es

gibt also nach wie vor einen Kalirat (§§ 2 flg.) und mehrere Kalistellen (§§ 16 flg.), darunter die Kaliprüfungsstelle. Diese setzt nach § 63 DB. das Anteilsverhältnis am Gesamtabsatz, die sog. Beteiligungsziffer, in einem besonders geregelten Verfahren fest. Maßgebend für ihre Höhe sollen die Ausdehnung und die Beschaffenheit der durch Grubenbaue und Bohrungen erschlossenen Kalisalzlager sein, sowie die Leistungsfähigkeit der Betriebseinrichtungen (§ 79 Abs. 1 Satz 3). Für jedes Kaliwerk wird nur eine Beteiligungsziffer festgesetzt (§ 79 Abs. 2). Kalierzeuger ist, wer ein Kalibergwerk (Kaliwerk) auf eigene Rechnung betreibt (Kaliwerksbesitzer) und wer eine Sonderfabrik auf eigene Rechnung betreibt (§ 38 Abs. 2 Nr. 1 u. 2). Die Sonderfabriken kommen für den gegenwärtigen Rechtsstreit nicht in Betracht; von ihrer Erwähnung wird im folgenden abgesehen. Den Kalierzeugern bleibt es überlassen, sich zu einer Vertriebsgemeinschaft, dem Kalisyndikat, zusammenzuschließen (§ 38 Abs. 1 Satz 1). Das ist ohne besondere Schwierigkeit geschehen, da ja der Streit um den Anteil am Absatz dabei nicht mehr entschieden zu werden brauchte. Die Mitglieder des Syndikats sind verpflichtet, ihm die geförderten und erzeugten Kalisalze und Kaliverbindungen zur Verfügung zu stellen; das Syndikat ist ausschließlich befugt, diese Kalisalze und Kaliverbindungen zu veräußern und abzusetzen (§ 74 Abs. 1 u. 2). Es regelt den Absatz auf Grund der Beteiligungsziffern und des Syndikatsvertrags (§ 78 Abs. 1 Satz 1). Wird ein Kaliwerk dauernd lieferungsunfähig, so erlischt seine Beteiligungsziffer (§ 83 Abs. 2 Satz 1). Die Kaliwerksbesitzer dürfen den ihnen zustehenden Anteil am Absatz ganz oder teilweise an andere Kaliwerke übertragen (§ 85 Abs. 1a). Übersteigt die Übertragung die Hälfte der Gesamtbeteiligung des Übertragenden an reinem Kali, so bedarf sie der Genehmigung der zuständigen Landeszentralbehörde (§ 85 Abs. 3 Satz 1).

Durch eine Verordnung des Reichswirtschaftsministers vom 22. Oktober 1921 (RGBl. S. 1312) sind die Durchführungsbestimmungen teilweise geändert worden. In einem neuen § 83a wird in Abs. 1 Satz 1 u. 2 gesagt:

Eine Änderung der für die Einschätzung maßgebenden Verhältnisse bleibt bis zum 31. Dezember 1953 auf den Fortbestand und die Höhe der Beteiligungsziffer derjenigen Werke ohne Einfluß, welche bis zu diesem Zeitpunkt freiwillig stillgelegt werden. Eine dahingehende unwiderrufliche Erklärung ist bis zum 1. April 1923 der Kaliprüfungsstelle abzugeben.

Diese Frist ist später bis zum 1. Januar 1926 verlängert worden, vgl. die Verordnungen vom 14. Mai 1923 und 28. Juni 1924 (RGBl. 1923 II S. 229, 1924 II S. 155). Entsprechend dem neuen § 83a ist der Abs. 2 in dem alten § 83 DB. gestrichen und durch einen neuen Absatz am Schlusse des § 78 DB. ersetzt worden. Dieser lautet:

Im Falle des Eintretens der Lieferungsunfähigkeit eines Kaliwerks hat die Kaliprüfungsstelle, soweit es sich nicht um ein freiwillig ... stillgelegtes Kaliwerk handelt, auch ohne Antrag das Erlöschen der Beteiligungsziffer auszusprechen.

Bei der Übertragbarkeit des einem Kaliwerksbesitzer zustehenden Anteils am Absatz ist es auch nach der neuen Fassung des § 85 DB. verblieben. Die Vorschriften über die Genehmigung sind geändert und ergänzt worden. Näher braucht darauf nicht eingegangen zu werden; denn die erforderlichen Genehmigungen der Kaliprüfungsstelle (§ 85 Abs. 2 DB. n. F.) und des Reichswirtschaftsministers (§ 92a das.) sind unstreitig erteilt.

Das Kalisyndikat selbst ist in der Form einer Doppelgesellschaft gegründet worden. Auf der einen Seite besteht die Gesellschaft mbH. Deutsches Kalisyndikat, auf der anderen eine Gesellschaft des bürgerlichen Rechts, die ihre Grundlage in dem sog. Verkaufsvertrag vom 16. Oktober 1919 findet. Diesen Vertrag haben die Gesellschafter des Syndikats untereinander und mit dem Syndikat geschlossen. Nach § 13 Abs. 2 des GmbH.-Vertrags richtet sich das Stimmrecht der Gesellschafter in der Gesellschafterversammlung nicht nach ihrer Beteiligung an der Gesellschaft mbH., sondern nach ihrer „gesetzlichen Beteiligungsziffer". Eine nicht ordnungsmäßig berufene Versammlung kann nach § 15 des GmbH.-Vertrags nur dann Beschlüsse fassen, wenn sämtliche Gesellschafter, soweit sie noch eine gesetzliche Beteiligungsziffer besitzen, vertreten sind. Der § 34 des Verkaufsvertrags sieht vor, daß die Beteiligung an der Gesellschaft mbH. immer wieder in Übereinstimmung mit der „gesetzlichen Beteiligungsziffer" gebracht wird.

2. Nach diesen Darlegungen wird klar, was die Klägerin — darunter wird hier und im folgenden auch ihre Tochtergesellschaft verstanden — und die Vereinigten Kaliwerke in Ma. mit ihrem Vertrage vom Februar 1925 bezweckt haben. Die Klägerin sollte ihre Kaliwerke für die Zeit bis zum 31. Dezember 1953 unwiderruflich

stillegen. Die gesetzlichen Beteiligungsziffern ihrer Werke blieben ihr danach bis zu dem genannten Zeitpunkt unverändert erhalten. Diese Beteiligungsziffern und alle sich daraus ergebenden Rechte sollten — wiederum bis zu diesem Zeitpunkt — den Vereinigten Kaliwerken zugute kommen. Um diese Absicht zu verwirklichen, ist von den Beteiligten in erster Linie ein „Pachtvertrag" über die stillzulegenden Kaliwerke „zum Zwecke der Ausübung der Rechte aus den ... Beteiligungsziffern" vereinbart worden. Das Berufungsgericht hat keinen die Werke betreffenden Pachtvertrag als vorliegend angesehen. Dazu war es befugt. Denn über die rechtliche Natur eines Vertrags entscheidet nicht die von den Vertragschließenden gewählte Ausdrucksweise; es kommt auch nicht auf ihr Bewußtsein an, einen bestimmten Vertrag zu schließen oder geschlossen zu haben; maßgebend ist vielmehr die Gesamtheit der Vertragsbestimmungen ihrem objektiven Inhalt nach (RGZ. Bd. 82 S. 340; RGUrt. vom 30. März 1906 VII 343/05 und vom 5. März 1918 VII 428/17). Das Hauptgewicht legt der Berufungsrichter darauf, daß die von ihm als „Sachen" im Sinne des § 90 BGB. angesehenen Kaliwerke im Besitz und im Gebrauch der angeblichen Verpächterin verbleiben sollten und verblieben sind, während es nach § 581 Abs. 1 Satz 1 BGB. zum Wesen des Pachtvertrags gehört, daß der Gebrauch des verpachteten Gegenstands dem Pächter gewährt wird. Eines Eingehens auf die mannigfachen Zweifelfragen, die hier auftauchen können, bedarf es nicht. Auch wenn man mit dem Berufungsgericht davon ausgeht, daß es nicht zu einer Verpachtung der Kaliwerke gekommen ist, so bleibt doch der Vertrag vom Februar 1925 ein Pachtvertrag. Die Vertragschließenden haben sich nämlich hilfsweise schon selbst auf den jetzt vom Berufungsrichter eingenommenen Standpunkt gestellt und für diesen Fall vereinbart, daß „die Rechte aus den ... Beteiligungsziffern am Kaliabsatz", soweit es rechtlich zulässig ist, der Pächterin zur Ausnutzung und Ausübung überlassen werden sollen. Da auch ein Entgelt verabredet wurde, liegt ein Pachtvertrag über den der Klägerin zustehenden Anteil am Kaliabsatz vor. Dieser Anteil ist ein durch Reichsgesetz den Kalierzeugern verliehenes Recht, das auch Früchte abwirft. Wenn man ein eigenes Kaliwerk durch Hinzunahme der Beteiligungsziffer eines anderen Werks stärker ausbeuten kann und so auch einen höheren Reinertrag erzielt als bisher, dann stecken in dem Mehr des Reinertrags die Früchte des eigenen Kaliwerks und der Beteiligungsziffer des fremden Werkes. Es wird sich vielleicht nicht zahlenmäßig ausrechnen lassen, wieviel von dem Mehrgewinn auf jede seiner beiden Quellen entfällt; daß aber beide daran beteiligt sind, kann keinesfalls geleugnet werden.

3. Da hier eine Verpachtung der Beteiligungsziffer, d. h. des gesetzlichen Anteils am Kaliabsatz, angenommen wird, kommt es auch nicht auf die Streitfrage an, ob eine Beteiligungsziffer ohne das Kaliwerk, zu dem sie gehört, überhaupt der Substanz nach übertragen, d. h. veräußert werden kann. Der Ausübung nach, wie das für einen Pachtvertrag notwendig ist, kann sie jedenfalls ohne das Kaliwerk übertragen werden. Sonst wäre es unverständlich, warum das Gesetz die Übertragbarkeit der Beteiligungsziffer als solcher besonders hervorhebt. Daß sie bei einer Übertragung des ganzen Werks mitübergeht, ist selbstverständlich.

4. Von den Bedenken, welche die Revisionsbeantwortung im Anschluß an die Darlegungen des Berufungsrichters gegen die Annahme einer bloßen Verpachtung der „Beteiligungsziffer" vorgebracht hat, geht das erste dahin: wenn die Beteiligungsziffern der stillzulegenden Werke für die Zeit bis zum 31. Dezember 1953 übertragen worden seien, so sei überhaupt alles noch Vorhandene übertragen; denn mit dem 1. Januar 1954 erlösche die Beteiligungsziffer der stillgelegten Werke. Die Vertragschließenden haben diese Auffassung jedenfalls nicht gehabt. Sie betonen schon dort, wo sie von der Verpachtung der Werke sprechen, daß das Geschäft zum Zweck der Ausübung der Rechte aus den Beteiligungsziffern vorgenommen werde, sie fassen ihre spätere Hilfsabrede dahin, daß die Rechte aus den Beteiligungsziffern zur Ausnutzung und Ausübung überlassen werden, und sie gehen bei der Vereinbarung darüber, wie das Stimmrecht im Kalisyndikat ausgeübt werden soll, unverkennbar davon aus, daß die Klägerin nach Maßgabe ihrer gesetzlichen Beteiligungsziffern stimmberechtigt bleibt. Deshalb sorgen sie dafür, daß die Stimme der Klägerin immer nach den Weisungen der Vereinigten Kaliwerke abgegeben wird. Ob das erforderlich war, ob nicht jeder Gesellschafter des Syndikats schon nach § 13 Abs. 2 des Syndikatsvertrags auch die Stimmen abgeben kann, welche auf die von ihm gepachteten Beteiligungsziffern entfallen, kann hier unerörtert bleiben, da nur gezeigt werden sollte, von welchen Ansichten die Vertragschließenden ausgegangen sind.

Es ist aber auch nicht richtig, daß die Beteiligungsziffern der stillgelegten Werke mit dem 1. Januar 1954 erlöschen müssen. Sie erlöschen nicht, wenn die Werke zu diesem Zeitpunkt betriebsfähig dastehen und wieder in Betrieb genommen werden. Dann ist die Klägerin in der Lage, die nicht mehr verpachteten Beteiligungsziffern der nicht mehr stilliegenden Werke wieder selbst auszunutzen. Mit der Möglichkeit von Änderungen in der Kaligesetzgebung, die bis zum 1. Januar 1954 eintreten können, ist hier nicht zu rechnen. Nur die geltenden Gesetze können der rechtlichen Beurteilung zugrunde gelegt werden.

Ebensowenig kann es darauf ankommen, ob die stillgelegten Werke der Klägerin jetzt betriebsfähig sind. Solange nur die Möglichkeit besteht, daß sie es am 1. Januar 1954 sein werden, gilt das oben Gesagte.

Endlich gewährt der Vertrag vom Februar 1925 auch keinen Anhalt dafür, daß die Vereinigten Kaliwerke die ihnen „übertragenen" Beteiligungsziffern am 31. Dezember 1953 — wie die Revisionsbeantwortung meint — der Substanz nach auf die Klägerin zurückübertragen müßten. Mit dem Ablauf des 31. Dezember 1953 endigen die durch die Verpachtung begründeten schuldrechtlichen Beziehungen zwischen den Vertragschließenden, und die Klägerin darf dann ohne weiteres wieder unbeschränkt die Rechte ausüben, die sich für sie aus den Beteiligungsziffern ihrer Werke ergeben.

5. Das zweite Bedenken des Beklagten knüpft an die Auffassung an, die das Reichsgericht über die Erteilung ausschließlicher Lizenzen bei Patenten ausgesprochen hat. Nach RGZ. Bd. 57 S. 38 verzichtet der Patentinhaber dadurch nicht nur auf sein aus dem Innehaben des Patents folgendes Untersagungsrecht, sondern er behält sich das Patentrecht zwar selbst vor, begründet aber für den Lizenznehmer ein eigenes positives Recht. Dieses geht dahin, die Erfindung für sich auszunutzen und andere, durch deren Wettbewerb die Benutzung der geschützten Erfindung beeinträchtigt wird, schon von sich aus davon auszuschließen; der Lizenznehmer ist nicht darauf angewiesen, sich erst die Rechte des Patentinhabers abtreten zu lassen, welche diesem durch die Patentverletzung Dritter erwachsen sind. In der Erteilung einer ausschließlichen Lizenz wird auf diese Weise in RGZ. Bd. 76 S. 236 die Begründung und gleichzeitige Veräußerung eines Rechts absoluter Natur gefunden. Auf zeitliche,

räumliche oder auch sachliche Beschränkungen der Lizenz kommt es dabei nach RGZ. Bd. 83 S. 94 nicht an. Auf dem Boden dieser Rechtsprechung steht auch der erkennende Senat. Durch den Satz, daß eine entgeltliche Lizenzgewährung grundsätzlich Rechtspacht sei (RGZ. Bd. 116 S. 82), ist er ihr nicht entgegengetreten. In jenem Fall handelte es sich um die Frage: Pacht- oder Gesellschaftsvertrag, nicht um die Frage: Pacht- oder Veräußerungsvertrag.

An Hand jener Rechtsprechung hat der Beklagte auszuführen gesucht, daß die Vertragsparteien auch im gegenwärtigen Falle ein Recht absoluter Natur hätten begründen müssen, daß ihnen ein bloßes Pachtverhältnis mit nur schuldrechtlichen Beziehungen nicht habe genügen können. Dabei ist der wesentliche Unterschied übersehen, daß ein Patentrecht von jedem beliebigen Dritten verletzt werden kann, daß aber das Recht des Pächters einer Beteiligungsziffer von einem Dritten nur dann in Frage gestellt werden kann, wenn dieser Dritte ein Kaliwerksbesitzer ist und er das Werk, zu dem die verpachtete Beteiligungsziffer gehört, mit dieser erworben hat. Der Satz „Kauf bricht nicht Miete" erstreckt sich nach §§ 571, 581 Abs. 2 BGB. nur auf vermietete oder verpachtete Grundstücke. Dazu gehören Beteiligungsziffern nicht.

Indessen die Verhältnisse in dem begrenzten Kreise der Kaliwerksbesitzer sind leicht zu übersehen; mit einem vertragswidrigen oder gar arglistigen Verhalten ist bei ihnen nicht zu rechnen; etwa doch entstandene Schadensersatzansprüche wird der Pächter der Beteiligungsziffer seinem Verpächter gegenüber auf Grund der schuldrechtlichen Beziehungen durchsetzen können. Der Beklagte hat denn auch nichts anzuführen vermocht, was diesen Erwägungen entgegenstünde, und vor allem hat er nicht darlegen können, wo denn im Vertrag vom Februar 1925 etwas verabredet wäre, was über den Rahmen des schuldrechtlichen Pachtvertrags hinausginge. Er meint, die Vertragschließenden hätten doch wohl grundsätzlich mehr als nur einen Pachtvertrag vereinbaren wollen, wenn sie nur hilfsweise darauf abgekommen seien, die Beteiligungsziffer zur Ausnutzung und Ausübung zu überlassen. Aber es handelt sich, wie schon dargelegt, bei der Haupt- und der Hilfsabrede nicht um den Gegensatz zwischen Veräußerungs- und Pachtvertrag, sondern um den zwischen Verpachtung der Werke und Verpachtung nur der Beteiligungsziffer.

6. Ein drittes Bedenken glaubt der Beklagte endlich noch dem Umstand entnehmen zu können, daß nicht ein jährlich zahlbarer Pachtzins vereinbart worden sei, sondern die einmalige Zahlung eines größeren Kapitalbetrags. Er gibt aber zu, daß eine solche Abrede auch in einem Pachtvertrag getroffen werden kann, und hebt selbst hervor, daß dieses Bedenken für sich allein nicht entscheidend wirken, sondern nur neben anderen, gewichtigeren Bedenken in die Waagschale fallen kann. Dem ist beizutreten, und damit erledigt sich auch dieses Vorbringen.

7. Nach alledem kommt für den streitigen Vertrag nur der Pachtstempel der Tarifst. 10, nicht der Kaufstempel der Tarifst. 7 StStG. in Ansatz. Der Beklagte hat also 44000 RM. an die Klägerin zurückzuzahlen. An Zinsen können ihr aber nur die gesetzlichen Prozeßzinsen des § 291 BGB. zugesprochen werden, d. h. 4% seit Zustellung der Klage. Die Klägerin behauptet zwar, sie habe einen höheren Verzugsschaden erlitten; es läßt sich aber nicht feststellen, daß der Beklagte schuldhaft gehandelt hat, als er den Rückzahlungsanspruch der Klägerin nicht sofort befriedigte. Angesichts der schwierigen und verwickelten Rechtsfragen, die zu klären waren, durfte er die höchstrichterliche Entscheidung abwarten.

---

62. 1. Wann ist die Dauer eines Dienstverhältnisses dem Zweck der Dienste zu entnehmen?

2. Zur Frage der „abschließenden" Beurteilung durch das Revisionsgericht.

BGB. § 620 Abs. 2. ZPO. § 565.

III. Zivilsenat. Urt. v. 21. November 1930 i. S. S. (Kl.) w. Stadtgemeinde N. (Bekl.). III 52/30.

I. Landgericht Nordhausen.
II. Oberlandesgericht Naumburg a. S.

Der Sach- und Streitstand ergibt sich aus dem RGZ. Bd. 124 S. 17 abgedruckten Urteil des erkennenden Senats vom 19. März 1929 III 311/28. Am 15. April 1929, also nach Erlaß jenes Urteils, hat die Beklagte die Zustimmung der Hauptfürsorgestelle zu der dem Kläger gegenüber erklärten Kündigung nachgesucht. Die Zustimmung wurde durch Schreiben vom 1. August 1929 mit Wirkung zum 31. Juli 1929 erteilt und ist rechtswirksam geworden.

Im weiteren Verfahren vor dem Berufungsgericht erhöhte der Kläger unter Aufrechterhaltung seines Feststellungsantrags den Leistungsanspruch auf den Betrag von 6100 RM. Das Berufungsgericht wies die Berufung gegen das klagabweisende Urteil des Landgerichts wiederum zurück. Die Revision des Klägers führte abermals zur Aufhebung und Zurückverweisung.

Gründe:

Das frühere Berufungsurteil beruhte darauf, daß der Kläger durch sein Verhalten nach Empfang des Kündigungsschreibens der Beklagten stillschweigend sein Einverständnis mit der Aufhebung des Anstellungsverhältnisses kundgetan und dadurch gleichzeitig auf den Kündigungsschutz des Gesetzes über die Beschäftigung Schwerbeschädigter vom 12. Januar 1923 (RGBl. I S. 58) verzichtet habe. Dem jetzt angefochtenen Urteil liegt dagegen die Rechtsauffassung zugrunde, daß die Dauer des Dienstverhältnisses zwischen dem Kläger und der Beklagten aus dem Zweck der Dienste zu entnehmen gewesen sei, daß daher der Dienstvertrag nach § 620 Abs. 2 BGB. als auf bestimmte Zeit abgeschlossen zu gelten habe und daß mit Erreichung dieses Zweckes Ende 1925 das Anstellungsverhältnis sein Ende gefunden habe, ohne daß eine Kündigung und eine Zustimmung der Hauptfürsorgestelle erforderlich gewesen sei.

Der hiergegen gerichtete, dem § 565 Abs. 2 ZPO. entnommene Revisionsangriff ist nicht begründet. Das frühere Berufungsurteil war seinem ganzen Umfang nach aufgehoben worden, also einschließlich der getroffenen Feststellungen. Das erneut mit der Sache befaßte Berufungsgericht war daher nicht gehindert, andere Feststellungen zu treffen, als sie dem ersten Berufungsurteil zugrunde gelegt waren, und sonach das zweite Urteil tatsächlich und rechtlich auf einer anderen Grundlage aufzubauen. Die der Aufhebung des ersten Berufungsurteils zugrunde liegende Rechtsauffassung des Revisionsgerichts, daß die Kündigung der Zustimmung der Hauptfürsorgestelle bedurft habe, hatte zur selbstverständlichen Voraussetzung, daß, wie das damals erkennende Berufungsgericht annahm, eine Kündigung überhaupt erforderlich war. Gelangte das Berufungsgericht infolge anderer, einwandfrei getroffener Feststellungen zu der Auffassung, daß der Dienstvertrag zwischen den Prozeßparteien auf bestimmte Zeit abgeschlossen war, so ist daraus keine begründete Verfahrensrüge abzuleiten.

Die Frage aber, ob ein Dienstverhältnis auf bestimmte oder auf unbestimmte Zeit eingegangen ist, liegt nicht lediglich auf dem Gebiet der Tatsachenwürdigung, sondern ist auch rechtlicher Natur; sie untersteht daher der Nachprüfung des Revisionsgerichts. Die Annahme des Berufungsrichters, daß die Dauer des Dienstverhältnisses dem Zweck der Dienste habe entnommen werden können und daß daher der Vertrag mit Erreichung des Anstellungszweckes zu Ende des Jahres 1925 von selbst erloschen sei, beruht auf folgenden Erwägungen: Der Kläger sei von vornherein nur angestellt worden, um den durch den finanziellen Zusammenbruch der Stadtbank hervorgerufenen Zustand der Illiquidität der Stadtsparkasse zu beseitigen, die Geschäfte der Stadtbank abzuwickeln und die Sparkasse bis zur Wiederherstellung klarer und geordneter Verhältnisse zu verwalten. Die Verwaltung durch den Kläger sei sonach beiderseits nur als eine zeitlich beschränkte, lediglich als eine kommissarische beabsichtigt gewesen, die mit der Wiederherstellung geordneter Zustände ihr Ende habe finden sollen. Dieser Vertragszweck sei spätestens Ende 1925 erreicht gewesen und es habe keiner Kündigung des Dienstverhältnisses zu diesem Zeitpunkt bedurft. Zur Begründung seiner Ansicht nimmt der Berufungsrichter Bezug auf das Urteil des Reichsarbeitsgerichts vom 7. März 1928 RAG. 92/27 (Entsch. Bd. 1 S. 226) und führt aus: Der Annahme, die Parteien seien ein Dienstverhältnis von bestimmter Dauer eingegangen, stehe nicht entgegen, daß nicht der Eintritt eines bestimmten Ereignisses oder die Erreichung eines äußerlich wahrnehmbaren Erfolgs die Beendigung des Dienstverhältnisses zwischen den Streitteilen ohne weiteres kenntlich gemacht habe. Es genüge, daß die Erreichung der dem Kläger gestellten Aufgabe „objektiv feststellbar" und damit der Zeitpunkt der Beendigung des Dienstverhältnisses „bestimmbar" gewesen sei.

Dieser weitgehenden Auslegung des § 620 Abs. 2 BGB. kann nicht beigepflichtet werden. Wenn dort als Merkmal für ein der Dauer nach bestimmtes Dienstverhältnis angeführt wird, daß die Dauer dem Zweck der Dienste zu entnehmen sei, so kann damit im Interesse der Schaffung klarer Verhältnisse und zur Vermeidung unnötiger Streitigkeiten nur gemeint sein, daß die Erreichung des Vertragszweckes unzweifelhaft in die äußere Erscheinung treten muß, daß sie von beiden Vertragsteilen ohne umständliche Ermittlungen und namentlich ohne Heranziehung von Sachverständigen mit den Sinnen wahrnehmbar und somit nach objektivem Maßstabe bestimmbar ist. Das war ohne weiteres der Fall bei dem — dem oben genannten Urteil des Reichsarbeitsgerichts zugrunde liegenden — Sachverhalt, wo der Dienstverpflichtete nur für die betreffende Baustelle und nur für die Zeit angenommen war, die zur Fertigstellung des Baues erforderlich war. Die Vollendung eines Bauwerks ist ein für die Umwelt ohne weiteres erkennbarer, sinnfälliger Arbeitserfolg, über dessen Herbeiführung ein Zweifel nicht wohl möglich ist. Im wesentlichen das gleiche gilt von der Einrichtung einer Kartei, mit der sich das Urteil des Reichsarbeitsgerichts vom 27. November 1929 RAG. 302/29 (Entsch. Bd. 4 S. 281) beschäftigt. Die gleiche Rechtslage wird sich da ergeben, wo Zweck der Dienste die Ausführung von Lieferungsaufträgen auf eine der Zahl nach bestimmte Mehrheit von Maschinen, Lokomotiven, militärischen Ausrüstungsgegenständen ist und wo gerade zur Erreichung dieser Zwecke Arbeitskräfte eingestellt werden. Der hier zur Entscheidung stehende Fall liegt jedoch offensichtlich anders. Die Frage, ob der Zustand der Illiquidität einer Stadtsparkasse beseitigt, ob die Geschäfte einer mit der Sparkasse verbundenen Stadtbank abgewickelt und ob — für beide Teile erkennbar — geordnete Kassenverhältnisse wieder hergestellt waren, ist sehr verschiedener Beurteilung zugänglich. Der Eintritt des erstrebten Erfolgs gelangt hier nicht zur äußeren Erscheinung, ist nicht ohne weiteres feststellbar und macht unter Umständen schwierige Ermittlungen und Untersuchungen notwendig. So hat denn auch im vorliegenden Falle das Berufungsgericht die Anhörung eines Sachverständigen über die in Rede stehenden Fragen für geboten gehalten, und der Sachverständige hat sich genötigt gesehen, zunächst den Begriff der Illiquidität zu bestimmen und im Anschluß hieran auszuführen, daß dieser Zustand gegen Ende des Jahres 1925 zwar behoben gewesen, daß aber damit keineswegs die Liquidität der Sparkasse als gegeben anzusehen sei. Wollte man bei solcher Sach- und Rechtslage die Dauer des Dienstverhältnisses mit dem Berufungsrichter als mit genügender Sicherheit bestimmbar erachten, so ließe sich kaum ein Fall denken, in dem die Bestimmbarkeit in diesem Sinne nicht gegeben wäre. Darin muß dem Berufungsrichter rückhaltlos zugestimmt werden, daß die Beklagte den Kläger nicht als sog. Dauerangestellten im Sinne der neueren Besoldungsgesetze verpflichten, sondern daß sie seinen Dienstleistungen eine zeitliche Grenze gesetzt wissen wollte.

Diese Absicht des einen Vertragsteils, auch wenn sie dem Vertragsgegner erkennbar geworden ist, genügt jedoch nicht, um das Bestehen eines der Dauer nach unbestimmten und durch Kündigung zu beendigenden Dienstverhältnisses auszuschließen und die Annahme eines durch den Dienstzweck der Dauer nach bestimmten Dienstverhältnisses zu rechtfertigen.

Dazu kommt aber im jetzigen Falle noch folgendes: Für die Frage, was Inhalt und Zweck des Dienstvertrags war, ist nicht die Meinung des Regierungspräsidenten entscheidend, wenn dieser auch, wie festgestellt, einen Druck auf die Beklagte zur Anstellung des Klägers ausgeübt hat, sondern der Wille der Parteien, die den Vertrag abgeschlossen haben. Als solche kommen aber, wie das jetzt angefochtene Urteil wiederholt feststellt, lediglich die Prozeßparteien in Betracht. Der Wille dieser Vertragsparteien ist nun in erster Linie ihrem Schriftwechsel untereinander, ferner dem schriftlichen Verkehr mit dem Regierungspräsidenten und der Girozentrale M. zu entnehmen, wie er in dem früheren Berufungsurteil auszugsweise wiedergegeben und als unstreitig bezeichnet, aber auch von dem jetzt angefochtenen Urteil erneut in Bezug genommen wird. Zutreffend weist die Revision auf ein Schreiben der Beklagten an den Kläger vom 15. Januar 1925 hin, also aus der ersten Zeit des Anstellungsverhältnisses des Klägers. Dieses Schreiben hat der Berufungsrichter nicht übersehen, wie die Revision meint; denn es wird im Berufungsurteil ausdrücklich erwähnt. Dem Kläger wird darin der Beschluß der städtischen Körperschaften über die Höhe der ihm zu gewährenden Vergütung mitgeteilt und es wird hinzugefügt, es sei beschlossen worden, ihn als Sparkassenleiter weiter zu beschäftigen, solange eine Notwendigkeit hierzu von den städtischen Körperschaften anerkannt werde; wenn die Körperschaften glaubten, daß die Beschäftigung des Klägers nicht mehr notwendig sei, würden sie nach Benehmen mit der Regierung dem Kläger rechtzeitig Mitteilung machen. Diese in Aussicht gestellte Mitteilung faßt der Berufungsrichter selbst als eine Kündigung auf. Wenn er es nun aber für „bedeutungslos" erklärt, daß sich die Beklagte in diesem Schreiben die Entscheidung über den Zeitpunkt vorbehalten habe, bis zu dem nach ihrer Ansicht die Tätigkeit des Klägers notwendig war, und wenn er es ebenso für „bedeutungslos" hält, daß die Beklagte eine vorherige Kündigung des Dienstverhältnisses zu seiner Beendigung für erforderlich hielt, so setzt er sich in unlösbaren Widerspruch mit dem klaren Wortlaut des Schreibens und dem darin zweifelsfrei zum Ausdruck gelangenden Parteiwillen. Auch die weiter festgestellten Tatsachen, daß die Beklagte dem Kläger durch Schreiben vom 14. April 1925 bereits einmal zum 1. Mai 1925 gekündigt hatte, diese Kündigung aber auf Widerspruch des Klägers und auf Weisung des Regierungspräsidenten hin zurücknahm, daß die städtischen Körperschaften wiederholt die Weiterbeschäftigung des Klägers beschlossen haben und daß die Beklagte schließlich eine Kündigung zur Beendigung des Vertragsverhältnisses wiederum für erforderlich hielt, sprechen zwingend für den Willen der Vertragsparteien, daß das Dienstverhältnis nur durch eine Kündigung zum Erlöschen gebracht werden könne und solle. Eine gegenteilige Auslegung müßte als unmöglich bezeichnet werden. In der Rechtsprechung ist anerkannt, daß selbst mit Dienstverträgen, die auf bestimmte Zeit geschlossen sind, die Abrede verbunden sein kann, daß sie nur dann ein Ende erreichen sollen, wenn sie ausdrücklich gekündigt werden, und daß sie, wenn keine Kündigung erfolgt, sich von selbst fortsetzen. Eine solche Abrede braucht nicht einmal unbedingt ausdrücklich getroffen zu werden; ein dahingehender Vertragswille der Beteiligten kann sich auch aus der besonderen Lage und den besonderen Umständen des Falles ergeben (RAG. Entsch. Bd. 4 S. 357 und im wesentlichen übereinstimmend RGUrt. vom 28. September 1926 III 449/25). Gilt dies selbst bei Dienstverträgen, die auf bestimmte Zeit geschlossen sind, so müssen diese Grundsätze in erhöhtem Maße da Anwendung finden, wo, wie im vorliegenden Fall, bei Abschluß des Dienstvertrags dessen Dauer auch nicht mit einiger Sicherheit vorauszusehen war. Es ist aber im Streitfall noch weiter zu berücksichtigen, daß, wie sich aus dem Schriftwechsel und den darauf gegründeten Feststellungen ergibt, die Lösung der Rechtsbeziehungen zwischen den Parteien weder von deren Willen allein noch von der Erreichung des Vertragszweckes, sondern wesentlich noch von anderen Umständen abhängig war, namentlich von der Zustimmung des Regierungspräsidenten und der Girozentrale sowie vom Eintritt weiterer, durch den Regierungsvertreter gesetzter Bedingungen. Dahin gehört die Anordnung, die kommissarische Verwaltung der Sparkasse müsse mindestens bis zur Beendigung der schwebenden gerichtlichen Verfahren gegen den früheren Sparkassendirektor bestehen bleiben und die anhängig gemachten Zivilprozesse gegen Bank- und Sparkassenkunden müßten vor Auflösung des Vertragsverhältnisses erledigt sein. Wenn das Berufungsgericht auch diese Umstände für „bedeutungslos" und seiner Rechtsauffassung nicht entgegenstehend hält, so ist auch diese Annahme rechtlich zu beanstanden. Nicht außer acht bleiben kann die Tatsache, daß der schließlich ausgesprochenen Kündigung des Magistrats der Regierungspräsident seine ausdrückliche Zustimmung zu erteilen für notwendig befunden hat, übrigens nicht ohne den Ausdruck seines Bedauerns, „daß S. (der Kläger) schon jetzt von seinem Amt entbunden werden solle." Dies spricht gleichfalls dagegen, daß der Zweck der Dienste des Klägers als erreicht angesehen wurde. Wie bei dieser Sach- und Rechtslage dem Kläger zugemutet werden soll, von sich aus diesen Zeitpunkt als gekommen und das Dienstverhältnis ohne Kündigung als aufgelöst zu betrachten, ist nicht einzusehen.

---

63. Zur Frage der Zulässigkeit des Rechtswegs gegenüber Amtshandlungen von Behörden.

GVG. § 13.

VII. Zivilsenat. Urt. v. 25. November 1930 i. S. Deutsches Reich (Kl.) w. Landgemeinde Helgoland (Bekl.). VII 126/30.

I. Landgericht Altona.
II. Oberlandesgericht Kiel.

Der Kläger hat Klage erhoben mit dem Antrag, festzustellen, daß die Beklagte zur Erhebung von Einfuhrzöllen auf die durch die Marine-Signalstation Helgoland in die Landgemeinde Helgoland eingeführten Spirituosen nicht befugt ist.

Den Anlaß zu dieser Klage gab folgender Vorgang. Die Marine-Signalstation führte im Jahre 1926 neun Flaschen Spiritus nach Helgoland ein. Die Beklagte forderte dafür eine Einfuhrabgabe von 5,40 RM. und drohte, den Betrag zwangsweise beizutreiben. Dabei stützte sie sich auf einen Beschluß ihrer Gemeindevertretung vom 31. März 1924, durch welchen die Einfuhrzölle erhöht wurden; dieser Beschluß hatte am 1. April 1924 die Genehmigung des Landrats als der Aufsichtsbehörde gefunden. Gezahlt oder beigetrieben wurde die Abgabe nicht. Die Gemeindevertretung schlug sie aus Billigkeitsgründen nieder, um einen Prozeß zu vermeiden und weil es sich bei dem Spiritus um Liebesgaben handelte. Weitere Einfuhrzölle für Spirituosen sind nicht erfordert worden.

Die Beklagte hat u. a. die Unzulässigkeit des Rechtswegs eingewendet. Das Landgericht hat der Klage stattgegeben, das Oberlandesgericht hat sie wegen Unzulässigkeit des Rechtswegs abgewiesen. Die Revision des Klägers blieb erfolglos.

Gründe:

1. Der Kläger verlangt die Feststellung, daß der Beklagten keine Zollhoheit zustehe. Diese Streitfrage liegt auf öffentlichrechtlichem Gebiet. Daran ändert auch nichts der Umstand, daß der Kläger die Verneinung der Zollhoheit nur für die von der Marine-Signalstation in Helgoland dorthin eingeführten Spirituosen ausgesprochen haben will. Die persönliche und sachliche Besonderheit ist in den Klagantrag aufgenommen worden, weil die Beklagte in dieser Richtung einmal eine — später niedergeschlagene — Zollforderung erhoben hat. Irgendwelche privatrechtliche Beziehungen zwischen den Parteien sind daraus nicht hergeleitet worden. Auch den Gesichtspunkt des § 1004 BGB., an den möglicherweise gedacht werden könnte, hat die Klage nicht berührt. Der Kläger verlangt weder die Beseitigung einer durch die Zollforderung vielleicht gegebenen Beeinträchtigung seines Eigentums an den im Jahre 1926 eingeführten neun Flaschen Spiritus — zur Zeit der Klagerhebung im Herbst 1928 waren sie übrigens wohl kaum mehr vorhanden —, noch verlangt er das Unterlassen weiterer Beeinträchtigungen seines Eigentums an bestimmten Spirituosen. Trotz der persönlichen und sachlichen Umgrenzung des Antrags wird nur die Feststellung gefordert, daß die Beklagte keine Zollhoheit besitze.

2. Der Kläger hält den ordentlichen Rechtsweg trotzdem für gegeben, weil die Beklagte die Zollhoheit rein willkürlich und ohne jede rechtliche Unterlage für sich in Anspruch nehme. Das ist nicht richtig. Die dafür herangezogene Rechtsprechung des Reichsgerichts ist mißverstanden worden.

Öffentlichrechtliche Handlungen einer Behörde behalten auch dann diese Eigenschaft, wenn die Behörde den Sachverhalt in einer

Weise beurteilt hat, die irrtümlich oder sonst zu mißbilligen ist (RGZ. Bd. 93 S. 138, 261). Auch solche Amtshandlungen von Behörden dürfen nicht im ordentlichen Rechtsweg bekämpft werden, auch nicht im Rahmen einer an sich auf privatrechtlichem Gebiet liegenden Klage, z. B. einer Schadensersatz- oder einer Bereicherungsklage (RGZ. Bd. 87 S. 120). Für derartige Klagen kann Raum sein, wenn es sich um gesetzlich überhaupt nicht zu rechtfertigende Maßnahmen handelt. Das ist anerkannt in RGZ. Bd. 97 S. 179, Bd. 100 S. 219, Bd. 102 S. 251. Aber — und das übersieht der Kläger — in allen diesen drei Fällen waren an sich privatrechtliche Ansprüche erhoben. Es wurde Wertersatz für drei Kühe, es wurde Wertersatz für Lebensmittel, es wurde Feststellung des Eigentums an Grundstücken und deren Herausgabe verlangt. Die Zulässigkeit des Rechtswegs wurde also bejaht, weil zwei Erfordernisse gegeben waren: die Behauptung einer rein willkürlichen Amtshandlung und der Anspruch auf Wiederherstellung verletzter Privatrechte. An dem zweiten Erfordernis fehlt es im gegenwärtigen Rechtsstreit. Die Klage beschränkt sich, wie dargelegt, darauf, die Feststellung des Nichtbestehens einer Zollhoheit der Beklagten zu begehren. Dafür ist der ordentliche Rechtsweg nicht gegeben.

---

64. 1. In welchem Zeitpunkt entsteht der Ausgleichsanspruch?
2. Ist die Möglichkeit der Vollstreckung des Aufwertungsanspruchs gegen einen Ausländer Voraussetzung für dessen Ausgleichsanspruch, der vom Aufwertungsgläubiger gepfändet ist?

BGB. §§ 133, 157, 242, 398, 399, 826. ZPO. § 851 Abs. 1.

VI. Zivilsenat. Urt. v. 27. November 1930 i. S. B. (Kl.) w. K. (Bekl.). VI 113/30.

I. Landgericht III Berlin.
II. Kammergericht daselbst.

Auf einem Grundstück in Ch. waren für die Boden-Aktiengesellschaft B.-N. in Berlin, deren Gesamtrechtsnachfolgerin die Klägerin geworden zu sein behauptet, drei Vorkriegshypotheken von zusammen 58000 M. eingetragen, deren persönlicher und dinglicher Schuldner im Jahre 1914 der Ingenieur W. wurde. Dieser verkaufte das Grundstück am 27. Oktober 1922 an den Kaufmann M. in Mailand, der italienischer Staatsangehöriger ist. In Anrechnung auf den Kaufpreis von 3000000 M. übernahm der Käufer Hypotheken im Gesamtbetrag von 360500 M., darunter die drei Hypotheken der genannten Bodengesellschaft. Die Übernahme der letzteren Hypotheken durch M. wurde nach der Behauptung der Klägerin dieser später von W. mitgeteilt und von ihr genehmigt. M. wurde am 13. Januar 1923 als Grundstückseigentümer eingetragen und zahlte am 27. Oktober 1922 an die Bodengesellschaft 58000 M. gegen löschungsfähige Quittung. Durch Vertrag vom 13. Dezember 1923 verkaufte M. das Grundstück lastenfrei für 48000 GM. an den Beklagten. Seit dem 8. Februar 1924 ist der Beklagte eingetragener Eigentümer. Am gleichen Tage wurden die drei Hypotheken von 58000 M. im Grundbuch gelöscht. Im November 1925 meldete die Klägerin ihre Forderungen aus den ehemaligen Hypotheken von 58000 M. zur Aufwertung in Höhe von 12723,20 RM. an, u. a. gegen den Kaufmann M. Dieser bestritt die Aufwertungspflicht auch dem Grunde nach. Unter dem 21. August 1928 erwirkte die Klägerin gegen M. wegen ihres angeblichen Aufwertungsanspruchs einen Arrestbefehl in Höhe von 12723,20 RM. nebst 3000 RM. Nebenforderungen. Durch diesen Arrestbefehl wurde gleichzeitig die angebliche Forderung des M. gegen den Beklagten auf Übernahme der Aufwertungsverpflichtung oder auf Leistung eines Beitrags zur Aufwertung der drei Hypotheken von 58000 M. gepfändet. Diesen gepfändeten Ausgleichsanspruch macht die Klägerin im gegenwärtigen Rechtsstreit geltend, indem sie behauptet, daß das vom Beklagten für 48000 GM. erworbene Grundstück heute einen Wert von mehr als 300000 RM. habe, während M. an Kaufpreis weniger erhalten habe, als die Aufwertungsforderungen der Klägerin und einer anderen (rund 77500 RM. verlangenden) Hypothekengläubigerin betrügen. Der Schlußantrag der Klägerin im zweiten Rechtszug ging dahin, den Beklagten zu verurteilen, daß er gemäß dem Arrestbefehl zugunsten der Klägerin und des M. 6100 RM. nebst Zinsen zu hinterlegen habe.

Beide Vorinstanzen wiesen die Klage ab. Die Revision der Klägerin führte zur Aufhebung und Zurückverweisung.

Gründe:

Das Berufungsgericht läßt die Frage offen, ob dem M. ein Ausgleichsanspruch gegen den Beklagten zustehen würde, gelangt aber deshalb zur Klagabweisung, weil es die Abtretbarkeit und folgeweise auch die Pfändbarkeit (§ 851 Abs. 1 ZPO.) des Ausgleichsanspruchs verneint. Diese Ansicht beruht auf Rechtsirrtum, wie die Revision mit Recht geltend macht. Der erkennende Senat hat seine gegenteilige Auffassung, daß der Ausgleichsanspruch an den Aufwertungsgläubiger abgetreten werden kann, in RGZ. Bd. 128 S. 369 begründet. Die Gründe, mit denen das Kammergericht in dem jetzt angefochtenen Urteil die Unzulässigkeit der Abtretung darzutun sucht, geben keinen Anlaß, von dem bisher vom Reichsgericht vertretenen Standpunkt abzugehen.

Zunächst steht das einen besonders liegenden Fall behandelnde Urteil des erkennenden Senats in JW. 1928 S. 1799 Nr. 16 = Zeiler Aufwfälle Nr. 1239 dem Kammergericht nicht zur Seite (RGZ. Bd. 128 S. 369). Der Frage näher zu treten, in welchem Zeitpunkt der Ausgleichsanspruch zur Entstehung gelangt, bietet der vorliegende Fall keinen Anlaß. Denn daß der Ausgleichsanspruch des Aufwertungsschuldners, sofern seine übrigen Voraussetzungen vorliegen, spätestens gleichzeitig mit der Geltendmachung eines berechtigten Aufwertungsanspruchs entsteht, kann einem begründeten Zweifel nicht unterliegen. Ein solcher berechtigter Aufwertungsanspruch ist aber hier von der Klägerin gegenüber dem M. erhoben worden, wenigstens allem Anschein nach. Denn nach dem eigenen Vorbringen des Beklagten hat M. das Grundstück für etwa 3330 GM. erworben und es nach einer Besitzzeit von reichlich einem Jahre für 48000 GM. veräußert; er hat also, auch wenn man die zur Ablösung der aufhaftenden Hypotheken bisher verwendeten Beträge berücksichtigt, binnen einer Frist von etwa einem Jahre rund 40000 GM. an dem Grundstück verdient bei einer Kapitalanlage von etwa 8000 GM. Daß die Klägerin ihren Aufwertungsanspruch, der nach deutschem Recht als dem Recht des Erfüllungsortes und insbesondere nach dem Aufwertungsgesetz vom 16. Juli 1925 zu beurteilen (RGZ. Bd. 118 S. 374, Bd. 120 S. 279, Bd. 121 S. 344; JW. 1928 S. 1790 Nr. 5 = Zeiler Aufwfälle Nr. 1247 und Ring AufwRspr. 1930 Nr. 121 = Zeiler a. a. O. Nr. 2018) und vor den deutschen Behörden zu verfolgen ist (§ 29, § 23

Satz 2 ZPO.), gegen M. geltend gemacht hat, ergibt sich aus dem unstreitigen Sachverhalt. Denn sie hat nicht nur den Anspruch bei der Aufwertungsstelle angemeldet, sondern auch Arrestantrag gegen M. gestellt. Dafür, daß die Geltendmachung dieses Anspruchs im Wege der Klage hätte erfolgen müssen, nachdem M. ihn auch dem Grunde nach bestritten hatte (was anscheinend das Kammergericht als Voraussetzung für die Entstehung des Ausgleichsanspruchs ansieht), fehlt es an jedem Anhalt. Vielmehr ist das Prozeßgericht befugt, über den Ausgleichsanspruch auch seiner Höhe nach zu entscheiden, bevor die Aufwertungsstelle den Betrag der Aufwertung festgesetzt hat (RGZ. Bd. 128 S. 369), und es erscheint zum mindesten dann, wenn das Bestehen des Aufwertungsanspruchs zweifelsfrei ist, zulässig, daß das mit dem Ausgleichsanspruch befaßte Prozeßgericht über diesen Anspruch entscheidet, bevor über das Bestehen des Aufwertungsanspruchs dem Grunde nach ein rechtskräftiges Urteil vorliegt. Im übrigen handelt es sich insoweit um Fragen der prozeßrechtlichen Behandlung des Ausgleichsanspruchs und nicht um die sachlichrechtliche Frage seiner Abtretbarkeit und Pfändbarkeit.

Die vom Berufungsgericht aus § 399 BGB. hergeleiteten Bedenken gegen die Abtretbarkeit des Ausgleichsanspruchs sind unbegründet. Denn durch die Abtretung tritt, sofern man nur daran festhält, daß der Ausgleichsanspruch lediglich aus den Verhältnissen des Aufwertungsschuldners und des Ausgleichsschuldners, nicht aber unter Berücksichtigung der Verhältnisse des Aufwertungsgläubigers beurteilt werden darf (RGZ. Bd. 128 S. 370), keine Verschlechterung oder sonstige Veränderung in der Lage des Ausgleichsschuldners ein. Die zur sachgemäßen Verteidigung gegen den Ausgleichsanspruch erforderlichen Kenntnisse von den Verhältnissen des Aufwertungsschuldners kann sich der Ausgleichsschuldner dadurch verschaffen, daß er den ersteren um entsprechende Auskunft ersucht; zu deren Erteilung ist dieser nach §§ 133, 157, 242 BGB. auf Grund des Veräußerungsvertrags unbedenklich verpflichtet. Weiter verweist das Kammergericht auf die Gefahr, daß der Hypothekengläubiger und der Grundstücksveräußerer sich zusammentun und auf Grund der Vereinbarung einer schonenden Behandlung des Veräußerers durch den Gläubiger in sittenwidriger Weise die dem Veräußerer nach dem Gesetz obliegende Aufwertungslast auf den Erwerber abwälzen könnten. Allein ähnliche Gefahren sind mit der Abtretung eines jeden Anspruchs verbunden, ohne daß deshalb die vom Gesetz (§ 398 BGB.) zugelassene Abtretung von Forderungen allgemein zu verneinen wäre, und bei Vorliegen der Voraussetzungen des § 826 BGB. wird der Ausgleichsschuldner gegenüber der Abtretung die Einrede der allgemeinen Arglist erheben können. Zu einem näheren Eingehen hierauf bietet der vorliegende Fall keinen Anlaß. Denn hier liegt auch nicht das mindeste dafür vor, daß die Klägerin und M. sich zusammengetan hätten, um in einer die guten Sitten verletzenden Weise die dem M. obliegende Aufwertungslast nach Möglichkeit auf den Beklagten zu überbürden.

Wenn endlich das angefochtene Urteil noch hervorhebt, es sei nicht ersichtlich, welche praktische Bedeutung der Gesetzgeber der Vorschrift des (übrigens nur den dinglichen Aufwertungsanspruch ausschließenden) § 20 AufwG. beigemessen habe, falls durch Abtretung oder Pfändung des Ausgleichsanspruchs der Schutz des gutgläubigen Eigentumserwerbers verfahrensrechtlich ausgeschaltet werde, so wird damit ein Bedenken berührt, das gegen die Zulassung des Ausgleichsanspruchs überhaupt geltend gemacht werden könnte und bereits in der grundlegenden Entscheidung RGZ. Bd. 119 S. 139/140 gewürdigt und für unbegründet erklärt worden ist. Dem ist die ständige Rechtsprechung des Reichsgerichts gefolgt (vgl. u. a. RGZ. Bd. 124 S. 164, Bd. 125 S. 49 nebst Nachweisungen, Bd. 125 S. 37, Bd. 126 S. 13, Bd. 128 S. 365). Verfahrensrechtlich macht es aber für den Grundstückserwerber keinen Unterschied, ob er vom Aufwertungsschuldner oder in dessen abgetretenen Rechten vom Aufwertungsgläubiger im Wege des Ausgleichsanspruchs in Anspruch genommen wird.

Hiernach vermag der vom Berufungsrichter angegebene Entscheidungsgrund die Abweisung der Klage nicht zu tragen. Zur Endentscheidung im Sinne des Klagantrags ist aber die Sache noch nicht reif, da der Sachverhalt noch nicht geklärt ist, namentlich noch Feststellungen über den jetzigen Grundstückswert und über die Gesamthöhe der den M. treffenden Aufwertungslast fehlen. Nur das eine mag hervorgehoben werden gegenüber der Bemerkung des Berufungsrichters, es könne dahingestellt bleiben, ob ein etwaiger Aufwertungsanspruch der Klägerin gegen M. vollstreckt werden könne. Für die Frage, ob dem M. ein Ausgleichsanspruch gegen den Beklagten erwachsen ist, kommt es nicht darauf an, ob ein deutsches Aufwertungsurteil gegen M. in Italien vollstreckt werden könnte oder nicht. Denn abgesehen davon, daß sich M. bei etwaigem Betreten des deutschen Reichsgebiets der Gefahr der Pfändung aussetzen würde (RGZ. Bd. 128 S. 368), kann es für das Bestehen des Ausgleichsanspruchs grundsätzlich keinen Unterschied machen, ob ein bestehender und geltend gemachter Aufwertungsanspruch durchführbar ist oder nicht. So wenig wie tatsächliche Gründe, z. B. Unpfändbarkeit des Aufwertungsschuldners, die Entstehung des Ausgleichsanspruchs hindern, so wenig kann diese Folge dadurch herbeigeführt werden, daß der Aufwertungsanspruch aus Rechtsgründen nicht vollstreckt werden kann, z. B. infolge der Versagung eines Vollstreckungsurteils im Ausland. Denn nach dem Gesagten gelangt der Ausgleichsanspruch bei Vorliegen seiner sonstigen Voraussetzungen spätestens gleichzeitig mit der Erhebung eines berechtigten Aufwertungsanspruchs zur Entstehung.

---

65. 1. Wie weit reicht die Rechtskraft eines im Vorprozeß ergangenen Urteils für den Streitverkündeten des Vorprozesses als Partei des Nachprozesses?

2. Welche Rechtslage ergibt sich, wenn der Streitverkündete nicht dem Streitverkünder, sondern der Gegenpartei beitritt?

ZPO. §§ 68, 74.

I. Zivilsenat. Urt. v. 29. November 1930 i. S. P. (Kl.) w. N.sche Versicherungs-Gesellschaft (Bekl.). I 54/30.

I. Landgericht Hamburg, Kammer für Handelssachen.
II. Oberlandesgericht daselbst.

Der Sachverhalt ergibt sich aus dem in RGZ. Bd. 123 S. 141 abgedruckten Urteil des erkennenden Senats vom 19. Januar 1929. Nachdem die Klägerin dort mit ihrer Klage gegen die F. A. Versicherungs-AG. rechtskräftig abgewiesen worden war, erhob sie auf Grund des nämlichen Sachverhalts Klage gegen die jetzige Beklagte, bei der sie für das Jahr 1926 eine laufende Versicherung genommen hatte. Auch mit dieser Klage unterlag sie in den beiden ersten Rechtszügen. Ihre Revision führte zur Aufhebung und Zurückverweisung.

Gründe:

Das Berufungsurteil bemerkt zu dem reichsgerichtlichen Urteil vom 19. Januar 1929, dieses Urteil sei für den gegenwärtigen Rechtsstreit nicht bindend, soweit es sich um die Haftung der Beklagten handle; das könne nicht zweifelhaft sein und sei auch zwischen den Parteien unstreitig. Die Revision hat gebeten, diese Rechtsauffassung nachzuprüfen. Damit dürfte genügend zum Ausdruck gebracht sein, daß eine prozessuale Revisionsrüge im Sinne von § 554 Abs. 3 Nr. 2b ZPO. erhoben werden soll. Dies kann aber dahingestellt bleiben. Denn insoweit, als die von der Klägerin gerügte Verletzung von § 72, § 74 Abs. 2, 3, § 68 ZPO. vorliegen sollte, würde es sich nicht um eine Gesetzesverletzung in bezug auf das Verfahren, sondern um einen vom Revisionsgericht von Amts wegen zu berücksichtigenden Fehler des Berufungsgerichts in der Urteilsfindung (Rechtsirrtum über die Tragweite der Rechtskraft des früheren Urteils) handeln (RGZ. Bd. 79 S. 84/85; Gruch. Beitr. Bd. 56 S. 1050; Stein-Jonas ZPO. § 68 Anm. II; Sydow-Busch ZPO. § 68 Anm. 1, § 74 Anm. 3). Insofern kommt nichts darauf an, ob es im zweiten Rechtszug zwischen den Parteien unstreitig gewesen ist, daß das reichsgerichtliche Urteil „für den gegenwärtigen Rechtsstreit nicht bindend sei, soweit es sich um die Haftung der Beklagten handelt". Diese Stellungnahme der Parteien ging nicht über den Rahmen der Bekundung einer unverbindlichen Rechtsauffassung hinaus.

Nach den Akten des Vorprozesses hat die Klägerin der N.schen Versicherungs-Gesellschaft (der jetzigen Beklagten) den Streit verkündet mit dem Bemerken: die Klägerin werde sich, falls die Klage des Vorprozesses abgewiesen werden sollte, wegen der Klagforderung an sie halten. Der Vorprozeß schwebte damals noch in erster Instanz. Auf Grund der erwähnten Streitverkündung und unter Bezugnahme darauf ist die jetzige Beklagte dem Rechtsstreit beigetreten, aber nicht auf seiten der streitverkündenden Klägerin (vgl. § 74 Abs. 1 ZPO.), sondern auf seiten der damaligen Beklagten, der F. A. Versicherungs-AG. Diese Nebenintervention ist durch Zwischenurteil des Landgerichts und durch Beschluß des Oberlandesgerichts rechtskräftig zurückgewiesen worden.

Hiernach liegt kein Fall der in § 74 Abs. 1 ZPO. geregelten Art vor, sondern die N.sche Versicherungs-Gesellschaft (jetzige Beklagte) ist wie ein Streitverkündeter zu behandeln, der den Beitritt abgelehnt oder sich auf die Streitverkündung nicht erklärt hat (§ 74 Abs. 2 ZPO.; Sydow-Busch a. a. O. § 74 Anm. 3). Es fragt sich also, ob die Streitverkündung den formellen Voraussetzungen von § 73 und den sachlichen Voraussetzungen von § 72 ZPO. entspricht. Beides ist zu bejahen. Daß der streitverkündende Schriftsatz der Klägerin an die N.sche Versicherungs-Gesellschaft, worin der Grund der Streitverkündung und die Lage des Rechtsstreits angegeben ist, gemäß § 73 der Streitverkündeten zugestellt und in Abschrift der damaligen Beklagten, der F. A. Versicherungs-AG., mitgeteilt worden ist, ergibt sich aus den Akten des Vorprozesses, ist auch zwischen den Parteien des gegenwärtigen Rechtsstreits unstreitig. Die sachlichen Voraussetzungen der Streitverkündung ferner ergeben sich daraus, daß die Klägerin glaubte — wie sie dies bei der Streitverkündung und durch die Einleitung und Durchführung des gegenwärtigen Rechtsstreits zum Ausdruck gebracht hat —, im Falle ihres Unterliegens im Vorprozeß wegen des dort eingeklagten Schadensersatzes die Streitverkündete in Anspruch nehmen zu können. Unerheblich ist, daß die jetzige Klägerin und frühere Streitverkünderin ihr Rückgriffsrecht gegen die jetzige Beklagte nicht aus dem im Vorprozeß behandelten Rechtsverhältnis — ihrem Versicherungsvertrag mit der F. A. Versicherungs-AG. —, sondern aus einem selbständigen Rechtsgrunde herleitet, nämlich aus dem von ihr mit der jetzigen Beklagten abgeschlossenen Versicherungsvertrag. Denn die Sach- und Rechtslage ist eine derartige, daß entweder die Beklagte des Vorprozesses oder die jetzige Beklagte und frühere Streitverkündete in gleicher Weise für den streitigen Schaden haftet und daß bei Durchführung der Haftung gegen die eine Beklagte die Haftung der anderen sich erledigt (RGZ. Bd. 58 S. 80, Bd. 77 S. 360, Bd. 79 S. 83; Sydow-Busch a. a. O. § 72 Anm. 1; Stein-Jonas a. a. O. § 72 Anm. III 2a).

Somit war im gegenwärtigen Rechtsstreit die jetzige Beklagte und frühere Streitverkündete im Verhältnis zur Klägerin in den Grenzen des § 68 ZPO. mit der Behauptung nicht zu hören, daß der Rechtsstreit, wie er dem Richter des Vorprozesses vorgelegen habe, unrichtig entschieden sei, oder mit der Behauptung, daß die

Hauptpartei den Rechtsstreit mangelhaft geführt habe. Bei Prüfung der Frage, ob das Berufungsgericht gegen diesen Rechtssatz verstoßen hat, kann verwiesen werden auf die Ausführungen in RGZ. Bd. 77 S. 360, Bd. 79 S. 82, Bd. 97 S. 296/297, Bd. 104 S. 77/78, Bd. 123 S. 96, 210; auch WarnRspr. 1908 Nr. 664, 1916 Nr. 131, 1920 Nr. 72, 1921 Nr. 48; ferner auf Kann ZPO. § 68 Bem. 2; Rosenberg Lehrbuch des deutschen Zivilprozeßrechts § 46 IV 2; a. M. z. B. Stein-Jonas ZPO. 14. Aufl. § 68 Anm. II. Danach sind zur Bemessung der Rechtskraft nach § 68 ZPO. für das im Vorprozeß ergangene Reichsgerichtsurteil der Tatbestand und die Entscheidungsgründe dieses Urteils heranzuziehen. Seine Rechtskraft erstreckt sich gegenüber der jetzigen Beklagten als der Streitverkündeten des Vorprozesses auf die tatsächlichen und rechtlichen Grundlagen jener Entscheidung (RGZ. Bd. 123 S. 96, 210). Demgemäß sind der jetzigen Beklagten alle Ausführungen tatsächlicher und rechtlicher Art, die im Vorprozeß bereits gemacht worden waren oder von ihr hätten gemacht werden können, wenn sie auf die Streitverkündung alsbald der Klägerin als Nebenintervenientin beigetreten wäre (§ 74 Abs. 3 ZPO.), im gegenwärtigen Rechtsstreit für alle Instanzen insoweit abgeschnitten, als sie sich gegen das im Vorprozeß festgestellte Rechtsverhältnis oder gegen die dort ausgesprochenen Rechtsfolgen wenden (RGZ. Bd. 97 S. 297). Im gegenwärtigen Rechtsstreit durfte also das Berufungsgericht, da keiner der in § 68 vorgesehenen Ausnahmefälle vorlag, weder die Behauptung einer unrichtigen Beurteilung des im Vorprozeß vorliegenden Rechtsstoffes noch neue Verteidigungsmittel einer Partei berücksichtigen.

Nun ist im reichsgerichtlichen Urteil vom 19. Januar 1929 folgendes ausgeführt worden: Die Klägerin habe — die Erfüllung aller sonstigen Voraussetzungen für den Eintritt der Deckungspflicht unterstellt — entweder gedeckt sein sollen durch die mit der N.schen Versicherungs-Gesellschaft (der jetzigen Beklagten) für die Zeit vom 1. Januar bis 31. Dezember 1926 abgeschlossene oder durch die mit der F. A. Versicherungs-AG. (der Beklagten des Vorprozesses) für die Zeit vom 1. Januar bis zum 31. Dezember 1927 abgeschlossene Versicherung. Dementsprechend habe die Klägerin das Recht haben sollen, sich unter allen Umständen an die F. A. Versicherungs-AG. zu halten, falls sie Ansprüche gegen die N.sche Versicherungs-Gesellschaft nur um deswillen nicht erheben könne, weil am 1. Januar 1927 statt einer Verlängerung der mit der letzteren Gesellschaft abgeschlossenen Versicherung ein Versicherer-Wechsel eingetreten sei. Es sei also zunächst zu prüfen, welcher Art das Rechtsverhältnis der Klägerin zur N.schen Versicherungs-Gesellschaft in Ansehung des streitigen Rechtsanspruchs sei. Bei dieser Prüfung ist dann das Reichsgericht zu der Feststellung gelangt, daß der Schaden, auch wenn er erst im Jahre 1927 eingetreten sei und obgleich die Klägerin erst im Jahre 1927 an den beschädigten Gütern ein versicherbares Interesse erlangt habe, unter die laufende Versicherung falle, welche die Klägerin bei der N.schen Versicherungs-Gesellschaft (der jetzigen Beklagten) für das Jahr 1926 genommen habe, sofern nur im übrigen die Voraussetzungen für den Eintritt dieser Deckung gegeben seien. Diese Ausführungen des reichsgerichtlichen Urteils sind für die dort getroffene Entscheidung von grundlegender Bedeutung. Denn die damit ausgesprochene Bestätigung der Instanzurteile auf Abweisung der Klage gegen die F. A. Versicherungs-AG. erforderte nach der Begründung der reichsgerichtlichen Entscheidung, daß — unter der angeführten Voraussetzung — die N.sche Versicherungs-Gesellschaft für den Schaden von der Klägerin haftbar gemacht werden konnte. Die so im Vorprozeß vom Reichsgericht festgestellte Sach- und Rechtslage war und ist daher im gegenwärtigen Rechtsstreit für die erkennenden Gerichte bindend. Daher bedeutet es eine Verletzung von § 74 Abs. 2, 3, § 68 ZPO., wenn in diesem Rechtsstreit das Berufungsgericht auf Grund eines weiteren, in der ersten Instanz erhobenen Sachverständigenbeweises feststellt, es bestehe keine feste Verkehrsauffassung darüber, ob eine unter der Zeitdauer einer laufenden Versicherung begonnene Reise auch dann noch unter diese Versicherung falle, wenn das versicherbare Interesse des Versicherungsnehmers erst nach Ablauf dieser Zeitdauer entstehe, und wenn sodann das Berufungsgericht daraufhin eine Haftung der Beklagten aus ihrer Polize schon um deswillen ablehnt, weil die Klägerin erst im Jahre 1927 ein versicherbares Interesse an der beschädigten Ware erlangt habe. (Die Sache wird zurückverwiesen, weil der Rechtsstreit zur Endentscheidung noch nicht reif ist.)

66. 1. Über Transportversicherung von Teilen einer Gesamtladung gleichartiger Massengüter mittels laufender Police.

2. Zur Frage, ob unter eine laufende Transportversicherung Güter fallen können, an denen der Versicherungsnehmer erst nach dem Beginn der Reisegefahr ein Versicherungsinteresse erlangt hat.

Allgemeine Deutsche Seeversicherungs-Bedingungen (ADS.) §§ 88, 97, 124.

I. Zivilsenat. Urt. v. 29. November 1930 i. S. St. M. J. Co. (Bekl.) w. D. & Co. (Kl.). I 97/30.

I. Landgericht Hamburg, Kammer für Handelssachen.
II. Oberlandesgericht daselbst.

Die Beklagte hatte auf Grund einer laufenden Seeversicherungs-Police Beförderungsgüter der Klägerin versichert. Auf die Versicherung fanden vereinbarungsgemäß die Allgemeinen Deutschen Seeversicherungs-Bedingungen nebst den der Police beigefügten Zusatzbestimmungen Anwendung. Die Versicherung ist genommen worden „für Rechnung, wen es angeht". Sie umfaßt als laufende Versicherung Beförderungen von Kakaobohnen von Plätzen der Westküste Afrikas, einschließlich der Vorreisen aus dem Innern Afrikas, nach europäischen Häfen oder New York, samt etwaigen Umladungen. Übernommen hatte die Beklagte die Versicherung für die Zeit vom 1. November 1926 bis zum 31. Oktober 1927, jedoch konnte die Versicherung jederzeit mit siebentägiger Frist gekündigt werden.

Ende 1926 und Anfang 1927 ist eine größere Zahl von Ladungen, welche die Klägerin auf die laufende Police deklariert hatte, beschädigt im Bestimmungshafen eingetroffen. Die Beklagte hat in einer Reihe von Fällen die Entschädigung abgelehnt, weil die laufende Versicherung die Risiken aus verschiedenen Gründen nicht gedeckt habe. Die Beklagte hat die Versicherung am 1. März auf den 8. März 1927 gekündigt.

Die Klägerin verlangt Deckung der Schäden auf Grund der laufenden Police. Die Instanzgerichte haben der Klage im wesentlichen stattgegeben. Die Revision der Beklagten hatte keinen Erfolg.

Gründe:

1. Zur Frage der Versicherung von Teilen einer Gesamtladung mittels laufender Police.

Im Urteil des Landgerichts ist ausgeführt: Zur sog. Konkretisierung der von der Klägerin deklarierten Teilpartien aus größeren „gleichgemarkten" Ladungen genüge es, daß jede einzelne Partie nach Gewicht oder einem Bruchteil der Gesamtladung in einem gehörig indossierten Konnossement ausgedrückt sei. Wie dies für den Übergang der Gefahr bei Verwandlung einer Gattungsschuld in die Schuld einer bestimmten Sache genüge, so müsse das gleiche gelten für die Versicherung, die sich auf den Teil der Ladung beziehe, der auf das in der Deklaration benannte Konnossement falle. Bei der gegenwärtigen Organisation des Handels, wonach die Reederei die Verteilung der Gesamtladung auf die einzelnen Konnossemente vornehme und häufig auch nicht der Versicherungsnehmer, sondern seine Nachmänner die Ware im Bestimmungshafen abnähmen, liege in dieser Behandlung der Sache keine Gefahr, soweit nicht ein Vertragsteil wider Treu und Glauben unlautere Machenschaften vornehme. Zum Nachweis der Deckung der eingetretenen Schäden durch die laufende Police genüge also, daß die beschädigten Kolli zu der Partie gehört hätten, über welche das in der Deklaration genannte Konnossement ausgestellt war.

Das Berufungsgericht hat ausdrücklich auf diese Ausführungen des Landgerichts verwiesen und folgendes hinzugefügt. Die von der Klägerin gekauften und auf die laufende Versicherung angemeldeten Güter seien während der Seereise ununterscheidbar in einer größeren Ladung gleicher und in gleicher Weise gekennzeichneter Güter enthalten gewesen. Die Konnossemente hätten über Teile dieser Gesamtladung gelautet. Nach der Ankunft im Bestimmungshafen habe die Reederei die Güter auf die einzelnen Konnossemente verteilt. Diese Verteilung sei, wie sie nach der Übung des Handels für den Konnossementsinhaber im Verhältnis zur Reederei und zu seinem Verkäufer verbindlich sei, auch für das Versicherungsverhältnis maßgebend. Diejenigen Güter, die hierbei auf das Konnossement der Klägerin oder ihres Nachmannes zugeteilt worden seien, müsse man als vom Beginn der Vorreise an versichert ansehen.

Die Einwendungen der Revision hiergegen schlagen nicht durch. Die Erwägungen des Vorderrichters sind jedenfalls dann und insoweit frei von Rechtsirrtum, als die jeweils verschiffte Gesamtladung bereits während der Vorreise, vom Beginn der Versicherungsgefahr bis zur Verladung im afrikanischen Verschiffungshafen, ein in sich abgesondertes Ganzes gebildet haben und mit diesem identisch gewesen sein sollte. Die Beklagte hat zwar angedeutet, daß dies nicht der Fall gewesen sei, sondern die afrikanische Landbeförderung größere Partien betroffen habe, aus denen der Ablader oder Verkäufer nur einen Teil als Gesamtladung des einzelnen Schiffes abgesondert habe. Die betreffenden Angaben der Beklagten sind aber im Hinblick auf den Streitfall zu allgemein gehalten und im übrigen nicht so klar und bestimmt, daß auf sie näher eingegangen werden könnte. Die von der Revision gerügte Verletzung des § 286 ZPO. ist nicht ersichtlich. Es bedarf daher keiner Erörterung der Frage, ob die Rechtsauffassung des Berufungsgerichts auch in Fällen der angedeuteten Art für zutreffend zu erachten ist. Dahingestellt kann auch bleiben, welcher Partei insofern im Streitfalle die Darlegungs- und Beweispflicht obliegen würde. Im übrigen spricht die eigene Sachdarstellung der Beklagten über die einschlägigen Verhältnisse des Kakaohandels dafür, daß diese bei Abschluß des Versicherungsvertrags trotz Kenntnis jener Verhältnisse kein besonderes Gewicht gelegt hat auf den Umstand, der für die „Konkretisierung" der Ware während der Inlandsreise und für die Klarstellung der Nämlichkeit der Ware der Binnenbeförderung mit der für die Klägerin verschifften Ware angeblich bedeutsam war, nämlich darauf, ob die Klägerin von ihr verkaufte oder gekaufte Ware unter Versicherung bringen wollte.

2. Zur Frage, ob auf Grund der laufenden Polize die Vorreise unter die Versicherung der Beklagten gebracht werden konnte.

Die laufende Polize enthält die Bestimmung:

> Die Versicherungsnehmer (hier: die Klägerin) sind verpflichtet, sämtliche unter diese Polize fallenden Transporte von Kakaobohnen, soweit die Versicherung von ihnen zu decken ist oder ihnen der Auftrag zur Versicherung vorliegt, zur Versicherung anzumelden. ... Vorreisen aus dem Innern Afrikas gelten prämienfrei mitgedeckt.

Hieran anknüpfend hat das Berufungsgericht ausgeführt: Die laufende Polize enthalte über die den Gegenstand der Versicherung bildenden Güter eine von dem Grundsatz des § 97 Abs. 1 ADS.

abweichende und diesen ausschließende Bestimmung insofern, als nach der Polize maßgebend sei, ob die Klägerin die Versicherung zu decken habe oder ihr der Auftrag zur Versicherung vorliege. Die Klägerin kaufe die Ware an sich „fob Westafrika". Bei derartigen Fob-Verkäufen im Handel mit westafrikanischem Kakao sei es üblich, daß der Verkäufer die Versicherung für die ganze Reise vom Innern Afrikas bis zum europäischen Bestimmungshafen einheitlich decke und dem Käufer, der die Gefahr der Seereise trage, die Versicherungsprämie — unter Abzug eines Teils für die auf Gefahr des Verkäufers gehende Vorreise aus dem Landinnern bis zur Verladung in das Seeschiff — in Rechnung stelle. Die Klägerin habe aber, um zu ihrem Besten Ersparnisse an der Prämienhöhe zu erzielen, schon vor Abschluß der hier maßgeblichen laufenden Versicherung mit den Firmen, mit denen sie regelmäßig ihre Kakaokäufe abschloß, vereinbart, diese sollten sowohl selbst mit der Deckung der gesamten Versicherung durch die Klägerin (Käuferin) einverstanden sein, als auch in jedem Falle versuchen, das Einverständnis ihres etwaigen Verkäufers (Vormanns) mit einer solchen Deckung der Versicherung zu erlangen. Sei auch das letztere Einverständnis erzielt worden, so habe doch die Klägerin die von ihr gekaufte Ware auf ihre laufende Versicherung angemeldet. Die hierfür in der Polize bestimmte Voraussetzung habe vorgelegen, da, sobald dem Verkäufer der Klägerin oder seinen Vormännern die Pflicht zur Besorgung der Versicherung abgenommen worden, es handelsüblich Sache der Klägerin gewesen sei, für die auf ihre Gefahr reisenden Güter Versicherung zu nehmen, und zwar für die gesamte Reise einschließlich der Vorreise. Das versicherbare Interesse der Klägerin habe sich auf die einheitliche, die Vorreise mit umfassende Gesamtreise erstreckt. Es habe auch nicht im Sinne des zwischen den Parteien geschlossenen Versicherungsvertrags gelegen, daß die Erfordernisse des eigenen Versicherungsinteresses der Klägerin oder des Auftrags zur Versicherung für die Vorreise und die Seereise getrennt zu prüfen seien. Vielmehr habe sich nach dem Versicherungsvertrag die Versicherung, wenn die Seereise unter sie gefallen sei, ohne weiteres auch auf die Vorreise erstreckt.

Danach hat das Berufungsgericht die Bestimmung der Polize „soweit die Versicherung von ihnen (d. h. der Klägerin) zu decken ist" dahin ausgelegt, daß es für die Frage, ob im Sinne des Versicherungsvertrags die Klägerin die Versicherung zu decken hatte, auf die zwischen der Klägerin und ihren Verkäufern getroffenen oder zu treffenden Vereinbarungen ankomme. Und das Berufungsgericht hat weiter festgestellt, daß auf Grund dieser Vereinbarungen die Klägerin im Verhältnis zu ihren Verkäufern, anders als bei den gewöhnlichen Fob-Käufen, die Versicherung der gesamten Reise einschließlich der Vorreise selbst habe decken müssen.

Diese Ausführungen sind nicht rechtsirrig. Der Revision steht entgegen, daß es sich hier um Sonderabreden der Klägerin mit ihren Verkäufern handelt, die im Rahmen des zwischen den Parteien geschlossenen Versicherungsvertrags zulässig waren und von den Regeln des gewöhnlichen Fobgeschäfts abweichen. Im übrigen ist die Mitversicherung der Vorreise durch die Klägerin in der Police ausdrücklich vorgesehen, und die Beklagte hat selbst anerkannt, daß „im Kakaohandel ausnahmslos die Gesamtreise einheitlich versichert wird". Daß die Deckung der gesamten Versicherungsreise, einschließlich der Vor-Fobreise, durch den Käufer in Fällen der hier fraglichen Art auch sonst in der Handelsübung vorkommt, ist bereits im landgerichtlichen Urteil festgestellt worden.

3. Zur Frage, ob Güter unter die laufende Versicherung fallen können, an denen der Versicherungsnehmer erst nach Beginn der Reisegefahr ein Versicherungsinteresse erlangt hat.

Der Berufungsrichter hat diese Frage unter Bezugnahme auf die Gründe des landgerichtlichen Urteils und auf die Entscheidung des Reichsgerichts in RGZ. Bd. 123 S. 141 bejaht. Die Versicherer, so führt er aus, hätten bei der Anmeldung von Gütern auf laufende Versicherungen niemals Wert auf die Feststellung gelegt, ob das Interesse des Versicherungsnehmers schon bei Beginn der Reise bestanden habe. Auch die hier maßgebende Police enthalte keine Bestimmung, wonach der Versicherungsnehmer ein Versicherungsinteresse bereits bei Risikobeginn haben müsse. Der Grundsatz der Einheitlichkeit und Unteilbarkeit der Versicherungsgefahr, auf die laufende Versicherung übertragen, bedeute, daß die Versicherung der einzelnen Reise diese ganz umfasse, auch wenn die Voraussetzungen, kraft deren diese Reise unter die laufende Police falle, erst nach Beginn des Risikos eingetreten seien. Der Eintritt dieser Voraussetzungen für die einzelne Beförderung lasse die Versicherung für diese Beförderung schon mit dem in § 88 Abs. 2 ADS. oder —

bei der Klausel „von Haus zu Haus" — mit dem in § 124 Abs. 1 ADS. bezeichneten Zeitpunkt beginnen (vgl. zu letzterem auch die Anhänge zur Polize: „Besondere Zusatzbedingungen zu den ADS. 1925" Nr. 17 und „Zusatzbestimmungen zu den ADS. für laufende Versicherungen" 1. Klausel betr. Versicherung von Haus zu Haus).

Auch die gegen diese Ausführungen gerichteten Revisionsangriffe sind unbegründet. Das Oberlandesgericht stellt fest, daß die Deckung einer Güterbeförderung durch laufende Versicherung auch dann verkehrsüblich sei, wenn der Versicherungsnehmer an den Gütern erst nach dem Beginn der Reisegefahr ein versicherbares Interesse erlangt habe. Diese Feststellung ist tatsächlicher Natur. Die Behauptung der Revision, daß sie unter Verletzung von § 286 ZPO. getroffen sei, ist unbegründet. ... (Wird dargelegt.) Ist danach die tatsächliche Feststellung der Verkehrsüblichkeit zugrunde zu legen, so erscheinen auch im übrigen die oben angeführten Darlegungen des Vorderrichters aus den in RGZ. Bd. 123 S. 141 angegebenen Gründen frei von Rechtsirrtum.

4. Der Berufungsrichter hat festgestellt, daß in allen Fällen der Zeitpunkt der Abladung der Güter auf das Seeschiff nach dem 1. November 1926, also nach Eintritt der Versicherungszeit, liege. Er hat ferner ausgeführt, als Vertragswille der Parteien sei anzunehmen, daß es für den Eintritt der Deckungspflicht der Beklagten auf den nur schwer oder gar nicht zu ermittelnden Zeitpunkt des Beginns der Vorreise aus dem Innern Afrikas nicht ankommen solle. Vielmehr solle sich die Versicherung dann, wenn die Seereise unter sie falle, ohne weiteres auch auf die Vorreise erstrecken.

Dieser Auffassung kann vom Rechtsstandpunkt aus nicht entgegengetreten werden.

a) In der laufenden Polize selbst sowie in den nach ihr anzuwendenden „Besonderen Zusatzbedingungen zu den Allgemeinen Deutschen Seeversicherungs-Bedingungen 1925" Nr. 17 ist vorgeschrieben:

Die Versicherung gilt „von Haus zu Haus" gemäß Klausel A $\frac{\text{und}}{\text{oder}}$ B 1 der einschlägigen Vorschriften in den gleichfalls zum Vertragsinhalt erhobenen „Zusatzbestimmungen zu den ADS. für laufende Versicherungen".

Diese Sondervorschriften enthalten aber nur Bestimmungen

darüber, wann die Versicherungsreise endet, nicht darüber, wann sie beginnt. Insoweit kommen also die einschlägigen Vorschriften der Allgemeinen Deutschen Seeversicherungs-Bedingungen in Betracht, wo es in § 124 (Versicherung „von Haus zu Haus") heißt:

Die Versicherung beginnt mit dem Zeitpunkt, in dem die Güter am Abladungsort zum Zwecke der Beförderung auf der versicherten Reise von der Stelle, an der sie bisher aufbewahrt wurden, entfernt werden.

Über die Versicherung der Vorreise ist in der Polize nur gesagt:

Vorreisen aus dem Innern Afrikas gelten prämienfrei mitgedeckt.

Die danach maßgebende Vertragsbestimmung paßt nur auf den Abladehafen, nicht aber auf irgendeinen Abladeplatz im Innern Afrikas, dessen Feststellung nach Lage der Verhältnisse mit Schwierigkeiten verknüpft sein muß und bei dem die näheren Vorgänge der Abbeförderung sich nur schwer ermitteln lassen werden.

b) Maßgebend für die Prämienberechnung ist nach der Polize allein die Seereise. Die Vorreise bildet also nur einen unselbständigen Vorgang im Verhältnis zur eigentlichen Beförderungsreise.

c) In Nr. 3 der „Besonderen Zusatzbedingungen" ist bestimmt, daß dem Versicherer nur ein angemessener Teil der Prämie gebührt, wenn das versicherte Interesse nach dem Beginn der Versicherung wegfällt. Auch hier kann unter Beginn der Versicherung nur ein Zeitpunkt verstanden sein, von dem ab die Verpflichtung zur Prämienzahlung begann. Hätte sich ein Versicherungsfall auf der Vorreise zugetragen und wäre die Ware überhaupt nicht zum Abladehafen gelangt, so würde eine Verpflichtung zur Prämienzahlung überhaupt nicht eingetreten, also auch eine Verpflichtung zur Deckung des Schadens durch die Versicherungsgesellschaft nicht entstanden sein. Auch dies spricht dagegen, den Beginn der Versicherungsreise auf einen Zeitpunkt zu verlegen, der früher liegt als das Eintreffen der Ware im Abladehafen.

d) Auf die sonstigen Gepflogenheiten im Kakaohandel und den Regelfall, daß die Kakaogroßhändler selbst die Beförderungen bis zum Abladehafen unter ihre eigene laufende Versicherung bringen, kann sich die Beklagte nicht berufen, weil sie in der hier maßgebenden Polize die Deckung der Vorreiseschäden ausdrücklich übernommen hat. Eine bestimmte, auf zuverlässige Tatsachen gestützte Behauptung, daß die Klägerin Ersatz der Vorreiseschäden von einer anderen Versicherungsgesellschaft erlangt habe oder erlangen könne, hat die Beklagte nicht aufgestellt. Die Schwierigkeiten, die sich aus der erst nachfolgenden „Konkretisierung" der unter die Versicherung fallenden Ware ergeben, fallen hier nicht entscheidend ins Gewicht. Die Klägerin mußte die Ware, die sie aus der verschifften Gesamtmenge nach den Gepflogenheiten des Großhandels zugeteilt erhielt, auf die laufende Versicherung anmelden. Sobald sie die Ware angemeldet hatte, war letztere, auch wenn ihre „Konkretisierung" erst später erfolgte, durch die Versicherung gedeckt, und zwar rückwärts im Wege der Vergangenheitsversicherung.

Nach alledem bildet die Vorreise aus dem Innern Afrikas nur einen unselbständigen Teil der Gesamtreise, sodaß als Beginn der eigentlichen Versicherungsreise der gemäß § 124 ADS. zu bestimmende Zeitpunkt anzusehen ist, wo die Güter von ihrem bisherigen Aufbewahrungsort im Abladehafen zur Beförderung auf der Versicherungsreise entfernt werden. Nach den Feststellungen des Berufungsgerichts hat der Reisebeginn in diesem Sinne in allen streitigen Fällen erst nach dem 1. November 1926 — innerhalb der Versicherungszeit — stattgefunden. Somit sind trotz der grundsätzlichen Einheitlichkeit und Unteilbarkeit der gesamten von der Versicherung umfaßten Reise kraft besonderer Vereinbarungen auch diejenigen Reisen von der laufenden Versicherung gedeckt, bei denen etwa die Vorreise im Innern Afrikas bereits vor dem 1. November 1926 begonnen hatte (vgl. auch RGZ. Bd. 123 S. 141). Im übrigen hat das Berufungsgericht tatsächlich festgestellt, daß bei allen von der Klägerin auf die laufende Polize angemeldeten Sendungen während der Versicherungszeit ein versicherbares Interesse der Klägerin bestanden hat. Es bedarf daher keines Eingehens auf den vom Berufungsgericht vertretenen Standpunkt, daß für die Frage der Versicherungsdeckung durch die laufende Polize von entscheidender Bedeutung sei, ob der Eintritt des versicherbaren Interesses des Versicherungsnehmers an den Beförderungsgütern in die Versicherungszeit fällt.

67. 1. Wem steht der Anspruch auf Vergütung aus § 951 BGB. zu, wenn der Eigentümer beweglicher Sachen diese auf dem Grundstück eines anderen auf Grund Vertrags mit einem Dritten einbaut?
2. Wonach bestimmt sich der Umfang der Vergütung und nach welchem Zeitpunkt ist sie zu bemessen?

BGB. §§ 946, 951, 818 Abs. 2.

IV. Zivilsenat. Urt. v. 13. Oktober 1930 i. S. Bezirkswohnungsverband L. (Kl.) w. Gemeinde Rh. (Bekl.). IV 688/29.

I. Landgericht Frankenthal.
II. Oberlandesgericht Zweibrücken.

Die Gemeinnützige Baugenossenschaft m. beschr. Haftpfl. in Rh. baute 1921 zwei Gebäudeblocke mit Kleinwohnungen auf Gemeindeland, wozu ihr Landes- und Bezirksmittel als Darlehen bewilligt wurden. Infolge des Währungsverfalls reichten die Gelder nicht aus und es kam zum Stillstand der Bauten. Der Gemeinderat wandte sich im Juli 1922 an den Kläger, den Bezirkswohnungsverband L., in dem die Landgemeinden des Bezirks L. nach der Bekanntmachung über die Bildung von Wohnungsverbänden vom 7. November 1918 (RGBl. S. 1298) zusammengeschlossen sind. Der Kläger verlangte Übernahme der Bauten durch die verklagte Gemeinde, die auch in die Verpflichtungen der Baugenossenschaft eintreten sollte. Es kam zu keiner Einigung. Der Kläger beschloß am 26. September 1922, die Bauten zu übernehmen, und führte diesen Beschluß in der Weise aus, daß er teils fällige Zahlungen leistete, teils die Kosten der weiteren Bauausführung zahlte. Die Baugenossenschaft trat im November 1922 in Liquidation und die verklagte Gemeinde beschloß am 10. Dezember 1925 die Übernahme der gesamten Liquidationsmasse. Nunmehr beanspruchte der Kläger von der Beklagten Auseinandersetzung nach dem Maß der beiderseitigen Leistungen, indem er den auf seine Leistungen entfallenden Anteil am jetzigen Wert der Häuser auf 67326 RM. berechnete. Dem in zweiter Instanz auf Zahlung dieses Betrags gerichteten Klagantrag hat das Berufungsgericht nur in Höhe von 14265,81 RM. nebst Zinsen entsprochen. Die Revision des Klägers führte zur Aufhebung und Zurückverweisung.

Aus den Gründen:

Rechtlich nicht zu beanstanden ist die Ansicht des Berufungsgerichts, daß der Kläger, soweit er Schulden der Baugenossenschaft getilgt hat, die zur Zeit der Übernahme der Bauten durch den Kläger bereits entstanden waren, lediglich einen Anspruch auf Ersatz seiner Aufwendungen unter dem Gesichtspunkt der Bereicherung und der Geschäftsführung ohne Auftrag gegen die Baugenossenschaft und, nachdem die Beklagte in deren Rechte und Verbindlichkeiten eingetreten ist, gegen diese geltend machen kann. Insoweit fehlt es für einen Anspruch des Klägers auf anteiligen Wertersatz an einer rechtlichen Grundlage. Durch diese Zahlungen des Klägers ist der Wert der in das Eigentum der Beklagten gelangten Neubauten nicht erhöht worden.

Dagegen bestehen durchgreifende rechtliche Bedenken gegen die Auffassung des Berufungsgerichts, der Kläger könne, soweit er die Bauten auf eigene Rechnung weitergeführt hat, nur Ersatz der von ihm aufgewendeten Geldbeträge beanspruchen. Eine solche Einschränkung der Ansprüche des Klägers wäre geboten, wenn er lediglich die Bauhandwerker bezahlt hätte mit dem Willen, insoweit ein Geschäft der Baugenossenschaft zu besorgen. Das Berufungsgericht stellt aber einen anderen Sachverhalt fest. Nach seiner Annahme hat der Kläger wegen Versagens der zunächst Beteiligten eingegriffen, um das gefährdete Bauunternehmen zu retten. Neue Bauverträge sind zwar nicht geschlossen worden. Der Kläger hat aber unter völliger Ausschaltung der Baugenossenschaft, welche die Bauverträge geschlossen hatte, die vergebenen Bauarbeiten auf eigene Rechnung ausführen lassen und aus seinen Mitteln bezahlt. Das kann nur dahin verstanden werden, daß er mit der Fortführung der Bauten gar nicht für die Baugenossenschaft handeln, daß er also kein fremdes Geschäft besorgen, sondern ein eigenes Geschäft vornehmen wollte. Diese Willensrichtung des Klägers schließt die Annahme einer Geschäftsführung ohne Auftrag auch für die Bezahlung der Bauhandwerker aus (RGRKomm. Anm. 2 zu § 677 BGB.).

Zu untersuchen ist hiernach, welche Rechtsfolgen sich daran geknüpft haben, daß die fraglichen Bauten auf dem Grund und Boden der Beklagten errichtet worden sind. Die Beklagte ist dadurch nach § 946 BGB. Eigentümerin der Gebäude geworden. Daß beide Teile über diese Rechtsfolge anscheinend nicht im klaren gewesen sind, ist gleichgültig. Selbst ein ausdrücklicher Eigentumsvorbehalt wäre wirkungslos (RGZ. Bd. 73 S. 333). Nach § 951 BGB. kann deshalb der Kläger, soweit er einen Rechtsverlust erlitten hat, von der Beklagten Vergütung in Geld verlangen nach den Vorschriften über die Herausgabe einer ungerechtfertigten Bereicherung. Durch Verweisung auf diese Vorschriften knüpft das Gesetz den Anspruch auf Vergütung an dieselben Bedingungen, die nach § 812 Abs. 1 BGB. für den Bereicherungsanspruch überhaupt bestehen. Es ist anerkannten Rechtens, daß eine Vermögensverschiebung zwischen zwei Personen anzunehmen ist, wenn die eine zwar nicht selbst leistet, die Leistung aber in ihrem Auftrag und für ihre Rechnung von einem Dritten an die andere Person bewirkt wird (RGZ. Bd. 87 S. 39, Bd. 98 S. 240, Bd. 119 S. 335, aus neuerer Zeit RGUrt. v. 28. April 1930 IV 388/29). Der Anspruch aus § 951 BGB. steht daher dem Kläger und nicht etwa den Bauhandwerkern zu, die ihrerseits die Materialien für den Weiterbau geliefert haben, eben weil diese Leistungen im Auftrag und für Rechnung des Klägers gemacht worden sind.

Hiermit steht das Urteil des Senats vom 2. April 1928 IV 482/27 im Einklang. Dort ist ausgeführt, daß der Anspruch aus § 951 dann ausgeschlossen ist, wenn der frühere Eigentümer der eingebauten beweglichen Sachen deren Verbindung mit dem Grundstück selbst herstellt und dabei in Erfüllung einer ihm obliegenden Vertragspflicht handelt, weil er nämlich dann infolge Ausgleichs zwischen Leistung und Schuldbefreiung keine Verminderung seines Vermögens erfahren hat. Damit ist anerkannt, daß der Bereicherungsanspruch nach § 951 BGB. demjenigen zusteht, der den Bau für seine Rechnung durch einen anderen ausführen und diesem gehöriges Material einbauen läßt (ebenso Urt. des VII. Zivilsenats v. 20. Juni 1919 VII 78/19; Enneccerus-Lehmann Recht der Schuldverhältnisse 11. Bearb. § 218 III 1b β). Soweit im Urteil des Senats vom 24. September 1925 IV 183/25 (angeführt im RGRKomm. Anm. 3 a. E. zu § 951 BGB.) eine hiervon abweichende Ansicht vertreten ist, wird an ihr nicht festgehalten.

Was den Umfang des Bereicherungsanspruchs anlangt, so besteht der Rechtsverlust des Eigentümers, der bewegliche Sachen in ein fremdes Grundstück einbaut, ohne dadurch eine ihm obliegende Vertragspflicht zu erfüllen, im Verlust des Eigentums. Der Grundstückseigentümer ist um das Eigentum an den eingebauten Sachen ohne Rechtsgrund bereichert, hat also, da der Anspruch auf Herausgabe nach § 951 Abs. 1 Satz 2 BGB. ausgeschlossen ist, den Wert der Sachen zu ersetzen (§ 818 Abs. 2). In demselben Umfang steht der Bereicherungsanspruch nach dem Gesagten demjenigen zu, in dessen Auftrag und für dessen Rechnung der Eigentümer der beweglichen Sachen die Verbindung vorgenommen hat. Der Kläger hat hiernach Anspruch auf anteiligen Wertersatz und ist nicht auf den Ersatz der Kosten beschränkt, die er für die Ausführung der Bauten aufgewendet hat.

Unbegründet ist jedoch der Anspruch des Klägers auf anteiligen Ersatz des gegenwärtigen Wertes der Gebäude. Die Vergütung nach § 951 BGB. ist nach demjenigen Zeitpunkt zu berechnen, in dem der Eigentümer die Sachen erlangt hat, sodaß bei Gebäuden nur der Wert zur Zeit der Errichtung in Betracht kommt (Gruch. Bd. 67 S. 316). Die Einbauung der Gebäude war abgeschlossen mit der Vollendung der Bauten. Damit war auch der Vergütungsanspruch in seinem vollen Umfang entstanden. Der Wert, den die Gebäude in diesem Zeitpunkt hatten, ist also der Entscheidung zugrunde zu legen (vgl. auch RGRKomm. Anm. 2Bc β zu § 818 BGB.).

Hiernach bedarf der Klaganspruch der Höhe nach erneuter Prüfung. Es ist der Wert der Gebäude zur Zeit ihrer Vollendung und der Anteil des Klägers nach dem Verhältnis des Goldmarkwertes der Aufwendungen zu ermitteln, welche die Baugenossenschaft und der Kläger zur Herstellung der Gebäude gemacht haben. Diejenigen Beträge, mit denen der Kläger bereits begründete Bauschulden der Baugenossenschaft getilgt hat und für die er nach dem Gesagten nur Ersatz im Rahmen seiner Aufwendungen verlangen kann, sind bei der Verhältnisrechnung nicht als Leistungen des Klägers anzusetzen. Der auf den Kläger entfallende Wertanteil ist nicht aufzuwerten, sondern umzuwerten (RGZ. Bd. 114 S. 342, Bd. 118 S. 185, Bd. 120 S. 80).

---

68. Ist für den auf § 49 des preußischen Eisenbahngesetzes vom 3. November 1838 gestützten Anspruch einer Eisenbahngesellschaft auf Entschädigung für die Entziehung ihres Gewerbesteuerprivilegs der Rechtsweg vor den ordentlichen Gerichten zulässig?

GVG. § 13. Preuß. EisenbG. §§ 38, 49.

IX. Zivilsenat. Urt. v. 18. Oktober 1930 i. S. Preuß. Staat (Bekl.) w. R. S.-AG. (Kl.). IX 189/30.

I. Landgericht I Berlin.
II. Kammergericht daselbst.

Die Klägerin betreibt eine auf Grund des Eisenbahngesetzes genehmigte Eisenbahnlinie. Sie wurde im Jahre 1924 erstmals auf Grund der preußischen Gewerbesteuerverordnung vom 23. November 1923 zur Gewerbesteuer veranlagt und hatte in den Jahren 1924 bis 1928 an mehrere Gemeinden an Gewerbeertragssteuer, Lohnsummensteuer und Gewerbekapitalsteuer insgesamt 18690,06 RM. zu zahlen. Die Klägerin hat den Gewerbesteuerausschuß, den Berufungsausschuß und schließlich das Preußische Oberverwaltungsgericht zur Entscheidung der Frage angerufen, ob sie gewerbesteuerpflichtig sei. Alle diese Instanzen haben ihre Gewerbesteuerpflicht bejaht.

Der Preußische Finanzminister hat die auf § 49 des EisenbG. gestützten Ansprüche abgelehnt. Mit der Klage auf Zahlung von 18690,06 RM. begehrt die Klägerin eine angemessene Entschädigung für die Belastung durch die Gewerbesteuer. Sie meint, der Anspruch auf angemessene Entschädigung wegen der Entziehung ihres Gewerbesteuerprivilegs finde seine gesetzliche Grundlage in § 49 EisenbG. Entschädigungspflichtig sei der Preußische Staat als Gewährleister der Gewerbesteuerfreiheit, zumal da er selbst durch seine Gesetzgebung dieses Privileg beseitigt habe. Der Beklagte machte Unzulässigkeit des Rechtswegs geltend. Die Vorinstanzen verwarfen diese Einrede. Die Revision des Beklagten war erfolglos.

Gründe:

Die Klage ist auf § 49 in Verb. mit § 38 EisenbG. und auf Art. 153 RVerf. gestützt. Sie verlangt die Zahlung der im genannten § 49 zugesagten angemessenen Entschädigung dafür, daß der verklagte Preußische Staat der Klägerin die ihr gewährte Befreiung von der Gewerbesteuer durch Gesetz entzogen hat. Die Gründe, aus denen das Kammergericht die Zulässigkeit des Rechtswegs bejaht, gehen dahin: Als bürgerliche Rechtsstreitigkeiten im Sinne des § 13 GVG. seien solche Streitigkeiten aufzufassen, die nicht Ansprüche zum Gegenstand hätten, welche sich auf ein durch die Unterwerfung unter eine öffentliche Gewalt ausgestaltetes Verhältnis gründeten. Zu den bürgerlichen Rechtsstreitigkeiten in diesem Sinne gehöre auch der vorliegende Rechtsstreit. Der Gesetzgeber des Jahres 1838 habe sich, da abschließende Erfahrungen über die voraussichtliche Entwicklung des Eisenbahnwesens noch gefehlt hätten, das Recht vorbehalten, die gewährten Konzessionen zu ergänzen und zu ändern oder auch auf eine ganz neue Grundlage zu stellen. Anderseits habe aber dem Wunsch, den Bau von Eisenbahnen zu fördern, durch Rücksichtnahme auf die schon konzessionierten oder noch zu konzessionierenden Gesellschaften Rechnung getragen werden müssen. Deshalb habe ihnen der Staat in § 49 EisenbG. eine angemessene Entschädigung für den Fall zugesagt, daß neue Bestimmungen eine Beschränkung ihrer Einnahmen oder eine Vermehrung ihrer Ausgaben herbeiführen sollten. Die erteilte Konzession sei die Grundlage der Beziehungen zwischen dem Staat und der Gesellschaft gewesen. Der Staat habe seine obrigkeitliche öffentliche Gewalt der Gesellschaft gegenüber selbst eingeschränkt und durch Erteilung der Konzession sowie durch Festsetzung einer Entschädigungspflicht eine vertragsähnliche Beziehung geschaffen. Daher berühre der Entschädigungsanspruch aus § 49, wenn er auch auf Gesetz beruhe, doch nur den Rechtsstand der Konzessionsinhaber in vermögensrechtlicher Beziehung, nicht dagegen die allgemeinen Belange. Jedenfalls hätten Klagen aus § 49 a. a. O. zur Zeit der Erlassung des Gerichtsverfassungsgesetzes als bürgerliche Rechtsstreitigkeiten gegolten, und das genüge, um ihnen den Rechtsweg zu eröffnen. Die Klägerin verneine nicht das Recht des Staates, Bestimmungen der Art zu treffen, wie sie in der Gewerbesteuerverordnung vom 23. November 1923 erlassen worden sind, sie verlange deshalb auch nicht die Wiederherstellung der Gewerbesteuerfreiheit, sondern fordere nur die für den Fall ihrer Entziehung in § 49 angeordnete angemessene Entschädigung. Ob diese den bisher an Gewerbesteuern gezahlten und noch zu zahlenden Beträgen gleichzusetzen oder wie hoch sie sonst zu bemessen sei, müsse das Gericht entscheiden.

Die Revision meint, schon daraus, daß die Klägerin mit der Klage den gleichen Betrag verlange, den sie auf Grund der Veranlagung zur Gewerbesteuer habe zahlen müssen, ergebe sich, daß sie in Wirklichkeit nicht einen Anspruch aus § 49 geltend mache (der nur auf angemessene Entschädigung gehe), sondern schlechthin Erstattung der gezahlten Steuern fordere, also Rückgängigmachung der Folgen ihrer Steuerveranlagung, d. i. eines Staatshoheitsaktes. Der Umstand, daß sie ihren Anspruch als einen solchen aus § 49 EisenbG. bezeichne, ändere daran nichts.

Die Rechtsbehelfe gegen die Heranziehung (Veranlagung) zur Gewerbesteuer sind in der Gewerbesteuerverordnung vom 23. November 1923 geregelt; die Anrufung des ordentlichen Richters ist darin nicht zugelassen. Das Reichsgericht hat in ständiger Rechtsprechung daran festgehalten, die Frage der Abgabenpflicht könne auch nicht dadurch zur Entscheidung im ordentlichen Rechtsweg gebracht werden, daß der öffentlichrechtliche Tatbestand zum Zwecke der gerichtlichen Verfolgung des Anspruchs lediglich durch Unterstellung unter privatrechtliche Gesichtspunkte — wie den der Bereicherung, der unerlaubten Handlung oder dergleichen — in ein bürgerlichrechtliches Gewand gekleidet werde (RGZ. Bd. 60 S. 353, Bd. 67 S. 402, Bd. 99 S. 45, Bd. 103 S. 134, Bd. 107 S. 367). Danach wäre der Rechtsweg unzulässig, wenn wirklich die Klage — offen oder verschleiert — darauf abzielte, daß das Gericht durch seinen Spruch einen öffentlichrechtlichen Staatsakt aufheben oder sonst irgendwie beseitigen solle. Darum handelt es sich aber hier nicht. Die Klage verlangt nicht die Wiederherstellung der durch die Gewerbesteuerverordnung beseitigten Befreiung von der Gewerbesteuer, sondern beruft sich gerade zur Begründung des Anspruchs darauf, daß diese Beseitigung der Gewerbesteuerfreiheit rechtswirksam sei nach dem Urteil des Oberverwaltungsgerichts vom 8. November 1927, auf dessen Boden auch sie sich nunmehr stellt. Sie gründet ihren Anspruch nur darauf, daß ihr durch § 49 EisenbG. in Verb. mit der ihr erteilten Konzession für den nun eingetretenen Fall eine angemessene Entschädigung für den Verlust der Gewerbesteuerfreiheit zugesichert worden sei. Daran ändert auch der Umstand nichts, daß die Klägerin vom Beklagten als angemessene Entschädigung den gleichen Betrag fordert, den sie an Gewerbesteuern an die verschiedenen Gemeinden bisher hat zahlen müssen. Denn bei der Frage, ob eine so berechnete Entschädigung gefordert werden kann, handelt es sich nur um die Höhe der beanspruchten angemessenen Entschädigung. Die Frage, ob die Heranziehung der Klägerin zur

Gewerbesteuer, wie sie durch die Gewerbesteuerverordnung angeordnet wurde, einen Entschädigungsanspruch nach § 49 EisenbG. begründet oder ob die Verordnung den bürgerlichrechtlichen Anspruch auf Entschädigung durch Aufhebung des Gewerbesteuerprivilegs beseitigt hat, ist also keine Frage der Abgabenpflichtigkeit. Sie liegt auf bürgerlichrechtlichem Gebiet. Auch wenn die Konzessionsverleihung selbst ein öffentlichrechtlicher Akt war, so ist doch der darin begründete Anspruch auf eine angemessene Entschädigung aus § 49 EisenbG.. ein subjektives Privatrecht. Für seine Verfolgung ist nach § 13 GVG. der Rechtsweg gegeben. Aber selbst wenn der Anspruch nach heutiger Auffassung als ein öffentlichrechtlicher anzusehen wäre, würde das die Zulässigkeit des Rechtswegs nicht ausschließen. Denn wie das Reichsgericht in RGZ. Bd. 92 S. 310 (313) des näheren ausführt, hat der Gesetzgeber bei Erlassung des Gerichtsverfassungsgesetzes das, was damals als bürgerliche Rechtsstreitigkeit galt und deshalb dem ordentlichen Rechtsweg unterstand, auch fernerhin als solche gelten lassen wollen, und ist als bürgerliche Rechtsstreitigkeit im Sinne des § 13 GVG. das anzusehen, was nach der damaligen Rechtsauffassung durch die ordentlichen Gerichte zu entscheiden war. Daß in diesem Sinne auch der hier erhobene Klaganspruch ein bürgerlichrechtlicher war, hat das Berufungsgericht zutreffend ausgeführt unter Bezugnahme auf die Rechtsprechung des Preußischen Obertribunals, das in einem Urteil vom 27. Januar 1860 (Entsch. Bd. 42 S. 280) die Zulässigkeit des Rechtswegs für einen Anspruch aus § 49 EisenbG. überhaupt nicht in Zweifel gezogen hat. Mit Recht hat aber auch das Berufungsgericht angenommen, daß auch nach heutiger Rechtsauffassung der Anspruch auf Entschädigung wegen Entziehung eines Privilegs selbst dann ein bürgerlichrechtlicher Anspruch sei, wenn das Privileg durch Gesetz entzogen werde.

Die Revision meint, der Versuch der Klägerin, den Anspruch auf Erstattung der Steuer als Entschädigungsforderung aus § 49 EisenbG. geltend zu machen, müsse schon daran scheitern, daß diese Vorschrift jedenfalls für die Geltendmachung eines auf die Veranlagung zur Gewerbesteuer gestützten Entschädigungsanspruchs überhaupt nicht mehr in Geltung sei. Denn die Vorschrift sei insoweit durch die preußische Gesetzgebung rechtswirksam außer Kraft gesetzt worden. Wenn aber der Anspruch durch Gesetz beseitigt worden sei, könne von der Zulässigkeit des Rechtswegs für einen auf § 49 gestützten Entschädigungsanspruch überhaupt nicht mehr die Rede sein. Daß § 49 ganz oder teilweise außer Kraft gesetzt werde, ist jedoch in keinem Gesetz bestimmt worden. Im übrigen sind die Fragen, ob diese Vorschrift im vorliegenden Fall einen Anspruch auf Entschädigung gewährt und ob sie etwa durch ein späteres Gesetz — insbesondere durch die Gewerbesteuerverordnung, wenn auch nicht ausdrücklich — außer Kraft gesetzt worden ist, keine Fragen, von deren Beantwortung die Zulassung des Rechtswegs abhängt, sondern solche, deren Entscheidung nur für die demnächst vom Gericht vorzunehmende sachliche Erörterung des Entschädigungsanspruchs von Bedeutung sein kann.

Die Revision macht unter Darlegung der Entstehungsgeschichte der §§ 38 und 49 EisenbG. und unter Anführung der Entwicklung und Änderung dieser Vorschriften durch die preußische Gesetzgebung Ausführungen darüber, daß die Belastung mit der sog. Eisenbahnabgabe der Beweggrund und die Voraussetzung für die in § 38 Abs. 2 gewährte und durch die späteren Gesetze aufrecht erhaltene Gewerbesteuerfreiheit gewesen sei, und daß deshalb die Gewerbesteuerverordnung den § 38 Abs. 2 außer Kraft gesetzt habe, wenn er nicht schon durch das Gewerbesteuergesetz von 1891 und das Kommunalabgabengesetz von 1893 überholt gewesen sei; der Gesetzgeber des Jahres 1923 habe durch ein und dasselbe Gesetz die Eisenbahnabgabe aufgehoben und die Gewerbesteuerpflicht eingeführt. Die Revision meint, das sei von Bedeutung für die Frage der Geltung des § 49 und damit auch für die Frage der Zulässigkeit des Rechtswegs; da § 38 in vollem Umfang außer Kraft getreten sei, habe auch § 49, der mit § 38 in engstem Zusammenhang stehe, seine Geltung verloren, soweit es sich bei ihm um den Vorbehalt neuer gesetzlicher Vorschriften in bezug auf die Gewerbesteuerfreiheit handle. Alle diese Ausführungen sind jedoch ohne Bedeutung für die Frage der Zulässigkeit des Rechtswegs. Auch wenn mit der Revision anzunehmen ist, daß bei Erlaß der Gewerbesteuerverordnung der Wille des preußischen Gesetzgebers dahin gegangen ist, mit Rücksicht auf die Aufhebung der Eisenbahnabgabe eine weitere Entschädigung für die Entziehung der Gewerbesteuerfreiheit gänzlich zu versagen, bleibt doch die vom Gericht zu entscheidende Frage, ob dieser Wille im Gesetz hinreichend zum Ausdruck gekommen ist und ob er imstande war, der Klägerin den auf § 49 EisenbG. gestützten Entschädigungsanspruch zu entziehen.

Endlich ist auch die Frage, ob überhaupt diese Vorschrift in ihrem Schlußsatz den Eisenbahngesellschaften für die dort vorgesehenen Fälle schon einen Anspruch auf eine angemessene Geldentschädigung gewährt oder ob, wie die Revision meint, der Gesetzgeber sich damals nur vorbehalten hat, künftig eine Entschädigungspflicht zu begründen, eine Frage der sachlichen Entscheidung darüber, ob der erhobene Anspruch gerechtfertigt ist. Für die Frage der Zulässigkeit des Rechtswegs ist sie ohne Bedeutung.

---

69. Können Landesabgaben im ordentlichen Rechtsweg zurückgefordert werden, wenn die ihrer Erhebung zugrunde liegende Steuervorschrift des Landes vom Reichsfinanzhof für unvereinbar mit dem Reichsrecht erklärt wird?

RVerf. Art. 13 Abs. 2, Art. 131. Gesetz zur Ausführung des Art. 13 Abs. 2 der Verfassung des Deutschen Reichs v. 8. April 1920. Finanzausgleichsgesetz § 6 Abs. 1, § 13. GVG. §§ 13, 71 Abs. 3. BGB. §§ 812, 823, 826, 839. Lippisches Gesetz über die Erhebung von Vorausleistungen für die Wegeunterhaltung v. 30. Juni 1925 § 1 Abs. 1 Satz 2, § 4.

III. Zivilsenat. Urt. v. 4. November 1930 i. S. Land Lippe (Bekl.) w. H. u. Gen. (Kl.). III 415/29.

I. Landgericht Detmold.
II. Oberlandesgericht Celle.

Das Land Lippe hatte durch das Gesetz über die Erhebung von Vorausleistungen für die Wegeunterhaltung vom 30. Juni 1925 (Lippische Gesetz-Sammlung S. 101) eine Abgabe für die Benutzung von befestigten öffentlichen Straßen durch Lastkraftwagen und sonstige Kraftfahrzeuge, deren ordentlicher Standort in Lippe gelegen ist, insoweit eingeführt, als durch die Benutzung eine außergewöhnliche Abnutzung der Straße hervorgerufen wird. Diese Voraussetzung sollte nach § 1 Abs. 1 Satz 2 des Gesetzes bei sämtlichen in § 4 aufgeführten Kraftfahrzeugen vorliegen. § 4 bestimmte als der Abgabe unterliegende Kraftfahrzeuge: a) Lastkraftwagen und Zugmaschinen, b) Trecker, Bulldoggs, Raupenschlepper, c) Personenkraftwagen und d) Krafträder über 75 kg Eigengewicht. Als Rechtsmittel gegen die Veranlagung war nach § 8 des Gesetzes die Beschwerde an die Regierung zulässig, die unter Mitwirkung des Beschwerdeausschusses für die Gewerbesteuer endgültig zu entscheiden hatte. Das Rechtsmittel mußte innerhalb zweier Wochen nach Zustellung des Bescheides über die Veranlagung eingelegt werden. Der Reichsminister der Finanzen hat auf Grund von § 6 Abs. 1 des Finanzausgleichsgesetzes in der Fassung vom 27. April 1926 (RGBl. I S. 203) die Rechtsgültigkeit der Bestimmungen in § 1 Abs. 1 Satz 2 und § 4 des lippischen Gesetzes vom 30. Juni 1925 bestritten und die Entscheidung des Reichsfinanzhofs angerufen. Dieser hat am 15. Januar 1927 entschieden, daß § 1 Abs. 1 Satz 2 mit dem Reichsrecht nicht vereinbar sei (Entsch. des Reichsfinanzhofs Bd. 20 S. 189). Darauf sind gemäß einer Verordnung der Lippischen Regierung vom 21. Mai 1927 die entrichteten Beiträge in gewissem Umfang erstattet worden.

Auch die Kläger hatten die Abgaben entrichten müssen. Sie gaben sich mit der teilweisen Erstattung nicht zufrieden, sondern forderten die verbleibenden Beträge mit der Klage zurück. Ihr Klagbegehren stützten sie auf ungerechtfertigte Bereicherung, Amtshaftung und Verstoß gegen die guten Sitten. Das verklagte Land erhob die Einrede der Unzulässigkeit des Rechtswegs und bestritt, daß eine Amtspflichtverletzung vorliege. Außerdem machte es geltend, nach einem mit dem Lippischen Automobilklub und dem Allgemeinen Deutschen Automobilklub, Gau V für Westfalen und Lippe, vom Lippischen Landespräsidium geschlossenen Vergleich seien einige von den Klägern durch Erstattung eines Teils der erhobenen Beträge abgefunden worden. Das Landgericht wies die Klage ab, das Oberlandesgericht erkannte nach den Klaganträgen. Die Revision des Landes Lippe führte zur Aufhebung und zur Wiederherstellung des landgerichtlichen Urteils.

Gründe:

Die Kläger fordern Landesabgaben zurück, die bei ihnen auf Grund des verfassungsmäßig zustande gekommenen lippischen Landesgesetzes vom 30. Juni 1925 erhoben worden sind. Sie machen geltend, die Abgaben hätten nicht erhoben werden dürfen, das verklagte Land sei daher auf ihre Kosten ungerechtfertigt bereichert, seine Beamten hätten auch durch die Einbringung und Durchführung des Gesetzes ihre Amtspflicht ihnen gegenüber schuldhaft verletzt. Endlich erblicken sie eine Amtspflichtverletzung und zugleich einen Verstoß gegen die guten Sitten (§ 826 BGB.) darin, daß die Regierungsorgane auch nach der Bekanntmachung der Entscheidung des Reichsfinanzhofs vom 15. Januar 1927 nicht die volle Zurückzahlung der erhobenen Beträge veranlaßt haben. Der Berufungsrichter hat mit dem ersten Richter angenommen, daß die Klaganspruche vor den ordentlichen Gerichten nur verfolgt werden können, wenn Beamte des verklagten Landes durch die Einziehung und Einbehaltung der Abgaben in Ausübung öffentlicher Gewalt eine ihnen den Klägern gegenüber obliegende Amtspflicht verletzt haben (Art. 131 RVerf. in Verb. mit § 839 BGB.), daß aber im übrigen der Rechtsweg verschlossen sei. Die Frage, ob eine solche Amtspflichtverletzung vorliegt, hat er im Gegensatz zum ersten Richter bejaht und demgemäß das verklagte Land nach dem Klagantrag verurteilt. Die sich hiergegen richtende Revision ist trotz Fehlens der Revisionssumme zulässig (§ 21 Nr. 2 und Nr. 3 des lippischen Ausführungsgesetzes zum GVG. vom 24. März 1879, GesS. Bd. 9 S. 574, in Verb. mit § 71 Abs. 3 GVG. und § 547 Nr. 2 ZPO.). Sie muß auch Erfolg haben.

Mit Recht geht der Berufungsrichter davon aus, daß Ansprüche gegen öffentliche Beamte wegen Amtspflichtverletzungen ohne Rücksicht auf die Natur des bei der Amtshandlung in Frage kommenden Rechtsverhältnisses zu den bürgerlichen Rechtsstreitigkeiten im Sinne des § 13 GVG. gehören und daß daher der Rechtsweg insoweit zulässig ist (RGZ. Bd. 87 S. 119, Bd. 103 S. 429, Bd. 111 S. 64, Bd. 118 S. 325). Zutreffend nimmt er in Übereinstimmung mit dem Landgericht an, daß in der Einbringung des Gesetzes vom 30. Juni 1925 durch das Landespräsidium keine Amtspflichtverletzung gefunden werden könne, da das Landespräsidium insoweit nicht als Beamter gegenüber den Klägern, sondern in Ausübung der höchsten Staatsgewalt (Souveränität) gehandelt habe. Auch in der Durchführung des erlassenen Gesetzes und in der Einforderung der Abgaben von den Klägern hat das Berufungsgericht keine schuldhafte Amtspflichtverletzung gefunden, wohl aber darin, daß die Mitglieder des Landespräsidiums nach der Bekanntgabe der Entscheidung des Reichsfinanzhofs vom 15. Januar 1927 und nach ihrer Veröffentlichung im Reichsgesetzblatt (RGBl. I S. 70, ausgeg. am 11. März 1927) nicht die volle Zurückzahlung der Abgaben angeordnet haben. Dazu seien sie, so meint der Berufungsrichter, ohne ein Gesetz oder eine Verordnung befugt gewesen, weil durch die Entscheidung des Reichsfinanzhofs festgestellt gewesen sei, daß die Steuern auf Grund des Wegeabgabengesetzes zu Unrecht erhoben worden seien. Damit habe festgestanden, daß der Staat die Steuern ohne irgendwelchen Rechtsgrund eingezogen habe. Wenn er trotzdem und obwohl er gewußt habe, daß die Rückzahlung durch Klage vor den ordentlichen Gerichten nicht habe erzwungen werden können, die Beträge behalten wolle, so handle er sittenwidrig und in einer Weise, die ihm als Rechtsstaat nicht zukomme. Deshalb hätten die Mitglieder des Landespräsidiums vermöge ihrer Amtspflicht ihre Handlungen dementsprechend einrichten, also die Rückzahlung der Steuerbeträge veranlassen müssen. Dadurch, daß dies nicht geschehen sei, hätten sie ihre Amtspflicht schuldhaft, mindestens fahrlässig, verletzt. Denn nach dem Erlaß der Entscheidung des Reichsfinanzhofs hätten sie die Rechtslage prüfen müssen, und bei ordnungsmäßiger Prüfung hätten sie nicht der Ansicht sein können, daß der Staat trotz Wegfalls der Rechtsgrundlage die Beträge behalten könne. Dabei könne dahingestellt bleiben, ob die Kläger bei anderer Fassung des für ungültig erklärten Gesetzes doch zur Leistung der Steuern hätten verpflichtet werden können. Nur wenn erhebliche Interessen der Allgemeinheit die Einbehaltung der Steuerbeträge notwendig erfordert hätten, habe die Zurückzahlung unterbleiben können. Eine solche Notwendigkeit verneint der Berufungsrichter, indem er ausführt, die Tatsache, daß die Beträge zum Wegeneubau verwandt worden und daß andere Mittel zur Deckung der Ausgaben nicht vorhanden seien, berechtige den Staat nicht, von den Klägern die Aufgabe ihrer Erstattungsansprüche zu verlangen. Die Rückzahlungspflicht habe den leitenden Beamten des Beklagten gegenüber den Klägern unmittelbar als Amtspflicht obgelegen. Die Weigerung hierzu richte sich, obwohl sie im ordentlichen Rechtsweg nicht habe erzwungen werden können, ausschließlich gegen die Kläger, welche die Steuer entrichtet hätten. Diesen gegenüber sei für die Beamten des Beklagten die Amtspflicht erwachsen, in rechtmäßiger Weise über die Steuerbeträge zu verfügen und sie gegebenenfalls zurückzuerstatten. Der Berufungsrichter verwirft dann weiter den Einwand des Beklagten betreffend die teilweise Erledigung der Ansprüche durch die Vergleichsverhandlungen mit dem Lippischen und dem Allgemeinen Deutschen Automobilklub.

In letzterer Beziehung ist dem Oberlandesgericht ohne weiteres beizupflichten. Insoweit erhebt die Revision auch keine Angriffe. Dagegen rügt sie mit Recht Verkennung der Tragweite der Entscheidung des Reichsfinanzhofs. Wenn die Kläger einwenden, daß diese Frage in der Revisionsinstanz nicht nachzuprüfen sei, weil das angefochtene Urteil auf irrevisiblem Landesrecht beruhe, so kann dem nicht beigetreten werden. Das Berufungsgericht hat die Verpflichtung des verklagten Landes zur Rückzahlung der erhobenen Vorausleistungen nicht aus lippischem Landesrecht abgeleitet, sondern daraus, daß die Mitglieder des Landespräsidiums aus der Entscheidung des Reichsfinanzhofs nicht die Folgerungen gezogen haben, die seiner Meinung nach aus ihr zwingend für jeden Rechtsstaat zu ziehen sind. Die Entscheidung des Reichsfinanzhofs ist, wie auch die Veröffentlichung im Reichsgesetzblatt hervorhebt, auf Grund des Art. 13 Abs. 2 RVerf., des Ausführungsgesetzes dazu vom 8. April 1920 (RGBl. S. 510) und des § 6 Abs. 1 FinAusglG. ergangen. Sie beruht also auf Reichsgesetzen, und ihre Tragweite ist nach diesen Reichsgesetzen zu bestimmen. Damit entfällt der Einwand der Kläger. Bei der Frage, ob diese die vor Zustellung der Entscheidung (§ 3 Abs. 1 Satz 2 des angeführten Reichsgesetzes vom 8. April 1920) gezahlten Beiträge zurückverlangen können, ist davon auszugehen, daß darüber in der Entscheidung kein Ausspruch enthalten ist und sein konnte. Wie die in der Veröffentlichung angeführten Gesetzesvorschriften und der maßgebliche Satz der Entscheidung ergeben, hatte zwischen dem Reichsminister der Finanzen und der Regierung des Landes Lippe eine rechtliche Meinungsverschiedenheit darüber bestanden, ob § 1 Abs. 1 Satz 2 des Gesetzes vom 30. Juni 1925 mit dem Reichsrecht vereinbar sei. Deshalb war vom Reichsminister die Entscheidung des Reichsfinanzhofs gemäß § 6 Abs. 1 FinAusglG. beantragt worden, der nur über diese Frage zu entscheiden hatte und entschieden hat. Demgemäß lautet die in Anwendung der Bestimmungen des Ausführungsgesetzes vom 8. April 1920 ohne Wiedergabe der Begründung im Reichsgesetzblatt veröffentlichte Entscheidung lediglich:

§ 1 Abs. 1 Satz 2 des lippischen Gesetzes über die Erhebung von Vorausleistungen für die Wegeunterhaltung vom 30. Juni 1925 (Lippische Gesetzsammlung S. 101) ist mit dem Reichsrecht nicht vereinbar.

Nach § 3 Abs. 3 in Verb. mit § 4 des Gesetzes vom 8. April 1920 hat die Entscheidung Gesetzeskraft. Sie ist auch, wie in § 3 Abs. 2 das. vorgeschrieben, im Reichsgesetzblatt veröffentlicht worden. Sie gilt daher nicht nur im Verhältnis der am Verfahren vor dem Reichsfinanzhof beteiligt gewesenen Parteien (zwischen dem Reichsminister der Finanzen und der Lippischen Landesregierung), sondern allgemein für jedermann, war also von ihrer Zustellung ab auch von dem verklagten Lande zu beachten. Doch das ist auch geschehen. Hier handelt es sich um die Frage, welche Folgerungen für die zurückliegende Zeit aus der Entscheidung zu ziehen waren. Insoweit ist zwar den Klägern zuzugeben, daß die Entscheidung des Reichsfinanzhofs die Unvereinbarkeit der landesrechtlichen Steuervorschrift mit dem Reichsrecht nicht erst herbeiführt, sondern nur bindend feststellt, die Vorschrift sei mit dem Reichsrecht unvereinbar, also nach Art. 13 Abs. 1 RVerf. nichtig. Die Nichtigkeit aber bestand nach Art. 13 Abs. 1 von dem Augenblick an, als die Vorschrift in Widerspruch zu einer reichsgesetzlichen Bestimmung trat, und sie reichte soweit, als dieser Widerspruch vorhanden war. Diese Ansicht wird durch die amtliche Begründung des Entwurfs zum Gesetz vom 8. April 1920 (Aktenstücke der Verfassunggebenden Deutschen Nationalversammlung Bd. 341 Nr. 2056 S. 2179 flg.) und durch den Verlauf der zweiten und dritten Beratung des Gesetzentwurfs in der 155. Sitzung der Nationalversammlung vom 12. März 1920 (Sten. Ber. Bd. 332 S. 4887 flg.) bestätigt. Sowohl in der amtlichen Begründung als auch vom Berichterstatter bei der Beratung ist ohne Widerspruch darauf hingewiesen worden, daß die Feststellung der Ungültigkeit auf den Zeitpunkt zurückwirke, in welchem das Reichsrecht und das mit ihm nicht vereinbare Landesrecht einander gegenüberträten. Aus dieser Rückwirkung folgt, wie auch in der Verhandlung der Nationalversammlung der Berichterstatter hervorhob, daß bei schwebenden Verfahren die in Frage kommenden Behörden oder Gerichte die Entscheidung berücksichtigen müssen, aber keineswegs auch, daß die vor ihr liegenden rechtskräftigen Entscheidungen der Verwaltungsbehörden oder Gerichte ihre Rechtskraft einbüßen, das auf Grund dieser Entscheidungen Geleistete also zurückgefordert werden kann. Das wäre eine sehr weitgehende Folge, die, wenn sie gewollt wäre, im Gesetz vom 8. April 1920 oder im Finanzausgleichsgesetz hätte Ausdruck finden müssen. Denn es würden damit Grundsätze, die sowohl für das ordentliche Gerichtsverfahren als auch für die Verwaltungsbehörden und -gerichte allgemein gelten, für das Gebiet der Entscheidungen nach Art. 13 Abs. 2 RVerf. aufgegeben. Daß das nicht der Wille des Gesetzgebers war, folgt ohne weiteres auch aus der Begründung des Gesetzes vom 8. April 1920 und aus den Verhandlungen der Verfassunggebenden Deutschen Nationalversammlung. In der Begründung heißt es insoweit: „Rechtskräftige Entscheidungen aus der Zwischenzeit, die das Landesrecht als gültig behandelt hatten, bleiben jedoch nach den allgemeinen Grundsätzen über die Grenzen der Rückwirkung unberücksichtigt." Bei der Beratung des Gesetzentwurfs ist diese Frage gleichfalls behandelt worden. Der Abgeordnete Dr. Ludewig als Berichterstatter hat erklärt, der Verfassungsausschuß habe versucht, eine befriedigende Lösung der Einwirkung solcher Entscheidungen des obersten Gerichtshofs auf bereits rechtskräftig gewordene Entscheidungen durch eine entsprechende Ausgestaltung des Gesetzentwurfs herbeizuführen, und sei dabei von dem Bestreben getragen worden, dem durch die rechtskräftige Entscheidung Betroffenen, also unter Umständen schwer Benachteiligten die Möglichkeit zu geben, sie anzufechten und als nichtig aufheben zu lassen. Ja, es sei sogar erwogen worden, ob nicht schlechthin alle dem betreffenden Beschluß des Reichsgerichts entgegenstehenden rechtskräftigen Entscheidungen von Gesetzes wegen als aufgehoben zu gelten hätten. Schließlich sei aber der Ausschuß einstimmig zu der von der Reichsregierung vertretenen Ansicht gekommen, daß das Vertrauen in die Rechtsprechung einen außerordentlich bedenklichen Stoß erleiden würde, wenn man nicht den allgemeinen Rechtsgrundsätzen entsprechend vor rechtskräftigen Urteilen Halt mache. Es habe sich auch herausgestellt, daß es weder möglich noch angängig sei, bei dieser Gelegenheit eine Frage zu lösen, die so außerordentlich tief in das Problem der Anfechtbarkeit von rechtskräftigen Urteilen und Entscheidungen — sei es in Strafsachen, sei es in Zivilsachen, sei es in Verwaltungsstreitsachen — eingreife, und, wie im Ausschuß schließlich ganz allgemein anerkannt worden sei, der Regelung bei Neuordnung der Strafprozeßordnung und der Zivilprozeßordnung in Ansehung der Grundsätze über die absolute Nichtigkeit von Strafurteilen, der Vorschriften über die Wiederaufnahme des Verfahrens und der sog. Restitutionsklage in Zivilsachen vorbehalten bleiben solle. Man habe sich schließlich einstimmig dahin entschieden, es beim Wortlaut des § 3 zu belassen und die Härten, die sich etwa aus seiner Anwendung beim Vorliegen rechtskräftiger Urteile ergeben könnten, bis auf weiteres vorläufig mit in Kauf zu nehmen. Soweit die stenographischen Berichte ergeben, ist gegen diese Ausführungen kein Widerspruch erhoben worden. Im unmittelbaren Anschluß daran wurde dann beschlossen, dem Gesetzentwurf den § 4 anzufügen, der für das Verfahren nach § 6 Abs. 1 des Landessteuergesetzes (jetzt des Finanzausgleichsgesetzes) die erörterten Vorschriften ohne Einschränkung für anwendbar erklärte. So ist das Gesetz angenommen worden.

Hiernach kann die Ansicht des Berufungsgerichts nicht gebilligt werden, daß das Lippische Landespräsidium vermöge der Entscheidung des Reichsfinanzhofs verpflichtet gewesen sei, die Rückzahlung der erhobenen Beträge anzuordnen. Eine Amtspflicht lag ihm in dieser Beziehung nicht ob, läßt sich aus dem Reichsrecht jedenfalls nicht herleiten. Auf lippisches Landesrecht ist aber das Urteil des Berufungsgerichts nicht gestützt worden.

Vermag der Entscheidungsgrund, der den Berufungsrichter zur Verurteilung des Landes Lippe geführt hat, das Berufungsurteil nicht zu tragen, so bedarf noch der Prüfung, ob er mit Recht die übrigen Klaggründe nicht für durchgreifend erachtet.

In Ansehung der öffentlichen Abgaben hat das Land Lippe in seinem Ausführungsgesetz zum Gerichtsverfassungsgesetz vom 24. März 1879 von der Befugnis des § 70 (jetzt 71) Abs. 3 GVG. keinen Gebrauch gemacht. Doch ist nach § 547 Nr. 1 ZPO. das Reichsgericht trotz Fehlens der Revisionssumme zur Nachprüfung der Frage gezwungen, ob der Berufungsrichter insoweit die Zulässigkeit des Rechtswegs mit Recht verneint hat. Indessen ist das Berufungsurteil in dieser Beziehung nicht zu beanstanden. Indem die Beamten des Landes in Ausführung des ordnungsgemäß verkündeten Landesgesetzes vom 30. Juni 1925 die dort angeordneten Beiträge von den Kraftfahrzeugbesitzern einzogen, übten sie die ihnen gesetzlich verliehenen öffentlichrechtlichen Befugnisse aus.

Der Streit darüber, ob die Kläger mit Recht zu den Abgaben herangezogen worden sind, ist öffentlichrechtlicher Natur und nach öffentlichrechtlichen Grundsätzen zu beurteilen. Nur für Ansprüche privatrechtlicher Art sind aber nach § 13 GVG. beim Mangel entgegenstehender Bestimmungen die ordentlichen Gerichte ohne weiteres zuständig; über öffentlichrechtliche Ansprüche selbst können sie nur dann entscheiden, wenn sich ihre Zuständigkeit aus den Reichsgesetzen im allgemeinen oder aus den Gesetzen des in Frage kommenden Landes ergibt (RGZ. Bd. 92 S. 313, Bd. 93 S. 203). Hier handelt es sich um die Verbindlichkeit der Kläger zur Entrichtung landesrechtlicher öffentlicher Abgaben, die nach lippischem Landesrecht gefordert worden sind. Nach diesem Recht ist daher auch die Frage der Zulässigkeit des Rechtswegs in erster Linie zu beurteilen (RGZ. Bd. 78 S. 419, Bd. 110 S. 164). Daß er insoweit verschlossen ist, hat das Berufungsgericht festgestellt. Das Reichsgericht ist daran gebunden (§§ 549, 562 ZPO.). Die Ansicht der Vorinstanzen, der hiernach verschlossene Rechtsweg könne nicht dadurch eröffnet werden, daß die eingezogenen Abgaben auf dem Umweg einer Bereicherungsklage (§ 812 BGB.) oder einer Klage aus unerlaubter Handlung (§§ 823, 826 BGB.) zurückgefordert werden, entspricht der ständigen Rechtsprechung des Reichsgerichts (RGZ. Bd. 83 S. 307 und die dort angeführten Entscheidungen, sowie Bd. 87 S. 119, Bd. 93 S. 206, Bd. 105 S. 38, Bd. 110 S. 164). Das Reichsrecht enthält aber keine Vorschriften, wonach der zu einer Landesabgabe Herangezogene die Frage, ob dies zu Recht geschehen ist, im ordentlichen Rechtsweg entscheiden lassen kann. In Reichssteuersachen ist sogar durch § 227 RAbgO. der Rechtsweg vor den ordentlichen Gerichten auch für die Rückforderung gezahlter Steuern und anderer Leistungen ausdrücklich ausgeschlossen worden. Die Frage aber, ob die Vorschriften des Gesetzes vom 30. Juni 1925 ganz oder zum Teil gegen Reichsrecht verstoßen und daher ungültig sind (Art. 13 der RVerf.), bildete dafür, ob die Kläger zu den Vorausleistungen zu Recht herangezogen worden sind, nur eine Vorfrage. Wenn sie aufgeworfen werden sollte, war sie mit dem im Gesetz vom 30. Juni 1925 vorgesehenen Rechtsmittel gegen die Veranlagung zu der Abgabe zur Nachprüfung zu verstellen. War der Beschwerdeausschuß nicht befugt, in dieser Beziehung die Rechtsgültigkeit des Gesetzes nachzuprüfen, und bestand auch keine Möglichkeit, die Frage durch die lippischen Verwaltungsgerichte entscheiden zu lassen, entbehrten also die Kläger insoweit eines gerichtlichen Rechtsschutzes, so wurde dadurch allein an der Rechtslage nichts geändert; der Steueranspruch und seine Kehrseite, der Befreiungs- und Erstattungsanspruch, büßten dadurch den Charakter eines öffentlichrechtlichen, dem Rechtsweg durch das Gesetz entzogenen Anspruchs nicht ein (RGZ. Bd. 78 S. 418, Bd. 83 S. 306, Bd. 105 S. 38, Bd. 110 S. 165). Es kann daher in Übereinstimmung mit dem Berufungsrichter keine Stellung dazu genommen werden, ob — wie die Kläger geltend gemacht haben — der im § 8 des Gesetzes vom 30. Juni 1925 gewährte Rechtsmittelschutz der Beschwerde an die Regierung mit Rücksicht darauf, daß der Vorsitzende des Beschwerdeausschusses der Leiter der Veranlagungsbehörde ist und daß er auch das Gesetz entworfen hat, den Anforderungen genügte, die an eine zum Schutze gegen Übergriffe der Verwaltung bestimmte Behördenordnung nach heutigen Anschauungen zu stellen sind.

Zuzugeben ist den Klägern, daß die Lippische Regierung bei Einbringung des Gesetzes vom 30. Juni 1925 die Grenze zwischen der eigenen steuerlichen Zuständigkeit und der des Reichs innehalten mußte und daß sie auch dann, wenn sich nachträglich ein Übergriff in die Zuständigkeit des Reichs ergab, ihn beseitigen mußte. Aber diese Verpflichtung lag ihr nur dem Reich gegenüber auf Grund der Reichsverfassung und des Finanzausgleichsgesetzes ob; Amtspflichten im Sinne des Art. 131 RVerf. und des § 839 BGB. kamen insoweit gegenüber den Untertanen des Landes nicht in Frage (vgl. auch RGZ. Bd. 118 S. 326). Soweit jene Schranke nicht eingehalten wurde, konnte das Reich auf dem Wege, den es hier beschritten hat, die erlassenen Bestimmungen angreifen. Soweit aber der einzelne Steuerpflichtige die Unvereinbarkeit und damit die Nichtigkeit einer Bestimmung geltend machen wollte, konnte er es nur auf dem durch die Landesgesetze zugelassenen Wege tun. Daß die Mitglieder des Landespräsidiums und die sonstigen Verwaltungsbeamten des Landes nicht der Vorwurf einer Amtspflichtverletzung trifft, weil sie die hier fragliche Bestimmung für gültig gehalten und ihre Anwendung vor der Bekanntgabe der Entscheidung des Reichsfinanzhofs nicht untersagt haben, legt der Berufungsrichter einwandfrei dar. Die Frage, ob landesrechtliche Steuervorschriften mit dem Reichsrecht vereinbar sind, ist nicht immer leicht zu entscheiden. Auch im vorliegenden

Falle war die Frage zweifelhaft, bis sie durch die Entscheidung des Reichsfinanzhofs auch für das verklagte Land in bindender Weise verneint wurde. Soweit das Reich nach Art. 5, 8, 14 RVerf. für seine Zwecke unmittelbar in den Ländern Steuern erhebt oder nach Art. 11 für die Erhebung von Landesabgaben Grundsätze aufstellt, muß die Steuerhoheit der Länder hinter der des Reichs zurücktreten; im übrigen besteht aber die Steuerhoheit der Länder fort (vgl. Art. 12 Abs. 1 Satz 1 in Verb. mit Art. 5 RVerf. sowie §§ 1 und 2 FinAusglG.). Das verklagte Land konnte also nach Maßgabe seiner Gesetze Steuern und sonstige Abgaben erheben. Von diesem seinem Hoheitsrecht hat es durch das Gesetz vom 30. Juni 1925 Gebrauch gemacht. Nach § 13 Satz 4 FinAusglG. durfte das verklagte Land mit dem Inkrafttreten des Kraftfahrzeugsteuergesetzes Chaussee- und ähnliche Wegegelder von Kraftfahrzeugen für die gewöhnliche Benutzung öffentlicher Wege nicht mehr erheben; nur bei selbständigen Verkehrsanlagen blieb dies zulässig. Dagegen konnten nach Satz 5 das. Beiträge (Vorausleistungen) zur Deckung der Kosten für eine außergewöhnliche Abnutzung der Wege erhoben werden. Erst durch Art. II des Gesetzes zur Änderung des Kraftfahrzeugsteuergesetzes vom 15. Mai 1926 (RGBl. I S. 223) ist dem § 13 FinAusglG. der Abs. 2 hinzugefügt worden, der bestimmt, daß für Kraftfahrzeuge die Beiträge im Sinne des Abs. 1 Satz 5 durch einen allgemeinen Zuschlag zur Kraftfahrzeugsteuer abgegolten werden und daß dieser Zuschlag als Steuer im Sinne des Kraftfahrzeugsteuergesetzes zu gelten hat. Gleichzeitig ist der § 41 FinAusglG. über die Verteilung des Steueraufkommens geändert und durch § 3 Abs. 3 des genannten Art. II bestimmt worden, daß die Erhebung von Beiträgen für Kraftfahrzeuge im Sinne des § 13 Abs. 1 Satz 5 FinAusglG. für die Zeit vom 1. April 1926 ab unzulässig ist. Die in § 3 Abs. 4 vorgesehene Befristung der Vorschriften bis zum 31. Dezember 1927 ist durch § 20 des Kraftfahrzeugsteuergesetzes vom 21. Dezember 1927 (RGBl. I S. 509) gestrichen worden. Bis zum 31. März 1926 verstieß also ein Landesgesetz, das neben der Kraftfahrsteuer des Reichs von Kraftfahrzeugen des Landes für die außergewöhnliche Abnutzung der Wege zu deren Unterhaltung Beiträge (Vorausleistungen) forderte, nicht gegen Reichsrecht, also auch nicht gegen die Verfassung (Art. 8, 11 Nr. 2 und 3, Art. 12 Abs. 1, Art. 13 Abs. 1 RVerf.). Demgemäß ist auch vom Reichsminister der Finanzen nicht die Rechtsgültigkeit des lippischen Landesgesetzes vom 30. Juni 1925 in allen seinen Vorschriften, sondern nur die Vorschrift des § 1 Abs. 1 Satz 2 in Verb. mit § 4 beanstandet worden. Nur die Vorschrift des § 1 Abs. 1 Satz 2 hat auch der Reichsfinanzhof für unvereinbar mit dem Reichsrecht erklärt; mit anderen Worten: nicht die Steuerart als solche, sondern nur die Art, wie die Steuer nach § 1 Abs. 1 Satz 2 des Gesetzes vom 30. Juni 1925 berechnet und erhoben werden sollte, war mit dem Reichsrecht nicht vereinbar. Das Land Lippe hatte in der beanstandeten Vorschrift zum Ausdruck gebracht, daß „angesichts der Beschaffenheit der lippischen öffentlichen Straßen" sämtliche in § 4 aufgeführten Kraftfahrzeuge eine außergewöhnliche Abnutzung der Straße hervorriefen. Es hat dazu vor dem Reichsfinanzhof ausgeführt, nach dem Zwecke des Finanzausgleichsgesetzes, den Ländern über den ihnen überwiesenen Ertrag der Reichskraftfahrsteuer hinaus weitere Mittel für die Wegeunterhaltung zur Verfügung zu stellen, müsse das Gesetz in einer für die Länder wirksamen Weise ausgelegt werden; das sei nur möglich, wenn man von einer Beschaffenheit der Straßen ausgehe, nicht wie sie der Kraftfahrzeugverkehr heute erfordere (denn diesem Erfordernis habe der Wegebau bei der ungemein raschen Entwicklung des Kraftfahrzeugverkehrs in der Kriegs- und Nachkriegszeit nicht nachkommen können), sondern wie die Entwicklung dieses Verkehrs die Straßen vorgefunden habe. Dann aber ergebe sich, daß der Kraftfahrzeugverkehr bei der Eigenart der Kraftfahrzeuge und ihrer außerordentlichen Einwirkung auf Straßen, die ursprünglich nicht für ihn angelegt seien, eine außergewöhnliche Abnutzung zur Folge haben müsse. Dies treffe bei den lippischen Straßen besonders zu, da sie in früheren Jahren in der Hauptsache nur mit einer Kalksteinschotterung überzogen gewesen seien, die in Verbindung mit dem Unterbau dem früheren Wagenverkehr und mäßigen Kraftfahrzeugverkehr zur Not standzuhalten vermocht habe. Daß diese von dem verklagten Lande vertretene Rechtsauffassung mit dem Wortlaut des § 13 Abs. 1 Satz 5 FinAusglG. schlechterdings unvereinbar gewesen sei, daß also die Unvereinbarkeit mit dem Reichsrecht offensichtlich gewesen sei, kann nicht behauptet werden. Der Reichsfinanzhof hat denn auch seine Entscheidung keineswegs nur auf den Wortlaut des § 13 gestützt. Er hat vielmehr aus der Entwicklung des Reichskraftfahrsteuergesetzes seit dem 8. April 1920, aus den Vorschriften des § 13 Abs. 1 Satz 1, 3, 4 und 5 im Zusammenhang mit § 41 Abs. 2 FinAusglG. und auch durch Rückschluß aus den erst durch das Gesetz zur Änderung des Kraftfahrzeugsteuergesetzes vom 15. Mai 1926, also nach dem hier fraglichen Landesgesetz neu eingeführten Zuschlägen zur Kraftfahrzeugsteuer als Abgeltung der Beiträge für die außergewöhnliche Abnutzung der Straße gefolgert, daß die Kraftfahrzeugsteuer des Reichs zur Wegebausteuer geworden und in ihrer Staffelung nach Pferdestärken oder nach dem Eigengewicht des Fahrzeugs die ordentliche Wegeabgabe für die Kraftfahrzeuge sei; denn jener Maßstab habe die geringere oder größere Beanspruchung des Straßenkörpers in steuerlicher Hinsicht zum Ausdruck bringen sollen. Mit der Staffelung nach Pferdestärken und nach dem Eigengewicht des Fahrzeugs ist nach Ansicht des Reichsfinanzhofs die gemeinübliche Benutzung der Wege durch Fahrzeuge dieser technischen Sonderart steuerlich abgegolten. Deshalb war aus Einwirkungen auf den Straßenkörper, die lediglich ihren Grund eben in dieser technischen Sonderart hatten, keine außergewöhnliche Abnutzung der Straßen im Sinne des § 13 Abs. 1 Satz 5 FinAusglG. herzuleiten; vielmehr konnte nur der Umfang des Fuhrverkehrs der Kraftfahrzeughalter die Wege in höherem als in gemeinüblichem Maße in Anspruch nehmen und daher (bis zum 31. März 1926) der Erhebung von Vorausleistungen für außergewöhnliche Abnutzung der Wege zugrunde gelegt werden. Demgemäß bringt der Reichsfinanzhof zum Ausdruck, daß Steuerordnungen, die sich auf der „tonnenkilometrischen" Beförderungsleistung aufbauten, dem Grundgedanken des § 13 Abs. 1 Satz 5 gerecht würden. Er führt weiter aus, die Festsetzung einer Abgabe nach § 4 des lippischen Gesetzes sei nur unter der Voraussetzung des § 1 Abs. 1 Satz 1 zulässig, daß nämlich durch den Umfang der Benutzung des besteuerten Kraftfahrzeugs eine außergewöhnliche Abnutzung der Straße gegeben sei, daß diese Frage aber unabhängig davon beurteilt werden müsse, inwieweit das Fahrzeug unter § 4 falle, der nur für den Fall, daß die bezeichnete Voraussetzung anderweit festgestellt sei, die Höhe der dann fälligen Abgabe bemesse.

Wenn diese Rechtslage von den Verwaltungsbehörden nicht erkannt wurde, so beruhte das nach der nicht zu beanstandenden Annahme des Berufungsrichters auf entschuldbarem Rechtsirrtum, sodaß von einer schuldhaften Amtspflichtverletzung nicht gesprochen werden kann. Mit Recht führt das angefochtene Urteil aus, sowohl die Mitglieder des Landespräsidiums als auch die Verwaltungsbeamten seien auf Grund ihrer allgemeinen Dienstpflicht zur Anwendung des Gesetzes verpflichtet gewesen, solange es nach ihrer Überzeugung in Kraft war, und sie seien dieser Verpflichtung auch nicht dadurch enthoben worden, daß der Lippische Automobilklub Bedenken gegen die Gültigkeit des Gesetzes erhoben habe und daß das Gesetz zur Prüfung seiner Gültigkeit vor den Reichsfinanzhof gebracht worden sei. Wenn sie sich hierdurch nicht von der Ungültigkeit des Gesetzes überzeugen ließen, so sei ihnen das nicht zum Verschulden anzurechnen, vielmehr hätten sie das Gesetz durchführen müssen, bis sie die zweifellose Gewißheit von seiner Ungültigkeit erlangt hätten. Daß sie diese Gewißheit erlangt haben, hat der Berufungsrichter nicht feststellen können. Von reinen Willkürakten der Obrigkeit, bei denen der Geschädigte nach der Rechtsprechung des Reichsgerichts (RGZ. Bd. 78 S. 420, Bd. 97 S. 179, Bd. 102 S. 350, Bd. 105 S. 39 und Bd. 118 S. 229) vor dem ordentlichen Richter Schutz suchen könnte, kann keine Rede sein, wie das Urteil zutreffend hervorhebt.

Ob die Mitglieder des Landespräsidiums nach Bekanntgabe der Entscheidung des Reichsfinanzhofs die Rückzahlung der erhobenen Beträge hätten anordnen sollen und ob sie durch Unterlassung einer solchen Anordnung sittenwidrig im Sinne des § 826 BGB. gehandelt haben, kann nicht nachgeprüft werden, da auf diesem Umweg die Zulässigkeit des ordentlichen Rechtswegs nicht begründet werden kann. Übrigens hat die Lippische Regierung, wie bereits das landgerichtliche Urteil anführt, Folgerungen aus dem Spruche des Reichsfinanzhofs auch für diejenigen gezogen, von denen sie vorher auf Grund rechtskräftiger Entscheidungen die Abgaben erhoben hatte. Sie hat am 21. Mai 1927 eine Verordnung erlassen, wonach die auf Grund des Gesetzes tatsächlich entrichteten Beträge, soweit es sich um Krafträder und um leichte Personenfahrzeuge bis zu 4 Steuer-PS handelte, in voller Höhe, im übrigen zu 50% zu erstatten waren. Diese Verordnung ist auch vom Landtag gebilligt worden. Auf Grund der Entscheidung des Reichsfinanzhofs war die Regierung, wie dargelegt, hierzu nicht verpflichtet. Wenn sie es tat, handelte sie freiwillig auf dem Gebiete des Steuerhoheitsrechts nach pflichtmäßigem, durch die ordentlichen Gerichte nicht nachprüfbarem Ermessen.

70. Ist der Anspruch eines Treuhand-Instituts, das vor Eröffnung eines Konkursverfahrens ohne Erfolg bemüht war, den Gemeinschuldner vor dem wirtschaftlichen Zusammenbruch zu bewahren, als Konkursforderung bevorrechtigt?

KO. § 61 Nr. 1, § 146 Abs. 1 u. 4.

III. Zivilsenat. Urt. v. 7. November 1930 i. S. Treuhand-Institut Re. & Rü. (Kl.) w. S. als Verwalter im Konkurs über das Vermögen des V. (Bekl.). III 127/30.

I. Landgericht Gera.
II. Oberlandesgericht Jena.

Die Klägerin, eine Treuhandgesellschaft, ist seit dem 18. Januar 1927 für den Rittergutsbesitzer V. tätig geworden zu dem Zweck, seinen drohenden wirtschaftlichen Zusammenbruch zu verhindern. Sie hat sich zunächst durch Aufstellung einer Bilanz eine Übersicht über die wirtschaftliche Lage des V. verschafft, hat diesen in allen wirtschaftlichen und steuerlichen Angelegenheiten beraten, hat auf Grund einer ihr von V. ausgestellten Generalvollmacht die Veräußerung einzelner größerer Vermögenswerte selbständig betrieben, hat mit Vollstreckungsgläubigern Vereinbarungen über die Löschung von Zwangshypotheken getroffen und in zwei Fällen aus eigenen Mitteln zur Verhinderung von Vollstreckungsmaßnahmen geldliche Hilfe geleistet. Die Tätigkeit der Klägerin, die im wesentlichen von ihrem Mitinhaber Rü. geleistet wurde, fand alsbald nach der am 25. März 1927 erfolgten Konkurseröffnung über das Vermögen des V., also nach etwas mehr als zwei Monaten, ihr Ende. Das Entgelt für ihre Tätigkeit berechnet die Klägerin vereinbarungsgemäß nach der Gebühren-Ordnung des Verbandes Deutscher Treuhand- und Revisionsgesellschaften.

Im Konkursverfahren V. hat die Klägerin am 14. Juni 1927 6118,70 RM., am 10. Mai 1928 1255 RM. und am 15. November 1928 1580 RM., insgesamt 8953,70 RM. angemeldet und für die beiden ersten Beträge ein Vorrecht nach § 61 Nr. 1 KO. beansprucht. Der Konkursverwalter hat das Vorrecht für die zuerst angemeldeten 6118,70 RM. bestritten. Für den Betrag von 1580 RM. hat die Klägerin nach der Konkurstabelle kein Vorrecht in Anspruch genommen. Diese Forderung und der Anspruch von 1255 RM. sind im Konkursverfahren noch nicht geprüft worden.

Mit der vorliegenden Klage verlangt die Klägerin Feststellung, daß ihren Konkursforderungen in Höhe von 7669,85 RM. bevorrechtigte Befriedigung zukomme. Zur Begründung macht sie geltend, ihre rechtlichen Beziehungen zu V. seien als Dienstvertrag anzusehen, und bei dem Umfang des Vermögens des Gemeinschuldners und ihrer fortlaufenden Tätigkeit, die für unabsehbare Dauer geplant gewesen sei, erscheine die Anwendung des § 61 Nr. 1 KO. geboten.

Der verklagte Konkursverwalter hat Abweisung der Klage beantragt mit der Begründung, es habe kein Dienst-, sondern ein Werkvertrag vorgelegen, denn es habe sich um die Erreichung eines einzigen Zwecks, nämlich der Abwendung des wirtschaftlichen Zusammenbruchs von V. gehandelt; auch habe keine wirtschaftliche Abhängigkeit der Klägerin vom Gemeinschuldner bestanden, vielmehr sei dieser von der Klägerin abhängig gewesen.

Das Landgericht hat dem Klagantrag in Höhe von 7569,85 RM. stattgegeben, sonach die Forderung der Klägerin in dieser Höhe als bevorrechtigt anerkannt, im übrigen hat es die Klage abgewiesen. Auf die Berufung des Beklagten hat das Oberlandesgericht die Klage in vollem Umfang abgewiesen. Die Revision der Klägerin war erfolglos.

Gründe:

Das Berufungsgericht erklärt die Klage insoweit für unzulässig, als sie Feststellung eines Vorrechts der im Mai und November 1928 angemeldeten Forderungen von 1255 RM. und 1580 RM. erstrebt. Seinen Ausspruch begründet das Gericht damit, daß diese beiden Forderungen, wie die Konkurstabelle ergebe, im Konkursverfahren noch nicht geprüft worden seien und daß die Klägerin für die Forderung von 1580 RM. überhaupt kein Vorrecht in Anspruch genommen habe. Diese Auffassung ist rechtlich nicht zu beanstanden. Sie wird gerechtfertigt durch den Hinweis des Berufungsgerichts auf § 146 Abs. 1 KO., wonach nur den Gläubigern streitig gebliebener Forderungen überlassen bleibt, deren Feststellung gegen die Bestreitenden zu betreiben, und auf Abs. 4 daselbst, der bestimmt, daß die Feststellung nur auf den Grund gestützt und nur auf den Betrag gerichtet werden kann, der in der Anmeldung oder im Prüfungstermin angegeben worden ist. Nach der Rechtsprechung des Reichsgerichts ist die vorschriftsmäßige Anmeldung und Prüfung der Forderung notwendige, von Amts wegen zu berücksichtigende Voraussetzung der Feststellungsklage (RGZ. Bd. 39 S. 47, Bd. 51 S. 96, Bd. 86 S. 396; RGUrt. vom 4. Juni 1902 I 135/02, abgedr. JW. 1902 S. 397 Nr. 30). Die Meinung der Revision, es hätte der Prüfung bedurft, ob nicht nach dem Bestreiten des Vorrechts für die Forderung von 6118,70 RM. die Feststellungsklage in Ansehung der beiden anderen Beträge aus dem Gesichtspunkt des § 256 ZPO. als zulässig anzusehen gewesen wäre, geht — von anderem abgesehen — schon aus dem Grunde fehl, weil überhaupt kein dahingehender Antrag gestellt, sondern ausdrücklich und allein die Feststellung des Vorrechts verlangt war.

In der Sache selbst geht das Berufungsgericht davon aus, daß zwischen der Klägerin und dem Gemeinschuldner V. ein Dienstvertrag bestanden habe. Diese der Klägerin günstige Annahme wird von der Revision nicht bekämpft. Sie ist auch nach den Feststellungen, die der Berufungsrichter über Art und Umfang der von der Klägerin zugesagten Dienstleistungen im einzelnen trifft, rechtlich nicht zu beanstanden.

Dem Berufungsrichter ist auch darin beizutreten, daß nicht jede Forderung aus einem Dienstvertrag nach § 61 Nr. 1 KO. bevorrechtigt sei. Das angefochtene Urteil erkennt der Klägerin das in Anspruch genommene Vorrecht um deswillen ab, weil sie sich gegenüber dem Gemeinschuldner wirtschaftlich und rechtlich nicht in einem Verhältnis der Abhängigkeit befunden habe. Denn der Sinn der Vorschrift sei, Personen, die sich in dienender, abhängiger Stellung befänden, in bezug auf ihre Lohnansprüche zu schützen, auf die sie zu ihrem Lebensunterhalt angewiesen sind. Das Berufungsgericht stützt sich hierbei auf ein Urteil des II. Zivilsenats des Reichsgerichts vom 13. März 1928 (RGZ. Bd. 120 S. 300). Es ist jedoch zu beachten, daß bei diesem Urteil zunächst nur die Frage zur Entscheidung stand, ob eine Konkursforderung, die einem Mitglied des Vorstands einer in Konkurs geratenen Aktiengesellschaft wegen seiner Gehaltsansprüche gegen die Gesellschaft zusteht, gemäß § 61 Nr. 1 KO. bevorrechtigt ist. Für die Verneinung dieser Frage war der Umstand entscheidend, daß der Vorstand der Aktiengesellschaft nicht ein sozial abhängiger Dienstverpflichteter, sondern geradezu der Leiter der Gesellschaft ist und die Stellung eines Prinzipals einnimmt. Allerdings enthält das Urteil des II. Zivilsenats, wie nicht zu verkennen ist, zu Eingang der Entscheidungsgründe Erwägungen, die über den Einzelfall hinausgehen und der Annahme Raum geben, daß der Kreis der nach § 61 Nr. 1 KO. bevorrechtigten Dienstverpflichteten enger gezogen werden sollte, als dies in der älteren Rechtsprechung des Reichsgerichts geschehen ist (Urteil des erkennenden Senats vom 21. Dezember 1926 III 632/25, abgedr. Gruch. Bd. 69 S. 227 und JW. 1927 S. 848 Nr. 14 sowie die dort angeführten Entscheidungen). Eines näheren Eingehens auf jenes Urteil des II. Zivilsenats bedarf es jedoch nicht, da die hier zu treffende Entscheidung nicht davon abhängt.

Nach den Feststellungen des Vorderrichters war es der Klägerin allein überlassen, wie sie sich ihrer Aufgabe entledigen wollte, den wirtschaftlichen Zusammenbruch des V. zu verhindern. Sie mußte nach ihrem freien Ermessen die Maßnahmen ergreifen, die ihr für die Erreichung dieses Ziels am zweckmäßigsten erschienen; sie behielt in weitem Umfang die freie Verfügung über ihre Zeit und über die Arbeitskraft ihrer beiden Inhaber, auch des Gesellschafters Rü., der im wesentlichen die Arbeiten für V. erledigt hat. Auch war die Sanierung der V.schen Betriebe nicht die einzige Sache, welche die Klägerin in jener Zeit zu bearbeiten hatte, sie war vielmehr in sehr erheblichem Umfang auch mit anderen Angelegenheiten beschäftigt. Auch Rü. hat in jener Zeit noch andere Geschäfte erledigt; nach der Berechnung der Zeitgebühr ist er für die sog. Spezialaufträge des V. im ganzen nur rund 12 Tage in Anspruch genommen worden. Der Vertrag zwischen V. und der Klägerin ließ dieser und auch dem Teilhaber Rü. die Möglichkeit, nebenher in erheblichem Umfang noch andere Geschäfte zu besorgen. Auch war Rü., wie festgestellt, zu seinem Lebensunterhalt nicht auf die Einnahmen aus der Geschäftsbesorgung für V. angewiesen. Durch den Eintritt der Zahlungsunfähigkeit des Gemeinschuldners fiel für die Klägerin und im besonderen für Rü. nur ein Einnahmeposten unter vielen aus, ihre wirtschaftliche Existenz wurde dadurch aber nicht entscheidend beeinflußt. Wenn die ältere Rechtsprechung des Reichsgerichts als Erfordernisse für das Vorliegen der Voraussetzungen des § 61 Nr. 1 KO. aufgestellt hat, daß der sich Verdingende seine Selbständigkeit in größerem oder geringerem Umfang aufgebe, daß er auf die freie Verfügung über seine Zeit und Arbeitskraft zugunsten eines anderen mehr oder weniger verzichte, und zwar dadurch, daß er sich verpflichte, seine Dienste ausschließlich oder doch hauptsächlich dem Dienstberechtigten zu leisten

(RGZ. Bd. 62 S. 231), so kann hier nach den festgestellten besonderen Umständen des Falles der Tatbestand jener Vorschrift auch im Sinne der früheren Rechtsprechung des Reichsgerichts nicht als nachgewiesen angesehen werden. Es bestand zwischen der Klägerin und V. wohl ein Dienstvertrag, aber kein Dienstverhältnis; es lag kein „Sichverdingen" im Sinne des § 61 Nr. 1 KO. vor; die Klägerin war selbständiger Kaufmann und blieb es auch während der Dauer des mit V. abgeschlossenen Vertrags. Demgegenüber ist es von untergeordneter Bedeutung, daß der Berufungsrichter im Hinblick auf die zweimalige Darlehensgewährung der Klägerin geradezu eine wirtschaftliche Abhängigkeit des Gemeinschuldners von jener feststellt. Indessen kann auch diese Annahme nicht als rechtsirrig erachtet werden.

---

71. Ist der zwischen Verkündung des Urteils eines Landgerichts und Einlegung der Berufung gefaßte, aber erst nach dem letzteren Zeitpunkt zugestellte Beschluß, durch den das Landgericht die Aussetzung des Verfahrens wegen Todes einer Partei anordnet, für das Berufungsgericht so lange wirksam, als er nicht auf Beschwerde aufgehoben wird, oder ist er von vornherein unwirksam?

ZPO. §§ 246, 248, 249.

IV. Zivilsenat. Beschl. v. 13. November 1930 i. S. Gem. Baugenossenschaft u. Gen. (Bekl.) w. S. u. Gen. (Kl.). IV B 25/30.

I. Landgericht II Berlin.
II. Kammergericht daselbst.

Die Frage wurde im letzteren Sinne entschieden aus folgenden

Gründen:

Die beiden Beklagten sind durch Urteil des Landgerichts vom 17. April 1930, das ihnen am 12. Mai 1930 zugestellt worden ist, zur Zahlung von 525 RM. verurteilt worden. Am 10. Juni 1930 zeigte ihr erstinstanzlicher Prozeßbevollmächtigter dem Landgericht an, daß der Zweitbeklagte V. am 23. Mai 1930 verstorben sei, und beantragte die Aussetzung des Verfahrens gegen diesen Beklagten. Das Landgericht entsprach diesem Antrag durch Beschluß vom 10. Juni 1930, der den erstinstanzlichen Prozeßbevollmächtigten der Parteien am 17. Juni 1930 zugestellt wurde. Schon vorher, nämlich am 12. Juni 1930, dem letzten Tage der Berufungsfrist, hatte der zweitinstanzliche Bevollmächtigte der beiden Beklagten Berufung für diese eingelegt. Der Vorsitzende des Berufungssenats bestimmte durch Verfügung vom 21., zugestellt am 26. Juni 1930, die Frist zum Nachweis der Zahlung der Prozeßgebühr bis zum 14. Juli 1930. Die Prozeßgebühr wurde innerhalb dieser Frist nicht gezahlt. Am 12. Juli 1930 ging beim Landgericht ein Schriftsatz des erstinstanzlichen Prozeßbevollmächtigten des verstorbenen Beklagten ein, worin der Anwalt erklärte, daß er das ausgesetzte Verfahren namens der Witwe und Alleinerbin dieses Beklagten aufnehme. Das gleiche erklärte der zweitinstanzliche Prozeßbevollmächtigte der beiden Beklagten in einem am 17. Juli 1930 dem Berufungsgericht zugegangenen Schriftsatz, in dem er gleichzeitig bat, der Witwe und Alleinerbin des Zweitbeklagten das Armenrecht zu bewilligen. Außerdem beantragte er am 22. Juli 1930 beim Berufungsgericht Wiedereinsetzung in den vorigen Stand für den Fall, daß die Nachweisfrist versäumt sein sollte.

Das Kammergericht hat durch Beschluß vom 22. September 1930 unter Zurückweisung des Antrags auf Bewilligung des Armenrechts und auf Wiedereinsetzung in den vorigen Stand die Berufung beider Beklagten als unzulässig verworfen, weil die Aussetzung des Verfahrens durch das Landgericht für die Berufungsinstanz nicht wirksam geworden, die Nachweisfrist daher versäumt sei, auch kein Grund zur Wiedereinsetzung vorliege.

Die gegen diesen Beschluß gerichtete sofortige Beschwerde ist nicht begründet. (Es wird ausgeführt, daß die Beschwerde nur von der Zweitbeklagten erhoben ist, und fortgefahren:) Der Erfolg der Beschwerde hängt davon ab, ob der nach Einlegung der Berufung zugestellte Aussetzungsbeschluß des Landgerichts die Aussetzung des Verfahrens vor dem Berufungsgericht bewirkte und infolgedessen die während dieser Aussetzung erfolgte Bestimmung der Nachweisfrist unwirksam war, verneinendenfalls, ob der Wiedereinsetzungsantrag begründet ist.

Da eine Aussetzung des Verfahrens erst mit der Zustellung (oder Verkündung) des Aussetzungsbeschlusses eintritt, so konnte der Beschluß des Landgerichts, der am 17. Juni 1930 zugestellt ist, vorher überhaupt keine Wirkung äußern. Am 12. Juni aber war bereits

Berufung eingelegt und damit das Berufungsgericht für einen Aussetzungsantrag zuständig geworden. Es ist zwar seit der Entscheidung der Vereinigten Zivilsenate in RGZ. Bd. 68 S. 247 ständige Rechtsprechung des Reichsgerichts, daß bis zur Einlegung eines Rechtsmittels das Gericht der unteren Instanz zuständig ist, die in § 246 ZPO. geregelte Aussetzung des Verfahrens zu beschließen. Es entspricht auch dieser Rechtsprechung, daß die Aussetzung ohne Wirkung bleibt, wenn der Beschluß, der sie anordnet, erst nach Ablauf der Rechtsmittelfrist zugestellt worden ist. Denn dann stünde der Wirksamkeit der Aussetzung die Rechtskraft des Urteils entgegen. Wäre also der Aussetzungsbeschluß des Landgerichts hier vor der Rechtsmitteleinlegung nicht nur erlassen, sondern auch zugestellt worden, so hätte er für die zweite Instanz Wirksamkeit erlangt und es hätten nicht nur alle Fristen zu laufen aufgehört (§ 249 Abs. 1 ZPO.), sondern es wären auch alle von einer Partei in Ansehung der Hauptsache vorgenommenen Prozeßhandlungen sowie alle Handlungen des Gerichts wirkungslos gewesen (§ 249 Abs. 2, 3 das.). Hier war aber das Landgericht im Zeitpunkt der Zustellung, auf den es allein ankommt, nicht mehr zuständig, die Aussetzung zu beschließen, da mittlerweile das Oberlandesgericht Prozeßgericht geworden war. Es fragt sich daher, ob die vom Landgericht als unzuständigem Gericht beschlossene Aussetzung für das zuständige Gericht, das Rechtsmittelgericht, wirksam war, solange der Aussetzungsbeschluß nicht auf Beschwerde aufgehoben wurde (eine Ansicht, die im Schrifttum [vgl. Stein-Jonas § 248 Anm. 1; Baumbach § 248 Anm. 3] vertreten wird), oder ob sie von vornherein für das Rechtsmittelgericht unwirksam war.

Die Frage ist im letzteren Sinne zu beantworten (RG. in Seuff. Arch. Bd. 45 Nr. 276; RGZ. Bd. 60 S. 126 Anm. 1). Die Wirkung der Aussetzung des Verfahrens hat nur ein Beschluß, der in dem für seine Wirksamkeit maßgebenden Zeitpunkt der Zustellung oder Verkündung vom Prozeßgericht ausgeht (§§ 248, 249 ZPO.). Er wirkt daher im allgemeinen nur für die Instanz, in der er erlassen worden ist. Daß der Aussetzungsbeschluß eines Landgerichts für die Berufungsinstanz wirkt, ist als Ausnahme von der Regel nur dann der Fall, wenn die Aussetzung zwischen den Instanzen notwendig wird, wo es streng genommen an einem Prozeßgericht fehlt. Die erste Instanz ist nach aller Regel nicht mehr Prozeßgericht, die zweite noch nicht. Diese Lücke hat die Rechtsprechung ausgefüllt, indem sie bis zur Einlegung der Berufung das Landgericht als das bisherige Prozeßgericht für zuständig erklärt. Wird ein solcher landgerichtlicher Beschluß erst nach Einlegung der Berufung zugestellt, so bedeutet das einen Eingriff in die Zuständigkeit des Prozeßgerichts. Ihn will auch die Gegenmeinung nicht dulden. Sie meint nur, der Beschluß sei so lange wirksam, bis er auf Beschwerde des Gegners wegen Unzuständigkeit des Gerichts aufgehoben werde. Allein der von einem unzuständigen Gericht ausgehende Beschluß wirkt so wenig wie andere Aussetzungsbeschlüsse, welche die erste Instanz erlassen hat, für die zweite Instanz. Denkt man sich den Fall, daß während des Berufungsverfahrens ein Aussetzungsantrag beim Landgericht angebracht wird und dieses das Verfahren aussetzt, so wird das niemand als bindend für das Berufungsgericht ansehen, auch wenn die Einlegung einer Beschwerde unterbleibt. Hier liegt es nicht anders. Denn es kommt nicht darauf an, ob das Landgericht noch zuständig war, als der Antrag gestellt wurde. Verfahrensrechtlich erheblich ist nur, ob es zuständig war, als sein Beschluß zugestellt wurde. Der Beschluß des Landgerichts hatte daher für die zweite Instanz keine Wirkung. Wenn eine Aussetzung erreicht werden sollte, mußte sie vielmehr dort erneut betrieben werden. Das ist nicht geschehen. Die Frage, ob die Zivilprozeßordnung eine absolute Nichtigkeit von gerichtlichen Entscheidungen kennt, bleibt hiervon unberührt; denn der Beschluß hat nach dem Gesetz nicht die Wirkung einer Aussetzung des Verfahrens zweiter Instanz. Er wirkt also nicht über die erste Instanz hinaus. Daß er für diese keine Bedeutung haben kann, ist nicht erheblich. Es kommt daher noch auf den Wiedereinsetzungsantrag an. (Es wird ausgeführt, daß er unbegründet sei.)

---

72. Finden die Vorschriften des § 22 Abs. 1 AufwG. auch dann Anwendung, wenn eine Gesellschaft mbH. an ihrem Grundstück eine Hypothek für einen ihrer Gesellschafter bestellt, der zugleich zu allen anderen Gesellschaftern in einer der dort bezeichneten verwandtschaftlichen oder schwägerschaftlichen Beziehungen steht?

V. Zivilsenat. Urt. v. 15. November 1930 i. S. von Ph. u. Gen. (Kl.) w. Ehel. K. (Bekl.). V 401/29.

I. Landgericht Leipzig.
II. Oberlandesgericht Dresden.

Dem Erblasser der Kläger wurden zwei Darlehenshypotheken, nämlich eine solche von 200000 M. aus dem Jahre 1907 und eine solche von 300000 M. aus dem Jahre 1921, am 20. Dezember 1922 von der damaligen Eigentümerin des belasteten Grundstücks, der Firma Vereinigte Kraftfutterwerke und Chemische Fabriken GmbH., zurückgezahlt. Auf seine Quittung und Löschungsbewilligung wurden die Hypotheken am 8. Januar 1923 im Grundbuch gelöscht. Nachdem die Geschäftsanteile der Grundstückseigentümerin im Juli 1923 zu drei Fünfteln auf die verklagte Ehefrau und zu je einem Fünftel auf ihren mitverklagten Ehemann und beider Schwiegersohn, einen Kaufmann St., übergegangen waren, wurde die Firma in K. & Co. GmbH. geändert und dies im Grundbuch vermerkt. Am 20. April 1926 wurden die beiden Hypotheken mit ihren Aufwertungsbeträgen von 49876,40 GM. und 3805,60 GM. im Grundbuch wieder eingetragen, jedoch mit dem Range hinter einer Höchstbetragshypothek von 26000 GM., die inzwischen für die verklagte Ehefrau zur Sicherung ihrer Ansprüche aus einer für die Grundstückseigentümerin geleisteten Bürgschaft gemäß Antrag vom 23. Juni am 16. Juli 1925 eingetragen worden war. Als Erben des früheren Gläubigers nehmen die Kläger für ihre Aufwertungshypotheken den Vorrang vor der Hypothek der Erstbeklagten in Anspruch. Im ersten Rechtsgang siegreich, wurden sie vom Oberlandesgericht mit der Klage abgewiesen. Ihre Revision führte zur Aufhebung und Zurückverweisung.

Gründe:

Dem Berufungsgericht ist zwar nicht entgegenzutreten, wenn es in einem Falle wie dem vorliegenden, wo eine Gesellschaft mbH. mit ihrem Grundstück Hypothek für einen ihrer Gesellschafter, und zwar den meistbeteiligten, bestellt hat, den Schutz des öffentlichen Glaubens des Grundbuchs nach § 892 BGB. nicht wegen bloßer Änderung der Rechtsform, in der die Herrschaft derselben Person über das Grundstück zum Ausdruck komme (RGZ. Bd. 119 S. 126, 129), grundsätzlich und von vornherein ausgeschaltet hat. Es konnte, da nicht völlige Übereinstimmung der auf beiden Seiten des Rechtsgeschäfts beteiligten natürlichen Personen bestand, von der Annahme eines echten Verkehrsgeschäfts ausgegangen werden. Rechtlichen Bedenken begegnet es jedoch, wenn das Berufungsgericht auch die Vorschrift des § 22 Abs. 1 AufwG. auf einen Tatbestand der hier gegebenen Art nicht für anwendbar erachtet hat.

Nach dieser Vorschrift steht in einem Falle des § 20 AufwG. der Eintragung des Aufwertungsbetrags an der bisherigen Rangstelle der öffentliche Glaube des Grundbuchs insoweit nicht entgegen, als nach dem 1. Januar 1925 Rechte durch den Eigentümer, seinen Ehegatten vor oder während der Ehe, durch seine oder seines Ehegatten Verwandte auf- oder absteigender Linie, durch seine oder seines Ehegatten voll- oder halbbürtige Geschwister oder durch den Ehegatten einer dieser Personen erworben sind; dies gilt nicht, wenn der Erwerber beweist, daß ihm zur Zeit des Erwerbes eine Absicht des anderen Teiles, das Recht des Gläubigers zu beeinträchtigen, nicht bekannt war. Es besteht kein Zweifel, daß jene Vorschrift Anwendung finden müßte, wenn der Erstbeklagten die Hypothek nicht von der Gesellschaft mbH. K. & Co. bestellt worden wäre, sondern wenn die Gesellschafter damals persönlich zu den Bruchteilen, mit denen sie an der Gesellschaft beteiligt waren, eingetragene Eigentümer des Grundstücks gewesen wären und die Hypothek bestellt hätten. Denn es handelt sich um einen Rechtserwerb nach dem 1. Januar 1925 durch eine Person, die zu jedem der gedachten Miteigentümer in einem der genannten Näheverhältnisse gestanden hätte, indem sie zu drei Fünfteln selbst Miteigentümerin gewesen, für je ein Fünftel aber als Ehefrau eines Miteigentümers und als Mutter der Ehefrau des Dritten in Betracht gekommen wäre. Die Frage ist daher nur, ob die Vorschrift des § 22 Abs. 1 AufwG. auch anzuwenden ist auf den Fall, daß die dort vorausgesetzten Beziehungen des Rechtserwerbers nicht im Verhältnis zur eingetragenen Eigentümerin selbst, einer Gesellschaft mbH., wohl aber zu den natürlichen Personen bestehen, die diese juristische Person bilden, indem sie die alleinigen Gesellschafter sind. Das Berufungsgericht hat diese entsprechende Anwendung abgelehnt. Hierin kann ihm nicht beigetreten werden.

Allerdings kann das Berufungsgericht für sich geltend machen, daß im Bereiche der Vorschriften über Anfechtung von Rechtshandlungen eines Schuldners im Konkurs oder außerhalb eines Konkurses, wo jene verwandtschaft- oder schwägerschaftlichen Beziehungen ebenfalls und in genau gleicher Begrenzung von Bedeutung sind, die Gleichstellung einer juristischen Person mit den sie bildenden natürlichen Personen bisher im allgemeinen keine Anerkennung gefunden hat (Jaeger KO. 6./7. Aufl. § 31 Anm. 30; Jaeger AnfG. § 3 Anm. 36; Mentzel KO. 3. Aufl. § 31 Erl. 14; Warneyer AnfG. S. 113). Aber zunächst handelt es sich hier um eine Sondervorschrift auf dem Gebiete des Aufwertungsrechts, wo wirtschaftliche Gesichtspunkte allgemein in besonderem Maße Berücksichtigung erheischen. Es läßt sich nicht annehmen, daß das Aufwertungsgesetz die Begünstigung der Aufwertung durch Einschränkung des öffentlichen Glaubens des Grundbuchs, die es im § 22 Abs. 1 anordnete, daran hätte scheitern lassen wollen, daß die Personen, deren rechtliches Handeln ihm der Absicht einer Gläubigerbenachteiligung verdächtig erschien, nicht unmittelbar selbst als Eigentümer des mit der Aufwertungshypothek belasteten Grundstücks eingetragen waren, als Eigentümerin vielmehr eine Gesellschaft mbH. eingetragen war, die aber nur jene als alleinige Gesellschafter umfaßte und deren alleiniger Geschäftsführer außerdem einer der Mitgesellschafter war und daher ebenfalls zum Kreise der verdächtigen Personen gehörte. Bei einer solchen Familiengesellschaft hat die Rechtsprechung auf dem Gebiete des Aufwertungsrechts in anderer Beziehung die Notwendigkeit einer Gleichstellung von Gesellschaft und Gesellschaftern bereits anerkannt, indem erwogen wurde, daß das wirtschaftliche Interesse der Gesellschafter solchenfalls über ihren Geschäftsanteil hinaus mit dem Geschäftsbetrieb der Gesellschaft eng verknüpft sein und die Form der Gesellschaft mbH. nur zum Zwecke der Geschäftsführung nach außen gewählt sein mochte (Bayr. ObLG. v. 8. Oktober 1928, AufwRspr. 1928 S. 1049; vgl. auch Urt. des VI. Zivilsenats des Reichsgerichts v. 19. Mai 1930 VI 534/29 in AufwRspr. 1930 S. 428). Freilich ist die Gesellschaft mbH. rechtlich eine selbständige Persönlichkeit mit eigenem, von dem ihrer Gesellschafter rechtlich regelmäßig zu trennendem Vermögen. Aber es würde eine Überspannung in der Durchführung dieser formalrechtlichen Unterscheidung bedeuten, wenn man die im § 22 Abs. 1 AufwG. angeordnete Einschränkung des öffentlichen Glaubens des Grundbuchs deshalb nicht wirksam werden lassen wollte, weil als Eigentümer die verdächtigen Personen nicht unmittelbar, sondern nur in der rechtlichen Zusammenfassung zu einer Gesellschaft mbH. eingetragen sind, bei der kein anderer beteiligt ist, weder als Gesellschafter noch als Geschäftsführer. Wenn als Gegengrund geltend gemacht wird, daß nur zwischen natürlichen Personen die verdächtig machenden Beziehungen möglich seien, die der § 22 Abs. 1 AufwG. voraussetze, so fragt es sich, ob es nicht vielmehr gerade für die Notwendigkeit ausdehnender Anwendung der Vorschrift spricht, daß sich sonst eine innerlich nicht gerechtfertigte Privilegierung der juristischen Personen ergeben würde, bei denen die verdächtig machenden Beziehungen nur durch Vermittlung natürlicher Personen hergestellt werden können, darum aber im wirklichen Leben nicht weniger bedeutsam sind. Gegenüber der Zeit, aus der die Vorschriften der Konkursordnung und des Anfechtungsgesetzes stammen, kommt die Entwicklung in Betracht, die seitdem der Gebrauch der Gesellschaftsformen für die Zwecke einer Einzelperson oder mehrerer durch nahe Beziehungen verbundener Personen, z. B. Ehegatten u. a., im praktischen Leben genommen hat, ein Gebrauch, der oftmals zum Mißbrauch wird. Deshalb erwägt auch Jaeger (Komm. zur KO. a. a. O.), ob nicht „gegenüber den kreditgefährdenden Auswüchsen der Vergesellschaftung" eine Erstreckung jener Vorschriften angebracht wäre. Er weist dabei auf den ihm noch zu zaghaft erscheinenden Vorgang der österreichischen Gesetzgebung hin, wonach dort im Konkurs einer Gesellschaft mbH. die Gesellschafter und ihre nahen Angehörigen „im Verhältnis zur Gesellschaft als nahe Angehörige" gelten. Wenn er auch sich selbst im allgemeinen durch den Wortlaut der deutschen Gesetze an die engere Auslegung noch gebunden fühlt, so will er doch unbedenklich wenigstens die Einmanngesellschaft mit „Eigendirektor" schon nach geltendem Recht einer natürlichen Person für die Anwendbarkeit der Nr. 2 des § 31 KO. gleichstellen. Über die Zulässigkeit ausdehnender Anwendung siehe ferner Wassertrüdinger in LZ. 1926 Sp. 582; vgl. auch von Karger das. Sp. 1463. Für das Gebiet der Gläubigeranfechtung kann die Frage hier offen gelassen werden. Soweit es sich aber um die Vorschrift des § 22 Abs. 1 AufwG. handelt, trägt der erkennende Senat kein Bedenken, in einem Falle von der vorliegenden besonderen Art die Gesellschaft mbH. den natürlichen Personen, die ihre Gesellschafter sind, rechtlich gleich zu behandeln.

Hiernach läßt sich die Anwendung des § 22 Abs. 1 AufwG. nicht mit der Begründung des Berufungsgerichts ablehnen. Das

Eingreifen dieser Vorschrift führt dazu, daß der Vorrangsanspruch der Kläger zunächst als begründet angesehen werden muß. Der verklagten Ehefrau steht jedoch der Gegenbeweis offen, daß weder ihr noch ihrem mitverklagten Ehemann, soweit er sie beim Erwerb der Hypothek vertrat, damals eine Absicht des anderen Teils, das Recht der Gläubiger zu beeinträchtigen, bekannt war. Unter diesem Gesichtspunkt ist die Sachlage noch nicht geprüft. Es bedarf deshalb der Zurückverweisung zu anderweitiger tatsächlicher Erörterung, namentlich auch im Hinblick auf den Zeitpunkt der Hypothekenbestellung, die nach Behauptung der Kläger erst geschah, nachdem die Gesellschaft mbH. K. & Co. ihre Zahlungen schon seit Monaten eingestellt hatte. In Ansehung des Vertrauens der Beklagten auf die Richtigkeit des Grundbuchs hat zwar das Berufungsgericht abweichend vom ersten Richter dem Umstand, daß die Bestellung der Sicherungshypothek noch kurz vor dem Erlaß des Aufwertungsgesetzes erfolgte, keine Erheblichkeit zuungunsten der Beklagten beimessen wollen. Aber das macht eine nochmalige Prüfung keineswegs entbehrlich. Denn infolge der Anwendung des § 22 Abs. 1 AufwG. wechselt nicht nur die Beweislast. Auch der Gegenstand des Beweises ist ein anderer, und die Anforderungen an die Kenntnis von der Unrichtigkeit des Grundbuchs sind strenger als bei der Kenntnis von einer Absicht des Hypothekenbestellers, seine Gläubiger zu benachteiligen, zumal da für diese Absicht das Bewußtsein der eintretenden Beeinträchtigung genügt und sie auch dadurch nicht ausgeschlossen wird, daß ein anderer Gläubiger sichergestellt werden sollte.

---

73. Wird der Lauf der Frist nach § 519 Abs. 6 ZPO. auch dann bis zur Zustellung des auf die Beschwerde ergehenden Beschlusses gehemmt, wenn die Beschwerde nicht statthaft war?

IV. Zivilsenat. Urt. v. 17. November 1930 i. S. Sch. (Kl.) w. Sp. u. Gen. (Bekl.). IV 47/30.

I. Landgericht III Berlin.
II. Kammergericht daselbst.

Die Frage wurde verneint aus folgenden

Gründen:

Der erkennende Senat hat im Beschluß vom 22. Oktober 1925 IV B 55/25 (JW. 1926 S. 578 Nr. 2) den Standpunkt eingenommen, daß nach dem Gesetzeswortlaut die Frist auch durch Einlegung einer unstatthaften Beschwerde gehemmt werde und daß keine zwingenden Gründe eine Einschränkung der Vorschrift notwendig machten. Allerdings habe es der Berufungskläger in der Hand, durch Einlegung einer unstatthaften Beschwerde die ihm gesetzte Zahlungsfrist zu verlängern, aber das treffe auch schon für die Einreichung des Armenrechtsgesuchs selbst zu, das lediglich zu dem Zwecke gestellt werden könne, zunächst einmal den Fristablauf zu verzögern. Der dadurch geschaffenen und ausgenutzten Möglichkeit, sich weitere Zahlungsfrist zu verschaffen, seien im Gesetz durch die Begrenzung der Hemmungswirkung ausreichende Grenzen gezogen. Der bloßen Möglichkeit, daß die Frist für Zwecke ausgenützt werden könne, denen zu dienen sie nicht bestimmt sei, könne keine ausschlaggebende Bedeutung beigelegt werden. Es sei auch zu berücksichtigen, daß die Partei selbst das Gesuch um Bewilligung des Armenrechts und die Beschwerde gegen seine Versagung anbringen könne. Die Einengung würde einer Partei, die im Glauben an die Zulässigkeit der Beschwerde und ihre hemmende Wirkung nicht gezahlt habe, die Berufung entziehen. Ihr könnte in diesem Falle vielleicht durch die Wiedereinsetzung geholfen werden, dadurch würde aber eine noch viel spätere Zahlung der Prozeßgebühr zugelassen.

Der Senat kann nach nochmaliger Prüfung an diesem Standpunkt nicht festhalten.

Die damalige Auffassung, daß auch das Armenrechtsgesuch selbst **lediglich** zu dem Zweck gestellt werden könne, um zunächst einmal den Fristablauf zu verzögern, ist durch die spätere Rechtsentwicklung überholt worden. Denn dem Armenrechtsgesuch wird in der neueren Rechtsprechung des Reichsgerichts die fristhemmende Wirkung dann versagt, wenn es nicht ernstlich gemeint ist (RGZ. Bd. 112 S. 107). Dieser Auffassung tritt der erkennende Senat bei. Dementsprechend ist in RGZ. Bd. 126 S. 354 und im Beschluß vom 22. Oktober 1927 V B 28/27 (JW. 1928 S. 909 Nr. 7; vgl. auch I B 6/30 = JW. 1930 S. 1061 Nr. 5) die Ansicht vertreten worden, daß auch einer nicht ernstlich gemeinten Beschwerde gegen Versagung des Armenrechts keine fristhemmende Wirkung beizulegen und daß die Nichternstlichkeit dann anzunehmen sei, wenn der die Beschwerde einlegende Anwalt ihre Unstatthaftigkeit gekannt und sie nur eingelegt habe, um Frist zu gewinnen. Dagegen lassen beide Entscheidungen die Frage offen, ob eine unstatthafte Beschwerde die Frist des § 519 Abs. 6 ZPO. überhaupt weiter hemmen kann, und es wurde insoweit in beiden Entscheidungen erwogen, daß eine Abweichung von der — früheren — Meinung des IV. Zivilsenats, der die Nichternstlichkeit der Beschwerde nicht festgestellt habe, nicht vorliege und daß sich deshalb eine Anrufung der Vereinigten Zivilsenate erübrige.

Der erkennende Senat ist nunmehr in Übereinstimmung mit der im Schrifttum von Stein-Jonas und Baumbach zu § 519 Abs. 6 und von Reinberger in JurRdsch. 1926 I S. 248 vertretenen Ansicht der Auffassung, daß durch eine unstatthafte Beschwerde überhaupt keine weitere Fristhemmung herbeigeführt wird und daß daher nicht unterschieden werden kann, ob die Beschwerde von der Partei im Glauben an ihre Statthaftigkeit oder von einem Anwalt im Bewußtsein ihrer Unstatthaftigkeit eingelegt wird.

Der Wortlaut des Gesetzes entscheidet diese Frage nicht. Denn die Beschwerde gegen einen das Armenrecht versagenden oberlandesgerichtlichen Beschluß eines Oberlandesgerichts ist verfahrensrechtlich nicht zugelassen, und ob das Gesetz mit einem solchen Rechtsbehelf für denjenigen, der ihn ergreift, die gleichen verfahrensrechtlichen Vorteile verbindet, die demjenigen gewährt werden, der sich der Beschwerde als eines verfahrensrechtlich zulässigen Rechtsbehelfs bedient, läßt sich aus dem Gesetzeswortlaut allein nicht ermitteln. Der Zweck der Vorschrift kann nur darin gefunden werden, daß der armen Partei, um ihr materielles Recht vor den nachteiligen Folgen ihres Unvermögens nach Möglichkeit zu schützen, das Recht gegeben werden soll, mit dem Erfolg der Hemmung der Frist den gesetzlich gegebenen Instanzenzug zur Erlangung des Armenrechts zu erschöpfen. Dagegen soll sie nicht instandgesetzt werden, darüber hinaus den Instanzenzug der Gerichte auch da für sich auszunützen, wo das Gesetz selbst ihn zur Erlangung des Armenrechts gar nicht eröffnet, wo also, wie im Falle des § 567 Abs. 3 ZPO., die Möglichkeit einer Nachprüfung des Beschlusses gar nicht besteht. Im Interesse der armen Partei tritt daher die Beendigung der Hemmung nicht schon mit Zustellung des Beschlusses über die

Versagung des Armenrechts ein, sondern erst mit dem Zeitpunkt, in dem der Beschluß unanfechtbar wird. Ist aber eine Beschwerde nicht statthaft, so tritt die formelle Rechtskraft anders als bei statthaften Rechtsmitteln nicht erst mit Zustellung der Entscheidung über die gleichwohl eingelegte Beschwerde, sondern ihrer ungeachtet mit der Zustellung des das Armenrecht versagenden Beschlusses ein. Vergegenwärtigt man sich, daß im Fall einer zulässigen Beschwerde (Landgericht als Berufungsinstanz) der Berufungskläger dem das Armenrecht versagenden Beschlusse gegenüber die Frist des § 519 Abs. 6 zur Einlegung der Beschwerde versäumt, so würde ihm nach dem klaren Wortlaut des Gesetzes die Einlegung der verspäteten Beschwerde nicht zu einer weiteren Hemmung der Frist verhelfen können. Es ist aber nicht anzunehmen, daß der Gesetzgeber den Erfolg, welcher der statthaften, aber nicht rechtzeitig eingelegten Beschwerde versagt bleibt, einer zwar rechtzeitig eingelegten, aber von vornherein gar nicht statthaften Beschwerde zugestehen wollte.

Dabei kann es auf den guten Glauben einer Partei an die Statthaftigkeit der Beschwerde so wenig wie sonst im Prozeßrecht ankommen. Es braucht daher nicht weiter erörtert zu werden, welche unerwünschten Folgen es für das Rechtsleben haben müßte, wenn wohl der gute Glaube der Partei an die Statthaftigkeit der Prozeßhandlung geschützt würde, dagegen der von einem Anwalt eingelegten Beschwerde, dem — wie das Kammergericht mit Recht annimmt — dieser Glaube nicht zur Seite stände, der Erfolg versagt bleiben müßte.

Es erhebt sich aber gegen die frühere Auffassung des Senats auch noch folgendes Bedenken. Nach § 133 Nr. 2 GVG. ist das Reichsgericht in bürgerlichen Rechtsstreitigkeiten zuständig für die Verhandlung und Entscheidung über das Rechtsmittel der Beschwerde gegen Entscheidungen der Oberlandesgerichte im Falle des § 519b Abs. 2 ZPO. Seine Zuständigkeit zur Verhandlung und Entscheidung über eine Beschwerde wird also in Übereinstimmung mit § 567 Abs. 3 ZPO. verneint, wenn es sich um einen oberlandesgerichtlichen Beschluß handelt, der nicht die Unzulässigkeit der Berufung betrifft. Daraus wird in der Rechtslehre (vgl. Stein-Jonas 14. Aufl. § 571 Anm. 7) mit Recht gefolgert, daß da, wo eine Beschwerde gesetzlich überhaupt nicht gegeben ist, auch die in § 571 ZPO.

angeordnete Verpflichtung zur Weitergabe der Beschwerde an das Beschwerdegericht nicht begründet ist. Das schließt nicht aus, daß da, wo das Reichsgericht unmittelbar angegangen wird und der Beschwerdeführer sich nicht mit einer Mitteilung des Senatsvorsitzenden über die Unstatthaftigkeit der Beschwerde begnügt, diese als unzulässig verworfen wird; denn damit wird nur ausgesprochen, daß nach dem Gesetz die erlassene Entscheidung mit der Beschwerde nicht angefochten werden könne. Wäre es die Absicht des Gesetzgebers gewesen, in § 519 Abs. 6 auch für eine unstatthafte Beschwerde den Instanzenzug insoweit offen zu halten und von ihrer Bescheidung die weitere Fristhemmung abhängig zu machen, so hätte er nicht davon absehen können, in § 133 GVG. zum Ausdruck zu bringen, daß das Reichsgericht zuständig sei nicht nur über die Verhandlung und Entscheidung über eine Beschwerde im Falle des § 519b ZPO., sondern auch für die Entscheidung über ihre Zulässigkeit im Falle des § 519 Abs. 6 das. Wäre dies geschehen, so hätten auch die Oberlandesgerichte insoweit unstatthafte Beschwerden dem Reichsgericht vorzulegen.

Diese Auffassung wird auch durch die Entstehungsgeschichte des Gesetzes bestätigt. Durch die Novelle vom 5. Juni 1905 wurde die Beschwerde nur gegen Prozeßkostenentscheidungen der Oberlandesgerichte ausgeschlossen. Dem § 574 ZPO. wurde damals folgender Absatz 2 hinzugefügt: „Ist gegen die Entscheidung eines Oberlandesgerichts Beschwerde eingelegt, so steht die Prüfung und Entscheidung über die Zulässigkeit der Beschwerde dem Oberlandesgericht zu. Wird die Beschwerde von dem Oberlandesgericht als unzulässig verworfen, so kann der Beschwerdeführer binnen einer Woche auf die Entscheidung des Beschwerdegerichts antragen; die Frist ist eine Notfrist und beginnt mit der Zustellung des Beschlusses. In diesem Falle sind die Akten dem Beschwerdegericht zu übersenden." Durch die Entlastungsnovelle vom 22. Mai 1910 ist der Absatz 2 wieder gestrichen worden, weil nach § 567 Abs. 2 in der Fassung dieser Novelle eine Beschwerde gegen Entscheidungen der Oberlandesgerichte überhaupt nicht mehr zugelassen wurde. Dementsprechend wurde gleichzeitig in § 135 GVG. die Nr. 2 gestrichen, wonach das Reichsgericht zuständig war zur Verhandlung und Entscheidung über das Rechtsmittel der Beschwerde gegen Entscheidungen der Oberlandesgerichte.

Ist daher die Beschwerde nicht statthaft, so wird die Frist nur bis zum Ablauf von zwei Wochen seit Zustellung des das Armenrecht versagenden Beschlusses gehemmt, und gegen den Ablauf der Nachweisfrist kann der Berufungskläger dann nur durch die hier nicht in Frage stehende Wiedereinsetzung in den vorigen Stand geschützt werden, falls ihre Voraussetzungen vorliegen. Der Berufungskläger hat aber nach der einwandfreien Feststellung des Berufungsgerichts die Nachweisfrist bei Berücksichtigung der eingetretenen Hemmung versäumt, da der das Armenrecht versagende Beschluß am 10. Juni 1929 zugestellt, die Prozeßgebühr aber erst am 8. Juli 1929 gezahlt worden ist.

Läßt man die Beschwerde oder das Schreiben des Klägers vom 24. Juni 1929, durch das er nach Auffassung des Berufungsrichters seine Beschwerde zurückgenommen und erneut um Bewilligung des Armenrechts gebeten hat, als zweites Armenrechtsgesuch gelten, so hatte es als solches keine fristhemmende Wirkung, auch wenn es mit neuer sachlicher Begründung angebracht worden sein sollte. Eine Ausnahme hat das Reichsgericht ständig nur für den Fall zugelassen, daß das frühere Armenrechtsgesuch bloß in Ermanglung des Nachweises des Zahlungsunvermögens abgelehnt worden war und nun ein neues Gesuch mit neuen Nachweisen über die Armut gestellt wurde (Beschlüsse v. 22. November 1928 IV B 64/28 und v. 11. Februar 1929 VI B 2/29 = JW. 1929 S. 3158 Nr. 10).

Es bedarf hiernach keiner Auseinandersetzung mit der nicht bedenkenfreien Auffassung des Kammergerichts, der Beschwerde sei die hemmende Wirkung auch um deswillen zu versagen, weil dem Beschwerdeführer angesichts der — vom Kammergericht erörterten — sachlichen Aussichtslosigkeit seiner Rechtsverfolgung der gute Glaube daran gefehlt habe, daß ihm das Reichsgericht das Armenrecht bewilligen werde.

---

74. Ist die Eintragung einer Grunddienstbarkeit zugunsten des jeweiligen Eigentümers eines Bergwerks mit dem Inhalt zulässig, daß der Bergwerkseigentümer berechtigt sein solle, Abbau zu treiben ohne Verpflichtung zur Entschädigung für Bergschäden, die dem belasteten Grundstück entstehen?

BGB. § 1018. Preuß. Allg. BergG. § 148.

V. Zivilsenat. Beschl. v. 25. November 1930 in einer Grundbuchsache von W. V B 16/30.

I. Grundbuchamt Waldenburg.
II. Landgericht Schweidnitz.

Der Sachverhalt und die Entscheidung ergeben sich aus folgenden Gründen:

Der Beschwerdeführer verkaufte einige Grundstücke an die Gemeinde W. Im Kaufvertrag ist vereinbart:

Die Gemeinde W. beantragt auf den über die ihr verkauften Flächen neu anzulegenden Grundbuchblättern die Eintragung einer Grunddienstbarkeit zugunsten des jeweiligen Eigentümers der im Grundbuch eingetragenen F.er Gruben des Inhalts, daß die jeweiligen Eigentümer dieser Gruben berechtigt sind, innerhalb des Grubenfeldes Abbau zu treiben ohne Verpflichtung zur Wiederherstellung, Entschädigung oder zur Vergütung von Wertminderungen, falls durch den Bergbau dem Grundstück oder den auf ihm errichteten Gebäuden oder anderen Anlagen Schäden entstehen.

Das Grundbuchamt beanstandete in einer Zwischenverfügung den Antrag auf Eintragung der Grunddienstbarkeit im Anschluß an die ständige Rechtsprechung des Kammergerichts, weil danach die Eintragung der Duldung nur zulässig wäre mit dem Zusatz „auch über die gesetzlichen Grenzen hinaus" und ohne Erwähnung des Verzichts auf Entschädigung. Als der Verkäufer bei seinem Antrag auf Eintragung entsprechend der vertraglichen Abmachung beharrte, wies ihn das Grundbuchamt durch Beschluß zurück. Das Landgericht versagte der hiergegen eingelegten Beschwerde den Erfolg. Es faßt den gestellten Antrag dahin auf, daß nach ihm nicht nur eine Pflicht zur Duldung über das Berggesetz hinaus, sondern auch ein Verzicht auf jede Vergütung und auf Schadensersatz eingetragen werden solle. Das letztere sei aber gesetzlich unzulässig. Die weitere Beschwerde hat das Kammergericht gemäß § 79 Abs. 2 GBO. dem Reichsgericht vorgelegt.

Das Kammergericht erklärt zunächst die Auffassung des Landgerichts vom Inhalt des Eintragungsantrags als im Widerspruch mit dessen klarem Wortlaut stehend. Ein Einwirkungsrecht über den durch das Berggesetz zugelassenen Umfang hinaus werde nicht erstrebt, sondern das Recht zum entschädigungslosen Bergbaubetrieb auf dem belasteten Grundstück. Dazu führt das Kammergericht aus: Zugunsten des jeweiligen Eigentümers eines Bergwerks könne eine Grunddienstbarkeit gemäß § 1018 BGB. bestellt werden; denn nach § 50 Abs. 2 preuß. Allg. BergG. seien die sich auf Grundstücke beziehenden Vorschriften des Bürgerlichen Gesetzbuchs für das Bergwerkseigentum gültig. Weil der abgelehnte Antrag nicht die Eintragung des Verzichts auf Schadensersatz als solchen zum Ziele habe, sei nicht die in der bisherigen Rechtsprechung des Kammergerichts (KGJ. Bd. 49 A S. 195; KG. in JW. 1921 S. 584 Nr. 1) verneinte Frage erneut zu prüfen, ob ein für sich allein gewollter Verzicht auf Bergschädenersatz als Grunddienstbarkeit eintragungsfähig sei. Zu entscheiden sei vielmehr, ob das Recht auf Duldung entschädigungslosen Bergbaues zum Inhalt einer Grunddienstbarkeit gemacht werden könne. Diese Frage sei zu verneinen. Zwar würde eine über das Gesetz hinausgehende Duldungspflicht eintragbar sein. Für die Entscheidung, ob solches vereinbart sei, komme es nur auf die Art der zugelassenen tatsächlichen Benutzung an. Die Ausschließung der aus rechtmäßiger Ausübung des Bergbaues entstehenden Entschädigungspflicht erweitere nicht die Duldungspflicht im Sinne des § 1018 BGB. Vielmehr solle damit nur die Beseitigung der gesetzlich bestimmten schuldrechtlichen Folge des Bergbaubetriebs im Grundbuch kundbar gemacht werden, was unzulässig sei (KGJ. Bd. 22 A S. 152; Bd. 49 A S. 195). An solcher Beurteilung sieht sich aber das Kammergericht gehindert durch die Ausführungen des Reichsgerichts in der RGZ. Bd. 119 S. 211 (dazu Berichtigung Bd. 129 S. 432) abgedruckten Entscheidung des beschließenden Senats, in der es heißt: „Was die reinen Bergschäden anlangt, so besteht die nach Inhalt des Berggesetzes gegebene gesetzliche Duldungspflicht nur in Verbindung mit einer Schadensersatzpflicht (§ 148 Allg. BergG.); durch Vertrag aber soll die Einwirkung ohne nachfolgende Schadensersatzpflicht gestattet werden. Damit geht, mag auch die Einwirkung selbst im einen Fall nicht größer sein als im anderen, doch die vertragliche Duldung im wirtschaftlichen und rechtlichen Endergebnis erheblich weiter als die nur auf dem Gesetz beruhende Duldung. Mag auch der Verzicht auf Schadensersatz als solcher nicht verdinglicht werden können (so KGJ. Bd. 49 A S. 195), so besagt das doch nichts dagegen, daß eine Duldungspflicht mit Schadensersatzfolge anderen Inhalts ist als eine solche ohne diese Folge. Übrigens könnten auch über den Inhalt der gesetzlichen Einwirkungsbefugnis des Bergwerkseigentümers im Einzelfalle Zweifel bestehen. Hier aber wird jede Einwirkung aus ordnungsmäßigem Bergbau gestattet. Aus alledem ergibt sich, daß diese vertraglich eingeräumte Duldung, die inhaltlich weiter geht als die rein gesetzliche Duldungspflicht, nach § 1018 BGB. verdinglicht werden kann."

Die Zuständigkeit des Reichsgerichts zur Entscheidung über die weitere Beschwerde ist nach § 79 Abs. 2 GBO. gegeben. Allerdings lag der in dem erwähnten Reichsgerichtsurteil entschiedene Fall so, daß wohl auch vom Rechtsstandpunkt des Kammergerichts aus die dort zugelassene Eintragung zu billigen gewesen wäre; denn es war eine Einwirkung „über die vom Gesetz gezogenen Grenzen hinaus" gestattet worden und es fehlte der Zusatz, daß die Duldung ohne Entschädigung zu erfolgen habe. Aber die Rechtsansicht, die das Kammergericht jetzt seiner Entscheidung auf die weitere Beschwerde zugrunde legen möchte, weicht von der Begründung des reichsgerichtlichen Urteils ab. Nach den Ausführungen des Reichsgerichts ist eine Grundstücksbenutzung durch Bergbau mit der Folge einer Zufügung von Bergschäden, die auf Grund einer vertraglichen Gestattung ohne nachfolgende Schadensersatzpflicht geschieht, im Hinblick auf § 1018 BGB. und auf die Eintragbarkeit einer dies gestattenden Belastung im Grundbuch weitergehend und anderen Inhalts als die gleiche tatsächliche Benutzung, wenn sie lediglich kraft Gesetzes und mit nachfolgender Schadensersatzpflicht vorgenommen wird. Das Kammergericht aber leugnet die Zulässigkeit solcher Unterscheidung für die Anwendung des hier in Betracht kommenden sachlichen und förmlichen Grundbuchrechts.

Die Auslegung, die das Landgericht der Eintragungsbewilligung gibt, ist, wie das Kammergericht mit Recht ausführt, mit deren klarem Wortlaut unvereinbar. Erstrebt wird gerade nicht die Gestattung einer über die vom Gesetz gezogenen Grenzen hinausgehenden Einwirkung auf das zu belastende Grundstück; vielmehr soll, wie dies auch in der Beschwerde betont wird, nur sichergestellt werden, daß der jeweilige Eigentümer der zu belastenden Grundstücke Beschädigungen, die infolge gesetzmäßig betriebenen Abbaues an seinen Grundstücken auftreten werden, ohne Schadensersatzanspruch dulden muß. Ist auch in der Eintragungsbewilligung die Rede von einer Gestattung, innerhalb des Grubenfelds Abbau zu treiben, so ist doch in Ansehung der zu belastenden Grundstücke nicht der Abbau das Wesentliche, sondern die aus diesem möglicherweise entstehende Einwirkung auf die Grundstücke, die Grundstücksbeschädigung. Deren Zufügung soll noch besonders vertraglich gestattet werden, und zwar unter Verzicht auf jegliche Entschädigung. Die vom Beschwerdeführer so erstrebte Eintragung weicht sachlich in zwei Punkten ab von den Eintragungen, wie sie das Kammergericht bisher für zulässig gehalten hat (KGJ. Bd. 49 A S. 195 und KG. in JW. 1921 S. 584 Nr. 1) und wie sie auch im Fall von RGZ. Bd. 119 S. 211 vorlag. Es fehlt der Zusatz, daß Einwirkungen „über die vom Gesetz gezogenen Grenzen hinaus" gestattet werden, und es soll weiter miteingetragen werden, daß der Abbau „ohne Verpflichtung zur Wiederherstellung, Entschädigung oder zur Vergütung von Wertminderungen" gestattet werde. Nicht gebilligt werden kann die Auffassung des Kammergerichts, daß jener erste Zusatz erforderlich sei, der zweite aber fehlen müsse, wenn die Verdinglichung des Vereinbarten durch Eintragung im Grundbuch möglich sein solle. Eine Eintragung, wie beantragt, ist als Grunddienstbarkeit nach § 1018 BGB. zulässig. Sie läßt sich sowohl aus dem ersten Fall des § 1018 (Benutzung des zu belastenden fremden Grundstücks) rechtfertigen wie aus dem dritten Fall (Ausschluß der Ausübung eines sich aus dem Eigentum an dem zu belastenden Grundstück einem anderen Grundstück gegenüber ergebenden Rechts).

Was das erstere anlangt, so kam es den Vertragschließenden in ihren gegenseitigen Beziehungen, wie schon hervorgehoben, nicht auf den in der Eintragungsbewilligung genannten Abbau als solchen an, sondern auf dessen mögliche Folgen für die zu belastenden Grundstücke, auf deren Beschädigung durch den Abbau. Die Befugnis für den Bergbautreibenden, auf fremde Grundstücke durch Zufügung von Bergschäden einzuwirken (oder, vom Standpunkt des dienenden Grundstücks aus gesehen: das Duldenmüssen solcher Schadenszufügungen), ergibt sich allerdings schon aus dem gesetzlichen Inhalt des Bergwerkseigentums. Eine bloße Wiedergabe und Festlegung des gesetzlich bestehenden Einwirkungsrechts in einer Grundbucheintragung wäre als überflüssige Belastung des Grundbuchs unzulässig (JFG. Bd. 3 S. 329; RGZ.

Bd. 119 (S. 213). Wie aber das Reichsgericht schon in der soeben erwähnten Entscheidung ausgeführt hat und wohl kaum zu bezweifeln ist, geht eine sich nicht nur auf den gesetzlichen Inhalt des Bergwerkseigentums, sondern auf vertragliche Gestattung gründende und deshalb ohne nachfolgende Schadensersatzpflicht bestehende Einwirkungsbefugnis zwar nicht tatsächlich, aber doch wirtschaftlich und rechtlich weiter als die sich nur auf das Gesetz gründende und daher mit Schadensersatzpflicht verbundene Befugnis des Bergwerkseigentümers. Wie das Kammergericht im Vorlegungsbeschluß hervorhebt, bedeutet allerdings das Benutzen im Sinne von § 1018 BGB. (erster Fall) einen tatsächlichen Gebrauch des belasteten Grundstücks. Aber der hervorgehobene Unterschied im wirtschaftlichen und rechtlichen Endergebnis zwischen Duldenmüssen bloß auf Grund des Gesetzes und Duldenmüssen auch auf Grund Vertrags zeigt, daß die Eintragung einer vertraglich bestellten Grunddienstbarkeit dieses Inhalts nicht überflüssig, sondern für den Bergwerkseigentümer wertvoll ist. Gewiß wird damit die Duldungspflicht in tatsächlicher Beziehung nicht erweitert und wird, soweit es sich um das Benutzendürfen — nicht um die Frage der Entschädigung — handelt, auch nur die tatsächliche Einwirkungsbefugnis dinglich gesichert. Solches Benutzendürfen von seiten des herrschenden und Duldenmüssen von seiten des dienenden Grundstücks ist aber gerade der zulässige Inhalt einer Grunddienstbarkeit aus § 1018 BGB. (erster Fall). Das Bergwerkseigentum kann „herrschendes Grundstück" im Sinne des § 1018 sein, d. h. der jeweilige Eigentümer des Bergwerks kann Grunddienstbarkeitsberechtigter sein, da für das Bergwerkseigentum die sich auf Grundstücke beziehenden Vorschriften des Bürgerlichen Gesetzbuchs gelten (§ 50 Abs. 2 Allg. BergG.). Weil die Eintragung des vertraglich vereinbarten Benutzendürfens und Duldenmüssens trotz der schon gesetzlich begründeten Befugnis dazu nicht zwecklos ist, stellt sie keine überflüssige Belastung des Grundbuchs, sondern eine nach § 1018 BGB. (erster Fall) zulässige Grunddienstbarkeit dar. Es wird nicht lediglich die Buchung der gesetzlichen Duldungspflicht begehrt, sondern die einer anders begründeten und daher weiterwirkenden Duldungspflicht.

Die Gestattung, dem belasteten Grundstück Bergschäden ohne die Entschädigungspflicht aus § 148 Allg. BergG. zuzufügen, fällt bezüglich des in den Vertrag ausdrücklich aufgenommenen und nach dem Wunsch der Vertragschließenden miteinzutragenden Verzichts auf Entschädigung unter § 1018 BGB. (dritter Fall), indem damit die Ausübung eines Rechts ausgeschlossen wird, das sich aus dem Eigentum am belasteten Grundstück dem anderen Grundstück gegenüber ergibt. Aus dem Bergrecht heraus muß der Grundstückseigentümer die Beschädigungen seines Grundstücks dulden, die sich aus der Aufsuchung und Gewinnung des in der Verleihungsurkunde benannten Minerals ergeben. Als Ausgleich dafür, daß dem Grundeigentümer wegen Schadenszufügung aus dem so umschriebenen Bergwerksbetrieb der sich sonst aus dem Eigentum ergebende Untersagungsanspruch (§ 1004 BGB.) entzogen ist, gibt ihm § 148 a. a. O. einen vom Verschulden des Schädigenden unabhängigen Schadensersatzanspruch. Dieser Anspruch ist gleicher Rechtsnatur wie der Schadensersatzanspruch, der dem Grundeigentümer ohne Rücksicht auf ein Verschulden des Störers auch in anderen Fällen zusteht, wo ihm infolge besonderer gesetzlicher Vorschrift die Abwehrklage gegen Eingriffe in sein Eigentum entzogen ist. Er ergibt sich aus dem Eigentum am Grundstück und ist Inhalt des Grundeigentums, wie das in Fällen, wo solche gesetzliche Beschränkung des Eigentums nicht besteht, für die Abwehrklage der Fall ist. Dieser Schadensersatzanspruch ist aber auch als im Sinne des § 1018 BGB. „einem anderen Grundstück gegenüber" bestehend anzusehen. Schon oben ist auf die Gleichstellung des Bergwerkseigentums mit einem Grundstück hingewiesen (§ 50 Abs. 2 Allg. BergG.). § 148 das. knüpft nun die Ersatzverpflichtung ausschließlich an das Bergwerkseigentum zur Zeit des Schadenseintritts. Der in diesem Zeitpunkt berechtigte Bergwerkseigentümer haftet als solcher. Der Grundstückseigentümer hat das ihm in § 148 a. a. O. gegebene Recht gegenüber demjenigen, der zur Zeit des Schadenseintritts gerade Bergwerkseigentümer ist (RGZ. Bd. 71 S. 152).

Unzweifelhaft kann durch eine Grunddienstbarkeit festgelegt werden, daß der jeweilige Grundeigentümer Immissionen, die über das aus § 906 BGB. zu rechtfertigende Maß hinausgehen, zu dulden hat und daß ihm die Abwehrklage dagegen versagt ist. Ebenso ist in den Fällen, wo der Schadensersatzanspruch an die Stelle der Abwehr tritt, die besondere Gestattung der Einwirkung unter Verzicht auf Schadensersatz als der zulässige Inhalt einer

Grunddienstbarkeit nach § 1018 BGB. (dritter Fall) anzusehen. Gestattung und Verzicht durch Vertrag sind in diesem Falle nicht nur schuldrechtlicher Art, sondern sie wirken unmittelbar auf ein Recht, das Inhalt des Grundeigentums ist. Deswegen ist die dingliche Festlegung im Grundbuch zulässig (ebenso Planck-Strecker § 1018 BGB. Bem. 3c; Staudinger § 1018 BGB. Bem. II 1c; Wolff Sachenrecht § 53 III; Isay § 148 Allg. BergG. Anm. 26; Bitta in Zeitschr. f. Bergr. Bd. 44 S. 122; Bayer. ObLG. Bd. 10 S. 442; a. M. RGRKomm. § 1018 BGB. Anm. 9; KGJ. Bd. 22A S. 152, Bd. 49A S. 195; Güthe-Triebel GBO. 5. Aufl. Bd. 2 S. 1904; Westhoff Bergbau und Grundbesitz Bd. 1 S. 53; Brassert-Gottschalk Allg. BergG. 2. Aufl. S. 588; Klostermann-Thielmann Allg. BergG. 6. Aufl. S. 420).

In der bisherigen Rechtsprechung des Reichsgerichts ist, soweit ersichtlich, nichts den obigen Ausführungen Entgegenstehendes enthalten. Dies gilt auch für die vom Kammergericht angeführte Entscheidung RGZ. Bd. 55 S. 270, wonach die Verpflichtung, ein zu übertragendes Grundstück von den darauf ruhenden Lasten zu befreien, nicht Gegenstand einer Vormerkung oder endgültigen Grundbucheintragung sein kann. Daraus läßt sich für die jetzt zu treffende Entscheidung keine Schlußfolgerung ziehen. In RGZ. Bd. 119 S. 211 (S. 213 unten) hat der beschließende Senat zu der Frage, ob der Verzicht auf einen Schadensersatzanspruch aus § 148 Allg. BergG. Inhalt einer Grunddienstbarkeit sein kann, nicht selbst entscheidend Stellung nehmen, sondern nur die Ansicht des Kammergerichts hierzu berichten wollen.

Hiernach sind die vom Grundbuchamt in seiner Zwischenverfügung ausgesprochenen Bedenken und die sich auf diese gründende Abweisung des Eintragungsantrags nicht gerechtfertigt.

---

75. Ist die Anwendbarkeit der Regeln vom Beweis des ersten Anscheins auf die sog. typischen Geschehensabläufe zu beschränken?

BGB. § 894.

IX. Zivilsenat. Urt. v. 26. November 1930 i. S. R. u. Gen. (Bekl.) w. H. (Kl.). IX 277/30.

I. Landgericht I Berlin.
II. Kammergericht daselbst.

Durch Vertrag vom 4. Juli 1928 erwarb die Drittbeklagte, deren Geschäftsführer der Erstbeklagte war, auf Grund der von diesem geführten Verhandlungen vom Kläger zwei auf dessen Grundstücken in B.-L. eingetragene Grundschulden von je 7168,4 g Feingold = je 20000 RM., die in Hypotheken umgewandelt werden sollten. Als Gegenleistung zahlte die Drittbeklagte dem Kläger 20000 RM. und trat an ihn eine Grundschuld von 20000 RM. ab, die auf einem im Grundbuch von P. stehenden Grundstück zu diesem Zwecke eingetragen worden war. Von den beiden in Hypotheken umgewandelten Grundschulden trat sie die eine zum ganzen Betrag von 7168,4 g Feingold, die andere zum Teilbetrag von 2468,4 g Feingold an die Zweitbeklagte ab. Diese betrieb in der Folge aus den Hypotheken die Zwangsversteigerung der belasteten Grundstücke und erlöste dabei 22159,33 RM.

Der Kläger hat gegen den Erstbeklagten und die Drittbeklagte auf Grund der Behauptung, daß die Abtretung der Grundschulden an die letztere wegen Wuchers nichtig sei, in den beiden Vorinstanzen die Feststellung erstritten, daß sie verpflichtet seien, ihm allen Schaden zu ersetzen, der ihm durch die Abtretung der Hypotheken an die Zweitbeklagte entstehe. Von dieser hatte er auf Grund der § 894 BGB., § 767 ZPO. die Berichtigung des Grundbuchs dahin verlangt, daß die beiden Hypotheken auf seinen Namen einzutragen seien. Das Landgericht machte die Entscheidung über diesen Antrag von einem Schiedseide der Geschäftsführer der Zweitbeklagten abhängig. Mit der Berufung gegen dieses Urteil verlangte der Kläger von der Zweitbeklagten Zahlung des in der Zwangsversteigerung der belasteten Grundstücke erzielten Erlöses von 22159,33 RM. Dazu wurde die Zweitbeklagte vom Kammergericht verurteilt; dieses geht davon aus, daß sie von der Nichtigkeit des Vertrags vom 4. Juli 1928 Kenntnis gehabt habe. Die Revision der Zweitbeklagten führte zur Aufhebung und Zurückverweisung.

Gründe:

... Der Standpunkt des Berufungsgerichts ist insofern von Rechtsirrtum beeinflußt, als es bei Prüfung der Frage, ob die Zweitbeklagte bei Übertragung der Grundschulden an sie Kenntnis von der Bewucherung des Klägers durch die Drittbeklagte und damit von der Nichtigkeit des zwischen diesen geschlossenen Rechtsgeschäfts gehabt habe, die Grundsätze über den Beweis des ersten Anscheins (prima facie-Beweis) anwendet. Bei diesem Beweis handelt es sich darum, daß sich in Wissenschaft und Rechtsprechung in Beziehung auf die Beweiswürdigung allgemeine Rechtsgrundsätze gebildet haben, die der Tatrichter auf dem ihm im übrigen vorbehaltenen Gebiet der tatsächlichen Würdigung einhalten muß, will er nicht der Revision einen Anhalt geben (RGZ. Bd. 84 S. 384). Sie sind aber auf die sog. typischen Geschehensabläufe beschränkt, d. h. auf Fälle, in denen ein gewisser Tatbestand feststeht, der nach den Erfahrungen des Lebens auf eine bestimmte Ursache hinweist. Dann wird im allgemeinen derjenige, der einen vom gewöhnlichen Verlauf abweichenden Gang des Geschehens behauptet, diesen zu beweisen haben. Eine Verallgemeinerung der Regel derart, daß jeder Kläger schließlich nur einen gewissen Grad von Wahrscheinlichkeit darzutun und der Gegner die Wahrscheinlichkeit zu entkräften habe, ist abzulehnen (SeuffArch. Bd. 80 Nr. 120; RGZ. Bd. 112 S. 229, Bd. 126 S. 70). Um einen Fall von typischem Geschehensablauf handelt es sich aber hier nicht. Das Berufungsgericht war deshalb nicht befugt, von der Zweitbeklagten den Nachweis zu fordern, daß sie keine Kenntnis von der Bewucherung des Klägers durch die beiden anderen Beklagten gehabt habe. Zuzugeben ist der Revision, daß das Berufungsgericht unter Verletzung des § 286 ZPO. nicht dargelegt hat, weshalb sich aus dem Schreiben des Rechtsanwalts B. vom 6. Juli 1928 in Verbindung mit dem Vertrag vom 4. Juli 1928 ergebe, daß die Zweitbeklagte von der Wertlosigkeit der P.er Grundschuld Kenntnis gehabt habe oder hätte haben müssen. Es fehlt auch an einer ausdrücklichen Darlegung dafür, daß die Zweitbeklagte die Notlage des Klägers und ihre Ausbeutung durch die beiden anderen Beklagten gekannt habe. Es braucht aber hierauf im einzelnen nicht eingegangen zu werden, weil schon die vorhin festgestellte Verletzung des sachlichen Rechts, dem die Beweislast angehört, zur Aufhebung des angefochtenen Urteils und zur Zurückverweisung führen muß.

76. 1. Können Kohlen-Industrie-Vereine eine Zwangslizenz für ihre Mitglieder nachsuchen?

2. Inwieweit kann ein öffentliches Interesse an der Erteilung einer Zwangslizenz bei Hilfsmaschinen des Bergbaues bestehen, wenn der Patentinhaber nur in Verbindung mit seinen jüngeren Patenten gegen entsprechend höhere und länger zu zahlende Gebühr Lizenz zu erteilen bereit ist, der Lizenzsucher aber die jüngeren Patente nicht benutzen will?

PatG. § 11 Abs. 1.

I. Zivilsenat. Urt. v. 26. November 1930 i. S. D. Braunkohlen-Industrie-Verein e. V. u. Gen. (Kl.) w. K. u. A. (Bekl.). I 295/28.

I. Reichspatentamt.

Den Beklagten stehen die Patente 242464 und 310983 zu, das erste vom 4. Februar 1909, das zweite vom 4. Februar 1914 ab wirksam. Beide beziehen sich auf Gleisrückmaschinen mit einer auf zwei Drehschemeln ruhenden Brücke.

Die Kläger — und zwar die beiden klagenden Vereine für ihre Mitglieder — haben sich vergeblich bemüht, Lizenzen an diesen beiden Patenten zu erhalten. Ihre Versuche scheiterten an Höhe und Berechnungsart der von den Beklagten verlangten Lizenzgebühren, an den sonstigen von ihnen gesetzten Bedingungen und insbesondere daran, daß die Beklagten in erster Linie die Maschinen mit Einrichtungen liefern wollten, die ihnen durch spätere Patente geschützt sind, und entsprechend längere Zahlung von Lizenzgebühren (bis zum Jahre 1941) begehrten.

Die Kläger verlangen daher mit der Klage Erteilung einer Zwangslizenz an den beiden bezeichneten Patenten, und zwar die beiden klagenden Vereine für die über die selbst klagenden Firmen hinaus ihnen angeschlossenen Werke, die sie nur zum Teil namentlich angegeben haben. Zur Begründung machen sie geltend, es bestehe ein öffentliches Interesse daran, daß der Braunkohlenbergbau die für den praktischen Betrieb genügenden Maschinen nach den beiden alten Patenten gegen entsprechend mäßige Lizenzgebühren zu erträglichen Bedingungen erhalte, um sie auch in Verbindung mit anderen Bauarten ohne zu starke geldliche Belastung benutzen zu können.

Die Beklagten bestreiten die Berechtigung der klagenden Vereine, für ihre Mitglieder eine Zwangslizenz zu verlangen, und bitten auch im übrigen um Abweisung der Klage, weil sie lediglich bestrebt seien, zu angemessenen Bedingungen technisch und wirtschaftlich einwandfrei arbeitende Maschinen mit den — neueren Erfahrungen entsprechenden — Verbesserungen zu liefern, und weil die Öffentlichkeit kein Interesse an der Lieferung veralteter Maschinen haben könne.

Das Reichspatentamt hat die Klage abgewiesen, weil den klagenden Vereinen „die subjektive Eignung des Lizenzsuchers" fehle und weil im übrigen die klagenden Werke auch mit Maschinen anderer Bauart — nach H. oder L. — wirtschaftlich arbeiten und ihre Betriebe aufrecht erhalten könnten, sodaß kein öffentliches Interesse an der Gewährung der Zwangslizenz bestehe.

Die Kläger, welche Berufung eingelegt haben, machen hiergegen geltend, die H.- und L.-Maschinen, die mit Auslegern arbeiteten, seien den Brückenmaschinen der Beklagten nicht gleichwertig. Um das öffentliche Interesse darzutun, berufen sie sich jetzt auch auf Patente, Patentanmeldungen und Gebrauchsmuster, die sämtlich ihnen allen frei oder gegen Lizenzgebühr zur Verfügung ständen, aber ohne Lizenz an den beiden grundlegenden Patenten der Beklagten praktisch nicht verwertet werden könnten. Die Beklagten erklären die Neuanführungen der Kläger für eine unzulässige Klageänderung. Sachlich halten sie ihnen entgegen, die Schutzrechte, auf welche die Kläger sich jetzt beriefen, verfolgten keinen anderen Zweck als ihre eigenen Veredlungspatente; die Auswertung jener Schutzrechte liege daher keinesfalls im öffentlichen Interesse, weil die Ausführung der Veredlungspatente genüge.

Das Reichsgericht, das einen Sachverständigen zugezogen hat, ist zur Bestätigung der Entscheidung des Reichspatentamts gelangt.

Aus den Gründen:

Wenn nach § 11 PatG. die Berechtigung zur Benutzung einer Erfindung zugesprochen werden kann, so ist damit — ebenso, wie im § 4 — gewerbsmäßige Benutzung gemeint. Die beiden klagenden Vereine haben aber weder einen Gewerbebetrieb, noch können sie einen solchen nach ihrer rechtlichen Stellung jemals erlangen. Sie sind eingetragene Vereine, deren Zweck nicht auf einen wirtschaftlichen Geschäftsbetrieb gerichtet ist, und die, wenn sie dennoch einen derartigen Zweck verfolgen wollten, die Entziehung der Rechtsfähigkeit zu gewärtigen hätten (§§ 21, 43 Abs. 2 BGB.). Eine Zwangslizenz kann nur für bestimmte einzelne Mitglieder der Vereine in Frage kommen, die selbst in der Lage sind, die ihnen zugesprochene Berechtigung auszunutzen. Nur für jedes Einzelmitglied könnte auch das öffentliche Interesse festgestellt werden, das Voraussetzung für Erteilung der Zwangslizenz ist. Die beiden Vereine können also nicht, wie sie es tun, aus eigenem Rechte klagen. Es käme auch für sie ein Erwerb der Zwangslizenz zur Weitergabe an ihre Mitglieder deshalb nicht in Betracht, weil bei dem stets wechselnden Mitgliederbestand eines Vereins der Umfang der Zwangslizenz nicht zu übersehen und wiederum eine Prüfung, inwieweit deren Erteilung im öffentlichen Interesse geboten erscheinen möchte, nicht möglich wäre. Ganz anders lag der früher (RGZ. Bd. 91 S. 194) entschiedene Fall, auf den sich die Kläger berufen, wo der Kläger, dem die Zwangslizenz erteilt wurde, Gleisrücker gegen Entgelt an andere Betriebe zur Benutzung überließ. Die Klage wäre übrigens auch nicht dadurch zu halten, daß die klagenden Vereine, wie sie sich schriftsätzlich erboten haben, weitere Gebühren zahlen und ihre Mitglieder benennen würden. Es ist nicht zulässig, nachträglich andere Kläger in den Streit eintreten zu lassen. Die Entscheidung des Reichspatentamts, soweit sie die Klage der Vereine abweist, war also hiernach ohne weiteres zu bestätigen.

Die übrigen Kläger begründen ihren Anspruch auf Erteilung einer Zwangslizenz an den Patenten 242464 und 310983 einmal damit, daß es im öffentlichen Interesse liege, im Bergbau die unentbehrlichen Hilfsmaschinen nach jenen Patenten arbeiten und sich nicht auf die nach späteren Patenten verbesserten Maschinen mit entsprechend höheren Lizenzgebühren verweisen zu lassen. In zweiter Instanz haben sie sich aber ferner darauf berufen, daß ihnen Schutzrechte (zum Teil von Mitgliedern der klagenden Vereine) zur Verfügung ständen, die auf jenen beiden Patenten fußten und deren Verwertung durch entsprechende Veränderung der den Beklagten patentierten Gleisrückmaschinen gleichfalls dem Wohl der Allgemeinheit diene. Daß hierin eine Klagänderung liege, die unter entsprechender Anwendung des § 527 ZPO. ohne Einwilligung der Beklagten unzulässig wäre, kann nicht anerkannt werden. Es braucht nicht untersucht zu werden, ob Klagegrund bei der Zwangslizenzklage ganz allgemein das Vorliegen eines öffentlichen Interesses ist oder ob dazu die dieses Interesse begründenden einzelnen Tatsachen gehören. Die Zwangslizenz ist nämlich von vornherein — ob mit Recht, muß hier dahingestellt bleiben — ganz allgemein verlangt worden, ohne Ausschluß des Gesichtspunkts, daß die nach den beiden Patenten geschützten Maschinen umgebaut werden könnten. Schon in der Klage findet sich, wenn auch nur zur Frage der Höhe der Lizenzgebühren, ein entsprechender Hinweis darauf, daß das Patent 242464 in Verbindung mit anderen Patenten benutzt werden könne, die inzwischen erteilt worden seien. Danach handelt es sich jetzt nur um eine nach § 268 ZPO. zulässige Ergänzung der Klage.

In der Sache selbst ist mit dem Reichspatentamt davon auszugehen, daß es im öffentlichen Interesse liegt, dem Kohlenbergbau die zur Aufrechterhaltung seiner Betriebe nötigen Maschinen zu verschaffen. Darüber hinaus muß ihm zum Wohl der Allgemeinheit die Möglichkeit zugestanden werden, insoweit wirtschaftlich mit den für ihn unentbehrlichen Maschinen zu arbeiten, daß seine Abnehmer nicht unter einer Erhöhung der Kohlenpreise zu leiden haben. Unter diesem Gesichtspunkt allein könnte den Klägern, zunächst ohne Rücksicht auf die ihnen selbst zur Verfügung stehenden Schutzrechte, die Zwangslizenz gewährt werden.

Mit zwei verschiedenen Systemen von Gleisrückmaschinen, die vornehmlich dem Verlegen der Baggergleise bei fortschreitendem Abbau dienen, hat man im Braunkohlenbergbau praktische Erfahrungen gemacht: mit dem Auslegersystem und dem Brückensystem. Nach jenem arbeiten die Maschinen der Firma H. und der M. St.-Werke (L.). Es besteht darin, daß vom Kopfe (oder — je nach der Fahrtrichtung — vom Ende) der auf dem Gleis fahrenden Maschine ein Arm mit der Rückvorrichtung (Rollen, welche die Schienen packen und seitwärts biegen) ausgeht. Die Maschinen der Beklagten dagegen, die nach den Patenten 242464 und 310983 gebaut sind, beruhen auf dem Brückengedanken: die zum Gleisrücken dienenden Rollen hängen in der Mitte einer Brücke zwischen zwei auf dem Gleis fahrenden Schemeln in einem seitwärts verschiebbaren Rahmen. Während nach dem ersten Patent zwischen den Fahrschienen noch eine besondere Schiene notwendig war, an der die von beiden Seiten festgeklemmten Hubrollen die durch Schwellen verbundenen Schienen (meist fünf nebeneinander) hochhoben, läßt das zweite Patent die Hubrollen an zwei Fahrschienen selbst anfassen und zugleich als Schub- oder Zwängrollen zum Seitwärtsschieben des Gleises dienen. Diese Brückenmaschinen können zwar nicht, wie die Auslegermaschinen, das Schwanzende einer Gleisanlage erfassen. Auch müßte, wie der Sachverständige ausgeführt hat, theoretisch das Material beim Einspannen zwischen den beiderseits auf den Schienen lastenden Schemeln mehr als bei den Auslegermaschinen in Anspruch genommen werden. In der Praxis ergibt sich aber, wie der Sachverständige durch Versuche bestätigt gefunden hat, daß mit den Auslegermaschinen im allgemeinen weit schärfer gerückt, also auch das Material weit stärker beansprucht wird, wozu noch die Notwendigkeit zeitraubender und besonders sorgfältige Arbeit erfordernder Nachregelung der durch das Rücken entstehenden Gleiskrümmungen kommt. Das läßt nach der überzeugenden Ansicht des Sachverständigen, der übrigens auch die Beklagten nicht mehr entgegengetreten sind, Brückenmaschinen jeder, auch der alten Art, so weit überlegen erscheinen, daß es nicht zu rechtfertigen ist, den im Interesse der Allgemeinheit arbeitenden Braunkohlenbergbau auf die unzweckmäßigeren Auslegermaschinen zu verweisen, selbst wenn an ihnen — wie an sich möglich — die weiterhin für Brückengleismaschinen noch zu erörternden Verbesserungen angebracht würden. Der Unterschied ist so groß und wirkt sich im Materialverbrauch und in der Ersparnis von Arbeitskräften derartig aus, daß es bedenklich erscheint, den Klägern schon hier — wie später in anderem Zusammenhang — entgegenzuhalten, daß die Gleisrückkosten im Verhältnis zu den Gesamtförderkosten überhaupt zu niedrig seien, um die Allgemeinheit zu berühren.

Anderseits haben aber auch die Beklagten unter gleichen Erwägungen einen Anspruch darauf, daß Lizenznehmer und Käufer ihrer Brückenmaschinen diejenigen Verbesserungen mitübernehmen, die sie an den Maschinen unter dem Schutz neuerer Patente angebracht haben, um eine noch bessere Materialschonung und weitere Erleichterung der Bedienung und damit Abkürzung der Bedienungszeit zu erreichen. Sie dürfen nur nicht unerfüllbare Forderungen stellen, wenn sie hierauf verweisen wollen.

Daß die sog. Veredlungspatente der Beklagten technisch in der angegebenen Richtung erhebliche Vorteile gebracht haben, kann nach dem Gutachten des Sachverständigen keinem Zweifel unterliegen. Sie alle beruhen auf dem Bestreben, zur größeren Schonung des Materials die Arbeit der die Schienen hebenden und seitwärts drückenden Rollen schmiegsamer zu gestalten und überall einen immer besseren Druckausgleich herbeizuführen. ... (Wird näher dargetan.) Der Sachverständige hat nun Besichtigungen und Versuche vorgenommen und Berechnungen angestellt, um die Leistungen und Kosten der sog. starren A.-K.-Maschinen mit denen der veredelten Maschinen zu vergleichen. Doch braucht hierauf nicht näher eingegangen zu werden. Ganz allgemein machen nämlich — und das ist entscheidend — die Gleisrückkosten überhaupt nur einen äußerst geringen Prozentsatz der in den geförderten Kohlen steckenden Werte aus; sie betragen nur 3‰ des Kaufpreises. Und der Anteil der Lizenzen (unter Zugrundelegung der tatsächlich gezahlten Beträge) beläuft sich sogar nur auf 0,4‰.

Danach erscheint es im Interesse der Allgemeinheit, die keineswegs durch die für die veredelten Maschinen zu zahlenden Lizenzen eine Erhöhung der Kohlenpreise zu erwarten hat, nicht geboten, dem an sich berechtigten Verlangen der Beklagten entgegenzutreten, die veredelten Maschinen mit entsprechend höheren und länger laufenden Lizenzen in den Verkehr zu bringen. Selbstverständlich zeigt die Monopolstellung des Patentinhabers ihre Wirkung auch in der Festsetzung der Lizenzgebühr und in der Aufstellung von Bedingungen. Nur in Ausnahmefällen kann hier im Wege der Zwangslizenz eingegriffen werden; so, wenn im öffentlichen Interesse untragbare Bedingungen auferlegt werden sollen. Das ist aber hier nicht der Fall, weder (wie sich aus dem Ausgeführten ergibt) hinsichtlich der Höhe der Lizenzen noch auch insofern, als die Beklagten die sog. Freizügigkeit — die Verbringung der Maschinen von einer Grube in die andere — versagt haben. Dies war dadurch gerechtfertigt, daß die Beklagten die Höhe der Lizenzgebühren nach der in den einzelnen Gruben verschiedenen Leistung der Maschinen zu bemessen pflegten.

Nun wäre es aber denkbar, daß die Kläger deshalb die neuen Ausführungen der Beklagten verweigern und Zwangslizenz an den grundlegenden Patenten verlangen könnten, weil ihnen selbst Verbesserungen zur Verfügung ständen, die, zum Teil schon patentiert, lediglich auf den beiden alten Patenten der Beklagten aufbauen. Daß die auf seiten der Kläger noch schwebenden Anmeldungen zu Patenten führen, mag unterstellt werden. Dann erhebt sich die Frage, ob sich die Kläger darauf berufen können, soweit ihnen selbst die Schutzrechte nicht zustehen und obgleich sie nach ihnen die Maschinen in eigener Werkstatt nicht herzustellen vermögen, sondern auf fremde Hilfe angewiesen sind. Für die Bejahung spricht, daß eine Erfindung auch von demjenigen gewerblich ausgenutzt werden kann, der lediglich eine Lizenz besitzt und der in fremder Werkstatt arbeiten lassen muß. Um so mehr, wenn gerade er es ist, der, wie hier die Kläger, ein öffentliches Interesse für die Benutzung der jene Ausnutzung versperrenden Erfindung nach der Art seines Gewerbebetriebs geltend machen kann. Eigener Erfindungsbesitz oder Lizenz, soweit die M.- und D.-Schutzrechte in Betracht kommen, sowie die von den Klägern unter Beweis gestellte Bereitwilligkeit der M. St.werke, Maschinen nach den ihnen gehörigen Patenten herzustellen und an die Kläger zu liefern, lassen sich von diesen gewerblich nur verwerten, wenn sie über die Grundlage aller dieser Rechte, die beiden alten Patente der Beklagten, nach Erteilung einer Zwangslizenz verfügen können.

Mag es nun aber endgültig möglich sein, den Anspruch auf Zwangslizenz so zu begründen, oder nicht: jedenfalls läßt er sich nicht auf jedes beliebige neue Schutzrecht stützen, vielmehr nur auf ein solches, das für die Belange der Allgemeinheit einen wesentlichen Fortschritt bedeutet. Ist diese Voraussetzung gegeben, dann allerdings darf die technische Entwicklung nicht durch das Monopol des Patentinhabers behindert werden, um so weniger dann, wenn eine der Allgemeinheit stark dienende Industrie sich das Neue zunutze machen will, wie das hier der Fall ist. Doch kann hier jene Frage, wie auf der Hand liegt, nicht beantwortet werden auf Grund eines einfachen Vergleichs zwischen den Patenten, an denen die Zwangslizenz begehrt wird, und dem Neuen, das der Lizenzsucher bringen will. Vielmehr hat der Patentinhaber einen Anspruch darauf, daß auch geprüft werde, was für Fortschritte er selbst inzwischen auf dem gleichen Gebiet gemacht habe. So können die Beklagten den für die Zwangslizenz angeführten Schutzrechten gegenüber wiederum auf ihre eigenen, bereits erwähnten Veredlungspatente verweisen und geltend machen, daß sie nach diesen selbst in der Lage seien, der Industrie Gleichwertiges zur Verfügung zu stellen, sodaß diese der Hilfe der Kläger nicht bedürfe und folglich auch ein öffentliches Interesse an solcher Mithilfe nicht bestehen könne. Niemals kann die Verbesserung eines Patentes, die der Patentinhaber selbst auszuführen vermag, Anlaß zur Erteilung der Zwangslizenz geben, wenn dann nicht etwa (wie in RGZ. Bd. 126 S. 266 und in dem vom Senat am 3. Januar 1927 — I 139/26[1]) — entschiedenen Falle) in irgendeiner anderen Beziehung (z. B. im Hinblick auf die öffentliche Gesundheit oder die Arbeitssicherung im Bergwerk) das öffentliche Interesse es gebietet. Im vorliegenden Falle kann aber nur das Allgemeininteresse an möglichst wirtschaftlicher Arbeit im Bergbau im Hinblick auf Kohlenförderung und Kohlenpreise in Betracht kommen. Und da müßten die Kläger zur Begründung der Zwangslizenzforderung schon dartun, daß sie im Verhältnis zu den eigenen Veredlungspatenten der Beklagten zum Besten der Allgemeinheit etwas technisch erheblich Überlegenes zu bringen oder gar einen völlig neuen Weg zu gehen imstande seien. Um dies beurteilen zu können, war ein Vergleich der beiderseitigen Schutzrechte unerläßlich. Ihm hat sich der Sachverständige unterzogen. Das Ergebnis hat er in seinem Ergänzungsgutachten niedergelegt. ... (Es folgen Einzelangaben; das Ergebnis ist:) Danach können sich die Kläger im allgemeinen Interesse auf kein einziges Schutzrecht berufen, das neben den Veredlungspatenten der Beklagten, die in der Praxis ständig ausgeführt werden, von solchem wirtschaftlichem Werte wäre, daß sich danach die Erteilung einer Zwangslizenz auf die Patente 242464 und 310983 rechtfertigen ließe. Nirgends läßt sich sagen, daß sich ein Vorteil für die Allgemeinheit irgendwie entscheidend — etwa im Sinne der Preisherabsetzung bei den Braunkohlen — bemerkbar machen könnte, um so weniger als, wie oben ausgeführt, die Gleisrückkosten überhaupt keine so erhebliche Rolle innerhalb der Gesamtkosten spielen.

---

77. Kann jede Reichsmarkschuld, auch eine Wertschuld, dadurch getilgt werden, daß der Nennbetrag in Reichsmark gezahlt wird? Gilt das auch dann, wenn die Kaufkraft der

[1]) Abgedr. in M. u. W. XXVI S. 193. D. R.

Reichsmark, z. B. nach den Reichs-Teuerungsrichtzahlen, zur Zeit der Entstehung der Schuld höher war als im Zeitpunkt der Zahlung?

Münzgesetz vom 30. August 1924 (RGBl. II S. 254) §§ 3, 4, 5, 9.
Bankgesetz vom 30. August 1924 (RGBl. II S. 235) §§ 31, 52.

VII. Zivilsenat. Urt. v. 28. November 1930 i. S. Gewerkschaft M. C. (Bekl.) w. Sch.-U. (Kl.). VII 627/29.

I. Landgericht Dortmund.
II. Oberlandesgericht Hamm.

Durch gemeinsamen Beschluß des Oberbergamts in D. und des Regierungspräsidenten in A. vom 26. Januar / 13. Februar 1925 ist auf Antrag der Beklagten der Kläger für verpflichtet erklärt worden, nach Eintritt der Rechtskraft des Beschlusses eine 85,46 ar große Fläche seines Grundbesitzes in B. zum Bau einer Hafenbahn gegen eine Entschädigung von 25419 GM. nebst 8% Zinsen seit dem 11. Juli 1924 der Beklagten schulden- und lastenfrei abzutreten. Auf das Verfahren waren durch Staatsministerialbeschluß vom 15. Mai 1924 die Vorschriften des Gesetzes über ein vereinfachtes Enteignungsverfahren vom 26. Juli 1922 (GS. S. 211) für anwendbar erklärt und durch den Beschluß vom 28. Juni, zugestellt am 11. Juli 1924, war die Beklagte in den Besitz der Parzelle eingewiesen worden. Die Beklagte hat am 27. Juli 1925 die Entschädigungssumme mit 25528,50 RM. (einschließlich Zinsen) gezahlt. Im gegenwärtigen Rechtsstreit verlangte der Kläger ursprünglich eine weitere Entschädigung von mindestens 100000 RM. nebst gewissen Zinsen. Das Landgericht hat ihm durch Teilurteil vom 16. Mai 1927 eine weitere Entschädigung von 70614 RM. nebst — der Höhe nach gestaffelten — Zinsen seit dem 11. Juli 1924 zugesprochen, den Anspruch des Klägers auf Entschädigung wegen Lehmvorkommens abgewiesen und die Entscheidung über einen weiteren Posten der Klagerechnung — betreffend Anlegung und Unterhaltung eines Durchlasses des B.er Baches — vorbehalten. Beide Parteien haben Berufung eingelegt. Vor dem Oberlandesgericht haben sie den Anspruch wegen des Bachdurchlasses für erledigt erklärt. Die Berufung des Klägers ist durch rechtskräftig gewordene Entscheidung zurückgewiesen worden. Der Berufungsantrag der Beklagten ging schließlich dahin, die Klage abzuweisen, soweit die Beklagte zur Zahlung von mehr als 4273 + 372 = 4645 RM. nebst Zinsen verurteilt worden sei. Die Beklagte erklärte sich nämlich damit einverstanden, daß der Einheitssatz für den Wert des Grund und Bodens von 150 auf 200 RM. für das Ar erhöht, insoweit also 17092 – 12819 = 4273 RM. mehr in die Rechnung eingestellt würden. Außerdem billigte sie dem Kläger für Land, das er zu einem Kulturweg verwenden mußte, statt 1500 RM. 1872 RM., also 372 RM. mehr zu. Jene 4273 RM. nebst Zinsen sind am 22. Juni 1927 gezahlt worden. Das Oberlandesgericht hat die Beklagte unter Abweisung des weitergehenden Anspruchs verurteilt, an den Kläger noch 31122 RM. nebst 4% Zinsen von 30750 RM. seit dem 11. Juli 1924 zu zahlen. Von den weiteren 372 RM. soll die Beklagte die gestaffelten Zinsen zahlen, wie sie im Urteil des Landgerichts festgesetzt worden sind.

Die Revision der Beklagten griff diese Entscheidung an, soweit sie ihr ungünstig ist. Sie führte in diesem Umfang zur Aufhebung und Zurückverweisung.

Gründe:

1. Die Revision richtet sich, wie die Revisionsklägerin in der mündlichen Verhandlung mit Recht erklärt hat, dagegen, daß die Beklagte verurteilt ist, noch 30750 RM. nebst Zinsen an den Kläger zu zahlen. Nur in diesem Punkt ist das Berufungsurteil der Beklagten ungünstig. Die 372 RM. nebst den gestaffelten Zinsen, welche die Beklagte noch weiter zahlen soll, gehören zu jenen 4645 RM., zu deren Zahlung bereits das Landgericht verurteilt hatte und auf welche sich der Berufungsantrag der Beklagten schließlich nicht mehr bezog. Die außerdem noch dazu gehörigen 4273 RM. sind inzwischen gezahlt worden. Der Berufungsrichter hat das bei seiner Berechnung berücksichtigt; deshalb hat er die Beklagte nicht mehr zur Zahlung dieser 4273 RM. nebst Zinsen verurteilt.

2. Gegen die Zulässigkeit des Rechtswegs und die Rechtzeitigkeit der Klagerhebung ergeben sich keine Bedenken, vgl. §§ 6 und 7 des Gesetzes über ein vereinfachtes Enteignungsverfahren vom 26. Juli 1922. Richtig ist auch, daß der Berufungsrichter als den für die Höhe der Entschädigung maßgebenden Stichtag den 11. Juli 1924 angesehen hat, den Tag, an welchem dem Kläger der Beschluß zugestellt worden ist, der die Beklagte in den Besitz der zu enteignenden Fläche einwies.

Von diesem Tag an ist die Entschädigung nach § 6 Abs. 1 Satz 4 a. a. O. zu verzinsen, und der Beginn der Verzinsung entscheidet, wie der erkennende Senat bereits in RGZ. Bd. 69 S. 349 ausgesprochen hat.

3. Begründet sind aber die Angriffe, welche die Revision gegen die teils vom Oberlandesgericht selbst, teils mit dessen Billigung von den Sachverständigen vorgenommenen Umrechnungen erhebt. Die Sachverständigen haben den Grundstückswert in an sich zulässiger Weise nach Vergleichskäufen ermittelt, die in der Zeit von 1924 bis 1928 liegen. Das Grundstücksangebot, das der Kläger im Jahre 1917 gemacht hatte, haben sie als Unterlage für die Wertermittlung nicht berücksichtigt; sie haben es, wie sie selbst betonen, nur zur Klarstellung eines wirtschaftlichen Irrtums benutzt. Obwohl die Sachverständigen nun annehmen, daß schon Mitte 1924, trotz noch herrschender schwieriger Verhältnisse, die gezahlten Grundstückspreise einen gerechten Maßstab für die Beurteilung der Wertverhältnisse bildeten, haben sie doch bei Würdigung der Vergleichskäufe aus den Jahren 1924 bis 1928 die Reichsmark — und die ihr gleichstehende Vorläuferin, die Rentenmark, die im folgenden immer unter der Reichsmark mitverstanden wird — nicht als Währung, als feststehenden und gleichbleibenden Wertmesser behandelt, sondern sie haben in ihr verschiedene Wertmaßstäbe erblickt, die sie durch Umrechnen nach den Zeilerschen Geldwertzahlen, d. h. also nach den Reichs-Teuerungsrichtzahlen, auf die Friedensmark als den gemeinsamen Nenner zurückführten. So sind die Sachverständigen dazu gelangt, den Grundstückswert und auch die übrigen Einzelposten der Entschädigungsforderung in Friedensmark festzustellen. Von der in Friedensmark ermittelten Gesamtforderung des Klägers haben sie und, ihnen folgend, das Oberlandesgericht die Zahlungen der Beklagten abgezogen, aber auch erst, nachdem sie diese an Hand der Reichs-Teuerungsrichtzahlen in Friedensmark umgerechnet hatten. Durch dieses Verfahren wird die Beklagte benachteiligt, wie schon folgende Überlegung zeigt. Legt man, mangels anderen Anhalts, die von den Sachverständigen berechnete Gesamtentschädigung von 40970 Friedensmark zugrunde, so hatte die Beklagte am 11. Juli 1924 bei einer Geldwertzahl von 1,28 52441,60 RM. zu zahlen. Sie hat am 27. Juli 1925 25528,50 RM. und am 22. Juni 1927 noch 4273 RM. auf die Hauptsumme gezahlt. Wenn Reichsmark gleich Reichsmark zu rechnen ist, konnte die Restschuld der Beklagten danach nur noch

22640 RM. betragen; der Berufungsrichter hat die Beklagte aber zur Zahlung von insgesamt noch 31122 RM. verurteilt, weil er die 25528,50 RM. nach der Reichs-Teuerungsrichtzahl vom Juli 1925 (1,433) in 17814,72 Friedensmark und die 4273 RM. nach der Richtzahl vom Juni 1927 (1,477) in 2893,03 Friedensmark umgerechnet und diese Beträge von den 40970 Friedensmark Entschädigungsforderung abgezogen hat. Den verbleibenden Rest von rund 20262 Friedensmark hat der Vorderrichter nach der für die Zeit des Urteilserlasses maßgebenden Richtzahl (1,536) umgerechnet und ist so zu den erwähnten 31122 Reichsmark gelangt. Welche weiteren Nachteile für die Beklagte sich etwa dadurch noch ergeben haben, daß die Vergleichspreise schon bei Ermittlung der Entschädigung in Friedensmark umgerechnet und überhaupt alle Einzelposten in Friedensmark festgestellt worden sind, kann unerörtert bleiben.

4. Das Umrechnungsverfahren des Berufungsrichters ist nicht zu billigen. Die Reichsmark ist zu allen Zeiten ihres Bestehens dieselbe Reichsmark gewesen und geblieben. Jede Reichsmarkschuld konnte und kann durch Reichsmarkzahlung getilgt werden. Nur diese Auffassung entspricht der geltenden Münzgesetzgebung und ihrer tatsächlichen Herrschaft im Verkehr. Nach § 3 Abs. 1 des Münzgesetzes vom 30. August 1924 ist die Reichsmark gleich 1/1395 Pfund Feingold, genau wie nach §§ 1 und 2 des Gesetzes betr. die Ausprägung von Reichsgoldmünzen vom 4. Dezember 1871 (RGBl. S. 404), nach Art. 1 Abs. 1 des Münzgesetzes vom 9. Juli 1873 (RGBl. S. 233) und nach § 3 Abs. 1 des Münzgesetzes vom 1. Juni 1909 (RGBl. S. 507). Deshalb konnten auch die auf Grund der früheren Gesetze geprägten Reichsgoldmünzen als solche in die neue Reichsmarkwährung hinübergenommen werden, vgl. § 4 des Gesetzes vom 30. August 1924. Die Reichsmark der neuen Währung ist danach dasselbe, was man in den Zeiten der Papierwährung und der Inflation eine Goldmark genannt und als Rechnungsmark benutzt hat. Wer eine Reichsmark schuldet, schuldet 1/1395 Pfund Feingold, und wer 1395 Reichsmark zu fordern hat, wird durch den Empfang von einem Pfunde Feingold befriedigt. Auf die — in der Tat veränderliche — Kaufkraft des Goldes kommt es dabei nicht an, auch nicht bei den sog. Wertschulden, zu denen die Forderung des Klägers als Entschädigungsforderung an sich gehört. Ein Blick in die für die ganze Aufwertung und damit auch für die Umrechnung von Wert-

schulden grundlegende Entscheidung vom 28. November 1923 (RGZ. Bd. 107 S. 78) zeigt denn auch, daß für sie nicht die geänderte Kaufkraft der Goldmark ausschlaggebend war, sondern der Umstand, daß die in Gold nicht mehr einlösbare, im Verkehr aber ausschließlich maßgebende Papiermark eigene Wege gegangen war und ihren Wert beinahe völlig eingebüßt hatte. Das war der Grund dafür, daß die Währungsgesetzgebung hinter den gebieterischen Anforderungen von Treu und Glauben im Verkehr zurücktreten mußte. Aufgegeben wurde damals nicht eigentlich der Satz „Mark gleich Mark", sondern der erst einen wirklichen Inhalt aufweisende Satz „Papiermark gleich Goldmark".

Seit die Reichsmark eingeführt ist, hat es keine Papiermark im alten Sinne mehr gegeben. Zwar spielen die Reichsgoldmünzen heute im Verkehr noch keine Rolle, aber die sonstigen gesetzlichen Zahlungsmittel nach § 5 des Münzgesetzes vom 30. August 1924, d. h. die Reichsbanknoten und — in beschränktem Maße, § 9 a. a. O. — die Scheidemünzen haben seit der Neubefestigung der Währung stets die volle Zahlungskraft besessen, ihr Nennwert hat als Goldwert gegolten. Dasselbe war und ist der Fall bei den gesetzlich außerdem noch zugelassenen Zahlungsmitteln, wie z. B. bei den Noten der Privatbanken und den Rentenbankscheinen. Bei alledem hat es sich nicht um einen Zwangskurs im Inlande gehandelt; das beweist klar der Umstand, daß die Reichsbanknoten an den Börsen des Auslands — innerhalb der kleinen Schwankungen, denen alle wertbeständigen Währungen unterworfen sind — stets ihren Kurs gehalten haben, und zwar auch schon ehe — nach Erlaß des Berufungsurteils — die in § 31 des Bankgesetzes vom 30. August 1924 enthaltene Vorschrift über die Einlösung der Reichsbanknoten gemäß § 52 das. in Kraft gesetzt worden war (vgl. die Bekanntmachungen des Reichsbankdirektoriums vom 15. April 1930, des Reichswirtschaftsministers und des Reichsministers der Finanzen vom 17. April 1930, RGBl. II S. 691).

5. Der Kläger hat also die an ihn geleisteten Zahlungen in Geld erhalten, dessen Goldwert seinem Nennwert entsprach. Etwas Gegenteiliges hat weder der Berufungsrichter angenommen noch der Kläger behauptet. Ebenso sind die Preise der von den Sachverständigen herangezogenen Vergleichskäufe Reichsmarkpreise gewesen. Sie sind deshalb an sich unmittelbar miteinander vergleichbar,

wenn auch die besonderen Umstände einzelner Käufe eine sie beachtende Würdigung rechtfertigen mögen.

Alles das hat auch der Berufungsrichter nicht eigentlich verkannt. Seine Erwägungen beruhen darauf, daß die Reichsmark, obwohl Goldmark, doch zu den verschiedenen Zeiten ihres Bestehens eine verschiedene Kaufkraft gehabt hat. Die Richtigkeit dieser Tatsache ist schon oben zugegeben worden; sie vermag aber die vom Berufungsrichter daraus gezogenen Schlüsse nicht zu begründen.

Die Kaufkraft des Goldes ändert sich einmal, weil dieses nicht nur Währungsmetall, sondern auch Ware ist, dem Gesetz von Angebot und Nachfrage unterliegt und deshalb in seinem eigenen Werte, gemessen an dem der übrigen Waren, steigt und fällt; und sie ändert sich zweitens, weil die übrigen Waren, am Gold gemessen, in ihrem Werte steigen und fallen. Die Versuche, die jeweils eintretenden Wirkungen gesondert auf jede der beiden Ursachen zurückzuführen, haben als aussichtslos aufgegeben werden müssen, wie das Reichsgericht im Anschluß an Helfferich Das Geld 6. Aufl. S. 563flg. schon in seinem Plenarbeschluß vom 31. März 1925 (RGZ. Bd. 110 S. 373) anerkannt hat. Darauf kommt es übrigens hier nicht an. Ohne weiteres ist klar, daß die auf der Warenseite eintretenden Preisänderungen, vielfach hervorgerufen durch künstliche Eingriffe in den Warenumlauf, durch Steuern und Lasten ebenso wie durch Maßnahmen der Handelspolitik, die lösende Kraft einer Zahlung in Gold oder goldwertem Gelde nicht zu beeinträchtigen vermögen. Die Schwankungen aber, die das Gold in seinem eigenen Wert erleidet, dürfen nicht beachtet werden, weil das Gold trotz dieser Schwankungen zum Währungsmetall bestimmt worden ist. Sie sind in aller Regel nur gering und meist nur in längeren Zeiträumen von erheblicherem Gewicht. Die hierdurch bedingten Nachteile hat man bewußt in Kauf genommen, als die Goldwährung geschaffen wurde; sie können jetzt nicht zur Unterlage von besonderen Ansprüchen gemacht werden. Nachdem mit Einführung der Reichsmark wieder normale Zeiten eingetreten sind, muß der Gold- und Geldwert für den Verkehr wieder als gleichbleibend angesehen werden, wie das vor dem Kriege geschah. Auch damals war vielfach ein Sinken des Goldwertes zu beobachten; die sogenannten Erhöhungen der Beamtengehälter hatten wesentlich den Zweck, das gesunkene Realeinkommen wiederherzustellen. Trotzdem ist in jenen Zeiten nicht der Versuch gemacht worden, auch nicht bei Wertschulden,

Nennwertzahlungen in Gold oder goldgleichem Geld als unterwertig zu bemängeln.

Nur nebenbei sei bemerkt, daß nicht immer nur der Gläubiger begünstigt würde, wenn man die Kaufkraft des Geldes als jeweils maßgebend beachtete. Seit einiger Zeit fallen die Reichs-Teuerungsrichtzahlen; wir erleben unverkennbar ein allmähliches Wiederansteigen der Kaufkraft des Geldes.

6. Der Vorderrichter beruft sich für seine von der hier vertretenen abweichende Ansicht auf die vom erkennenden Senat in seinen Entscheidungen RGZ. Bd. 107 S. 228 und Bd. 109 S. 258 aufgestellten und seitdem in ständiger Rechtsprechung festgehaltenen Grundsätze. Er umschreibt sie dahin, daß eine in der Zeit zwischen dem maßgeblichen Stichtag der Enteignungsentschädigung und der Auszahlung der Entschädigungssumme eingetretene Verschlechterung der allgemeinen inneren Kaufkraft der Mark dem Enteigneten nicht zum Nachteil gereichen, daß dieser vielmehr Anspruch auf den Geldbetrag haben soll, der, gemessen an der allgemeinen inneren Kaufkraft der Mark, zur Zeit der Zahlung oder des Urteils dem für die Stichzeit ermittelten Wert entspricht.

Bei Anwendung jener Grundsätze auf den vorliegenden Fall übersieht jedoch das Oberlandesgericht, daß es sich in allen bisher vom Senat entschiedenen Fällen um Enteignungsentschädigungen aus der Papiermarkzeit gehandelt hat. Hier war eine Umrechnung in Reichsmark von vornherein notwendig, und dabei mußte auch die von ihrem Kurswert häufig recht verschiedene Kaufkraft der Papiermark berücksichtigt werden. Dann war es aber geboten, entsprechend bei der Reichsmark zu verfahren, alle ihre Eigenschaften und Beziehungen zu beachten, einschließlich ihrer Kaufkraft, und so, wie jene an dem jeweils maßgebenden Zeitpunkt vorhanden waren. Allgemein etwa die Verhältnisse vom 1. Januar 1924 zugrunde zu legen, wäre nicht angegangen, weil sie damals noch ungewöhnlich waren und weil z. B. in den überhohen Zinssätzen das Mißtrauen in den Bestand der Währung noch klar zutage trat.

Im gegenwärtigen Fall ist eine Enteignungsentschädigung für den 11. Juli 1924 zu ermitteln und sind Zahlungen zu beachten, die in den Jahren 1925 und 1927 geleistet wurden. Alles hat sich also in der Reichsmarkzeit abgespielt; die Reichsmark als Währung muß deshalb nach allen Richtungen hin maßgebend sein.

7. Nicht entgegen steht dieser Auffassung das Urteil des V. Zivilsenats vom 4. Juni 1930 V 16/29, worin eine von den Sachverständigen auch des gegenwärtigen Rechtsstreits in ähnlicher Weise wie jetzt angestellte Rechnung gebilligt worden ist. In dem dort entschiedenen Falle handelt es sich nämlich auch um eine durch Beschluß vom Sommer 1921 in Papiermark festgesetzte Entschädigung, bei der eine Umrechnung in Reichsmark vorgenommen werden mußte und dann in der geschilderten Weise bewirkt werden durfte.

8. Erwähnt mag endlich noch werden, daß die Frage, ob die Kaufkraft der Reichsmark zu berücksichtigen ist, auch in der Rechtsprechung über die eigentliche Aufwertung aufgeworfen wurde. Der V. Zivilsenat hatte sie bejaht (Zeiler Aufwfälle Nr. 1441), andere Senate hatten sie verneint, nämlich der I. (Zeiler a. a. O. Nr. 610 und Nr. 916), der II. (RGZ. Bd. 126 S. 399), der IV. (Zeiler Nr. 671), der VII. (Zeiler Nr. 1057) und der VI. Zivilsenat (Zeiler Nr. 972 und Nr. 1481). Neuerdings hat sich der VI. Zivilsenat wiederum mit der Frage beschäftigt. Er hat sie in seinem Urteil vom 16. Juni 1930 VI 559/29 (RGZ. Bd. 129 S. 208 = JW. 1930 S. 2413 Nr. 26) abermals verneint, nachdem der V. Zivilsenat — anscheinend übrigens nach Erlaß des vorstehend in Nr. 7 erwähnten Urteils — auf Anfrage erklärt hatte, daß er an seiner gegenteiligen Meinung nicht festhalten wolle.

9. Aus den vorstehenden Gründen muß das angefochtene Urteil in dem im Eingang erwähnten Umfang aufgehoben und die Sache insoweit zurückverwiesen werden. Dem Berufungsgericht wird es nunmehr obliegen, die Entschädigung in Reichsmark zu ermitteln und die geleisteten Reichsmarkzahlungen zu berücksichtigen, alles das ohne Ausschaltung der rechtlich geltenden und im Verkehr tatsächlich maßgebenden Reichsmarkwährung.

---

78. Ist der Austritt aus einem eingetragenen Verein ohne Einhaltung der satzungsmäßigen Kündigungsfrist zulässig, wenn ein wichtiger Grund vorliegt?

BGB. § 39.

IV. Zivilsenat. Urt. v. 23. Oktober 1930 i. S. St. (Kl.) w. Reichsverband der Zahnärzte Deutschlands e. V. u. Gen. (Bekl.). IV 721/29.

I. Landgericht Hamburg.
II. Oberlandesgericht daselbst.

Der Kläger ist dem Erstbeklagten, dem Reichsverband der Zahnärzte Deutschlands, als Mitglied beigetreten und dadurch gleichzeitig Mitglied des Zweitbeklagten (eines Landesverbandes) und des Drittbeklagten (eines Bezirksverbandes) geworden. Er ist ferner Mitglied des Vereins der Kassen-Zahnärzte für das Wirtschaftsgebiet Groß-Hamburg e. V. (im folgenden Kassenverein genannt). Der Reichsverband stand bis Ende März 1929 in einem Vertragsverhältnis zu den Ersatzkassen des Verbandes kaufmännischer Berufskrankenkassen. Mit ihnen trat durch Vertrag vom 5. April 1929 der Kassenverein in ein gleiches Vertragsverhältnis. Die Beklagten haben nun ihren Mitgliedern die kassenärztliche Behandlung der Mitglieder des Verbandes kaufmännischer Berufskrankenkassen untersagt, während der Kassenverein seine Mitglieder verpflichtet hat, diejenigen des Verbandes kaufmännischer Berufskrankenkassen zu kassenärztlichen Preisen zu behandeln. Der Kläger hat deshalb mit Schreiben vom 22. April 1929 seinen sofortigen Austritt aus dem Reichsverband erklärt. Dieser hat ihn auf § 5 der Satzung verwiesen, wonach der Austritt durch eine spätestens am 1. Juli abzugebende Erklärung nur zum 31. Dezember erfolgen kann. Daraufhin hat der Kläger mit der Klage die Feststellung beantragt, daß er seit dem 26. April 1929 nicht mehr Mitglied der verklagten Vereine sei. Das Landgericht erkannte antragsgemäß. Das Berufungsgericht wies die Klage ab. Die Revision des Klägers führte zur Aufhebung und Zurückverweisung.

Gründe:

Soweit das Berufungsgericht ausführt, daß den Vorschriften der §§ 228, 904 BGB. und des Art. 159 RVerf. kein Recht zum sofortigen Austritt aus den verklagten eingetragenen Vereinen zu entnehmen sei, kann ihm nicht entgegengetreten werden. Die Revision erhebt insofern auch keine Rüge. Sie beanstandet lediglich die Auffassung des Vorderrichters, daß der Austritt aus einem eingetragenen Verein nicht mit dem Vorliegen eines wichtigen Grundes gerechtfertigt werden könne, weil es an einer entsprechenden Vorschrift im Gesetz und in der Satzung fehle. Der Kläger hatte hierzu folgendes geltend gemacht: Der Reichsverband sei mit der Zugehörigkeit seiner Mitglieder auch zum Kassenverein bisher einverstanden gewesen. Zwischen beiden Verbänden habe bestes Einvernehmen geherrscht; es hätten Vereinbarungen bestanden, wonach vom Kassenverein benannte Mitglieder in die Vorstände des Reichsverbandes gewählt werden sollten. Der Kassenverein habe dann ohne sein (des Klägers) Zutun den Vertrag vom 5. April 1929 geschlossen und seinen Mitgliedern die Behandlung der Kassenkranken zur Pflicht gemacht, während gleichzeitig der Reichsverband seinen Mitgliedern die kassenärztliche Behandlung untersagt habe. Beide Verbände stellten bei Nichterfüllung dieser Verpflichtungen disziplinare Bestrafung, insbesondere Geldstrafen bis zu 3000 RM. und Ausschließung in Aussicht. Der Reichsverband habe bereits ein entsprechendes Verfahren gegen ihn (den Kläger) eingeleitet mit der Folge, daß er von der Disziplinarkammer aus dem Verband ausgeschlossen worden sei. Der Konflikt der Pflichten sei für diejenigen Zahnärzte, welche Mitglieder beider Verbände seien, nicht anders zu lösen, als daß ihnen der Austritt aus einem von beiden zugestanden würde. Die Wahl müsse dem Mitglied überlassen bleiben. Es komme aber hinzu, daß der Vorstand des Reichsverbandes den Abbruch der Verbindung mit dem Verband kaufmännischer Berufskrankenkassen verschuldet habe.

Mit dem Berufungsgericht ist davon auszugehen, daß für den gegebenen Fall weder im Gesetz noch in der Satzung ein Recht zu sofortigem Austritt aus wichtigem Grunde ausdrücklich anerkannt ist. Dadurch wird ein solches Recht aber noch nicht ohne weiteres ausgeschlossen. Derartiges ergibt sich auch nicht aus der Fassung des § 39 Abs. 2 BGB. und des § 5 Nr. 2 der Satzung. Die letztere Bestimmung, wonach die Möglichkeit des freiwilligen Austritts an eine spätestens am 1. Juli zum Schluß des Kalenderjahrs zulässige Kündigung geknüpft ist, schließt sich offenbar an die Regelung des Gesetzes an, wonach durch die Satzung bestimmt werden kann, daß der Austritt nur am Schluß eines Geschäftsjahrs oder erst nach Ablauf einer Kündigungsfrist zulässig ist, die höchstens zwei Jahre betragen darf. Damit ist lediglich eine Abweichung von der Regel des § 39 Abs. 1 BGB. zugelassen, wonach die Mitglieder zum fristlosen Austritt aus dem Verein berechtigt sind; mit der Frage, wie es beim Vorliegen eines wichtigen Grundes zu halten ist, hat die in Gesetz und Satzung getroffene Regelung nichts zu tun.

Ein Anhaltspunkt für die Beantwortung der zu entscheidenden Rechtsfrage ist nach Auffassung des Klägers daraus zu gewinnen, daß ein Vereinsmitglied aus wichtigem Grunde auch dann ausgeschlossen werden könne, wenn die Ausschließung in der Satzung nicht vorgesehen sei. Einen dahingehenden Rechtsgrundsatz hat das Reichsgericht bisher nicht aufgestellt (vgl. Oertmann BGB. 3. Aufl. Anm. 3 zu § 35 S. 140, wo die drei sich gegenüberstehenden Meinungen wiedergegeben sind, und Heinsheimer in JW. 1929 S. 847 Anm. zu Nr. 4). Dem im RGRKomm. § 39 Anm. 2 Satz 1 angeführten Urteil des erkennenden Senats vom 19. Mai 1924 lag ein Tatbestand zugrunde, nach dem die Ausschließung in der Satzung vorgesehen und nur ihr Grund nicht bezeichnet war. Des Umweges über die Ausschließung eines Mitglieds bedarf es aber nicht, da aus folgenden Gründen und in dem sich daraus ergebenden Umfang die Zulässigkeit des fristlosen Austritts beim Vorliegen eines wichtigen Grundes bejaht werden muß.

Mit Oertmann, der a. a. O. auf §§ 626, 723, 737 BGB. und § 70 HGB. verweist, ist es als leitender Gedanke des bürgerlichen und des Handelsrechts anzuerkennen, daß ein in die Lebensbetätigung der Beteiligten stark eingreifendes Rechtsverhältnis dann vor Ablauf der festgesetzten Zeit gelöst werden kann, wenn ein wichtiger Grund das erfordert. Dieser Gedanke hat auch für das Vereinsrecht und für die Frage des fristlosen Austritts Gültigkeit. Entscheidend ist, ob bei Berücksichtigung der gesamten Umstände des Einzelfalls ein Verbleiben im Verein bis zum Ablauf der satzungsmäßigen Kündigungsfrist eine unerträgliche Belastung bedeutet, die dem Mitglied nicht zugemutet werden kann. Diese Frage wird nur in Fällen ganz besonderer Art bejaht werden dürfen. Im allgemeinen wird das Mitglied darauf zu verweisen sein, daß der Austritt in der Satzung an eine Frist gebunden ist und daß es sich ihr durch den Beitritt zum Verein unterworfen hat. Soll dann gleichwohl festgestellt werden, daß die Einhaltung der Frist nicht zumutbar ist, so müssen in erster Linie die Belange und die Zwecke des Vereins, im Zusammenhang damit auch die Folgen eines sofortigen Austritts für ihn und der Grund für die Festsetzung einer Kündigungsfrist in Betracht gezogen werden. Diese Dinge werden in der Regel den Interessen des Mitglieds vorzugehen haben, gegen die sie abzuwägen sind. Selbstverständlich kann ein Grund dann nicht im Rechtssinne als wichtig anerkannt werden, wenn (wie hier behauptet ist) das Mitglied ihn allein oder doch wesentlich mitverschuldet hat.

Von diesem rechtlichen Gesichtspunkt aus hat das Berufungsgericht bisher den Sachverhalt nicht geprüft. Nach den aufgestellten Behauptungen besteht aber die Möglichkeit, daß ein wichtiger Grund gegeben ist. Es sei darauf verwiesen, daß nach dem Sachvortrag des Klägers der verklagte Reichsverband den Konflikt selbst verschuldet haben soll, nachdem er sich vorher mit der gleichzeitigen Zugehörigkeit zum Kassenverband einverstanden erklärt habe, daß aber jedes Verschulden des Klägers in Abrede gestellt worden ist. Auch ist zur Zeit mangels gegenteiliger tatsächlicher Feststellungen davon auszugehen, daß es dem Kläger nicht zur Last fällt, wenn er sich in dem eingetretenen Konfliktsfalle für den Kassenverband entschieden hat, und daß er dann die Ausschließung als eine ungerechtfertigte Kränkung empfinden durfte. Dafür, daß die angedrohte Geldstrafe (wie das Berufungsgericht in anderem Zusammenhang ausführt) nur einmal hätte verhängt werden können, findet sich kein Anhalt in den Bestimmungen der Satzung, soweit sie dem Revisionsgericht vorliegen.

---

79. Über die regelmäßige Bedeutung der Abrede, daß die gekaufte Ware „neutral ausgestattet" zu liefern ist.

BGB. § 459 Abs. 2. HGB. § 377.

II. Zivilsenat. Urt. v. 23. Dezember 1930 i. S. Firma Wi. (Bekl.) w. Firma F. & R. (Kl.). II 65/30.

I. Landgericht I Berlin.
II. Kammergericht daselbst.

Gegen eine Kaufpreisforderung für Nähmaschinen, welche die Beklagte bei der Klägerin zur Ausfuhr nach Griechenland bestellt und die Klägerin dorthin geliefert hatte, rechnete die Beklagte auf. Abgesehen von einer Forderung auf Ersatz von Verzugsschaden verlangte sie Schadensersatz dafür, daß entgegen der vertraglichen Abmachung ein Teil der Maschinen nicht „neutral ausgestattet" war, sondern ein die Klägerin als Herstellerin kennzeichnendes Fabrikschild trug. Sie behauptete, das habe zur Folge gehabt, daß die griechischen Abnehmer die Maschinen zur Verfügung stellten und der Beklagten ihre Kundschaft entzogen. Die Klägerin bestritt diese Wirkungen, wandte aber namentlich ein, der Mangel sei zu spät gerügt worden.

Beide Vorinstanzen gaben der Klage statt. Die Revision der Beklagten führte zur Aufhebung und Zurückverweisung.

Gründe:

Die Verzugsschadensforderung der Beklagten ist mit Recht aberkannt, da die Klägerin nicht im Verzug war. In Betracht kommt nur der Anspruch wegen Verletzung der Abrede über die neutrale Ausstattung.

Unstreitig sind entgegen dieser Abrede infolge eines Versehens von Arbeitern der Klägerin eine Anzahl Nähmaschinen mit ihrem Firmenschilde geliefert worden. Hiervon hat die Beklagte sehr spät Anzeige erstattet. Während die Sendung Anfang Juni im Piraeus angekommen war, datiert ihr Brief erst vom 17. August 1928. Würden die Vorschriften über Mängelrüge maßgebend sein, so müßte der Anspruch an dem Genehmigungspräjudiz des § 377 Abs. 2 HGB. scheitern. Die Beklagte bestreitet aber die Anwendbarkeit der Rügevorschriften, weil der Klägerin positive Vertragsverletzung vorgeworfen werde. Das hält das Berufungsgericht für unschlüssig. Auch gegenüber Ansprüchen aus positiver Vertragsverletzung, erwägt es, greife insoweit, als sie aus Sachmängeln hergeleitet würden, § 377 HGB. Platz.

Der Revision ist recht zu geben, daß diese Erwägung die Beklagte nicht widerlegt. Es fragt sich ja gerade, ob ihr Anspruch aus einem Sachmangel hergeleitet wird. Gewiß ist nicht zu bezweifeln, daß die neutrale Ausstattung eine Eigenschaft der Sache im Sinne des § 459 Abs. 2 BGB. bildet. Es gibt auch Fälle, in denen die Vereinbarung einer solchen Ausstattung den Regeln über Zusicherung einer Eigenschaft unterstellt werden muß. So, wenn die gekaufte Sache nicht zum Weiterverkauf bestimmt ist und das Verlangen des Käufers, die Anbringung der Firma zu unterlassen, nur einer ästhetischen Laune entspringt. Oder man nehme an, die verkaufende und die kaufende Gesellschaft stehen unmittelbar vor der Verschmelzung, wobei die Bedingung neutraler Ausstattung darauf beruht, daß eine neue Firma geplant wird, deren Wahl noch Schwierigkeiten bereitet. Wird hier der Abrede zuwider mit dem Firmenschilde des Verkäufers geliefert, so können Ansprüche deswegen nur unter den Voraussetzungen der §§ 460 flg. BGB. und, wenn beiderseitige Handelskäufe vorliegen, nur nach ordnungsmäßiger Mängelrüge geltend gemacht werden.

Indessen sind das doch nur seltene Ausnahmen. In der weitaus überwiegenden Regel verfolgt die Abrede den Zweck, die Herkunft der Ware zu verschleiern. Dahin gehören die Fälle, in denen der Käufer durch den Bezug vom Verkäufer eine Kartellbindung übertritt, vor allem aber auch der Fall des Exporteurs, der im Ausland selber als Fabrikant erscheinen will. Dieser letztere Fall ist hier gegeben. Die Klägerin hat nicht bestritten, gewußt zu haben, daß die gekauften Maschinen in Griechenland als Wi.-Nähmaschinen vertrieben werden sollten. Bei einer derartigen Sachlage würde es dem Wesen der Sache widersprechen, wenn der Verkäufer, sofern er nur die Ware selbst nicht mit einem Hinweis auf seine Firma versähe, freie Hand haben sollte, sich irgendwie sonst als Erzeuger kundzutun. Sinn und Zweck der Abrede, wie sie bei Beachtung der §§ 133, 157 BGB. in die Augen springen, gebieten die erweiternde Auslegung dahin, daß die Herkunft der Ware schlechthin geheim zu halten ist.

Hiernach durfte die Klägerin die Tatsache ihrer Herstellerschaft überhaupt nicht offenbaren, weder durch Beschilderung oder Bedruckung der Nähmaschinen noch durch Beilegung von Prospekten noch durch schriftliche oder mündliche Einzelmitteilungen. War aber dies der Inhalt ihrer Verpflichtung, so muß sich danach auch die Behandlung des Verletzungstatbestandes richten. Unmöglich kann es einen Unterschied begründen, ob die Verletzung durch Prospekte oder durch aufmontierte Schilder geschah, sodaß im ersten Fall nach dem allgemeinen Vertragsrecht (§§ 276, 278 BGB.), im zweiten nur nach dem Recht der Sachmängelgewähr gehaftet würde. Vielmehr ist so zu urteilen, wie wenn die Ausstattung gar nicht erwähnt und einfach bedungen wäre, die Klägerin habe die Herkunft zu verschweigen. Rechtlich wesentlich ist allein der schuldhafte Verrat des Geheimnisses; die Art und Weise, wie er stattfand, ist unerheblich. Daß es sich hier nicht um Sachmängel handelt, wird schon dadurch kenntlich, daß Wandlung, Minderung wie Ersatzlieferung als zweckentsprechende Rechtsbehelfe ohne weiteres ausscheiden und nur ein Schadensersatzanspruch in Frage kommt. Auf dem gleichen Grunde beruht es, daß die Zahl der Verletzungsakte kaum ins Gewicht fällt. Ein Firmenschild der Klägerin an einer einzigen Nähmaschine konnte denselben Schaden anrichten, wie wenn sämtliche Maschinen ihr Schild trugen. Aber auch eine Mängelrüge hat bei der regelmäßigen Bedeutung der Abrede neutraler Ausstattung keinen Sinn. Die gesetzlichen Rügevorschriften sind im Interesse des Verkäufers gegeben, der möglichst bald wissen soll, ob er das Geschäft als abgewickelt betrachten darf. Hat aber ein Verkäufer gegen eine im Vertrag mitvereinbarte Pflicht verstoßen, etwas geheimzuhalten, so kann die zeitliche Grenze, bis zu welcher der Käufer — nicht dies melden, sondern — seinen Schadensersatzanspruch erheben muß, nur nach den Verjährungsregeln und nach § 254 BGB. bestimmt werden. Warum dann, wenn zufällig der Verrat durch ein an der Ware selbst angebrachtes Zeichen begangen wurde, unverzüglich nach deren Ablieferung oder nach Entdeckung des Zeichens eine Meldung erstattet werden müßte, leuchtet nicht ein. Auf der anderen Seite hat der Käufer ein dringendes Interesse daran, die Ware und ihre Verpackung alsbald auf vertragswidrige Zeichen zu prüfen, ohne daß ihm jedoch die Mängelrügevorschriften einen Anhalt für den Zeitpunkt der Prüfung böten. Das zeigt am besten der vorliegende Fall, wo die Nähmaschinen unmittelbar an den überseeischen Abnehmer der Beklagten versandt wurden. Obgleich unter solchen Umständen die Untersuchungs- und Rügepflicht handelsüblich bis zur Ankunft beim Abnehmer hinausgeschoben war (vgl. RGZ. Bd. 96 S. 13, Bd. 102 S. 91), hätte die Beklagte zur Vermeidung des aus einer Abnehmeruntersuchung drohenden Schadens die Untersuchung durch eigene Angestellte in der Fabrik der Klägerin oder an einem inländischen Zwischenplatz vornehmen lassen müssen.

Alles das beweist, daß § 377 HGB. hier keine Rolle spielen kann. Auch die praktischen Nachteile, zu denen die Gegenansicht führt, sind eben nur die Folgen der falschen Grundanschauung. Nicht deshalb beansprucht die Beklagte Schadensersatz, weil einige der gelieferten Stücke einer zugesicherten Eigenschaft entbehrt hätten, also mangelhaft gewesen wären, sondern weil die Geheimhaltungsverpflichtung der Klägerin durch die Personen, deren sie sich zur Erfüllung bediente, verletzt worden ist.

Das Berufungsgericht hat dann noch ein paar Sätze hinzugefügt, in denen es den ursächlichen Zusammenhang mit dem behaupteten Schaden in Zweifel zieht. Diese von der Revision ebenfalls angegriffenen Bemerkungen erschöpfen die Frage nicht. Den Beweisanträgen der Beklagten ist nachzugehen und § 287 ZPO. zu beachten.

80. 1. Ist die Ausnutzung der Rangbefugnis des Grundstückseigentümers nach § 7 Abs. 1 AufwG. davon abhängig, daß der Eigentümer den Vorrang zur Kreditbeschaffung benutzt und den Kredit zur Erhaltung des Grundstücks verwendet?

2. Muß der Eigentümer zugunsten eines ihm gegenüber nur dinglich berechtigten Hypothekengläubigers die Zwangsvollstreckung in seine im Range vorgehende Grundschuld dulden oder auf den Versteigerungserlös verzichten, der auf die Grundschuld zugeteilt wird?

3. Kann die Abtretung der Grundschuld an die Ehefrau des Berechtigten nach den Vorschriften des Anfechtungsgesetzes angefochten werden?

AufwG. § 7 Abs. 1. AnfG. § 1.

IX. Zivilsenat. Urt. v. 29. Oktober 1930 i. S. F. Bank (Kl.) w. S. (Bekl.). IX 67/30.

I. Landgericht I Berlin.
II. Kammergericht daselbst.

Die Klägerin ist bei der Zwangsversteigerung eines dem Ehemann der Beklagten gehörenden Grundstücks mit drei dinglich auf zusammen 12473,90 GM. aufgewerteten Hypotheken in Höhe von 8764,73 GM. ausgefallen, nachdem sie einen Teil ihrer Forderung durch Mietzinspfändungen beigetrieben hatte. Der Ehemann der Beklagten haftete für die Hypotheken nur dinglich. Die Klägerin nimmt die Beklagte auf Ersatz für ihren Ausfall aus unerlaubter Handlung und auf Grund des Anfechtungsgesetzes in Anspruch. Für den Ehemann der Beklagten ist am 2. August 1926 eine Eigentümergrundschuld von 25000 GM. in dem ihm nach § 7 Abs. 1 AufwG. vorbehaltenen Range vor den Hypotheken der Klägerin in das Grundbuch eingetragen worden. Er hat die Grundschuld an seine Ehefrau, die Beklagte, abgetreten, die sie ihrerseits gegen Zahlung von 15000 RM. an einen Kaufmann H. abtrat. Dieser hat dann im Versteigerungstermin das Grundstück ersteigert für ein Gebot, das von der Grundschuld noch 6166,29 GM. ungedeckt ließ. Die Klägerin behauptet, der Ehemann der Beklagten habe dieser die Grundschuld unentgeltlich abgetreten. Er sei im Einverständnis mit der Beklagten darauf ausgegangen, ihr, der Klägerin, durch Bestellung und Abtretung der Grundschuld die Möglichkeit der Befriedigung aus dem Grundstück zu nehmen. Die Beklagte erwidert, ihr Ehemann habe ihr die Grundschuld zur Befriedigung wegen Forderungen von zusammen annähernd 25000 RM. abgetreten.

Das Landgericht gab der Klage zum Teil statt. Das Kammergericht wies die Klage ganz ab. Die Revision der Klägerin wurde zurückgewiesen aus folgenden

Gründen:

... Wie die Entstehungsgeschichte des Aufwertungsgesetzes ergibt, sollte die Vorschrift des § 7 Abs. 1 das gegen Erhöhung des Aufwertungssatzes von 15 auf 25% des Goldmarkbetrags der Hypotheken geltend gemachte Bedenken beseitigen, daß die sich dann ergebende Belastung des Grundstücks dem Eigentümer nicht gestatten würde, den unbedingt notwendigen neuen Kredit aufzunehmen. Der aus der geringeren Entwertung der Grundstücke gegenüber der allgemeinen Abwertung der Papiermarkhypotheken auf 25% ihres Goldmarkbetrags den nachgehenden Rechten erwachsende Vorteil sollte deshalb letzteren entzogen und dem Eigentümer in Gestalt eines kreditfreien Platzes an bevorzugter Rangstelle zugeführt werden (RGZ. Bd. 117 S. 430). Aber wenn sich auch der Gesetzgeber zu der Vorschrift des § 7 Abs. 1 dadurch hat bestimmen lassen, daß er den Grundstückseigentümern die Befriedigung ihres Kreditbedürfnisses ermöglichen wollte, so hat doch das Gesetz die Ausnutzung der Rangbefugnis nicht davon abhängig gemacht, daß der mit ihrer Hilfe erlangte Kredit in bestimmter Weise verwendet wird. Auch die Entstehungsgeschichte bietet keinen Anhalt dafür, daß etwas derartiges beabsichtigt gewesen wäre. Jedem Eigentümer eines mit Aufwertungshypotheken belasteten Grundstücks — auch demjenigen, der eines Kredits für Zwecke bedarf, die mit dem Grundstück nicht zusammenhängen, und ebenso demjenigen, der infolge günstiger Vermögenslage überhaupt keines Kredits bedarf — ist das Recht gewährt worden, für sich eine Grundschuld in dem ihm durch § 7 Abs. 1 vorbehaltenen Rang eintragen zu lassen, und er geht dieses Rechts auch nicht dadurch verlustig, daß er die Grundschuld nicht zur Kreditbeschaffung benutzt. Die Annahme des Landgerichts, daß von der Befugnis des § 7 Abs. 1 nur im Zusammenhang mit der Aufwertung von Hypotheken und zur Erhaltung des Grundstücks Gebrauch gemacht werden dürfe, findet im Gesetz keine Grundlage. Die Ausnutzung der durch das Gesetz gewährten Rangbefugnis kann auch durch die Umstände des vorliegenden Falles weder zu einem Verstoß gegen die guten Sitten noch zu einer anfechtbaren Handlung werden. Die gegenteilige Auffassung des Landgerichts und der Revision beruht auf einer Verkennung der Verpflichtungen, die dem nur dinglich haftenden Grundstückseigentümer gegen einen Hypothekengläubiger obliegen. Jener hat diesem gegenüber keine Zahlungspflicht, sondern seine Verpflichtung beschränkt sich darauf, zu dulden, daß der Hypothekengläubiger zu seiner Befriedigung wegen des Hypothekenkapitals und der Nebenforderungen die Zwangsvollstreckung in das Grundstück und in die für die Hypothek haftenden Gegenstände betreibt, und zwar in der Rangstelle, die der Hypothek jenes Gläubigers nach dem Gesetz zusteht. Wie der Eigentümer als solcher nicht zu dulden braucht, daß die Zwangsvollstreckung betrieben wird in eine im Rang vorgehende Hypothek, die etwa durch Befriedigung des Gläubigers als Grundschuld auf ihn übergegangen ist, so ist er auch nicht verpflichtet, die Zwangsvollstreckung in eine Eigentümergrundschuld zu dulden, die er mit dem ihm durch § 7 Abs. 1 AufwG. gewährten Vorrang hat eintragen lassen, und er ist nicht, wie das Landgericht meint, verpflichtet, zugunsten jenes Hypothekengläubigers auf den auf seine Eigentümergrundschuld entfallenden Teil des Versteigerungserlöses zu verzichten. Danach kann von einer unerlaubten Handlung des Ehemanns der Beklagten weder bei Bestellung der Grundschuld noch bei ihrer Abtretung an die Beklagte die Rede sein. Damit wird die Annahme einer Mitwirkung der Beklagten an einer unerlaubten Handlung ohne weiteres hinfällig.

Ebensowenig ist aber die Abtretung der Eigentümergrundschuld an die Beklagte anfechtbar nach den Vorschriften des Anfechtungsgesetzes. Wenn auch nicht, wie das Berufungsgericht meint, überhaupt keine der Voraussetzungen des Anfechtungsgesetzes vorliegt, so fehlt es doch an den Voraussetzungen des § 1 das. Denn angefochten werden können Rechtshandlungen des Schuldners nur zum Zwecke der Befriedigung eines Gläubigers als diesem gegenüber unwirksam. Die Wirkung der Anfechtung erschöpft sich darin, daß der Anfechtungsgegner verpflichtet ist, das bei ihm noch vorhandene Vermögensstück (gegebenenfalls den Werterſatz) so behandeln zu lassen, als ob es noch dem Schuldner gehörte (RGZ. Bd. 71 S. 176). Wenn jedoch die Grundschuld oder der auf sie entfallende Teil des Versteigerungserlöses als noch dem Ehemann der Beklagten gehörig behandelt würde, dann könnte sich die Klägerin wegen ihres Ausfalls in der Zwangsversteigerung nach dem Ausgeführten doch nicht daran halten.

---

81. Kann im Falle des § 580 Nr. 2 ZPO. ein die Restitutionsklage begründender ursächlicher Zusammenhang zwischen der Fälschung der im Zahlungsbefehl bezeichneten Bürgschaftsurkunde und dem Vollstreckungsbefehl bestehen?

ZPO. § 580 Nr. 2, §§ 691, 699.

VIII. Zivilsenat. Urt. v. 10. November 1930 i. S. B. u. Gen. (Kl.) w. R. (Bekl.). VIII 418/30.

I. Landgericht Heidelberg.
II. Oberlandesgericht Karlsruhe.

Die verklagte Firma hat gegen den Schuhwarenhändler Heinrich G. und seine Frau als Schuldner aus Warenkauf und Wechselverpflichtungen und gegen die Kläger (das sind die Eltern und die Schwiegereltern der Heinrich G.schen Eheleute) als Bürgen zunächst Zahlungsbefehle und dann drei rechtskräftig gewordene Vollstreckungsbefehle vom 15. Januar, 14. Februar und 12. April 1927 über zusammen 7846 RM. erwirkt. Nach Eintritt der Rechtskraft der drei Vollstreckungsbefehle, auf Grund deren die Beklagte die Zwangsvollstreckung betrieb, versuchten zunächst die Kläger Friedrich G. und Susanne B. durch Einlegung des Einspruchs, in Verbindung mit Anträgen auf Wiedereinsetzung in den vorigen Stand, einen Teil der Schuldtitel zu beseitigen, indem sie geltend machten, sie hätten von den Zustellungen im Mahnverfahren keine Kenntnis erhalten. Durch Urteil des Amtsgerichts Heidelberg vom 9. März 1928 wurde der Einspruch als unzulässig verworfen, weil der Rechtsbehelf verspätet eingelegt sei; eine Wiedereinsetzung in den vorigen Stand komme nicht in Frage, da die Vollstreckungsbefehle den Schuldnern selbst zugestellt worden seien. Die Berufung des Friedrich G. und der Susanne B. gegen dieses Urteil wurde vom Landgericht Heidelberg am 17. Oktober 1928 zurückgewiesen.

Im jetzigen Rechtsstreit handelt es sich um eine auf § 580 Nr. 2 ZPO. gegründete Restitutionsklage, mit der die Kläger die Aufhebung der drei Vollstreckungsbefehle sowie der beiden Heidelberger Urteile begehren, weil die Heinrich G.schen Eheleute die Bürgschaftsurkunden vom 22. Mai und 4. Dezember 1925, auf welche die Ansprüche der Beklagten gestützt seien, gefälscht gehabt und die Kläger davon erst am 11. November 1927 Kenntnis erlangt hätten. Beide Vorinstanzen wiesen die Klage ab. Die Revision blieb ohne Erfolg.

Gründe:

Die Vorschrift des § 580 Nr. 2 ZPO. setzt voraus, daß eine Urkunde, auf die das „Urteil gegründet" ist, fälschlich angefertigt oder verfälscht war. Nicht darauf kann es ankommen, ob die gefälschte oder verfälschte Urkunde zur Begründung des Klaganspruchs verwendet werden und dazu dienen konnte, sondern nur das ist für die Wirksamkeit der Wiederaufnahme entscheidend, daß die Entscheidung des Gerichts auf die Urkunde gegründet ist. Der gleichen Ausdrucksweise bedient sich die Zivilprozeßordnung im § 580 Nr. 1 und 3, wo die Voraussetzungen geregelt sind, unter denen die Verletzung der Eidespflicht, deren sich der Gegner des Restitutionsklägers bei Leistung eines Parteieides oder ein Zeuge oder Sachverständiger durch Beeidigung eines Zeugnisses oder Gutachtens schuldig gemacht hat, als Wiederaufnahmegrund gelten soll. Auch da muß das Urteil auf die Eidesleistung gegründet sein. Damit § 580 Nr. 1 ZPO. Anwendung finden könne, wird vorausgesetzt, daß die anzufechtende Entscheidung auf der Leistung des Parteieides beruhe (RGZ. Bd. 46 S. 342, 343). Die gleiche Rechtslage besteht für die Anwendung des § 580 Nr. 2, und es ist überhaupt den Fällen des § 580 Nr. 1 bis 5 gemeinsam, daß das anzufechtende Urteil durch eine strafbare Handlung herbeigeführt ist, daß also ein ursächlicher Zusammenhang zwischen beiden besteht (Stein-Jonas ZPO. 14. Aufl. § 580 Anm. I Abs. 1), daß somit strafbare Handlungen eine unzutreffende oder ungerechte Entscheidung verursacht haben. Während die Nichtigkeitsgründe des § 579 ZPO. und die Restitutionsgründe des § 580 Nr. 4 und 5 ZPO. dann eine Durchbrechung der Rechtskraft zu ermöglichen bezwecken, wenn sich der Wiederaufnahmekläger nur über eine Beeinträchtigung seiner prozessualen Rechte oder über einen Fehler des Verfahrens beschweren zu können glaubt, ist es der ausgesprochene Zweck der anderen, auf das Sachverhältnis bezüglichen Wiederaufnahmegründe, insbesondere auch desjenigen im § 580 Nr. 2, eine bestimmte Berichtigung des Sachverhältnisses möglich zu machen, das der Richter seiner Entscheidung zugrunde gelegt hat. In dieser Hinsicht unterscheiden sich die Restitutionsgründe des § 580 Nr. 6 und 7a und b von jenen anderen, im § 580 Nr. 1 bis 3 bezeichneten wieder dadurch, daß sie unter bestimmten Voraussetzungen neues Vorbringen gestatten, während in den Fällen des § 580 Nr. 1 bis 3 der Eintritt der Rechtskraft nicht hinderlich sein soll, dem vom Tatrichter bereits gewürdigten Sachverhältnis „eine bestimmte Ergänzung oder Berichtigung" zuteil werden zu lassen (Begr. des Entw. einer Zivilprozeßordnung, Reichstagsverh. II. Leg.-Per. II. Session 1874, zu § 523 S. 340; RGZ. Bd. 68 S. 344, 338; Stein-Jonas § 584 Anm. IV 2). In den in Nr. 1 bis 5 aufgeführten Fällen der Restitutionsklage ist es notwendige Folge der strafbaren Handlung, daß das auf ihr beruhende Urteil nicht aufrechterhalten werden kann (Begr. a. a. O. zu § 519 S. 335).

Im vorliegenden Falle war kein Urteil gegen die Kläger ergangen; vielmehr liegen nur die drei Vollstreckungsbefehle gegen sie vor, die den eigentlichen Gegenstand des mit der Wiederaufnahme verfolgten Aufhebungsbegehrens darstellen. Ihnen gegenüber haben die beiden Urteile vom 9. März und 17. Oktober 1928 keine selbständige Bedeutung, weil sie lediglich über die formelle Frage der Zulässigkeit des Einspruchs gegen einen Teil der Vollstreckungsbefehle zu befinden hatten und den Rechtsbestand der Schuldtitel selbst unberührt ließen. An und für sich unterliegen, wie sich aus § 584 Abs. 2 ZPO. ergibt, auch die sonst nicht mehr anfechtbaren Vollstreckungsbefehle allgemein der Wiederaufnahme des Verfahrens nach den Vorschriften der §§ 578 flg. das., obwohl sie an sich nur in Ansehung des Einspruchs den Endurteilen gleichstehen. Daraus ergibt sich aber nichts für die Frage der Anwendbarkeit des § 580 Nr. 2 im besonderen. Der Vollstreckungsbefehl ist einem für vorläufig vollstreckbar erklärten, auf Versäumnis erlassenen Endurteil gleich zu achten; er wird beim Vorliegen der förmlichen Voraussetzungen vom Urkundsbeamten erlassen, ohne daß eine sachliche Prüfung des Anspruchs stattzufinden hätte. Einen sachlichen Inhalt erhält er als „referierende" Urkunde nur durch den Zahlungsbefehl und im Zusammenhalt mit ihm (Stein-Jonas a. a. O. § 699 Anm. I).

Aber auch die Entscheidung über den Zahlungsbefehl setzt nur eine Prüfung auf Grund der im Gesuch enthaltenen Behauptungen des Gläubigers voraus; für ein Beweiserbieten oder gar für eine Beweisaufnahme ist im Mahnverfahren kein Raum. Selbst wenn im Gesuch Beweise angeboten werden sollten, kann es bei der Entscheidung über den Zahlungs- und Vollstreckungsbefehl nicht darauf ankommen, sondern maßgebend ist immer nur das an sich schlüssige Vorbringen des Gläubigers, dessen Wahrheit ohne Rücksicht auf Art und Umfang der Beweismittel, die dem Gläubiger zur Verfügung stehen mögen, und ohne Prüfung der Richtigkeit des Vorbringens unterstellt wird. Demnach sind die beantragten Zahlungs- und Vollstreckungsbefehle beim Vorliegen der sonstigen Voraussetzungen auch dann zu erlassen, wenn dem Gläubiger überhaupt keine ausreichenden oder zulässigen Beweismittel zu Gebote stehen. Hätte der Gläubiger im Gesuch auf Urkunden Bezug genommen, die nach seiner Meinung die Tatsachendarstellung beweisen können, womit er an sich schlüssig seinen Anspruch begründen will, hätte er aber nicht die gesetzlichen Voraussetzungen des Urkundenbeweises erfüllt (§§ 420flg. ZPO.), so wären dennoch der Zahlungs- und der Vollstreckungsbefehl antragsgemäß zu erlassen gewesen. Sollte sich nachträglich ergeben, daß die bezeichneten Urkunden, z. B. weil sie nicht echt sind, der Beweiskraft entbehren, so könnte dies die Rechtswirksamkeit der erlassenen Zahlungs- und Vollstreckungsbefehle nicht in Frage stellen. Nicht auf die Möglichkeit der Beweisführung kommt es im Mahnverfahren an, sondern nur auf die Schlüssigkeit der zur Begründung des Mahnanspruchs dienenden Tatsachen, die ohne weiteres als wahr unterstellt werden, falls der Gegner nicht von den im Mahnverfahren zu Gebot stehenden Rechtsbehelfen Gebrauch macht. Inwieweit von diesen Grundsätzen für das Urkunden- und Wechsel-Mahnverfahren Ausnahmen zu machen wären, braucht nicht erörtert zu werden, weil dieses Verfahren hier nicht beschritten ist.

Demnach waren auch im vorliegenden Falle die gefälschten — in den Zahlungsbefehlen übrigens gar nicht erwähnten — Beweisurkunden, auf welche die Beklagte ihren Bürgschaftsanspruch stützen zu können meinte, nicht entscheidend für den Erlaß der Vollstreckungsbefehle. Es war für den die Vollstreckungsbefehle erlassenden Beamten und seine Entscheidung ohne Bedeutung, ob die Gläubigerin ihren Bürgschaftsanspruch im Streitfalle mit — echten oder unechten — Urkunden oder mit anderen Mitteln zu beweisen gedachte; die Fälschung der Bürgschaftsurkunden war ohne Einfluß auf seine Entscheidung. Die Vollstreckungsbefehle sind nicht auf die gefälschten Urkunden gegründet; sie beruhen nicht auf der strafbaren Handlung, sondern lediglich auf der Tatsache, daß die Kläger der zur Begründung des Bürgschaftsanspruchs dienenden Sachdarstellung der Gläubigerin nicht widersprochen, die ihnen ordnungsgemäß zugestellten gerichtlichen Verfügungen vielmehr in Empfang genommen haben, ohne von den im Mahnverfahren zulässigen Rechtsbehelfen Gebrauch zu machen.

Es kann deshalb dahinstehen, ob das Berufungsgericht mit Recht die Voraussetzungen des § 582 ZPO. verneint hat oder ob der hierauf gerichtete Revisionsangriff gerechtfertigt ist (§ 563 ZPO.). Die Revision ist zurückzuweisen, weil — wie schon beide Vorinstanzen angenommen haben — die Restitutionsklage zwar unter Geltendmachung des Restitutionsgrundes aus § 580 Nr. 2 zulässig erhoben war, die Prüfung des vom Tatrichter festgestellten Sachverhalts jedoch ergeben hat, daß der geltend gemachte Restitutionsgrund in Ansehung der drei Vollstreckungsbefehle wie der beiden Urteile der sachlichen Berechtigung entbehrte. Auf die Möglichkeit, daß die Restitutionsklage als unzulässig zu verwerfen gewesen wäre, braucht bei der gegebenen Sachlage nicht eingegangen zu werden.

---

82. Zur Anwendung des § 892 BGB.

V. Zivilsenat. Urt. v. 26. November 1930 i. S. G. Grundstücks-AG. (Bekl.) w. Preuß. Zentralbodenkredit-AG. (Kl.). V 330/29.

I. Landgericht I Berlin.
II. Kammergericht daselbst.

Der Klägerin wurde am 11. August 1923 eine Hypothek von 265000 M. von der damaligen Eigentümerin des belasteten Grundstücks, einer offenen Handelsgesellschaft M. G., zurückgezahlt; am 25. August 1924 wurde die Hypothek im Grundbuch gelöscht.

Am 31. Juli 1923 hatte die Grundstückseigentümerin der an demselben Tage gegründeten verklagten Aktiengesellschaft ein notarielles Verkaufsangebot gemacht, das von dieser am 24. September 1923 angenommen wurde, nachdem sie inzwischen ins Handelsregister eingetragen worden war. Am 29. Februar 1924 ist die Beklagte als neue Eigentümerin des Grundstücks eingetragen worden. Unstreitig hatte die Klägerin löschungsfähige Quittung erteilt, bevor der Antrag auf Umschreibung des Grundstücks beim Grundbuchamt einging.

Nach Erlaß des Aufwertungsgesetzes meldete die Klägerin ihre Hypothek rechtzeitig zur Aufwertung an. Als dingliche Aufwertungsschuldnerin nimmt sie die Beklagte in Anspruch. Diese widerspricht, indem sie sich auf die Vorschriften über den öffentlichen Glauben des Grundbuchs beruft. Das will ihr die Klägerin aus zwei Gründen nicht gestatten. Sie behauptet einmal, daß auf die Veräußerung des Grundstücks von der offenen Handelsgesellschaft M. G. an die Beklagte die Vorschrift des § 892 BGB. keine Anwendung finden könne, weil damit lediglich die Rechtsform gewechselt worden sei, unter der dieselben natürlichen Personen ihre Herrschaft über das Grundstück ausübten. Sie trägt ferner vor, die Hypothek sei für Rechnung der Beklagten abgelöst worden, sodaß die Vorschrift des § 14 AufwNov. Platz greife. Die Beklagte bestreitet beides. Insbesondere macht sie gegen die Ausschaltung des § 892 BGB. geltend, daß in dem nach Abs. 2 daselbst maßgebenden Zeitpunkt die behauptete Personengleichheit nicht mehr bestanden habe. Denn damals sei verfügungsberechtigte Herrin des Grundstücks infolge Kaufs und Bezahlung aller Aktien der Beklagten bereits eine Firma O. u. L. gewesen, die von der früheren Grundstückseigentümerin nicht nur rechtlich, sondern auch nach den beteiligten natürlichen Personen völlig verschieden gewesen sei. Die Vorinstanzen stellten gemäß der Klage die Aufwertungspflicht der Beklagten fest. Deren Revision blieb ohne Erfolg.

Gründe:

Nach den Feststellungen des Berufungsgerichts kann diesem darin nicht entgegengetreten werden, daß es im vorliegenden Fall an einem unter dem Schutz des öffentlichen Glaubens des Grundbuchs stehenden Grundstückserwerb fehle. An dem Tage, als die Beklagte ihre Eintragung als Eigentümerin beim Grundbuchamt beantragte (§ 892 Abs. 2 BGB.; RGZ. Bd. 119 S. 126, 132), war, wie das Berufungsgericht festgestellt hat und wovon auch die Revisionsbegründung der Beklagten selbst ausgeht, eine dingliche Weiterübertragung von Anteilsrechten an der verklagten Aktiengesellschaft auf die Firma O. u. L. noch nicht erfolgt. Die Aktien (im Sinne von Anteilsrechten — Aktienurkunden sind unstreitig erst sehr viel später ausgefertigt worden —) standen vielmehr noch sämtlich den Gründern zu. Von den fünf Gründern hatte nun zwar nur Frau Paula G. als Teilhaberin der offenen Handelsgesellschaft auch auf der Veräußererseite gestanden, während ihre vier Mitgründer vorher am Eigentum des Grundstücks nicht beteiligt gewesen waren. Diese sind aber auch durch den Erwerb des Grundstücks seitens der Beklagten nur der äußeren Rechtsgestaltung nach Beteiligte geworden. Hierüber sind sich die Parteien einig. Es handelt sich dabei freilich nicht — wie das Berufungsgericht, wohl nur im Ausdruck fehlgreifend, sagt — um bloßen Schein; vielmehr waren die vier Mitgründer mit Entstehung der Aktiengesellschaft wirkliche Aktionäre der Beklagten geworden, denen nach außen hin alle Rechte und Pflichten von solchen zukamen. Das Berufungsgericht stellt aber fest, daß sie dies nur in verdeckter Vertretung für die beiden bisherigen Teilhaber der veräußernden offenen Handelsgesellschaft (Frau Paula G. und Dr. Stefan G.), als Strohmänner für diese und nicht etwa für die Firma O. u. L. waren, welcher vielmehr auf Grund des Kaufes der Aktien lediglich erst ein schuldrechtlicher Anspruch auf deren Übereignung erwachsen war, sodaß demnach Frau Paula G. und Dr. Stefan G. wirtschaftlich über das Grundstück nach wie vor als Herren verfügten. Dem Berufungsgericht fällt kein Rechtsirrtum zur Last, wenn es auch im Fall einer solchen bloßen Strohmannschafts-Beteiligung, die aus irgendwelchem Grunde die wirkliche Sachlage verdeckt — hier, um einem gesetzlichen Erfordernis, nämlich dem der Beteiligung von fünf Gründern nach § 182 Abs. 1 Satz 1 HGB., zu genügen —, ein des Schutzes des öffentlichen Glaubens des Grundbuchs würdiges Verkehrsgeschäft nicht anerkennt. Entscheidend ist, daß auch hier unter Zuziehung von Strohmännern nur die Rechtsform gewechselt war, unter der dieselben natürlichen Personen vorher wie nachher das Grundstück beherrschten. Dies hatte im vorliegenden Falle noch darin besonderen Ausdruck gefunden, daß Dr. Stestan G. zum Alleinvorstand der verklagten Aktiengesellschaft bestellt worden war.

Mit Unrecht sucht die Beklagte hiergegen auszuführen, es werde dabei mit zweierlei Maß gemessen. Aber daß der Firma O. u. L., als bloßer späterer Erwerberin von Aktien, gegenüber dem dinglichen Aufwertungsanspruch der Klägerin kein öffentlicher Glaube des Grundbuchs zugute kommt, gereicht dieser nicht zu begründeter Beschwerde. Wählte sie den Weg des Erwerbs der Aktien der Grundstückseigentümerin statt den des unmittelbaren Grundstückserwerbs, so mußte sie sich auch den rechtlichen Folgen unterwerfen, die sich daraus ergaben, daß sie nicht nach Maßgabe des Grundbuchs erwarb. Das Zurückkommen der Revision auf die Behauptung, daß die früheren Aktionäre der Beklagten mindestens seit dem Tage der ersten Begleichung des Kaufpreises für die Aktien, d. h. seit dem 28. September 1923, nur Platzhalter und Strohmänner für die Firma O. u. L. gewesen seien, erledigt sich durch die entgegenstehende, ausführlich und rechtsirrtumsfrei begründete tatsächliche Feststellung des Berufungsgerichts, wonach diese Firma bis zum maßgebenden Stichtage nicht mehr als lediglich einen schuldrechtlichen Anspruch auf Übertragung der Anteilsrechte erworben hatte. Dieser rein schuldrechtliche Verschaffungsanspruch war aber sowohl rechtlich wie auch wirtschaftlich etwas wesentlich Schwächeres als die Ansprüche, die der Frau Paula G. und dem Dr. Stefan G. als Treugebern gegen ihre Strohmann-Aktionäre zustanden. Auch insoweit entbehrt daher der Vorwurf ungleicher Behandlung der Begründung.

Eines Eingehens auf die Frage, ob auch die Vorschrift des § 14 AufwNov. der Klägerin zur Seite stehe, bedurfte es hiernach nicht mehr.

---

83. Muß der Rechtsstreit als erledigt angesehen werden, wenn gegen ein zuungunsten des Beklagten ergangenes vorläufig vollstreckbares Urteil Berufung eingelegt, dann aber das Urteil vollstreckt worden ist und der Beklagte trotzdem und obwohl er auf Wiederherstellung des früheren Zustands verzichtet hat, die Berufung unter Bestreiten des Klaganspruchs weiterführt?

ZPO. § 91.

VIII. Zivilsenat. Urt. v. 1. Dezember 1930 i. S. F. u. Gen. (Kl.) w. W. u. Gen. (Bekl.). VIII 401/30.

I. Landgericht Köln.
II. Oberlandesgericht daselbst.

Die Kläger haben eine Räumungsklage erhoben. Dieser ist stattgegeben und das Urteil gegen Sicherheitsleistung für vorläufig vollstreckbar erklärt worden. Die Beklagten haben Berufung eingelegt. Bevor es jedoch zur Verhandlung über die Berufung kam, haben die Kläger die vorgesehene Sicherheit geleistet und das Urteil vollstreckt. In der Berufungsverhandlung haben die Beklagten die Richtigkeit des angefochtenen Urteils und ihre Räumungspflicht nach wie vor bestritten, jedoch erklärt, sie verzichteten ausdrücklich und endgültig auf Wiedereinweisung. Hierdurch sei — so trugen sie vor — der Rechtsstreit erledigt und die Kläger müßten die Kosten tragen; hilfsweise baten sie um Abweisung der Klage. Das Berufungsgericht hat die Klage abgewiesen und den Klägern die gesamten Kosten des Rechtsstreits auferlegt. Die Revision der Kläger hatte Erfolg.

Gründe:

Das Berufungsgericht hat angenommen, die Beklagten seien zwar mit Recht zur Räumung verurteilt worden. Aber dadurch, daß sie gegenüber der erfolgten Räumung auf eine Wiedereinweisung sofort vorbehaltlos und endgültig verzichtet hätten, seien die Kläger klaglos gestellt worden. Diese hätten daher den Rechtsstreit nicht fortsetzen und in der Berufungsverhandlung auch keinen Sachantrag stellen dürfen. Sie hätten vielmehr mit der Erklärung, die Hauptsache sei erledigt, nur einen Kostenantrag stellen sollen. Deshalb und da die Kläger während des Rechtsstreits befriedigt worden seien, sei einerseits die Klage abzuweisen und anderseits die Kostenlast den Klägern aufzubürden.

Nach beiden Richtungen bekämpft die Revision diese Entscheidung als rechtsirrig. Sie behauptet, die Berufung der Beklagten sei durch ihre Erklärung, daß sie auf Wiedereinweisung verzichteten, gegenstandslos und somit unzulässig geworden. Daß eine derartige Erklärung eine solche Rechtsfolge haben kann, mag unterstellt werden; als notwendig und gar als ein Rechtsmittelverzicht im Sinne des § 514 ZPO. war sie aber hier um so weniger anzuerkennen, als ein vorläufig vollstreckbares Urteil vollzogen worden war und die Beklagten demgemäß im Hinblick auf § 717 ZPO. ein rechtliches Interesse daran haben konnten, das vorläufig vollstreckbare und bereits vollzogene Urteil zu beseitigen, auch wenn keine Wiederherstellung des vorigen Zustands erstrebt wurde. Dieses Interesse war bei der Prüfung ihrer prozessualen Stellungnahme notwendig zu berücksichtigen und nicht etwa unbeachtlich, weil ein solcher Anspruch nicht schon erhoben war; denn jener Anspruch konnte erhoben werden, solange der Rechtsstreit dauerte, sogar noch in der Revisionsinstanz. Das Berufungsgericht war daher nicht genötigt, das Rechtsmittel der Beklagten als unzulässig anzusehen. Entsprechendes gilt auch gegenüber der weiteren Ausführung der Revision, daß die Berufung, wenn auch nicht unzulässig, so doch erledigt gewesen sei. Eine dem Klaganspruch völlig gerecht werdende Leistung der Beklagten lag, wie ausgeführt, weder bei Einlegung ihrer Berufung noch bei der Entscheidung über diese vor.

Mußte somit auf die Berufung der Beklagten sachlich eingegangen werden, so war auch das Begehren der Kläger, das Rechtsmittel zurückzuweisen, nicht schon an sich zu beanstanden, sondern sachlich zu prüfen. Hierbei war auch zu berücksichtigen, daß nicht etwa die Beklagten die Kläger klaglos gestellt, sondern daß letztere befugtermaßen auf Grund eines im gegenwärtigen Rechtsstreit ergangenen vollstreckbaren Urteils den jetzigen Sachverhalt geschaffen haben, dem sich die Beklagten auch keineswegs schlechthin unterwerfen wollen. Hieraus ergibt sich, daß die Abweisung der Klage ungerechtfertigt war.

Zu dieser Entscheidung ist, wie das angefochtene Urteil erkennen läßt, das Berufungsgericht deshalb gekommen, weil es davon ausging, die Kläger hätten „bei ihrem Klagbegehren beharrt", während es als maßgebend den Umstand hätte ansehen sollen, daß die Beklagten den Klaganspruch nach wie vor bestritten, ihre Berufung weitergeführt und nicht der geänderten Sachlage Rechnung getragen haben, wie sie durch die Urteilsvollstreckung und ihre eigene Erklärung geschaffen worden war. Nicht die Abwehr der Kläger gegen die Berufung der Beklagten, sondern gerade deren Beharren bei diesem Rechtsmittel und dessen Weiterführung trotz der veränderten Rechtslage war ungerechtfertigt. Angesichts des Umstands, daß durch die Vollstreckung des nur vorläufig vollstreckbaren landgerichtlichen Urteils lediglich ein

Zwischenzustand geschaffen, nicht aber vollwertige Erfüllung erfolgt war (RGZ. Bd. 63 S. 331, 332, Bd. 98 S. 329), durfte den Klägern mit Rücksicht auf das Verhalten der Beklagten nicht verwehrt werden, von einem Erledigungsantrag abzusehen und einen Sachantrag zu stellen, der ihnen das Ziel der Klage vollwertig sicherte und sie vor Ansprüchen der Beklagten aus § 717 ZPO. schützte. Mit diesen hatten sie angesichts der Stellungnahme der Beklagten — welche sachliche Bedeutung deren Verzichtserklärung auch beigemessen werden möchte — zu rechnen, ebenso das Berufungsgericht, wie oben ausgeführt ist.

Hieraus ergibt sich, daß im vorliegenden, besonders gearteten Falle die Abweisung der Klage nicht gerechtfertigt, sondern die Berufung der Beklagten gegen das im ersten Rechtszug ergangene, der Klage stattgebende Urteil unbegründet war und ist, vollends ihre Weiterführung trotz durchgeführter Zwangsvollstreckung.

---

84. Kann ein in gesetzlich zulässiger Weise in ein anderes Amt versetzter Reichsbeamter aus dem früheren Amt vermögensrechtliche Ansprüche für sich herleiten, wenn dieses Amt bei einer Neuregelung des Besoldungswesens höher bewertet wird als das Amt, in das der Beamte versetzt worden ist?

RBG. § 23. RVerf. Art. 129 Abs. 1 Satz 3.

III. Zivilsenat. Urt. v. 2. Dezember 1930 i. S. M. (Kl.) w. Deutsches Reich (Bekl.). III 54/30.

I. Landgericht Breslau.
II. Oberlandesgericht daselbst.

Der Kläger war Oberregierungssekretär am Reichsversorgungsgericht. Mit Wirkung vom 1. Juli 1924 wurde er an ein Versorgungsamt versetzt. Zwischen den Obersekretären beim Reichsversorgungsgericht und denjenigen bei den Versorgungsämtern bestand damals kein Unterschied im Rang und im Diensteinkommen; sie erhielten sämtlich die Bezüge der Besoldungsgruppe VII. Mit dem Inkrafttreten des Besoldungsgesetzes vom 16. Dezember 1927

(RGBl. I S. 349), also mit Wirkung vom 1. Oktober 1927, wurden die Obersekretäre beim Reichsversorgungsgericht in die Besoldungsgruppe A 4a eingereiht, während die Obersekretäre bei den Versorgungsämtern der Besoldungsgruppe A 4c zugeteilt wurden. Das Grundgehalt der Gruppe A 4a endet mit einem Betrag von 5800 RM., dasjenige der Gruppe A 4c mit 5000 RM.

Der Kläger glaubt, auf die Bezüge der Besoldungsgruppe A 4a Anspruch zu haben, indem er geltend macht, seine einmal erfolgte Anstellung als Oberregierungssekretär beim Reichsversorgungsgericht begründe ein wohlerworbenes Recht auf dauernden Bezug des mit dieser Stelle jeweils verbundenen Diensteinkommens. Dieses Recht könne durch seine spätere Versetzung in ein anderes Amt nicht beeinträchtigt werden. Mit der Klage fordert der Kläger Nachzahlung des Unterschieds für den Monat Oktober 1927. Der Beklagte bestreitet, daß ein wohlerworbenes Recht des vom Kläger behaupteten Inhalts bestehe. Zur Zeit der Versetzung des Klägers, die nach § 23 RBG. zulässig gewesen sei, hätten sich die Obersekretäre bei den in Betracht kommenden Behörden auch in der Besoldung gleichgestanden, das Endgrundgehalt habe für alle Beamten dieser Art 3432 RM. betragen. Das wohlerworbene Recht des Klägers beschränke sich darauf, daß er in seinem Endgehalt diesen Betrag erreiche; das sei aber der Fall, da das Reichsbesoldungsgesetz von 1927 ein Aufsteigen bis zu 5000 RM. vorsehe.

Das Landgericht hat der Klage stattgegeben, das Oberlandesgericht hat sie auf Berufung des Beklagten abgewiesen. Die Revision des Klägers hatte keinen Erfolg.

Gründe:

Der Revision ist zuzugeben, daß der Kläger seine Ansprüche auf gleiche Besoldung mit den Oberregierungssekretären am Reichsversorgungsgericht nicht so sehr auf die Tatsache stützt, daß er mit diesen Beamten früher, vor Erlaß des Reichsbesoldungsgesetzes von 1927, in der gleichen Besoldungsgruppe zusammengefaßt, sondern in erster Reihe darauf, daß ihm selbst bei seiner Anstellung dieses jetzt höher besoldete Amt übertragen worden war. Der zur Entscheidung stehende Fall liegt daher etwas anders als die in den Senatsentscheidungen RGZ. Bd. 108 S. 314 und Bd. 122 S. 8 behandelten Fälle, sodaß die in diesen Entscheidungen ausgesprochenen

Grundsätze dem eingeklagten Anspruch die Berechtigung nicht ohne weiteres zu nehmen vermögen. Anderseits kann der Kläger auch aus der Senatsentscheidung vom 15. Mai 1928 III 385/27 (abgedr. JW. 1928 S. 1935 Nr. 6, ZBR. Bd. 1 S. 87 und Höchstr. Rspr. 1928 Nr. 1849), auf die er sich in den vorderen Rechtszügen berufen hat, nichts zu seinen Gunsten herleiten. Denn wie das Berufungsgericht rechtlich bedenkenfrei feststellt, ist dem Kläger weder in der Anstellungsurkunde noch aus anderem Anlaß eine besondere Zusicherung dauernder Gleichstellung in den Dienstbezügen mit den Obersekretären beim Reichsversorgungsgericht gemacht worden. Ebensowenig vermag das Urteil des Senats vom 4. Juli 1924 III 472/23 (abgedr. im Deutschen Beamten-Archiv 1923/24 S. 743), das gleichfalls in den Vorinstanzen herangezogen worden ist, den eingeklagten Anspruch zu stützen, wie dies bereits in RGZ. Bd. 122 S. 10 dargelegt ist. Wenn die Revision endlich meint, der mit der Klage geltend gemachte Anspruch lasse sich auf die Erwägungen der Senatsentscheidung vom 16. November 1926 III 563/25 (abgedr. JW. 1927 S. 784 Nr. 15; PrVerwBl. Bd. 48 S. 470) gründen, so schlägt diese Entscheidung schon um deswillen nicht ein, weil in jenem Fall der Beamte in ein Amt mit geringerem planmäßigem Diensteinkommen versetzt worden zu sein behauptete. Auch ist nicht ersichtlich, wie aus der in diesem Urteil gegebenen Begriffsbestimmung des planmäßigen Diensteinkommens für den Kläger im vorliegenden Rechtsstreit eine günstige Rechtslage hergeleitet werden sollte.

Mit dem Berufungsgericht ist davon auszugehen, daß die Versetzung des Klägers vom Reichsversorgungsgericht an ein Versorgungsamt der Gesetzeslage zur Zeit der Versetzung entsprochen und namentlich nicht verstoßen hat gegen § 23 RBG., auch nicht in der den Beamten günstigeren Fassung, wie sie vor Erlaß und nach Aufhebung der Personal-Abbau-Verordnung vom 27. Oktober 1923/28. Januar 1924 gegolten hat und jetzt wieder in Kraft gesetzt ist. Denn der Kläger ist, wie er selbst niemals bestritten hat, in ein Amt von damals nicht geringerem Rang und von planmäßigem Diensteinkommen versetzt worden. Fand aber die Versetzung ihre Rechtsgrundlage in § 23 Abs. 1 RBG., so muß mit dem Berufungsrichter angenommen werden, daß der Kläger damit aus der bis dahin innegehabten Dienststellung eines Obersekretärs am Reichsversorgungsgericht endgültig ausgeschieden ist und daß er von da an das Amt eines Oberverwaltungssekretärs bei einem Versorgungsamt bekleidet hat. Der Verlust der zuerst übertragenen Stelle und die Verleihung eines neuen Amtes schließt es aus, bei einer nach der Versetzung erfolgenden Neuregelung der Besoldungsverhältnisse zugunsten des vor Jahren aufgegebenen Amtes auf die mit diesem nunmehr verbundenen Vorteile zurückzugreifen und sie für den in eine andere Dienststellung versetzten Beamten in Anspruch zu nehmen. Die Revision irrt, wenn sie meint, eine zeitliche Begrenzung wohlerworbener Rechte sei dem Beamtenrecht fremd. Die wohlerworbenen Rechte bestimmen sich nach Art und Inhalt des verliehenen Amtes und sind keineswegs unveränderlich und unbegrenzt. Der Beamte, der freiwillig aus dem Reichs- oder Staatsdienst ausscheidet, um etwa in der Privatindustrie eine Stellung anzutreten oder den Beruf des Rechtsanwalts zu ergreifen, gibt die von ihm bis dahin erworbenen Rechte auf und kann für die Zukunft keine Gehalts- oder Ruhegehaltsansprüche mehr geltend machen. Der Richter, der etwa auf seinen Antrag zum Verwaltungsbeamten ernannt wird, verzichtet mit der Verleihung des neuen Amtes auf die bis dahin erworbenen Sondervorrechte des Richterstandes. Handelt es sich bei den vorstehend erörterten Gestaltungsmöglichkeiten um freie Willensentschließungen der Beamten, so kann in diesem Punkt eine gesetzlich zulässige Versetzung des Beamten in ein anderes Amt rechtlich nicht anders beurteilt werden. Der Staatsanwalt, dem ein richterliches Amt verliehen wird, müßte es hinnehmen, wenn etwa bei einer nach seiner Versetzung eintretenden Besoldungsneuregelung die Dienstbezüge der staatsanwaltschaftlichen Beamten eine günstigere Gestaltung erfahren sollten. In gleicher Weise könnte einem Landgerichtsrat, der vorher Amtsrichter war, kein vermögensrechtlicher Anspruch daraus erwachsen, daß bei einer anderweitigen Besoldungsregelung die richterliche Tätigkeit bei den Amtsgerichten eine höhere Bewertung erfahren würde. Nicht anders liegt der hier zur Entscheidung stehende Fall. Der Kläger ist im Einklang mit den Gesetzen in ein nach Rang und Diensteinkommen der von ihm damals innegehabten Dienststellung gleichstehendes Amt versetzt worden, und es kann ihm nicht zur Beschwerde gereichen, daß bei der Besoldungsneuregelung von 1927 das ihm ursprünglich verliehene Amt höher bewertet worden ist, wie er es ohne Zweifel nicht beanstandet hätte, wenn etwa das von ihm bei Inkrafttreten des neuen Reichsbesoldungsgesetzes innegehabte Amt herausgehoben worden wäre. Mit der Anstellung auf Lebenszeit und mit der rechtlichen Natur des Beamtendiensteinkommens als einer Unterhaltsrente, auf welche die Revision hinweist, hat die hier zu beantwortende Frage nichts zu tun. Wollte man anders entscheiden, so würde man entweder dem § 23 Abs. 1 RBG., der ein wichtiges Recht der Anstellungsbehörde gewährleistet, Inhalt und Bedeutung nehmen, oder es wären den Regierungen des Reiches und der Länder bei erforderlich werdenden Neuregelungen des Besoldungswesens in weittragender Weise die Hände gebunden. Es bestünde die Gefahr, daß ein Beamter, der verschiedene Dienststellen bekleidet hat, aus jedem Amt an Grundgehalt und Nebenbezügen das für sich in Anspruch nehmen könnte, was ihm am vorteilhaftesten erscheint. Diese dem Standpunkt des Klägers entsprechenden Rechtsfolgen sind jedoch unannehmbar und daher abzulehnen. Nicht zu verkennen ist, daß der hier vertretene Rechtsstandpunkt unter Umständen Härten für den einzelnen Beamten nach sich ziehen kann. Allein schon im Urteil des erkennenden Senats vom 17. Januar 1905 (RGZ. Bd. 59 S. 420) ist gegenüber ähnlichen von der Revision geltend gemachten Bedenken ausgeführt: wie der Wortlaut und der erkennbare Sinn des § 23 RBG. ergebe, bestehe der Zweck dieser Vorschrift gar nicht darin, den Beamten gegen jede denkbare Verkürzung seiner Dienstbezüge zu sichern, die sich später einmal unter gewissen Voraussetzungen aus seinem Übertritt in das neue Amt ergeben könnte, sondern nur in der Sicherung gegen eine solche Verkürzung, die zur Zeit der Versetzung selbst aus dieser unmittelbar folgen würde; und noch weniger bezwecke die Vorschrift, die Hinterbliebenen des Beamten gegen eine auf seine Versetzung in ein anderes Amt etwa zurückzuführende Schmälerung ihrer Bezüge zu schützen. Von diesen Grundsätzen abzugehen, besteht kein Anlaß.

85. Wieweit reicht das Prüfungsrecht und die Prüfungspflicht des Revisionsgerichts in einer Sache, in der zwar die Revisionssumme fehlt, die Revision aber für einen von den geltend gemachten Klagegründen ohne Rücksicht auf den Streitwert zulässig ist?

ZPO. § 547. RVerf. Art. 131. Reichshaftungsgesetz v. 22. Mai 1910 § 3.

III. Zivilsenat. Urt. v. 9. Dezember 1930 i. S. Sch.-P. Brauerei AG. (Kl.) w. Deutsches Reich (Bekl.). III 382/29.

I. Landgericht Liegnitz.
II. Oberlandesgericht Breslau.

Der Fahrer M. im Dienste der Klägerin, der in O. eine Niederlage der Klägerin verwaltete, pflegte die von ihm für seine Dienstherrin eingezogenen Gelder beim Postamt O. mittels Zahlkarte auf ihr Postscheckkonto einzuzahlen. Dabei benutzte er ein Posteinlieferungsbuch, auf dessen Vorderseite mit Blaustift „Sch.-P.-Niederlage O." stand und in dem der annehmende Postbeamte die jeweiligen Einzahlungen bescheinigte. Als M. am 25. Februar 1928 750 RM. an die Klägerin einzahlen wollte, benutzte er versehentlich einen auf den Namen des Internationalen Gläubigerverbands der Deutschen Reichsbank lautenden Zahlkartenvordruck, während er im Posteinlieferungsbuche richtig, wie immer, den Namen der Klägerin als Empfängerin eintrug. Der annehmende Postbeamte merkte das Versehen nicht und setzte sowohl in das Einlieferungsbuch als auch auf den Vordruck Annahmevermerk und Stempel. Der Geldbetrag wurde darauf dem Konto des Internationalen Gläubigerverbandes gutgeschrieben, von dem ihn die Klägerin trotz Aufforderung nicht zurückerlangen konnte. Die Klägerin verlangt den Betrag von 750 RM. samt 8% Zinsen seit dem 25. Februar 1928 vom Beklagten als Schadensersatz. Dieser bestreitet seine Haftung.

Das Landgericht gab der Klage statt, das Oberlandesgericht dagegen wies sie ab. Die Revision der Klägerin hatte keinen Erfolg.

Gründe:

Die Revision wird darauf gestützt, daß der Berufungsrichter den § 1 des Reichshaftungsgesetzes vom 22. Mai 1910 (RGBl. S. 798) oder — richtiger — den seit Inkrafttreten der Reichsverfassung an die Stelle des § 1 Abs. 1 dieses Gesetzes getretenen

Art. 131 Abs. 1 Satz 1 RVerf. durch Nichtanwendung verletzt habe. Damit wird also der Klaganspruch auf die angezogenen Vorschriften gegründet. Da dieser Klagegrund bereits in der Klage angeführt, auch im Berufungsurteil erörtert worden ist, und da nach § 3 des Reichshaftungsgesetzes für einen solchen Anspruch die Landgerichte ohne Rücksicht auf den Wert des Streitgegenstandes ausschließlich zuständig sind, ist die Revision nach § 547 Nr. 2 ZPO. zulässig.

Sie ist aber unbegründet. Die von der Klägerin angezogenen Vorschriften setzen voraus, daß der Reichsbeamte in Ausübung der ihm anvertrauten öffentlichen Gewalt eine Amtspflicht verletzt haben muß. Nach dem eigenen Vorbringen der Klägerin handelt es sich jedoch im vorliegenden Falle bei der Betätigung des Postbeamten, wobei die Amtspflichtverletzung vorgekommen sein soll, gar nicht um die Ausübung öffentlicher Gewalt. Der Postbeamte, dem das Versehen unterlaufen ist, hatte der Klägerin gegenüber Amtshandlungen vorzunehmen, die lediglich einen — von der Klägerin mit dem Beklagten abgeschlossenen — Postscheckvertrag betrafen. Diese Amtshandlungen betrafen also das rein privatrechtliche Verhältnis zwischen den Parteien und hatten keinerlei Beziehungen zu dem Gebiete staatlicher Hoheitsrechte (RGZ. Bd. 104 S. 143). Liegen aber die Amtspflichten des Reichsbeamten außerhalb des Kreises einer Ausübung öffentlichrechtlicher Gewalt, dann kann das Reichshaftungsgesetz für den vorliegenden Fall überhaupt nicht zur Anwendung kommen.

Das Reichsgericht hat noch geprüft, ob es in der Lage ist, auf das angefochtene Urteil, soweit es eine Haftung des Beklagten aus dem Postgesetz ablehnt, einzugehen, obwohl für die Ansprüche aus diesem Gesetz die Revisionssumme nicht gegeben ist. Die Beantwortung der Frage hängt davon ab, ob es für das Revisionsgericht als zulässig zu erachten ist, einen einheitlichen Tatbestand, der einen Anspruch auf Grund verschiedener gesetzlicher Vorschriften begründet erscheinen läßt, nach allen gesetzlichen Gesichtspunkten nachzuprüfen, auch wenn nur bei der einen Klagbegründung die Revision ohne Rücksicht auf den Wert des Beschwerdegegenstandes zulässig, bei den anderen Klagegründen aber an sich die Revisionssumme erforderlich ist. Der erkennende Senat hat in einer Reihe von Entscheidungen diese Nachprüfung für zulässig erklärt (RGZ. Bd. 95 S. 214 und Bd. 126 S. 28; Urt.

vom 29. Oktober 1920 III 197/20, vom 16. Oktober 1923 III 49/23, abgedr. JW. 1924 S. 814 Nr. 24, vom 19. März 1929 III 279/28 und vom 8. Juli 1930 III 370/29), im wesentlichen mit der Begründung, daß ein einheitlicher, dem Revisionsgericht unterbreiteter Tatbestand im Einzelfalle nur sehr schwer nach rechtlichen Gesichtspunkten abgegrenzt werden könne. Zum Teil wird bei diesen Entscheidungen (RGZ. Bd. 95 S. 214; RGUrt. vom 18. November 1924 III 1071/23) auch darauf abgestellt, ob der Klagegrund, für dessen Nachprüfung an sich die Revision ohne Rücksicht auf den Wert des Streitgegenstandes zulässig wäre, bereits in den Vorinstanzen zur Erörterung gestellt worden ist; damit stimmen die Gedankengänge des Urteils des VII. Zivilsenats RGZ. Bd. 101 S. 350 überein. Bei einer nochmaligen Nachprüfung der Rechtsfrage ist der Senat jedoch zu der Überzeugung gelangt, daß die in den vorstehend genannten Entscheidungen vertretene Anschauung nicht aufrecht erhalten werden kann.

Es muß ausgegangen werden von dem Zwecke jener Vorschrift, durch die für Rechtsstreitigkeiten über ganz bestimmte Ansprüche die Zuständigkeit der Landgerichte und damit auch die Zulässigkeit der Revision ohne Rücksicht auf den Wert des Streitgegenstandes begründet werden sollte. Eine Reihe von Streitigkeiten, die auf öffentlichrechtlichem Gebiet oder auf dem Grenzgebiet zwischen öffentlichem und privatem Recht liegen, erreichen in ihrem Streitwert in der Regel keine allzu erheblichen Summen, während sie doch im Interesse der Allgemeinheit, des Reichs und der Länder einheitlich beurteilt und entschieden werden müssen. Für sie sollte daher die Möglichkeit geschaffen werden, sie in letzter Instanz durch das Reichsgericht entscheiden zu lassen, während der Überlastung des Reichsgerichts durch Streitigkeiten anderer Art, namentlich über vermögensrechtliche Ansprüche, im Wege der Einführung einer Revisionssumme vorgebeugt werden sollte (vgl. hierzu die Begr. zur Zivilprozeßordnung S. 316 und die zum Gerichtsverfassungsgesetz S. 94). Danach sollte also nur eine ganz bestimmte Anzahl von Ansprüchen den Vorzug genießen, ohne Rücksicht auf den Wert des Streitgegenstandes der Entscheidung des höchsten Gerichtshofs unterbreitet zu werden. Es widerspricht aber dem Zwecke dieser Vorschrift, wenn Ansprüche, die mit den bevorrechtigten im Zusammenhang stehen, bloß aus diesem Grunde vom Reichsgericht mit nachgeprüft werden müßten, obwohl ihre Nachprüfung durch das Reichsgericht für sich allein an das Vorhandensein einer Revisionssumme geknüpft ist. Als Grund für die gleichzeitige Behandlung vor dem Reichsgericht wird vielfach angeführt, daß sich im Einzelfall der Tatbestand des bevorrechtigten von dem des nichtbevorrechtigten Anspruchs sehr oft nur mit größter Schwierigkeit abgrenzen ließe (vgl. RGUrt. vom 29. Oktober 1920 III 197/20). Das mag zugegeben werden. Aber darin stimmen alle vorstehend genannten Urteile überein, daß eine Einschränkung doch unter allen Umständen aufrecht erhalten werden müsse, nämlich die, daß eine Nachprüfung des im Zusammenhang stehenden Anspruchs nur möglich ist, wenn ein Tatbestand sich restlos mit dem des bevorrechtigten Anspruchs deckt, wenn es sich also letzten Endes nur um die verschiedene rechtliche Beurteilung desselben Tatbestands handelt. Diese Feststellung wird aber in sehr vielen Fällen zu den gleichen Schwierigkeiten führen. Es scheint danach einfacher und klarer zu sein, die Abgrenzung noch früher vorzunehmen und zu sagen: nur soweit ein Anspruch bevorrechtigt ist und für ihn die Voraussetzungen des § 547 Nr. 2 ZPO. gegeben sind, ist seine Nachprüfung in der Revisionsinstanz möglich, alle damit im Zusammenhang stehenden sonstigen Klagbegründungen, für die es an der Revisionssumme fehlt, scheiden aus (vgl. hierzu die Entscheidungen des erkennenden Senats RGZ. Bd. 85 S. 338; Urt. vom 20. November 1913 III 394/13, abgedr. WarnRspr. 1914 Nr. 120, und vom 19. März 1929 III 279/28, mit denen die des VII. Zivilsenats vom 29. Oktober 1920 VII 186/20, vom 3. Januar 1922 VII 334/21, abgedr. SeuffArch. Bd. 77 Nr. 90, und vom 13. Juli 1922 VII 770/21 übereinstimmen). Damit entfällt für das Revisionsgericht die Möglichkeit, auf den vom Berufungsgericht erörterten Klagegrund der Haftung aus dem Postgesetz einzugehen.

---

86. Ist die Revision ohne Rücksicht auf den Wert des Beschwerdegegenstandes zulässig, wenn die Haftung eines auf Leistung von Schadensersatz verklagten Notars im Berufungsurteil lediglich auf § 823 BGB., nicht auf Amtspflichtverletzung gegründet ist?

ZPO. §§ 546, 547 Nr. 2. GVG. § 71 Abs. 1 u. 3.

III. Zivilsenat. Urt. v. 9. Dezember 1930 i. S. M. u. Gen. (Bekl.) w. 1. Gr. (Kl.), 2. Eheleute Ge. (Neb.Int.). III 429/29.

I. Landgericht I Berlin.
II. Kammergericht daselbst.

Am 23. Juni 1926 kaufte der Kläger von den Nebenintervenienten gewisse Aktien. Diese wurden von dritter Seite dem im gegenwärtigen Rechtsstreit an erster Stelle verklagten Notar (im folgenden als der Beklagte bezeichnet) übergeben. Er händigte sie nach längeren Verhandlungen nicht dem Kläger, sondern einer anderen Person aus. Der Kläger macht nun dem Beklagten zum Vorwurf, daß er ohne seine, des Klägers, Einwilligung über die Aktien verfügt habe, und verlangt deshalb Schadensersatz von ihm. Das Landgericht hat nur einem Hilfsantrag des Klägers stattgegeben. Dagegen hat das Kammergericht dem Hauptklagantrag entsprochen und den Beklagten (sowie zwei Mitbeklagte) verurteilt, an den Kläger 5000 RM. zu zahlen. Die Revision des Beklagten wurde als unzulässig verworfen aus folgenden

Gründen:

Der § 546 ZPO. stellt als Regel auf, daß in Rechtsstreitigkeiten über vermögensrechtliche Ansprüche die Zulässigkeit der Revision durch einen Wert des Beschwerdegegenstandes bedingt ist, der zur Zeit den Betrag von 6000 RM. übersteigen muß. Von dieser Regel des Erfordernisses einer Beschwerdesumme werden in § 547 das. zwei Ausnahmen gemacht. Die Revision soll ohne Rücksicht auf den Wert des Beschwerdegegenstandes zulässig sein, einmal soweit es sich um die Unzulässigkeit des Rechtswegs oder um die Unzulässigkeit der Berufung handelt (§ 547 Nr. 1), und zum anderen in den Rechtsstreitigkeiten über Ansprüche, für welche die Landgerichte ohne Rücksicht auf den Wert des Streitgegenstandes ausschließlich zuständig sind (§ 547 Nr. 2 ZPO.; § 71 Abs. 2 und 3 GVG.). Die Revision ist daher nur insoweit zulässig, als es sich um einen der in Nr. 1 und 2 des § 547 aufgeführten bevorzugten Revisionsgründe handelt; eine Ausdehnung der Ausnahmevorschriften über ihr Anwendungsgebiet hinaus ist unstatthaft. Das ist in Nr. 1 durch den Gebrauch des Wortes „insoweit" außer Zweifel gestellt; aber auch der Sinn der Ausnahmevorschrift in Nr. 2 ist kein anderer. Es muß, damit die Revision trotz Nichtvorliegens der

Revisionssumme zulässig sein soll, im Rechtsstreit ein Anspruch geltend gemacht worden sein, für den die Landgerichte ohne Rücksicht auf den Wert des Streitgegenstandes ausschließlich zuständig sind (RGZ. Bd. 3 S. 423, Bd. 6 S. 336, Bd. 96 S. 74, Bd. 101 S. 352; JW. 1899 S. 39 Nr. 30, 1900 S. 494 Nr. 4, 1904 S. 40 Nr. 8, 1909 S. 61 Nr. 34; WarnRspr. 1910 Nr. 91, 1914 Nr. 120 und 131).

Bei Anwendung dieser Rechtsgrundsätze kann die Revision nicht für zulässig erachtet werden. Die den vorliegenden Rechtsstreit einleitende Klageschrift enthält nichts von einer Amtspflichtverletzung des verklagten Notars nach § 839 BGB. Im Berufungsverfahren hat der Kläger zwar auch diesen rechtlichen Gesichtspunkt geltend gemacht. Der Beklagte hat jedoch, wie die Revision anerkennt, seine Haftung als Notar ausdrücklich abgelehnt und darüber hinaus das Bestehen irgendwelcher Rechtsbeziehungen zwischen ihm und dem Kläger in Abrede gestellt. Die angefochtene Entscheidung beruht darauf, daß der Beklagte schuldhaft das Eigentum eines anderen widerrechtlich verletzt habe und daher gemäß § 823 BGB. verpflichtet sei, den daraus entstandenen Schaden zu ersetzen. Von einer Haftung des Beklagten als Notar ist im angefochtenen Urteil keine Rede, der § 839 BGB. ist darin überhaupt nicht erwähnt. Damit übereinstimmend hat der Kläger im Rechtszug der Revision auch seinerseits geltend gemacht, tatsächlich liege keine Amtstätigkeit des Beklagten vor und darum sei dessen Verurteilung auch nicht unter diesem Gesichtspunkt erfolgt. Damit läßt der Kläger diesen im vorigen Rechtszug von ihm vertretenen Klagegrund ausdrücklich fallen.

Der zur Entscheidung stehende Fall liegt hiernach rechtlich ebenso wie der in RGZ. Bd. 101 S. 350 behandelte. Ein Anspruch aus § 839 BGB., der einzige bevorrechtigte Klagegrund, der nach § 547 Nr. 2 ZPO. in Frage kommen könnte, ist nicht in den Rechtszug der Revision erwachsen, da sich mit ihm schon das Berufungsurteil in keiner Weise beschäftigt hat und beide Parteien die Heranziehung dieses rechtlichen Gesichtspunkts zur Begründung einer Haftung des Notars ablehnen. Das Revisionsgericht ist daher mit einem Anspruch im Sinne des § 547 Nr. 2 ZPO., der die Revision ohne das Vorhandensein der Revisionssumme zulässig erscheinen lassen könnte, nicht befaßt. § 547 Nr. 1 kommt nicht in Betracht.

Insoweit sich die Revision zur Begründung der Zulässigkeit des Rechtsmittels auf die in RGZ. Bd. 95 S. 217 und Bd. 126 S. 29 abgedruckten Senatsentscheidungen beruft, übersieht sie, daß, wie schon in RGZ. Bd. 101 S. 350 bezüglich des in Bd. 95 veröffentlichten Urteils ausgeführt, einer der in jenen Fällen erhobenen Ansprüche dem Erfordernis des § 547 Nr. 2 ZPO. entsprach, sodaß die Zulässigkeit des Rechtsmittels nicht zu beanstanden war. Im vorliegenden Falle ist es dagegen — und darin besteht der Unterschied — nicht zur Befassung des Revisionsgerichts mit einem bevorrechtigten Anspruch gekommen. Übrigens ist die in den erwähnten Entscheidungen vertretene Rechtsmeinung, auf die sich die Revision stützt, vom erkennenden Senat in dem S. 401 dieses Bandes abgedruckten Urteil aufgegeben worden.

---

87. 1. Ist der Prozeßrichter bei Prüfung des Fristablaufs nach § 7 Abs. 3, 4 des preußischen Gesetzes über den Verkehr mit Grundstücken vom 10. Februar 1923 (GrVG.) an Rechtsansichten und Feststellungen der Verwaltungsbehörde gebunden?

2. Kann der Antrag auf Erteilung der Genehmigung nach § 6 daselbst zurückgenommen werden?

V. Zivilsenat. Urt. v. 10. Dezember 1930 i. S. v. D. (Kl.) w. K. (Bekl.). V 82/30.

I. Landgericht III Berlin.
II. Kammergericht daselbst.

Die Klägerin verkaufte durch notariellen Vertrag vom 14. Januar/28. Februar 1923 ihr im Bezirk Groß-Berlin gelegenes Grundstück an die Beklagte. Im Vertrag wurde der Kaufpreis falsch beurkundet. Die Auflassung wurde am 28. Februar 1923 erklärt. Am 30. Juni 1924 wurde die Beklagte als Eigentümerin in das Grundbuch eingetragen. Sie verkaufte das Grundstück am 10. September 1925 für 35000 RM. an H. Dieser erhielt am 7. November die Auflassung und wurde am 17. November 1925 als Eigentümer eingetragen. Am 22. Juni 1927 ließ H. das Grundstück an S. auf, der am 30. September 1927 als Eigentümer eingetragen wurde.

Die Klägerin meint, sie sei mangels einer behördlichen Genehmigung zu dem wirklich mit der Beklagten vereinbarten Kaufvertrag trotz der Umschreibung vom 30. Juni 1924 Eigentümerin des Grundstücks geblieben, über ihr Eigentum habe aber die Beklagte durch die Veräußerung an H. widerrechtlich eine Verfügung getroffen, die nach den Vorschriften über den öffentlichen Glauben des Grundbuchs ihr gegenüber wirksam sei. Gestützt auf die Vorschriften über ungerechtfertigte Bereicherung (namentlich § 816 BGB.) und über unerlaubte Handlungen (namentlich § 823 BGB.) verlangt sie mit der im Herbst 1928 angestrengten Klage die Zahlung zunächst eines Teilbetrags von 10000 RM. Das Landgericht hat der Klage stattgegeben. Das Kammergericht hat sie abgewiesen, nachdem sich während des Berufungsverfahrens folgendes ereignet hatte:

Die Beklagte beantragte mit einer Eingabe vom 28. März 1929 die nachträgliche behördliche Genehmigung der Auflassung vom 28. Februar 1923. Der Antrag ging am 12. April 1929 beim zuständigen Bezirksamt ein. Dieses erteilte am 15. April 1929 die Bescheinigung nach § 6 Abs. 2 GrVG. und leitete Vergleichsverhandlungen ein. Am 26. April 1929 verglichen sich die Parteien dahin, daß die Klägerin ihre Ansprüche aufgeben und die Beklagte ihr dafür bis zum 15. Mai 1929 5000 RM. zahlen sollte. Die fristgerechte Zahlung der 5000 RM. wurde zur Bedingung für den Bestand des Vergleichs gemacht. Im Hinblick auf den Vergleich nahm die Beklagte mit schriftlicher Einwilligung der Klägerin am 27. April 1929 den Genehmigungsantrag zurück. Das Bezirksamt ließ sich die Bescheinigung vom 15. April 1929 zurückgeben und teilte den Parteien mit, daß sich eine Entscheidung über den Genehmigungsantrag nunmehr erübrige. Die Beklagte zahlte indessen die 5000 RM. nicht, sondern beantragte am 16. Mai 1929 erneut die Genehmigung der Auflassung. Das Bezirksamt erteilte über den Eingang dieses Antrags am 17. Mai 1929 eine neue Bescheinigung nach § 6 Abs. 2 GrVG. und versagte dann die nachgesuchte Genehmigung durch Bescheid vom 3. Juni 1929, der am nächsten Tage beim Grundbuchamt einging. Auf Beschwerde der Beklagten hob der Oberpräsident die Entscheidung des Bezirksamts auf und stellte in der Formel seines Bescheids vom 30. Juli 1929 zugleich fest, daß die von der Beklagten beantragte Genehmigung nach § 7 Abs. 4 GrVG. als erteilt gelte. In den Gründen ist ausgeführt: Das Verfahren des Bezirksamts sei unzulässig gewesen. Nach Erteilung der Bescheinigung vom 15. April 1929 habe der Genehmigungsantrag vom 28. März 1929 nicht mehr zurückgenommen werden dürfen. Die Rückgabe dieser Bescheinigung an die Behörde und die Einleitung eines neuen Genehmigungsverfahrens sei ungesetzlich gewesen. Da das Bezirksamt auf den Antrag vom 28. März 1929 nicht binnen 3 Wochen seit dem 12. April 1929 eine Erklärung über Erteilung oder Versagung der Genehmigung gegenüber dem Grundbuchamt abgegeben habe, müsse die Genehmigung nach § 7 Abs. 3, 4 GrVG. als erteilt gelten.

Die Revision der Klägerin gegen das Urteil des Kammergerichts führte zur Aufhebung und Zurückverweisung.

Gründe:

Das Berufungsgericht geht zutreffend davon aus, daß mangels Genehmigung des zwischen den Parteien wirklich vereinbarten Kaufvertrags die Auflassung vom 28. Februar 1923 genehmigungspflichtig war. Diese Genehmigung sei nun aber, so führt das Urteil weiter aus, stillschweigend gemäß § 7 Abs. 3, 4 GrVG. erteilt worden. Das ergebe die Feststellung im Bescheid des Oberpräsidenten vom 30. Juli 1929, die vom ordentlichen Gericht nicht nachgeprüft werden könne. Aus ihr folge, daß die Beklagte kraft der rückwirkend wirksam gewordenen Auflassung vom 28. Februar 1923 und der Eigentumsumschreibung vom 30. Juni 1924 seit dem Tag ihrer Eintragung als Eigentümerin des Grundstücks anzusehen sei und daß sie deshalb durch die Weiterveräußerung an H. nicht in das Eigentum der Klägerin eingegriffen habe.

Mit dieser Begründung kann das angefochtene Urteil nicht aufrechterhalten werden. Die Ansicht des Berufungsgerichts, daß der Bescheid des Oberpräsidenten die Erteilung der Genehmigung durch Fristablauf nach § 7 Abs. 3, 4 GrVG. für den ordentlichen Richter bindend festgestellt habe, hält der rechtlichen Nachprüfung nicht stand. Das Kammergericht läßt dahingestellt, ob die der Feststellung zugrunde liegende Rechtsansicht des Oberpräsidenten richtig ist, daß der Genehmigungsantrag vom 28. März 1929 nach Erteilung der Bescheinigung vom 15. April 1929 nicht mehr habe zurückgenommen werden können. Es glaubt an der Nachprüfung dieser Ansicht verhindert zu sein, weil der Bescheid des Oberpräsidenten auch insoweit eine ausschließlich den Verwaltungsbehörden zustehende Entscheidung über eine Frage des Verfahrens vor ihnen enthalte und weil es sich dabei um eine Frage des öffentlichen Rechts und um die Art des Vorgehens der Genehmigungsbehörden zum Zwecke der

Erfüllung einer öffentlichrechtlichen Aufgabe handle. Diese Ausführungen sind nicht frei von Rechtsirrtum.

Nach dem Grundstücksverkehrsgesetz besteht die gesetzliche Aufgabe der Verwaltungsbehörden darin, die Genehmigung zu genehmigungspflichtigen Geschäften entweder zu erteilen oder zu versagen (§§ 2, 4 bis 8). Bescheide dieses Inhalts hat der ordentliche Richter hinzunehmen, ohne ihre sachlichen Grundlagen und das Verfahren vor den Genehmigungsbehörden nachzuprüfen (JW. 1927 S. 1856 Nr. 36; RGZ. Bd. 121 S. 376; RGUrt. vom 13. November 1929 V 403/28 u. a.). Dagegen ist es nicht ausschließlich, ja nicht einmal vorwiegend Sache der Genehmigungsbehörden, den Ablauf der Frist des § 7 Abs. 3, 4 GrVG. zu prüfen und insoweit „Feststellungen" zu treffen. Das ergibt sich schon aus der Vorschrift des § 10 Abs. 1 Nr. 4, wonach die Fristkontrolle regelmäßig Aufgabe des Grundbuchamts ist. So wenig die Genehmigungsbehörden in der Lage sind, der selbständigen Prüfung und Entscheidung des Grundbuchamts in Ansehung des Fristablaufs durch Feststellungen im Genehmigungsverfahren Schranken zu setzen, so wenig können solche Feststellungen den ordentlichen Richter im Zivilprozeß binden. Wohl muß er den von der Genehmigungsbehörde nach § 6 Abs. 2 bescheinigten Zeitpunkt des Eingangs eines ordnungsmäßigen Genehmigungsantrags und damit des Beginns für den Lauf der Frist nach § 7 Abs. 3, 4 ohne Prüfung gelten lassen. Darüber hinaus geht aber seine Bindung bei der Entscheidung über den Fristablauf nicht. Vielmehr ist er im übrigen bei Prüfung der Rechtsfrage, ob die einmal in Lauf gesetzte Frist auch mit der Wirkung der gesetzlich vermuteten schweigenden Genehmigung abgelaufen ist, frei und nur dem Gesetz selbst unterworfen (RGZ. Bd. 121 S. 376; RGUrt. vom 8. Januar 1930 V 119/29 und vom 12. Juli 1930 V 195/29; vgl. auch RGZ. Bd. 117 S. 365). Rechtsansichten der Verwaltungsbehörden binden ihn insoweit auch dann nicht, wenn sie sich in das Gewand von Feststellungen kleiden. Denn eine Feststellung der Genehmigungsbehörde dahin, daß die Frist des § 7 Abs. 3, 4 abgelaufen und die Genehmigung kraft Gesetzes erteilt sei, enthält im Grunde genommen nichts weiter als eine mit rechtlicher Begründung ausgestattete Ablehnung einer eigenen Entscheidung der Behörde über Erteilung oder Versagung der Genehmigung. Eine solche Feststellung wird auch nicht etwa dadurch zu einer die Beteiligten und den ordentlichen Richter bindenden Entscheidung über Erteilung oder Versagung der Genehmigung, daß sie in die Formel des Bescheids der Genehmigungsbehörde aufgenommen wird. Hiernach ist die Wirkung des Bescheids des Oberpräsidenten vom 30. Juli 1929 dahin zu begrenzen: Der Versagungsbescheid des Bezirksamts vom 3. Juni 1929 ist aufgehoben. Eine eigene Entscheidung der Verwaltungsbehörde über Erteilung oder Versagung der Genehmigung ist abgelehnt. Die der Ablehnung zugrunde liegende Rechtsansicht der Verwaltungsbehörde, daß die Genehmigung bereits kraft Gesetzes als erteilt gelte und deshalb für eine Entschließung der Behörde kein Raum mehr sei, ist der Prüfung des Richters im ordentlichen Rechtsstreit nicht entzogen. Er hat angesichts der Bescheinigungen des Bezirksamts vom 15. April und 17. Mai 1929 davon auszugehen, daß zwei an sich ordnungsmäßige Genehmigungsanträge von der Beklagten gestellt sind: der erste, eingegangen am 12. April 1929, zurückgenommen am 27. April 1929; der zweite, eingegangen am 16. Mai 1929, vom Bezirksamt beschieden am 3. Juni 1929. Die Entscheidung der Genehmigungsfrage hängt also davon ab, ob die Zurücknahme des ersten Antrags zulässig war. Die bejahende Ansicht des Bezirksamts ist für den ordentlichen Richter ebensowenig bindend wie die verneinende des Oberpräsidenten. Trifft die Ansicht des Oberpräsidenten zu, so ist die Folge des § 7 Abs. 4 eingetreten. Hat das Bezirksamt mit seiner Ansicht recht, so kann § 7 Abs. 4 nicht Platz greifen. Denn dann war der erste Genehmigungsantrag durch die Zurücknahme erledigt und konnte nicht mehr die Frist nach § 7 Abs. 4 zum Ablauf bringen. Der zweite Genehmigungsantrag ist aber fristgemäß beschieden, sodaß auch bei ihm § 7 Abs. 4 ausscheidet. Daran ändert auch nichts die Aufhebung des Bescheids vom 3. Juni 1929 im Beschwerdewege (RGUrt. vom 17. April 1929 V 202/28 und vom 31. Mai 1930 V 236/29, abgedr. SeuffArch. Bd. 83 S. 270, Bd. 84 S. 301).

Bei Entscheidung der Frage, ob ein ordnungsmäßig gestellter Genehmigungsantrag zurückgenommen werden kann, ist der Ansicht des Bezirksamts beizutreten. Es ist nicht einzusehen, warum den Beteiligten im Genehmigungsverfahren nach dem Grundstücksverkehrsgesetz Schranken auferlegt werden sollen, die sonst nach anerkannten Rechtsgrundsätzen nicht gelten. Im Gebiet der freiwilligen Gerichtsbarkeit können im allgemeinen Genehmigungsanträge so lange zurückgenommen werden, bis auf sie eine nicht mehr änderungsfähige Entscheidung der angegangenen Behörde getroffen ist (Schlegelberger Gesetze über die Angelegenheiten der freiw. Gerichtsbarkeit 3. Aufl. Bd. 1 S. 181 Anm. 5 zu § 12). Für den Bereich des Grundstücksverkehrsgesetzes muß dieser Grundsatz zwar dahin verstanden werden, daß die Zurücknahme nach Ablauf der Dreiwochenfrist des § 7 Abs. 3 nicht mehr erfolgen kann. Kein rechtlicher oder wirtschaftlicher Grund führt aber dazu, die Zurücknahme des Genehmigungsantrags während des Laufs dieser Frist grundsätzlich auszuschließen (so auch Hagelberg-Friedländer GrVG. S. 112). Vielmehr gebietet die billige Rücksicht auf schutzwürdige Interessen der Beteiligten (Vergleichsverhandlungen, Beschaffung von Unterlagen usw.), sie nicht ein für allemal an einen bei der Genehmigungsbehörde gestellten Antrag zu binden. Die Annahme einer solchen Bindung läßt sich auch nicht vom Zeitpunkt der Erteilung der Bescheinigung nach § 6 Abs. 2 an rechtfertigen. Denn die Bescheinigung gibt den Beteiligten zwar eine Beweisunterlage für den Eingang des Genehmigungsantrags in die Hand, ist aber nicht geeignet, sie endgültig auf den einmal gestellten Antrag festzulegen. Die Zurücknahme des Antrags ist daher jedenfalls dann zuzulassen, wenn — wie im vorliegenden Falle — die Bescheinigung vor dem Ablauf der Dreiwochenfrist aus dem Rechtsverkehr herausgezogen und an die Genehmigungsbehörde zurückgereicht wird. Ob alle Beteiligten bei der Zurücknahme mitwirken müssen (vgl. Hagelberg-Friedländer a. a. O.; Schlegelberger a. a. O.), kann dahingestellt bleiben. Denn der Antrag der Beklagten ist mit ausdrücklicher Einwilligung der Klägerin zurückgenommen worden. Die Zurücknahme vom 27. April 1929 ist daher wirksam. Daraus folgt die fortbestehende schwebende Unwirksamkeit der bisher weder ausdrücklich noch schweigend behördlich genehmigten Auflassung vom 28. Februar 1923, aus deren vermeintlicher Wirksamkeit das angefochtene Urteil den Eigentumserwerb der Beklagten für den 30. Juni 1924 und damit die Hinfälligkeit der Klage glaubte herleiten zu können.

Anhang:

Entscheidungen des Staatsgerichtshofs.

1.

In dem verfassungsrechtlichen Streitverfahren

des Landes Thüringen,

Antragstellers,

gegen

das Deutsche Reich,

Antragsgegner,

wegen Zahlung von Polizeikostenzuschüssen (StGH. 7/30),

hat auf den Antrag des Antragsgegners vom 17. November 1930 der Staatsgerichtshof für das Deutsche Reich in der Sitzung vom 21. November 1930 beschlossen:

Die beantragte Beschlußfassung wird abgelehnt.

Gründe:

Der gemäß § 4 der Geschäftsordnung des Staatsgerichtshofs vom 20. September 1921 mit den erforderlichen Ermittlungen befaßte Berichterstatter hat die Vernehmung des Thüringischen Ministers des Innern Dr. F. als Zeugen angeordnet. Demgegenüber hat der Antragsgegner beantragt,

der Staatsgerichtshof wolle beschließen, daß die angeordnete Vernehmung unzulässig sei, da der gesetzliche Vertreter einer Partei nicht Zeuge in eigener Sache sein könne.

Der Antragsgegner hält den Staatsgerichtshof zur Beschlußfassung für zuständig, weil das Verhältnis des Plenums zum Berichterstatter — von einzelnen Besonderheiten abgesehen — das gleiche sei wie in anderen Streitverfahren, z. B. im Zivilprozeß das Verhältnis des Prozeßgerichts zum beauftragten Richter.

Indessen läßt sich die Stellung des Berichterstatters in den vor dem Staatsgerichtshof anhängig gemachten Streitverfahren nicht durch den Vergleich mit vermeintlich ähnlichen Verhältnissen bestimmen, die in anderen, nach Aufbau und Aufgaben wesentlich verschiedenen Verfahrensarten bestehen. Sie wird vielmehr durch §§ 4, 5 der Geschäftsordnung des Staatsgerichtshofs klargestellt. Hiernach hat der Berichterstatter völlig freie Hand, alle nach seinem pflichtmäßigen Ermessen für zulässig und erforderlich gehaltenen Aufklärungsmaßnahmen auszuführen, und seine demgemäß getroffenen Anordnungen unterstehen in dieser Lage des Verfahrens nicht der Nachprüfung oder Abänderung durch den Staatsgerichtshof, der nur nachträglich die Beeidigung einer unvereidigt gebliebenen Person anordnen kann. Erst wenn der Staatsgerichtshof gemäß § 6 der Geschäftsordnung mit der Beratung und Entscheidung der Sache befaßt wird, kommt er in die Lage, die Ermittlungshandlungen des Berichterstatters auf ihre Vollständigkeit und anderseits auf ihre rechtliche Zulässigkeit nachzuprüfen.

Ob diese aus der Geschäftsordnung sich ergebende Regelung zweckmäßig ist, hat für die vorliegende Entscheidung keine ausschlaggebende Bedeutung. Aber auch diese Frage müßte entgegen der von dem Reichsminister des Innern vertretenen Meinung bejaht werden, wobei man davon auszugehen hat, daß der Berichterstatter seine Aufgabe umsichtig durchführen und sich wohlbegründeten Vorstellungen der Parteien nicht verschließen wird.

Die auf eine Zwischenentscheidung durch den Staatsgerichtshof hinzielende Beanstandung von Maßnahmen des Berichterstatters hätte für die Parteien nur unter der Voraussetzung praktischen Wert, daß der Berichterstatter von der Durchführung der betreffenden Maßnahmen bis zum Erlaß dieser Zwischenentscheidung absähe. Wollte aber der Berichterstatter regelmäßig so verfahren, dann würden bei der Zusammensetzung und Geschäftsführung des Staatsgerichtshofs, dessen Mitglieder großenteils ihren Amtssitz außerhalb seines Sitzes haben, der also nicht ständig versammelt ist, sondern nur nach gewissen Zeitabschnitten zusammentritt, entweder selbst bei solchen Einwendungen, die er als unerheblich oder offensichtlich unbegründet ansehen muß, außerordentliche, mit erheblichen Kosten und mit Zeitverlusten für die auswärtigen Mitglieder verbundene Sitzungen nötig werden oder das Ermittlungsverfahren würde einen sachlich unerwünschten Aufschub erleiden.

Wären solche Zwischenentscheidungen überhaupt zulässig, so würden sie übrigens nicht die Tragweite haben, die der Antragsgegner ihnen beizulegen scheint. Über die Zulässigkeit oder Unzulässigkeit der beanstandeten Maßnahme des Berichterstatters würde durch sie nicht einmal für das jeweils in Betracht kommende Streitverfahren abschließend entschieden sein. Nichts würde den Staatsgerichtshof hindern, bei seiner Endentscheidung den dort von ihm eingenommenen Standpunkt aufzugeben und sich der ursprünglichen abweichenden Meinung des Berichterstatters anzuschließen. Es kann deshalb auch nicht gesagt werden, daß ein Bedürfnis nach solchen Zwischenentscheidungen bestehe, weil sie geeignet und erforderlich seien, um das Ansehen des Gerichtshofs zu erhalten und zu fördern.

Hiernach war die beantragte Beschlußfassung abzulehnen.

2.

In der verfassungsrechtlichen Streitsache

der Wupper-Talsperren-Genossenschaft in Hückeswagen,
Antragstellerin,

gegen

das Land Preußen,
Antragsgegner,

wegen Übertragung des Vermögens der Antragstellerin auf den Wupperverband (StGH. 2/30),

hat der Staatsgerichtshof für das Deutsche Reich in der öffentlichen Sitzung vom 21. November 1930 für Recht erkannt:

Der Antrag wird zurückgewiesen.

Gründe:

I.

1. Die Wupper-Talsperren-Genossenschaft ist auf Grund des § 57 des preußischen Gesetzes betr. die Bildung von Wassergenossenschaften vom 1. April 1879 (GS. S. 297) und des Art. 1 des zur Ergänzung dieses Gesetzes für das Gebiet der Wupper und ihrer Nebenflüsse erlassenen Gesetzes vom 19. Mai 1891 (GS. S. 97) durch landesherrliche Verordnung vom 29. April 1896 (RegAmtsBl. Düsseldorf S. 164) aus den Eigentümern gewerblicher Anlagen im

Gebiete der Wupper und ihrer Nebenflüsse gebildet worden. Sie war danach eine „öffentliche Genossenschaft" im Sinne der §§ 45 flg. des zuerst angeführten Gesetzes. Als solche wurde sie durch § 283 des Wassergesetzes vom 7. April 1913 (GS. S. 53), das in § 399 Abs. 2 Nr. 11 und 43 die Gesetze von 1879 und 1891 aufhob, den Vorschriften des neuen Gesetzes unterstellt. Ihre nach dem Inkrafttreten dieses Gesetzes neu gefaßte Satzung wurde auf Grund der § 270 Abs. 3, § 276 des Gesetzes vom Regierungspräsidenten am 10. September 1920 (RegAmtsBl. S. 368) genehmigt und später nur noch in zwei die Zusammensetzung des Vorstands und die Berufung seiner Mitglieder betreffenden Punkten laut der Bekanntmachung des Regierungspräsidenten vom 7. Februar 1925 (RegAmtsBl. S. 60) abgeändert.

Nach dieser Satzung ist die Genossenschaft eine Körperschaft des öffentlichen Rechts (§ 1) mit dem Zweck, eine bessere Ausnutzung der Wassertriebkräfte an der Wupper und ihren Nebenflüssen herbeizuführen, das Wasser für die Entnahme brauchbarer zu machen und das ihren Niederschlagsgebieten durch Wasserentnehmer schädlich entzogene Wasser zu ersetzen (§ 2 Abs. 1); dem Zweck dient insbesondere die Errichtung und der Betrieb von Talsperren und anderen Sammelbecken (§ 2 Abs. 2).

2. Durch das Wuppergesetz vom 8. Januar 1930 (GS. S. 5) ist für das Niederschlagsgebiet der Wupper von der Quelle bis zur Mündung in den Rhein eine Genossenschaft mit dem Namen „Wupperverband" gebildet worden (§ 1 Abs. 1), eine Körperschaft des öffentlichen Rechts (§ 6), welche die Aufgaben hat, den gesamten Wasserschatz der Wupper und ihrer Nebenflüsse durch Reinigung der Industrie- und Wohnstättenabwässer reinzuhalten, die Wassernutzungen zugunsten des Trink- und Fabrikationswassers auszugleichen u. a. (§ 2). Genossen sind die im Verbandsgebiet (§ 1 Abs. 2) liegenden Stadt- und Landkreise sowie die kreisangehörigen Stadt- und Landgemeinden (§ 7 Nr. 1 bis 3), die im Verbandsgebiet liegenden Wassergenossenschaften und Deichverbände mit Ausnahme der Wupper-Talsperren-Genossenschaft (§ 7 Nr. 4) und die Eigentümer der im Verbandsgebiet liegenden gewerblichen Unternehmungen und sonstigen Anlagen (nach § 7 Nr. 5). Die Wupper-Talsperren-Genossenschaft soll in den neuen Verband aufgehen. Hierüber bestimmt § 36 Abs. 1:

Die Wupper-Talsperren-Genossenschaft ist aufzulösen. Die Auflösung erfolgt durch Verfügung des Regierungspräsidenten in Düsseldorf; sie tritt in Kraft an dem in der Verfügung zu bestimmenden Tage. ... Eine Liquidation findet nicht statt. Das Vermögen einschließlich aller Rechte und Pflichten der aufgelösten Wupper-Talsperren-Genossenschaft geht mit dem Tage der Auflösung auf den Wupperverband über.

Nach § 36 Abs. 2 haben die bisherigen Genossen der Wupper-Talsperren-Genossenschaft bei Weiterzahlung von Beiträgen, die für einen normalen Betrieb der Anlagen dieser Genossenschaft notwendig sind, Anspruch auf das ihnen seither gelieferte zusätzliche Trieb- und Fabrikationswasser oder, falls die anderen Aufgaben des Verbands eine Einschränkung dieser Wasserabgabe bedingen, auf entsprechende Entschädigung für die Minderleistung; über Art und Umfang der Entschädigung entscheidet auf Anruf der in den §§ 23flg. vorgesehene Berufungsausschuß endgültig. Das Nähere (über die in § 36 Abs. 1 und 2 behandelten Verhältnisse) zu bestimmen, ist in § 36 Abs. 3 der nach den §§ 8flg. zu errichtenden Satzung vorbehalten.

3. Die Wupper-Talsperren-Genossenschaft hat den Staatsgerichtshof angerufen mit dem Antrag,

durch Urteil auszusprechen, daß die Übertragung ihres Vermögens auf den Wupperverband mit der Preußischen Verfassung und der Reichsverfassung nicht vereinbar sei.

Sie macht geltend: Der § 36 WupperG. verletze den Art. 153 RVerf. und damit auch Vorschriften der Preußischen Verfassung (Art. 29, 61). Sie sei Trägerin einer Reihe von Eigentumsrechten im Sinne des Art. 153 RVerf.; insbesondere seien Bestandteile ihres Vermögens: der für Erneuerungsbauten in Höhe von 400000 RM. angesammelte Fonds, die ihr aus Verträgen mit den Städten Remscheid und Barmen für deren Wasserentnahme zufließenden Beträge, mehrere Talsperren, Ausgleichsweiher und andere Bauwerke sowie die Fischereigerechtsamen in den Sammelbecken. Indem § 36 WupperG. das Vermögen unter Ausschluß der Liquidation auf den Wupperverband übertrage, hebe er den sich aus § 280 WasserG. und den einschlägigen Vorschriften des Bürgerlichen Gesetzbuchs ergebenden Anspruch ihrer Mitglieder darauf, daß bei Auflösung der Genossenschaft das Genossenschaftsvermögen unter sie, die anfallberechtigten Mitglieder, verteilt werde, entschädigungslos auf. Außerdem würden die Genossen in Zukunft erheblich höhere Beiträge zu zahlen haben als bei Aufrechterhaltung des bisherigen Zustands. Sie selbst sei in ihrem Anspruch, nicht anders als gegen Entschädigung aufgelöst zu werden, durch das Wuppergesetz verletzt. Ihr Vermögen werde durch das Gesetz zugunsten eines Dritten, des Wupperverbands, enteignet. In diesem Verfahren werde kein Entschädigungsanspruch verfolgt, für den die ordentlichen Gerichte zuständig wären. Das Klagebegehren richte sich vielmehr unmittelbar auf die autoritative Feststellung der Ungültigkeit der angegriffenen landesgesetzlichen Vorschrift wegen ihrer Unvereinbarkeit mit Reichs- und Landesverfassungsrecht. Danach liege eine „Verfassungsstreitigkeit innerhalb eines Landes" im Sinne des Art. 19 Abs. 1 RVerf. vor. Diesen Streit über einen verfassungswidrigen Eingriff in ihr Eigentum vor den Staatsgerichtshof zu bringen, sei sie als eine Körperschaft des öffentlichen Rechts befugt. Wenn der Staatsgerichtshof ausgesprochen habe, daß er nicht dazu berufen sei, an Stelle eines Reichsverwaltungsgerichts jedem Staatsbürger Rechtsschutz in öffentlichen Angelegenheiten zu gewähren, so sei doch zum mindesten zwischen dem Staatsbürger als dem Träger subjektiver öffentlicher Rechte und dem Staatsbürger als dem Träger einer organschaftlichen Zuständigkeit zu unterscheiden. Dem in letzterer Eigenschaft auftretenden Staatsbürger sei die Parteifähigkeit vor dem Staatsgerichtshof zuzuerkennen, insbesondere dann, wenn es sich, wie hier, um eine organisch zusammengefaßte Einheit von Genossen handle, deren gesetzlich geregelte Gemeinschaft die Erfüllung öffentlichrechtlicher Zwecke gewährleiste.

Das Land Preußen beantragt die Zurückweisung des Klagantrags. Es bekämpft in der Sache selbst die Annahme einer Enteignung im Sinne des Art. 153 RVerf., wendet sich aber in erster Linie gegen die Bejahung der verfahrensrechtlichen Vorfragen für eine Entscheidung des Staatsgerichtshofs, indem es geltend macht:

Nach der Rechtsprechung des Staatsgerichtshofs seien unter Verfassungsstreitigkeiten innerhalb eines Landes im Sinne des Art. 19 RVerf. allerdings nicht nur Streitigkeiten über Landesverfassungsrecht zu verstehen, sondern auch Streitigkeiten über reichsrechtliche Verfassungsvorschriften, diese aber doch nur dann, wenn das Reichsrecht auf das Landesverfassungsrecht einwirke und es ergänze. Daran fehle es bei dem von der Klägerin als verletzt bezeichneten Art. 153 RVerf. Wenn dieser Artikel auch auf die Landesgesetzgebung in bestimmter Weise einwirke, sodaß zu einem Landesgesetz enteignungsrechtlichen Inhalts unter Umständen ein Ermächtigungsgesetz des Reichs erforderlich sei (wie das Gesetz für das Staubecken Ottmachau in Schlesien vom 6. Juli 1929, RGBl. I S. 132), so sei der Art. 153 doch keine auf die Gestaltung der Landesverfassung oder landesverfassungsrechtlicher Normen einwirkende Vorschrift.

Die Antragstellerin sei zwar eine Körperschaft des öffentlichen Rechts, aber doch keine solche, deren Recht zur Selbstverwaltung (wie das Recht eines Gemeindeverbands nach Art. 127 RVerf.) unter verfassungsrechtlichem Schutz stehe. Sie sei daher nicht zur Führung einer Verfassungsstreitigkeit berufen. Es sei ferner zu erwägen, daß die Vereinbarkeit des Landesrechts mit Art. 153 RVerf. von den ordentlichen Gerichten oder den Verwaltungsgerichten zu prüfen sei, allerdings immer nur als ein Zwischenstreitpunkt. Die Antragstellerin beschwere sich nicht darüber, daß der Landesgesetzgeber ihre Auflösung angeordnet habe, sondern lediglich über die mit der Auflösung zugleich angeordnete Übertragung ihres Vermögens auf den Wupperverband, durch die sie sich in ihren Vermögensrechten, und zwar zum Vorteil des Wupperverbands, verletzt fühle. Sie könne deshalb den Wupperverband in Anspruch nehmen, dessen Organe zwar noch nicht gewählt, also noch unbekannt seien, dem aber für den Rechtsstreit nach § 1913 BGB. ein Pfleger bestellt werden könne. Sie bedürfe also nicht des Schutzes des Art. 19 RVerf. Gäbe man ihr das Recht zur Verfassungsklage, so würde das zu einer Anerkennung der Parteifähigkeit des einzelnen führen, die der Staatsgerichtshof bisher verneint habe.

Die mündliche Verhandlung vor dem Staatsgerichtshof hat sich auf die verfahrensrechtlichen Vorfragen beschränkt.

II.

Als „streitender Teil" bei einer „Verfassungsstreitigkeit innerhalb eines Landes" auf Grund des Art. 19 Abs. 1 RVerf. den Staatsgerichtshof für das Deutsche Reich anzurufen, sind nach der Rechtsprechung des Staatsgerichtshofs zunächst solche Landesstellen befähigt, die nach der Verfassung an dem durch sie geregelten Leben des Staates beteiligt sind. In diesem Sinne sind nicht nur die Landesregierung und der Landtag (die Volksvertretung eines Landes als Ganzes) sowie in Preußen der nach Art. 31 PrVerf. zur Vertretung der Provinzen bei der Gesetzgebung und Verwaltung des Staats gebildete Staatsrat (RGZ. Bd. 124 Anh. S. 29), sondern auch Minderheiten und Fraktionen des Landtags als parteifähig anerkannt, weil sie in der Volksvertretung zur Teilnahme an der staatlichen Willensbildung berufen sind; in Verfassungsstreitigkeiten, die sich an Wahlen oder Volksabstimmungen anknüpfen, auch die außerparlamentarischen Parteien, weil und sofern sie nach der Verfassung als Teile des wahl- und abstimmungsberechtigten Volks, des Trägers der Staatsgewalt, bei der Bildung der staatlichen Gewalten oder der unmittelbaren Kundgebung des Volkswillens mitzuwirken haben (vgl. insbesondere RGZ. Bd. 118 Anh. S. 28, Bd. 121 Anh. S. 10, Bd. 124 Anh. S. 46, Bd. 127 Anh. S. 11, Bd. 129 Anh. S. 7). Diesen Landesstellen sind von dem Standpunkt aus, den der Staatsgerichtshof in der Entscheidung vom 10. Mai 1924 (RGZ. Bd. 111 Anh. S. 5) eingenommen hat, die damals als Antragsteller zugelassenen Familien des vormals unmittelbaren Reichsadels anzureihen. Denn ihre Zulassung beruht darauf, daß sie behaupteten, Träger eines verfassungsmäßigen Rechts auf Selbstgesetzgebung über ihre Güter und Familienverhältnisse und damit auf Anteil an der gesetzgebenden Gewalt zu sein (vgl. Thoma in der Festgabe „Die Reichsgerichtspraxis im deutschen Rechtsleben" Bd. 1 S. 184 flg. und Löwenthal im RuPrVerwBl. 1929 S. 171).

Auch gewissen der Staatshoheit unterworfenen Körperschaften des öffentlichen Rechts ist die Parteifähigkeit zuerkannt. Zugunsten der Gemeinden ist dies in den Entscheidungen vom 12. Januar 1922 StGH. 3/21 und vom 13. März 1926 StGH. 6/25 (Lammers und Simons Rechtspr. Bd. 1 S. 368 und S. 388) mit der Begründung geschehen, daß sie durch die Landesverfassung anerkannte und mit eigenen Rechten ausgestattete Glieder des Staatskörpers seien; es sei hierzu auf Art. 17 Abs. 2, Art. 127 RVerf. und Art. 70 bis 75 PrVerf. hingewiesen.

In den von den evangelisch-lutherischen Landeskirchen der Länder Sachsen und Braunschweig und der Lippischen (reformierten und lutherischen) Landeskirche erwirkten Entscheidungen (RGZ. Bd. 118 Anh. S. 6, Bd. 128 Anh. S. 25 und vom 24. Juni 1930 StGH. 17/29) ist die Befugnis dieser Religionsgesellschaften bejaht, in ihrer Eigenschaft als Körperschaften des öffentlichen Rechts den Staatsgerichtshof anzurufen. Dem sei hinzugefügt, daß die Landeskirchen besonders geartete Körperschaften des öffentlichen Rechts sind, deren Fortbestand als solche, deren Recht auf Selbstverwaltung, deren Recht zur Erhebung von Steuern auf Grund der bürgerlichen Steuerlisten und deren Recht auf Staatsleistungen unter dem Schutze der in den Art. 137, 138 und 173 gegebenen Vorschriften der Reichsverfassung steht; vgl. auch Art. 76, Art. 82 Abs. 2 und 3 PrVerf. Es handelt sich danach auch bei den Landeskirchen um solche Körperschaften des öffentlichen Rechts, die durch die Verfassung ihres Landes, sei es kraft deren Beeinflussung durch die Reichsverfassung oder auch unmittelbar, anerkannt und mit eigenen Rechten ausgestattet sind.

Demgemäß sind unter denjenigen Landesstellen, die in der Rechtsprechung des Staatsgerichtshofs als parteifähig für eine Verfassungsstreitigkeit innerhalb eines Landes anerkannt sind, zwei Gruppen zu unterscheiden. Zur ersten und wichtigsten Gruppe gehören die höchsten Staatsorgane und sonstige zur Mitwirkung an der Bildung des Staatswillens unmittelbar oder mittelbar berufene Landesstellen. Zur zweiten Gruppe gehören solche juristische Personen des öffentlichen Rechts, die durch die Landesverfassung anerkannt und mit eigenen Rechten ausgestattet sind. Damit soll nicht gesagt sein, daß allen juristischen Personen des öffentlichen Rechts, die dieser Mindestanforderung entsprechen, die Parteifähigkeit vor dem Staatsgerichtshof zukomme. Es mag vielmehr darüber hinaus ein derartiges Maß staatlich anerkannter Selbständigkeit zu erfordern sein, wie es unter dem geltenden Verfassungsrecht nicht nur die ihre eigenen Lebenszwecke verfolgenden Kirchen, sondern, wenngleich in geringerem Umfang, auch die Gemeinden besitzen, die sich als Gemeinwesen mehr oder weniger unabhängig vom Staate der Gegenwart entwickelt haben (vgl. Jerusalem Die Staatsgerichtsbarkeit S. 126 bis 128). Auf die Umgrenzung der zweiten Gruppe braucht hier nicht näher eingegangen zu werden. Für die in diesem Verfahren zu treffende Entscheidung genügt es, daß an dem angegebenen Mindesterfordernis festzuhalten ist.

Im übrigen hat der Staatsgerichtshof in ständiger Rechtsprechung die Meinung abgelehnt, daß jede Einzelperson oder jeder Verband, der durch ein Landesgesetz oder einen Akt der Landesregierung in seinen verfassungsmäßigen Rechten verletzt zu sein behaupte, seinen Fall auf Grund des Art. 19 Abs. 1 RVerf. dem Staatsgerichtshof zur Entscheidung vorlegen könne, wenn ihm zur Erledigung des Falles kein anderes Gericht offenstehe (RGZ. Bd. 121 Anh. S. 11, Bd. 126 Anh. S. 32; Beschluß vom 18. Februar 1930 StGH. Tgb. 94/29).

Die im gegenwärtigen Verfahren als Antragstellerin auftretende Wassergenossenschaft gehört zu keiner der beiden obigen Gruppen parteifähiger Landesstellen. Sie ist allerdings, wie unter I 1 dargelegt, eine Körperschaft des öffentlichen Rechts, deren Unternehmen dem öffentlichen Wohle dient und einen gemeinwirtschaftlichen Nutzen bezweckt. Die Erfüllung dieser Zweckbestimmung wird durch eine besondere Staatsaufsicht gewährleistet (§§ 217 bis 221 mit § 283 WasserG.). Anderseits sind die Genossenschaftsbeiträge und sonstigen Genossenschaftslasten (§§ 222, 223, 225 WasserG.; §§ 13, 15, 17 der Satzung) öffentliche Lasten (§ 224 WasserG., § 16 der Satzung); rückständige Beiträge sowie vom Vorstand festgesetzte Strafen und Kosten können im Verwaltungszwangsverfahren beigetrieben werden (§§ 227 bis 229 WasserG.). Diese Regelung beruht auf einfachem Landesgesetz. Die öffentlichrechtlichen Wassergenossenschaften sind Glieder des Staatskörpers; insofern können sie trotz ihres beschränkteren Aufgabenkreises mit den Gemeinden verglichen werden; aber sie sind nicht, wie die Gemeinden, von der Verfassung anerkannt und mit eigenen Rechten ausgestattet. Als der Staatsgewalt unterworfene Glieder gehören sie ferner nicht zu den höchsten Organen des Staats. Einen Anteil an der gesetzgebenden Gewalt nimmt die Antragstellerin für sich als eine öffentlichrechtliche Wassergenossenschaft selbst nicht in Anspruch. Von der Mitwirkung einer solchen Genossenschaft an der staatlichen Willensbildung kann auch nicht etwa, wie in der mündlichen Verhandlung geltend gemacht wurde, deshalb gesprochen werden, weil der Genossenschaftsvorstand berechtigt ist, Strafen festzusetzen und diese sowie rückständige Beiträge und Kosten im Verwaltungszwangsverfahren beizutreiben. Denn hierbei handelt es sich nicht um die innere Staatstätigkeit, als welche sich die Staatswillensbildung darstellt, sondern um die bloße Vollziehung einer öffentlichen Aufgabe durch eine von den verfassungsmäßigen Staatsorganen damit betraute Stelle.

Wegen der aus diesen Gründen gebotenen Verneinung der Parteifähigkeit der Antragstellerin ist der Antrag ohne weiteres zurückzuweisen, sodaß sich die Prüfung erübrigt, ob der vorliegende Streit seinem Gegenstand nach eine Verfassungsstreitigkeit im Sinne des Art. 19 Abs. 1 RVerf. ist.

3.

In der verfassungsrechtlichen Streitsache

1. **der bürgerlichen Vereinigung National-Liberaler, Provinzialverband der Provinz Brandenburg,**
2. **der Volksrecht-Partei (Reichspartei für Volksrecht und Aufwertung), Landesverband Groß-Berlin, Brandenburg,**
3. **der Mieter Fürstenberg,**
4. **des Christlichen Volksdienstes, Landesverein Hannover,**
5. **des Christlichen Volksdienstes, Landesverband Kurhessen,**
6. **des Landesverbands Sachsen-Anhalt der Volksrecht-Partei,**
7. **der Deutsch-Völkischen Freiheitsbewegung, Provinz Sachsen,**

Antragsteller,

gegen

das Land Preußen,

Antragsgegner,

wegen Feststellung der Verfassungswidrigkeit des § 13 Abs. 3 des preußischen Wahlgesetzes für die Provinziallandtage und Kreistage vom 7. Oktober 1925 (StGH. 21/29),

hat der Staatsgerichtshof für das Deutsche Reich in der nicht öffentlichen Sitzung vom 21. November 1930 für Recht erkannt:

Die Anträge werden zurückgewiesen.

Gründe:

I. Das preußische Wahlgesetz für die Provinziallandtage und Kreistage vom 7. Oktober 1925 (GS. S. 123), dessen Vorschriften über Provinziallandtage auf den Kommunallandtag des Bezirksverbands Kassel entsprechende Anwendung finden (§ 2), bestimmt, daß die Zahl der Provinziallandtags-Abgeordneten auf Grund der Einwohnerzahl der Provinz festzusetzen ist (§ 3). Die Wahl der Provinziallandtage erfolgt nach den Grundsätzen des Verhältniswahlrechts (§ 10). Die Provinz wird in Wahlbezirke eingeteilt

(§ 11 Abs. 1). Wahlbezirke sind die Stadt- und Landkreise (Abs. 2 das.). Wahlbezirke, auf die nach der Einwohnerzahl nicht mindestens ein Abgeordneter entfällt, sind durch Beschluß des Provinzialausschusses mit einem benachbarten Wahlbezirk zu vereinigen (Abs. 3 das.). Für jeden Wahlbezirk werden Wahlvorschläge (Bezirkswahlvorschläge) aufgestellt, die — auch aus verschiedenen Wahlbezirken — mit einem gemeinsamen Kennwort versehen werden können, wobei dann Bezirkswahlvorschläge mit gemeinsamem Kennwort anderen Bezirkswahlvorschlägen gegenüber als verbunden (Gruppen) gelten (§ 12). Vor der Verteilung der Abgeordnetensitze wird zunächst die Gesamtzahl der in der Provinz abgegebenen gültigen Stimmen durch die gemäß § 3 festgestellte Zahl der Provinziallandtags-Abgeordneten geteilt und auf diese Weise festgestellt, auf wieviel gültige Stimmen ein Abgeordnetensitz entfällt (Verteilungszahl) (§ 13 Abs. 1). Die Verteilung der Abgeordnetensitze selbst regelt § 13 Abs. 2 und 3:

2. Sodann wird festgestellt, wieviel Abgeordnetensitze auf die einzelnen Gruppen von Wahlvorschlägen mit gemeinsamem Kennwort entfallen. Hierbei werden jeder Gruppe so viele Abgeordnetensitze zugeteilt, als sich die Zahl der für die Gruppen abgegebenen gültigen Stimmen durch die Verteilungszahl voll teilen läßt. Hiernach noch unverteilte Sitze werden nach der Reihenfolge der Höhe der Reststimmen verteilt. Bei gleichen Reststimmen entscheidet das Los. Reststimmen sind diejenigen Stimmen, die bei der Vollteilung durch die Verteilungszahl übrig- oder von vornherein hinter ihr zurückbleiben.
3. Bei der Verteilung sind jedoch nur solche Gruppen zu berücksichtigen, die entweder an abgegebenen gültigen Stimmen in einem Wahlbezirk mindestens die Verteilungszahl (Abs. 1) oder insgesamt mindestens die doppelte Verteilungszahl erhalten haben.

Die Verteilung der den Gruppen von Wahlvorschlägen mit gemeinsamem Kennwort zugeteilten Abgeordnetensitze auf die Bezirkswahlvorschläge erfolgt zunächst innerhalb der einzelnen Regierungsbezirke unter entsprechender Anwendung des § 13 Abs. 2 und unter Berücksichtigung des § 13 Abs. 3 (§ 14). Erhält eine Gruppe von Wahlvorschlägen bei dieser Verteilung in allen

Regierungsbezirken zusammen mehr oder weniger Sitze, als ihr nach § 13 Abs. 2 zukommen, so findet ein Ausgleich statt (§ 15).

Am 17. November 1929 sind die preußischen Provinziallandtage, worunter hier und im folgenden mit Rücksicht auf den Antragsteller zu 5 auch der Kommunallandtag des Bezirksverbands Kassel verstanden werden soll, neu gewählt worden. Die Antragsteller haben sich an diesen Wahlen durch Aufstellung von Wahlvorschlägen beteiligt. Die Antragsteller zu 1, 4 und 5 haben die für ihre Provinz erforderliche Verteilungszahl erreicht, sind aber bei der Zuteilung der Sitze auf Grund von § 13 Abs. 3 Pr. ProvWG. unberücksichtigt geblieben. Die Antragstellerin zu 7 hatte sich anfangs als „Vereinigte Liste der Deutsch-Völkischen Freiheitsbewegung und der Volksrecht-Partei (Reichspartei für Volksrecht und Aufwertung)" bezeichnet. Ihre Befugnis zur Anrufung des Staatsgerichtshofs wurde vom Antragsgegner bezweifelt. Daraufhin hat sie die ursprüngliche Bezeichnung in „Deutsch-Völkische Freiheitsbewegung, Provinz Sachsen" berichtigt. Die Antragsteller zu 6 und 7 haben für die Wahl zum Provinziallandtag der Provinz Sachsen eine vereinigte Liste aufgestellt. Auch auf diese ist trotz Erreichung der Verteilungszahl infolge der beschränkenden Vorschrift des § 13 Abs. 3 kein Sitz entfallen. Die Antragsteller zu 2 und 3 haben die Verteilungszahl nicht erreicht; sie würden aber bei der Verrechnung der Reststimmen je einen Sitz erhalten haben, wenn dem nicht die genannte Vorschrift entgegengestanden hätte. Sämtliche Antragsteller fühlen sich deshalb durch diese Gesetzesvorschrift beschwert und haben beim Staatsgerichtshof für das Deutsche Reich gegen das Land Preußen Klage erhoben mit dem Antrag,

festzustellen, daß § 13 Abs. 3 des Wahlgesetzes für die Provinziallandtage und Kreistage vom 7. Oktober 1925 verfassungswidrig sei.

Die Antragsteller sind der Ansicht, daß § 13 Abs. 3 Pr. ProvWG. gegen die durch Art. 17 RVerf. und Art. 74 PrVerf. gewährleistete Gleichheit der Wahl verstoße. Er gebe den für die großen Parteien abgegebenen Stimmen ein stärkeres Gewicht als den für die kleinen Parteien abgegebenen. Das sei verfassungsrechtlich unzulässig.

Das Land Preußen hat beantragt,

den Antrag der Klageparteien abzuweisen.

Der Antragsgegner bezweifelt zunächst, ob die Antragsteller zu 1 und 3 politische Parteien seien, ob sie also überhaupt befugt seien, sich an den Staatsgerichtshof zu wenden. Die Aktivlegitimation der übrigen Antragsteller bestreitet er deshalb, weil sie lediglich provinzielle Organisationen, nicht Landesparteien seien. Bei den Antragstellern zu 2 und 3 komme außerdem noch in Betracht, daß sie für ihre Wahlvorschläge nicht einmal die Verteilungszahl erreicht hätten.

Zur Sache selbst verteidigt der Antragsgegner die Verfassungsmäßigkeit des angegriffenen § 13 Abs. 3 Pr. ProvWG. Er führt aus, Art. 17 Abs. 2 RVerf. beziehe sich nur auf die Wahlen zu den Vertretungskörperschaften der Ortsgemeinden, nicht auf die Wahlen zu den Vertretungen der Gemeindeverbände und daher nicht auf die Wahlen zu den Provinziallandtagen. Art. 74 PrVerf. erstrecke allerdings die für die Wahlen zur Volksvertretung geltenden Grundsätze auf die Wahlen zu den Provinziallandtagen, sodaß auch diese nach dem allgemeinen, gleichen, geheimen und unmittelbaren Verhältniswahlrecht erfolgen müßten (Art. 4 und 9 PrVerf.). Mit ihnen stehe aber § 13 Abs. 3 Pr. ProvWG. durchaus im Einklang. Er werde gedeckt durch die Befugnis des ordentlichen Gesetzgebers, im Interesse der Einheitlichkeit des ganzen Wahlsystems und zur Sicherung der Erreichung der mit ihm verfolgten staatspolitischen Ziele, wie von den einzelnen Wahlgrundsätzen überhaupt, so auch von dem Grundsatz der Wahlgleichheit, wenngleich nur in engen Grenzen, abzugehen. Diese Grenzen seien mit dem § 13 Abs. 3 nicht überschritten worden. Die Bestimmung sei sachlich gerechtfertigt. Die in ihr enthaltene Beschränkung der Berücksichtigung von Wahlstimmen sei keine übermäßige.

Die Antragsteller sind diesen Ausführungen entgegengetreten. Sie behaupten sämtlich, zur Anrufung des Staatsgerichtshofs befugt zu sein. Die Antragstellerin zu 1 sei schon im früheren Brandenburgischen Provinziallandtag durch Abgeordnete vertreten gewesen. Die Klage sei von den provinziellen Parteiorganisationen erhoben worden, weil es sich um Wahlen nur für die einzelnen Provinzen handle. Übrigens ständen auch die Landesparteileitungen hinter der Klage. Die Antragsteller zu 2 und 3 seien durch § 13 Abs. 3 Pr. ProvWG. ebenfalls verletzt, da ihnen unter Berufung auf diese Vorschrift die Berücksichtigung ihrer Reststimmen versagt worden sei.

Auch in sachlicher Beziehung haben die Antragsteller ihren Standpunkt aufrechterhalten. Nach ihrer Ansicht enthält § 13 Abs. 3 eine so weitgehende Benachteiligung der kleinen Parteien, daß das Wahlgesetz keinesfalls mehr dem Grundsatz der Wahlgleichheit Genüge tue.

II. Es liegt eine Verfassungsstreitigkeit innerhalb eines Landes vor, zu deren Entscheidung nach Art. 19 RVerf. der Staatsgerichtshof für das Deutsche Reich berufen ist. Seine Zuständigkeit wird nicht ausgeschlossen durch die des Preußischen Oberverwaltungsgerichts, das über den Einspruch gegen die Gültigkeit einer Provinziallandtagswahl zu befinden hat (§ 20 Abs. 4 Pr. ProvWG.). Das Oberverwaltungsgericht hat zwar in einer derartigen Entscheidung (vom 27. Juni 1930) auch die Verfassungsmäßigkeit des § 13 Abs. 3 Pr. ProvWG. geprüft und bejaht. Diese Frage bildete dort aber nur eine Vorfrage. Gegenstand seiner Entscheidung war lediglich die Gültigkeit einer angefochtenen Wahl. Gegenstand der Entscheidung des Staatsgerichtshofs ist dagegen unmittelbar die Gültigkeit der streitigen wahlgesetzlichen Vorschrift. Das Verhältnis des Staatsgerichtshofs zum Preußischen Oberverwaltungsgericht ist im vorliegenden Fall das gleiche wie sein Verhältnis zum Preußischen Wahlprüfungsgericht in der Frage der Verfassungsmäßigkeit des preußischen Landeswahlgesetzes. Dieses hat der Staatsgerichtshof in seiner Entscheidung vom 14./17. Februar 1930 (RGZ. Bd. 128 Anh. S. 6) erörtert. Das dort Gesagte gilt entsprechend auch hier.

III. Der Staatsgerichtshof hat in ständiger Rechtsprechung (vgl. RGZ. Bd. 118 Anh. S. 29 und Bd. 121 Anh. S. 10) anerkannt, daß sich die politischen Parteien in Verfassungsstreitigkeiten, die das Wahlrecht zum Gegenstand haben, mit Anträgen an ihn wenden dürfen. Bisher hat er diese Befugnis nur den das Reich und den ein ganzes Land umfassenden Parteiorganisationen zugesprochen. In den Beschlüssen vom 12. Mai 1928 StGH. Tgb. 7/28, abgedr. bei Lammers-Simons Bd. I S. 415, und vom 13. Juli 1929 StGH. Tgb. 48/29, abgedr. das. Bd. II S. 97, hat er sie dagegen verneint für Untergruppen politischer Parteien, deren Tätigkeitsgebiet sich auf einzelne Orte oder einzelne Landesteile beschränkt. Die durch diese Beschlüsse ablehnend beschiedenen Anträge richteten sich jedoch gegen das preußische Landeswahlgesetz in seiner Fassung vom 28. Oktober 1924 (GS. S. 671), während jetzt eine Vorschrift des preußischen Wahlgesetzes für die Provinziallandtage und Kreistage vom 7. Oktober 1925 angefochten wird. Träger der durch das erstgenannte Gesetz geregelten Landtagswahlen sind die Landesparteien. Träger der Provinzialwahlen können aber auch Vereinigungen sein, deren Wirkungskreis sich nur auf eine Provinz erstreckt. An der Regelung des Provinzialwahlrechts haben gerade diese ein Interesse, und zwar ein nach den Grundsätzen, wie sie in den eingangs genannten Entscheidungen des Staatsgerichtshofs vom 17. Dezember 1927 und vom 7. Juli 1928 entwickelt worden sind, rechtlich anzuerkennendes Interesse. Zur Geltendmachung der Verfassungswidrigkeit einer Bestimmung des Gesetzes vom 7. Oktober 1925 sind deshalb auch politische Parteien zuzulassen, deren Wirkungskreis nur eine preußische Provinz ist, und ebenso die Provinzialverbände der über das ganze Land sich erstreckenden politischen Parteien. Einer Provinz steht der Regierungsbezirk Kassel für die Wahl zum Kommunallandtag des Bezirks Kassel gleich (vgl. § 2 Pr. ProvWG.).

Es ist deshalb nur noch bezüglich der einzelnen Antragsteller zu prüfen, ob sie den Anforderungen entsprechen, die auch an eine Partei von räumlich begrenztem Tätigkeitsgebiet zu stellen sind, sofern sich nicht die Parteifähigkeit nach dem vorstehend Gesagten ohne weiteres daraus ergibt, daß sie die Provinzialorganisationen allgemein anerkannter Landesparteien sind. Das ist der Fall bei den Antragstellern zu 2 und zu 4 bis 7. Ihre Parteifähigkeit ist daher zu bejahen. Dagegen muß die der Antragsteller zu 1 und 3 verneint werden. Die bürgerliche Vereinigung National-Liberaler, Provinzialverband der Provinz Brandenburg, hat zur Begründung ihrer Parteifähigkeit nur angeführt, daß sie im vorigen Landtag der Provinz Brandenburg einen Sitz gehabt hat. Das genügt allein nicht, um ihr die Eigenschaft einer politischen Partei in dem in der Rechtsprechung des Staatsgerichtshofs entwickelten Sinne und damit die Fähigkeit zuzuerkennen, Anträge beim Staatsgerichtshof zu stellen. Die „Mieter Fürstenberg", wie sich der Antragsteller zu 3 bezeichnet hat, sind nach der im Lauf des Verfahrens gegebenen Aufklärung nichts anderes als der etwa 300 Mitglieder umfassende Mieterverein in Fürstenberg a. O. Einer solchen rein örtlichen Vereinigung steht nicht das Recht zu, in einer eine ganze Provinz betreffenden Wahlrechtsstreitigkeit den Staatsgerichtshof anzurufen. Ob eine provinzielle Mieterorganisation zugelassen werden könnte, bedarf nach Lage des Falles keiner Erörterung. Die Antragsteller zu 1 und 3 müssen sonach schon wegen mangelnder Parteifähigkeit abgewiesen werden, wobei dahingestellt bleibt, ob sie befugt sind, gegen die Gültigkeit einer einzelnen Provinziallandtagswahl Einspruch zu erheben und eine Entscheidung des Preußischen Oberverwaltungsgerichts darüber herbeizuführen. Im Verfahren vor dem Staatsgerichtshof ist die Frage der Parteifähigkeit anders zu beurteilen als in einem solchen Wahlanfechtungsverfahren.

IV. Zur Anrufung des Staatsgerichtshofs an sich berechtigte Parteien sind im einzelnen Falle nur dann aktiv legitimiert, wenn sie durch die von ihnen behauptete Verfassungswidrigkeit in ihrer öffentlichen Rechtsstellung beeinträchtigt werden. Das Vorliegen einer solchen Rechtsverletzung vermögen nach Ansicht des Antragsgegners die Antragsteller zu 2 und 3 nicht zu behaupten, da sie bei der letzten Wahl die für die Provinziallandtagswahl ihrer Provinz maßgebende Verteilungszahl nicht erreicht haben. Diesem Einwand begegnen die beiden Antragsteller zutreffend mit dem Hinweis darauf, daß sie ohne die beanstandete Vorschrift des § 13 Abs. 3 Pr. ProvWG. auf ihre Reststimmen einen Sitz erhalten haben würden. Nach der ausdrücklichen Vorschrift in § 13 Abs. 2 Satz 5 das. sind Reststimmen auch diejenigen Stimmen, die von vornherein hinter der Verteilungszahl zurückbleiben. Die genannten beiden Antragsteller würden also trotz Nichterreichung der Verteilungszahl auf ihre Reststimmen je einen Sitz erlangt haben, wenn das nicht § 13 Abs. 3 verhindert hätte. Die Vorschrift beschwert sie mithin, sodaß sie die Feststellung ihrer Verfassungswidrigkeit betreiben können.

V. Nach Art. 17 Abs. 1 Satz 2 RVerf. müssen die Volksvertretungen der Länder in allgemeiner, gleicher, unmittelbarer und geheimer Wahl nach den Grundsätzen der Verhältniswahl gewählt werden. Nach Abs. 2 Satz 1 das. gelten diese Grundsätze für die Wahlen zur Volksvertretung auch für die Gemeindewahlen. Der Staatsgerichtshof hat bereits in RGZ. Bd. 112 Anh. S. 7 ausgesprochen, daß hier unter Gemeindewahlen nur die Wahlen der Ortsgemeinden im Gegensatz zu den kommunalen Verbänden, wie Kreise und Provinzen, zu verstehen sind. Die Reichsverfassung beschränkt also das Land Preußen nicht in der Ausgestaltung des Wahlrechts für seine Provinziallandtage. Dagegen bestimmt Art. 74 Satz 1 PrVerf., daß die Grundsätze für die Wahlen zur Volksvertretung auch für die Wahlen zu den Provinzial-, Kreis- und Gemeindevertretungen gelten. Diese Grundsätze, die sich bereits aus dem angeführten Art. 17 RVerf. ergeben, sind in der Preußischen Verfassung nochmals wiederholt worden. Nach Art. 4 Abs. 2 Satz 1 ist das Stimmrecht allgemein und gleich und wird geheim und unmittelbar ausgeübt. Nach Art. 9 Abs. 1 Satz 2 werden die Landtagsabgeordneten nach den Grundsätzen der Verhältniswahl gewählt.

Es ist danach richtig, wenn der Antragsgegner ausführt, daß der angefochtene § 13 Abs. 3 Pr. ProvWG. den Art. 17 RVerf. nicht verletze, da sich dieser nicht auf die Wahlen zu den Provinziallandtagen beziehe. Unmittelbar kann nur ein Verstoß gegen Art. 74 PrVerf. in Frage kommen. Eine mittelbare Beziehung besteht jedoch zwischen dieser Vorschrift und Art. 17 RVerf. deshalb, weil Art. 17 ja schon bestimmt, nach welchen Grundsätzen die Volksvertretungen der Länder zu wählen sind. Die in Art. 4 und 9 PrVerf. aufgestellten Grundsätze für die Wahlen zum Preußischen Landtag haben demgegenüber keine selbständige Bedeutung. Es sind mit Rechtsnotwendigkeit die Grundsätze des Art. 17 RVerf., welche die Preußische Verfassung nur hat übernehmen können. Deshalb ist die Wahlgleichheit, die auch bei den Provinzialwahlen gewahrt werden muß, dieselbe Wahlgleichheit, von welcher der Art. 17 und der insofern mit ihm übereinstimmende, die Wahl zum Reichstag betreffende Art. 22 RVerf. sprechen. Der in der Rechtsprechung des Staatsgerichtshofs zu diesen Vorschriften der Reichsverfassung entwickelte Begriff der Wahlgleichheit muß deshalb auch der Entscheidung des vorliegenden Falles zugrunde gelegt werden.

Eine Wahl ist, wie der Staatsgerichtshof in seinen RGZ. Bd. 124 Anh. S. 1 und Bd. 128 Anh. S. 1 abgedruckten Entscheidungen vom 22. März 1929 und vom 14./17. Februar 1930 ausgeführt hat, im Sinne der Reichsverfassung und damit auch der Preußischen Verfassung nur dann gleich, wenn nicht bloß jeder Wähler eine Stimme, sondern jede Stimme die gleiche Kraft hat, wenn keine verschiedene Bewertung der Wirksamkeit der Stimmen stattfindet. Diesem strengen Gleichheitsbegriff entspricht § 13 Abs. 3 Pr. ProvWG. nicht. Er bewirkt, daß diejenigen Stimmen einen geringeren Erfolgwert haben, die für kleine Parteien oder für solche Parteien abgegeben werden, die über dic ganze Provinz verstreut sind.

Eine gleichartige Abweichung vom Grundsatz der Wahlgleichheit enthalten § 31 Abs. 1 Satz 4 und § 32 Satz 3 des Reichswahlgesetzes in der Fassung vom 6. März 1924 (RGBl. I S. 159) und die mit ihm übereinstimmenden § 31 Abs. 1 Satz 4 und § 32 Abs. 2 Pr. LWG. Trotzdem hat der Staatsgerichtshof sie in seiner genannten Entscheidung vom 14./17. Februar 1930 als verfassungsmäßig anerkannt, und zwar mit Rücksicht auf die in Art. 22 Abs. 2 RVerf. dem ordentlichen Gesetzgeber übertragene Aufgabe, im Reichswahlgesetz das Nähere zu bestimmen. Diesen Auftrag könne, so wird in der Entscheidung ausgesprochen, der Wahlgesetzgeber nur erfüllen, wenn ihm ein gewisser Spielraum bei der Durchführung auch der großen Wahlgrundsätze gewährt werde, wenn er einen einzelnen von ihnen im Interesse der Durchführung der übrigen nötigenfalls einengen dürfe. Eine starre Bindung der künftigen Gesetzgebung an jeden einzelnen der Grundsätze mit der Verpflichtung, ihn bis in seine letzten Folgerungen durchzuführen, könne die Verfassung nicht bezweckt haben. Insbesondere müsse angenommen werden, daß die Reichsverfassung dem Gesetzgeber für die Durchführung des Grundsatzes der Gleichheit eine gewisse Freiheit in der Entschließung gewährt habe, bei welchem Grundsatz es sich nicht um einen logisch-mathematischen Begriff, sondern um einen Rechtsbegriff handle, bei dem deshalb Gleichheit und Ungleichheit keine sich ausschließenden Gegensätze seien. Allerdings müßten sich bei der Strenge, die dem Gleichheitssatz an sich innewohne, etwaige Einschränkungen in engen Grenzen halten und dürften nicht weitergehen, als sie durch ein wirkliches Bedürfnis gerechtfertigt würden. Ob und inwieweit Abweichungen von den einzelnen Wahlgrundsätzen im Interesse der Einheitlichkeit des ganzen Wahlsystems und zur Sicherung der Erreichung der mit ihm verfolgten staatspolitischen Ziele geboten seien, habe hiernach der ordentliche Gesetzgeber zu entscheiden. Auch hinsichtlich des Grundsatzes der Wahlgleichheit habe er über die Einhaltung der oben gekennzeichneten Grenzen zu befinden. Seinen Entschließungen könne der Staatsgerichtshof, wenn überhaupt, so doch jedenfalls nur dann entgegentreten, wenn sie offensichtlich der inneren Rechtfertigung entbehrten und wenn von ihnen deshalb mit Sicherheit gesagt werden könne, daß sie dem in der Verfassung zum Ausdruck gelangten Willen des Verfassungsgesetzgebers zuwiderliefen.

Eine ebensolche Bewegungsfreiheit wie dem Reichswahlgesetzgeber muß aber aus den vorstehend wiedergegebenen Erwägungen auch dem preußischen Landesgesetzgeber bei Regelung des Provinzialwahlrechts zugestanden werden. Da die Verfassungen, die Preußische wie die des Reichs, nur die hauptsächlichen Wahlgrundsätze aufstellen, bedarf ihre Ausgestaltung und Durchführung im einzelnen noch der Regelung durch einfaches Gesetz. Deshalb sagt Art. 4 Abs. 3 PrVerf., entsprechend dem Art. 22 Abs. 2 RVerf. und ohne damit gegen Art. 17 RVerf. (vgl. Art. 5 das.) zu verstoßen, das Nähere (über die Wahl des Landtags) werde durch Gesetz bestimmt. Art. 74 PrVerf., der von den Wahlen zu den Provinzial-, Kreis- und Gemeindevertretungen handelt, enthält zwar keinen solchen ausdrücklichen Hinweis auf die ordentliche Gesetzgebung. Ihr Eingreifen wird aber stillschweigend als notwendig vorausgesetzt, da Art. 74 selbst nur Grundsätze festlegt, die ihrer Natur nach weiter ausgebaut werden müssen, ehe sie praktisch angewendet werden können. Die, wie dargelegt, in § 13 Abs. 3 Pr. ProvWG. enthaltene Abweichung von dem Grundsatz der Wahlgleichheit muß danach als verfassungsmäßig anerkannt werden, wenn sie der Nachprüfung in den oben bezeichneten Richtungen standhält. Und das ist zu bejahen.

Die Vorschrift verdankt ihre Entstehung der Absicht, die Zahl der Wahlvorschläge zu vermindern und damit einer Zersplitterung der Stimmen entgegenzuwirken, überhaupt die kleinen Parteien aus den Provinzialvertretungen fernzuhalten (vgl. Preuß. Landtag 1925 Drucks. Nr. 990 Ausschußber. S. 2263 flg. und Sten. Ber. 68. Sitzung vom 25. September 1925 Sp. 3483 flg.). Die Zurückdrängung der kleinen Parteien bildete auch das mit den obengenannten Bestimmungen des Reichswahlgesetzes und des preußischen Landeswahlgesetzes verfolgte Ziel. Der Staatsgerichtshof hat bereits in seiner Entscheidung vom 14./17. Februar 1930 erklärt, diesen Gesichtspunkt nicht mißbilligen zu dürfen. Er hat dort ausgeführt, es könne nicht bestritten werden, daß durch ein Aufkommen zahlreicher Parteien der Zusammenschluß fester Mehrheiten im Parlament und damit die Bildung einer dauerhaften Grundlage für eine Regierung schwierig werde. Wenn der Wahlgesetzgeber geglaubt habe, diesem Gesichtspunkt bei der Ausgestaltung des nach der Verfassung von ihm zu bestimmenden Verhältniswahlsystems Rechnung tragen zu müssen, so habe er sich jedenfalls nicht von unsachlichen Erwägungen leiten lassen. Die daraus von ihm gezogene Folgerung, eine gewisse Einschränkung der gleichen Bewertung aller abgegebenen Stimmen sei unumgänglich, müsse der Staatsgerichtshof hinnehmen, da er die Richtigkeit der vom Gesetzgeber vorgenommenen Wertungen nicht nachzuprüfen habe. Das gilt ebenso für die Ordnung der Wahl zu den Provinziallandtagen. Auch deren Tätigkeit mag sich beim Vorhandensein zahlreicher kleiner Parteien schwieriger gestalten. Wenn der Gesetzgeber sich für verpflichtet gehalten hat, dem durch die angefochtene Bestimmung entgegenzuwirken, so hat er sich damit in den Schranken seiner Befugnis gehalten.

Zu prüfen bleibt deshalb nur noch, ob die in § 13 Abs. 3 Pr. ProvWG. zuungunsten der kleinen Parteien angeordnete Beschränkung als übermäßig zu beanstanden ist. Der Staatsgerichtshof hat in seiner mehrgenannten Entscheidung vom 14./17. Februar 1930 diese Frage für § 31 Abs. 1 Satz 4 und § 32 Satz 3 RWG. verneint und deshalb auch die damit übereinstimmenden § 31 Abs. 1 Satz 4 und § 32 Abs. 2 Pr. LWG. für verfassungsmäßig gültig erklärt. Diese Vorschriften sind aber der jetzt streitigen in § 13 Abs. 3 Pr. ProvWG. nicht inhaltlich gleich, sodaß aus ihrer Gültigkeit die seinige nicht unmittelbar abgeleitet werden kann. Nicht beweiskräftig ist auch die vom Antragsgegner aufgestellte Berechnung, wonach bei der letzten Landtagswahl infolge von § 31 Abs. 1 Satz 4 und § 32 Abs. 2 Pr. LWG. 3,61% der abgegebenen Stimmen wirkungslos geblieben sind, während bei den Provinziallandtagswahlen vom 17. November 1929 nur 2,37% der abgegebenen Stimmen von § 13 Abs. 3 Pr. ProvWG. getroffen worden sind. In einzelnen Provinzen ist diese Prozentzahl damals erheblich überschritten worden. Außerdem kann sich das zahlenmäßige Ergebnis bei jeder Wahl je nach der Zahl der Wahlvorschläge und der auf sie abgegebenen Stimmen ändern.

Anderseits ist es aber auch nicht angängig, den § 13 Abs. 3 ohne weiteres deshalb für verfassungswidrig zu erklären, weil er sich mit den erwähnten Vorschriften des Reichswahlgesetzes und des preußischen Landeswahlgesetzes nicht deckt. Dies erklärt sich daraus, daß für die preußischen Provinziallandtagswahlen ein anderes Verhältniswahlsystem eingeführt worden ist als für die Reichstags- und Landtagswahlen. Bei dem für letztere geltenden automatischen System entfällt ein Abgeordnetensitz jeweils auf eine bestimmte Zahl von Stimmen (60000 und 40000). Bei den preußischen Provinziallandtagswahlen ist die Zahl der Abgeordneten gesetzlich festgelegt im Anschluß an die Einwohnerzahl der einzelnen Provinzen (§ 3 Pr. ProvWG.). Die Stimmenzahl, auf die ein Abgeordneter entfällt, muß erst bei jeder Wahl dadurch ermittelt werden, daß die Zahl der abgegebenen Stimmen durch die Zahl der Abgeordnetensitze geteilt wird (§ 13 Abs. 1). Demgemäß fehlt in dem preußischen Gesetz vom 7. Oktober 1925 eine Zusammenrechnung der Reststimmen für das ganze Wahlgebiet und ihre Verrechnung auf eine besondere, dem Reichswahlvorschlag (Landeswahlvorschlag) entsprechende Liste. Vielmehr werden von vornherein die sämtlichen Stimmen, die auf die einzelnen Gruppen von Wahlvorschlägen mit gemeinsamem Kennwort entfallen, für die ganze Provinz zusammengezählt und danach die Zahl der ihnen zufallenden Abgeordnetensitze berechnet (§ 13 Abs. 2). Die Wahlbezirke haben, von § 13 Abs. 3 abgesehen, dann nur noch Bedeutung für die Unterverteilung der den Gruppen zugeteilten Sitze (§ 14). Das Maß der den kleinen Parteien durch die umstrittene Vorschrift auferlegten Beschränkung muß deshalb selbständig geprüft werden, ohne daß die sonstige Wahlgesetzgebung des Reichs oder Preußens einen Anhalt böte. Vergleichsweise herangezogen werden kann dagegen der in der Entscheidung des Staatsgerichtshofs vom 22. März 1929 behandelte und für verfassungswidrig erklärte Art. 20 Abs. 2 des württembergischen Landtagswahlgesetzes vom 4. April 1924 (WürttRegBl. S. 228).

Dieser Art. 20 Abs. 2 bestimmte:

> Bei Zuweisung von Sitzen bleibt eine Wählervereinigung unberücksichtigt, deren Bezirksvorschlagslisten nicht wenigstens in einem Wahlbezirk ein Achtzigstel der im ganzen Lande abgegebenen Stimmen (Wahlzahl) oder in vier Wahlbezirken je ein Achtel der Wahlzahl erreicht haben.

Die erste Alternative deckt sich, äußerlich betrachtet, mit der ersten des § 13 Abs. 3 Pr. ProvWG. Denn da der Württembergische Landtag 80 Abgeordnete zählt, ist die hier genannte Wahlzahl nichts anderes als die Verteilungszahl des preußischen Provinzialwahlrechts. Die zweite Alternative scheint sogar günstiger für die kleinen Parteien zu sein als die der preußischen Bestimmung, da jene von den kleinen Parteien nur die Erreichung der halben Wahlzahl, diese die Erreichung der doppelten Verteilungszahl fordert. Gleichwohl ist die Wirkung des § 13 Abs. 3 Pr. ProvWG. tatsächlich erheblich geringer als die des Art. 20 Abs. 2 Württ. LWG., und zwar mit Rücksicht auf die Wahlkreiseinteilung. Auf deren Bedeutung hat der Staatsgerichtshof in seiner Entscheidung vom 22. März 1929 (RGZ. Bd. 124 Anh. S. 11) besonderen Wert gelegt. Die württembergischen Wahlkreise sind nicht bloß von ganz verschiedener Größe, was auch bei den Wahlbezirken für die preußischen Provinziallandtagswahlen infolge der Unterschiede in der Einwohnerzahl der grundsätzlich je einen Wahlbezirk bildenden Stadt- und Landkreise der Fall ist. Viele von ihnen sind aber so klein, daß in ihnen die Wahlzahl überhaupt nicht zu erreichen ist. Bei der württembergischen Landtagswahl vom 20. Mai 1928 blieb in 8 Wahlbezirken schon die Zahl der Stimmberechtigten, in 37 aber (in mehr als der Hälfte der 62 Wahlbezirke) die Zahl der abgegebenen Stimmen hinter der Wahlzahl zurück. Preußen hat für die Provinziallandtagswahlen das Vorkommen so kleiner Wahlbezirke ausgeschlossen durch die Vorschrift in § 11 Abs. 3 Pr. ProvWG., wonach Wahlbezirke, auf die nach der Einwohnerzahl nicht mindestens ein Abgeordneter entfällt, mit einem benachbarten Wahlkreis zu vereinigen sind. So hat in Preußen bei den letzten Provinziallandtagswahlen nur in 19 von 465 Wahlbezirken die Zahl der abgegebenen Stimmen die Verteilungszahl nicht erreicht. Infolge des großen Umfangs der Wahlbezirke ist also auch für kleine Parteien die Möglichkeit, der ersten Voraussetzung des § 13 Abs. 3 Pr. ProvWG. zu genügen, größer, als das nach Art. 20 Abs. 2 Württ. LWG. der Fall war. Wesentlicher noch ist die für die kleinen Parteien erheblich günstigere Gestaltung des zweiten Falles durch das preußische Gesetz. Allerdings forderte, wie schon hervorgehoben, Art. 20 Abs. 2 Württ. LWG. nur die halbe Wahlzahl, während § 13 Abs. 3 Pr. ProvWG. die doppelte Wahlzahl verlangt. Die halbe Wahlzahl mußte in Württemberg aber in bestimmten Teilen und auf einem räumlich beschränkten Gebiet erreicht werden, nämlich je ein Achtel in vier Wahlkreisen. Hierin lag wiederum, wie der Staatsgerichtshof a. a. O. S. 12 betont hat, ein starkes Hemmnis für die Parteien, die in den äußerst zahlreichen kleinen Wahlkreisen wurzelten. Auf der anderen Seite stellt § 13 Abs. 3 für den zweiten Fall keine weitere Schranke auf. Nach ihm genügt es, wenn im ganzen Wahlgebiet die doppelte Verteilungszahl erreicht wird. Es liegt auf der Hand, daß die danach unbeschränkt zulässige Zusammenrechnung der für eine Gruppe von Wahlvorschlägen mit gemeinsamem Kennwort in sämtlichen Wahlbezirken abgegebenen Stimmen das Hindernis sehr abschwächt, das in § 13 Abs. 3 für die kleinen Parteien errichtet worden ist. Nach Art. 20 Abs. 2 Württ. LWG. würde eine Partei, die in sämtlichen Wahlbezirken nur wenig hinter je einem Achtel der Wahlzahl zurückgeblieben wäre, keinen Sitz erlangt haben, während sie ohne diese Bestimmung bis zu 7 Sitzen hätte beanspruchen können. Eine solche übermäßig weitgehende und deshalb nicht zuzulassende Wirkung kann § 13 Abs. 3 Pr. ProvWG. nie haben. Jede Partei, die in der ganzen Provinz mindestens die doppelte Wahlzahl erreicht, steht allen übrigen Parteien, mögen sie noch so groß sein, in der Bewertung der Stimmen völlig gleich. Ausgeschaltet werden nur die Parteien, die es — von der Verwertung der Reststimmen abgesehen — nicht auf mehr als einen Sitz bringen können. Der Einwirkung des § 13 Abs. 3 auf die Reststimmen kann kein entscheidendes Gewicht beigemessen werden. Diese Verwertung hängt nach dem nun einmal gewählten Verhältniswahlsystem doch immer mehr oder minder vom Zufall ab.

Dem Antragsgegner muß nach alledem zugegeben werden, daß sich die beanstandete Vorschrift noch in den Grenzen hält, innerhalb deren das Ermessen des Wahlgesetzgebers über die Einhaltung der verfassungsmäßigen Wahlgrundsätze, insbesondere des Grundsatzes der Wahlgleichheit, zu entscheiden hat. Der von ihm für angezeigt gehaltenen Zurückdrängung der kleinen Parteien vermag deshalb auch der Staatsgerichtshof nicht entgegenzutreten. Die gestellten Anträge müssen aus diesen Erwägungen zurückgewiesen werden.

Register.

Die Zahlen bedeuten die Seiten.

A. Sachregister.

B

B. Gesetzesregister.

1. Reichsrecht.

b. Handelsgesetzbuch von 1897.

2. Landesrecht.

Lippe.

Württemberg.

C. Zusammenstellung der Entscheidungen nach der Zeitfolge.

Entscheidungen des Staatsgerichtshofs.

Zusammenstellung

der

im 130. Bande

mitgeteilten Entscheidungen

nach

Oberlandesgerichtsbezirken.

(Die Zahlen bezeichnen die Nummern der Entscheidungen.)

Berlin	3. 8. 13. 17. 23. 24. 32. 38. 39. 41. 45. 47. 48. 49. 54. 55. 56. 64. 68. 71. 73. 75. 79. 80. 82. 86. 87.	**Hamm**	11. 77.
Breslau	22. 31. 34. 36. 84. 85.	**Jena**	37. 70.
Celle	6. 59. 69.	**Karlsruhe**	5. 57. 81.
Dresden	7. 19. 20. 58. 72.	**Kiel**	63.
Düsseldorf	15. 21.	**Köln**	2. 29. 52. 83.
Frankfurt a. M.	12. 16.	**Königsberg i. Pr.**	44. 53.
Hamburg	27.30.33.65.66.78.	**Marienwerder**	28
		München	4. 14. 18. 43.
		Naumburg a. S.	1.10.46.60.61.62.
		Stettin	50.
		Stuttgart	26.
		Zweibrücken	67.

Landgericht I Berlin	9. 42.
Landgericht Halle a. S.	40.
Landgericht Neiße	51.
Landgericht Prenzlau	25.
Landgericht Schweidnitz	74.
Reichspatentamt	35. 76.
Staatsgerichtshof. Anhang	1. 2. 3.

Berichtigung.

Hundertneunundzwanzigster Band.

S. 389 Z. 4 u. 3 v. u. statt: „würde, worauf Neumeyer hinweist", lies: „auf welche Neumeyer verweist, würde . . ."

Kolibri 360 GmbH
Ferdinand-Jühlke-Straße 7
99095 Erfurt, Deutschland
produktsicherheit@kolibri360.de